W0220531

# LAROUSSE

*encyclopédique universel*

EN 16 VOLUMES

# LAROUSSE

*encyclopédique universel*

EN 16 VOLUMES

A

Argenson (d')

1

**FRANCE LOISIRS**

123, BOULEVARD DE GRENELLE. PARIS

**direction de la publication**
Bertrand ÉVENO

**direction éditoriale**
Bernard BROSSOLLET

**édition**
Michèle BEAUCOURT

**conception graphique**
Guy CALKA et Alain JOLY

**lecture-correction**
service Lecture-Correction Larousse

**couverture**
France Loisirs

**fabrication**
Lionel GAILLARD
Janine MILLE

**impression**
France Loisirs

Édition du Club France Loisirs, Paris
avec l'autorisation des éditions Larousse-Bordas

© Larousse-Bordas 1997

N° Éditeur : 29053 - dépôt légal : août 1997
ISBN : 2-7242-9384-3
Imprimé en Espagne par
Printer Industria Gráfica, S.A.
Relié à la Nouvelle Reliure Industrielle à Auxerre

## LES ÉQUIPES DU LAROUSSE ENCYCLOPÉDIQUE UNIVERSEL

**rédaction**

François DEMAY
Yves GARNIER,
assisté de Philippe LACROUTS

Charles BALADIER, Astrid BONIFACJ,
Didier CASALIS, Jean-Noël CHARNIOT,
Anne CHARRIER, Pierre CHIESA,
Jean COLLET, Bruno DURAND,
Marie-Thérèse EUDES,
Hélène FLORENT, Jacques FLORENT,
Gilbert GATELLIER,
Yves JUVAIN, Philippe de LA COTARDIÈRE,
Fabienne LAURE, Nathalie LECOMTE,
Éric MARTIN, Éric MATHIVET,
René OIZON, Thierry OLIVAUX
Anne OLLIER,
Guylène OUVRARD, Patrick PASQUES,
Gérard PETIT, Claude POIZOT,
Bernard ROUX, Laure TALAMON,
Jean-Christophe TAMISIER,
Marc VIGNAL, Édith YBERT

**actualisation**

Mady VINCIGUERRA

Christine DAUPHANT,
Françoise DELACROIX

**secrétariat de direction, d'édition et de production**

Marie-Thérèse SOBUSIAK
Anne-Marie DIENY, Nelida FORTUNATO,
Astrid de GALBERT,
Sophie GODEAU,
Brigitte LAURENT

**direction artistique et maquette**

Frédérique LONGUÉPÉE,
assistée de Blandine SERRET

Muriel BRESSON, Guy CALKA,
Henri-François SERRES COUSINÉ
Agence Média, Sophie COMPAGNE

**cartographie**

René OIZON

BARTHOLOMEW, A.F.D.E.C.,
Kristina MAZOYER,
Catherine ZACHAROPOULOU,
Gilles ALKAN, Graziella BOUTET,
EDICA, AGRAPH,
Léonie SCHLOSSER

**dessin**

Lucien LALLEMAND et Jacqueline PAJOUES

Isabelle ARSLANIAN, Andrée BIENFAIT,
Laurent BLONDEL/CORÉDOC,
Pierre BON, Bruno CHIZAT,
Isaïe CORREIA, Fabrice DADOUN,
Jean-Pierre FERRY, Virginie FRÉCHURET,
Patrick GRACE, Philippe GUINOT,
François GUIOL, Éliane GUYARD,
Walther LALONDE, Marc LEGRAND,
Gilbert MACÉ, François MARTIN,
Lucien MATHIEU, Patrick MORIN,
Claudine PARRA, Jean-Yves PASTINELLI,
Jacques PENALBA, Claude POPPÉ,
François POULAIN, Dominique ROUSSEL,
Michel SAEMAN, Tom SAM YOU,
Léonie SCHLOSSER, Patrick SCHLOSSER,
Patrick TAËRON, Édouard TAUBÉ,
Amélie VEAUX
*et archives Larousse*

**lecture-correction**

Annick VALADE

Monique BAGAÏNI, Claude DHORBAIS,
Françoise MOUSNIER, Madeleine SOIZE,
Bruno VANDENBROUCQUE

**composition-photogravure**

Michel VIZET

**iconographie**

Anne-Marie MOYSE-JAUBERT

Nane DUJOUR, Catherine DUMEU,
Nanon GARDIN, Jacques GRANDREMY,
Nicole LAGUIGNÉ, Marianne PROST,
Marie-Annick REVEILLON, Viviane SEROUSSI
*et archives Larousse*

**informatique éditoriale**

Jocelyne REBENA,
assistée de Gabino ALONSO et Marion PÉPIN

**saisie Larousse**

I.S.E.M. : H. FOURNERAT

**direction technique**

Gérard WEYMIENS,
assisté de Janine MILLE

# TABLE

# CONSULTER LE LAROUSSE ENCYCLOPÉDIQUE UNIVERSEL

Le *Larousse encyclopédique universel* est un *dictionnaire encyclopédique.* Il comprend trois grandes catégories d'articles : les noms communs, les noms propres et, portant tantôt sur les premiers, tantôt sur les seconds, des dossiers.

## 1. LES NOMS COMMUNS

Dictionnaire encyclopédique, le *Larousse encyclopédique universel* intègre, dans ses 47 500 noms communs (substantifs, adjectifs, adverbes, pronoms, etc.), de nombreux termes spécifiques des sciences et des techniques d'aujourd'hui, notamment en médecine, en informatique, en biologie.

Conformément à sa visée informative et pédagogique, il privilégie le vocabulaire de tous les domaines de la connaissance actuelle.

S'adressant au plus large public, il écarte les mots et expressions rares et obsolètes ainsi que ceux qui, bien qu'actuels, peuvent choquer par leur vulgarité, leur caractère discriminatoire à l'égard du sexe, de l'origine ethnique, des convictions morales, philosophiques ou religieuses.

Une part importante est faite par ailleurs à la francophonie hors de France (Belgique, Suisse, pays d'Afrique, Québec, Louisiane).

Les recommandations de l'Académie française sont mentionnées. Les recommandations officielles en matière de terminologie, en particulier les équivalents proposés pour les termes techniques d'origine étrangère, sont indiquées chaque fois qu'elles existent.

### ■ la structure des articles

La structure des articles a été conçue pour permettre un accès rapide à l'information. Dans le cas des mots à nombre de sens réduit, les différents sens sont distingués par des numéros ; dans le cas des mots à sens nombreux, l'article est divisé en deux parties :
- une première série de sens, précédée par des numéros, regroupe ceux qui sont perçus comme faisant partie de la langue courante ; la définition de ces sens est le plus souvent illustrée par un exemple (en italique), qui en montre l'utilisation dans la langue ;
- une seconde série de sens (ceux qui appartiennent à des domaines spécialisés : sciences, techniques, beaux-arts, etc.) est signalée par des rubriques (cf. liste pages XII-XVII), classées par ordre alphabétique.

À l'intérieur de l'article, des sous-entrées (repérées par un losange noir ♦) ont parfois été distinguées :
- pour les verbes, quand leur construction change (pronominale, passive, impersonnelle, etc.) ;
- pour les noms et les adjectifs, s'ils ont un sens spécifique au pluriel ou s'ils changent de catégorie grammaticale ;

- pour les adjectifs, s'ils ont un emploi adverbial, s'ils ont une forme nominale dérivée ;
- pour les noms désignant des métiers, dérivés régulièrement du nom désignant le secteur d'activité correspondant;
- pour les adverbes de manière en *-ment* qui n'ont pas d'autre sens que celui de l'adjectif auquel ils correspondent.

### ■ les développements encyclopédiques

Lorsque le nom commun (ou un sens particulier d'un nom commun) mérite un discours plus large qu'une simple définition, il fait l'objet d'un développement encyclopédique.

Les développements encyclopédiques sont introduits par les lettres :

**ENCYCL.**

Il peut y avoir plusieurs développements encyclopédiques pour un même mot. L'existence de ce développement est signalée, à la fin du sens concerné, par le renvoi :

(V. ENCYCL.)

Chacun de ces développements est introduit par une rubrique, en caractères gras, indiquant le domaine de la connaissance dont il relève (par exemple : **ASTRON.** pour astronomie). Les développements sont alors classés dans l'ordre alphabétique de ces rubriques.

Lorsque le nom commun (ou un sens particulier du nom commun) mérite, eu égard à son importance, un discours encore plus large et encore plus développé, il peut faire l'objet d'un dossier.

## 2. LES NOMS PROPRES

Chaque entrée, en caractères gras, commence, dans la plupart des cas, par une grande majuscule. Le schéma des articles est le suivant :

### ■ personnages historiques ou contemporains :

*nom ; prénom(s) ; titulature (éventuellement) ; fonction ou activité principale ; lieu de naissance; date de naissance ; lieu de décès ; date de décès ;* avec, en outre, pour les souverains, dates de début et de fin de règne.

Lorsqu'un de ces renseignements n'est pas connu, ou qu'il existe une incertitude, le lecteur peut trouver soit un point d'interrogation pour un lieu ou une date inconnus, soit l'abréviation v. (vers) suivie de la date incertaine.

Quand plusieurs membres d'une même famille ou d'une même dynastie font l'objet d'articles, ceux-ci ont souvent été réunis sous une entrée unique, soit au nom de la famille, soit au nom de règne pour les souverains.

Le cas échéant, sont mentionnées l'appartenance à l'Académie française, l'obtention du prix Nobel, de la médaille Fields.

■ **œuvres :**

*titre* (pour les œuvres étrangères, on a choisi le titre sous lequel l'œuvre est le plus connue dans la communauté francophone); *auteur(s) ; nature* (roman, drame, poème, ballet, symphonie, film, etc.); *date de création ; contenu.*

■ **institutions :**

*nom ; pays d'appartenance ; date de création ; lieu de création ; fonction, activité ; historique.*

■ **événements :**

*nom ; date ; développement historique.*

■ **lieux :**

• États et pays, villes, provinces, régions, départements :
*nom en français ; nom(s) dans la ou les langues du pays concerné ; localisation géographique ; superficie ; nombre des habitants ; nom des habitants ; capitale ; langue(s) officielle(s) ; développements géographique, économique, historique ; court développement culturel.*

Pour chacun des États du monde, une fiche d'identification, en tête de l'article donne systématiquement les informations suivantes :

**NOM**
**CAPITALE**
**SUPERFICIE**
**POPULATION**, suivie du nom des habitants
**LANGUE(S)**
**RELIGION(S)**
**MONNAIE**
**RÉGIME** (nature du régime politique)
**CHEF DE L'ÉTAT** (président de la République, roi, etc.)

Pour les plus grands pays figurent aussi les rubriques suivantes:

**CHEF DU GOUVERNEMENT** (Premier ministre, président du Conseil, chef du gouvernement provisoire, etc.)

**LÉGISLATIF** (nature, type, composition des organes législatifs).

L'histoire des pays, actuels ou anciens, est traitée sous forme de chronologies développées, de façon à mettre en lumière les dates-clés autour desquelles s'articule la vie passée de ces pays.

• rivières, fleuves, montagnes, lacs, etc. :
*nom ; pays d'appartenance ; localisation géographique ; données chiffrées* (longueur, hauteur, superficie) ; si nécessaire, *informations économiques et courtes indications historiques.*

• planètes et astres :
*nom ; nom latin ; principales données physiques* (figurant en tableau pour les planètes et pour la Lune).

## 3. LES DOSSIERS

Le *Larousse encyclopédique en couleurs* comporte 430 dossiers. Ceux-ci sont des développements encyclopédiques d'un type particulier, relatifs aux sujets les plus importants. Les dossiers rassemblent en une même unité texte et illustrations. Afin d'assurer la meilleure lisibilité, ils sont structurés, avec de nombreux intertitres. Les illustrations sont abondamment légendées, de façon à pouvoir faire l'objet d'une lecture séparée. Parfois, un commentaire leur est associé, qui développe un aspect particulier du sujet, complétant par une anecdote, par l'explication d'un point de détail, l'information du lecteur.

Les thèmes abordés dans les dossiers peuvent, par commodité, être regroupés sous six grandes rubriques, identifiables par la couleur pastel qui leur est affectée et que l'on retrouve, de façon constante au long de la collection, dans le bandeau qui porte le titre des dossiers.

Le monde physique et politique

Grandes figures et moments de l'Histoire

Religions, philosophie, sciences humaines

Arts, culture, communication

Le vivant et les sciences du vivant

Sciences, techniques, activités économiques, armée

Certains dossiers, dédiés à de hauts lieux d'art et d'histoire de la culture universelle, s'appuyent essentiellement sur l'image ; ils se signalent par les fonds de couleur bleu foncé sur lesquels ressortent les photos, souvent installées en pleine page ou même en double page.

Tous les dossiers, qu'ils concernent un nom commun ou un nom propre, sont appelés depuis l'ordre alphabétique courant, et la page sur laquelle ils figurent – aussi proche que possible de l'article appelant – est clairement indiquée par un renvoi.

Exemple :

→ • **DOSSIER** ABOU-SIMBEL *page suivante.*
→ • **DOSSIER** L'ART ABSTRAIT *p. 21.*

## 4. LA GRAMMAIRE

Le *Larousse encyclopédique universel* inclut de nombreuses informations d'ordre grammatical, et notamment un tableau de 115 conjugaisons-types, les règles de formation du pluriel des noms et de l'accord du participe passé, la liste des préfixes et des suffixes du français. Ces données se trouvent à leur ordre alphabétique, aux entrées « conjugaison », « participe », « pluriel », « préfixe », « suffixe ».

Chaque verbe présentant des difficultés de conjugaison est suivi, derrière son entrée à l'ordre alphabétique, d'un chiffre entre crochets [8, 73, etc.] renvoyant au tableau des conjugaisons-types.

## 5. LES ANNEXES

D'importantes annexes, placées dans le seizième et dernier volume de la collection, rassemblent des informations de type administratif ou statistique (données démographiques, économiques...), des résultats sportifs (jeux Olympiques, championnats ou records de diverses disciplines), la liste des lauréats des prix Nobel et de diverses récompenses littéraires ou cinématographiques.

# ABRÉVIATIONS ET RUBRIQUES

## A

| | |
|---|---|
| **ABRAS.** | abrasifs |
| abrév. | abréviation |
| absol. | absolument |
| Acad. | académie |
| Acad. fr. | Académie française |
| Acad.des sc. | Académie des sciences |
| accus. | accusatif |
| **ACOUST.** | acoustique |
| **ACUPUNCT.** | acupuncture |
| **ADHÉS.** | adhésifs |
| adj. | adjectif |
| adj. poss. | adjectif possessif |
| adj. dém. | adjectif démonstratif |
| adj. indéf. | adjectif indéfini |
| adj. interr. | adjectif interrogatif |
| adj. num. card. | adjectif numéral cardinal |
| adj. num. ord. | adjectif numéral ordinal |
| admin. | langue administrative |
| adv. | adverbe, adverbial |
| **AÉRON.** | aéronautique |
| affl. | affluent |
| **AGRIC.** | agriculture |
| **AGROALIM.** | industries agroalimentaires |
| **ALCH.** | alchimie |
| **ALGÈBR.** | algèbre |
| all. | allemand |
| **ALLUM.** | allumettes |
| allus. | allusion |
| allus. hist. | allusion historique |
| allus. litt. | allusion littéraire |
| **ALP.** | alpinisme |
| alphab. | alphabétique |
| alt. | altitude |
| altér. | altération |
| amér. | américain |
| **ANAT.** | anatomie |
| **ANC.** | ancien, anciennement |
| **ANGL.** | anglais |
| anglo-amér. | anglo-américain |
| **ANTHROPOBIOL.** | anthropobiologie |
| **ANTHROPOL.** | anthropologie sociale |
| **ANTIQ.** | Antiquité |
| **APIC.** | apiculture |
| app. | en apposition |
| apr. | après |
| apr. J.-C. | après Jésus-Christ |
| **AQUAC.** | aquaculture |
| ar. | arabe |
| **ARBOR.** | arboriculture |
| **ARCHÉOL.** | archéologie |
| **ARCHIT.** | architecture |
| **ARDOIS.** | ardoisières |
| **ARG.** | argot |
| **ARG. MIL.** | argot militaire |
| **ARG. SCOL.** | argot scolaire |
| **ARM.** | armement |
| arr. | arrondissement |
| art. | article |
| **ART CONTEMP.** | art contemporain |
| **ARTS DÉCOR.** | arts décoratifs |
| **ARTS GRAPH.** | arts graphiques |
| **ASSAIN.** | eaux et assainissement |
| **ASTROL.** | astrologie |
| **ASTRON.** | astronomie |
| **ASTRONAUT.** | astronautique |
| **AUDIOVIS.** | audiovisuel |
| auj. | aujourd'hui |
| **AUTOM.** | automobile |
| autref. | autrefois |
| auxil. | auxiliaire |
| av. | avant |
| av. J.-C. | avant Jésus-Christ |
| avr. | avril |

## B

| | |
|---|---|
| **BACTÉRIOL.** | bactériologie |
| **BALIST.** | balistique |
| **BANQUE** | banque |
| **BÂT.** | bâtiment |
| b. c. | basse continue |
| **BIJOUT.** | bijouterie |
| **BIOCHIM.** | biochimie |
| **BIOL.** | biologie |
| B. N. | Bibliothèque nationale |
| **BOIS** | industrie du bois |
| **BONNET.** | bonneterie |
| **BOT.** | botanique |
| **BOUCH.** | boucherie |
| **BOULANG.** | boulangerie |
| **BOURRELL.** | bourrellerie |
| **BOURSE** | bourse |
| **BROD.** | broderie |
| **BUR.** | machines et articles de bureau |
| **BX-ARTS** | beaux-arts |
| byz. | byzantin |

Sont indiquées en petites capitales grasses les rubriques qui, dans cet ouvrage, distinguent les sens des mots appartenant à des domaines spécialisés.

# ABRÉVIATIONS ET RUBRIQUES

## C

| | |
|---|---|
| c. | canton |
| c.-à-d. | c'est-à-dire |
| **CALLIGR.** | calligraphie |
| cant. | canton |
| cap. | capitale |
| card. | cardinal |
| **CARTOGR.** | cartographie |
| celt. | celtique |
| **CÉRAM.** | céramique |
| cf. | confer |
| chap. | chapitre |
| **CHAPELL.** | chapellerie |
| **CHARB.** | charbons |
| **CHARCUT.** | charcuterie |
| **CHARP.** | charpente |
| **CHARRONN.** | charronnerie |
| **CHASSE** | chasse |
| **CHAUFF.** | chauffage |
| **CHAUSS.** | chaussure |
| **CH. DE F.** | chemin de fer |
| **CHIM.** | chimie |
| chin. | chinois |
| **CHIR.** | chirurgie |
| ch.-l. | chef-lieu |
| **CHORÉGR.** | chorégraphie |
| **CHRONOL.** | chronologie |
| **CIN.** | cinéma |
| **CIRQ.** | cirque |
| class. | classique, langue classique |
| **CLIMATOL.** | climatologie |
| C.N.A.C. G.-P. | Centre national d'art et de culture Georges-Pompidou |
| **COIFF.** | coiffure |
| coll. | collection |
| collab. | collaboration, collaborateurs |
| coll. priv. | collection privée |
| **COLOR.** | colorants |
| **COMM.** | commerce |
| comm. | commune |
| compar. | comparatif |
| compl. | complément |
| **COMPTAB.** | comptabilité |
| cond. | conditionnel |
| **CONFIS.** | confiserie |
| conj. | conjonction ou conjugaison |
| contr. | contraire |
| **CORPS GRAS** | corps gras |
| **COSMÉT.** | cosmétologie |
| **COST.** | histoire du costume |
| cour. | courant ; couramment |
| **COUT.** | couture |
| **COUTELL.** | coutellerie |
| **CRISTALLOGR.** | cristallographie |
| **CUIS.** | cuisine |
| **CYBERN.** | cybernétique |
| **CYCL.** | cycles et motocycles |
| **CYTOL.** | cytologie |

## D

| | |
|---|---|
| dan. | danois |
| déc. | décembre |
| **DÉCOR.** | décorations |
| déf. | défini |
| **DÉF.** | défense |
| dém. | démonstratif |
| **DÉMOGR.** | démographie |
| **DENT.** | dentelle |
| dép. | département |
| dér. | dérivé |
| **DESS.** | dessin et perspective |
| **DIAL.** | dialectal |
| diam. | diamètre |
| dict. | dictionnaire |
| dimin. | diminutif |
| **DIPLOM.** | diplomatique |
| dir. | direct |
| dist. | distance |
| **DOCUM.** | documentation |
| **DR.** | droit |
| **DR. ANC.** | droit ancien |
| **DR. CANON.** | droit canonique |
| **DR. FISC.** | droit fiscal |

## E

| | |
|---|---|
| E. | Est |
| ecclés. | ecclésiastique |
| **ÉCLAIR.** | éclairage |
| **ÉCOL.** | écologie |
| **ÉCON.** | économie, sciences économiques |
| éd. | édition, édité |
| égl. | église |
| **ÉLECTR.** | électricité |
| **ÉLECTROACOUST.** | électroacoustique |
| **ÉLECTRON.** | électronique |
| **ÉLEV.** | élevage |
| ellipt. | elliptique, elliptiquement |
| **EMBALL.** | emballage et conditionnement |
| **EMBRYOL.** | embryologie |
| empr. | emprunt, emprunté |

# ABRÉVIATIONS ET RUBRIQUES

| | |
|---|---|
| encycl. | encyclopédie, partie encyclopédique |
| **ENLUM.** | enluminure |
| **ENSEIGN.** | enseignement |
| **ENTOMOL.** | entomologie |
| env. | environ |
| **ÉQUIT.** | équitation |
| esp. | espagnol |
| **ÉTHOL.** | éthologie |
| étym. | étymologie, étymologique |
| europ. | européen |
| ex. | exemple |
| exclam. | exclamatif |
| ext. (par) | par extension |

## F

| | |
|---|---|
| f. ou fém. | féminin |
| **FAM.** | langue familière, familièrement |
| **FAUCONN.** | fauconnerie |
| **FÉOD.** | féodalité |
| **FERRONN.** | ferronnerie |
| févr. | février |
| **FIN.** | finances publiques, institutions financières |
| fl. | fleuve |
| flam. | flamand |
| **FOR.** | forage |
| **FORTIF.** | fortification |
| fr. | français |
| **FR.-MAÇONN.** | franc-maçonnerie |
| **FRIGOR.** | industrie du froid |
| frq. | francique |
| fut. | futur |

## G

| | |
|---|---|
| gaél. | gaélique |
| gal. | galerie |
| **GANT.** | ganterie |
| gasc. | gascon |
| gaul. | gaulois |
| génér. | en général ; généralement |
| **GÉNÉT.** | génétique |
| génit. | génitif |
| **GÉOD.** | géodésie |
| **GÉOGR.** | géographie |
| **GÉOGR. ANC.** | géographie ancienne |
| **GÉOL.** | géologie |
| **GÉOM.** | géométrie |
| **GÉOMORPH.** | géomorphologie |
| **GÉOPHYS.** | géophysique |
| germ. | germanique |
| gotiq. | gotique |
| gouvern. | gouvernement |
| gr. | grec |
| **GRAMM.** | grammaire |
| **GRAV.** | gravure et lithographie |
| gr. byz. | grec byzantin |
| gr. class. | grec classique |
| gr. mod. | grec moderne |

## H

| | |
|---|---|
| hab. | habitants |
| **HABILL.** | habillement |
| hébr. | hébreu, hébraïque |
| **HÉRALD.** | héraldique |
| **HIPPOL.** | hippologie |
| **HIST.** | histoire |
| **HISTOL.** | histologie |
| **HOMÉOPATH.** | homéopathie |
| hongr. | hongrois |
| **HORLOG.** | horlogerie |
| **HORTIC.** | horticulture |
| **HÔTELL.** | hôtellerie |
| **HYDROL.** | hydrologie |

## I

| | |
|---|---|
| i. | intransitif |
| ibid. | ibidem |
| **ICONOGR.** | iconographie |
| id. | idem |
| imparf. | imparfait |
| impér. | impératif |
| impers. | impersonnel, impersonnellement |
| **IMPR.** | imprimerie et industries graphiques |
| ind. | indicatif ou indirect |
| indéf. | indéfini |
| **INDUSTR.** | industrie |
| inf. | infinitif |
| infl. | influence |
| **INFORM.** | informatique |
| interj. | interjection, interjectif |
| interr. | interrogatif, ive |
| inus. | inusité |
| inv. | invariable |
| irland. | irlandais |
| iron. | ironique, ironiquement |
| ital. | italien |

## J

| | |
|---|---|
| janv. | janvier |
| jap. | japonais |
| **JARD.** | arts des jardins |
| J.-C. | Jésus-Christ |
| **JEUX** | jeux |
| juill. | juillet |
| jurid. | juridique |

## L

| | |
|---|---|
| lat. | latin *ou* latitude |
| lat. class. | latin classique |
| lat. ecclés. | latin ecclésiastique |
| lat. jurid. | latin juridique |
| lat. médiév. | latin médiéval |
| lat. pop. | latin populaire |
| lat. sc. | latin scientifique |
| **LING.** | linguistique |
| **LITT.** | langue littéraire |
| **LITTÉR.** | littérature |
| **LITURG.** | liturgie |
| loc. | locution |
| loc. adj. | locution adjective |
| loc. adv. | locution adverbiale |
| loc. conj. | locution conjonctive |
| loc. interj. | locution interjective |
| loc. prép. | locution prépositive |
| loc. v. | locution verbale |
| **LOG.** | logique |
| long. | longitude |

## M

| | |
|---|---|
| M. | monsieur |
| m. ou masc. | masculin |
| **MAGNÉT.** | magnétisme |
| magnit. | magnitude |
| majusc. | majuscule |
| M.A.M. | musée d'Art moderne |
| M.A.N. | musée des Antiquités nationales |
| **MANUT.** | manutention et stockage |
| **MAR.** | marine |
| **MARÉCH.** | maréchalerie |
| **MAROQ.** | maroquinerie |
| **MATÉR.** | matériaux |
| **MATH.** | mathématiques |
| max. | maximum, maximal |
| **MÉCAN.** | mécanique industrielle |
| **MÉD.** | médecine |
| médiév. | médiéval |
| **MÉNAG.** | équipements ménagers, économie domestique |
| **MENUIS.** | menuiserie |
| **MÉTALL.** | métallurgie |
| **MÉTÉO.** | météorologie |
| **MÉTRIQ.** | métrique |
| **MÉTROL.** | métrologie |
| M$^{gr}$ | monseigneur |
| **MIL.** | militaire |
| mill. | millénaire |
| **MIN.** | mines |
| **MINÉR.** | minéralogie |
| minim. | minimum, minimal |
| minusc. | minuscule |
| M$^{lle}$ | mademoiselle |
| M$^{me}$ | madame |
| M.N.A.M. | musée national d'Art moderne |
| **MOBIL.** | mobilier et décoration intérieure |
| mod. | moderne |
| **MONN.** | monnaies |
| mus. | musée, muséum |
| **MUS.** | musique |
| **MYTH.** | mythologie |
| myth. | mythologique |

## N

| | |
|---|---|
| n. | nom |
| N. | Nord |
| nat. | national |
| **NAVIG.** | navigation intérieure |
| N.B. | nota bene |
| N.-D. | Notre-Dame |
| néerl. | néerlandais |
| nég. | négation, négatif |
| **NEUROL.** | neurologie |
| n. f. | nom féminin |
| n. f. pl. | nom féminin pluriel |
| n. m. | nom masculin |
| n. m. pl. | nom masculin pluriel |
| n° | numéro |
| norm. | normand |
| norv. | norvégien |
| notamm. | notamment |
| nov. | novembre |
| n. pr. | nom propre |
| n. sc. | nom scientifique |
| **NUCL.** | génie nucléaire |
| num. | numéral |
| **NUMISM.** | numismatique |
| n. us. | nom usuel |

# ABRÉVIATIONS ET RUBRIQUES

## O

| | |
|---|---|
| O. | Ouest |
| **OCCULT.** | occultisme |
| oct. | octobre |
| **ODONT.** | odontologie et chirurgie dentaire |
| **ŒNOL.** | œnologie |
| onomat. | onomatopée, onomatopéique |
| op. | opus |
| opp. (par) | par opposition |
| **OPT.** | optique |
| ord. | ordinal |
| **ORFÈVR.** | orfèvrerie |
| orig. | origine |
| **ORNITH.** | ornithologie |
| **OUTILL.** | outillage |

## P

| | |
|---|---|
| p. | page *ou* participe |
| **PALÉOGR.** | paléographie |
| **PALÉONT.** | paléontologie |
| **PAPET.** | industrie du papier |
| **PARAPSY.** | parapsychologie |
| **PARFUM.** | parfumerie |
| part. passé | participe passé |
| part. prés. | participe présent |
| partic. | particule, particulièrement |
| partic. (en) | en particulier |
| pass. | passif |
| **PASSEM.** | passementerie |
| **PATHOL.** | pathologie |
| p.-ê. | peut-être |
| **PEAUSS.** | cuirs et peaux |
| **PÊCHE** | pêche |
| **PÉDAG.** | pédagogie et sciences de l'éducation |
| **PÉDOL.** | pédologie |
| **PEINT.** | peintures et vernis |
| **PEINT. ARTIST.** | peinture artistique |
| **PÉJOR.** | péjoratif, péjorativement |
| **PELLET.** | pelleterie |
| pers. | personne, personnel |
| **PÉTR.** | industrie du pétrole |
| **PHARM.** | pharmacie |
| **PHILOL.** | philologie |
| **PHILOS.** | philosophie |
| **PHON.** | phonétique |
| **PHOT.** | photographie |
| **PHOTOGRAMM.** | photogrammétrie |
| **PHYS.** | physique |
| **PHYSIOL.** | physiologie |
| pl. | pluriel |
| plais. (par) | par plaisanterie |
| pl.-q.-parfait | plus-que-parfait |
| poét. | poétique, poétiquement |
| **POLIT.** | sciences politiques |
| polon. | polonais |
| **POLYM.** | polymères |
| **POP.** | populaire, langue populaire *ou* population |
| port. | portugais |
| poss. | possessif |
| **POST.** | Postes |
| pr. | propre *ou* pronominal |
| précéd. | précédent |
| préf. | préfixe |
| **PRÉHIST.** | préhistoire |
| prép. | préposition |
| prés. | présent |
| **PRESSE** | presse |
| **PRESTIDIG.** | prestidigitation |
| princ. | principal(ement) |
| priv. | privatif |
| **PROBAB.** | probabilités |
| pron. | pronom |
| pron. dém. | pronom démonstratif |
| pron. indéf. | pronom indéfini |
| pron. interr. | pronom interrogatif |
| pron. pers. | pronom personnel |
| pron. poss. | pronom possessif |
| pron. rel. | pronom relatif |
| prov. | province *ou* proverbe |
| provenç. | provençal |
| **PSYCHAN.** | psychanalyse |
| **PSYCHIATRIE** | psychiatrie |
| **PSYCHOL.** | psychologie |
| **PUBL.** | publicité |
| **PUÉRIC.** | puériculture |
| **PYROTECHN.** | pyrotechnie |

## Q R

| | |
|---|---|
| qqch | quelque chose |
| qqf | quelquefois |
| qqn | quelqu'un |
| qqpart | quelque part |
| rad. | radical |
| r. dr. | rive droite |
| r. g. | rive gauche |
| réfl. | réfléchi |
| **RÉGION.** | régional |
| rel. | relatif |

| | |
|---|---|
| **REL.** | reliure |
| **RELIG.** | religion |
| **REM.** | remarque |
| rép. | république |
| resp. | respectivement |
| **RHÉT.** | rhétorique |
| riv. | rivière |
| rom. | romain |
| roum. | roumain |

## S

| | |
|---|---|
| s. | siècle |
| S. | Sud |
| S. | San, Sant, Santo, Santa, Sankt, São |
| **SAL.** | salines |
| sanskr. | sanskrit |
| **SAVONN.** | savonnerie |
| sc. | scientifique |
| scand. | scandinave |
| **SCULPT.** | sculpture |
| **SELL.** | sellerie |
| sept. | septembre |
| **SÉRICIC.** | sériciculture |
| **SERRUR.** | serrurerie |
| seul. | seulement |
| **SEXOL.** | sexologie |
| **SIGILL.** | sigillographie |
| signif. | signifiant |
| sing. | singulier |
| **SOCIOL.** | sociologie |
| sous la dir. de | sous la direction de |
| spécial. | spécialement |
| spécif. | spécifique |
| **SPECT.** | spectacles |
| **SPORTS** | sports |
| S$^{t}$, S$^{te}$ | Saint ; Sainte |
| **STAT.** | statistique |
| subj. | subjonctif |
| suéd. | suédois |
| suff. | suffixe |
| suiv. | suivant |
| sup. | supérieur |
| superf. | superficie |
| superl. | superlatif |
| **SYLVIC.** | sylviculture |
| symb. | symbole |
| **SYN.** | synonyme |
| syr. | syriaque |

## T

| | |
|---|---|
| t. | tome |
| **TAB.** | tabacs |
| **TAPISS.** | tapisserie |
| **TECHN.** | technique |
| **TÉLÉCOMM.** | télécommunications |
| **TÉLÉV.** | télévision |
| **TÉRATOL.** | tératologie |
| territ. | territoire |
| **TEXT.** | textiles |
| **THÉÂTRE** | théâtre |
| **THÉOL.** | théologie |
| **THERM.** | thermique |
| **THERMODYN.** | thermodynamique |
| **TISS.** | tissus anciens |
| **TONNELL.** | tonnellerie |
| **TOPOGR.** | topographie |
| **TOUR.** | tourisme |
| trad. | traduction, traduit |
| **TRAD. POP.** | traditions populaires |
| **TRANSP.** | transports |
| **TRAV. PUBL.** | travaux publics |
| **TURF** | turf |

## U

| | |
|---|---|
| **URBAN.** | urbanisme |
| us. | usuel *ou* usité |
| **USIN.** | usinage |

## V

| | |
|---|---|
| v. | verbe *ou* vers *ou* voir *ou* ville |
| **VANN.** | vannerie |
| var. | variante de |
| **VÉNER.** | vénerie |
| **VERR.** | verrerie |
| **VERSIFIC.** | versification |
| **VÉTÉR.** | médecine vétérinaire |
| v. i. | verbe intransitif |
| viet. | vietnamien |
| v. impers. | verbe impersonnel |
| **VITIC.** | viticulture |
| **VITR.** | vitrail |
| **VOIT. ANC.** | voitures anciennes |
| vol. | volume |
| v. pass. | verbe passif |
| v. pr. | verbe pronominal |
| v. princ. | ville principale |
| v. t. | verbe transitif |
| v. t. ind. | verbe transitif indirect |
| **VX.** | vieux (mot ou sens) |

## Z

| | |
|---|---|
| **ZOOL.** | zoologie |
| **ZOOTECHN.** | zootechnie |

# PRONONCIATION DU FRANÇAIS

| SONS DU LANGAGE | NOTATION PHONÉTIQUE | EXEMPLES |
|---|---|---|
| **voyelles orales** | | |
| *a* antérieur | [a] | lac, cave, agate, il plongea |
| *a* postérieur | [ɑ] | tas, vase, bâton, âme |
| *e* fermé | [e] | née, désobéir, effacer |
| *e* ouvert | [ɛ] | bec, poète, blême, Noël, il peigne, il aime |
| *i* bref ou long | [i] | île, ville, épître |
| *o* ouvert bref ou long | [ɔ] | note, robe, Paul |
| *o* fermé bref ou long | [o] | sot, pôle, aube, agneau |
| *ou* | [u] | outil, mou, pour, goût, août |
| *u* | [y] | usage, luth, mur, il eut |
| *eu* ouvert bref ou long | [œ] | peuple, bouvreuil, bœuf |
| *eu* fermé bref ou long | [ø] | émeute, jeûne, aveu, nœud |
| *e* (dit muet) | [ə] | me, grelotter, je serai |
| **voyelles nasales** | | |
| *e* nasalisé ouvert | [ɛ̃] | limbe, instinct, main, dessein, syncope |
| *n* nasalisé ouvert | [ɑ̃] | champ, ange, emballer, ennui, vengeance |
| *o* nasalisé | [ɔ̃] | plomb, ongle, mon |
| *œ* nasalisé | [œ̃] | parfum, aucun, brun, à jeun. |
| **semi-voyelles** | | |
| *y* + voyelle | [j] | yeux, lieu, fermier, liane, piller |
| *u* + voyelle | [ɥ] | lui, nuit, suivre, buée, sua |
| *ou* + voyelle | [w] | oui, ouest, moi, squale. |

N'ont été indiquées dans cet ouvrage que les prononciations qui présentent une difficulté. Nous avons adopté, pour noter ces prononciations, les signes de l'alphabet phonétique international (V. PHONÉTIQUE).

La lettre *h* ne se prononce pas et ne comporte aucune aspiration. À l'initiale d'un mot, le *h* dit « aspiré » empêche les liaisons ; les mots qui le comportent sont indiqués par un astérisque (*) à leur entrée.

## PRONONCIATION DU FRANÇAIS

| SONS DU LANGAGE | NOTATION PHONÉTIQUE | EXEMPLES |
| --- | --- | --- |
| **consonnes** | | |
| occlusive bilabiale sourde | [p] | prendre, apporter, stop |
| occlusive bilabiale sonore | [b] | bateau, combler, aborder, abbé, snob |
| occlusive dentale sonore | [d] | dalle, addition, cadenas |
| occlusive dentale sourde | [t] | train, théâtre, vendetta |
| occlusive vélaire sourde | [k] | coq, quatre, kilo, bacchante, chrome |
| occlusive vélaire sonore | [g] | guêpe, diagnostic, garder, gondole |
| constrictive labiodentale sourde | [f] | fable, physique, fez, chef |
| constrictive labiodentale sonore | [v] | voir, wagon, aviver, révolte |
| constrictive postalvéolaire sourde | [s] | savant, science, cela, façon, patiente |
| constrictive postalvéolaire sonore | [z] | zèle, azur, réseau, rasade |
| constrictive palatoalvéolaire sonore | [ʒ] | jabot, déjouer, jongleur, âge, gigot |
| constrictive palatoalvéolaire sourde | [ʃ] | charrue, échec, schéma, shah |
| approximante latérale postalvéolaire | [l] | lier, pal, intelligence, illettré, calcul |
| battue uvulaire | [r] | rare, arracher, âpre, sabre |
| nasale bilabiale | [m] | amas, mât, drame, grammaire |
| nasale dentale | [n] | nager, naine, neuf, dictionnaire |
| nasale palatale | [ɲ] | agneau, peigner, baigner, besogne |
| nasale vélaire | [ŋ] | parking, planning, ring |

# SIGNES ET CARACTÈRES SPÉCIAUX

| LETTRE | LANGUE | PRONONCIATION |
|---|---|---|
| ä | allemand, suédois, finnois | *è* dans père |
| ä | slovaque | intermédiaire entre *a* et *ê* |
| á | hongrois et tchèque | *a* dans p*a*tte (mais long) |
| ã | portugais | *en* dans *en*core |
| â | roumain | intermédiaire entre *i* et *u* |
| å | danois, norvégien, suédois | *ô* dans hôte |
| ă | roumain | *eu* dans f*eu* |
| ą | polonais | *on* dans *on*cle |
| ç | turc et albanais | *tch* dans *tch*èque |
| ć | serbo-croate | *t* (mouillé) dans *t*iare |
| ć | polonais | *tch* (mouillé) |
| č | serbo-croate, tchèque | *tch* dans tchèque |
| ď | tchèque | *d* (mouillé) dans *d*iable |
| ë | albanais | *eu* dans f*eu* |
| ě | tchèque | *iè* dans bielle |
| ẽ | portugais | *é* fermé nasal |
| ę | polonais | *in* dans f*in* |
| ğ | turc | *gh* (faible) ou *y* (devant *e, i, ö, ü*) |
| í | tchèque, hongrois | *i* long |
| ı | turc | entre *i* et *é* |
| î | roumain | intermédiaire entre *i* et *u* |
| ł | polonais | *l* vélaire dans l'anglais *w*ell |
| ń | polonais | *gn* dans a*gn*eau |
| ñ | espagnol | *gn* dans a*gn*eau |
| ň | tchèque | *gn* dans a*gn*eau |
| ö | allemand, finnois, hongrois, turc | *œu* dans *œu*vre |
| ö | allemand, norvégien, suédois | *eu* dans f*eu* ou p*eu* |
| ő | hongrois | *eu* long et fermé dans j*eu* |
| ó | hongrois, tchèque | *ô* dans nôtre |
| ó | polonais | *ou* dans f*ou* |
| õ | portugais | *on* dans *on*cle |
| ø | danois et norvégien | *eu* dans f*eu* ou p*eu*t |
| ř | tchèque | *rj* dans bourgeon<br>*rch* dans pe*rch*e |
| š | serbo-croate, tchèque | *ch* dans *ch*eval |
| ş | turc, roumain | *ch* dans *ch*eval |
| ś | polonais | *ch* (mouillé) dans *ch*ien |
| ť | tchèque | *t* (mouillé) dans *t*ien |
| ţ | roumain | *ts* dans *ts*ar |
| ü | allemand, hongrois, turc | *u* dans t*u* |
| ü | hongrois | *u* dans b*û*che |
| ú | hongrois et slovaque | *ou* long |
| ů | tchèque | *ou* long |
| ý | tchèque | *i* dans v*i*lle (mais long) |
| ź | polonais | *g* (mouillé) dans *g*îte |
| ż | polonais | *g* dans *g*êne |
| ž | serbo-croate, tchèque | *j* dans *j*ambe |

# SIGNES ET CARACTÈRES SPÉCIAUX

■ L'alphabet latin a été adopté par de nombreux pays, mais certains d'entre eux y ont adjoint des lettres supplémentaires affectées de signes spéciaux, appelés « signes diacritiques ». Plutôt que d'utiliser des transcriptions fondées sur des à-peu-près phonétiques et manquant de rigueur scientifique, nous avons choisi d'indiquer les signes diacritiques pour tous les alphabets latins, ce qui permettra au lecteur de connaître l'orthographe réelle de chaque terme.

La liste en est fournie dans le tableau ci-contre, où nous avons indiqué pour chaque signe l'équivalent approximatif en français.

■ Pour les langues qui ne se servent pas de l'alphabet latin, nous avons utilisé des systèmes de transcription ou de translittération qui ne bouleversent pas trop les traditions solidement implantées en France.

Pour l'écriture chinoise, le système de transcription adopté est le « pinyin ». L'écriture pinyin, créée par les Chinois eux-mêmes, est, en effet, internationale et maintenant utilisée couramment dans les quotidiens français. Toutefois, dans certains cas (notamment noms de peintres et d'écrivains), pour ne pas dérouter les lecteurs familiarisés avec le système de transcription de l'École française d'Extrême-Orient (E.F.E.O.), nous avons fait suivre les entrées en pinyin de la forme E.F.E.O.

# LES DOSSIERS ET VOYAGES DE CE VOLUME

## Le monde physique et politique



## Grandes figures et moments de l'Histoire



## Religions, philosophie, sciences humaines



## Arts, culture, communication



## Le vivant et les sciences du vivant

# LES DOSSIERS ET VOYAGES DE CE VOLUME

Sciences, techniques, activités économiques, armée



Voyages

# A

**A** n.m. inv. -**1.** Première lettre de l'alphabet, première des voyelles. -**2.** *Bombe A,* bombe nucléaire de fission.

**a,** symbole de l'are et du préf. *atto-.*

**A** abrév. **BIOCHIM.** Désigne un groupe de vitamines liposolubles. **MUS.** Désigne la note *la,* dans le système de notation en usage dans les pays anglo-saxons et germaniques.

**Å,** symbole de l'angström.

**À** prép. (du lat. *ad,* vers). -**I.** Exprime un rapport : -**1.** De lieu : *Être à Paris.* -**2.** De temps : *Partir à sept heures.* -**3.** De destination : *Aboutir à un échec.* -**4.** De possession : *Ce stylo est à moi.* -**5.** De moyen : *Pêcher à la ligne.* -**6.** De manière : *Marcher à reculons.* -**7.** De prix : *Une place à vingt francs.* -**II.** Introduit : -**1.** Un compl. d'objet ind. d'un v.t. ind. : *Participer à un jeu.* -**2.** Un complément d'objet secondaire : *Prêter de l'argent à un ami.*

**AACHEN** → AIX-LA-CHAPELLE.

**AALST,** en fr. Alost, v. de Belgique, ch.-l. d'arr. de la Flandre-Orientale ; 76 382 hab. – Collégiale St-Martin, de style gothique flamboyant ; ensemble urbain de la Grande-Place.

**AALTO** (Alvar), architecte et designer finlandais (Kuortane 1898 - Helsinki 1976). S'écartant du « style international » dès le début des années 30, il illustre le courant « organique » par un souci des rapports du bâtiment au site, une recherche de la continuité de l'espace interne et une utilisation sensible des matériaux (bois, pierre, brique) qui traduisent son sens de l'humain et une poétique parfois baroque.

Alvar **AALTO** : centre civique et culturel (1950-1952) de Säynätsalo (Finlande).

**AAR** ou **AARE,** riv. de Suisse, qui naît dans le massif de l'Aar-Gothard, traverse les lacs de Brienz, Thoune et Bienne avant de rejoindre le Rhin (r. g.) ; 295 km. Elle passe à Berne.

**AARAU,** v. de Suisse, ch.-l. du cant. d'Argovie, au pied du Jura, sur l'Aar ; 16 481 hab.

**AARGAU** → ARGOVIE.

**AAR-GOTHARD** *(massif de l'),* partie la plus élevée des Alpes bernoises, englobant plusieurs sommets de plus de 4 000 m (dont la Jungfrau et le Finsteraarhorn) et d'où sont issus des glaciers (dont celui d'Aletsch).

**AARON,** frère aîné de Moïse et premier grand prêtre des Hébreux (XIII^e^ s. av. J.-C.). C'est parmi sa descendance que furent ensuite recrutés les grands prêtres du judaïsme.

**AARSCHOT,** v. de Belgique (Brabant flamand) ; 26 327 hab. – Église Notre-Dame, des XIV^e^-XV^e^ siècles.

**ABACA** n.m. (esp. *abacá*). Bananier des Philippines, qui fournit une matière textile, le chanvre de Manille. (Famille des musacées.)

**ABACULE** n.m. Élément d'une mosaïque. SYN. : **tesselle.**

**ABADAN,** port de l'Iran, près de l'embouchure du Chatt al-Arab, dans le golfe Persique ; 296 000 hab.

**ABAISSANT, E** adj. Dégradant.

**ABAISSE** n.f. Morceau de pâte aminci au rouleau servant à foncer un moule, en cuisine.

**ABAISSE-LANGUE** n.m. (pl. abaisse-langues ou inv.). Spatule avec laquelle on appuie sur la langue pour examiner la bouche et la gorge.

**ABAISSEMENT** n.m. -**1.** Action d'abaisser ; baisse, diminution. -**2.** Fait de s'abaisser.

**ABAISSER** v.t. -**1.** Faire descendre qqch : *Abaisser une manette.* -**2.** Diminuer l'importance, la valeur de qqch : *Abaisser ses prix.* -**3.** Rabaisser. -**4.** ***Abaisser une perpendiculaire,*** la mener d'un point à une droite ou à un plan.

**ABAISSEUR** adj.m. et n.m. Se dit d'un muscle qui abaisse telle ou telle partie du corps.

**ABAJOUE** n.f. Poche de la joue de certains mammifères (notamm. le hamster, certains singes), servant de réserve à aliments.

**ABANDON** n.m. (de l'anc. fr. *à bandon,* au pouvoir de). -**1.** Action d'abandonner, de quitter : *Abandon de poste.* -**2.** Fait de renoncer à poursuivre une compétition sportive.

**ABANDONNER** v.t. -**1.** Confier, céder qqch à qqn : *Abandonner aux autres le soin de décider pour soi.* -**2.** Renoncer à qqch qui était en cours ou en projet : *Au troisième round, le boxeur a abandonné (le combat).* -**3.** Quitter, souvent contre son devoir, un lieu, une fonction ou une activité : *Abandonner son poste.* -**4.** Délaisser qqn : *Ses amis l'avaient abandonné.* -**5.** Faire défaut à qqn : *Ses forces l'ont abandonné.*

**ABANDONNIQUE** adj. et n. Qui vit dans la crainte d'être abandonné : *Enfant abandonnique.*

**ABAQUE** n.m. (gr. *abax,* table à calcul). -**1.** Table à calcul ; boulier compteur. -**2.** Tablette, assise plus ou moins saillante qui couronne un chapiteau. SYN. : **tailloir.** -**3.** Diagramme, graphique donnant par simple lecture la solution approchée d'un problème numérique.

**ABASOURDIR** [abazurdir] v.t. (de l'anc. fr. *basourdir,* tuer). -**1.** Étourdir par un grand bruit. -**2.** Jeter dans la stupéfaction, dérouter.

**ABASOURDISSEMENT** n.m. Fait d'être abasourdi ; stupéfaction.

**ABÂTARDIR** v.t. -**1.** Faire perdre à un être vivant les qualités de sa race. -**2.** Faire perdre à qqn ou qqch ses qualités originelles.

**ABÂTARDISSEMENT** n.m. État de ce qui est abâtardi.

**ABATIS** n.m. CANADA. Terrain qui n'est pas encore complètement essouché.

**ABAT-JOUR** n.m. inv. -**1.** Dispositif fixé autour d'une lampe et destiné à diriger la lumière tout en protégeant les yeux de l'éblouissement. -**2.** Tout dispositif (auvent, lames, soupirail, etc.) laissant pénétrer la lumière et la dirigeant.

**ABATS** [aba] n.m. pl. Celles des parties comestibles des animaux de boucherie qui ne consistent pas en chair, en muscles (rognons, foie, mou, langue, pieds, etc.).

**ABATTAGE** n.m. -**1.** Action d'abattre : *Abattage des arbres.* -**2.** Action de tuer un animal de boucherie. (V. ENCYCL.) -**3.** Action de détacher le charbon, le minerai d'un gisement. -**4.** ***Vente à l'abattage,*** vente par grandes quantités, avec un bénéfice unitaire réduit.

**ENCYCL. BOUCHERIE**

Parmi les opérations d'abattage, on distingue, successivement, l'*étourdissement* des animaux, la *saignée,* l'*enlèvement de la peau,* l'*éviscération,* la *fente* et la *finition* de la carcasse. L'étourdissement des animaux est obligatoire, sauf dans le cas des abattages rituels. On procède par trépanation, perforation ou percussion de la boîte crânienne, ou par anesthésie.

Dans les abattoirs modernes, les animaux progressent d'un poste de travail à l'autre à l'aide de convoyeurs. Ces établissements sont conçus de manière à assurer, avec une cadence d'abattage élevée, la séparation la plus complète des parties propres (viandes saines, abats...) et des parties souillées (peaux, panses pleines...), et à réaliser une marche en avant continue des produits, sans retour en arrière ni croisement des circuits. Le travail des animaux et des carcasses se fait généralement en position suspendue afin de supprimer tout contact des produits avec le sol. Carcasses et abats subissent une inspection sanitaire sanctionnée par l'estampillage des viandes reconnues propres à la consommation.

**ABATTANT** n.m. Partie mobile d'un meuble, qu'on peut lever ou rabattre.

**ABATTÉE** n.f. -1. Mouvement d'un navire qui change de route. -2. Mouvement d'un voilier dont l'axe s'écarte du lit du vent. -3. Piqué brusque d'un avion, survenant à la suite d'une perte de vitesse.

**ABATTEMENT** n.m. -1. Fait d'être abattu : *Être dans un état de grand abattement.* -2. Déduction faite sur une somme à payer. -3. Fraction de la matière imposable exemptée du calcul de l'impôt.

**ABATTIS** n.m. Ensemble d'arbres abattus dans un bois. ◆ pl. Abats de volaille.

**ABATTOIR** n.m. Établissement où l'on abat et où l'on prépare les animaux destinés à la consommation.

**ABATTRE** v.t. [83]. -1. Faire tomber qqch, le renverser ; démolir : *Abattre un arbre, un mur.* -2. Tuer un animal. -3. Tuer qqn avec une arme à feu. -4. Ôter ses forces physiques ou morales à qqn. -5. *Abattre ses cartes, son jeu,* déposer ses cartes en les montrant, étaler son jeu ; dévoiler à l'adversaire son plan, ses moyens d'action. ◆ v.i. S'écarter du lit du vent, en parlant d'un voilier, par opp. à *lofer.* ◆ **s'abattre** v.pr. Tomber : *La grêle s'est abattue sur la région.*

**ABATTU, E** adj. Découragé, prostré. ◆ **abattu** n.m. Position du chien d'un fusil désarmé.

**ABBADO** (Claudio), chef d'orchestre italien (Milan 1933). Directeur musical de la Scala de Milan (1968-1986), chef principal du London Symphony Orchestra (1979-1988), il a dirigé l'Opéra de Vienne (1986-1991) et, en 1989, a succédé à Karajan à la tête de l'Orchestre philharmonique de Berlin.

**ABBAS** (Ferhat), homme politique algérien (Taher 1899 - Alger 1985). Il fut président du gouvernement provisoire de la République algérienne (1958-1961).

**ABBAS Ier** le Grand (1571 - dans le Mazandaran 1629), chah séfévide de Perse (1587-1629). Il établit l'Iran dans ses frontières actuelles et transféra sa capitale à Ispahan, qu'il embellit.

**ABBASSIDES,** dynastie de califes arabes (750-1258), fondée par Abu al-Abbas Abd Allah. Déplaçant le centre de l'Empire musulman en Iraq, ils firent de Bagdad leur capitale et s'appuyèrent sur les musulmans non arabes (notamm. les Iraniens). Les lettres et les sciences, héritières de la tradition grecque classique, connurent un essor remarquable, tout particulièrement sous le règne de Harun al-Rachid. L'empire se morcela à partir du IXe siècle et les califes se virent dépossédés de leur pouvoir politique, confisqué au XIe siècle par les Turcs Seldjoukides. Ils conservèrent cependant leur rôle de chefs religieux sunnites jusqu'à la prise de Bagdad par les Mongols, en 1258.

**ABBATIAL, E, AUX** [-sjal, o] adj. Relatif à l'abbé, à l'abbesse, à l'abbaye. ◆ **abbatiale** n.f. Église d'une abbaye.

**ABBAYE** [abei] n.f. -1. Couvent, génér. de règle bénédictine, comportant au moins douze moines ou moniales. -2. Ensemble des bâtiments abritant ces moines ou moniales.

**Abbaye** *(groupe de l'),* communauté d'écrivains et d'artistes (G. Duhamel, C. Vildrac, A. Gleizes, etc.) qui, en 1906, s'installa à Créteil pour échapper aux contraintes sociales.

**ABBE** (Ernst), industriel allemand (Eisenach 1840 - Iéna 1905). Il perfectionna les verres d'optique et le microscope.

**ABBÉ** n.m. -1. Supérieur d'une abbaye. -2. Prêtre séculier. -3. AFRIQUE. Prêtre d'origine africaine, par opp. à *père.*

**ABBESSE** n.f. Supérieure d'une abbaye.

**ABBEVILLE,** ch.-l. d'arr. de la Somme, sur la Somme ; 24 588 hab. *(Abbevillois).* — Église St-Vulfran, de style gothique flamboyant (XVe-XVIe s.) ; château de Bagatelle (1752). Musée Boucher-de-Perthes (préhistoire, beaux-arts).

**ABBEVILLIEN** n.m. Faciès du paléolithique inférieur, dont l'industrie lithique est caractérisée par des bifaces grossièrement taillés. ◆ **abbevillien, enne** adj. De l'abbevillien.

**ABC** [abese] n.m. inv. Base d'un art, d'une science : *L'abc du métier.*

**ABC,** quotidien espagnol de tendance monarchiste, fondé à Madrid en 1905.

**ABC** (sigle de *American Broadcasting Company*), l'un des quatre réseaux américains de télévision. ABC News dispose de bureaux d'information dans le monde entier et présente un célèbre journal : « Good morning America ».

**ABCÉDER** v.i. [18]. Dégénérer en abcès.

**ABCÈS** [apsɛ] n.m. (lat. *abcessus,* corruption). -1. Amas de pus dans une partie du corps. -2. *Abcès chaud,* abcès dû le plus souvent au staphylocoque ou au streptocoque et s'accompagnant des signes de l'inflammation. ‖ *Abcès de fixation,* abcès provoqué artificiellement pour localiser une infection générale (procédé auj. abandonné) ; ce qui permet de circonscrire un phénomène néfaste ou dangereux. ‖ *Abcès froid,* abcès se développant sans réaction inflammatoire et génér. d'origine tuberculeuse. ‖ *Crever, vider l'abcès,* résoudre avec une certaine violence une situation critique, dangereuse.

**ABD AL-AZIZ IBN AL-HASAN** (Marrakech 1878 ou 1881 - Tanger 1943), sultan du Maroc (1894), fils et successeur de Mulay Hasan, détrôné en 1908 par son frère Mulay Hafiz.

**ABD AL-AZIZ III IBN SAUD,** dit Ibn Séoud (Riyad v. 1880 - *id.* 1953), roi d'Arabie saoudite (1932-1953). À partir du Nadjd, il conquit les territoires qui forment l'Arabie saoudite, créée en 1932. Il y mit en place des institutions modernes.

**ABD AL-RAHMAN Ier** (731 - Cordoue 788), premier émir omeyyade de Cordoue (756-788). **Abd al-Rahman III** (v. 890 - Cordoue 961), huitième émir (912-961) et fondateur du califat de Cordoue (929).

**ABDALWADIDES,** dynastie berbère de Tlemcen (1235 - 1550). Ils se rendirent indépendants des Almohades en 1235. À partir du XIVe siècle, ils furent à plusieurs reprises assujettis à leurs voisins : les Marinides du Maroc ou les Hafsides de Tunisie. Leur royaume fut conquis par les Turcs en 1550.

**ABD EL-KADER,** en ar. 'Abd al-Qādir ibn Muḥyī al-Dīn, émir arabe (près de Mascara, auj. Mouaskar, 1808 - Damas 1883). Il dirigea de 1832 à 1847 la résistance à la conquête de l'Algérie par la France, qui reconnut un temps son autorité sur une partie du pays. Après la prise de sa smala (camp de l'émir) par le duc d'Aumale (1843) et la défaite de ses alliés marocains sur l'Isly (1844), il dut se rendre en 1847 au général Lamoricière. Interné en France jusqu'en 1852, il se retira ensuite à Damas.

**ABD EL-KRIM,** en ar. 'Abd al-Karīm, chef marocain (Ajdir 1882 - Le Caire 1963). En 1921, il souleva le Rif (région du nord du Maroc) contre les Espagnols puis contre les Français, mais dut se rendre en 1926. Interné à la Réunion, il se réfugia au Caire au cours de son transfert en France (1947).

**ABDICATION** n.f. Action d'abdiquer.

**ABDIQUER** v.t. Renoncer à une fonction, à un pouvoir et, en partic., renoncer à l'autorité souveraine : *Abdiquer la Couronne. Le roi a abdiqué.* ◆ v.i. Renoncer à agir, abandonner.

**ABDOMEN** [-mɛn] n.m. (mot lat.). -1. Région inférieure du tronc de l'homme et des mammifères, séparée du thorax par le diaphragme et limitée en bas par le bassin. (V. ENCYCL.) -2. Partie postérieure du corps des arthropodes, située à l'arrière des pattes servant à la marche.

ENCYCL.

**Les organes abdominaux.** Le diaphragme sépare le tronc en deux parties : le thorax au-dessus et l'abdomen au-dessous. Vers le bas, l'abdomen est en continuité avec la cavité pelvienne, laquelle est entourée par les os du petit bassin. Le tube digestif et ses annexes (estomac, intestin, foie, pancréas), ainsi que la rate, sont enveloppés dans une fine membrane, le péritoine. En arrière de ces organes, dans la zone dite «rétro-péritonéale», on trouve : les reins, qui se continuent par les uretères ; les deux glandes surrénales, à fonction hormonale ; deux gros vaisseaux sanguins, l'artère aorte et la veine cave inférieure ; des ganglions nerveux qui assurent la commande des viscères.

**L'examen médical.** Il a pour but de rechercher une contracture des muscles de la paroi abdominale, ce qui serait un signe de péritonite, ou bien une masse qui pourrait traduire une tumeur ou un abcès, ou encore une augmentation anormale du volume d'un organe. Une exploration globale de la cavité abdominale, en pratique courante, peut être réalisée par radiographie ou échographie.

**ABDOMINAL, E, AUX** adj. Relatif à l'abdomen. ◆ **abdominaux** n.m. pl. -1. Muscles constituant les parois antérieures et latérales de l'abdomen. -2. Exercices de gymnastique destinés à renforcer ces muscles : *Faire des abdominaux.*

**ABDUCTEUR** adj.m. et n.m. (du lat. *abductus,* qui s'écarte). -1. Se dit d'un muscle qui produit l'abduction. -2. *Tube abducteur,* tube qui recueille les gaz dans une réaction chimique.

**ABDUCTION** n.f. Mouvement qui écarte un membre du plan médian du corps.

**ABDÜLAZIZ** (Istanbul 1830 - *id.* 1876), sultan ottoman (1861-1876). Il fut déposé par un coup d'État de l'opposition libérale.

**ABDÜLHAMID II** (Istanbul 1842 - *id.* 1918), sultan ottoman (1876-1909). Il institua un régime parlementaire (Constitution de 1876) puis s'orienta vers une politique autoritaire. Partisan du panislamisme, il fut déposé par les Jeunes-Turcs.

**ABDULLAH** ou **ABD ALLAH** (La Mecque 1882 - Jérusalem 1951), émir (1921) puis roi (1946) de Transjordanie. Il annexa en 1949 ce qui restait de la Palestine arabe et fut assassiné.

**ABDÜLMECID Ier** (Istanbul 1823 - *id.* 1861), sultan ottoman (1839-1861). Il ouvrit l'ère des réformes : le Tanzimat (1839-1876).

**ABÉCÉDAIRE** n.m. (de *abcd*). VIEILLI. Livre illustré pour l'apprentissage de l'alphabet.

**ABEILLE** n.f. **-1.** Insecte social vivant dans une ruche et produisant le miel et la cire. (Ordre des hyménoptères.) [V. ENCYCL.] **-2.** ***Abeille charpentière,*** xylocope. ‖ ***En nid d'abeilles,*** en forme d'alvéoles. ‖ ***Nid d'abeilles,*** tissu qui présente des alvéoles légèrement en relief. ‖ ***Nid-d'abeilles,*** broderie, v. à son ordre alphab.

ENCYCL. Dans une ruche, on trouve trois sortes d'individus : la reine, seule femelle féconde, qui pond 2 500 œufs par jour pendant plusieurs années ; quelques centaines de mâles, ou faux bourdons, dont le rôle est limité à la fécondation des futures reines ; plusieurs milliers d'ouvrières, femelles stériles, dont la vie active ne dépasse pas quelques semaines. Ces dernières construisent les alvéoles de cire, nourrissent la colonie de pollen et de nectar butinés sur les fleurs. Pour communiquer entre elles, les ouvrières utilisent un langage codé, basé sur la danse, que découvrit K. von Frisch. Elles assurent également la défense de la ruche en utilisant un aiguillon venimeux terminant leur abdomen. Ce dard, planté dans le corps de l'agresseur, entraîne généralement la mort de l'ouvrière par déchirure de ses viscères. (→ APICULTURE.)

**ABE KOBO,** écrivain japonais (Tokyo 1924 - *id.* 1993). Son œuvre unit les mythes populaires japonais aux rythmes d'écriture occidentaux (roman policier, science-fiction) dans une recherche passionnée de l'identité humaine (*la Femme des sables,* 1962).

**ABEL,** deuxième fils d'Adam et d'Ève. Pasteur de troupeaux, il fut tué par son frère aîné, Caïn, qui était agriculteur sédentaire.

**ABEL** (Niels Henrik), mathématicien norvégien (île de Finnøy 1802 - Arendal 1829). Encore étudiant, il démontra, par des méthodes qui annoncent les travaux d'É. Galois, l'impossibilité de résoudre par radicaux l'équation algébrique générale du 5e degré. Il étudia rigoureusement le domaine de convergence de la série du binôme et transforma la théorie des

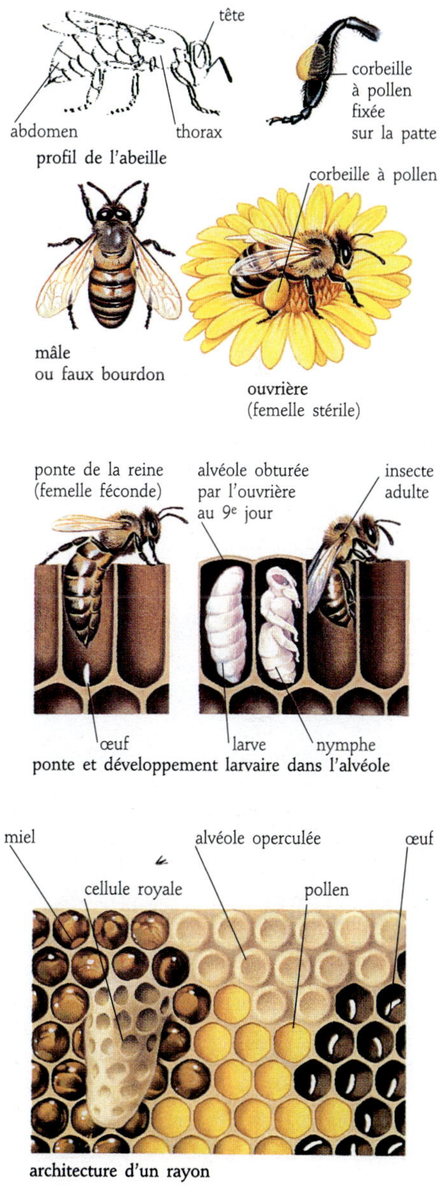


**ABEILLE**

intégrales elliptiques en étudiant leurs fonctions inverses et en considérant des valeurs complexes de la variable. Il a étendu ses recherches aux *intégrales abéliennes.* Incompris ou ignoré par les mathématiciens de son temps, Abel vécut à l'écart de la vie scientifique européenne. Tuberculeux, il devait mourir dans un état proche de la misère.

Niels Henrik **ABEL**, mathématicien norvégien.

**ABÉLARD** ou **ABAILARD** (Pierre), philosophe et théologien français (Le Pallet, près de Nantes, 1079 - prieuré de Saint-Marcel, près de Chalon-sur-Saône, 1142). Élève de Roscelin et de Guillaume de Champeaux, il devient professeur à Paris, où il prend le parti du nominalisme dans la querelle des universaux. Son union avec Héloïse lui vaut d'être émasculé sur les ordres de l'oncle de la jeune femme.

Héloïse et **ABÉLARD.** Détail d'une miniature flamande (v. 1500). [British Library, Londres.]

Abélard enseigne la théologie, mais avec des thèses dont certaines seront condamnées à Soissons (1121). Vers 1125, il est élu abbé de Saint-Gildas-de-Rhuys et revient enseigner à Paris en 1136. Vivement attaquée par Bernard de Clairvaux, sa dernière *Théologie* est condamnée au concile de Sens, en 1140. Il se soumet. Il a laissé une admirable correspondance avec Héloïse.

**ABÉLIEN, ENNE** adj. (du n. du mathématicien *Abel*). *Groupe abélien,* groupe dont la loi de composition est commutative.

**ABELL** (Kjeld), écrivain danois (Ribe 1901 - Copenhague 1961). Auteur engagé (*le Cri,* 1961), il fut un rénovateur de la technique dramatique (emprunts à l'opéra et au cinéma).

**ABEOKUTA,** v. du sud-ouest du Nigeria, au N. de Lagos ; 226 000 hab.

**ABER** [abɛr] n.m. Basse vallée d'un cours d'eau envahie par la mer, formant un estuaire profond et découpé, en Bretagne. SYN. : **ria.**

**ABERDEEN,** port de Grande-Bretagne, en Écosse, sur la mer du Nord ; 216 000 hab. Pêche. Métallurgie. Cathédrale (surtout du XVe s.).

**ABERRANCE** n.f. Caractère d'une grandeur qui s'écarte notablement de la valeur moyenne.

**ABERRANT, E** adj. (du lat. *aberrare,* s'écarter). Qui s'écarte du bon sens, des règles, des normes : *Une idée aberrante.*

**ABERRATION** n.f. Grave erreur de jugement, absurdité. **ASTRON.** Écart entre la direction apparente d'un astre et sa direction réelle, dû au mouvement de la Terre. **GÉNÉT.** *Aberration chromosomique,* anomalie de nombre ou de structure touchant un ou plusieurs chromosomes, cause de diverses maladies génétiques. (→ GÉNÉTIQUE.) **OPT.** Altération de l'image donnée par un système optique, due à la constitution même de ce système.

**ABÊTIR** v.t. Rendre bête, stupide.

**ABÊTISSANT, E** adj. Qui abêtit.

**ABÊTISSEMENT** n.m. Action d'abêtir.

**ABETZ** (Otto), homme politique allemand (Schwetzingen 1903 - Langenfeld 1958). Ambassadeur à Paris à partir de juin 1940, il fut chargé de préparer le terrain pour une « collaboration officielle » entre les gouvernements français et allemand. Jugé et emprisonné après 1949, il fut libéré en 1954.

**ABHORRER** v.t. LITT. Avoir qqn ou qqch en horreur.

**ABIDJAN** : un aspect du site.

**ABIDJAN,** v. princ. de la Côte d'Ivoire, cap. du pays jusqu'en 1983, sur la lagune Ebrié ; env. 2,5 millions d'hab. Grande métropole de l'Afrique occidentale, Abidjan est un centre commercial (principal port de la Côte d'Ivoire et aéroport international), universitaire et industriel.

**ABIÉTACÉE** n.f. Pinacée.

**ABÎME** n.m. (du gr. *abussos,* sans fond). **-1.** LITT. Gouffre très profond. **-2.** Ce qui sépare profondément : *Abîme entre les générations.* **-3.** Ruine, désastre : *Être au bord de l'abîme.*

**ABÎMER** v.t. Mettre qqch en mauvais état : *L'humidité a abîmé le papier peint.* ◆ **s'abîmer** v.pr. Sombrer, s'engloutir : *Avion qui s'abîme dans la mer.*

**AB INTESTAT** [abɛ̃tɛsta] loc. adv. et adj. inv. *Succession ab intestat,* régie par la loi, en l'absence de testament.

**ABIOGENÈSE** n.f. Apparition originelle du vivant à partir de la matière inanimée.

**ABIOTIQUE** adj. Impropre à la vie : *Milieu abiotique.*

**ABITIBI,** région du Canada, dans le nord-ouest du Québec, à l'est du lac Abitibi (915 km$^2$).

**ABJECT, E** [abʒɛkt] adj. (lat. *abjectus,* rejeté). Qui suscite le mépris par sa bassesse ; ignoble. ◆ **abjectement** adv.

**ABJECTION** n.f. Abaissement moral ; infamie.

**ABJURATION** n.f. Action d'abjurer.

**ABJURER** v.t. (lat. *abjurare,* nier par serment). Renoncer solennellement à une religion, à une opinion.

**ABKHAZIE,** République autonome de Géorgie, sur la mer Noire ; 537 000 hab. Cap. *Soukhoumi.*

**ABLATER** v.t. Produire une ablation du matériau de revêtement d'un engin spatial.

1. **ABLATIF, IVE** adj. Se dit d'un matériau susceptible de subir l'ablation.

2. **ABLATIF** n.m. Cas des langues à déclinaison exprimant la séparation, l'éloignement, l'origine (et, en latin, l'agent et l'instrument).

**ABLATION** n.f. (du lat. *ablatus,* enlevé). **-1.** Action d'enlever totalement ou partiellement un organe, une tumeur. SYN. : **exérèse.** **-2.** Sublimation du matériau de revêtement d'un engin spatial, avec absorption d'une quantité de chaleur élevée, sous l'effet d'un flux de chaleur intense. **-3.** Perte de substance subie par un relief ou par un glacier *(ablation glaciaire).*

**ABLETTE** n.f. (du lat. *albulus,* blanchâtre). Poisson d'eau douce, à dos vert métallique et à ventre argenté, abondant dans les lacs alpins. (Long. 15 cm ; famille des cyprinidés.)

**ABLUTION** n.f. (du lat. *abluere,* laver). **-1.** Toilette purificatrice rituelle prescrite par de nombreuses religions. **-2.** Rite de purification du calice, dans la messe catholique.

**ABNÉGATION** n.f. (lat. *abnegatio,* renoncement). Sacrifice de soi ; renoncement.

**ABOIEMENT** n.m. Cri du chien.

**ABOIS** n.m.pl. ***Être aux abois,*** se dit en vénerie de la bête réduite à faire face aux chiens qui aboient ; être dans une situation désespérée.

**ABOLIR** v.t. Annuler, abroger une loi, une coutume, etc. : *Abolir la peine de mort.*

**ABOLITION** n.f. Annulation, abrogation.

**ABOLITIONNISME** n.m. Doctrine tendant à l'abolition d'une loi ou d'un usage, notamm. de l'esclavage et de la peine de mort.

**ABOLITIONNISTE** adj. et n. Qui relève de l'abolitionnisme ; qui en est partisan.

**ABOMEY,** v. du Bénin, anc. cap. du royaume d'Abomey ; 41 000 hab. — Les palais des rois Guezo et Glélé abritent le musée historique, qui recèle les œuvres de plusieurs générations d'artisans. Pour l'essentiel, c'est un art de cour décrivant les exploits des souverains.

**ABOMEY** *(royaume d'),* ancien royaume d'Afrique noire, probablement fondé au début du XVII^e^ siècle par des Noirs venus de Tado. Le royaume connut son apogée avec son troisième roi, Ouégbadja (de 1645 à 1685), qui bâtit à Abomey le premier palais royal. Chacun de ses successeurs établit le sien à côté.

**ABOMINABLE** adj. -1. Qui provoque l'aversion : *Un crime abominable.* -2. Très mauvais : *Quel temps abominable !* ◆ **abominablement** adv. -1. De façon abominable. -2. Très : *Coûter abominablement cher.*

**ABOMINATION** n.f. Ce qui inspire le dégoût, l'horreur.

**ABOMINER** v.t. LITT. Avoir qqn ou qqch en horreur.

**ABONDANCE** n.f. -1. Grande quantité : *L'abondance des légumes sur le marché.* -2. Ressources considérables, supérieures au nécessaire : *Vivre dans l'abondance.*

**Abondance** *(race d')* [de *Abondance,* village de Haute-Savoie], race bovine, pie rouge de montagne, bonne laitière.

**ABONDANT, E** adj. Qui abonde, qui existe en grande quantité : *Récolte abondante.* ◆ **abondamment** adv.

**ABONDEMENT** n.m. Versement complémentaire effectué par une entreprise dans le cadre du plan d'épargne d'entreprise ou de l'actionnariat des salariés.

**ABONDER** v.i. (lat. *abundare,* affluer). Se trouver qqpart en grande quantité : *Le gibier abonde ici.* ◆ v.t. ind. Contenir, produire en grande quantité : *La région abonde en fruits.*

**ABONNÉ, E** adj. et n. Se dit de qqn qui a pris un abonnement à un journal, à un service, etc.

**ABONNEMENT** n.m. -1. Convention ou marché, souvent à forfait, pour la fourniture régulière d'un produit ou l'usage habituel d'un service : *Abonnement à un journal. Abonnement au téléphone.* -2. Procédé de recouvrement de certains impôts portant sur un même objet et permettant au contribuable de se libérer contre un paiement global à termes réguliers.

**ABONNER** v.t. (gaul. *bonne,* borne). Prendre un abonnement pour qqn : *Abonner un ami à une revue.* ◆ **s'abonner** v.pr. Souscrire un abonnement pour soi-même.

**ABORD** n.m. -1. Manière d'aborder ou d'accueillir qqn : *Être d'un abord facile.* -2. Action d'arriver à un lieu, d'y accéder. -3. ***En abord,*** à bord du navire et sur le côté. ◆ pl. -1. Environs, accès immédiats : *Encombrements aux abords de Paris.* -2. Masses graisseuses sous-cutanées, dont le maniement permet d'apprécier l'état d'engraissement des bovins.

**ABORDABLE** adj. -1. Où l'on peut aborder : *Rivage difficilement abordable.* -2. Qui est d'un abord facile ; aimable. -3. Que l'on peut payer, dont le montant n'est pas trop élevé.

**ABORDAGE** n.m. -1. Assaut donné d'un navire à un autre : *Monter à l'abordage.* -2. Collision accidentelle entre deux bateaux. -3. Action d'atteindre un rivage, d'aborder.

**ABORDER** v.t. -1. Arriver à un lieu, à un passage que l'on doit emprunter : *Aborder un virage.* -2. En venir à l'étude d'un sujet, d'une question : *On aborda le problème essentiel.* -3. S'approcher de qqn et lui parler. -4. Accoster un navire pour lui donner l'assaut. -5. Heurter un navire par accident. ◆ v.i. Arriver au rivage, atteindre la terre.

**ABORIGÈNE** adj. et n. (lat. *aborigenes,* de *origo, -inis,* origine). Qui habite depuis les origines le pays où il vit ; autochtone : *Les aborigènes d'Australie.* ◆ adj. Originaire du pays où il se trouve : *Plante aborigène.*

**ABORTIF, IVE** adj. et n.m. Se dit d'un produit qui provoque l'avortement. ◆ adj. Qui s'arrête avant le terme de son évolution normale.

**ABOUCHEMENT** n.m. Action d'aboucher.

**ABOUCHER** v.t. -1. Appliquer des conduits l'un contre l'autre par leurs ouvertures : *Aboucher deux tuyaux.* -2. Mettre des personnes en rapport.

**Aboukir** *(batailles d')* [1798 et 1799], batailles qui eurent lieu lors de la campagne de Bonaparte en Égypte. – Le 1er août 1798, victoire de Nelson sur une escadre française. – Le 25 juillet 1799, victoire de Bonaparte sur une armée turque débarquée par les Anglais.

**ABOULIE** n.f. Incapacité pathologique à agir, à prendre une décision.

**ABOULIQUE** adj. et n. Atteint d'aboulie.

**ABOU-SIMBEL,** site de Haute-Égypte où, sous le règne de Ramsès II, deux *speos* furent creusés dans le grès rose. L'ensemble colossal était dédié aux dieux Re-Harakhti, Amon, Hathor ainsi qu'au pharaon divinisé et à son épouse Nefertari. L'Unesco a patronné le sauvetage des sanctuaires, condamnés à être submergés par le Nil à la suite de la construction du haut barrage d'Assouan. Découpés en énormes blocs, ils ont été reconstruits (1963-1972) au-dessus du niveau du fleuve.

→ • DOSSIER ABOU-SIMBEL *page suivante.*

**ABOUT** [abu] n.m. Extrémité par laquelle une pièce d'assemblage se joint à une autre.

**À bout de souffle** → GODARD.

**ABOUTER** v.t. Joindre deux objets par leurs bouts : *Abouter deux tuyaux.*

**ABOUTIR** v.t. ind. (**à**). -1. En parlant d'une voie, d'un cours d'eau, se terminer qqpart : *Cette rue aboutit à la Seine.* -2. Avoir tel résultat : *Sa démarche a abouti à un échec.* ◆ v.i. Avoir une issue favorable : *Les pourparlers ont abouti.*

**ABOUTISSANT** n.m. ***Les tenants et les aboutissants*** → TENANT.

**ABOUTISSEMENT** n.m. Résultat, point final : *Quel est l'aboutissement de vos démarches ?*

**ABOYER** [abwaje] v.i. [13]. -1. Pousser son cri, en parlant du chien. -2. FAM. Crier, hurler, en parlant de qqn.

**ABRACADABRANT, E** adj. Bizarre, extravagant : *Une histoire abracadabrante.*

**ABRAHAM,** premier patriarche de la Bible (XIXe s. av. J.-C.). Originaire d'Our, en Mésopotamie, il entendit l'appel de Dieu qui lui demandait d'aller s'établir avec son clan en Palestine. À travers la descendance de ses deux fils, Isaac et Ismaël, qu'il eut l'un de son épouse Sara, l'autre de sa servante Agar, il est considéré comme l'ancêtre des peuples juif et arabe, puis des chrétiens. Ainsi les fidèles des trois religions monothéistes – judaïsme, islam et christianisme – se proclament-ils en commun « fils d'Abraham », celui que la Bible appelle le « Père des croyants ».

**Abraham** *(bataille des plaines d')* [13 sept. 1759], victoire décisive remportée par les Anglais sur les Français, pendant la guerre de Sept Ans, devant Québec. Cette bataille, qui marque la fin de la domination française au Canada, coûta la vie aux deux généraux anglais et français, Wolfe et Montcalm.

**ABRAHAM** (Karl), médecin et psychanalyste allemand (Brême 1877 - Berlin 1925). Il a introduit dans la théorie analytique la notion d'*objet partiel,* donné la définition de concepts nouveaux et étudié les stades prégénitaux. Il eut une grande influence sur l'œuvre de M. Klein, qui fut l'une de ses analysantes.

**ABRAHAMS** (Peter), écrivain sud-africain d'expression anglaise (Johannesburg 1919). Ses romans évoquent les conflits raciaux (*Rouge est le sang des Noirs,* 1946 ; *Une couronne pour Udomo,* 1956).

**ABRAMOVITZ** (Chalom Jacob) → MENDELE MOCHER SEFARIM.

**ABRASER** [-ze] v.t. User qqch par frottement.

**ABRASIF, IVE** adj. et n.m. Se dit d'une substance susceptible d'user, de polir par frottement : *Poudre abrasive.*

ENCYCL. Les abrasifs sont utilisés sous forme de grains (silex, quartz, grenat, ponce, alumine [corindon, émeri], carbure de silicium ou de bore, diamant), à l'état libre (sablage, polissage), incorporés à un liquide ou à une pâte (usage ménager), à du savon (dentifrice), agglomérés entre eux, appliqués sur un support ou encore incorporés à un tissu. Ces abrasifs sont employés manuellement ou sur machine. Les *abrasifs agglomérés* sont des corps solides de formes variées : meules, cylindres, assiettes et soucoupes, bâtons, pierres, etc. Ils sont principalement utilisés pour le travail des métaux. Les *abrasifs appliqués* sont utilisés, sous forme de feuilles, bandes, rouleaux, disques, pour le ponçage, l'ébarbage, l'ébavurage et le polissage. Les *abrasifs incorporés,* sous forme de tampons ménagers, roues, disques et brosses industriels, permettent le nettoyage et la finition d'aspect. Les *abrasifs céramiques* sont fabriqués à partir de l'alumine pure. Du fait de leurs performances, ils sont utilisés en affûtage et rectification de précision sur matériaux durs.

**ABRASION** n.f. (lat. *abrasio,* de *abradere,* racler). Action, fait d'abraser ; usure par frottement contre un corps dur.

**ABRÉACTION** n.f. Décharge émotionnelle par laquelle un sujet se libère d'un événement oublié qui l'avait traumatisé.

# Abou-Simbel

## Égypte

## Les temples reconstitués

Face au Nil, dans un site désolé de Nubie en aval de la deuxième cataracte, s'élèvent les deux temples rupestres que le pharaon Ramsès II fit construire au XIIIe siècle avant notre ère. Ils doivent leur célébrité aux travaux de sauvetage entrepris par l'Unesco dans les années 1960. Menacés d'engloutissement par la montée des eaux du haut barrage d'Assouan, les spéos d'Abou-Simbel ont été découpés et transportés bloc par bloc pour être remontés à l'identique au sommet même de la falaise dans laquelle ils avaient été creusés. Quatre statues colossales de Ramsès II assis, hautes de 21 mètres, ornent la façade du grand temple dédié aux dieux Rê-Harakhti et Amon. Le pharaon qui regarde le soleil levant fait maintenant face à une véritable mer intérieure, le lac Nasser, qui s'étend sur plusieurs centaines de kilomètres. Le petit temple était consacré à la déesse de la Joie et de l'Amour Hathor, représentée sous les traits de la reine Nefertari, épouse de Ramsès II.

Le pharaon Ramsès II sur la façade du grand temple. ▶

*double page suivante :*
Le grand temple remonté

MAXIMILIAN
HERZOG IN
BAYERN
1840

Le grand temple sur son site d'origine. ▲

La façade du petit temple. ▼

▲ Les travaux
de sauvetage.

Le sanctuaire ▶
du grand temple.

▼ La reine Nefertari.

**ABRÉGÉ** n.m. -1. Forme réduite d'un texte plus long. -2. Ouvrage contenant le résumé d'une science, d'une technique, etc.

**ABRÉGER** v.t. (du lat. *brevis,* bref) [22]. -1. Diminuer la durée de qqch. -2. Réduire la longueur d'un texte. -3. Raccourcir un mot par suppression de lettres ou de syllabes.

**ABREUVER** v.t. (du lat. class. *bibere,* boire). -1. Faire boire un animal domestique. -2. Mouiller abondamment une surface : *Terre abreuvée d'eau.* ◆ **s'abreuver** v.pr. Boire, en parlant d'un animal.

**ABREUVOIR** n.m. Lieu ou installation où boivent les animaux.

**ABRÉVIATIF, IVE** adj. Qui sert à noter par abréviation : *Signes abréviatifs.*

**ABRÉVIATION** n.f. Réduction graphique d'un mot ou d'une suite de mots ; mot ou suite de lettres qui en résulte.

**ABRI** n.m. (du lat. *apricari,* se chauffer au soleil). -1. Lieu où l'on peut se mettre à couvert des intempéries, du soleil, du danger, etc. ; installation construite à cet effet : *Un abri souterrain.* -2. *Abri fiscal,* placement encouragé par les pouvoirs publics et donnant lieu à des réductions d'impôts (par ex., certains prêts immobiliers, les plans d'épargne, etc.).

**ABRIBUS** [-bys] n.m. (nom déposé). Édicule destiné à servir d'abri aux voyageurs à un point d'arrêt d'autobus, comportant des panneaux publicitaires et, souvent, un téléphone public.

**ABRICOT** n.m. Fruit de l'abricotier, à noyau lisse, à peau et chair jaunes. ◆ adj. inv. D'une couleur tirant sur le jaune-orangé.

**ABRICOTIER** n.m. Arbre à fleurs blanches ou roses paraissant avant les feuilles, cultivé pour son fruit, l'abricot. (Famille des rosacées.)

**ABRI-SOUS-ROCHE** n.m. (pl. abris-sous-roche). Emplacement situé sous un surplomb rocheux et ayant servi d'abri, d'habitation à l'époque préhistorique.

**ABRITÉ, E** adj. Qui est à l'abri du vent.

**ABRITER** v.t. Mettre qqn, qqch à l'abri ; protéger du soleil, des intempéries, d'un danger.

**ABRIVENT** n.m. Palissade protégeant les cultures du vent.

**ABROGATIF, IVE** ou **ABROGATOIRE** adj. Qui a pour effet d'abroger, qui abroge.

**ABROGATION** n.f. Action d'abroger une loi, un décret, etc.

**ABROGER** v.t. [17]. Annuler, abolir une loi, un décret, etc.

**ABRUPT, E** [abrypt] adj. -1. Dont la pente est raide, escarpée. -2. Rude et entier, en parlant de qqn, de son comportement. ◆ **abrupt** n.m. Pente très raide, à-pic. ◆ **abruptement** adv.

**ABRUTI, E** adj. et n. Qui a des difficultés à comprendre, dont les réactions sont lentes.

**ABRUTIR** v.t. Rendre qqn abruti, stupide : *Abrutir un élève de travail.*

**ABRUTISSEMENT** n.m. Action d'abrutir.

**ABRUZZES** (les), en ital. **Abruzzi** ou **Abruzzo,** région de l'Italie centrale, dans l'Apennin, formée des provinces de L'Aquila, Chieti, Pescara et Teramo ; 10 794 km² ; 1 243 690 hab. Ch.-l. *L'Aquila.* — La région est principalement formée de massifs calcaires, qui culminent à 2 914 m. Le climat est relativement rude. Les Abruzzes demeurent une région pauvre (agriculture souvent médiocre, faible industrialisation), localement animée par le tourisme sur le littoral et dans l'intérieur (où le *parc national des Abruzzes* couvre près de 30 000 ha).

**ABRICOTIER**

**ABS** [abeɛs] n.m. (sigle de l'all. *Antiblockiersystem*). Système antiblocage. – REM. Ce mot est fréquemment utilisé en apposition, de façon redondante, dans l'expression *système ABS.*

**ABSALON,** fils de David (xe s. av. J.-C.), personnage central du grand drame de la famille du roi (2 Samuel, 13-19). Meurtrier de son demi-frère, révolté contre son père, Absalon dut s'exiler. Vaincu dans un combat et poursuivi par Joab, neveu de David, il se prit la chevelure dans les branches d'un arbre, auxquelles il resta suspendu. Joab put ainsi le tuer. David en conçut une peine immense.

**ABSCISSE** [apsis] n.f. (lat. *abscissa,* coupée). -1. Nombre associé à la position d'un point sur une droite graduée et orientée. -2. Première coordonnée cartésienne d'un point, par opp. à *ordonnée* (la deuxième, dans le plan) et à *cote* (la troisième, dans l'espace) : *Axe horizontal des abscisses.*

**ABSCONS, E** [apskɔ̃, ɔ̃s] adj. LITT. Difficile à comprendre : *Langage abscons.*

**ABSENCE** n.f. -1. Fait de n'être pas présent qqpart, de faire défaut : *Signaler l'absence d'un élève. Absence de goût.* -2. Moment d'inattention ; brève perte de mémoire. DR. État de qqn dont l'existence est rendue incertaine par sa disparition ou le manque de nouvelles. NEUROL. Suspension brutale et brève de la conscience, avec arrêt de l'activité en cours, mais sans chute ni convulsions, dans certaines formes d'épilepsie.

**ABSENT, E** [apsɑ̃t] adj. et n. -1. Qui n'est pas présent. -2. Dont l'existence est juridiquement incertaine. ◆ adj. Distrait : *Avoir l'air absent.*

**ABSENTÉISME** n.m. Fait d'être fréquemment absent d'un lieu (notamm. du lieu de travail).

**ABSENTÉISTE** adj. et n. Qui est fréquemment absent, qui pratique l'absentéisme.

**ABSENTER (S')** v.pr. **(de).** S'éloigner momentanément, sortir d'un lieu.

**ABSIDE** [apsid] n.f. (gr. *apsis, -idos,* voûte). Extrémité, en demi-cercle ou polygonale, du chœur d'une église.

**ABSIDIOLE** n.f. Chacune des petites chapelles attenantes à l'abside.

**ABSIL** (Jean), compositeur belge (Péruwelz, Hainaut, 1893 - Uccle 1974). Son œuvre, respectueuse des formes traditionnelles, comprend des quatuors à cordes, des symphonies, des opéras, dont *Peau d'Âne* (1937).

**ABSINTHE** [apsɛ̃t] n.f. -1. Plante aromatique des lieux incultes, contenant une essence amère et toxique. (Haut. 50 cm env. ; famille des composées, genre *Artemisia.*) -2. Liqueur alcoolique aromatisée avec cette plante. (Sa fabrication est interdite en France.)

**ABSOLU, E** adj. (lat. *absolutus,* achevé). -1. Total, complet, sans réserves : *Confiance absolue.* -2. Qui tient de soi-même sa propre justification ; sans limitation : *Pouvoir absolu.* -3. Sans nuances ni concessions : *Jugement, caractère absolu.* CHIM. ***Alcool absolu,*** alcool éthylique anhydre. MATH. ***Valeur absolue d'un nombre réel,*** valeur positive correspondant à ce nombre, indépendamment de son signe (notée $|a|$, elle s'identifie à *a* si ce nombre est positif, à son opposé s'il est négatif). ◆ **absolu** n.m. Ce qui existe indépendamment de toute condition, par opp. à *relatif* : *Soif de l'absolu.* ◆ **absolument** adv. -1. Complètement : *C'est absolument faux.* -2. ***Employé absolument,*** se dit d'un verbe transitif employé sans complément.

**ABSOLUTION** n.f. -1. Action d'absoudre. -2. Pardon, rémission des péchés, accordés par un prêtre : *Donner l'absolution.*

**ABSOLUTISME** n.m. Régime politique dans lequel tous les pouvoirs sont sous l'autorité du seul chef de l'État.

ENCYCL. L'absolutisme, né au XVIe siècle en réaction contre la féodalité pour asseoir le pouvoir royal, caractérise les monarchies européennes des XVIe-XVIII[e] siècles : Angleterre des Tudors, Espagne, France, Prusse. Des théoriciens, tels le juriste français Jean Bodin ou le philosophe anglais Thomas Hobbes, défendent la puissance souveraine de l'État. Celle-ci est absolue (elle commande et ne reçoit aucun commandement), indivisible (elle se délègue tout entière à une seule personne, le monarque) et perpétuelle. S'appuyant sur la légitimité de droit divin, l'absolutisme ne trouve de limites, dans la France de Louis XIV par exemple, que dans les coutumes et les lois fondamentales du royaume.

**ABSOLUTISTE** adj. et n. Qui appartient à l'absolutisme ; qui en est partisan.

**ABSOLUTOIRE** adj. *Excuse absolutoire,* fait précis, prévu par la loi, dont la constatation par le juge entraîne l'exemption de la peine.

**ABSORBANT, E** adj. -1. Qui absorbe, qui boit : *Tissu absorbant.* -2. Qui occupe entièrement : *Travail absorbant.*

**ABSORBER** v.t. (lat. *absorbere,* avaler). -1. Faire pénétrer ou laisser pénétrer une substance par imprégnation : *L'éponge absorbe l'eau.* -2. Prendre une boisson, un aliment, etc. : *Absorber une forte dose d'alcool.* -**3.** Faire disparaître qqch en le neutralisant : *Cette entreprise a absorbé tous ses concurrents.* -**4.** Occuper tout le temps de qqn.

**ABSORBEUR** n.m. Dispositif, appareil ou élément de machine dont la fonction est d'absorber (un rayonnement, un gaz, etc.).

**ABSORPTION** n.f. Action d'absorber ; son résultat. **BIOL.** Pénétration d'une substance venant de l'extérieur dans un organisme vivant, animal ou végétal. **CYTOL.** Pénétration d'une substance à travers la membrane cellulaire, jusque dans le cytoplasme. **ÉCON.** Disparition d'une société par apport de son actif et de son passif à une autre société. **FRIGOR.** *Machine frigorifique à absorption,* machine dans laquelle le fluide frigorigène est absorbé à chaque cycle pour être réenrichi. **PHYS.** Phénomène par lequel une partie de l'énergie de rayonnements électromagnétiques ou corpusculaires est dissipée dans un milieu matériel. **PHYSIOL.** *Absorption intestinale,* passage des substances nutritives de l'intestin dans le sang.

**ABSORPTIVITÉ** n.f. Propriété d'absorber les liquides ou les gaz.

**ABSOUDRE** v.t. [87]. -**1.** Exempter de peine l'auteur d'une infraction. -**2.** Remettre les péchés, dans le sacrement de la pénitence.

**ABSOUTE** n.f. Prières dites autour du cercueil après l'office des morts.

**ABSTÈME** adj. et n. Qui s'abstient de boissons alcooliques pour des raisons religieuses, morales ou médicales.

**ABSTENIR (S')** v.pr. **(de)** [40]. -**1.** Se priver volontairement de qqch : *S'abstenir d'alcool.* -**2.** Éviter, s'interdire de faire qqch : *S'abstenir de parler.* -**3.** Ne pas prendre part à un vote.

**ABSTENTION** n.f. Fait de ne pas participer à un vote.

**ABSTENTIONNISME** n.m. Attitude de ceux qui, délibérément ou non, pratiquent l'abstention.

**ABSTENTIONNISTE** adj. et n. Qui pratique l'abstention ; qui en est partisan.

**ABSTINENCE** n.f. -**1.** Action de s'interdire les plaisirs sexuels ; continence, chasteté. -**2.** Action de s'interdire certains aliments, à des fins thérapeutiques ou pour des motifs religieux.

**ABSTINENT, E** adj. et n. Qui pratique l'abstinence, notamm. en ce qui concerne l'alcool.

**ABSTRACT** n.m. Résumé d'un article scientifique, d'un article de revue.

**ABSTRACTION** n.f. -**1.** Action d'abstraire ; résultat de cette action. -**2.** Idée abstraite. -**3.** L'art abstrait.

**Abstraction-Création,** groupement d'artistes et revue (1931-1936) fondés à Paris par Georges Vantongerloo et Auguste Herbin et qui succédèrent à *Cercle et Carré* de Joaquín Torres García et Michel Seuphor (1930). Nombre d'artistes de tous pays, de tendance constructiviste, s'y affilièrent, dont Mondrian. (→ ABSTRAIT [art].)

**ABSTRAIRE** [apstrɛr] v.t. (lat. *abstrahere,* détourner) [112]. Isoler, séparer mentalement un élément, une propriété d'un objet afin de les considérer à part. ◆ **s'abstraire** v.pr. S'isoler mentalement pour réfléchir, méditer, etc.

**ABSTRAIT, E** adj. -**1.** Qui résulte d'une abstraction ; qui procède de l'abstraction : *Idée abstraite.* CONTR. : **concret.** -**2.** Privé de réalité concrète ou de références à des éléments matériels : *Raisonnement trop abstrait.* -**3.** Qui ne cherche pas à représenter la réalité tangible ; non figuratif : *Art abstrait.* ◆ n. Artiste qui pratique l'art abstrait. ◆ **abstrait** n.m. -**1.** Ce qui est abstrait. -**2.** L'art abstrait. ◆ **abstraitement** adv.

→ • DOSSIER L'ART ABSTRAIT *page 21.*

**ABSTRUS, E** [apstry, yz] adj. LITT. Difficile à comprendre.

**ABSURDE** adj. (lat. *absurdus,* discordant). -**1.** Contraire à la logique, à la raison. -**2.** Caractérisé par l'absence de sens préétabli, de finalité donnée, chez les existentialistes. ◆ n.m. -**1.** Ce qui est absurde. -**2.** L'***absurde,*** l'absurdité du monde et de la destinée humaine, qui ne semble justifiée par rien, chez certains philosophes et littérateurs contemporains : *L'absurde chez Sartre, chez Camus. Théâtre de l'absurde* (Beckett, Pinter, Ionesco, etc.). ‖ ***Raisonnement par l'absurde,*** raisonnement qui valide une proposition en montrant que sa négation conduit à une contradiction. ◆ **absurdement** adv.

**ABSURDITÉ** n.f. -**1.** Caractère de ce qui est absurde. -**2.** Action ou parole absurde.

**ABU AL-ALA AL-MAARRI,** écrivain arabe (Maarrat al-Numan, Syrie, 973 - *id.* 1057), célèbre pour la hardiesse de sa pensée religieuse.

**ABU AL-ATAHIYA,** poète arabe (Kufa 747 - Bagdad v. 826), peintre pessimiste du destin de l'homme.

**ABU AL-FARADJ ALI AL-ISFAHANI,** écrivain arabe (Ispahan 897 - Bagdad 967), auteur du

*Livre des chansons,* recueil des anciens poèmes arabes chantés.

**ABU BAKR** (v. 573 - Médine 634), beau-père de Mahomet, à qui il succéda en devenant le premier calife de l'islam (632-634).

**ABU DHABI** ou **ABU ZABI,** l'un des Émirats arabes unis, sur le golfe Persique, le plus vaste (74 000 km²) et le plus peuplé (670 000 hab.). V. princ. *Abu Dhabi* (243 000 hab.). L'exploitation du pétrole a contribué à la puissance politique et économique de l'émirat.

**ABUJA,** cap. du Nigeria depuis 1982, dans le centre du pays.

**ABU NUWAS,** poète arabe (Ahvaz v. 762 - Bagdad v. 815), créateur du lyrisme « moderne » dans la littérature arabe.

**ABUS** [aby] n.m. (lat. *abusus,* utilisation). -**1.** Usage injustifié ou excessif de qqch : *L'abus d'alcool, de tabac.* -**2.** Excès préjudiciable à la collectivité, à la société ; injustice causée par le mauvais usage qui est fait d'un droit, d'un pouvoir. DR. ***Abus de biens sociaux,*** délit consistant en l'usage des biens d'une société par un dirigeant ou un actionnaire contrairement à l'intérêt de la société. || ***Abus de confiance,*** délit consistant à tromper la confiance d'autrui et, notamm., à détourner des objets ou des valeurs confiés à titre précaire. || ***Abus de pouvoir,*** fait, délit commis par une personne, en partic. par un fonctionnaire, qui outrepasse les limites assignées à l'exercice de son pouvoir.

**ABUSER** v.t. ind. **(de).** -**1.** Faire un usage mauvais ou excessif de qqch : *Abuser du tabac.* -**2.** *Abuser d'une femme,* la violer. ◆ v.t. Tromper qqn en profitant de sa complaisance ou de sa crédulité.

**ABUSIF, IVE** adj. -**1.** Qui constitue un abus. -**2.** *Clause abusive,* clause contractuelle qui apparaît imposée aux non-professionnels ou aux consommateurs par un abus de la puissance économique des professionnels conférant à ces derniers un avantage excessif. ◆ **abusivement** adv.

**ABUSUS** [abyzys] n.m. Droit de disposer de la chose dont on est propriétaire, par opp. à *usus.*

**ABU TAMMAM,** poète arabe (Djasim v. 804 - Mossoul 845). En réaction contre Abu Nuwas, il retrouva l'inspiration de la poésie bédouine.

**ABU ZABI** → ABU DHABI.

**Abwehr** (mot all. signif. *défense*), service de renseignements militaire reconstitué par l'Allemagne après 1919. L'amiral Canaris fut à sa tête de 1935 à 1944.

**ABYDOS,** site de Haute-Égypte. Lieu présumé du tombeau d'Osiris, ce qui en faisait un important centre de pèlerinage où, dès l'aube de l'histoire de l'Égypte, rois et particuliers tenaient à posséder un cénotaphe. Nécropoles des premières dynasties pharaoniques. Temples, dont celui de Seti Ier, l'un des plus classiques, aux beaux reliefs polychromes. Des découvertes capitales y ont été faites par Mariette, Maspero et F. Petrie, dont la *table d'Abydos,* l'une des listes royales de l'Égypte pharaonique.

Stèle du Roi serpent, provenant d'**ABYDOS.** Ire dynastie. (Musée du Louvre, Paris.)

**ABYLA,** une des deux Colonnes d'Hercule. Anc. nom de *Ceuta.*

**ABYME** n.m. (du gr. *abussos,* sans fond). ***En abyme,*** se dit d'une œuvre citée et emboîtée à l'intérieur d'une autre de même nature (tableau à l'intérieur d'un tableau, par ex.).

**ABYMES** (Les), comm. de la Guadeloupe ; 62 809 hab.

**ABYSSAL, E, AUX** adj. Propre aux abysses.

**ABYSSE** n.m. (du gr. *abussos,* sans fond). Fond océanique situé à plus de 2 000 m de profondeur.

ENCYCL. Les plus profonds des abysses dépassent 10 000 m (ex. : fosse des Kouriles, 10 542 m ; fosse des Tonga, 10 882 m). Plongé dans l'obscurité totale, ce milieu ne permet pas le développement d'une vie végétale. Les organismes, détritivores ou prédateurs, survi-

**ABYSSE** : exemples de la faune abyssale (1. *Chauliodus ;* 2. *Linophryne ;* 3. Poisson-hache ; 4. Pentacrine ; 5. *Eurypharynx ;* 6. Crevette abyssale ; 7. *Glyptonotus*)

vent grâce aux débris de cadavres tombant en permanence des couches supérieures. La pression y est extrêmement grande (5 000 atmosphères à 5 000 m de profondeur) et constitue un facteur limitant du développement et de la diversification des organismes. Elle ne semble pourtant pas affecter les êtres vivants, qui ne renferment pas de masse gazeuse.

**ABYSSIN, E** ou **ABYSSINIEN, ENNE** adj. et n. -1. D'Abyssinie. -2. *Chat abyssin* ou *abyssin,* n.m., chat d'une race à la tête triangulaire, au corps svelte, au pelage fauve.

**ABYSSINIE,** anc. nom de l'Éthiopie.

**Ac,** symbole chimique de l'actinium.

**ACABIT** [akabi] n.m. LITT., PÉJ. *De cet acabit,* de cette sorte.

**ACACIA** n.m. -1. Arbre ou arbrisseau souvent épineux, à feuilles génér. persistantes, représenté par environ 600 espèces, dont un grand nombre sont cultivées, sous le nom impropre de *mimosa,* pour leurs fleurs jaunes odorantes réunies en petites têtes sphériques. (Famille des mimosacées.) -2. COUR. (abusif en botanique). Robinier, faux acacia, arbre épineux à fleurs en grappes blanches et odorantes.

**ACADÉMICIEN, ENNE** n. -1. Membre d'une académie. -2. Membre de l'Académie française.

**ACADÉMIE** n.f. -1. (Génér. avec une majusc.). Société de gens de lettres, de savants ou d'artistes : *L'Académie des sciences morales et politiques.* -2. Lieu où l'on s'exerce à la pratique d'un art, d'un jeu, etc. : *Une académie de dessin, de billard.* -3. Circonscription administrative de l'enseignement, en France. -4. Figure dessinée, peinte ou sculptée d'après un modèle vivant et nu : *Peindre une académie.* -5. (Avec une majusc.). L'*Académie,* l'Académie française.

**Académie,** école philosophique fondée par Platon dans les jardins voisins d'Athènes et qui dura du IVe au Ier siècle av. J.-C. La philosophie académique se divise en deux périodes : l'Ancienne Académie, qui défendit des idées morales et des certitudes, et la Nouvelle Académie, qui fit suite à la précédente et qui, avec Arcésilas, professa le scepticisme à l'égard de toute vérité.

# L'ART ABSTRAIT

De tout temps, peintres et sculpteurs ont connu et utilisé le pouvoir que possèdent les lignes, les volumes, les couleurs de constituer des ensembles ordonnés, capables d'agir par eux-mêmes sur la sensibilité et la pensée. Mais ils n'estimaient pas possible de dissocier ce pouvoir d'une évocation, plus ou moins stylisée, du monde visible (à l'exception, partielle, des artistes islamiques). Ce n'est qu'à partir de 1910-1914 que certains peintres, en Occident, renoncent à la représentation. Kandinsky, le premier semble-t-il, définit un courant lyrique et romantique de l'art abstrait, *projection* dans un langage plastique du monde intérieur de l'artiste et de sa vision imaginaire. C'est au contraire dans la *construction* géométrique la plus épurée que Malevitch et Mondrian trouvent le lieu de rencontre de leur sens cosmique et de leur volonté rationnelle, objective. D'autres artistes ont contribué plus épisodiquement à la naissance du nouvel art : les Français Delaunay, Léger, Picabia, le Russe Larionov, le Tchèque Kupka, etc.

### Constructivisme, géométrie, art « concret » entre les deux guerres mondiales.

Dans les années 20 et 30, c'est la tendance géométrique, parfois baptisée « art concret » et souvent liée aux recherches architecturales,

**UN ART INTÉRIORISÉ**

Kandinsky a raconté que, rentrant un soir chez lui, à Munich (v. 1909?), il vit dans la pénombre « un tableau d'une beauté indescriptible, imprégné d'un flamboiement intérieur ». Il ne percevait que formes et couleurs, le sujet étant incompréhensible. S'approchant, il constata qu'il s'agissait d'une toile appuyée au mur, mais renversée sur un côté. « Maintenant j'étais fixé, écrit-il, l'objet nuisait à ma peinture. » Improvisation n° 35 est une de ces œuvres de Kandinsky qui, sur un plan d'intériorité romantique et symbolique, transcendent les apparences afin d'exprimer une vérité supérieure du monde ❶. Dans le suprématisme de Malevitch ❷, la spiritualité de l'artiste est plutôt tendue vers un univers futur, aux formes et aux énergies décryptées, disciplinées.

❶ Kandinsky, *Improvisation n° 35*, 1914.
(Kunstmuseum, Bâle.)

qui domine. Elle est représentée par le constructivisme de sculpteurs comme les Russes Pevsner et Gabo ou la Polonaise Katarzyna Kobro (1898-1951) ; par le néoplasticisme de Mondrian et du groupe néerlandais *De Stijl* ; dans une certaine mesure, par le Bauhaus allemand, où enseignent Kandinsky, passé à un art plus froid, le Hongrois Moholy-Nagy, etc. ; par le Suisse Max Bill, épris de mathématiques ; à Paris, de 1930 à 1936, par les groupes *Cercle et Carré* puis *Abstraction-Création*, où l'on trouve Mondrian, l'Uruguayen Joaquín Torres García (1874-1949), les Belges Michel Seuphor (né en 1901) et

❷ Malevitch, peinture suprématiste, 1915. (Stedelijk Museum, Amsterdam.)

Vantongerloo, les Français Arp, Auguste Herbin (1882-1960), Jean Gorin (1899-1981), l'Anglais Ben Nicholson (1894-1982), le sculpteur américain Calder et bien d'autres.

### Les courants européens lyrique, paysagiste, informel...

À partir de 1945, le courant géométrique (Vasarely, Jean Dewasne [né en 1921]) semble perdre du terrain à Paris avant de donner naissance, dans les années 50, à l'art cinétique. À ce moment, toutefois, le courant dominant de l'abstraction (ou « non-figuration ») est celui d'un lyrisme plus ou moins spontané ; deux tendances y sont discernables. La première procède par décantation du spectacle naturel : Vieira da Silva, Roger Bissière (1886-1964), Estève, Bazaine, Manessier, de Staël, O. Debré, Messagier, le Canadien Riopelle, artistes qu'on a pu appeler « paysagistes abstraits ». La seconde, à laquelle la dénomination d' « abstraction lyrique » s'applique spécialement, est celle de l'expression « gestuelle » (Hartung, Soulages...). Informels, matiéristes, tachistes, calligraphes (l'Allemand Wols, Fautrier, Dubuffet,

**LA SECONDE VAGUE CRÉATRICE**

Après la disparition des grands pionniers, la quête spirituelle se poursuit chez Rothko, dont les grandes toiles aux nappes flottantes de couleur constituent moins une évocation du monde qu'un espace de méditation, aux racines quasi religieuses, où le spectateur est invité à pénétrer ❸.
Chez Soulages, il s'agit d'une présence picturale faite de dynamisme gestuel et de monumentalité ❹; chez Vieira da Silva, d'une évocation fervente de la réalité dans le chatoiement, l'animation des linéaments de couleur ❺.

❸ Rothko, *Number 10,* 1950. (M.A.M., New York.)

❹ Soulages, peinture sur papier, 16 décembre 1959. (M.N.A.M., Paris.)

Mathieu, Zao Wou-ki...) représentent autant de variantes. Des sculpteurs comme François Stahly (né en 1911) et Étienne-Martin rejoignent ces courants, que l'on retrouve dans les différents pays occidentaux (en Italie : Fontana, Alberto Burri [1915], Piero Dorazio [1927] ; en Espagne : Tàpies), au Japon, etc.

### L'expressionnisme abstrait américain et ses suites.

Aux États-Unis s'est constituée à partir des années 40 une école d'« expressionnisme abstrait » qui tire notamment parti de l'automatisme surréaliste. Ses deux courants majeurs sont l'*action painting* (peinture gestuelle : Pollock, De Kooning, Franz Kline [1910-1962]), marquée par la vitesse d'exécution, et la *colorfield painting* (peinture du « champ coloré » : B. Newman, Rothko, Ad Reinhardt [1913-1967]) ; toutes deux tendent à abandonner le principe même d'une « composition » de la toile en recouvrant celle-ci d'un foisonnement de signes (Pollock) ou de plages de couleur qui semblent flotter dans l'espace (Rothko). De la volonté d'objectivité du second courant dérivent, dans les années 60, les grands formats de Morris Louis (1912-1962), Ellsworth Kelly (né en 1923), F. Stella, etc., dont le langage chromatique revient volontiers aux contours tranchés de la géométrie (facture *hard edge*, que prolongent les œuvres à trois dimensions de l'art minimal).

Des années 70 aux années 90, l'abstraction se signale notamment par de fines analyses portant sur la nature même du fait plastique (en France : *Support/Surface*).

**Voir aussi** : CINÉTIQUE (ART), CONSTRUCTIVISME, KANDINSKY, MINIMAL (ART), STIJL (DE).

❺ Vieira da Silva, *l'Aire du vent*, 1966. (Fondation Gulbenkian, Lisbonne.)

**Académie,** chacune des cinq compagnies dont se compose l'Institut de France : 1. *Académie française,* fondée en 1634 par Richelieu (40 membres), chargée de la rédaction d'un *Dictionnaire* (8 éditions de 1694 à 1932, 9e édition à partir de 1986) et d'une *Grammaire* (publiée en 1933) ; 2. *Académie des inscriptions et belles-lettres,* fondée par Colbert en 1663 (45 membres, plus des membres libres, des associés et correspondants étangers) et s'occupant de travaux d'érudition historique ou archéologique ; 3. *Académie des sciences,* fondée en 1666 par Colbert (le nombre des titulaires n'est plus fixé ; l'effectif des académiciens de moins de 80 ans ne peut toutefois excéder 110) pour l'étude des sciences mathématiques, physiques, chimiques, naturelles, biologiques et médicales et leurs applications ; 4. *Académie des beaux-arts* (50 membres), composée de peintres, de sculpteurs, d'architectes, de graveurs, de musiciens, de cinéastes et de membres libres (ses sections de base, créées successivement par Mazarin et Colbert, furent réunies en une seule compagnie en 1795) ; 5. *Académie des sciences morales et politiques,* créée en 1795 par la Convention nationale (50 membres), se consacrant à l'étude des questions de philosophie, de sociologie, d'économie politique, de droit, d'histoire et de géographie.

**Académie des Goncourt,** société littéraire instituée par le testament d'Edmond de Goncourt. Composée de dix membres, elle décerne chaque année, depuis 1903, après un déjeuner au restaurant Drouant, à Paris, le prix littéraire le plus recherché des jeunes écrivains. Depuis 1974, l'Académie s'est associé des membres correspondants à titre étranger.

**Académie royale de Belgique.** Fondée en 1769, elle fut réorganisée en 1845. Elle comprend trois classes (lettres, beaux-arts, sciences). Elle est doublée par la Koninklijke Academie voor Wetenschappen, Letteren en Schone Kunsten van België, réservée aux membres d'expression néerlandaise.

**Académie royale de langue et de littérature françaises** (Belgique). Elle fut fondée en 1920 par le roi Albert Ier.

**Académie royale de langue et de littérature néerlandaises** (Belgique). Elle fut fondée en 1886 par le roi Léopold II.

**ACADÉMIQUE** adj. **-1.** Relatif à une académie. **-2.** PÉJ. Conventionnel, sans originalité. **-3.** BELGIQUE, SUISSE. Universitaire. **-4.** CANADA. Sco-

**ACADÉMISME** en peinture : *Diane et Actéon,* par l'Albane. (Musée du Louvre, Paris.)

laire. -5. *Danse académique,* danse d'école codifiée à la fin du XVIIe s. sous l'impulsion de l'Académie royale de danse. SYN. : **danse classique**.

**ACADÉMISME** n.m. -1. Observation des règles prônées par les académies. -2. Imitation sans originalité de modèles traditionnels.
*(Voir illustration p. 25)*

**ACADIE,** anc. région orientale du Canada français (Nouvelle-France), sur l'Atlantique. Elle fut cédée par le traité d'Utrecht à l'Angleterre (1713) et forme aujourd'hui la Nouvelle-Écosse et une partie du Nouveau-Brunswick.

**ACADIEN, ENNE** adj. et n. D'Acadie. ◆ **acadien** n.m. Parler franco-canadien utilisé dans l'est du Canada.

**ACAJOU** n.m. -1. Arbre des régions tropicales, dont il existe plusieurs espèces appartenant à des genres différents, en Afrique *(Khaya)* et en Amérique *(Swietenia)*. [Famille des méliacées.] -2. Bois de cet arbre, d'une teinte rougeâtre, très employé en menuiserie et en ébénisterie.

**ACALCULIE** n.f. Impossibilité pathologique de reconnaître les chiffres, de les utiliser et de réaliser des opérations arithmétiques.

**ACALÈPHE** n.m. *Acalèphes,* classe de méduses de grande taille (cnidaires) comprenant notamm. l'aurélie et le rhizostome. SYN. : scyphozoaire.

**ACANTHACÉE** n.f. *Acanthacées,* famille de dicotylédones gamopétales des régions chaudes, dont le type est l'acanthe.

**ACANTHE** n.f. (gr. *akantha,* épine). -1. Plante ornementale à feuilles longues (50 cm env.), très découpées, recourbées, d'un beau vert, cultivée dans le midi de la France. -2. *Feuille d'acanthe* ou *acanthe,* ornement d'architecture imité de la feuille de cette plante et caractéristique du chapiteau corinthien.

**ACANTHES** ornementales d'un chapiteau corinthien. (Musée archéologique, Corinthe.)

**ACANTHOCÉPHALE** n.m. Ver parasite de l'intestin des vertébrés.

**ACANTHOPTÉRYGIEN** n.m. *Acanthoptérygiens,* groupe de poissons osseux à nageoire dorsale épineuse, comprenant notamm. la perche, le maquereau, le thon.

**A CAPPELLA** [akapela] loc. adv. et adj. inv. (loc. it., *à chapelle*). -1. Propre aux œuvres musicales religieuses de style polyphonique, exécutées dans les chapelles n'admettant pas les instruments. -2. *Chanter a cappella,* sans accompagnement instrumental.

**ACAPULCO,** port du Mexique, sur le Pacifique, au S.-O. de Mexico ; 592 187 hab. Grande station touristique.

**ACARIÂTRE** adj. D'une humeur difficile à supporter.

**ACARICIDE** adj. et n.m. Se dit d'un produit qui détruit les acariens.

**ACARIEN** n.m. *Acariens,* ordre d'arachnides représenté par de nombreuses espèces, toutes de petite taille (quelques millimètres au plus) et dont certaines, comme le sarcopte de la gale, l'aoûtat, la tique, sont parasites.

**ACARIOSE** n.f. Maladie des hommes et des animaux (abeilles) causée par des acariens.

**ACAULE** adj. Se dit d'une plante dont la tige n'est pas apparente.

**ACCABLANT, E** adj. Qui accable.

**ACCABLEMENT** n.m. État d'une personne très abattue, physiquement ou moralement.

**ACCABLER** v.t. (norm. *cabler,* abattre). -1. Peser sur qqn en diminuant ses possibilités ou sa volonté de réaction : *Chaleur, nouvelle qui accable.* -2. Imposer à qqn qqch de pénible : *Accabler qqn de travail.* -3. Prouver la culpabilité de qqn : *Ce témoignage l'accable.*

**ACCALMIE** n.f. -1. Calme momentané du vent ou de la mer. -2. Diminution ou cessation momentanée d'une activité intense.

**ACCAPARER** v.t. -1. Amasser un bien, une denrée afin d'en provoquer la rareté et de les vendre au plus haut prix. -2. S'emparer de qqch à son seul profit : *Accaparer le pouvoir.* -3. Retenir qqn près de soi sans le laisser s'occuper des autres : *La cliente accaparait la vendeuse.* -4. Occuper complètement le temps, la pensée de qqn : *Son travail l'accapare.* ◆ **s'accaparer** v.pr. **(de).** BELGIQUE. S'emparer de.

**ACCAPAREUR, EUSE** n. et adj. Personne qui accapare (partic. des denrées).

**ACCASTILLAGE** n.m. (esp. *castillo,* château). -1. Ensemble des superstructures d'un navire. -2. Quincaillerie marine.

**ACCASTILLER** v.t. Garnir un navire de son accastillage.

**ACCÉDER** v.t. ind. **(à)** [18]. -1. Donner accès à un lieu : *Cette porte permet d'accéder au jardin.* -2. Atteindre un état, une situation, etc. : *Accéder à de hautes fonctions.* -3. Acquiescer, consentir à un désir, à une demande.

**ACCELERANDO** [akselerɑ̃do] adv. (mot it.). Terme musical indiquant qu'il faut presser le mouvement.

**ACCÉLÉRATEUR, TRICE** adj. Qui accélère qqch, en parlant d'une force, d'un dispositif. ◆ **accélérateur** n.m. -1. Organe (génér. pédale ou poignée) commandant l'admission du mélange gazeux dans le moteur d'un véhicule et permettant de faire varier la vitesse de celui-ci. -2. Substance qui augmente la vitesse d'une réaction chimique. -3. Produit destiné à réduire la durée de prise du béton, du plâtre. -4. *Accélérateur de particules,* appareil permettant de communiquer des vitesses très élevées à des particules, destiné à l'étude des structures de la matière. (V. ENCYCL.)

ENCYCL. Les sources naturelles de particules comme la radioactivité et le rayonnement cosmique ne fournissent, pour la première, que des particules d'énergie assez faible et, pour la seconde (bombardement aléatoire de la surface terrestre), que des particules d'énergie imprévisible. C'est pourquoi, vers la fin des années 1920, ont été imaginés les premiers dispositifs accélérateurs.

**Principes et unités.** Un accélérateur se compose d'une source qui produit les particules chargées (électrons, ions, etc.), d'un système accélérateur qui leur communique de l'énergie et d'un système qui les guide pendant leur trajet puis les éjecte vers la cible. Seules les particules stables possédant une charge électrique (électrons ou protons, ainsi que leurs antiparticules, et ions de toute espèce) sont susceptibles d'être accélérées par l'action d'un champ électrique. C'est pourquoi, pour accélérer un neutron, il est nécessaire qu'il soit incorporé à un noyau ou à un ion.

L'énergie est mesurée en électronvolts (eV). Cette unité étant très petite, on utilise le plus souvent le méga- et le gigaélectronvolt (MeV et GeV), ce qui correspond, pour les particules, à des vitesses relativistes.

**Les classes d'accélérateurs.** Les *accélérateurs électrostatiques* appliquent aux particules une tension constante de l'ordre du million de volts. Les *accélérateurs linéaires* utilisent un champ électrique alternatif dont les alternances favorables accélèrent les particules en ligne droite. Quant aux *accélérateurs circulaires,* ils sont fondés sur le principe qu'une particule

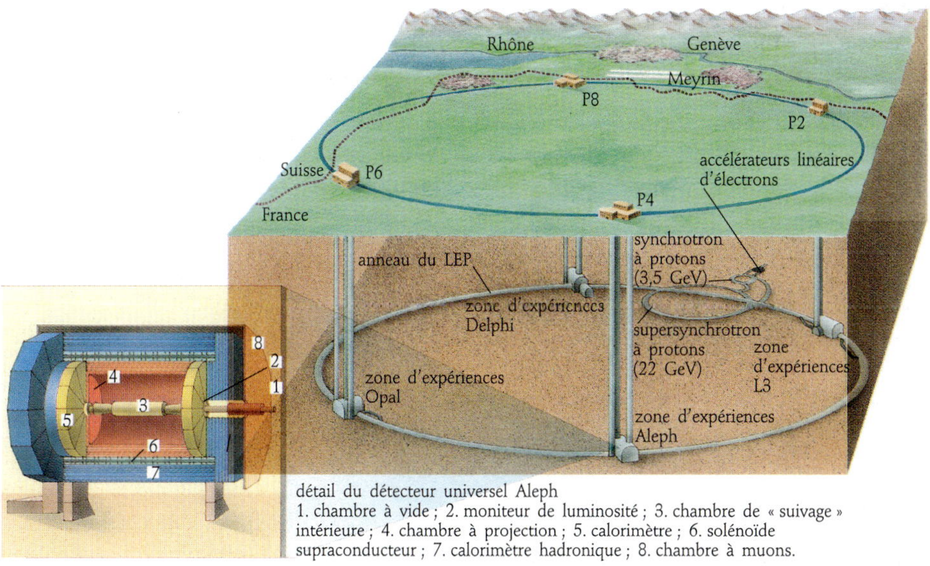


détail du détecteur universel Aleph
1. chambre à vide ; 2. moniteur de luminosité ; 3. chambre de « suivage » intérieure ; 4. chambre à projection ; 5. calorimètre ; 6. solénoïde supraconducteur ; 7. calorimètre hadronique ; 8. chambre à muons.

**ACCÉLÉRATEUR** de particules : les installations du Cern organisées autour du LEP *(Large Electron-Positron collider)*

chargée, placée dans un champ magnétique uniforme, décrit une trajectoire circulaire sur laquelle elle reçoit, à chaque tour, une impulsion fournie par un champ électrique.

Pour accroître l'énergie maximale, diverses options techniques ont été successivement adoptées : cyclotrons, synchrotrons, bêtatrons, synchrocyclotrons, etc. Les plus grands accélérateurs actuels utilisent une succession d'aimants à champ uniforme et de lentilles magnétiques. Les aimants supraconducteurs permettent d'obtenir des champs magnétiques 2 à 3 fois plus forts que ceux des aimants classiques. Pour mieux profiter de l'énergie, on a imaginé d'utiliser les accélérateurs en collisionneurs, dans lesquels se croisent des petits paquets de particules circulant en sens inverse : les plus grands dispositifs actuels sont de cette nature.

**Les utilisations.** Les accélérateurs sont des outils indispensables pour l'étude de la structure intime de la matière : l'analyse des collisions entre particules fournit l'essentiel des connaissances sur la composition des noyaux atomiques. (→ NOYAU.) Les énergies atteintes permettent aussi de reconstituer les conditions qui existaient quelques fractions de seconde après le big-bang. Ainsi, avec les accélérateurs, on étudie non seulement l'infiniment petit mais aussi l'infiniment grand : l'Univers et son histoire.

Les accélérateurs trouvent également des applications en chimie (étude des molécules organiques), en médecine (traitement de tumeurs) ou dans l'industrie (réalisation de filtres microporeux, traitement de surfaces, etc.). [→ PARTICULE, PHYSIQUE.]

**L'exemple du LEP.** Le LEP sert à étudier les particules de très haute énergie produites lors des collisions entre des faisceaux d'électrons et de positrons tournant en sens inverse. Dans chacun des 4 halls d'expérimentation souterrains (Aleph, Opal, Delphi et L3), des détecteurs, qui pèsent plusieurs milliers de tonnes (entre 3 000 et 6 000 t), sont disposés autour des points de collision. Montés sur rails, ils peuvent être déplacés d'une position « garage » vers une position « opération ».

**ACCÉLÉRATION** n.f. -**1.** Fait d'être accéléré ou de s'accélérer : *L'accélération des travaux, du progrès.* -**2.** Aptitude d'un véhicule à augmenter sa vitesse instantanée : *Les accélérations d'une voiture nerveuse.* -**3.** ***Accélération de l'histoire,*** accroissement de la cadence de succession des événements et des transformations économiques et sociales. **ÉCON.** ***Principe d'accélération,*** principe selon lequel de faibles changements dans la demande de biens de consommation provoquent des variations beaucoup plus importantes dans la demande de biens de production. **MÉCAN.** Variation, positive ou négative, de la vitesse d'un mobile par unité de temps.

**ACCÉLÉRÉ** n.m. Effet spécial, réalisé le plus souvent à la prise de vues, donnant l'illusion de mouvements plus rapides que dans la réalité.

**ACCÉLÉRER** v.t. [18]. Accroître la vitesse de qqch : *Accélérer l'allure.* ◆ v.i. Aller plus vite : *Le train accélère.* ◆ **s'accélérer** v.pr. Devenir plus rapide : *Son pouls s'accélère.*

**ACCÉLÉROMÈTRE** n.m. Appareil servant à mesurer l'accélération d'un mouvement.

**ACCENT** n.m. (lat. *accentus,* intonation). -**1.** Prononciation, intonation, rythme propres à l'élocution dans une région, un milieu : *L'accent du Midi.* -**2.** Inflexion, intonation expressive de la voix : *Un accent de sincérité.* **LING.** Signe graphique placé sur une voyelle pour noter un fait phonétique ou grammatical : *Accent aigu* (´), *grave* (`), *circonflexe* (^). **PHON.** Mise en relief d'une syllabe, d'un mot ou d'un groupe de mots dans la chaîne parlée *(accent tonique, accent de hauteur, accent d'intensité).*

**ACCENTEUR** n.m. Oiseau passereau chanteur qui vit d'insectes et de graines : *Accenteur alpin.* (Famille des prunellidés.)

**ACCENTUATION** n.f. -**1.** Fait d'accentuer, de s'accentuer ; son résultat. -**2.** Action d'affecter d'accents certaines voyelles. -**3.** Action d'accentuer une syllabe ou un mot.

**ACCENTUÉ, E** adj. Qui porte un accent : *Syllabe accentuée.*

**ACCENTUEL, ELLE** adj. En phonétique, qui porte l'accent ; relatif à l'accent.

**ACCENTUER** v.t. -**1.** Placer un accent sur une voyelle. -**2.** Prononcer une syllabe, un mot en les marquant d'un accent. -**3.** Renforcer qqch : *Accentuer une ressemblance.* ◆ **s'accentuer** v.pr. Devenir plus intense : *Le froid s'est accentué.*

**ACCEPTABILITÉ** n.f. Fait pour un énoncé, pour une phrase, d'être accepté, compris ou naturellement émis par les locuteurs d'une langue : *Degré d'acceptabilité d'un énoncé.*

**ACCEPTABLE** adj. -**1.** Qui peut être accepté, toléré : *Offre acceptable.* -**2.** Caractérisé par l'acceptabilité : *Énoncé acceptable.*

**ACCEPTATION** n.f. Fait d'accepter qqch, d'y consentir : *Acceptation d'un don.*

**ACCEPTER** v.t. -**1.** Consentir à prendre, à recevoir : *Accepter un cadeau.* -**2.** ***Accepter une***

*lettre de change, une traite,* s'engager à la payer à l'échéance.

**ACCEPTEUR, EUSE** n. Personne qui s'engage à payer une lettre de change, une traite, etc. ◆ **accepteur** n.m. Atome ou groupe d'atomes qui attire les électrons de liaison.

**ACCEPTION** n.f. -1. Sens particulier dans lequel un mot est employé : *Les différentes acceptions du mot «pierre».* -2. ***Sans acception de personne,*** sans accorder de préférence à quiconque.

**ACCÈS** [aksɛ] n.m. (lat. *accessus,* arrivée). -1. Ce qui permet d'accéder à un lieu, à une situation, etc. : *Île d'accès difficile.* -2. Période de manifestation intense d'un état physique, mental : *Accès de fièvre, de colère.* -3. Procédure de recherche ou d'enregistrement d'une donnée dans une mémoire d'ordinateur.

**ACCESSIBILITÉ** n.f. Caractère de ce qui est accessible.

**ACCESSIBLE** adj. -1. Qui peut être atteint, abordé : *Sommet accessible aux randonneurs.* -2. Compréhensible : *Exposé accessible à tous.*

**ACCESSION** n.f. Action d'accéder à qqch : *Accession à la propriété.* DR. Extension du droit de propriété par suite du rattachement d'une chose accessoire à la chose principale. || Adhésion à une convention internationale d'États n'ayant pas participé à l'élaboration de celle-ci.

**ACCESSIT** [aksɛsit] n.m. (mot lat., *il s'est approché*). Distinction honorifique accordée à ceux qui sont les plus proches des lauréats d'un prix : *Obtenir un accessit de géographie.*

**ACCESSOIRE** adj. (du lat. *accedere,* ajouter). Qui suit ou qui accompagne une chose principale : *Des frais accessoires.* ◆ n.m. -1. Ce qui est accessoire. -2. Pièce destinée à compléter un élément principal ou à aider à son fonctionnement : *Accessoires d'automobile.* -3. Élément qui s'ajoute à la toilette (sac, ceinture, etc.) et avec laquelle il s'harmonise par la couleur, la matière, etc. -4. Objet, élément du décor, des costumes, dans la mise en scène d'une pièce de théâtre, d'un film. ◆ **accessoirement** adv.

**ACCESSOIRISTE** n. -1. Personne qui s'occupe des accessoires, dans un théâtre, un studio de cinéma ou de télévision. -2. Commerçant assurant la vente au détail des accessoires d'automobile et de motocyclette.

**ACCIDENT** n.m. (du lat. *accidens,* survenant). -1. Événement imprévu et dommageable : *Accident de chemin de fer.* -2. Événement qui modifie ou interrompt fortuitement le cours de qqch : *Les accidents d'une longue carrière.* -3. ***Accident de terrain,*** inégalité du relief. DR. ***Accident du travail,*** accident qui survient pendant le travail ou à cause du travail. MUS. Altération *(dièse, bémol* ou *bécarre)* étrangère à la tonalité. PHILOS. Attribut non nécessaire, qualité relative et contingente, par opp. à *substance,* à *essence.*

**ACCIDENTÉ, E** adj. Qui présente des inégalités : *Terrain accidenté.* ◆ adj. et n. Qui a subi un accident : *Voiture accidentée.*

**ACCIDENTEL, ELLE** adj. -1. Dû à un accident ou au hasard : *Mort accidentelle.* -2. Relatif à l'accident, par opp. à *substantiel.* ◆ **accidentellement** adv.

**ACCIDENTER** v.t. Causer un accident, un dommage à qqn, à qqch.

**ACCIDENTOLOGIE** n.f. Étude scientifique des accidents, notamm. des accidents mettant en jeu des véhicules automobiles, et de leurs conséquences corporelles.

**ACCISES** [aksiz] n.f. pl. BELGIQUE. Impôt indirect portant sur certaines marchandises, en partic. les alcools.

**ACCISIEN** n.m. BELGIQUE. Agent du service des accises.

**ACCIUS** (Lucius), poète tragique latin (Pisaurum 170 - v. 84 av. J.-C.). De ses 45 pièces, il ne reste que 700 vers.

**ACCLAMATION** n.f. -1. Cri d'enthousiasme collectif. -2. ***Par acclamation,*** unanimement ou massivement, sans recourir à un scrutin.

**ACCLAMER** v.t. (lat. *clamare,* crier). Saluer qqn ou qqch par des cris d'enthousiasme.

**ACCLIMATABLE** adj. Qui peut être acclimaté.

**ACCLIMATATION** n.f. Action d'acclimater un être vivant à un nouveau milieu ; son résultat.

**ACCLIMATEMENT** n.m. Adaptation d'un être vivant à un nouvel environnement, à un nouveau climat, etc. : *L'acclimatement à l'altitude.*

**ACCLIMATER** v.t. -1. Adapter un animal ou un végétal à un nouveau climat. -2. Habituer qqn à un nouveau milieu.

**ACCOINTANCES** n.f. pl. (du lat. *accognitus,* connu). PÉJ. Relations, fréquentations.

**ACCOLADE** n.f. -1. Action de serrer qqn entre ses bras en signe d'affection, d'amitié ou lors d'une remise de décoration : *Recevoir l'accolade.* -2. Signe graphique ({) pour réunir des mots, des lignes, etc. -3. En architecture, arc dont la forme (deux courbes symétriques alternativement convexes et concaves) évoque une accolade horizontale.

**ACCOLER** v.t. (de *cou*). -1. Joindre, réunir : *Accoler une particule à son nom.* -2. Réunir par une accolade : *Accoler deux paragraphes.*

**ACCOMMODANT, E** adj. Qui est conciliant.

**ACCOMMODAT** n.m. Changement adaptatif intransmissible présenté par un être vivant hors de son milieu habituel.

**ACCOMMODATION** n.f. Action d'accommoder qqch à un usage, à une fin ; fait de s'accommoder, adaptation. **BIOL.** Ensemble des modifications morphologiques et physiologiques non héréditaires par lesquelles un être vivant s'adapte à un nouveau milieu et peut y survivre. **PHYSIOL.** Modification de la courbure du cristallin de l'œil, qui permet la formation d'images nettes sur la rétine.

**ACCOMMODEMENT** n.m. Arrangement à l'amiable ; compromis.

**ACCOMMODER** v.t. (du lat. *commodus,* convenable). -1. Adapter qqch à une situation : *Accommoder ses paroles aux circonstances.* -2. Apprêter un mets : *Accommoder la salade.* ◆ **s'accommoder** v.pr. Se contenter de qqch : *S'accommoder de l'inconfort.*

**ACCOMPAGNATEUR, TRICE** n. -1. Personne qui accompagne et guide un groupe (de touristes, de voyageurs, etc.) ou une autre personne (enfant, infirme, notamm.). -2. Personne qui accompagne la partie principale d'un morceau de musique avec un instrument ou avec la voix.

**ACCOMPAGNEMENT** n.m. -1. Action, fait d'accompagner. -2. Suite, escorte. -3. Chose qui accompagne. -4. Partie, ensemble des parties vocales ou instrumentales secondaires soutenant en musique la partie principale.

**ACCOMPAGNER** v.t. -1. Aller qqpart avec qqn ; conduire ou escorter : *Il l'a accompagnée à la gare.* -2. Ajouter qqch à qqch : *Accompagner ses paroles d'un geste de menace.* -3. Être joint à qqch : *Une lettre accompagne le paquet.* -4. Soutenir par un accompagnement musical : *Accompagner au piano un chanteur.* -5. ***Accompagner un malade, un mourant,*** lui apporter les soins et les soutiens nécessaires pour l'aider à supporter ses souffrances physiques et morales.

**ACCOMPLI, E** adj. -1. Achevé, révolu : *Dix ans accomplis.* -2. Parfait dans son genre : *Une cuisinière accomplie.* -3. ***Le fait accompli,*** ce sur quoi il n'est plus possible de revenir. ◆ **accompli** n.m. Forme verbale ou ensemble de formes verbales indiquant une action achevée. SYN. : **parfait, perfectif.**

**ACCOMPLIR** v.t. (du lat. *complere,* remplir). -1. Réaliser entièrement qqch : *Accomplir son mandat.* -2. Faire, exécuter qqch : *Accomplir son devoir.* ◆ **s'accomplir** v.pr. -1. Se produire. -2. S'épanouir dans qqch : *S'accomplir dans son travail.*

**ACCOMPLISSEMENT** n.m. Réalisation, achèvement.

**Accor,** groupe hôtelier français issu, en 1983, du rapprochement de Novotel et de Jacques Borel International. Outre son activité hôtelière diversifiée, il est présent dans la restauration (collective, autoroutière et routière, rapide, etc.) et les services (Ticket-Restaurant, etc.).

**ACCORD** n.m. -1. Entente entre des personnes proches par leurs idées, leurs sentiments. -2. Assentiment, acceptation : *Donner son accord.* -3. Arrangement, convention entre plusieurs parties : *Accord entre deux grandes puissances.* -4. Correspondance, harmonie entre plusieurs choses : *Des accords de couleurs inattendus.* **DR.** ***Accord dérogatoire,*** accord conclu en matière de salaire ou d'aménagement du temps de travail et qui autorise des dispositions différentes de la loi ou moins favorables qu'elle. **LING.** Rapport entre des mots, des formes dont l'un ou l'une régit l'autre ou les autres. **MUS.** Ensemble d'au moins trois sons musicaux émis simultanément. ‖ Action d'accorder un instrument ; son résultat : *Accord du violon* (sol, ré, la, mi). ‖ ***Accord parfait,*** accord superposant la tonique, la médiante et la dominante.

**ACCORD-CADRE** n.m. (pl. accords-cadres). Accord entre partenaires sociaux servant de modèle à des accords ultérieurs plus détaillés.

**ACCORDÉON** n.m. Instrument de musique portatif, à touches ou à boutons, dont les anches de métal sont mises en vibration par un soufflet.

**ACCORDÉONISTE** n. Personne qui joue de l'accordéon.

**ACCORDER** v.t. (lat. pop. *accordare,* de *cor,* cœur). -1. Mettre des choses en harmonie : *Accorder des couleurs.* -2. Octroyer qqch à qqn : *Je t'accorde une heure.* -3. Appliquer aux mots les règles d'accord. -4. Régler la justesse d'un instrument de musique. -5. Mettre des instruments au même diapason. ◆ **s'accorder** v.pr. Être en accord grammatical : *L'adjectif s'accorde avec le nom.*

**ACCORDEUR, EUSE** n. Personne qui accorde les instruments de musique.

**ACCORE** [akɔr] adj. (néerl. *schore,* escarpé). Se dit d'une côte qui plonge verticalement dans une mer profonde.

**ACCORT, E** adj. (it. *accorto,* avisé). LITT. (Génér. au fém.). Gracieux, avenant.

**ACCOSTAGE** n.m. -1. Action d'accoster. -2. *Ouvrages d'accostage,* quais, pontons, etc.

**ACCOSTER** v.t. (de l'anc. fr. *coste,* côte). -1. S'approcher, se ranger bord à bord avec, en parlant d'un navire : *Accoster le quai, un autre navire.* -2. Aborder qqn pour lui parler.

**ACCOT** [ako] n.m. Dépôt de paille, de feuilles mortes, etc., pour protéger de jeunes plants contre le gel.

**ACCOTEMENT** n.m. -1. Partie d'une route comprise entre la chaussée et le fossé. -2. Partie d'une voie de chemin de fer comprise entre le rail et la crête voisine de la couche de ballast.

**ACCOTER** v.t. (du lat. *cubitus,* coude). Appuyer qqch d'un côté contre qqch. ◆ **s'accoter** v.pr. S'appuyer : *S'accoter à un mur, contre un mur.*

**ACCOTOIR** n.m. Appui pour les bras sur les côtés d'un siège. SYN. : bras, accoudoir.

**ACCOUCHÉE** n.f. Femme venant d'accoucher.

**ACCOUCHEMENT** n.m. -1. Action d'accoucher. (→ GROSSESSE.) -2. *Accouchement prématuré,* accouchement qui a lieu après le 180e jour de la grossesse (avant ce jour, l'enfant est également réputé non viable) et avant le 270e jour. || *Accouchement psychoprophylactique,* dit cour. *accouchement sans douleur,* celui auquel la parturiente a été préparée par un entraînement destiné à atténuer les sensations pénibles et à permettre une relaxation maximale pendant le travail.

**ACCOUCHER** v.i. et t. ind. Mettre un enfant au monde : *Accoucher d'une fille.* ◆ v.t. Aider une femme à mettre son enfant au monde.

**ACCOUCHEUR, EUSE** n. Personne qui fait des accouchements : *Médecin accoucheur.*

**ACCOUDER (S')** v.pr. S'appuyer sur un, sur les coudes : *S'accouder à, sur qqch.*

**ACCOUDOIR** n.m. Appui pour s'accouder. SYN. : accotoir.

**ACCOUPLEMENT** n.m. -1. Action d'accoupler, de s'accoupler. -2. Union physique du mâle et de la femelle, assurant la reproduction. -3. Jonction, liaison de deux ou de plusieurs éléments mécaniques ; dispositif assurant une telle liaison.

**ACCOUPLER** v.t. -1. Réunir des animaux par deux : *Accoupler un cheval et un bœuf pour tirer une charrue.* -2. Joindre, réunir deux choses ; en assurer le fonctionnement solidaire : *Accoupler des roues, des moteurs électriques.* -3. Assurer l'accouplement d'animaux à des fins de reproduction. ◆ **s'accoupler** v.pr. S'unir pour la reproduction, en parlant des animaux.

**ACCOURIR** v.i. [45] (auxil. *avoir* ou *être*). Venir en hâte qqpart.

**ACCOUTREMENT** n.m. Habillement ridicule.

**ACCOUTRER** v.t. (du lat. *consutura,* couture). Habiller qqn d'une manière bizarre ou ridicule.

**ACCOUTUMANCE** n.f. -1. Fait de s'accoutumer à qqch : *Accoutumance au bruit.* -2. Adaptation permettant aux êtres vivants de supporter des doses croissantes de substances actives ou toxiques : *Accoutumance aux stupéfiants.*

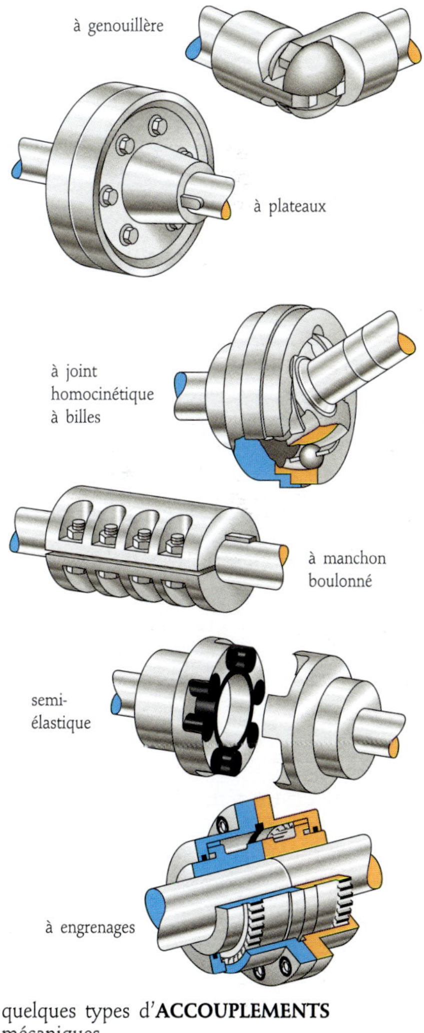


quelques types d'**ACCOUPLEMENTS** mécaniques

**ACCOUTUMÉ, E** adj. Ordinaire, habituel : *Se retrouver à l'heure accoutumée.*

**ACCOUTUMER** v.t. **(à).** Disposer qqn à supporter, à faire qqch ; habituer. ◆ **s'accoutumer** v.pr. **(à).** Prendre l'habitude de qqch.

**ACCOUVAGE** n.m. Technique de l'incubation et de l'éclosion des œufs au moyen de couveuses artificielles.

**ACCOUVEUR, EUSE** n. Personne qui pratique l'accouvage.

**ACCRA,** cap. du Ghana, port sur le golfe de Guinée ; 800 000 hab. Centre commercial (or et cacao) et industriel (raffinerie de pétrole).

**ACCRÉDITATION** n.f. Action d'accréditer ; fait d'être accrédité.

**ACCRÉDITER** v.t. **-1.** Rendre croyable, vraisemblable : *Plusieurs incidents de frontière tendent à accréditer les rumeurs de guerre.* **-2.** Ouvrir un crédit au moyen d'un accréditif. **-3.** Attester des qualités diplomatiques du personnel envoyé dans un pays étranger. **-4.** Pour une administration, une institution, délivrer une autorisation d'accès à un journaliste, un photographe, etc.

**ACCRÉDITIF, IVE** adj. Qui permet d'ouvrir un crédit. ◆ **accréditif** n.m. Document remis par une banque à un client pour permettre à celui-ci d'obtenir un crédit auprès d'une banque d'une autre place.

**ACCRÉTION** n.f. **-1.** Capture de matière par un astre sous l'effet de la gravitation. **-2.** Accroissement d'une région continentale ou océanique par apport de matériaux extérieurs.

**ACCROC** [akro] n.m. **-1.** Déchirure faite dans un tissu par un objet qui accroche : *Faire un accroc à sa jupe.* **-2.** Incident malheureux : *Un voyage sans accroc.*

**ACCROCHAGE** n.m. **-1.** Action d'accrocher qqch : *L'accrochage d'un tableau.* **-2.** Bref engagement entre détachements adverses de faible effectif.

**ACCROCHE** n.f. Partie d'un texte publicitaire spécialement conçue pour attirer l'attention.

**ACCROCHE-CŒUR** n.m. (pl. accroche-cœurs ou inv.). Mèche de cheveux aplatie en boucle sur le front ou la tempe ; guiche.

**ACCROCHER** v.t. **-1.** Suspendre qqch à un crochet, à un clou : *Accrocher un tableau au mur.* **-2.** Faire un accroc à un tissu, à un vêtement : *Accrocher un bas.* **-3.** Heurter légèrement qqn ou qqch, en parlant d'un véhicule ou de son conducteur : *Il a accroché un cycliste.* ◆ **s'accrocher** v.pr. **-1.** Se retenir avec force à qqch : *S'accrocher à la vie.* **-2.** Persévérer : *Il va falloir s'accrocher.* **-3.** Engager brièvement le combat : *Deux patrouilles se sont accrochées.*

**ACCROCHEUR, EUSE** adj. **-1.** Qui retient l'attention : *Titre accrocheur.* **-2.** Qui montre de la ténacité ; opiniâtre et combatif.

**ACCROISSEMENT** n.m. Action d'accroître ; fait de s'accroître, augmentation.

**ACCROÎTRE** v.t. [94]. Augmenter l'importance ou l'intensité de qqch : *Accroître la richesse d'un pays.*

**ACCROUPIR (S')** v.pr. S'asseoir sur ses talons.

**ACCRU, E** adj. Plus grand : *Des charges accrues.* ◆ **accru** n.m. Rejeton produit par les racines d'un arbre. ◆ **accrue** n.f. **-1.** Augmentation de la surface d'un terrain par le retrait des eaux. **-2.** Augmentation de la surface d'une forêt par extension de ses racines sur un terrain voisin.

**ACCUEIL** n.m. **-1.** Action, manière d'accueillir : *Un accueil très chaleureux.* **-2.** Lieu où, dans une administration, une entreprise, on accueille les visiteurs. **-3.** ***Centre d'accueil,*** lieu destiné à recevoir des sinistrés, des réfugiés, etc.

**ACCUEILLANT, E** adj. Qui fait bon accueil.

**ACCUEILLIR** v.t. [41]. **-1.** Recevoir qqn à son arrivée qqpart. **-2.** Avoir telle ou telle attitude quand on reçoit qqch ou qqn, quand on apprend qqch, etc. : *Il a froidement accueilli la nouvelle.* **-3.** Recevoir qqn, lui donner l'hospitalité.

**ACCULÉE** n.f. Court mouvement en arrière d'un bateau, génér. causé par la houle.

**ACCULER** v.t. **-1.** Pousser qqn, un animal dans un lieu sans issue : *Ils l'avaient acculé au fond de l'impasse.* **-2.** Mettre qqn dans l'impossibilité de se soustraire à une situation fâcheuse : *Ses créanciers l'ont acculé à la faillite.*

**ACCULTURATION** n.f. Processus par lequel un groupe entre en contact avec une culture différente de la sienne et l'assimile totalement ou en partie.

**ACCULTURER** v.t. Adapter qqn, un groupe à une nouvelle culture.

**ACCUMULATEUR** n.m. **-1.** Tout dispositif susceptible d'emmagasiner de l'énergie et de la restituer. **-2.** COUR. Accumulateur électrique : *Accumulateur, batterie d'accumulateurs d'une automobile.* **ÉLECTR.** ***Accumulateur électrique,*** appareil emmagasinant de l'énergie sous forme chimique pour la restituer sous forme électrique. **INFORM.** Registre de l'unité centrale d'un ordinateur où sont enregistrés les résultats des opérations effectuées. **MÉCAN.** ***Accumulateur***

*hydraulique,* appareil qui emmagasine de l'énergie sous forme de pression d'un liquide.

**ACCUMULATION** n.f. Action d'accumuler ; son résultat. **CHAUFF.** ***Chauffage à*** ou ***par accumulation,*** dispositif de chauffage électrique utilisant le courant pendant les heures creuses, à tarif réduit, et restituant à la demande, pendant les heures de pointe, la chaleur ainsi accumulée. **ÉCON.** ***Accumulation du capital,*** selon Marx, dans une société capitaliste, reproduction élargie du capital par incorporation croissante de plus-value. **GÉOGR.** Entassement de matériaux détritiques sous l'action des eaux courantes, des glaciers, du vent, de la mer, etc.

**ACCUMULER** v.t. (lat. *accumulare*). Mettre ensemble en grande quantité ; entasser : *Accumuler des marchandises, des témoignages.*

**ACCURSE** (François), en ital. Accursio (Francesco), jurisconsulte italien (Bagnolo v. 1185 - Bologne v. 1263). L'un des rénovateurs du droit romain, il est l'auteur de la *Grande Glose,* ou *Glossa ordinaria.*

**ACCUSATEUR, TRICE** adj. Qui accuse : *Un regard accusateur.* ◆ n.m. ***Accusateur public,*** membre du ministère public auprès du tribunal criminel pendant la Révolution française.

**ACCUSATIF** n.m. Cas des langues à déclinaisons exprimant la relation entre le verbe et le complément le plus directement affecté par l'action verbale.

**ACCUSATION** n.f. Action d'accuser qqn, de lui imputer un crime, une faute ; ce dont on l'accuse : *Vos accusations sont injustes.* **DR.** Fait de déférer à une juridiction répressive la connaissance d'un crime. ‖ Le ministère public lui-même, par opp. à la *défense.* ‖ ***Arrêt de mise en accusation,*** arrêt rendu par la chambre d'accusation et qui prononce la mise en accusation de l'inculpé (ou « mise en examen ») et le renvoie devant la cour d'assises. ‖ ***Chambre d'accusation,*** section de la cour d'appel, aux débats contradictoires mais non publics, qui contrôle l'instruction de toutes les affaires criminelles et statue, en appel, sur les ordonnances des juges d'instruction.

**ACCUSATOIRE** adj. ***Système accusatoire,*** système de procédure pénale dans lequel le rôle assigné au juge est celui d'un arbitre entre l'accusation et la défense.

**ACCUSÉ, E** n. Personne à qui l'on impute une infraction pénale et, partic., un crime. (En ce cas, l'accusé comparaît devant la cour d'assises.) ◆ **accusé** n.m. ***Accusé de réception,*** avis informant l'expéditeur que l'objet envoyé a été reçu par le destinataire.

**ACCUSER** v.t. **-1.** Déférer qqn en justice pour un délit ou un crime. **-2.** Présenter qqn comme coupable : *Accuser qqn de meurtre, de négligence.* **-3.** Révéler : *Son visage accuse la fatigue.* **-4.** Mettre une forme en évidence, en relief ; accentuer : *Un maquillage qui accuse les traits.* **-5.** ***Accuser réception,*** faire savoir qu'on a reçu un envoi.

**ACE** [es] n.m. (mot angl., *as*). Balle de service que l'adversaire ne peut toucher, au tennis.

**ACÉPHALE** [asefal] adj. (du gr. *kephalê,* tête). Sans tête : *Statue acéphale.* ◆ n.m. ***Acéphales,*** classe de mollusques sans tête différenciée, coïncidant aujourd'hui avec la classe des bivalves.

**ACÉRACÉE** n.f. (du lat. *acer,* érable). ***Acéracées,*** famille de plantes dicotylédones dont le type est l'érable.

**ACERBE** adj. Agressif, mordant : *Critiques acerbes.*

**ACÉRÉ, E** adj. **-1.** Tranchant, aigu : *Griffes acérées.* **-2.** Caustique, mordant : *Critique acérée.*

**ACESCENCE** n.f. Tendance à devenir acide, pour une boisson fermentée.

**ACESCENT, E** adj. Qui devient acide : *Bière acescente.*

**ACÉTABULE** n.f. **-1.** Cavité articulaire de l'os iliaque, recevant la tête du fémur. **-2.** Loge squelettique du polype, chez les cnidaires regroupés en colonies.

**ACÉTAL** n.m. (pl. acétals). Corps obtenu par action des aldéhydes sur les alcools (nom générique).

**ACÉTALDÉHYDE** n.m. Éthanal.

**ACÉTATE** n.m. (lat. *acetum,* vinaigre). **-1.** Sel ou ester de l'acide acétique : *Acétate d'aluminium.* **-2.** ***Acétate de cellulose,*** ester acétique de la cellulose, constituant de fibres textiles, de matières plastiques, de films, etc. SYN. : **acétocellulose, acétylcellulose.**

**ACÉTIFICATION** n.f. Fait d'être acétifié.

**ACÉTIFIER** v.t. Convertir un liquide alcoolisé en vinaigre, en acide acétique.

**ACÉTIMÈTRE** n.m. Appareil pour déterminer la quantité d'acide acétique contenue dans un liquide.

**ACÉTIQUE** adj. ***Acide acétique,*** acide $CH_3CO_2H$ auquel le vinaigre doit sa saveur. SYN. : **acide éthanoïque.** ‖ ***Fermentation acétique,*** fermentation qui donne naissance au vinaigre.

**ACÉTOBACTER** n.m. Bactérie responsable de la transformation de l'alcool en acide acétique.

**ACÉTONE** n.f. Liquide incolore, volatil, inflammable, d'odeur éthérée, utilisé comme solvant ($CH_3COCH_3$).

**ACÉTONÉMIE** n.f. Présence anormale dans le sang d'acétone et de corps voisins.

**ACÉTONURIE** n.f. Présence d'acétone dans les urines.

**ACÉTYLCELLULOSE** n.f. Acétate de cellulose.

**ACÉTYLCHOLINE** [-kɔlin] n.f. Médiateur chimique libéré par les nerfs parasympathiques.

**ACÉTYLCOENZYME A** n.f. Coenzyme jouant un rôle capital dans le métabolisme des aliments chez l'homme et l'animal.

**ACÉTYLE** n.m. Radical univalent $CH_3CO$— dérivant de l'acide acétique.

**ACÉTYLÈNE** n.m. Hydrocarbure non saturé gazeux, $HC{\equiv}CH$, obtenu notamm. en traitant le carbure de calcium par l'eau.

**ACÉTYLÉNIQUE** adj. Qui dérive de l'acétylène.

**ACÉTYLSALICYLIQUE** adj. *Acide acétylsalicylique,* aspirine.

**ACHAÏE,** contrée de l'ancienne Grèce, au nord du Péloponnèse. Après la conquête romaine (146 av. J.-C.), le nom d'Achaïe désigne la Grèce soumise à Rome. Les croisés créèrent, en 1205, la *principauté d'Achaïe,* ou *de Morée,* qui fut reconquise par les Byzantins en 1432.

**ACHALANDÉ, E** adj. (de *chaland,* acheteur). Approvisionné : *Boutique bien achalandée.*

**ACHALANDER** v.t. Fournir un magasin en marchandises.

**ACHANTI** ou **ASHANTI,** population akan occupant le centre du Ghana. Les Achanti s'affranchirent à la fin du XVIIe siècle par la révolte du jeune chef Osei Toutou, qui construisit Kumasi tout en agrandissant son royaume. Son neveu affermit sa puissance. Les hostilités avec les Britanniques se développèrent à partir de 1863. Kumasi fut détruite en 1874. En 1896, un résident anglais s'y installa. En 1935, la confédération achanti fut solennellement restaurée.

**ACHARD** (Marcel), auteur dramatique français (Sainte-Foy-lès-Lyon 1899 - Paris 1974). Il est l'auteur de comédies légères (*Jean de la Lune,* 1929 ; *Patate,* 1957). [Acad. fr. 1959.]

**ACHARDS** n.m. pl. Condiment composé de fruits et de légumes macérés dans du vinaigre.

**ACHARISME** [aʃarism] n.m. Doctrine du théologien musulman Achari (v. 873 - v. 955) et de son école, proche du sunnisme.

**ACHARNÉ, E** adj. -**1.** Qui est tenace dans ce qu'il entreprend : *Un travailleur acharné.* -**2.** Qui est fait avec fougue : *Une lutte acharnée.*

**ACHARNEMENT** n.m. -**1.** Fait de s'acharner : *S'entraîner avec acharnement.* -**2.** ***Acharnement thérapeutique,*** fait de chercher à maintenir en vie, par tous les moyens thérapeutiques possibles, une personne dont l'état est jugé désespéré.

**ACHARNER (S')** v.pr. (de l'anc. fr. *charn,* chair). -**1.** Poursuivre qqn ou qqch avec violence, hostilité : *S'acharner sur sa proie. Le sort s'acharne contre cette famille.* -**2.** Mettre beaucoup de ténacité, de fougue dans ce qu'on entreprend ; employer toute son énergie à obtenir qqch : *Il n'a pas encore réussi, mais il s'acharne.*

**ACHAT** n.m. -**1.** Action d'acheter : *L'achat d'une sculpture.* -**2.** Ce qui est acheté : *Déballer ses achats.* -**3.** ***Achat groupé,*** terme préconisé par l'Administration à la place de *package.*

**ACHEBE** (Chinua), écrivain nigérian d'expression anglaise (Ogidi 1930). Ses romans décrivent la décomposition des sociétés africaines traditionnelles au contact de l'Europe (*la Flèche de Dieu,* 1964 ; *le Démagogue,* 1966).

**Achéenne** *(ligue),* confédération de douze villes du Péloponnèse. Créée au Ve s. av. J.-C., réorganisée en 281 av. J.-C., elle fut anéantie par les Romains en 146 av. J.-C.

**ACHÉENS,** la plus ancienne famille ethnique grecque. Venus des régions danubiennes, les Achéens envahirent la péninsule au début du IIe millénaire. Ils fondèrent une civilisation brillante, dite «mycénienne», qui avait comme centres Mycènes et Tirynthe et qui fut détruite par les Doriens (v. 1200 av. J.-C.).

**ACHÉMÉNIDES,** dynastie qui, à partir de Cyrus II (v. 550 av. J.-C.), régna sur l'Empire perse. Ils firent progressivement l'unité de l'Orient, du milieu du VIe à la fin du IVe s. av. J.-C., et cessèrent de régner en 330 av. J.-C., à la mort de Darios III, vaincu en 331 près d'Arbèles (Assyrie) par Alexandre le Grand. **ARTS.** Issu d'une subtile synthèse entre les traditions proche-orientales (mésopotamienne, phénicienne et même égyptienne) et le génie des artistes grecs, l'art achéménide reste l'exemple parfait d'un art de cour dont les ensembles palatiaux de Pasargades, Persépolis ou Suse ont abrité les fastes. Cette architecture monumentale est surtout caractérisée par une vaste salle d'apparat de plan carré (l'*apadana*), dont le plafond est soutenu par 36 colonnes, surmontées de deux avant-trains de taureaux, dos à dos, qui forment le chapi-

L'EMPIRE DES **ACHÉMÉNIDES**

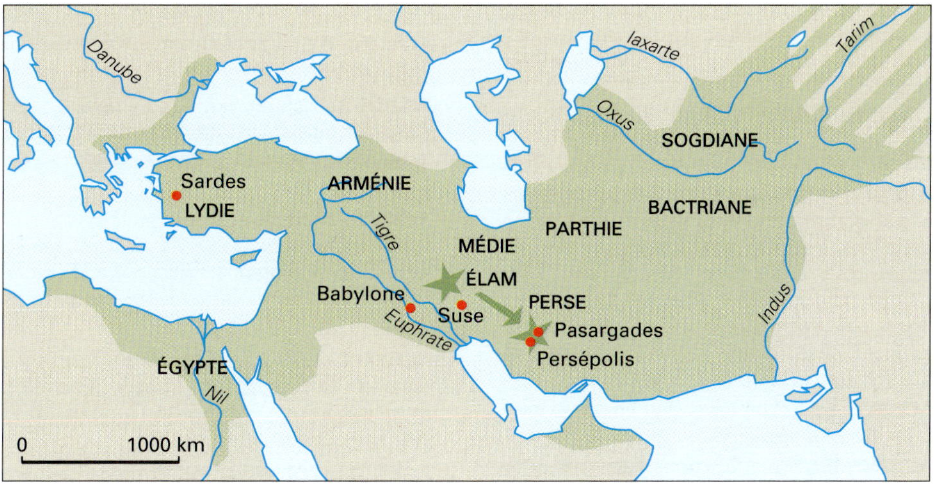


teau. L'accès à l'apadana se fait par un escalier grandiose à double révolution, orné de bas-reliefs célébrant la gloire du souverain. Malgré leur rigoureuse symétrie et l'inlassable répétition des thèmes, ces reliefs atteignent une grande perfection technique et possèdent une incontestable valeur décorative.

Art des **ACHÉMÉNIDES :** Darios Ier sur son trône. Bas-relief du palais du roi à Persépolis. VIe - Ve s. av. J.-C.

**ACHEMINEMENT** n.m. Action d'acheminer, de s'acheminer : *L'acheminement d'un colis.*

**ACHEMINER** v.t. Diriger qqn, qqch vers un lieu précis : *Acheminer du courrier par avion.* ◆ **s'acheminer** v.pr. Avancer vers l'aboutissement de qqch : *S'acheminer vers un non-lieu.*

**ACHÉRON** [akerɔ̃], fleuve des Enfers dans la mythologie grecque ; les âmes des morts traversaient ses eaux noires dans la barque de Charon. Son nom sert souvent à désigner les Enfers eux-mêmes.

**ACHESON** (Dean Gooderham), homme politique américain (Middletown, Connecticut, 1893 - Sandy Spring, Maryland, 1971). Successeur du général Marshall comme secrétaire d'État (1949-1953), il conclut l'Alliance atlantique et dirigea la politique américaine pendant la guerre de Corée.

**ACHETER** v.t. (du lat. *ad* et *captare,* saisir) [28]. -1. Obtenir qqch en payant : *Acheter du pain.* -2. Payer la complicité de qqn : *Acheter un témoin.* -3. Obtenir qqch avec effort : *Acheter très cher sa liberté.*

**ACHETEUR, EUSE** n. -1. Personne qui achète qqch pour son compte personnel. -2. Personne chargée de faire les achats de marchandises pour une entreprise (grand magasin, partic.).

**ACHEULÉEN** [aʃøleɛ̃] n.m. (de *Saint-Acheul,* dans la Somme). Faciès culturel du paléolithique inférieur, caractérisé par des bifaces réguliers taillés au percuteur tendre. ◆ **acheuléen, enne** adj. De l'acheuléen.

ENCYCL. Née en Afrique de l'Est il y a 1,3 million d'années et créée par *Homo erectus,* la taille acheuléenne s'effectue sur rognons de silex au percuteur, dur d'abord, tendre ensuite. Elle se perfectionne lentement pour aboutir à des bifaces finement retouchés et parfaitement symétriques. Après s'être répandue dans l'Ancien Monde, en Europe, elle tend à disparaître il y a 100 000 ans, à la fin du paléolithique inférieur, et représente la plus longue civilisation vécue par l'homme.

**ACHEVÉ, E** adj. Qui est parfait en son genre : *C'est d'un ridicule achevé.*

**ACHÈVEMENT** n.m. Action d'achever ; exécution complète : *L'achèvement des travaux.*

**ACHEVER** v.t. (de l'anc. fr. *chef,* bout) [19]. **-1.** Finir, terminer ce qui est commencé. **-2.** Finir d'accabler : *Ce dernier malheur l'a achevé.* **-3.** Porter à un animal ou à qqn le coup ultime qui amènera la mort.

**ACHIGAN** [aʃigɑ̃] n.m. (mot amérindien). CANADA. Poisson d'eau douce ressemblant à la perche. SYN. : black-bass.

**ACHILLE,** héros grec de la guerre de Troie, personnage central de *l'Iliade.* Fils du roi Pélée et de la déesse Thétis, il est le guerrier le plus redouté des Troyens, mais il se retire sous sa tente lorsque Agamemnon lui enlève Briséis, une jeune fille prise en butin. Saisi à nouveau d'une violente colère, il reprend les armes pour venger son ami Patrocle, qui était parti combattre à sa place et qui vient d'être tué par Hector. Ce dernier tombe sous les coups d'Achille, qui mourra à son tour, blessé au talon — seul endroit vulnérable de son corps — par une flèche lancée par Pâris et guidée par Apollon.

**Achille** *(tendon d'),* tendon d'insertion du triceps sural (muscles du mollet) sur le calcanéum, permettant l'extension du pied sur la jambe.

**ACHILLÉE** [akile] n.f. Plante à feuilles très découpées, dont l'espèce la plus commune est la mille-feuille. (Famille des composées.)

**ACHKHABAD** ou **ACHGABAT,** cap. du Turkménistan, près de la frontière iranienne ; 398 000 hab.

**ACHONDROPLASIE** [akɔ̃droplazi] n.f. Anomalie de l'ossification des cartilages, provoquant un nanisme marqué surtout aux membres.

**ACHOPPEMENT** n.m. *Pierre d'achoppement,* obstacle, difficulté, cause d'échec.

**ACHOPPER** v.i. Être arrêté par un obstacle, une difficulté : *Achopper sur un mot difficile.*

**ACHOURA** [aʃura] n.f. (ar. *'Āchūrā'*). Fête religieuse musulmane qui a lieu le 10e jour de la nouvelle année. (Les chiites commémorent ce jour-là la mort de Husayn.)

**ACHROMATIQUE** adj. (du gr. *khrôma,* couleur). **-1.** Qui laisse passer la lumière blanche sans la décomposer. **-2.** Qui ne prend pas les colorants, en parlant d'un constituant cellulaire.

**ACHROMATISME** n.m. **-1.** Absence des irisations qui accompagnent l'image d'un objet fournie par une lentille. **-2.** Propriété d'un système optique achromatique.

**ACHROMATOPSIE** n.f. Affection de l'œil empêchant de distinguer les couleurs.

**ACHROME** adj. **-1.** Qui n'est pas pigmenté, en parlant d'une lésion. **-2.** En noir et blanc, en parlant d'une photographie.

**ACHROMIE** n.f. Décoloration de la peau par absence ou disparition du pigment cutané normal (mélanine).

**ACICULAIRE** adj. **-1.** Se dit des feuilles en forme de pointe. **-2.** Se dit d'un arrangement de cristaux ayant la forme d'aiguilles.

**ACIDE** adj. **-1.** Qui a une saveur aigre, piquante : *Boisson trop acide.* **-2.** Désagréable, blessant : *Paroles acides.* **CHIM.** Qui a les propriétés d'un acide. **GÉOL.** *Roche acide,* roche endogène contenant plus de 65 % de silice. **PÉDOL.** *Sol acide,* dont le pH est inférieur à 6,5. ◆ n.m. **-1.** Corps hydrogéné dont la solution dans l'eau fournit des ions $H_3O^+$, qui agit sur les bases et les métaux en formant des sels et qui fait virer au rouge la teinture de tournesol. (V. ENCYCL.) **-2.** FAM. Acide lysergique diéthylamide, L. S. D.

**ENCYCL. CHIMIE**

Dans la chimie moderne, la notion d'*acide* ne peut pas être séparée de celle de *base.* Ces deux notions sont d'abord associées à certaines caractéristiques simples : saveur, antagonisme mutuel, action sur certaines substances (oxydes, métaux, indicateurs colorés, etc.).

**Les définitions.** S. Arrhenius propose, en 1887, de considérer comme acides les substances capables de libérer des ions $H^+$, tandis que les bases sont celles libérant l'ion $OH^-$. Cette définition, cependant, est trop limitée aux milieux aqueux. En 1923, J. N. Brønsted

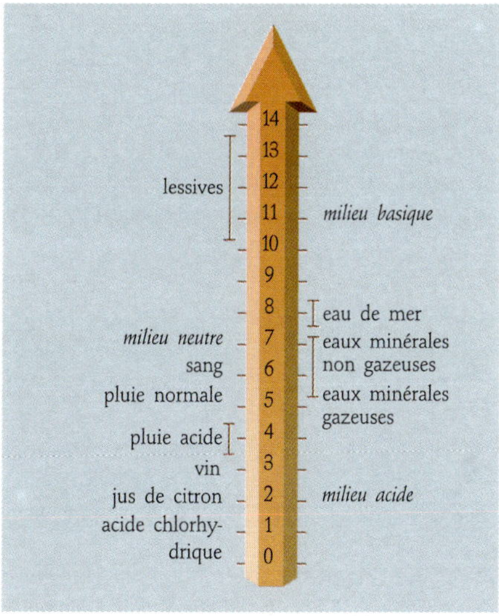


**ACIDE** : échelle de pH

propose une définition plus générale fondée sur l'échange de l'ion $H^+$, ou plus précisément du *proton solvaté* $H_3O^+$. Si un acide est toujours une substance pouvant libérer $H^+$, en revanche une base est maintenant un corps susceptible de fixer $H^+$. La même année, G. N. Lewis introduit une définition fondée sur le rôle des doublets d'électrons. Une base est alors définie comme une molécule portant un doublet d'électrons (ex. : $NH_3$, éthers), tandis qu'un acide est une molécule présentant une lacune électronique ($H^+$, mais aussi $BF_3$, $AlCl_3$, etc.).

**L'échelle de pH.** Dans l'eau, les ions $H_3O^+$ sont en équilibre avec les ions $OH^-$ :

$2H_2O \rightleftharpoons H_3O^+ + OH^-$,

équilibre auquel est associé le produit ionique de l'eau :

$K_e = |H_3O^+| \cdot |OH^-| = 10^{-14}$ (à 25 °C).

Les concentrations en ions $H_3O^+$, notées $|H_3O^+|$, pouvant varier dans de larges limites, on emploie la notation logarithmique pour définir la quantité pH :

$pH = -\log |H_3O^+|$.

Le pH, qui signifie « potentiel-hydrogène », fut introduit par Sørensen en 1909.

Ainsi, dans l'eau pure, on a pour des raisons de neutralité électrique : $|H_3O^+| = |OH^-| = 10^{-7}$, et pH = 7. Les milieux acides se caractérisent par un excès de $H_3O^+$ par rapport à $OH^-$, et donc un pH inférieur à 7. Pour une solution d'acide fort de concentration $10^{-2}$ mol/l, on a $|H_3O^+| = 10^{-2}$, d'où pH = 2. Inversement, les milieux basiques correspondent à un excès d'ions $OH^-$. Le pH est alors supérieur à 7.

**Le couple acide/base.** Dans le formalisme de Brønsted, un acide donne, après perte d'un proton, naissance à sa base conjuguée. Tous deux forment un couple acide/base et la réaction fondamentale est notée :

acide $\rightleftharpoons$ base + $H^+$ (1).

Le couple acide/base est caractérisé par son $pK_a$, défini à partir de la constante d'équilibre $K_a$ associée à la réaction (1) : $pK_a = -\log K_a$, avec $K_a = |\text{base}|\,|H^+| / |\text{acide}|$. Plus la valeur du $pK_a$ est faible, plus l'équilibre (1) est déplacé vers la droite, et plus l'acide du couple est fort. Inversement, plus le $pK_a$ est élevé et plus la base du couple est forte. (→ CHIMIE, OXYDORÉDUCTION.)

**ACIDIFIANT, E** adj. et n.m. Se dit d'une substance qui a la propriété de transformer en acide, de rendre acide.

**ACIDIFICATION** n.f. Fait de transformer ou d'être transformé en acide.

**ACIDIFIER** v.t. **-1.** Rendre plus acide. **-2.** Transformer en acide.

**ACIDIMÈTRE** n.m. **-1.** Appareil pour doser les acides. **-2.** Appareil pour déterminer l'acidité du lait et du vin.

**ACIDIMÉTRIE** n.f. Mesure de la concentration d'un acide.

**ACIDIPHILE** adj. Se dit d'une plante qui se développe bien sur les sols acides.

**ACIDITÉ** n.f. **-1.** Saveur acide, aigre. **-2.** Caractère mordant, causticité : *Des paroles pleines d'acidité.* **-3.** Caractère acide d'un corps.

**ACIDO-ALCALIMÉTRIE** n.f. (pl. acido-alcalimétries). Mesure du caractère acide ou alcalin (basique) d'un milieu.

**ACIDO-BASIQUE** adj. (pl. acido-basiques). *Équilibre acido-basique,* rapport constant entre les acides et les bases présents dans l'organisme, qui se traduit par la stabilité du pH sanguin.

**ACIDOCÉTOSE** n.f. Acidose avec présence de corps cétoniques dans le sang, observée dans les diabètes graves.

**ACIDOPHILE** adj. Éosinophile.

**ACIDOSE** n.f. État du sang qui présente une acidité excessive : *Acidose respiratoire.*

**ACIDULÉ, E** adj. De saveur légèrement acide : *Bonbon acidulé.*

**ACIER** n.m. (du lat. *acies,* pointe). Alliage de fer et de carbone (moins de 1,8 %) susceptible

l'**ACIER** dans la construction : logement social *Kronos* (Dubosc et Landowski, 1991) sur l'île Beaulieu à Nantes

d'acquérir par traitement mécanique et thermique des propriétés très variées.

ENCYCL.

**La production.** L'acier est élaboré par affinage de la fonte ou par refusion de ferrailles récupérées et, en quantité très limitée, par réduction directe du minerai.

La structure et les propriétés des aciers dépendent de la teneur en carbone, de la présence ou non d'éléments d'addition *(aciers alliés, aciers ordinaires)* et des traitements thermiques *(trempe, recuit, revenu)* ou physico-chimiques subis. La *ferrite* (solution solide très limitée de carbone dans le fer α) est un constituant malléable et de faible dureté des aciers à basse teneur en carbone (0,10 %). Quand cette teneur croît, il apparaît de la *perlite,* constituée de ferrite et de carbure de fer $Fe_3C$, très dur *(cémentite).* Par trempe directe des aciers ordinaires, on ne peut maintenir à

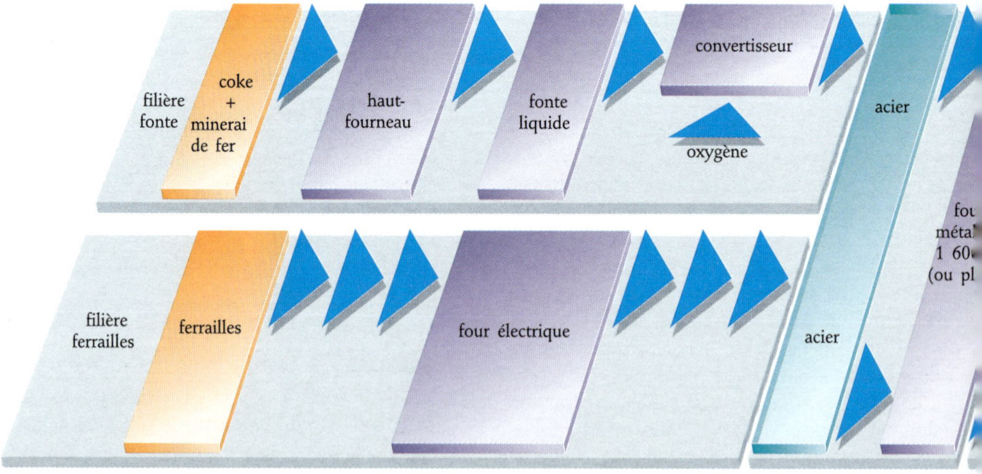


les deux filières principales d'élaboration de l'**ACIER**

température ambiante l'*austénite* (solution solide de carbone dans le fer γ) ; il se forme un constituant métastable très dur, la *martensite ;* l'acier devient dur mais peu déformable et fragile. Les aciers sont utilisés à partir de lingots soit sous forme moulée (fonderie), soit sous forme de produits obtenus par mise en forme mécanique (acier forgé, laminé, filé, étiré, tréfilé, embouti, estampé, fritté, etc.). [→ SIDÉRURGIE. ]

**Les classes d'acier.** Suivant la composition chimique, on distingue deux grands groupes : les *aciers ordinaires,* non alliés (teneur en carbone inférieure à 1 %), et les *aciers alliés,* subdivisés en aciers faiblement alliés (aucun élément d'addition n'atteint 5 %) et aciers fortement alliés, ou *aciers spéciaux* (un élément a une teneur supérieure à 5 %). Les éléments d'addition entraînent des modifications de structure (Ni et Mn élargissent le domaine de l'austénite, Cr et Si celui de la ferrite), de constitution chimique (W et V, à forte teneur, forment des carbures), de diagramme d'équilibre (importance lors des traitements thermiques). [→ MÉTAL. ]

**Les applications.** Les principales applications sont : les aciers de construction (aciers ordinaires ou, plus souvent, alliés au Cr, Ni, Mo) ; les aciers à outils ; les aciers inoxydables, classés selon leur structure en aciers martensitiques (0,4 % C et 12 à 16 % Cr), aciers ferritiques (< 0,3 % C, 16 à 30 % Cr) et aciers austénitiques (18 % Cr, 8 % Ni, < 0,10 % C) ; les aciers réfractaires, présentant une grande résistance à l'oxydation, à la corrosion et au fluage, et, pour des applications particulières, les aciers à roulement (2 % Cr) et les aciers à aimants permanents (jusqu'à 30 % de cobalt, avec additions de W et de Cr).

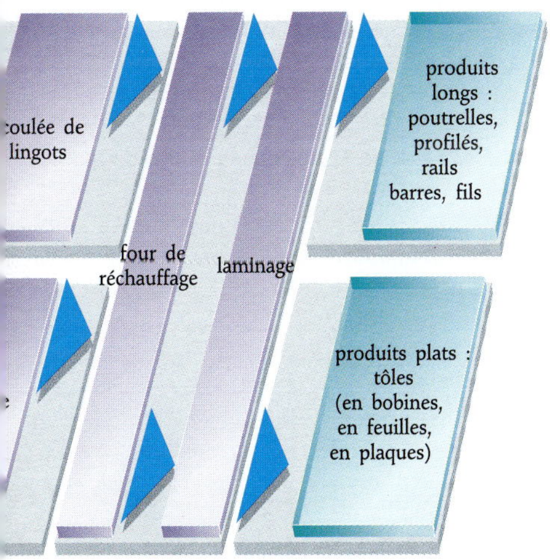


**Acier** *(pacte d')* [22 mai 1939], pacte d'assistance militaire entre l'Allemagne et l'Italie signé à Berlin par Ribbentrop et Ciano.

**ACIÉRAGE** n.m. Opération consistant à donner à un métal la dureté de l'acier.

**ACIÉRÉ, E** adj. Qui contient de l'acier ; recouvert d'acier.

**ACIÉRIE** n.f. Usine où l'on fabrique de l'acier.

**ACIÉRISTE** n. Spécialiste de la fabrication de l'acier.

**ACINÉSIE** n.f. → AKINÉSIE.

**ACINUS** [asinys] n.m. (pl. acini). Masse arrondie de quelques cellules sécrétrices, autour de l'extrémité en cul-de-sac du canal d'une glande.

**ACMÉ** n.m. ou f. (gr. *akmê,* sommet). LITT. Point culminant ; apogée : *L'acmé de la vie.*

**ACMÉISME** n.m. Mouvement littéraire russe créé au début du XXᵉ s. en réaction contre l'esthétique du symbolisme et notamm. illustré par Anna Akhmatova et Ossip Mandelstam.

**ACNÉ** n.f. (gr. *akmê,* pointe). Dermatose caractérisée par des boutons (papules, pustules), développés aux dépens du follicule pilo-sébacé, siégeant princ. au visage.

**ACŒLOMATE** [aselɔmat] n.m. Animal sans cœlome. (Les cnidaires, les vers plats, les nématodes sont des acœlomates.)

**AÇOKA** → ASHOKA.

**ACOLYTAT** n.m. Le plus élevé des quatre ordres mineurs de l'Église catholique, maintenu par la réforme de 1972.

**ACOLYTE** n.m. (gr. *akolouthos,* serviteur). -**1.** PÉJ. Complice. -**2.** Servant du prêtre à l'autel.

**ACOMPTE** n.m. -**1.** Paiement partiel à valoir sur le montant d'une somme à payer. -**2.** Somme d'argent versée au vendeur en cas d'exécution différée du contrat de vente.

**ACONCAGUA,** point culminant des Andes et de l'Amérique, en Argentine ; 6 959 m.

**ACONIT** [akɔnit] n.m. Plante vénéneuse des régions montagneuses, souvent cultivée dans les jardins, à feuilles vert sombre et à fleurs (bleues chez l'aconit napel) possédant un pétale supérieur en forme de casque. (Haut. 1 m env. ; famille des renonculacées.)

**ACONITINE** n.f. Alcaloïde toxique extrait de la racine de l'aconit napel et utilisé à faible dose comme analgésique.

**A CONTRARIO** [akɔ̃trarjo] loc. adv. et adj. inv. (mots lat.). Se dit d'un raisonnement dont la forme est identique à celle d'un autre, mais dont l'hypothèse et, par conséquent, la conclusion sont inverses.

**ACOQUINER (S')** v.pr. PÉJ. Se lier avec une ou plusieurs personnes peu recommandables.

**ACORE** n.m. Plante des marais originaire de l'Inde, aussi appelée *roseau aromatique*. (Famille des aracées.)

**AÇORES** (les), archipel de l'océan Atlantique, constituant une région autonome du Portugal depuis 1976 ; 2 247 km$^2$ ; 241 794 hab. Ch.-l. *Ponta Delgada.* **GÉOGR.** À 1 500 km des côtes du Portugal, étiré sur 600 km du N.-O. au S.-E., l'archipel possède un relief volcanique (avec plusieurs sommets à plus de 1 000 m), parfois affecté de séismes. Situées à la même latitude que les hautes pressions de l'Atlantique nord *(anticyclone des Açores)* et au contact des masses d'air polaire et tropical, les Açores reçoivent des pluies toute l'année, et les écarts de température sont faibles. Ce climat tempéré océanique favorise les pâturages (élevage bovin) et ses nuances méditerranéennes, les cultures subtropicales, bases de quelques industries de transformation : sucre, alcool, tabac, thé.

**AÇORES** *(anticyclone des),* masse de hautes pressions atteignant l'Europe occidentale en été. C'est un centre majeur de la distribution des masses d'air sur l'Europe, en association avec la dépression d'Islande.

**À-CÔTÉ** n.m. (pl. à-côtés). Ce qui est accessoire, en supplément : *Les à-côtés d'une question.*

**À-COUP** n.m. (pl. à-coups). Arrêt brusque immédiatement suivi d'une reprise ; rupture dans la continuité d'un mouvement ; saccade.

**ACOUPHÈNE** n.m. (du gr. *akouein,* entendre, et *phainein,* apparaître). Sensation auditive (bourdonnement, sifflement, etc.) perçue en l'absence de tout stimulus extérieur.

**ACOUSTIQUE** adj. (du gr. *akouein,* entendre). Relatif à la perception des sons. ◆ n.f. -1. Partie de la physique qui étudie les sons. -2. Qualité d'un lieu du point de vue de la propagation des sons. ◆ **acousticien, enne** n.
→ • DOSSIER L'ACOUSTIQUE *page suivante.*

**A. C. P.** *(accords),* accords préférentiels avec la Communauté économique européenne conclus par 46 pays d'*Afrique,* des *Caraïbes* et du *Pacifique* lors de la convention de Lomé, en 1975, et renouvelés en 1979 (Lomé II), en 1984 (Lomé III) et en 1989 (Lomé IV). En 1995, ces accords concernent 70 pays A. C. P.

**ACQUÉREUR** n.m. Personne qui acquiert qqch. REM. Le fém. *acquéreuse* est rare.

**ACQUÉRIR** v.t. [39]. -1. Devenir propriétaire d'un bien, d'un droit par achat, échange ou succession : *Acquérir une terre par héritage.* -2. Arriver à obtenir une qualité, une connaissance, etc., grâce à un effort, à l'expérience : *Acquérir de l'habileté.*

**ACQUÊT** [akɛ] n.m. Bien acquis par l'un des époux à titre onéreux et qui entre dans la masse commune, dans le régime de la communauté légale, par opp. à *bien propre.*

**ACQUIESCEMENT** n.m. Consentement, accord.

**ACQUIESCER** [akjese] v.t. ind. (lat. *acquiescere,* se reposer) [21]. LITT. Consentir, dire oui : *Acquiescer d'un signe de tête.*

**ACQUIS, E** adj. (de *acquérir*). -1. Que l'on a acquis, obtenu : *Caractères acquis de l'individu.* -2. Entièrement gagné à une idée, à qqn : *Être acquis à une cause.* -3. Qui a été obtenu, reconnu une fois pour toutes et ne peut être contesté : *Avantages acquis.* -4. ***Vitesse acquise,*** vitesse d'un corps à un moment donné. ◆ **acquis** n.m. Ce qui est acquis : *C'est un acquis considérable.*

**ACQUISITIF, IVE** adj. Relatif à une acquisition ; qui équivaut à une acquisition.

**ACQUISITION** n.f. -1. Action d'acquérir : *Faire l'acquisition d'un domaine. L'acquisition du langage.* -2. Ce que l'on a acquis, chose acquise.

**ACQUIT** [aki] n.m. (de *acquitter*). -1. Reconnaissance écrite d'un paiement. -2. ***Pour acquit,*** formule mise au verso d'un chèque, au bas d'un billet, pour certifier qu'ils ont été payés.

**ACQUIT-À-CAUTION** n.m. (pl. acquits-à-caution). Document administratif, contresigné par une caution, qui permet à un redevable de faire circuler certaines marchandises soumises à l'impôt indirect sans paiement préalable.

**ACQUITTÉ, E** n. Accusé déclaré non coupable par un tribunal.

**ACQUITTEMENT** n.m. -1. Paiement, remboursement : *Acquittement d'une dette.* -2. Action d'acquitter un accusé par une décision judiciaire.

**ACQUITTER** v.t. (de *quitte*). -1. Payer ce qu'on doit : *Acquitter ses impôts, une facture.* -2. Déclarer qqn non coupable : *Acquitter un accusé.*

**ACRA** n.m. Boulette de morue pilée ou de pulpe de légume mêlée de pâte à beignet, frite à l'huile bouillante. (Cuisine créole.)

**ACRE** n.f. Ancienne mesure agraire variable d'un pays à l'autre. (Elle valait, en France, 52 ares env.)

# L'ACOUSTIQUE

Étudiée dès l'Antiquité, l'acoustique est une très ancienne discipline qui, sur des fondements scientifiques, recouvre aussi tout un ensemble de techniques et d'applications, tant industrielles qu'artistiques. Elle fut longtemps confondue avec la musique : dans la classification des connaissances en usage dans l'université médiévale, la musique (comprise comme acoustique) fait partie du *quadrivium* (disciplines à caractère mathématique), aux côtés de la géométrie, de l'arithmétique et de l'astronomie.

**Les domaines de l'acoustique.**

Tout phénomène sonore comporte trois phases : la production, la propagation et la réception du son. La production est liée au fait qu'un corps, la source sonore, entre en vibration ; l'acoustique étudie donc les mouvements vibratoires. La propagation du son depuis la source jusqu'à l'oreille nécessite un milieu matériel, gazeux, liquide ou solide.

On distingue fondamentalement l'*acoustique physique,* qui est l'étude des ondes sonores, infrasonores et ultrasonores produites et propagées dans les différents milieux, et l'*acoustique psychophysiologique,* qui étudie l'effet de celles-ci sur l'homme.

Les branches de l'acoustique appliquée sont nombreuses : acoustique architecturale, sous-marine, aéronautique ; électroacoustique ; acoustique musicale, etc.

**L'histoire de l'acoustique.**

Les Grecs, avec Pythagore et ses disciples, étudient les hauteurs des sons suivant les longueurs de corde et établissent une gamme de notes. Les Chinois découvrent, eux aussi, les relations harmoniques entre les sons. Il faut attendre le XVIe siècle pour trouver les bases du phénomène de la vibration sonore, avec F. Bacon ou Galilée ; puis Gassendi relie la hauteur des sons à la fréquence des vibrations, et M. Mersenne donne la valeur des intervalles musicaux.

Au milieu du XVIIe siècle, O. von Guericke et R. Boyle montrent que le son ne peut pas se propager dans le vide. Newton explique la propagation (1686), et J. Sauveur ébauche la théorie des cordes vibrantes (1700). B. Taylor, D. Bernoulli, Euler, d'Alembert établissent la théorie mathématique pour les cordes, les cloches, etc. Avec les travaux de J. Fourier (1822), l'analyse des sons les plus complexes devient possible. Helmholtz en fait la démonstration avec des résonateurs, explique le timbre des sons et établit une première théorie de l'audition. Doppler découvre l'effet de modification de la fréquence d'un son produit par une source mobile. À la fin du XIX^e siècle, lord Rayleigh établit une théorie de la production, de la propagation et de la diffraction du son. La transformation des vibrations mécaniques sonores en oscillations électriques est réalisée avec le phonographe d'Edison (1878), le téléphone de Bell (1876), le Gramophone, etc. Les progrès en électroacoustique assureront le développement des appareils producteurs, enregistreurs et reproducteurs du son. Langevin utilise le quartz piézoélectrique pour la production et la détection des ultrasons. Les systèmes de repérage des objets dans l'eau, ou sonars, apparaissent en 1917.

Les études de psychoacoustique débutent avec G. T. Fechner en 1860. Avec l'acoustique physiologique, elles connaîtront au cours du XX^e siècle un grand développement. Vers 1930, on montre qu'un signal électrique est propagé par le nerf auditif, puis, en 1932, la perception des sons est étudiée en bâtissant des modèles de l'oreille interne.

**Voir aussi :** PHYSIQUE, SON.

## L'ACOUSTIQUE

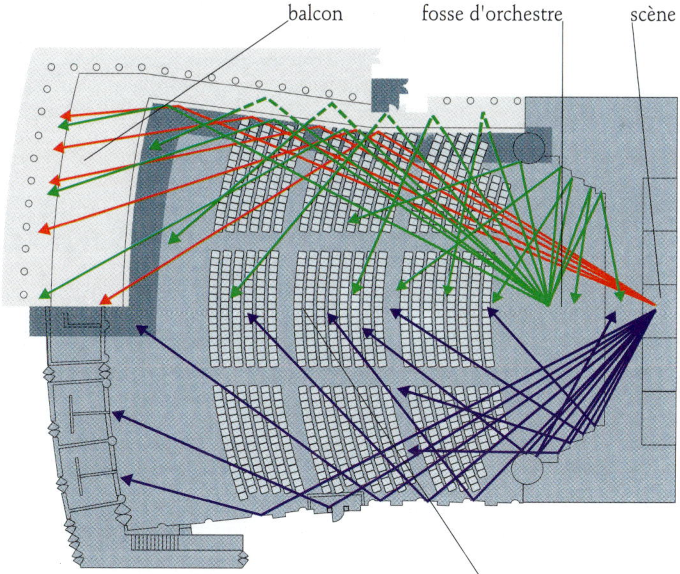


❶ Épure acoustique des premières réflexions.

❷ La nouvelle salle Carlo Felice de l'Opéra de Gênes.

### L'ARCHITECTURE SONORE

L'architecte A. Rossi a adopté une disposition frontale en gradins d'amphithéâtre, du parterre jusqu'aux derniers rangs, et un nombre limité de balcons très dégagés en hauteur ❷. En effet, la voix étant une source sonore très directionnelle, les places latérales recevaient, dans les salles à l'italienne, peu d'énergie dans les spectres médium et aigu. Ici, les reliefs du décor des murs latéraux ont une fonction acoustique : ils jouent le rôle d'éléments réfléchissants et diffractants dans la gamme aiguë ❶. Les surfaces proches de la source sonore sont ainsi des sources secondaires qui renvoient une fraction d'énergie décalée de quelques millisecondes par rapport au son direct. Les tests sur maquette ont fait apparaître des variations de niveau sonore inférieures à 3dB sur l'ensemble des places.

**ACRE,** État du nord-ouest du Brésil, cédé par la Bolivie en 1903 ; 417 437 hab. Cap. *Rio Branco.*

**ACRE,** auj. Akko, anc. **Saint-Jean-d'Acre,** port d'Israël, sur la Méditerranée, au N. de la baie de Haïfa ; 37 000 hab. – Ancienne forteresse des croisés, elle fit partie du royaume de Jérusalem.

**ÂCRE** adj. Piquant, irritant au goût, à l'odorat : *L'odeur âcre de la fumée.*

**ÂCRETÉ** n.f. Caractère de ce qui est âcre.

**ACRIDIEN** n.m. *Acridiens,* famille d'insectes orthoptères comprenant environ 10 000 espèces, parmi lesquelles les criquets et les locustes.

**ACRIMONIE** n.f. LITT. Mauvaise humeur qui se manifeste par un ton, des propos acerbes, mordants.

**ACROBATE** n. (du gr. *akrobatein,* aller sur la pointe des pieds). **-1.** Artiste qui exécute des exercices d'agilité, d'adresse ou de force dans un cirque, un music-hall, etc. **-2.** Personne habile qui recourt à des procédés compliqués : *Un acrobate de la politique.*

**ACROBATIE** [-si] n.f. **-1.** Exercice d'acrobate, difficile ou périlleux. **-2.** Comportement, procédé habile et ingénieux, mais discutable.

**ACROBATIQUE** adj. **-1.** Qui tient de l'acrobatie : *Un numéro de clowns acrobatique.* **-2.** ***Adage acrobatique,*** adage dont les enchaînements comportent plus de portés et d'exercices d'acrobatie que de pas de danse.

**ACROCÉPHALIE** n.f. Malformation du crâne (hauteur anormale et forme en pain de sucre).

**ACROCYANOSE** [akrɔsjanoz] n.f. (du gr. *akros,* extrême, et *kuanos,* bleu). Coloration bleutée des extrémités (mains, pieds).

**ACROLÉINE** n.f. (du lat. *acer, acris,* âcre, et *olere,* sentir). Aldéhyde éthylénique $CH_2{=}CH{-}CH{=}O$, liquide volatil suffocant, obtenu par déshydratation de la glycérine ou par oxydation ménagée du propylène.

**ACROMÉGALIE** n.f. (du gr. *akros,* élevé, et *megas, megalos,* grand). Développement exagéré des os de la face et des extrémités des membres, dû à un hyperfonctionnement de l'hypophyse.

**ACROMION** n.m. (du gr. *akros,* extrême, et *ômos,* épaule). Apophyse de l'omoplate, en forme de spatule.

**ACRONYME** n.m. Sigle qui peut être prononcé comme un mot ordinaire (ex. : C.A.P.E.S. [kapɛs]).

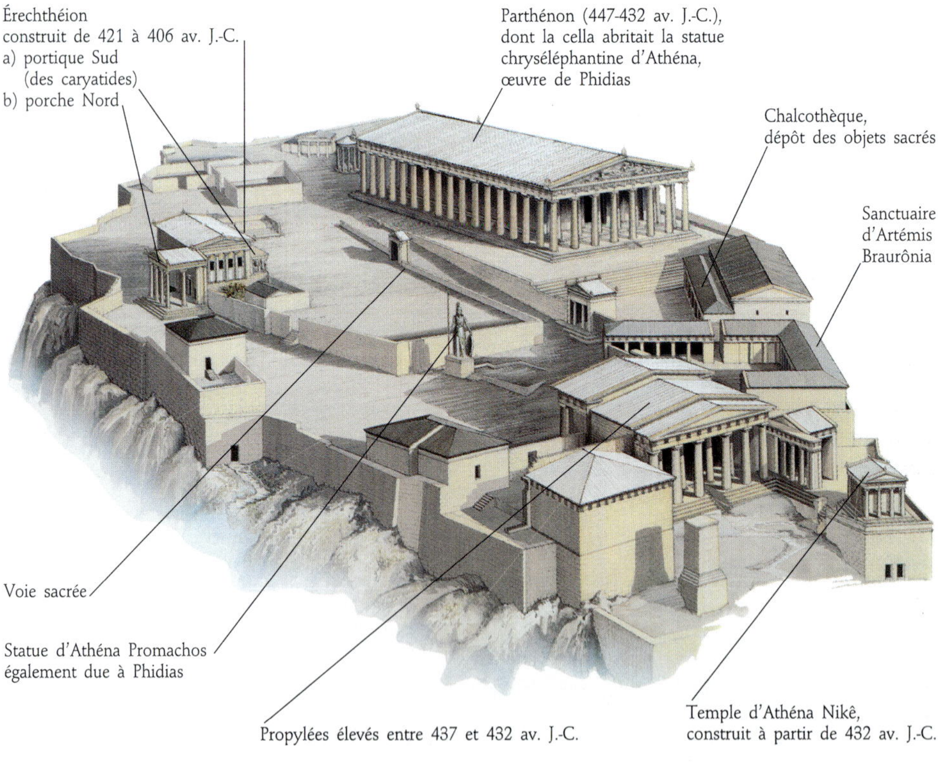


L'**ACROPOLE** d'Athènes.

**ACROPOLE** n.f. (du gr. *akros,* élevé, et *polis,* ville). -1. Partie la plus élevée des cités grecques, servant de citadelle. -2. Toute cité protohistorique fortifiée située sur une hauteur.

**Acropole,** citadelle de l'ancienne Athènes. Ce plateau rocheux d'environ 270 m sur 150 qui domine la capitale grecque d'une hauteur d'un peu moins de 100 m fut occupé dès le début du IIe millénaire et consacré à Athéna dès l'âge mycénien. Après l'invasion des Perses (480 av. J.-C.), qui la saccagèrent, l'Acropole cessa d'être une forteresse et fut réservée aux cultes civiques. Elle fut alors parée de temples illustres (Parthénon, Érechthéion), formant un complexe qui englobe les lieux de vénération de cultes beaucoup plus anciens. Élevé entre 421 et 406 av. J.-C., l'Érechthéion comporte deux portiques ioniques, dont celui, célèbre, des Caryatides, ces porteuses de corbeilles qui soutiennent l'architrave. C'est près de l'entrée monumentale (les Propylées) que fut élevé vers la fin du Ve siècle le petit temple d'Athéna Nikê, l'un des très beaux exemples de style ionique. Périclès et Phidias, entourés des plus grands artistes, comme Ictinos, Callicratès ou Mnésiclès, furent les créateurs de cette nouvelle organisation. Ex-voto, statues (Athéna Promachos, Athéna Lemnia — toutes deux œuvres de Phidias), quadriges et stèles décoraient l'espace autour des temples. Entre les Propylées et le Parthénon s'élevaient le sanctuaire d'Artémis Braurônia (Braurônion) et la Chalcothèque, où étaient déposées les offrandes de bronze.

Au pied de l'Acropole se trouvent le théâtre de Dionysos (Ve-IVe s. av. J.-C., modifié à l'époque romaine), le sanctuaire d'Asclépios, l'Odéon d'Hérode Atticus (IIe s. apr. J.-C.), etc. Parthénon, Érechthéion et temple d'Héphaïstos seront consacrés au culte chrétien avant que ne soient édifiées, au XIe et au XIIe siècle, des églises byzantines (Saints-Apôtres, Kapnikaréa, les Saints-Théodores et la Petite-Métropole).

**ACROSTICHE** n.m. (du gr. *akros,* extrême, et *stikhos,* vers). Pièce de vers composée de telle sorte qu'en lisant dans le sens vertical la première lettre de chaque vers on trouve le mot pris pour thème, le nom de l'auteur ou celui du dédicataire.

**ACROTÈRE** n.m. (gr. *akroterion,* extrémité). Socle disposé à chacune des extrémités et au sommet d'un fronton ou d'un pignon et portant génér. un ornement ; cet ornement.

**ACRYLIQUE** adj. -1. Se dit d'une fibre textile, polymère de l'acrylonitrile. -2. *Acide acrylique,* acide obtenu par oxydation de l'acroléine, dont les esters se polymérisent en verres organiques. ‖ *Peinture acrylique,* peinture-émulsion obtenue par la dispersion de pigments dans un latex (résine thermoplastique) dû à la polymérisation du méthacrylate de méthyle. ◆ n.m. -1. Polymère ou copolymère des acides acrylique ou méthacrylique et de leurs dérivés. -2. Fibre acrylique.

**ACRYLONITRILE** n.m. Composé, obtenu à partir du propylène, de formule développée $H_2C{=}CH{-}C{\equiv}N$, l'un des principaux monomères industriels. SYN. : **nitrile acrylique**.

**ACTANT** n.m. Auteur de l'action exprimée par le verbe. SYN. : **sujet, agent**.

1. **ACTE** n.m. (lat. *actum,* chose faite). Toute action humaine adaptée à une fin et considérée comme un fait objectif et accompli : *Acte instinctif. Acte de bravoure.* PHILOS. *En acte,* qui s'accomplit ou est déjà réalisé, par opp. à *en puissance.* PSYCHAN. *Acte manqué,* conduite socialement inadaptée qui réalise un désir inconscient. PSYCHOL. *Passage à l'acte,* réalisation d'une tendance, d'un désir impulsif jusque-là contenus. RELIG. Élan spirituel : *Acte de foi.*

2. **ACTE** n.m. (lat. jurid. *acta,* pl. de *actum*). -1. Décision, opération destinée à produire un effet de droit. (On dit aussi *acte juridique.*) -2. Écrit constatant une opération ou une situation juridique : *Actes de l'état civil. Acte de vente.*

3. **ACTE** n.m. (lat. *actus,* représentation scénique). Chacune des divisions d'une pièce de théâtre.

**ACTÉE** n.f. (du gr. *aktaion,* qui vit près du bord). Plante malodorante des forêts de montagne, cour. appelée *cimicaire.* (Famille des renonculacées.)

**Actes des Apôtres,** livre du Nouveau Testament, qui constitue, avec les Épîtres de Paul, la source principale de l'histoire de la communauté chrétienne primitive depuis l'ascension de Jésus-Christ jusqu'à l'arrivée de Paul à Rome. Il aurait été rédigé — entre 80 et 90 — par l'évangéliste Luc.

**Acte unique européen,** traité signé en février 1986 par les États membres de la Communauté européenne. Entré en vigueur le 1er juillet 1987, l'Acte unique réforme le traité de Rome du 25 mars 1957, en vertu duquel avait été créée la C. E. E. Il était ainsi destiné, sur le plan juridique, à faciliter l'achèvement du marché intérieur au 31 décembre 1992 ainsi que le processus d'intégration.

**ACTEUR, TRICE** n. -1. Artiste qui joue dans une pièce de théâtre ou dans un film ; comédien. -2. Personne qui prend une part déterminante dans une action.

**ACTH** n.f. inv. (sigle de l'angl. *Adreno-Cortico-Trophic-Hormone*). Hormone de l'hypophyse, qui stimule le cortex de la glande surrénale.

**ACTIF, IVE** adj. -**1.** Qui agit, qui manifeste de l'énergie : *Rester actif malgré l'âge.* -**2.** Qui agit efficacement : *Remède actif.* -**3.** Qui joue un rôle effectif ; qui est en activité : *Secteur actif. Membre actif.* -**4.** *Vie active,* période de la vie où l'on exerce une activité professionnelle. **DÉMOGR.** *Population active,* ensemble des personnes qui exercent une activité professionnelle. **DR.** *Citoyen actif,* citoyen qui a le droit de vote, dans un régime censitaire. **LING.** *Forme, voix active,* celle dans laquelle le sujet du verbe est l'agent. CONTR. : **passif. MIL.** *Armée active,* ensemble des forces armées présentes sous les drapeaux en temps de paix. **PÉDAG.** *Méthode active, enseignement actif,* faisant appel à l'initiative de l'élève. ◆ **actif** n.m. Personne appartenant à la population active. **COMPTAB.** Ce qui, dans un bilan, figure l'ensemble des biens matériels et immatériels détenus par une entreprise, par opp. à *passif.* **LING.** Forme, voix active. ◆ **actifs** n.m.pl. En comptabilité nationale, ensemble des créances financières. ◆ **activement** adv.

**ACTING-OUT** [aktiŋaut] n.m. inv. En psychanalyse, action qui prend la place d'une parole. (Parfois syn. de *passage à l'acte.*)

**ACTINIDE** n.m. Élément chimique radioactif, naturel ou artificiel, de numéro atomique compris entre 89 et 103 (nom générique).

**ACTINIE** n.f. (du gr. *aktis, -inos,* rayon). Polype mou à nombreux tentacules, fixé aux rochers littoraux, appelé cour. *anémone de mer.* (Embranchement des cnidaires ; classe des anthozoaires.)

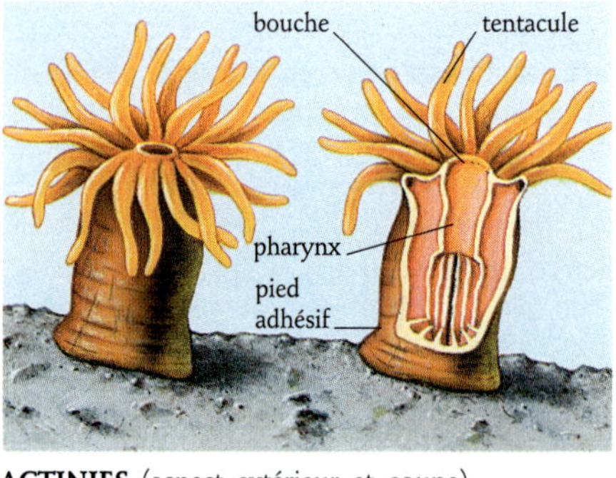


**ACTINIES** (aspect extérieur et coupe)

**ACTINIQUE** adj. Se dit de radiations qui exercent une action chimique : *Les rayons ultraviolets sont actiniques.*

**ACTINIUM** [aktinjɔm] n.m. Métal radioactif ; élément (Ac) de numéro atomique 89.

**ACTINOMÉTRIE** n.f. Mesure de l'intensité des radiations, et notamm. des radiations solaires.

**ACTINOMYCÈTE** n.m. *Actinomycètes,* classe de bactéries filamenteuses.

**ACTINOMYCOSE** n.f. Maladie infectieuse de l'homme et des animaux, causée par des actinomycètes.

**ACTINON** n.m. Émanation de l'actinium, isotope du radon.

**ACTINOTE** n.f. Amphibole calcique, magnésienne et ferreuse, de couleur verte.

1. **ACTION** n.f. -**1.** Fait, faculté d'agir, de manifester sa volonté en accomplissant qqch : *Passer à l'action. Homme d'action.* -**2.** Ce que l'on fait ; acte : *Mobile d'une action. Action d'éclat.* -**3.** Effet produit par qqch ou qqn agissant d'une manière déterminée ; manière d'agir : *L'action de l'acide sur le métal. L'action du gouvernement sur les prix.* -**4.** Engagement militaire, combat. -**5.** Mouvement collectif organisé en vue d'un effet particulier : *Action revendicative.* -**6.** Ensemble des événements d'un récit, d'un drame, considérés dans leur progression ; intrigue ; rythme de cette intrigue : *Unité d'action.* -**7.** Exercice d'un droit en justice : *Intenter une action (en justice).* -**8.** SUISSE. Vente promotionnelle. -**9.** *Action directe,* activité politique violente hors des cadres légaux. ‖ *Action de grâce(s),* remerciement adressé à la Providence, à Dieu, pour un bienfait. **ART CONTEMP.** Performance. **LING.** *Verbe d'action,* verbe exprimant une action, par opp. à *verbe d'état.* **MÉCAN.** Grandeur égale au double du produit de l'énergie cinétique par la durée du trajet. ‖ *Principe de moindre action,* principe selon lequel, dans l'évolution réelle d'un système entre deux positions, l'action est minimale. **PHILOS.** Acte envisagé du point de vue de sa valeur morale.

2. **ACTION** n.f. Titre représentant une part d'associé dans certaines sociétés : *Acheter, vendre des actions.*

**Action catholique,** organisation créée d'après les consignes des papes (et développée surtout à partir de Pie XI) en vue de faire collaborer les laïques catholiques à l'action apostolique. Ainsi naquirent d'abord l'Association catholique de la jeunesse française, ou A. C. J. F. (1886), puis, à partir de 1925, les mouvements de jeunesse spécialisés – Jeunesse ouvrière chrétienne (J. O. C.), Jeunesse étudiante chrétienne (J. E. C.), etc. –, qui s'implantèrent dans de nombreux pays. Vers le milieu des années 50, le problème de l'autonomie des mouvements par rapport à la hiérarchie provoqua le déclin de l'Action catholique.

**Action française** (l'), mouvement nationaliste et royaliste. Née en France au moment de l'Affaire Dreyfus, elle se développa à partir de 1905 autour de Charles Maurras, partisan d'un nationalisme intégral et de l'établissement d'une monarchie antiparlementaire et décentralisée. Elle s'exprima dans un journal quotidien, *l'Action française,* créé en 1908 et qui parut jusqu'en 1944.

**ACTIONNAIRE** n. Personne qui possède des actions d'une société.

**ACTIONNARIAT** n.m. -**1.** Fait d'être actionnaire : *Actionnariat des salariés.* -**2.** Ensemble des actionnaires. -**3.** Division en actions du capital d'une entreprise, des entreprises.

**ACTIONNER** v.t. -**1.** Faire fonctionner une machine, un mécanisme, les mettre en mouvement. -**2.** Intenter une action en justice contre qqn.

**ACTIONNEUR** n.m. Dispositif (mécanique, électrique, etc.) permettant d'agir sur une machine, un système pour modifier leur fonctionnement ou leur état.

**ACTION RESEARCH** → RECHERCHE-ACTION.

**Actium** *(bataille d')* [31 av. J.-C.], victoire navale d'Octavien et d'Agrippa sur Antoine, ancien lieutenant de César. Elle eut lieu à l'entrée du golfe d'Ambracie (aujourd'hui d'Árta), en Grèce, au sud de Corfou. Elle assura à Octavien, le futur Auguste, la domination du monde romain.

**ACTIVATEUR, TRICE** adj. et n.m. Se dit d'une substance qui augmente l'activité de qqch.

**ACTIVATION** n.f. -**1.** Action d'activer ; accélération. -**2.** Augmentation de la réactivité d'un corps, notamm. par absorption de radiations. -**3.** ***Activation nucléaire,*** opération consistant à rendre radioactif un élément chimique en l'exposant à des radiations (génér. un flux de neutrons).

**ACTIVE** n.f. -**1.** Armée active. -**2.** ***Officier, sous-officier d'active,*** de carrière.

**ACTIVÉ, E** adj. Rendu plus apte à agir par un procédé d'activation : *Charbon activé.*

**ACTIVER** v.t. -**1.** Rendre qqch plus vif, plus actif : *Activer le feu.* -**2.** Hâter l'exécution d'une action : *Activer des préparatifs.* -**3.** Soumettre un corps à l'activation. ◆ **s'activer** v.pr. S'affairer ; se hâter.

**ACTIVISME** n.m. -**1.** Attitude politique qui préconise l'action directe, la propagande active. -**2.** Attitude morale qui insiste sur les nécessités de la vie et de l'action plus que sur les principes théoriques.

**ACTIVISTE** n. et adj. Partisan de l'activisme.

**ACTIVITÉ** n.f. -**1.** Ensemble des phénomènes par lesquels se manifestent certaines formes de vie, un processus, un fonctionnement : *Activité réflexe, intellectuelle. Volcan en activité.* -**2.** Vivacité et énergie dans l'action de qqn : *Période d'intense activité.* -**3.** Action d'une personne, d'une entreprise, d'une nation dans un domaine défini : *Avoir de nombreuses activités. Activité professionnelle.* -**4.** ***En activité,*** qui exerce un emploi, qui est en service ; qui est en fonctionnement. ASTRON. ***Activité solaire,*** ensemble de phénomènes (taches, éruptions, sursauts, etc.) qui affectent certaines régions du Soleil suivant un cycle d'environ onze ans. NUCL. ***Activité nucléaire,*** nombre de désintégrations nucléaires spontanées qu'une source radioactive subit par unité de temps.

**Actors Studio,** école d'art dramatique fondée en 1947 à New York et dirigée de 1951 à 1982 par Lee Strasberg. Sa méthode, inspirée des leçons de Stanislavski, repose sur la concentration et la recherche intérieure des émotions.

**ACTUAIRE** n. Spécialiste de l'application de la statistique, notamm. du calcul des probabilités, aux opérations de finance et d'assurance.

**ACTUALISATION** n.f. -**1.** Action d'actualiser. -**2.** En philosophie, passage de la puissance à l'acte, de la virtualité à la réalité.

**ACTUALISER** v.t. -**1.** Rendre qqch actuel, l'adapter à l'époque présente : *Actualiser les programmes scolaires.* -**2.** Calculer la valeur actuelle d'un bien, d'une somme d'argent disponible dans l'avenir en tenant compte de la dépréciation dans le temps.

**ACTUALITÉ** n.f. -**1.** Caractère de ce qui est actuel : *L'actualité d'un roman. Un sujet d'actualité.* -**2.** Ensemble des événements, des faits actuels, récents : *L'actualité médicale, littéraire.* ◆ pl. Informations à la télévision, à la radio.

**ACTUARIAT** n.m. -**1.** Technique appliquée par les actuaires. -**2.** Fonction d'actuaire.

**ACTUARIEL, ELLE** adj. -**1.** Relatif aux calculs effectués par des actuaires. -**2.** ***Taux actuariel,*** taux de rendement produit par un capital dont les intérêts et le remboursement sont assurés par une série de versements échelonnés dans le temps.

**ACTUEL, ELLE** adj. -**1.** Qui existe dans l'époque présente ; qui lui convient : *Le régime actuel. Un sujet très actuel.* -**2.** Se dit en philosophie de ce qui existe en acte, est conçu comme réel, effectif. ◆ **actuellement** adv.

**ACUITÉ** n.f. -**1.** Caractère de ce qui est aigu : *Acuité d'un son, d'une douleur.* -**2.** Pouvoir de discrimination d'un organe des sens : *Acuité visuelle.*

**ACULÉATE** n.m. (du lat. *aculeus,* aiguillon). *Aculéates,* sous-ordre d'insectes hyménoptères portant un aiguillon à l'extrémité de l'abdomen, tels que l'abeille, la fourmi, la guêpe.

**ACUPUNCTURE** ou **ACUPONCTURE** n.f. Traitement médical d'origine chinoise qui consiste à piquer des aiguilles en certains points du corps, selon des « lignes de force » vitales. ◆ **acupuncteur, trice** ou **acuponcteur, trice** n. → • DOSSIER L'ACUPUNCTURE *page 50.*

**ACYCLIQUE** adj. **-1.** Qui ne présente pas de cycle : *Phénomène acyclique.* **-2.** ***Composé acyclique,*** composé organique à chaîne ouverte.

**ACYLATION** n.f. Fixation d'un radical acyle sur une molécule.

**ACYLE** [asil] n.m. Radical organique monovalent RCO–.

**A. D. A. C.** n.m. (sigle). Avion à décollage et atterrissage courts. SYN. (anglic. déconseillé) : STOL.

1. **ADAGE** n.m. Maxime ancienne et populaire empruntée au droit coutumier ou écrit. (Ex. : *Nul n'est censé ignorer la loi.*)

2. **ADAGE** n.m. **-1.** Exercices lents destinés à parfaire l'équilibre des danseurs et la ligne de leurs mouvements. **-2.** Première partie d'un pas de deux.

**ADAGIO** [adadʒjo] adv. Indication de tempo lent. ◆ n.m. Morceau exécuté dans ce tempo.

**ADAL,** ancien royaume musulman d'Afrique orientale, qui s'affirma au XVᵉ siècle et joua un rôle important dans les luttes qui opposèrent le royaume chrétien d'Éthiopie et les États musulmans de la région.

**ADAM,** le premier homme, considéré comme l'unique ancêtre du genre humain. Le récit biblique de la Genèse le décrit vivant avec Ève, sa femme, dans l'Éden, ou Paradis terrestre. Dieu les en chassa à la suite de leur désobéissance à un interdit posé par lui.

**ADAM** (les), sculpteurs français du XVIIIᵉ s. **Jacob Sigisbert** (Nancy 1670 - Paris 1747), actif en Lorraine, fut le professeur de ses trois fils. Le premier, **Lambert Sigisbert** (Nancy 1700 - Paris 1759), s'éprit, à Rome, de l'art du Bernin ; artiste officiel, fécond et véhément, il est le meilleur représentant de la sculpture rocaille en France (*Neptune et Amphitrite,* groupe du bassin de Neptune à Versailles). **Nicolas Sébastien** (Nancy 1705 - Paris 1778), qui seconda parfois son aîné, est plus sensible (décors de l'hôtel de Soubise, Paris ; tombeau de la reine Catherine Opalinska à Nancy). **François Gaspard** (Nancy 1710 - Paris 1761) fut l'un des introducteurs du goût français en Allemagne, à la cour de Potsdam (statues de marbre pour les jardins de Sans-Souci).

**ADAM** *(pont d')* ou **RAMA** *(pont de),* chaîne de récifs entre Sri Lanka et l'Inde.

**ADAM** (Robert), architecte et décorateur britannique (Kirkcaldy, Écosse, 1728 - Londres 1792). Après avoir étudié les monuments antiques en Italie et en Dalmatie (Split), il construisit, assisté de son frère **James** (1730-1794), dans la campagne anglaise, à Londres et, après 1770, en Écosse. Décorateur épris d'élégance, de clarté et de mouvement, il a donné son nom *(style Adam)* à la nouvelle mode « pompéienne ».

**ADAMANTIN, E** adj. (gr. *adamantinos,* dur). ***Cellules adamantines,*** cellules qui produisent l'émail des dents.

**ADAMAOUA,** haut plateau du Cameroun.

**ADAM de la Halle** ou **ADAM le Bossu,** trouvère picard (Arras v. 1240 - v. 1287). Un des maîtres de l'école musicale d'Arras, il fut le créateur du théâtre lyrique profane en France et adapta la technique polyphonique à l'écriture du rondeau. Le *Jeu de la feuillée,* représenté à Arras vers 1276, est la première des sotties et l'ancêtre des revues satiriques modernes. La pastorale dramatique du *Jeu de Robin et Marion,* (v. 1285), est qualifiée de premier opéra-comique français.

**ADAMISME** n.m. Doctrine de certains hérétiques du IIᵉ siècle qui paraissaient nus dans les assemblées pour exprimer l'état d'innocence d'Adam au moment de la Création.

**ADAMOV** (Arthur), auteur dramatique français d'origine russe (Kislovodsk 1908 - Paris 1970). Son théâtre évolua du symbolisme tragique (*la Parodie,* 1952 ; *le Professeur Taranne,* 1953) au réalisme politique (*le Ping-Pong,* 1955 ; *Printemps 71,* 1963).

**ADAMS,** famille américaine qui joua un grand rôle dans l'histoire des États-Unis. Ses membres les plus connus sont : **Samuel** (Boston 1722 - *id.* 1803), un des pionniers de l'indépendance américaine ; **John,** son cousin (Braintree 1735 - *id.* 1826), qui participa à la rédaction de la Constitution et devint le deuxième président des États-Unis (1797 - 1801) ; **John Quincy,** fils de ce dernier (Braintree 1767-Washington 1848), qui fut le sixième président des États-Unis (1825-1829).

Robert **ADAM** : vestibule du château de Kedleston (Derbyshire) réaménagé vers 1760.

**ADAMS** (Ansel), photographe américain (San Francisco 1902 - Monterey 1984). L'un des membres du groupe *f : 64* (diaphragme le plus étroit, qui permet une parfaite netteté), fondé par Weston, il reste célèbre pour l'ampleur de ses paysages (*Illustrated Guide to Yosemite Valley*, 1940), à l'écriture rigoureuse et sensible.

Ansel **ADAMS** : *Piquets de clôture* (1936).

**ADAMS** (John), compositeur américain (Worcester, Massachusetts, 1947). Directeur du Conservatoire de San Francisco, il s'est fait connaître surtout par deux opéras, *Nixon in China* (Houston, 1987) et *The Death of Klinghoffer* (Bruxelles, 1991).

**ADAMS** (John Couch), astronome britannique (Laneast, Cornwall, 1819 - Cambridge 1892). À partir de l'étude des perturbations du mouvement d'Uranus, il démontra par le calcul en 1845 l'existence d'une planète plus lointaine, dont il détermina la masse et l'orbite indépendamment de Le Verrier, mais son travail ne fut pas pris en considération.

**ADANA,** v. du sud de la Turquie, dans la plaine de Cilicie ; 916 150 hab. Université. Textile.

**ADAPTABILITÉ** n.f. Caractère de ce qui est adaptable.

**ADAPTABLE** adj. Qui peut être adapté.

**ADAPTATEUR, TRICE** n. Personne qui adapte une œuvre littéraire au cinéma, au théâtre. ◆ **adaptateur** n.m. Instrument, dispositif permettant d'adapter un objet à une utilisation pour laquelle il n'est pas directement conçu : *Adaptateur pour prises de courant.*

# L'ACUPUNCTURE

L'acupuncture est une technique médicale inspirée de la médecine chinoise traditionnelle, qui comprend un ensemble théorique ainsi qu'une méthode de traitement par puncture (piqûre) de points cutanés avec des aiguilles. L'acupuncture utilise la notion d'énergie, très proche de la conception occidentale actuelle, mais plus large. Ainsi, selon la tradition, tout ce qui, dans l'organisme, n'est pas du solide, comme les organes, ni du liquide est de l'énergie.

## Les aspects théoriques.

**L'énergie.** L'homme reçoit l'énergie extérieure en incorporant les aliments, l'air, les facteurs génétiques, les influences cosmiques, puis la transforme, grâce à ses viscères, en différentes formes d'énergie proprement humaines. Celles-ci interagissent, se transforment, suivent des circuits complexes, selon des cycles qu'étudie la chronobiologie chinoise traditionnelle. L'énergie la plus utilisée est dite *nourricière.* Issue principalement des aliments, elle circule dans les organes, mais surtout à la surface de la peau, en suivant des trajets filiformes appelés *méridiens.* Chacun des 12 méridiens principaux, répartis sur l'ensemble du corps, porte le nom d'une structure ou d'une fonction interne avec laquelle il est relié et qu'on dénomme par simplification un « organe », bien que la correspondance avec la réalité soit assez floue : « méridien du foie », « méridien maître du cœur », « méridien de rate-pancréas », etc. La plupart des points d'acupuncture, dont la localisation est définie avec une grande précision, sont situés sur ces méridiens. Les punctures sont supposées permettre l'augmentation *(tonification)* ou la diminution *(dispersion)* de l'intensité de l'énergie, son accélération ou son ralentissement, le contrôle de ses mouvements d'un méridien à l'autre ou entre un méridien et son « organe », et cela dans les diverses régions du corps.

**Yin et yang.** L'acupuncture fait intervenir les notions taoïstes de *yin* et de *yang,* à la fois complémentaires et opposées. Par exemple, la chaleur, le jour, la virilité, les douleurs aiguës, les spasmes sont de caractère yang. Au contraire, le froid, la nuit, la féminité, les douleurs chroniques, les atonies musculaires sont de nature yin. Les punctures permettraient d'augmenter le yin ou le yang ou de favoriser le passage de l'un à l'autre, localement ou globalement.

**La théorie des « cinq éléments ».** Cette théorie, qui fait partie de la pensée traditionnelle chinoise, est basée sur l'analogie.

L'élément « bois », par exemple, inclut le printemps, le *feng* (traduit par « vent », c'est-à-dire le vent mais aussi les allergies, les infections, les maladies soudaines), la couleur verte, le « foie », les « muscles », etc. Les éléments interagissent selon deux cycles. Selon le cycle *zheng*, ou *de génération*, les éléments se succèdent, s'engendrent et se renforcent. Dans le cycle *ge* (ou *ko*), ou *de destruction*, les éléments s'inhibent entre eux. En

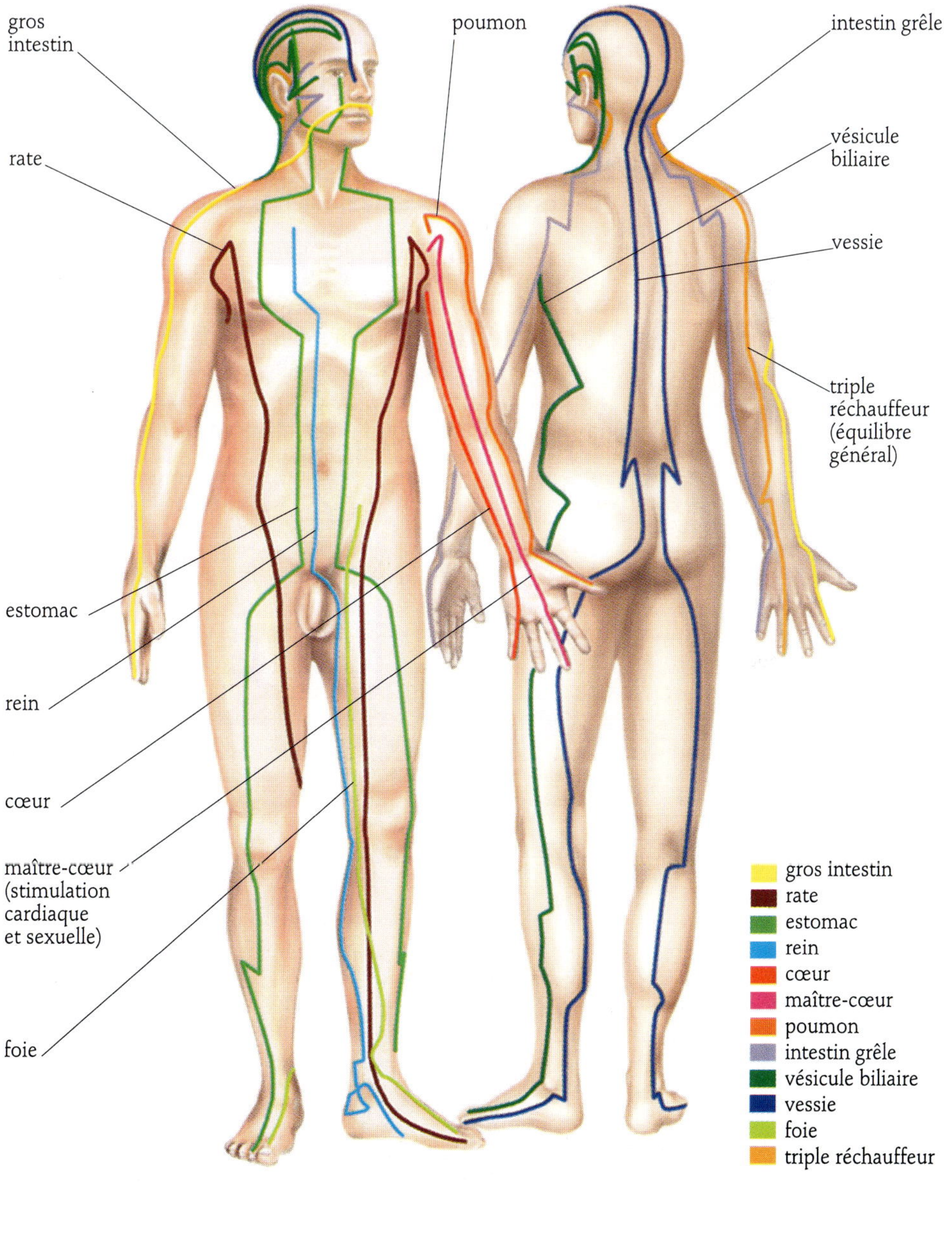


❶ Les 12 méridiens principaux.

utilisant les points convenables, on est censé pouvoir, notamment, renforcer l'énergie du « foie » au printemps pour qu'il soit protégé contre une agression inhabituelle du « vent », ou pour qu'il cède son énergie au « cœur » quand l'été arrivera, ou pour qu'il domine suffisamment la « rate » suivant le cycle *ge*.

**Les indications.** On tend à réserver l'acupuncture aux troubles fonctionnels. Le domaine concerné est cependant très large : rhumatologie, gastro-entérologie, cardiologie, dermatologie, gynécologie, psychologie. De plus, on peut essayer de soulager ces troubles fonctionnels, tout particulièrement la douleur, quand ils s'associent à une maladie organique, éventuellement en supplément d'un autre traitement : arthrose, sciatique, tendinite, eczéma, anxiété, etc.

**DIFFÉRENTS INSTRUMENTS POUR MANIPULER L'ÉNERGIE**

L'acupuncture s'intéresse à des énergies qui parcourraient le corps selon des trajets et des rythmes précis, notamment le long des méridiens ❶ suivant un rythme de 24 heures. Le traitement consiste à modifier l'intensité, la qualité et la circulation de ces énergies en piquant les points cutanés situés essentiellement sur les méridiens. Selon les habitudes occidentales, les aiguilles en acier, stérilisées et souvent à usage unique, sont enfoncées très peu profondément et dans des zones non dangereuses ❷, ❻. Des petits appareils récents se sont ajoutés aux aiguilles, tels qu'un stylo automatique permettant de masquer l'aiguille aux yeux d'un malade pusillanime et de l'enfoncer rapidement ❹. À l'inverse, le moxa ❸, ❺ est une stimulation traditionnelle par chauffage, à l'aide de cônes ou de bâtons d'armoise incandescents (moxibustion), laissant parfois des cicatrices définitives.

### La consultation et la pose des aiguilles.

L'acupuncteur, comme tout autre médecin, commence par vérifier s'il n'y a pas besoin d'examens complémentaires et si un traitement autre ne serait pas plus avantageux. Puis il interroge son malade afin de diagnostiquer une pathologie yin-yang, une perturbation de l'énergie, une anomalie qui concerne les 5 éléments, des signes spécifiques d'un organe ou d'un méridien. Il n'y a pas d'examen clinique, ou il n'y en a que peu. Ensuite,

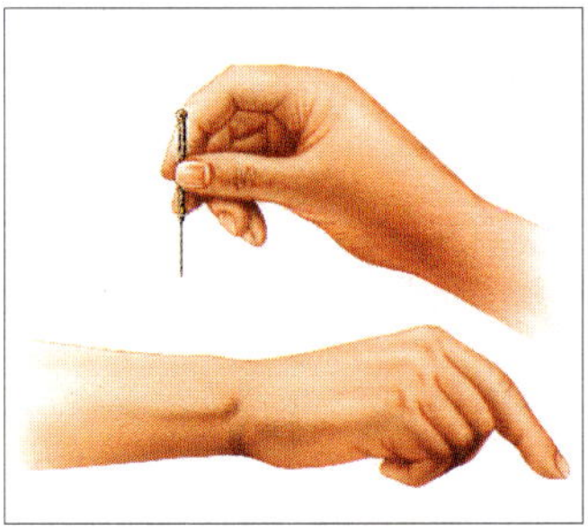

❷ Aiguille de modèle courant.

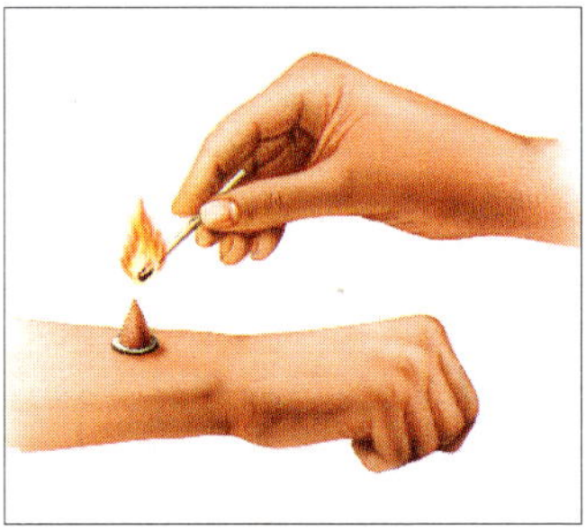

❸ Moxa par cône d'armoise.

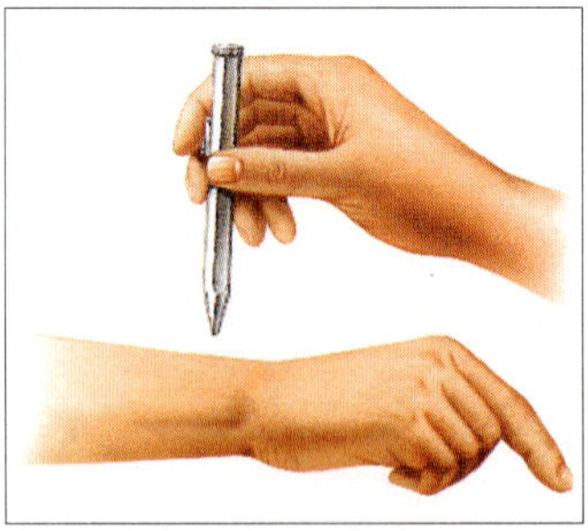

❹ Stylo pour puncture.

❺ Moxa par bâton d'armoise.

l'acupuncteur décide des points actifs. Il existe des répertoires classant les maladies d'après la terminologie moderne et donnant pour chacune d'entre elles une liste des points considérés comme efficaces.

L'acupuncteur place environ une dizaine d'aiguilles, qui occasionnent une douleur presque toujours minime et qu'il laisse en place entre 2 et 20 minutes environ, selon qu'il veut tonifier ou disperser. Il peut aussi faire des *moxas,* c'est-à-dire chauffer l'emplacement des points avec un petit bâton d'armoise incandescent.

### Les risques.

Certains inconvénients sont ceux des autres médecines parallèles. Un défaut d'examen complémentaire ou de traitement médicamenteux efficace peut faire perdre une chance de guérison. D'autre part, des infections ont été décrites, ainsi que des lésions d'organes, très rares.

Enfin, le risque de transmission de virus, tels ceux de l'hépatite et du sida, est certain, mais totalement contrôlé par la stérilisation du matériel selon des normes précises, ou encore par l'emploi d'aiguilles à usage unique.

### La profession.

En France, l'exercice de l'acupuncture est réservé aux seuls médecins, qui doivent suivre trois ans d'études spécialisées dans une faculté et s'inscrire à l'ordre des médecins.

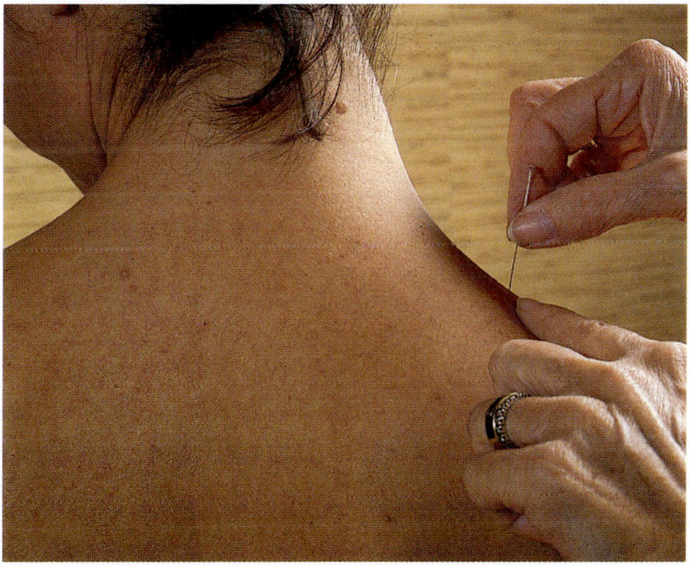

❻ Puncture d'un point de l'épaule.

**ADAPTATIF, IVE** adj. Se dit en biologie de ce qui réalise une adaptation.

**ADAPTATION** n.f. -**1**. Action d'adapter, son résultat : *L'adaptation réussie d'un roman à l'écran.* -**2**. Fait de s'adapter : *L'adaptation aux circonstances, au milieu environnant.*

**ENCYCL.** L'adaptation est un phénomène essentiel chez les êtres vivants. Aux changements éventuels de l'environnement et aux contraintes liées à la densité des populations et à la compétition entre les espèces, ils doivent répondre en ajustant leur physiologie et leur comportement.

**Les caractères adaptatifs.** On définit comme caractères adaptatifs les traits favorables à la survie et à la reproduction dans un milieu donné. Ces caractères concourent à une utilisation optimale des ressources et à une protection efficace contre les facteurs défavorables.

Les trois mécanismes généraux d'adaptation sont d'ordre morphologique, physiologique ou comportemental.

*Les adaptations morphologiques.* Les plus spectaculaires s'observent dans les milieux où les contraintes écologiques sont brutales. En milieu aride, certaines plantes possèdent des tissus accumulateurs d'eau, situés dans la tige ou les feuilles (d'où leur aspect charnu) ; elles sont également recouvertes d'une cuticule cireuse, limitant les pertes d'eau par transpiration. Dans les régions polaires, l'adaptation conduit à une morphologie compacte des animaux, limitant la surface corporelle en contact avec l'extérieur.

*Les adaptations physiologiques.* Elles correspondent à des modifications de certaines fonctions ou de l'activité métabolique générale des organismes. Ainsi, la limitation des pertes d'eau chez les animaux du désert s'effectue grâce à des processus tels que la rétention d'eau par l'appareil urinaire ou la fabrication d'eau par oxydation des graisses de réserve comme celles stockées dans la bosse du dromadaire, par exemple. Pour les animaux vivant en eau douce, l'essentiel de l'adaptation réside dans une double régulation : limiter l'entrée d'eau dans l'organisme et compenser la perte des substances dissoutes.

*Les adaptations comportementales.* Les adaptations morphologiques et physiologiques constituent des stratégies de tolérance aux facteurs environnants. Elles agissent comme des processus régulateurs. Une autre stratégie consiste à éviter les contraintes par adaptation du cycle de vie ou du comportement. Nombre de ces adaptations permettent aux animaux de

exemples d'**ADAPTATION** à la vie en milieu désertique d'un végétal (cactacée *[Cereus giganteus]*, Arizona) et d'un animal (dromadaire, Sahara)

faire face à des fluctuations journalières ou saisonnières importantes des conditions du milieu. Pour y parvenir, ils tirent profit des facteurs favorables dans leur environnement. Les oiseaux de régions froides construisent, par exemple, des nids exposés à l'est, bénéficiant de l'ensoleillement matinal. Dans les zones désertiques, de nombreux animaux sont nocturnes, évitant ainsi la forte chaleur de la journée.

D'autres comportements, telle la prédation, constituent des réponses adaptatives à des facteurs biotiques. C'est le cas chez les poissons vivant en banc, qui tirent profit de l'effet de groupe pour désorienter les attaques des prédateurs.

**Adaptation et évolution.** Dès le XIXe siècle, des biologistes, Candolle et Darwin notamment, avaient constaté que des espèces différentes soumises à des conditions écologiques semblables tendaient, au terme d'évolutions parallèles, à présenter des caractéristiques communes. Les cactées du continent américain et les euphorbes africaines montrent, par exemple, des morphologies semblables dans des conditions désertiques très voisines. Ce phénomène de *convergence évolutive,* qui concerne souvent un ensemble caractéristique (habitat, ressources alimentaires, comportement, etc.), montre le rôle déterminant des facteurs écologiques dans l'évolution.

Les conditions abiotiques du milieu représentent le principal facteur responsable des adaptations des individus et des peuplements, mais les interactions entre êtres vivants jouent également un rôle dans l'évolution. La compétition entre espèces voisines coexistant dans un même biotope est susceptible de conduire à des modifications de leur morphologie, de leur physiologie ou de leur écologie. Ces évolutions leur permettent d'exploiter les ressources du milieu de façon différente et de réduire l'intensité de la compétition. À une diversification des niches écologiques, c'est-à-dire des modes de vie, s'associe une diversification des formes au sein des espèces, ce qui peut conduire à la création de sous-espèces ou d'espèces nouvelles isolées les unes des autres.

L'invasion d'un milieu lorsqu'il n'existe pas de compétiteurs potentiels, ou qu'il n'en existe que peu, est toujours suivie d'une évolution rapide des espèces, se traduisant par une diversification des adaptations. Ce phénomène de *radiation adaptative* est bien connu pour les milieux insulaires.

**ADAPTER** v.t. -1. Ajuster une chose à une autre : *Adapter un robinet à un tuyau.* -2. Mettre en accord, approprier : *Adapter les moyens au but.* -3. Arranger une œuvre littéraire pour la rendre conforme au goût du jour ou la transposer dans un autre mode d'expression (théâtre, cinéma, télévision, etc.). ◆ **s'adapter** v.pr. **(à).** Se plier, se conformer à qqch : *S'adapter aux circonstances.*

**A. D. A. V.** n.m. (sigle). Avion à décollage et atterrissage verticaux. SYN. (anglic. déconseillé) : VTOL.

**ADDA,** riv. d'Italie, affl. du Pô (r. g.) ; 313 km. Née au nord-est de la Bernina, elle draine la Valteline et traverse le lac de Côme.

**ADDAX** [adaks] n.m. Antilope gris clair des confins sahariens, aux cornes spiralées.

**ADDENDA** [adɛ̃da] n.m. inv. (mot lat., *choses à ajouter*). Ajout d'articles, de notes, etc., fait à un ouvrage pour le compléter.

**ADDICTION** n.f. ANGLIC. Assuétude.

**ADDIS-ABEBA** ou **ADDIS-ABABA,** cap. de l'Éthiopie, à 2 500 m d'alt. ; 1 413 000 hab. Centre administratif, commercial et culturel ; siège de l'Organisation de l'unité africaine. — Musée.

**ADDISON** (Joseph), écrivain et publiciste anglais (Milston 1672 - Kensington 1719). Ses articles du *Spectator* contribuèrent à former le type idéal du « gentleman » et furent considérés comme des modèles de l'essai. Le succès de sa tragédie *Caton* (1713) lui valut une courte carrière politique (secrétaire d'État en 1717).

**Addison** *(maladie bronzée d'),* affection des glandes surrénales, découverte par le médecin britannique Thomas *Addison* (1793-1860), qui se traduit par une grande asthénie et une couleur bronzée de la peau.

**ADDITIF, IVE** adj. **MATH.** *Notation additive,* emploi, dans un ensemble, du signe + pour représenter une loi de composition interne (loi additive), quelles que soient la nature des éléments et celle de l'opération. **PHYS.** *Grandeur additive,* grandeur qui, étant mesurable, peut faire l'objet d'une opération d'addition. ◆ **additif** n.m. -1. Addition faite à un texte. -2. Substance, produit qu'on ajoute à un autre pour en améliorer les caractéristiques, les propriétés.

**ADDITION** n.f. (du lat. *addere,* ajouter). -1. Action d'ajouter ; ce qu'on ajoute. -2. Note de dépenses au café, au restaurant, etc. **CHIM.** *Réaction d'addition,* réaction dans laquelle plusieurs molécules s'unissent pour en donner une nouvelle. **MATH.** Première des quatre opérations fondamentales de l'arithmétique, symbolisée par le signe + (plus) ; réunion en un seul nombre, la *somme,* des unités ou fractions d'unités constitutives de deux ou de plusieurs nombres.

**ADDITIONNEL, ELLE** adj. Qui est ajouté : *Article additionnel.*

**ADDITIONNER** v.t. -**1.** Réunir en un seul nombre les unités ou fractions d'unité qui forment d'autres nombres ; totaliser. -**2.** Ajouter une chose à une autre : *Additionner son vin d'eau.*

**ADDITIONNEUR** n.m. Organe de calcul analogique ou numérique permettant d'effectuer la somme de deux nombres.

**ADDITIVÉ, E** adj. *Carburant additivé,* carburant contenant des additifs qui accroissent l'indice d'octane.

**ADDUCTEUR** adj.m. et n.m. -**1.** Se dit de tout muscle qui produit une adduction et, plus partic., de ceux qui sont situés à la face interne de la cuisse. -**2.** Se dit d'un canal amenant les eaux à un réservoir ou à une usine.

**ADDUCTION** n.f. (du lat. *adducere,* amener). -**1.** Conduction d'un fluide à l'endroit où il est utilisé : *Adduction d'eau.* -**2.** Mouvement qui rapproche un membre de l'axe du corps.

**ADÉLAÏDE,** v. d'Australie, sur l'océan Indien, cap. de l'Australie-Méridionale ; 1 023 700 hab. Université. Métallurgie.

**ADÉLAÏDE DE FRANCE** ou **MADAME ADÉLAÏDE** (Versailles 1732 - Trieste 1800), quatrième fille de Louis XV. Elle anima le parti dévot et contribua au renvoi de Choiseul.

**ADÉLIE** *(terre),* terre antarctique française située à 2 500 km au sud de la Tasmanie, couvrant environ 350 000 km². Elle a été découverte en 1840 par Dumont d'Urville, qui lui donna le prénom de sa femme. Élément le plus vaste des Terres australes et antarctiques françaises, presque totalement englacée, la terre Adélie a fait l'objet d'expéditions scientifiques, dirigées par Paul-Émile Victor, à partir de 1950. Y est installée, sur l'archipel côtier de Pointe-Géologie, la base scientifique Dumont-d'Urville, complétée par une base non permanente, à l'intérieur même du continent, dite « Commandant-Charcot ».

**ADEN,** principal port et centre industriel du Yémen, sur le *golfe d'Aden ;* 417 000 hab. La ville, conquise par les Britanniques en 1839, a été le centre d'une colonie de la Couronne (→ ADEN [*protectorat d'*]) puis la capitale de la République du Yémen du Sud de 1967 à 1990.

**ADEN** *(golfe d'),* partie nord-ouest de l'océan Indien, entre le sud de l'Arabie et le nord-est de l'Afrique. Il communique avec la mer Rouge par le détroit de Bab al-Mandab.

**ADEN** *(protectorat d'),* anciens territoires sous protectorat britannique sur le golfe d'Aden. Aden et ses environs devinrent une colonie de la Couronne en 1937. De 1959 à 1963, cette colonie et la majorité des sultanats constituant le protectorat entrèrent dans une fédération d'États qui obtint son indépendance en 1967. (→ YÉMEN.)

**ADENA,** village de l'Ohio, au S.-O. de Steubenville, site éponyme d'une phase culturelle préhistorique de l'est des États-Unis qui s'étend de 1000 à 300 av. J.-C. Première période de la séquence des *burial mounds,* qui se poursuivit jusqu'à 700 de notre ère, elle est caractérisée par la présence de tumulus de terre

**ADENA :** *Serpent Mound,* tertre funéraire en forme de serpent (500 m de long env.) construit il y a 2 000 ans.

érigés au-dessus de tombes élaborées, de lieux de crémation ou d'ossuaires.

**ADENAUER** (Konrad), homme politique allemand (Cologne 1876 - Rhöndorf 1967). Chancelier de la République fédérale d'Allemagne de 1949 à 1963, président de l'Union chrétienne-démocrate (CDU), il initia le redressement économique de l'Allemagne. Il fut un des partisans les plus actifs de la création de la Communauté économique européenne et accéléra, en 1962-63, le rapprochement franco-allemand.

Konrad **ADENAUER,** homme politique allemand.

**ADENET** dit le Roi ou **ADAM,** trouvère brabançon (v. 1240 - v. 1300). Il adapta les chansons de geste à la technique du récit romanesque *(Berthe au grand pied, Cléomadès).*

**ADÉNINE** n.f. Base azotée contenue dans toutes les cellules vivantes et qui dérive de la purine.

**ADÉNITE** n.f. (du gr. *adên,* glande). Inflammation des ganglions lymphatiques.

**ADÉNOCARCINOME** n.m. Tumeur maligne d'un épithélium glandulaire.

**ADÉNOGRAMME** n.m. Examen des cellules d'un ganglion lymphatique prélevées par ponction.

**ADÉNOÏDE** adj. -1. Qui se rapporte au tissu glandulairc. -2. *Végétations adénoïdes* → VÉGÉTATION.

**ADÉNOME** n.m. Tumeur bénigne qui se développe dans une glande.

**ADÉNOPATHIE** n.f. Affection des ganglions lymphatiques.

**ADÉNOSINE** n.f. Nucléoside dont les dérivés phosphorés jouent des rôles importants dans le métabolisme énergétique (adénosine triphosphate, ou A. T. P.) et dans la transmission du message hormonal (adénosine monophosphate cyclique, ou A. M. P. cyclique).

**ADEPTE** n. (lat. *adeptus,* qui a obtenu). -1. Membre d'un groupement demandant un engagement personnel : *Adeptes d'une secte.* -2. Partisan d'une doctrine ou de son promoteur. -3. Personne qui pratique une activité par goût : *Un adepte du ski.*

**ADÉQUAT, E** [-kwa, at] adj. (lat. *adaequatus,* rendu égal). Qui correspond parfaitement à son objet : *Trouver l'expression adéquate.* ◆ **adéquatement** adv.

**ADÉQUATION** n.f. Adaptation parfaite.

**ADER** (Clément), ingénieur français (Muret 1841 - Toulouse 1925). Précurseur de l'aviation, il construisit plusieurs appareils volants dont l'*Éole,* avec lequel il put décoller et parcourir quelques dizaines de mètres audessus du sol en 1890. Il est l'inventeur du mot *avion.*

**ADHÉRENCE** n.f. -1. État d'une chose qui tient à une autre, qui est fortement attachée, collée : *Adhérence d'un matériau.* -2. Accolement normal ou pathologique de deux organes ou tissus.

**ADHÉRENT, E** adj. -1. Fortement attaché : *Branche adhérente au tronc.* -2. ***Ovaire adhérent,*** ovaire infère. ◆ n. et adj. Membre d'une association, d'un parti politique, etc.

**ADHÉRER** v.t. ind. **(à)** [18]. -1. Coller à qqch : *Papier qui adhère mal au mur.* -2. Souscrire à une opinion ; s'affilier à un parti.

**ADHÉSIF, IVE** adj. Se dit d'un papier, d'une toile, d'un ruban dont une des faces est enduite d'une substance qui permet l'adhérence à une surface. ◆ **adhésif** n.m. -1. Substance synthétique capable de fixer deux surfaces entre elles. -2. Ruban, papier adhésif.

**ADHÉSION** n.f. -1. Action de souscrire à une idée ou à une doctrine, de s'inscrire à un parti, à une association. -2. Déclaration par laquelle un État s'engage à respecter les termes d'une convention dont il n'a pas été initialement signataire. -3. ***Contrat d'adhésion,*** contrat dont toutes les clauses sont imposées à l'avance par l'un des contractants sans pouvoir être discutées par l'autre (abonnement au gaz, au téléphone, transports, etc.).

**ADHÉSIVITÉ** n.f. -1. Aptitude d'un matériau à adhérer à un autre. -2. Viscosité mentale.

**AD HOC** [adɔk] loc. adj. inv. (mots lat., *pour cela*). Qui convient à la situation, au sujet.

**AD HOMINEM** [adɔminɛm] loc. adj. inv. ***Argument ad hominem,*** argument qui est dirigé contre la personne même de l'adversaire.

**ADIABATIQUE** adj. (du gr. *diabainein,* traverser). Se dit, en physique, d'une transformation sans échange de chaleur avec l'extérieur.

**ADIANTUM** [adjɑ̃tɔm] n.m. (du gr. *adiantos,* non sec). Fougère d'origine tropicale cultivée en appartement ou en serre, dite aussi *capillaire de Montpellier* ou *cheveu-de-Vénus* à cause de ses fins pétioles noirs. (Haut. 30 cm env. ; famille des polypodiacées.)

**ADIEU** interj. (de *à* et *Dieu*). Formule servant à saluer qqn que l'on ne reverra pas de longtemps ou que l'on ne reverra plus. ◆ n.m. Action, parole qui consacre une séparation : *Des adieux déchirants.*

**ADIGE,** fl. d'Italie ; 410 km. Né dans les Alpes, aux confins de la Suisse et de l'Autriche, il traverse le Trentin et la Vénétie, passe à Trente et à Vérone puis se jette dans l'Adriatique.

**ADIPEUX, EUSE** adj. (du lat. *adeps, adipis,* graisse). -1. Qui a les caractères de la graisse ; qui renferme de la graisse. -2. Bouffi de graisse : *Homme adipeux.* -3. ***Tissu adipeux,*** tissu conjonctif comportant une importante proportion de vacuoles graisseuses.

**ADIPIQUE** adj. *Acide adipique,* acide utilisé dans la fabrication du Nylon.

**ADIPOLYSE** n.f. Dégradation des graisses de réserve du tissu adipeux au fur et à mesure des besoins de l'organisme.

**ADIPOSITÉ** n.f. Accumulation de graisse dans les tissus.

**ADIPOSO-GÉNITAL, E, AUX** adj. Se dit d'un syndrome associant une obésité et des troubles génitaux.

**ADIRONDACK** ou **ADIRONDACKS** *(monts),* massif du nord-est des États-Unis (État de New York) ; 1 629 m.

**ADJACENT, E** adj. (lat. *adjacens,* situé auprès). -1. Voisin, attenant : *Terres adjacentes.* -2. ***Angles adjacents,*** angles ayant même sommet, un côté commun et situés de part et d'autre de ce côté.

**ADJARIE,** République autonome de Géorgie, sur la mer Noire ; 393 000 hab. Cap. *Batoumi.*

**ADJECTIF** n.m. -1. Mot qui qualifie ou détermine le substantif auquel il est joint. -2. ***Adjectif verbal,*** adjectif issu du participe présent du verbe. (Il s'accorde en genre et en nombre : *des enfants obéissants,* alors que le participe présent est invariable : *des enfants obéissant à leurs parents.*)

**ADJECTIF, IVE** ou **ADJECTIVAL, E, AUX** adj. Qui a le caractère de l'adjectif : *Locution adjective.* ◆ **adjectivement** adv. Avec la valeur d'un adjectif.

**ADJOINDRE** v.t. [82]. Associer une personne ou une chose à une autre. ◆ **s'adjoindre** v.pr. S'associer qqn : *S'adjoindre un collaborateur.*

**ADJOINT, E** n. et adj. -1. Personne associée à une autre pour la seconder. -2. ***Adjoint au maire*** ou ***adjoint,*** conseiller municipal qui assiste le maire dans ses fonctions.

**ADJONCTION** n.f. Action, fait d'adjoindre.

**ADJUDANT** n.m. Sous-officier d'un grade intermédiaire entre ceux de sergent-chef et d'adjudant-chef.

**ADJUDANT-CHEF** n.m. (pl. adjudants-chefs). Sous-officier d'un grade intermédiaire entre ceux d'adjudant et de major.

**ADJUDICATAIRE** n. Bénéficiaire d'une adjudication.

**ADJUDICATEUR, TRICE** n. Personne qui met en adjudication.

**ADJUDICATION** n.f. Attribution d'un marché public, ou, dans une vente aux enchères, d'un bien, à celui qui offre le meilleur prix.

**ADJUGER** v.t. [17]. -1. Concéder qqch par adjudication. -2. Attribuer un avantage, une récompense. ◆ **s'adjuger** v.pr. S'approprier qqch : *S'adjuger la meilleure part.*

**ADJURATION** n.f. -1. Action d'adjurer. -2. Formule d'exorcisme.

**ADJURER** v.t. Supplier qqn instamment : *Je vous adjure de dire la vérité.*

**ADJUVANT, E** adj. et n.m. -1. Se dit d'un produit que l'on ajoute à un autre pour en améliorer les caractéristiques. -2. Se dit de ce qui renforce ou complète les effets de la médication principale : *Médicament, traitement adjuvant.*

**ADLER** (Alfred), médecin et psychologue autrichien (Vienne 1870 - Aberdeen 1937). Élève de S. Freud dès 1902, il se sépara rapidement (1910) du mouvement psychanalytique, car il ne reconnaissait pas le rôle de la libido et pensait que l'on pouvait rendre compte de la vie psychique de l'individu à partir d'un sentiment d'infériorité *(complexe d'infériorité)* résultant de l'état de dépendance dont chacun fait l'expérience dans son enfance.

**ADLERCREUTZ** (Carl Johan), général suédois (Kiala, Finlande, 1757 - Stockholm 1815), un des chefs du coup d'État contre Gustave IV Adolphe (1809).

**AD LIBITUM** [adlibitɔm] loc. adv. À volonté, au choix. Abrév. : *ad lib.*

**ADMETTRE** v.t. [84]. -1. Laisser entrer qqn, un animal dans un lieu ; accueillir qqn au sein d'un groupe : *Ne pas admettre les chiens dans un magasin. Admettre un candidat à un concours.* -2. Reconnaître qqch pour vrai : *Admettre le bien-fondé d'une remarque.* -3. Supporter, souffrir qqch : *Affaire qui n'admet aucun retard.*

**ADMINISTRATEUR, TRICE** n. -1. Personne qui gère les biens, les affaires d'un particulier, d'une société, de l'État. -2. Membre d'un conseil d'administration. -3. ***Administrateur de biens,*** mandataire effectuant des opérations d'administration et de gestion et des transactions sur des biens immobiliers. || ***Administrateur civil,*** fonctionnaire chargé, dans une administration centrale, des fonctions de conception et d'encadrement. || ***Administrateur judiciaire,*** mandataire de justice chargé, dans le redressement judiciaire d'une entreprise, de surveiller, d'assister ou de remplacer le débiteur et de proposer au tribunal un projet de plan de redressement.

**ADMINISTRATIF, IVE** adj. Relatif à l'administration. ◆ n. Membre du personnel d'administration. ◆ **administrativement** adv. Par la voie administrative ; du point de vue de l'administration.

**ADMINISTRATION** n.f. -1. Action d'administrer. -2. (Souvent avec une majusc.). Ensemble des services publics. -3. Service public concernant un domaine particulier : *L'administration des Douanes.* -4. ***Acte d'administration,*** opération juridique commandée par la gestion courante d'un patrimoine. || ***Administration légale,*** régime selon lequel sont régis les biens d'un mineur. (On distingue l'*administration légale pure et simple,* par le père, lorsque les deux parents exercent l'autorité parentale, et l'*administration légale sous contrôle judiciaire,* lorsqu'un seul parent exerce l'autorité parentale ou lorsque le mineur est un enfant naturel.)

**ADMINISTRÉ, E** n. Personne dépendant d'une administration.

**ADMINISTRER** v.t. (lat. *administrare,* servir). Gérer des affaires publiques ou privées ; gouverner : *Administrer un pays.* DR. ***Administrer une preuve,*** la produire en justice. MÉD. ***Administrer un médicament,*** le faire absorber, l'introduire dans l'organisme. RELIG. CATH. ***Administrer les sacrements,*** les conférer.

**ADMIRABLE** adj. Digne d'admiration. ◆ **admirablement** adv.

**ADMIRATEUR, TRICE** adj. et n. Qui admire.

**ADMIRATIF, IVE** adj. Qui marque l'admiration : *Geste admiratif.* ◆ **admirativement** adv. Avec admiration.

**ADMIRATION** n.f. -1. Sentiment de ravissement éprouvé à l'égard de qqch ou de qqn qui réalise un certain idéal de grandeur, de beauté, etc. -2. Objet d'admiration.

**ADMIRER** v.t. Éprouver un sentiment d'admiration à l'égard de qqn, de qqch.

**ADMISSIBILITÉ** n.f. Fait d'être admissible à un examen, à un concours.

**ADMISSIBLE** adj. (du lat. *admissus,* admis). Considéré comme possible, acceptable : *Excuse admissible.* ◆ adj. et n. Qui est admis à se présenter aux épreuves orales d'un examen, d'un concours après en avoir subi les épreuves écrites avec succès.

**ADMISSION** n.f. -1. Action d'admettre ; son résultat : *L'admission à un concours, à un emploi.* -2. Entrée des gaz dans le cylindre ou dans la chambre de combustion d'un moteur : *Soupape d'admission.* -3. ***Admission à la cote,*** introduction à la Bourse de valeurs mobilières.

**ADMONESTATION** n.f. LITT. Réprimande sévère, avertissement solennel.

**ADMONESTER** v.t. (lat. *admonere,* avertir). LITT. Réprimander qqn, le tancer.

**ADMONITION** n.f. Monition.

**A. D. N.** n.m. (sigle). Acide désoxyribonucléique, constituant essentiel des chromosomes du noyau cellulaire. (DNA dans la terminologie anglo-saxonne.) [→ NUCLÉIQUES (acides).]

**ADOBE** n.m. Brique rudimentaire mêlée de paille et séchée au soleil.

**ADOLESCENCE** n.f. Période de la vie entre la puberté et l'âge adulte.

ENCYCL. L'adolescence débute par les transformations corporelles de la puberté. Celles-ci désorientent l'adolescent, si bien que l'image de son corps est au centre de ses préoccupations et que des problèmes physiques mineurs (taille, obésité, acné, etc.) peuvent prendre une importance démesurée. Psychologiquement, l'adolescent devient capable d'opérer sur des signes et des symboles substitués aux objets eux-mêmes et de raisonner sur ces substituts.

**La sexualité.** Le bouleversement le plus significatif se situe au niveau de la sexualité : l'adolescent a maintenant la possibilité de procréer. Mais l'ambivalence est grande vis-à-vis des désirs sexuels : la répression (parentale, sociale) coexiste avec la réalisation. Le flirt, relation sentimentale et érotique, apparaît comme un phénomène typique de l'adolescence. La masturbation, très souvent culpabilisée, peut coexister avec des relations hétérosexuelles épisodiques. Il arrive que l'adolescent se réfugie dans l'ascétisme, dénonçant ou niant la sexualité.

**La recherche de l'identité.** Pour amorcer son indépendance, l'adolescent doit d'abord lutter contre ce qui l'attache à son enfance, tournant souvent son agressivité contre son milieu familial. S'étant posé en étranger dans celui-ci, il tente de se faire reconnaître ailleurs, recherche la compagnie de ceux de son âge, et des amitiés passionnées et exclusives prennent alors naissance. Progressivement, cependant, d'identification en identification, l'adolescent finit par se découvrir.

**ADOLESCENT, E** n. Celui, celle qui est dans l'adolescence. Abrév. (fam.) : *ado.*

**Adolphe,** roman de B. Constant (1816). Ce récit autobiographique, concentré à la manière d'une tragédie sur la passion naissante puis pesante et souffrante d'Adolphe pour Ellénore, est aussi un essai sur la destinée humaine et une réponse au *René* de Chateaubriand.

1. **ADONIS** [adɔnis] n.m. (nom d'un dieu gréco-oriental). **-1.** (Souvent iron.). Jeune homme d'une beauté remarquable. **-2.** Papillon d'un bleu éclatant du genre *Lycæna.*

2. **ADONIS** n.f. Plante à feuilles très divisées et à larges fleurs rouges ou jaunes. (Famille des renonculacées.)

**ADONIS,** dieu phénicien tué par un sanglier et que son amante Astarté va rechercher aux Enfers. De Byblos, son culte gagna la Grèce et Alexandrie, où sa légende évoque le cycle de la végétation : tué à la chasse, Adonis séjourne une partie de l'année auprès de Perséphone, dans le royaume des morts, et à chaque printemps il revient auprès d'Aphrodite, parmi les vivants.

**ADONNER (S')** v.pr. **(à).** Se livrer, s'attacher entièrement à qqch : *S'adonner au plaisir.*

**ADOPTABLE** adj. Qui peut être adopté.

**ADOPTANT, E** adj. et n. Qui adopte.

**ADOPTÉ, E** adj. et n. Qui a fait l'objet d'une adoption.

**ADOPTER** v.t. (lat. *adoptare,* choisir). **-1.** Prendre légalement pour fils ou pour fille. **-2.** Faire sien ; prendre par décision : *J'ai adopté votre point de vue. Adopter des mesures exceptionnelles.* **-3.** Approuver, voter un projet, une loi, etc.

**ADOPTIANISME** n.m. Doctrine professant que le Christ n'est pas Dieu de toute éternité, mais qu'il le devient lors de son baptême, où il est adopté par Dieu.

**ADOPTIF, IVE** adj. **-1.** Qui a été adopté : *Fille adoptive.* **-2.** Qui adopte : *Père adoptif.* **-3.** Relatif à l'adoption : *À titre adoptif.*

**ADOPTION** n.f. **-1.** Action d'adopter ; son résultat : *Adoption d'un enfant, d'une loi.* **-2.** ***Adoption plénière,*** adoption dans laquelle l'enfant adopté s'intègre complètement à la famille de l'adoptant et perd tout lien avec sa famille d'origine. ‖ ***Adoption simple,*** celle où les liens avec la famille d'origine ne sont pas rompus. ‖ ***Patrie, pays, famille,*** etc., ***d'adoption,*** que l'on a choisis, préférés à d'autres.

**ADOR** (Gustave), homme d'État suisse (Genève 1845 - Cologny, près de Genève, 1928). Président du Comité international de la Croix-Rouge en 1910, il fut président de la Confédération en 1919 puis représentant de la Suisse à la S. D. N. (1920-1924).

**ADORABLE** adj. Dont le charme est extrême : *Une adorable maison.* ◆ **adorablement** adv.

**ADORATEUR, TRICE** n. **-1.** Personne qui rend un culte à une divinité, à un objet divinisé : *Les adorateurs du Soleil.* **-2.** Personne qui éprouve une grande admiration pour qqn : *Femme entourée de ses adorateurs.*

**ADORATION** n.f. Action d'adorer.

**ADORER** v.t. (lat. *adorare,* prier). **-1.** Rendre un culte à un dieu, à un objet divinisé. **-2.** Aimer passionnément qqn : *Elle adore son mari.* **-3.** Apprécier beaucoup qqn, qqch : *Adorer le chocolat.*

Theodor **ADORNO,** philosophe, sociologue et musicologue allemand.

**ADORNO** (Theodor Wiesengrund), philosophe, sociologue et musicologue allemand (Francfort-sur-le-Main 1903 - Viège, Suisse, 1969). Musicologue, élève de A. Berg, il rejoignit après la Première Guerre mondiale l'école philosophique de Francfort. Marxiste de formation, il tenta de réinterpréter la psychanalyse dans la perspective de la théorie critique. Il a notamment écrit *la Personnalité* *autoritaire* (1950). Il a laissé inachevée une *Théorie esthétique* (1970).

**ADOS** [ado] n.m. Talus pour protéger les plantes des intempéries.

**ADOSSÉ, E** adj. -**1.** Qui est solidaire d'un support vertical par un de ses côtés, en parlant d'un élément de construction : *Fontaine adossée.* -**2.** Se dit de deux meubles héraldiques représentés dos à dos. CONTR. : **affronté.**

**ADOSSEMENT** n.m. État de ce qui est adossé, fait d'être adossé.

**ADOSSER** v.t. Appuyer qqch contre un support en en faisant porter le dos ou la face arrière : *Adosser un bâtiment contre un mur.* ◆ **s'adosser** v.pr. S'appuyer contre qqch.

**Adoua** ou **Adwa** *(bataille d')* [1896], victoire des Éthiopiens sur les Italiens (Éthiopie).

**ADOUBEMENT** n.m. Cérémonie au cours de laquelle un homme était armé chevalier, au Moyen Âge.

**ADOUBER** v.t. Armer un chevalier au cours de l'adoubement, au Moyen Âge.

**ADOUCIR** v.t. -**1.** Rendre qqch plus doux à la vue, au toucher, etc. -**2.** Rendre qqch moins pénible, qqn moins rude : *Adoucir une peine trop sévère.* -**3.** ***Adoucir l'eau,*** en éliminer les sels de calcium et de magnésium. ‖ ***Adoucir le métal,*** le polir. ◆ **s'adoucir** v.pr. Devenir plus doux.

**ADOUCISSANT, E** adj. et n.m. -**1.** Qui rend la peau plus douce : *Lait adoucissant.* -**2.** Qui adoucit l'eau. -**3.** Qui adoucit les textiles.

**ADOUCISSEMENT** n.m. -**1.** Action d'adoucir, fait de s'adoucir : *Adoucissement de la température.* -**2.** En architecture, élément décoratif placé entre deux surfaces et comblant un angle vif.

**ADOUCISSEUR** n.m. Appareil servant à adoucir l'eau.

**ADOUR,** fl. du sud-ouest de la France ; 335 km. Né près du Tourmalet, il décrit une vaste courbe, passe à Tarbes, Dax et Bayonne et rejoint l'Atlantique dans le Pays basque.

**AD PATRES** [adpatrɛs] loc. adv. (mots lat., *vers les ancêtres*). FAM. ***Envoyer ad patres,*** tuer.

**ADRAGANTE** adj.f. (gr. *tragakantha,* de *tragos,* bouc, et *akantha,* épine). ***Gomme adragante,*** substance mucilagineuse qui exsude du tronc d'arbrisseaux du genre astragale et qui sert comme colle dans la préparation des étoffes, des papiers, des cuirs (utilisée en pharmacie et en pâtisserie).

**ADRAR** n.m. (mot berbère). Djebel.

**ADRÉNALINE** n.f. (du lat. *ad,* auprès de, et *ren,* rein). Hormone sécrétée par la portion médullaire des glandes surrénales, qui accélère le rythme cardiaque, augmente la pression artérielle, dilate les bronches et les pupilles, élève la glycémie.

**ADRÉNERGIQUE** adj. -**1.** Qui agit sur certains récepteurs spécifiques du système sympathique à la manière de l'adrénaline. -**2.** *Récepteurs adrénergiques,* ces récepteurs.

**ADRESSAGE** n.m. En informatique, action d'adresser.

1. **ADRESSE** n.f. -**1.** Indication précise du domicile de qqn : *Donner son adresse.* -**2.** Réponse faite par les représentants de la nation au discours du trône, dans une monarchie constitutionnelle. -**3.** Localisation codée d'une information dans une mémoire électronique.

2. **ADRESSE** n.f. Habileté physique ou intellectuelle : *Ce jeu exige de l'adresse.*

**ADRESSER** v.t. -**1.** Faire parvenir qqch à qqn : *Adresser une lettre à son fils.* -**2.** Dire qqch à l'intention de qqn : *Adresser des compliments, des reproches à qqn.* -**3.** En informatique, pourvoir une information d'une adresse. ◆ **s'adresser** v.pr. **(à).** -**1.** Avoir recours à qqn. -**2.** Être destiné à qqn : *Cette remarque ne s'adresse pas à vous.*

**ADRET** n.m. Versant d'une vallée exposé au soleil et opposé à l'*ubac,* dans les pays montagneux. SYN. : **endroit, soulane.**

**ADRETS** (François **de Beaumont,** *baron* **des**), capitaine dauphinois (La Frette 1513 - *id.* 1587). Il abjura le catholicisme en 1562, dévasta le midi de la France, puis revint au catholicisme et combattit les protestants.

**ADRIATIQUE** *(mer),* mer annexe de la Méditerranée en forme de golfe étroit (200 km) et allongé (800 km) entre les péninsules italienne et balkanique, jusqu'au canal d'Otrante. Le long de la côte italienne, les plaines sont deltaïques et marécageuses, principalement celle du Pô, où les lagunes sont menacées de comblement par la progression des lidos. Le littoral oriental est précédé d'îles (archipel dalmate). L'Adriatique n'a plus l'importance commerciale qu'elle eut jusqu'au XVIIe siècle. Les ports n'assurent plus qu'une desserte locale, sauf ceux qu'animent la pêche ou l'industrie (Venise, Trieste, Bari), ainsi que les sites touristiques (Venise, Split et Dubrovnik).

**ADROIT, E** adj. -**1.** Qui fait preuve d'adresse : *Un conducteur adroit.* -**2.** Qui marque de l'habileté : *Une politique adroite.* ◆ **adroitement** adv.

**ADSORBANT, E** adj. et n.m. Se dit en physique d'un corps qui adsorbe.

**ADSORBER** v.t. Fixer par adsorption.

**ADSORPTION** n.f. Pénétration superficielle d'un gaz ou d'un liquide dans un solide, dans un autre liquide.

**ADULAIRE** n.f. Pierre fine, constituée par une variété d'orthose, transparente et incolore.

**ADULATION** n.f. LITT. Flatterie excessive.

**ADULER** v.t. LITT. Témoigner une admiration excessive à qqn : *Une vedette que le public adule.*

**ADULTE** adj. (lat. *adultus,* qui a grandi). Parvenu au terme de sa croissance : *Animal, plante adultes.* ◆ n. Personne parvenue à sa maturité physique, intellectuelle et affective.

**ADULTÈRE** adj. Qui se livre à l'adultère. ◆ n. LITT. Personne adultère. ◆ n.m. Violation du devoir de fidélité entre les époux.

**ADULTÉRER** v.t. (lat. *adulterare,* falsifier) [18]. Falsifier, altérer qqch : *Adultérer une monnaie.*

**ADULTÉRIN, E** adj. et n. ***Enfant adultérin,*** enfant né hors du mariage.

**ADUNIS** ou **ADONIS** (Ali Ahmad **Said**, dit), écrivain libanais d'origine syrienne (Qasabin 1930). On lui doit des recueils lyriques (*Premiers Poèmes,* 1957 ; *le Théâtre et les Miroirs,* 1968), une *Anthologie de la poésie arabe* (1964-1968) et des essais (*Introduction à la poésie arabe,* 1971).

**AD VALOREM** [advalɔrɛm] loc. adj. inv. (mots lat., *selon la valeur*). ***Taxes, impôts ad valorem,*** fondés sur la valeur d'un produit.

**ADVECTION** n.f. (lat. *advectio,* transport). Déplacement d'une masse d'air dans le sens horizontal.

**ADVENIR** [advənir] v.i. [40] (auxil. être ; usité seul. aux 3es pers., au p. passé et à l'inf.). Arriver par accident ; survenir : *Quoi qu'il advienne.*

**ADVENTICE** [advɑ̃tis] adj. (lat. *adventicius,* supplémentaire). **-1.** Qui s'ajoute accessoirement : *Remarques adventices.* **-2.** Se dit d'une plante qui croît sur un terrain cultivé sans avoir été semée, comme le chiendent, l'ivraie, etc. **-3.** Se dit chez Descartes d'une idée qui vient des sens, par opp. aux *idées innées* et aux *idées factices.*

**ADVENTIF, IVE** adj. **-1.** Se dit des racines croissant latéralement sur une tige ou des rameaux croissant sur une racine. **-2.** Se dit des cônes et des cratères secondaires qui s'établissent sur les pentes d'un volcan.

**ADVENTISTE** n. et adj. Membre d'un mouvement évangélique mondial qui attend un second avènement du Messie.

**ADVERBE** n.m. Mot invariable dont la fonction est de modifier le sens d'un verbe, d'un adjectif ou d'un autre adverbe.

**ADVERBIAL, E, AUX** adj. Qui a le caractère de l'adverbe : *Locution adverbiale.* ◆ **adverbialement** adv. Avec la valeur d'un adverbe.

**ADVERSAIRE** n. Personne qu'on affronte dans un conflit, un combat, un jeu ; antagoniste.

**ADVERSE** adj. (lat. *adversus,* qui est en face). **-1.** Contraire, opposé ; hostile. **-2.** ***Partie adverse,*** partie contre laquelle on plaide.

**ADVERSITÉ** n.f. LITT. Sort contraire, infortune.

**Adwa** *(bataille d')* → ADOUA.

**ADY** (Endre), poète hongrois (Érmindszent 1877 - Budapest 1919). Auteur de *Sang et Or* (1907), *Sur le char d'Élie* (1909), *En tête des morts* (1918), il a inauguré l'ère du lyrisme moderne dans son pays.

**ADYGUÉENS,** république de la Fédération de Russie, au nord du Caucase ; 7 600 km$^2$ ; 432 000 hab. Cap. *Maïkop.*

**ADYNAMIE** n.f. (du gr. *dunamis,* force). Faiblesse musculaire accompagnant certaines maladies.

**AÈDE** n.m. (gr. *aoidos,* chanteur). Poète grec de l'époque primitive, qui chantait ou récitait en s'accompagnant sur la lyre.

**A.-É. F.** → AFRIQUE-ÉQUATORIALE FRANÇAISE.

**AEG** (Allgemeine Elektricitäts-Gesellschaft), firme de fabrication électrique allemande, une des plus importantes de son secteur. Elle fut fondée en 1883.

**ÆGAGROPILE** ou **ÉGAGROPILE** [egagrɔpil] n.m. (du gr. *aix, aigos,* chèvre, *agros,* champ, et *pilos,* laine foulée). Concrétion formée de poils et de débris non digestibles que l'on trouve dans l'estomac des ruminants.

**Ægates** *(bataille des îles)* → ÉGATES.

**ÆGOSOME** [egɔzom] n.m. (du gr. *aix, aigos,* chèvre, et *sôma,* corps). Insecte longicorne brun-roux, dont la larve vit dans le bois des arbres non résineux. (Long. 4 cm ; ordre des coléoptères ; famille des cérambycidés.)

**ÆGYRINE** [eʒirin] n.f. Silicate naturel de fer et de sodium, de la famille des pyroxènes.

**AEIOU,** abrév. de la devise de la maison des Habsbourg, qui peut se lire à la fois en latin (*Austriae est imperare orbi universo :* « Il appartient à l'Autriche de régner sur tout l'univers ») et en allemand (*Alles Erdreich ist Österreich untertan :* « Toute la Terre est sujette de l'Autriche »).

**A. E. L. E.** (Association européenne de libre-échange), groupement d'États européens constitué en 1960 pour favoriser entre eux la libre circulation des marchandises. Après l'adhésion du Danemark, de la Grande-Bretagne, du Portugal, de l'Autriche, de la Finlande et de la Suède à la Communauté européenne, l'A. E. L. E. – dont le siège est à Genève – ne compte plus, en 1995, que quatre membres : Islande, Liechtenstein, Norvège et Suisse. Les États de l'A. E. L. E. (Suisse exceptée) et de l'U. E. forment l'Espace économique européen (E. E. E.).

**AEMILIUS LEPIDUS** *(Marcus)* → LÉPIDE.

**AEPINUS** (Franz Ulrich Hoch, dit), physicien et médecin allemand (Rostock 1724 - Dorpat 1802). On lui attribue la première idée du condensateur électrique.

**ÆPYORNIS** [epjɔrnis] ou **ÉPYORNIS** n.m. (du gr. *aipus,* élevé, et *ornis,* oiseau). Grand oiseau fossile de Madagascar, voisin de l'autruche.

**AÉRAGE** n.m. Ventilation forcée dans les galeries d'une mine.

**AÉRATEUR** n.m. Appareil, dispositif permettant l'aération d'une pièce.

**AÉRATION** n.f. Action d'aérer ; son résultat.

**AÉRAULIQUE** n.f. Science qui étudie l'écoulement naturel de l'air, des gaz dans les conduits. ◆ adj. Relatif à l'aéraulique.

**AÉRÉ, E** adj. -1. Dont l'air est renouvelé ; ventilé : *Un local bien aéré.* -2. ***Béton aéré,*** béton comprenant de très petites bulles d'air occluses dans sa masse, qui le rendent moins dense et améliorent son ouvrabilité et sa résistance au gel. ‖ ***Centre aéré,*** organisme qui propose des activités de plein air pour les enfants des classes maternelles et primaires pendant les vacances.

**AÉRER** v.t. (du lat. *aer,* air) [18]. -1. Renouveler l'air dans un espace clos ; ventiler. -2. Exposer qqch à l'air : *Aérer des draps, du linge.* -3. Rendre qqch moins lourd : *Aérer un texte en espaçant les paragraphes.*

**AÉRIEN, ENNE** adj. -1. Relatif à l'air, constitué d'air : *Courants aériens.* -2. Qui se trouve dans l'air, à l'air : *Câble aérien.* -3. Relatif aux avions, à l'aviation : *Attaque aérienne. Ligne aérienne.* -4. Qui semble léger, insaisissable comme l'air : *Une grâce aérienne.* -5. ***Droit aérien,*** droit régissant l'usage de l'espace aérien. ‖ ***Espace aérien d'un pays,*** espace situé au-dessus de son territoire national.

**AÉROBIC** n.m. (anglo-amér. *aerobics,* de *aérobie*). Gymnastique qui active la respiration et l'oxygénation des tissus par des mouvements rapides exécutés en musique.

**AÉROBIE** adj. et n.m. -1. Se dit de micro-organismes qui ne peuvent se développer qu'en présence d'air ou d'oxygène. CONTR. : **anaérobie.** -2. Se dit d'un moteur qui fait appel à l'oxygène de l'air pour alimenter la réaction de combustion développant l'énergie utilisable.

**AÉROBIOSE** n.f. Mode de vie des organismes aérobies.

**AÉRO-CLUB** n.m. (pl. aéro-clubs). Club dont les membres pratiquent en amateur des activités aéronautiques, notamm. le vol à moteur et le vol à voile.

**AÉROCONDENSEUR** n.m. Échangeur de chaleur dans lequel la vapeur se condense en échauffant de l'air.

**AÉRODROME** n.m. Terrain pourvu des installations et des équipements nécessaires pour le décollage et l'atterrissage des avions, et pour assurer la maintenance de ceux-ci.

**AÉRODYNAMIQUE** adj. -1. Qui a trait à la résistance de l'air. -2. Relatif à l'aérodynamique, à ses applications. -3. Qui est spécialement conçu, dessiné pour offrir peu de résistance à l'air : *Carrosserie aérodynamique.* ◆ n.f. Science des phénomènes liés au mouvement relatif des solides par rapport à l'air.

**AÉRODYNAMISME** n.m. Caractère aérodynamique d'un véhicule.

**AÉRODYNE** n.m. Tout appareil de navigation aérienne qui n'est pas un aérostat.

**AÉROFREIN** n.m. Frein aérodynamique.

**AÉROGARE** n.f. -1. Ensemble des bâtiments d'un aéroport réservés aux voyageurs et aux marchandises. -2. Lieu de départ et d'arrivée des services d'autocars assurant la liaison avec l'aéroport ou les aéroports, dans une ville.

**AÉROGASTRIE** n.f. Excès d'air dans l'estomac.

**AÉROGÉNÉRATEUR** n.m. Générateur de courant électrique utilisant l'énergie du vent.

**AÉROGLISSEUR** n.m. Véhicule de transport dont la sustentation est assurée par un coussin d'air de faible hauteur injecté sous lui.

*(Voir illustration p. 64).*

**AÉROGRAMME** n.m. Papier pour la correspondance vendu affranchi à un tarif forfaitaire permettant de l'envoyer par avion dans n'importe quel pays du monde.

**AÉROGRAPHE** n.m. (nom déposé). Pulvérisateur projetant des couleurs liquides sous la pression d'air comprimé.

**AÉROLITHE** ou **AÉROLITE** n.m. (du gr. *aêr,* air, et *lithos,* pierre). VIEILLI. Météorite.

**AÉROLOGIE** n.f. Science qui étudie les propriétés des hautes couches de l'atmosphère échappant génér. à l'action du relief terrestre (au-dessus de 3 000 m).

**AÉROMODÉLISME** n.m. Technique de la construction et de l'utilisation des modèles réduits d'avions.

**AÉRONAUTE** n. (du gr. *aêr,* air, et *nautês,* matelot). Membre de l'équipage d'un aérostat.

**AÉRONAUTIQUE** adj. Qui a rapport à la navigation aérienne. ◆ n.f. -**1**. Science de la navigation aérienne, de la technique qu'elle met en œuvre. -**2**. *L'aéronautique navale,* les forces aériennes d'une marine militaire.

ENCYCL. La construction aéronautique, nécessitant partiellement une technologie avancée avec des investissements coûteux, n'est développée que dans quelques pays d'Europe occidentale (France, Grande-Bretagne ou Allemagne, à la « tradition aéronautique » déjà ancienne) de plus en plus souvent associés entre eux (construction du Concorde, puis des Airbus) et, surtout, aux États-Unis. Ceux-ci dominent encore le marché mondial avec quelques sociétés géantes (Boeing, McDonnell-Douglas et Lockheed Martin), bénéficiant d'un large marché intérieur « protégé » et, à l'extérieur, d'une puissance de commercialisation qui n'est pas exclusivement technique. L'éclatement de l'U. R. S. S. a désorganisé une production locale autrefois importante. (→ AVIATION, BALLON.)

**AÉRONAVAL, E, ALS** adj. Relatif à la fois à la marine et à l'aviation. ◆ **aéronavale** n.f. *L'aéronavale,* l'aéronautique navale.

→ • DOSSIER L'AÉRONAVALE *page suivante.*

**AÉRONEF** n.m. Tout appareil capable de s'élever ou de circuler dans les airs.

**AÉRONOMIE** n.f. Science qui étudie la physique et la chimie de la haute atmosphère de la Terre et, plus généralement, des planètes.

**AÉROPHAGIE** n.f. Déglutition d'air entraînant une aérogastrie.

**AÉROPLANE** n.m. VIEILLI OU PAR PLAIS. Avion.

**AÉROPORT** n.m. Ensemble des bâtiments et des équipements nécessaires au trafic aérien, desservant génér. une ville ; organisme qui administre, gère un tel ensemble.

→ • DOSSIER LES AÉROPORTS *page 68.*

**AÉROPORTÉ, E** adj. Transporté par voie aérienne et parachuté : *Troupes aéroportées.*

**AÉROPORTUAIRE** adj. D'un aéroport, des aéroports : *Trafic aéroportuaire.*

**AÉROPOSTAL, E, AUX** adj. Relatif à la poste aérienne.

**AÉROSOL** n.m. -**1**. Suspension de particules très fines, solides ou, plus souvent, liquides dans un gaz. -**2**. Conditionnement permettant de projeter cette suspension ; bombe.

**AÉROSPATIAL, E, AUX** adj. Relatif à la fois à l'aéronautique et à l'astronautique. ◆ **aérospatiale** n.f. *L'aérospatiale,* l'industrie aérospatiale.

**Aerospatiale,** société aéronautique française créée en 1970 avec la dénomination Société nationale industrielle aérospatiale. Son capital est détenu à 99,5 % par l'État. Elle produit des avions civils et militaires, des hélicoptères, des engins tactiques et des systèmes balistiques et spatiaux.

**AÉROGLISSEUR**

# L'AÉRONAVALE

Les grandes marines devaient reconnaître le rôle de l'avion dès ses débuts en tant qu'instrument d'éclairage des escadres. Aussi, à la veille de la Première Guerre mondiale, possèdent-elles une aéronavale embryonnaire avec des appareils basés à terre et des hydravions agissant à partir de bâtiments de transport. La guerre démontre également l'efficacité de l'avion dans la lutte anti-sous-marine. Dès 1917, le croiseur de bataille britannique *Furious* est transformé en porte-avions, suivi de l'*Argus* et de l'*Eagle*.

### La Seconde Guerre mondiale.

La Seconde Guerre mondiale met en évidence un double phénomène : d'une part l'extrême vulnérabilité des flottes traditionnelles aux attaques aériennes, d'autre part la grande puissance offensive des groupements aéronavals *(task forces)*, tant pour affronter l'adversaire en mer que pour se lancer à l'assaut de ses positions terrestres. Elle révèle également le rôle déterminant de l'aviation navale en tant que moyen d'attaque (bombardement en piqué). Le porte-avions devient l'auxiliaire nécessaire du navire de ligne considéré comme le navire principal *(capital ship)* et joue un rôle primordial dans les engagements entre navires de surface et dans l'attaque des bases. Cette efficacité se retrouve dans la lutte contre les sous-marins à partir de 1942-43. Le rôle de l'avion, doté de radar

❶ Porte-avions nucléaire américain *Dwight D. Eisenhower.*

**SURVEILLANCE ET CONTRÔLE DE L'ESPACE MARITIME**

Le porte-avions ❶ est l'élément essentiel des forces aéronavales. Sa force de frappe est constituée par des avions d'assaut embarqués ❷. Afin d'assurer sa sécurité, il a également à son bord des chasseurs, des avions de lutte anti-sous-marine, de veille électronique, ainsi que des intercepteurs tout temps. Cette force aérienne permet au porte-avions d'intervenir efficacement à grande distance ❸.

et d'armes nouvelles, devient décisif. Les batailles de la mer de Corail et de Midway confirment le déclin du navire de ligne et la supériorité du porte-avions, qui le supplante comme navire principal dans les flottes modernes. À partir de 1943, c'est avec des *task forces* autour des porte-avions que la marine américaine mène sa victorieuse contre-offensive dans le Pacifique.

**Les missions de l'aéronavale aujourd'hui.**

Les missions de l'aviation embarquée sont essentiellement la protection des côtes et de zones littorales du territoire national, la protection des forces navales qui ne peuvent opérer en sûreté sans couverture aérienne, la reconnaissance avancée (patrouilles) et enfin la lutte anti-sous-marine. L'aéronavale a également un rôle stratégique important. Elle constitue le fer de lance de la projection des forces lointaines. Son intervention directe en frappe conventionnelle ou son rôle dans la dissuasion nucléaire en font un des outils les plus souples et les plus efficaces.

**Les forces aéronavales mondiales.**

La puissance aéronavale coûte cher, parce qu'elle repose principalement sur le porte-avions, capable d'embarquer une aviation classique, et sur le porte-aéronefs, essentiellement équipé d'hélicoptères, et qu'elle ne dispense pas d'une imposante logistique basée à terre. Pour être en mesure d'assurer une présence opérationnelle significative, un porte-avions doit pouvoir être relayé par un navire de capacités sensiblement équivalentes. Aussi, bien peu nombreux sont les États capables de trouver des justifications stratégiques et de fournir les crédits nécessaires à la mise sur pied d'une force aéronavale puissante.

**États-Unis.** Avec 14 porte-avions équipés de 1 600 avions de combat, notamment du F-14, et de 400 hélicoptères armés, les États-Unis disposent d'une écrasante supériorité, que la guerre du Golfe (1990-91) a mise en évidence sans toutefois en révéler

❷ Apportage d'un T45 A McDonnell-Douglas.

❸ Apportage d'un avion d'assaut Crusader. Au premier plan, avion de lutte ASM S-3A Viking.

la pleine capacité opérationnelle puisque seuls 4 porte-avions furent utilisés en continuité.

**Union soviétique.** Elle avait lancé un ambitieux programme de porte-avions hybrides (classe Kirov), mais ce n'est que tardivement qu'elle a mis en service son premier véritable porte-avions.

**France.** Elle met en ligne 2 porte-avions classiques dotés de 104 avions de combat, dont le Super-Étendard, et de 24 hélicoptères armés. Mais, technologiquement dépassées, ces forces doivent être modernisées. Elles seront remplacées avant l'an 2000 par le *Charles-de-Gaulle,* à propulsion nucléaire, et par un éventuel « sistership » emportant le Rafale comme avion embarqué.

**Royaume-Uni.** Recourant à l'aviation embarquée à décollage vertical (46 Sea-Harrier, 134 hélicoptères armés), le Royaume-Uni a su trouver une solution de compromis originale utilisant des porte-aéronefs.

**Autres pays.** L'Inde dispose de porte-avions anciens rachetés à la Grande-Bretagne. Certains pays alignent d'imposantes forces considérées comme aéronavales bien qu'elles soient uniquement basées à terre. C'est le cas de la Chine populaire, avec ses 900 avions de combat affectés aux missions de défense du littoral.

# LES AÉROPORTS

Avec le développement du transport aérien, toutes les grandes villes se sont dotées d'un ou de plusieurs aéroports, qui constituent des sites abritant une forte concentration de technologies de pointe.

## Les installations.

Un aéroport se compose d'une *zone d'exploitation* où évoluent les avions, d'une *zone commerciale* où embarquent et débarquent les passagers, d'une *zone technique* pour la maintenance des appareils et d'une *zone de fret* pour le transit des marchandises.

- *La zone d'exploitation*. Elle est constituée essentiellement de deux pistes, orientées dans le sens des vents dominants, pour le décollage et l'atterrissage des avions. Construites de dalles de béton armé, épaisses de 50 cm, pour résister, par exemple, aux 390 t d'un Boeing 747 à plein, elles ont une largeur de 60 m pour une longueur de 3 200 m. Elles sont bordées de voies de dégagement sur lesquelles les avions peuvent rouler à 40 km/h.

- *La zone technique*. Elle comprend des parcs de stationnement et des hangars où peuvent être entièrement démontés les plus gros avions pour les besoins de l'entretien.

- *La zone commerciale*. À la conception centralisée de l'aérogare unique se substitue maintenant le plus souvent un ensemble d'aérogares décentralisées, dotées

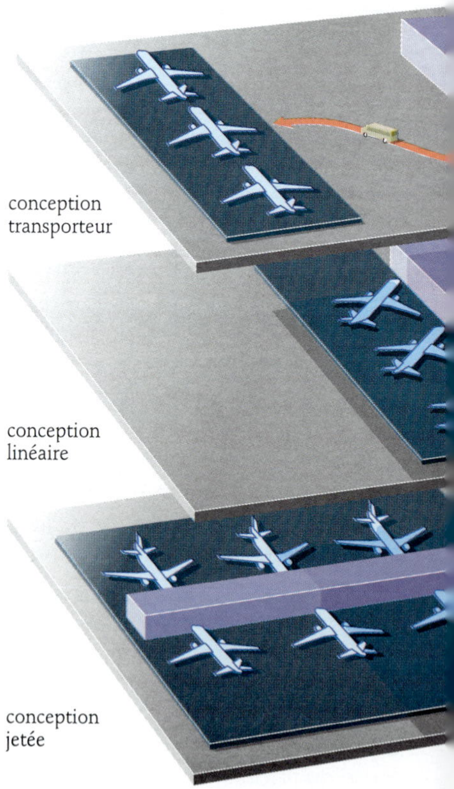

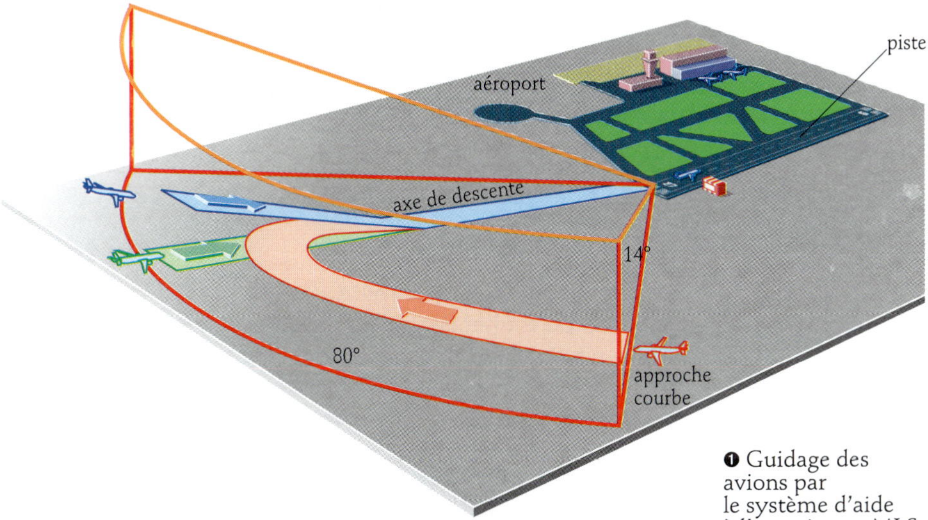


❶ Guidage des avions par le système d'aide à l'atterrissage MLS.

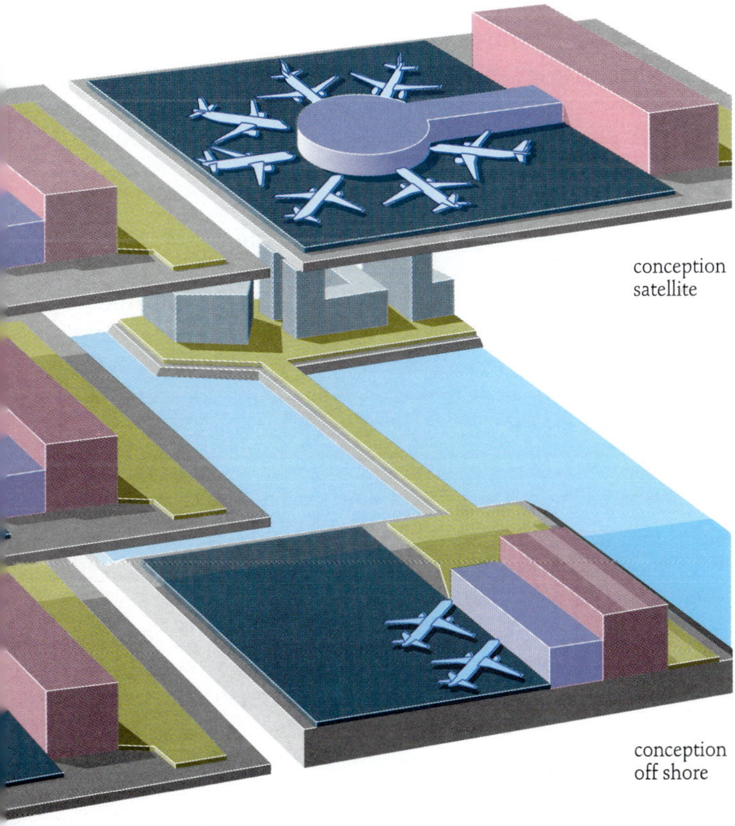


❷ Différentes conceptions d'aéroports.

**DÉCOLLER ET ATTERRIR**

Les aéroports modernes peuvent revêtir différentes configurations, mais ils sont conçus pour une gestion optimale des flux de passagers ❷. Le système d'aide à l'atterrissage MLS ❶ présente de nombreux avantages sur le système antérieur ILS. Autorisant des approches courbes dans un vaste volume, il permet d'accroître la capacité des pistes par temps de brouillard et d'éviter le croisement d'avions à destination d'aéroports voisins dont les pistes ne sont pas parallèles. Il est, en outre, insensible aux perturbations électromagnétiques.

de « satellites », auprès desquels stationnent les avions, l'accès aux appareils s'effectuant à l'aide de passerelles télescopiques. Ces aérogares sont construites ou transformées selon le principe de la stricte séparation des flux de passagers à l'arrivée et au départ, assorti d'un contrôle performant des bagages (détecteurs divers) et des personnels admis dans les zones sensibles, en raison de la menace terroriste.

### Le trafic aérien.

Pour rejoindre la piste ou l'aérogare, les avions évoluent sur des chemins de roulement, ou « taxiways », balisés. Les ordres de mise en place sur la piste, les autorisations d'atterrir et de décoller sont donnés par radio par la tour de contrôle. Des radars permettent aux contrôleurs de la navigation aérienne de connaître à chaque instant la position des avions qui sont en approche et, éventuellement, de les placer en attente dans une zone réservée de l'espace aérien.

**Les aides à l'atterrissage.** De plus en plus de compagnies s'équipent de systèmes d'*atterrissage tous temps* : l'avion est téléguidé depuis le sol par les contrôleurs de vol, au moyen d'appareils placés à bord, comme des radars altimétriques. Mais ces systèmes, s'ils permettent l'atterrissage par brouillard très dense, à visibilité nulle, ne peuvent être utilisés par vent latéral supérieur à 20 km/h.

Tous les aéroports qui accueillent des appareils commerciaux sont équipés de systèmes d'aide à l'atterrissage. Le système le plus ancien, l'*Instrument Landing System* (ILS), est constitué par des émetteurs d'une portée de l'ordre de 30 km. Les appareils en approche viennent se placer dans leurs faisceaux, où ils sont informés de l'axe de la piste et de l'angle idéal de descente. Il ne leur reste plus qu'à s'y maintenir jusqu'au moment de toucher la piste.

Ce système a l'inconvénient d'obliger les avions à se mettre à la queue leu leu, tout en restant séparés d'une dizaine de kilomètres. Pour cette raison, les aéroports les plus fréquentés sont équipés du plus récent *Microwave Landing System* (MLS).

Ses faisceaux radars sont plus larges et de plus longue portée. Les avions reçoivent les données d'approche à 50 km de l'aéroport et peuvent suivre des angles plus ouverts. Ce système est appelé à remplacer progressivement le précédent à cause de son niveau de sécurité supérieur, mais aussi parce qu'il est plus rapide : un avion peut être traité toutes les 90 secondes, alors que 200 secondes doivent séparer les atterrissages par ILS.

**Voir aussi :** AVIATION.

**AÉROSTAT** [aerosta] n.m. (du gr. *aêr,* air, et *statos,* qui se tient). Tout appareil dont la sustentation est assurée par un gaz plus léger que l'air ambiant (ballon, dirigeable, etc.).

**AÉROSTATION** n.f. Technique de la construction et de la manœuvre des aérostats.

**AÉROSTATIQUE** n.f. Théorie de l'équilibre des gaz.

**AÉROSTIER** n.m. Celui qui manœuvre un aérostat.

**AÉROTECHNIQUE** n.f. Ensemble des techniques ayant pour objet l'application de l'aérodynamique à l'étude et à la mise au point des aéronefs ou des engins spatiaux. ◆ adj. Qui concerne ces techniques.

**AÉROTERRESTRE** adj. Se dit d'une formation composée d'éléments des armées de terre et de l'air, ou d'opérations les mettant en jeu.

**AÉROTHÉRAPIE** n.f. Traitement par le grand air de diverses affections, notamm. pulmonaires.

**AÉROTHERME** n.m. Appareil, dispositif de chauffage à air pulsé.

**AÉROTHERMIQUE** adj. Se dit de phénomènes à la fois thermiques et aérodynamiques provoqués par l'écoulement de l'air aux très grandes vitesses.

**AÉROTRAIN** n.m. (nom déposé). Véhicule expérimental à coussin d'air, glissant à grande vitesse sur une voie monorail.

**AÉROTRANSPORTÉ, E** adj. Transporté par voie aérienne et déposé au sol : *Troupes aérotransportées.*

**AERTSEN** (Pieter), peintre néerlandais (Amsterdam 1508 - *id.* 1575). La nature morte de victuailles, traitée dans un style réaliste et opulent, prédomine dans son œuvre, quel que soit le sujet (*le Christ et la Samaritaine,* Institut Städel, Francfort).

**ÆSCHNE** [ɛskn] n.f. Grande libellule à abdomen brun ou bleu. (Envergure 7,5 cm.)

**ÆTHUSE** [etyz] ou **ÉTHUSE** n.f. (du gr. *aithussein,* enflammer). Plante très toxique, appelée aussi *petite ciguë.* (Famille des ombellifères.)

**AÉTITE** [aetit] n.f. (gr. *aetitês*). Oxyde ferrique, communément appelé *pierre d'aigle.*

**AETIUS,** général romain (Durostorum, Mésie, ? - 454). Maître incontesté de l'Empire romain d'Occident de 434 à 454, il défendit la Gaule contre les Francs et les Burgondes, puis contribua à la défaite d'Attila aux champs Catalauniques en 451. Il fut assassiné par l'empereur d'Orient Valentinien III, qui craignait sa puissance.

**AFAR** ou **DANAKIL,** groupe ethnique couchitique occupant la région comprise entre la mer Rouge et le plateau éthiopien.

**A. F. A. T.** ou **AFAT** [afat] n.f. (sigle) [pl. afats]. Auxiliaire féminine de l'armée de terre.

**AFFABILITÉ** n.f. Qualité, attitude d'une personne affable ; courtoisie, politesse.

**AFFABLE** adj. Aimable et courtois, accueillant. ◆ **affablement** adv.

**AFFABULATION** n.f. -1. Arrangement de faits imaginaires ; fabulation. -2. Trame du récit dans une œuvre de fiction.

**AFFABULER** v.i. Se livrer à une affabulation.

**AFFACTURAGE** n.m. Transfert de créances commerciales de leur titulaire à un organisme (le *factor*) qui se charge de leur recouvrement et en garantit la bonne fin. SYN. (anglic. déconseillé) : **factoring.**

**AFFADIR** v.t. -1. Rendre un mets fade. -2. Affaiblir la vigueur d'un propos, d'un texte.

**AFFADISSEMENT** n.m. Fait de devenir fade.

**AFFAIBLIR** v.t. Rendre faible, plus faible qqn ou qqch : *La maladie l'a beaucoup affaibli.*

**AFFAIBLISSEMENT** n.m. Fait de s'affaiblir.

**AFFAIRE** n.f. (de *faire*). -1. Ce que l'on a à faire ; occupation, obligation : *Vaquer à ses affaires.* -2. Chose qui concerne qqn en particulier : *C'est son affaire, pas la mienne.* -3. Situation périlleuse, embarrassante : *Se tirer d'affaire.* -4. Ce qui relève de qqch : *Une affaire d'honneur, de cœur.* -5. Ce dont il est question : *Racontez-moi votre affaire.* -6. Situation indéfinie impliquant plusieurs personnes : *Une affaire délicate.* -7. Ensemble de faits, souvent à caractère plus ou moins délictueux, qui vient à la connaissance du public : *Une affaire de fausses factures.* -8. Litige, procès : *Plaider une affaire.* -9. Entreprise commerciale ou industrielle : *Une affaire de textiles.* -10. Suite d'opérations financières, commerciales : *Traiter une affaire.* -11. Transaction commerciale avantageuse : *À ce prix-là, c'est une affaire.* ◆ **affaires** n.f.pl. -1. Ensemble des activités financières, commerciales, industrielles ; milieu où elles se pratiquent : *Elle est dans les affaires.* -2. Ce qui fait l'objet d'une gestion publique : *Les affaires municipales.* -3. Effets, objets personnels : *Mettez vos affaires dans cette penderie.* -4. ***Homme, femme d'affaires,*** homme, femme qui pratique les affaires.

**AFFAIRÉ, E** adj. Qui a beaucoup à faire.

**AFFAIRER (S')** v.pr. **(auprès de).** S'empresser.

**AFFAIRISME** n.m. Activités, comportement des affairistes.

**AFFAIRISTE** n. Personne qui a la passion des affaires, qui subordonne tout à la spéculation.

**AFFAISSEMENT** n.m. Fait de s'affaisser.

**AFFAISSER (S')** v.pr. -**1**. Se tasser, s'effondrer. -**2**. Tomber sans force sous son propre poids, en parlant d'une personne.

**AFFALER** v.t. Dans la marine, faire descendre : *Affaler une voile.* ◆ **s'affaler** v.pr. Se laisser tomber lourdement sur qqch.

**AFFAMÉ, E** adj. et n. Qui a une très grande faim.

**AFFAMER** v.t. Priver de nourriture.

**AFFAMEUR, EUSE** n. Personne qui affame autrui en créant une situation de disette.

**AFFECT** [afɛkt] n.m. -**1**. Se dit, en psychologie, de l'impression élémentaire d'attraction ou de répulsion qui est à la base de l'affectivité. -**2**. Se dit, en psychanalyse, de l'émotion, de la charge émotive liée à la satisfaction d'une pulsion qui, lorsqu'elle est refoulée, se convertit en angoisse ou détermine un symptôme névrotique.

1. **AFFECTATION** n.f. -**1**. Destination à un usage déterminé : *Affectation d'une salle à une activité.* -**2**. Désignation à une fonction, à un poste. -**3**. *Affectation de défense,* affectation dans un emploi civil d'utilité nationale.

2. **AFFECTATION** n.f. Manque de naturel dans la manière d'agir.

**AFFECTÉ, E** adj. Qui n'est pas naturel ; trop recherché : *Langage affecté.*

1. **AFFECTER** v.t. (de l'anc. fr. *afaitier,* préparer). -**1**. Destiner qqch à un usage déterminé : *Affecter des fonds à une dépense.* -**2**. Attacher qqn à un service, à une formation militaire, etc.

2. **AFFECTER** v.t. (lat. *affectare,* feindre). -**1**. Montrer une manière d'être, des sentiments qui ne sont pas réellement les siens : *Affecter la désinvolture.* -**2**. Avoir, prendre telle ou telle forme : *Affecter la forme d'un cône.*

3. **AFFECTER** v.t. (du lat. *affectus,* disposé). -**1**. Toucher, atteindre qqn ou qqch, notamm. en causant une altération physique : *Cette maladie affecte surtout les reins.* -**2**. Toucher qqn, l'affliger : *Cette nouvelle l'a beaucoup affecté.*

**AFFECTIF, IVE** adj. Qui relève des affects, de la sensibilité : *Réaction affective.*

**AFFECTION** n.f. -**1**. Attachement, tendresse. -**2**. Altération de la santé, maladie : *Une affection nerveuse.*

**AFFECTIONNÉ, E** adj. Qui a de l'affection, dévoué (suivi de la signature, à la fin d'une lettre).

**AFFECTIONNER** v.t. Avoir un goût particulier pour qqch.

**AFFECTIVITÉ** n.f. Ensemble des phénomènes affectifs (émotions, sentiments, passions, etc.).

**AFFECTUEUX, EUSE** adj. Qui éprouve, manifeste de l'affection. ◆ **affectueusement** adv.

**AFFÉRENT, E** adj. (lat. *afferens,* qui apporte). -**1**. Qui revient à qqn : *La part afférente à un héritier.* -**2**. Se dit d'un vaisseau sanguin, d'un nerf qui arrive à un organe, à un centre nerveux. CONTR. : **efférent.**

**AFFERMAGE** n.m. Location à ferme ou à bail.

**AFFERMER** v.t. Louer un bien rural à ferme ou à bail.

**AFFERMIR** v.t. (du lat. *firmus,* ferme). Rendre qqch plus solide ; rendre qqn plus ferme.

**AFFERMISSEMENT** n.m. Action d'affermir.

**AFFÉTERIE** n.f. LITT. Affectation excessive dans les manières, le langage.

**AFFICHAGE** n.m. -**1**. Action d'afficher ; son résultat. -**2**. Visualisation de données, de mesures par des procédés mécaniques ou électroniques : *Affichage numérique, analogique.*

**AFFICHE** n.f. -**1**. Feuille imprimée, souvent illustrée, portant un avis officiel, publicitaire, etc., placardée dans un lieu public. -**2**. Programme d'un spectacle, d'un match, etc. : *Il y a une belle affiche ce soir.*

→ • **DOSSIER** L'ART DE L'AFFICHE *page 75.*

**AFFICHER** v.t. -**1**. Placarder, apposer une affiche : *Afficher un avis imprimé.* -**2**. Annoncer qqch par voie d'affiche : *Afficher une vente publique.* -**3**. Montrer avec ostentation : *Afficher son mépris.* -**4**. Annoncer qqch au moyen d'un panneau d'affichage, d'un écran cathodique, etc. : *Afficher des résultats, un score.* ◆ **s'afficher** v.pr. Se montrer en public avec ostentation.

**AFFICHETTE** n.f. Petite affiche.

**AFFICHEUR, EUSE** n. -**1**. Personne qui pose des affiches. -**2**. Professionnel qui fait poser des affiches publicitaires, annonceur qui utilise l'affiche comme support. ◆ **afficheur** n.m. Organe d'affichage d'un appareil horaire, d'un appareil électronique, etc.

**AFFICHISTE** n. Artiste spécialisé dans la création d'affiches.

**AFFIDAVIT** [-vit] n.m. (mot lat., *il affirma*). Déclaration faite sous serment, devant une autorité, par les porteurs étrangers de certaines valeurs mobilières pour obtenir l'exonération d'impôt touchant ces valeurs, déjà taxées dans leur pays d'origine ; certificat authentifiant une telle déclaration.

**AFFIDÉ, E** n. et adj. (du lat. *affidare,* promettre). LITT. Membre d'une société secrète, d'un complot.

**AFFILAGE** n.m. Action d'affiler.

**AFFILÉE (D')** loc. adv. Sans interruption.

**AFFILER** v.t. (du lat. *filum,* fil). Aiguiser un instrument tranchant.

**AFFILIATION** n.f. Action d'affilier, de s'affilier.

**AFFILIER** v.t. (lat. *affiliare,* de *filius,* fils). Faire entrer qqn dans une association. ◆ **s'affilier** v.pr. **(à).** Adhérer à une organisation.

**AFFINAGE** n.m. Action d'affiner : *L'affinage de l'acier, du fromage.*

**AFFINE** adj. BIOL. *Formes affines,* espèces animales ou végétales dont les ressemblances laissent présumer une proche parenté entre elles. MATH. *Fonction affine,* fonction réelle de la variable réelle $x$ de la forme $x \longrightarrow f(x) = ax + b$, $a$ et $b$ étant réels. ‖ *Géométrie affine,* géométrie des propriétés invariantes par des transformations du premier degré. ‖ *Repère affine,* repère formé, sur une droite, par deux points distincts ; dans un plan, par trois points non alignés ; dans l'espace, par quatre points non coplanaires.

**AFFINER** v.t. -**1.** Rendre une substance, un matériau plus purs en éliminant les impuretés, les éléments étrangers : *Affiner des métaux.* -**2.** Rendre ou faire paraître une forme plus fine, plus mince : *Coiffure qui affine le visage.* -**3.** *Affiner du fromage,* lui faire achever sa maturation. ‖ *Affiner le verre,* éliminer les bulles d'air qu'il contient. ◆ **s'affiner** v.pr. -**1.** Devenir plus fin : *Sa taille s'est affinée.* -**2.** Achever sa maturation : *Le fromage s'affine.*

**AFFINERIE** n.f. Établissement industriel où l'on affine les métaux.

**AFFINITÉ** n.f. (lat. *affinitas,* voisinage). -**1.** Accord, harmonie, concordance : *Affinité de caractères.* -**2.** Ressemblance, analogie ; lien : *Affinité entre deux langues.* BIOL. Parenté zoologique ou botanique. CHIM. Aptitude ou tendance d'un corps à se combiner avec un autre, de plusieurs corps à se combiner entre eux. MATH. Dans un plan, transformation ponctuelle conservant l'une des coordonnées et multipliant l'autre par un coefficient constant.

**AFFIRMATIF, IVE** adj. -**1.** Qui affirme : *Un ton affirmatif.* -**2.** Qui soutient qqch : *Il s'est montré tout à fait affirmatif.* ◆ **affirmatif** adv. Oui (dans les transmissions) : *Me recevez-vous ? - Affirmatif !* ◆ **affirmative** n.f. Réponse affirmative : *Répondre par l'affirmative.* ◆ **affirmativement** adv.

**AFFIRMATION** n.f. -**1.** Action d'affirmer, énoncé par lequel on affirme. -**2.** Déclaration solennelle par laquelle on proclame la vérité d'un fait, l'exactitude d'un acte.

**AFFIRMER** v.t. -**1.** Soutenir qu'une chose est vraie : *J'affirme que j'ignore tout de l'affaire.* -**2.** Manifester qqch : *Affirmer sa personnalité.* ◆ **s'affirmer** v.pr. Se manifester clairement.

1. **AFFIXE** n.m. (du lat. *affixus,* attaché). Élément qui se met au commencement (préfixe), à l'intérieur (infixe) ou à la fin (suffixe) d'un mot pour en modifier le sens ou la valeur grammaticale. (Ex. : dans *enterrement, en-* et *-ment* sont des affixes, *terre* est la racine.)

2. **AFFIXE** n.f. Nombre complexe associé à la position d'un point dans un plan. (Si M a pour coordonnées $x$ et $y$, son affixe est le nombre complexe $x + iy$.)

**AFFIXÉ, E** adj. Ajouté comme affixe.

**AFFLEURAGE** n.m. Raffinage partiel de la pâte à papier.

**AFFLEUREMENT** n.m. -**1.** Action de mettre deux surfaces de niveau ; son résultat. -**2.** Point où la roche constituant le sous-sol apparaît à la surface.

**AFFLEURER** v.t. -**1.** Arriver au niveau d'une surface, d'un point : *La rivière affleure les quais.* -**2.** Mettre de niveau deux choses contiguës : *Affleurer les battants d'une porte.* ◆v.i. Apparaître à la surface : *Filon qui affleure.*

**AFFLICTIF, IVE** adj. *Peine afflictive et infamante* → PEINE.

**AFFLICTION** n.f. Grand chagrin.

**AFFLIGEANT, E** adj. Qui cause de l'affliction.

**AFFLIGER** v.t. (lat. *affligere,* abattre) [17]. Causer à qqn une profonde douleur morale, un grand chagrin : *Sa mort m'afflige.*

**AFFLUENCE** n.f. Arrivée ou présence de nombreuses personnes en un même lieu.

**AFFLUENT, E** n.m. et adj. Cours d'eau qui se jette dans un autre.

**AFFLUER** v.i. -**1.** Arriver en grand nombre en un lieu : *Les manifestants affluaient sur la place.* -**2.** Couler abondamment vers un point : *Le sang afflue au cerveau.*

**AFFLUX** [afly] n.m. -**1.** Arrivée en un même lieu d'un grand nombre de personnes. -**2.** Brusque arrivée d'un liquide organique, en partic. du sang, dans une partie du corps : *Afflux de sang à la tête.* -**3.** Mouvement d'un fluide vers un point : *L'afflux du pétrole dans un pipeline.*

**AFFOLANT, E** adj. Qui affole.

**AFFOLÉ, E** adj. -1. Rendu comme fou par une émotion violente. -2. Qui montre des déviations subites et irrégulières sous l'action des perturbations du champ magnétique, en parlant d'une aiguille aimantée.

**AFFOLEMENT** n.m. -1. Fait de s'affoler ; état d'une personne affolée. -2. État d'une aiguille aimantée affolée.

**AFFOLER** v.t. Rendre comme fous qqn, un animal. ◆ **s'affoler** v.pr. Perdre la tête.

**AFFOUAGE** n.m. (de l'anc. fr. *affouer,* chauffer). -1. Droit de prendre du bois de chauffage ou de participer au produit de l'exploitation du bois dans les forêts appartenant à l'État ou aux communes. -2. Bois revenant aux affouagés.

**AFFOUAGÉ, E** ou **AFFOUAGISTE** n. Personne qui jouit du droit d'affouage.

**AFFOUAGER** v.t. [17]. -1. Inscrire sur une liste les habitants d'une commune qui jouissent du droit d'affouage. -2. Diviser en coupes une forêt dont les produits seront partagés en vertu du droit d'affouage.

**AFFOUILLEMENT** n.m. Enlèvement localisé de la matière meuble d'une berge ou d'une côte sous l'effet du courant, des remous, du ressac.

**AFFOUILLER** v.t. Causer un affouillement.

**AFFOURAGEMENT** n.m. Approvisionnement en fourrage du bétail.

**AFFOURAGER** v.t. [17]. Approvisionner en fourrage.

**AFFOURCHER** v.t. Mettre un navire au mouillage sur deux ancres dont les lignes forment un V.

**AFFRANCHI, E** adj. et n. -1. Se disait de l'esclave, du serf qui recevait de son maître la liberté. -2. Détaché de toute convention sociale ou morale : *Esprit affranchi.*

**AFFRANCHIR** v.t. (de *franc*). -1. Donner la liberté, l'indépendance à qqn, à un pays. -2. Faire d'un esclave ou d'un serf un homme libre. -3. Exempter qqn d'une charge, d'une hypothèque, de taxes. -4. ***Affranchir une lettre, un paquet,*** en acquitter le port. ◆ **s'affranchir** v.pr. **(de).** Se libérer de qqch : *S'affranchir de sa timidité.*

**AFFRANCHISSEMENT** n.m. Action d'affranchir.

**AFFRES** n.f. pl. LITT. Angoisse, tourment.

**AFFRÈTEMENT** n.m. Louage d'un navire, d'un avion.

**AFFRÉTER** v.t. [18]. Prendre un navire, un avion en louage.

**AFFRÉTEUR** n.m. Celui qui loue un navire, un avion, par opp. au *fréteur.*

**AFFREUX, EUSE** adj. -1. Qui provoque la peur, la douleur, le dégoût : *Un spectacle affreux. Un crime affreux.* -2. Très laid. -3. Qui cause un vif désagrément : *Quel temps affreux !* ◆ **affreusement** adv. -1. De façon affreuse. -2. Extrêmement.

**AFFRIOLANT, E** adj. -1. Qui excite le désir : *Un décolleté affriolant.* -2. Attirant : *Des promesses affriolantes.*

**AFFRIOLER** v.t. (de l'anc. fr. *friolet,* gourmand). Attirer qqn, l'allécher, exciter son désir.

**AFFRIQUÉE** n.f. et adj.f. (du lat. *fricare,* frotter). Consonne occlusive au début de son émission et constrictive à la fin. (Ex. : [ts].)

**AFFRONT** n.m. Offense ; marque publique de mépris : *Faire un affront à qqn.*

**AFFRONTÉ, E** adj. En héraldique, représenté face à face : *Léopards affrontés.* CONTR. : **adossé.**

**AFFRONTEMENT** n.m. Action d'affronter ; fait de s'affronter : *L'affrontement de deux idéologies.*

**AFFRONTER** v.t. Aborder de front un adversaire, un danger, une difficulté : *Affronter l'ennemi, la mort, un grave problème.* ◆ **s'affronter** v.pr. S'opposer, se combattre.

**AFFUBLER** v.t. (du lat. *fibula,* agrafe). -1. Vêtir qqn d'une manière bizarre, ridicule. -2. Attribuer à qqn qqch de ridicule, le parer de qqch de fantaisiste : *Les élèves l'ont affublé d'un surnom méprisant.* ◆ **s'affubler** v.pr. **(de).** Se vêtir de qqch de bizarre, se parer d'un nom fantaisiste.

**AFFUSION** n.f. Aspersion d'eau sur une partie du corps.

**AFFÛT** n.m. -1. Endroit où l'on se poste pour guetter le gibier. -2. Support du canon d'une bouche à feu, qui sert à la pointer, à la déplacer.

**AFFÛTAGE** n.m. Action d'affûter, d'aiguiser.

**AFFÛTER** v.t. Aiguiser un instrument coupant.

**AFFÛTEUR** n.m. Ouvrier qui aiguise les outils, en partic. ceux des machines-outils. ◆ **affûteuse** n.f. Machine à affûter.

**AFGHAN, E** [afgɑ̃, an] adj. et n. -1. D'Afghanistan. -2. ***Lévrier afghan,*** lévrier d'une race à poil long, élevé comme chien d'agrément, originaire d'Afghanistan, où il sert pour la chasse et la garde. ◆ **afghan** n.m. Pachto.

**AFGHANI** n.m. Unité monétaire principale de l'Afghanistan.

# L'ART DE L'AFFICHE

L'annonce publique est une pratique ancienne, dont témoignent par exemple les « albums » de Pompéi, panneaux de muraille recouverts d'un enduit de plâtre sur lesquels on inscrivait les actes officiels ou les messages des particuliers. Au XVe siècle, en France, les affiches manuscrites, réservées aux autorités civiles et religieuses, sont bientôt remplacées par des feuilles imprimées, dont le texte est parfois illustré d'une vignette xylographique. L'affiche se situe ainsi dans le voisinage de l'imagerie et il en sera de même jusque vers le premier tiers du XIXe siècle.

**La naissance et le triomphe de l'affiche artistique.**

Trois facteurs vont conduire à l'épanouissement progressif d'un nouvel art au cours du XIXe siècle : l'expansion de la production

**DISCIPLINE ET LIBERTÉ**

Les affiches de Chéret les plus aimablement accrocheuses, où une jeune femme primesautière tient toujours le premier rôle, sont des années 1890 : ainsi plusieurs *Saxoléine* ❸. Plus jeune de vingt-cinq ans, l'Américain W. Bradley donne pour la revue *The Chap Book* une version savamment géométrisée de l'Art nouveau ❶. Cassandre, à partir des années 1920, s'inspire notamment du purisme pour la précision « mécaniste » de ses images ❹. Après 1945, l'école polonaise emprunte au surréalisme et à l'impressionnisme sa plus grande liberté picturale, ainsi dans l'œuvre de J. Lenica ❷. Enfin, le collectif français Grapus est bien représentatif de l'éventail technique et expressif des créateurs d'aujourd'hui avec ce tournoiement de couleurs (en sérigraphie) devant le visage de *l'Enfant* (offset noir) ❺.

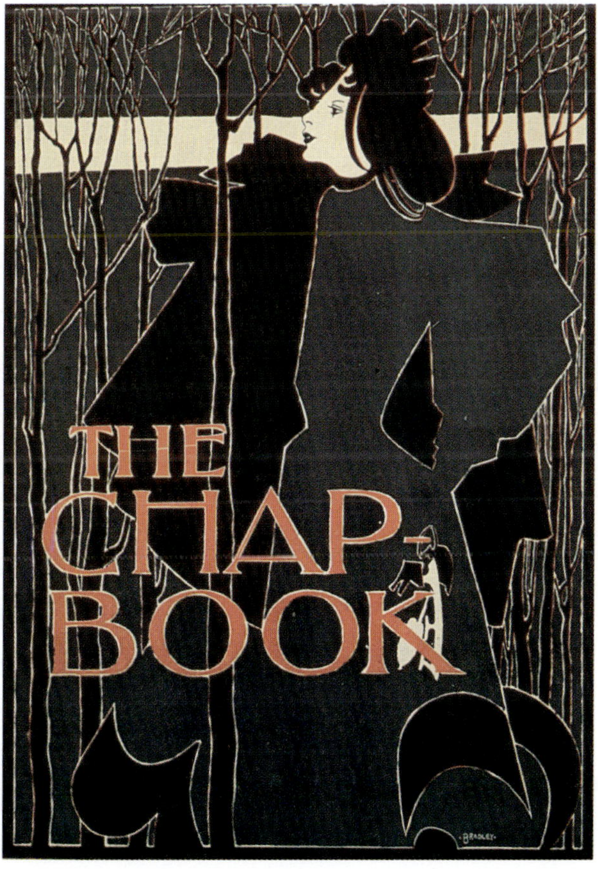


❶ W. Bradley, *The Chap Book,* 1894. (Musée des Arts décoratifs, Paris.)

industrielle et de l'économie de concurrence, la mise au point des procédés lithographiques (permettant le tirage de milliers d'exemplaires), la simplification du langage plastique pratiquée par l'art moderne à partir de l'impressionnisme.

Dès les années 1830, les murs de Londres sont couverts d'affiches et à Paris, en 1842, le préfet Rambuteau fait édifier des colonnes spéciales pour les recevoir. Nombreuses sont les affichettes annonçant la parution de livres. Mais c'est à partir de 1860 environ, en France, que naît vraiment l'affiche artistique, avec les œuvres de Jules Chéret, qui a rapporté d'un séjour en Angleterre de nouvelles machines pour la *chromolithographie* de grand format (*Bal Valentino,* 1868). À côté du papillotement joyeux de Chéret, l'affiche apprend à concentrer ses effets, à rendre son message simple et saisissant grâce, notamment, à la leçon des estampes japonaises et de Gauguin : ainsi chez Toulouse-Lautrec, chez Mucha ou Cappiello, qui adoptent l'arabesque de l'Art nouveau, chez l'Américain Will Bradley (1868-1962) et, en Grande-Bretagne, chez les « Beggarstaff Brothers » (James Pryde, 1869-1941, et William

❷ J. Lenica, *Otello, Verdi,* 1968 ? (Musée des Arts décoratifs, Paris.)

❸ J. Chéret, *Saxoléine,* 1892. (Musée de la Publicité, Paris.)

Nicholson, 1872-1949), dont la superbe économie de moyens influence l'Allemand Ludwig Hohlwein (1874-1949). Parallèlement à cette floraison naît l'« affichomanie » : la collection, l'étude, les expositions et le négoce des plus belles affiches commencent au moins dès les années 1880.

### L'éventail expressif du XXe siècle.

Au lendemain de la Première Guerre mondiale, l'avènement du constructivisme puis les recherches du Bauhaus poussent à un rigorisme des formes comme de la typographie, à un langage d'idéogrammes (affiches révolutionnaires de Lissitzky : *le Coin rouge enfonce les Blancs,* 1919) et à la pratique du photomontage (Lissitzky, Moholy-Nagy, l'Allemand Jan Tschichold [1902-1974]). Cet avant-gardisme est tempéré par le lyrisme de l'Américain Edward McKnight Kauffer (1890-1954) ou du Français Cassandre (journal *l'Intransigeant,* 1925). Des influences

❹ Cassandre, *Nord Express,* 1927. (Musée de la Publicité, Paris.)

aussi diverses que le cinéma, le style Arts déco, l'insolite surréaliste s'exerceront à leur tour sur l'affiche. Citons, avant et après la Seconde Guerre mondiale, les Français C. Loupot, P. Colin, Jean Carlu (né en 1900), R. Savignac, le Suisse Herbert Leupin (1916), les Polonais Henryk Tomaszewski (1914), Jan Lenica (1928) ou Roman Cieślewicz (1930).

À côté de la vogue éphémère des posters psychédéliques, les années 60 voient le succès du Push Pin Studio, atelier américain de design graphique dont la figure de proue est Milton Glaser (né en 1929), un éclectique dont les œuvres mettent à contribution tour à tour, pour la plus grande finesse et efficacité du message, bande dessinée, Art nouveau, dadaïsme, arts classiques européens et orientaux, etc. Aujourd'hui, face à la prédominance d'une production platement photographique, se détachent un peu partout des travaux inventifs, eux aussi d'esthétiques variées, le plus souvent destinés aux secteurs social ou culturel.

❺ Groupe français Grapus, *l'Enfant dans la société industrialisée,* 1976. (Groupe Grapus, Montreuil.)

**Afghanistan,** État de l'Asie, entre le Pakistan et l'Iran.

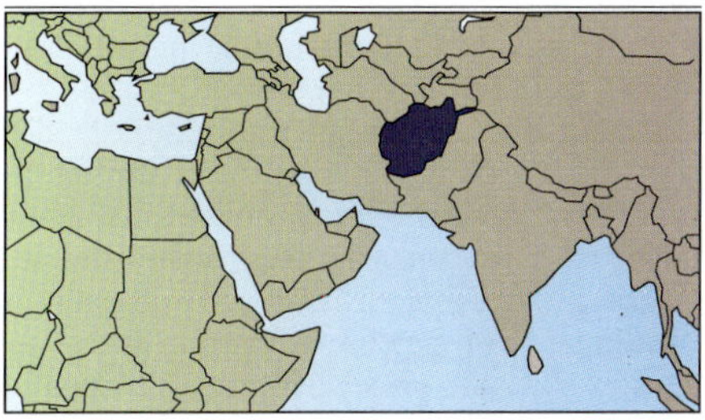

**NOM OFFICIEL** : État islamique d'Afghanistan.
**CAPITALE** : Kaboul.
**SUPERFICIE** : 650 000 km².
**POPULATION** : 21,5 millions d'hab. *(Afghans).*
**LANGUES OFFICIELLES** : pachto et dari.
**RELIGION** : islam.
**MONNAIE** : afghani.
**RÉGIME** : république islamique.

GÉOGRAPHIE

**Le milieu naturel.** L'Afghanistan est un pays montagneux (plus de 40 % de sa superficie se situe au-dessus de 1 800 m, guère plus de 10 % au-dessous de 600 m), surtout au N.-E., occupé par l'Hindu Kuch. Des plaines de piémont descendent vers le nord jusqu'à 250-300 m, tandis qu'au sud-ouest la dépression du Sistan est parcourue par le Helmand. Deux autres cours d'eau désenclavent ce pays continental : le Hari Rud vers l'Iran et le Turkménistan, la rivière de Kaboul vers le Pakistan (passe de Khaybar). Le climat est rude : froid en hiver, parfois torride (au S.-O.) en été, presque toujours aride. La steppe domine. Les précipitations ne sont appréciables que sur l'Hindu Kuch et les chaînes du Sud-Est.

**La population.** Dans la mosaïque de populations, l'ethnie dominante (sans doute près de la moitié de la population) est celle des Pachtou, ou Pathans, parlant le pachto, qui ont débordé largement le centre-est du pays, d'où ils sont originaires. Les autres ethnies notables sont les Ouzbeks et les Turkmènes au N.-E., les Tadjiks au N., les Baloutches au S.-E., les Hazara au centre. La guerre et l'exil en Iran et au Pakistan ont contribué, dans les années 1980, à une importante régression de la

population. Celle-ci est faiblement urbanisée. En dehors de Kaboul, les grandes villes sont Kandahar, Harat et Mazar-e Charif.

**L'économie.** L'Afghanistan reste un pays sous-développé, cloisonné, aux communications difficiles, même si, depuis 1964, le tunnel du col de Salang permet de traverser l'Hindu Kuch. L'agriculture, qui n'utilise guère plus du dixième de la superficie totale, occupe la majeure partie de la population, mais ne satisfait pas les besoins alimentaires. Le nomadisme pastoral (plus de 20 millions d'ovins) n'a pas disparu. L'agriculture sédentaire, partiellement irriguée, est fondée sur le blé et l'orge, très localement sur les fruits et le coton. Si l'artisanat (tapis, soieries, orfèvrerie) reste actif, l'industrie, peu développée, a souffert des années de guerre. Les exportations (gaz, fruits secs, dérivés du textile) sont inférieures aux importations et le pays dépend largement de l'aide internationale.

**HISTOIRE**

**L'époque antique et médiévale.** L'histoire ancienne de l'Afghanistan est liée à celle de l'Iran, de l'Inde, de la Chine et des Turcs. Après la conquête d'Alexandre le Grand (329 av. J.-C.), la région est fortement marquée par la civilisation grecque, surtout en Bactriane. Elle est également influencée par le bouddhisme venu de l'Inde, sans doute dès le IIIe s. av. J.-C. Puis l'Afghanistan est progressivement intégré au monde musulman ; la conversion à l'islam, commencée en 651, fait des progrès décisifs aux XIe-XIIe siècles. Et ce sont des dynasties turques d'Afghanistan qui vont conquérir et islamiser en profondeur le sous-continent indien (actuels Inde et Pakistan).
**1221-1222** : la région est ravagée par les Mongols.

**L'époque moderne et contemporaine.** Le pays est dominé aux XVIe-XVIIe siècles par l'Inde et l'Iran, qui se le partagent.
**1747** : fondation de la première dynastie nationale afghane.
**1839-1842** : première guerre anglo-afghane.
**1878-1880** : deuxième guerre anglo-afghane.
**1921** : traité d'amitié avec la Russie soviétique et reconnaissance de l'indépendance de l'Afghanistan.
**1973** : coup d'État qui renverse le roi Zaher Chah. Proclamation de la république.
**1978** : coup d'État communiste.
**1979-1989** : intervention des troupes soviétiques dans la guerre qui oppose le gouvernement de Kaboul à des résistants qui luttent au nom de l'islam *(moudjahidin)*. L'U. R. S. S. soutient Mohammad Nadjibollah, au pouvoir depuis 1986.
**1992** : Nadjibollah est renversé par les islamistes, qui accèdent au pouvoir.

Depuis la chute du régime communiste, des combats opposent des factions islamistes rivales, divisées selon des clivages ethniques et religieux. Une nouvelle force islamiste, les *taliban* (« étudiants en religion »), apparue à l'automne 1994, s'assure le contrôle du sud du pays et s'installe en septembre 1996 dans la capitale.

**AFIBRINOGÉNÉMIE** n.f. Absence de fibrinogène dans le plasma sanguin, rendant le sang incoagulable et cause d'hémorragies graves.

**AFICIONADO** [afisjɔnado] n.m. **-1.** Amateur de courses de taureaux. **-2.** Passionné d'un sport quelconque.

**AFIN DE** loc. prép., **AFIN QUE** loc. conj. Marque l'intention, le but : *Afin de savoir.*

**AFL-CIO** (American Federation of Labor - Congress of Industrial Organizations), organisation syndicale américaine, créée en 1886 sur le modèle britannique des trade-unions et regroupant environ 90 % des salariés syndiqués.

**AFNOR** (Association française de normalisation), organisme qui centralise et coordonne, sous l'autorité et le contrôle des pouvoirs publics, tous les travaux et études concernant la normalisation. Créée en 1926, l'AFNOR gère la marque nationale de conformité aux normes françaises, la marque NF.

**AFOCAL, E, AUX** adj. Se dit d'un système optique dont les foyers sont rejetés à l'infini.

**A FORTIORI** [afɔrsjɔri] loc. adv. (mots lat.). À plus forte raison.

**A. F.-P.** (Agence France-Presse), agence de presse née en 1944 de l'ancienne Agence Havas, nationalisée par le gouvernement de Vichy sous le nom d'*Office français d'information.* Son statut actuel est régi par la loi du 10 janvier 1957. La quasi-totalité des quotidiens français est abonnée à l'A. F.-P.

**AFRICANISATION** n.f. Action d'africaniser ; son résultat.

**AFRICANISER** v.t. Rendre africain ; donner à qqch un caractère spécifiquement africain.

**AFRICANISME** n.m. Tournure, expression propre au français parlé en Afrique noire.

**AFRICANISTE** n. Spécialiste des langues et des civilisations africaines.

**African National Congress** (ANC), en fr. Congrès national africain, organisation politique d'Afrique du Sud, créée en 1912. Fer de lance de la lutte contre l'apartheid, l'ANC a été interdit de 1960 à 1990. Interlocuteur privilégié du gouvernement dans les négociations qui ont abouti à l'instauration d'une démocratie multiraciale en Afrique du Sud, il a accédé au pouvoir au terme des élections de 1994 (son leader, Nelson Mandela, devenant président de la République).

**AFRIKAANS** [afrikɑ̃s] n.m. Langue néerlandaise parlée en Afrique du Sud. (C'est l'une des langues officielles.)

**Afrikakorps,** nom donné aux formations allemandes qui, de 1941 à 1943, sous le commandement de Rommel, soutinrent les Italiens contre les Britanniques en Libye, en Égypte et en Tunisie.

**AFRIKANER** [afrikanɛr] ou **AFRIKAANDER** [afrikɑ̃dɛr] n. Personne d'origine néerlandaise parlant l'afrikaans, en Afrique du Sud.

**AFRIQUE,** l'un des continents.

→ • DOSSIER L'AFRIQUE *page 83.*

**AFRIQUE DU NORD,** autre appellation du Maghreb.

**AFRIQUE DU SUD** *(République d'),* État occupant l'extrémité méridionale de l'Afrique, constitué par les anciennes colonies anglaises du Cap, du Transvaal, du Natal et de l'Orange et comprenant auj. neuf provinces : Cap-Nord, Cap-Est, Cap-Ouest, Nord-Ouest, Nord, Mpumalanga, Gauteng, Kwazulu-Natal et État libre.

→ • DOSSIER L'AFRIQUE DU SUD *page 96.*

**AFRIQUE-ÉQUATORIALE FRANÇAISE (A.-É. F.),** fédération qui regroupa, de 1910 à 1958, les colonies françaises du Gabon, du Moyen-Congo, de l'Oubangui-Chari et du Tchad ; 2 510 000 km².

**Afrique et d'Océanie** *(musée des Arts d'),* musée installé à Paris, porte Dorée. Il a pour missions l'inventaire, la conservation et la diffusion des arts et cultures d'Afrique et d'Océanie, de Madagascar et d'Indonésie.

**AFRIQUE NOIRE,** partie du continent africain habitée essentiellement par des populations noires et située au S. du Sahara.

**AFRIQUE-OCCIDENTALE FRANÇAISE (A.-O. F.),** fédération qui regroupa, de 1895 à 1958, les colonies françaises du Sénégal, de la Mauritanie, du Soudan, de la Haute-Volta, de la Guinée, du Niger, de la Côte d'Ivoire et du Dahomey ; 4 425 000 km².

**AFRIQUE-ORIENTALE ALLEMANDE,** ancienne colonie allemande en Afrique orientale (1884-1919). Son territoire fut partagé entre le Tanganyika et le Ruanda-Urundi.

**AFRIQUE-ORIENTALE ANGLAISE,** anciennes possessions britanniques de l'Afrique orientale : Kenya, Ouganda, Zanzibar, Tanganyika.

**AFRIQUE ROMAINE,** ensemble des territoires de l'Afrique du Nord colonisés par les Romains après la chute de Carthage (146 av. J.-C.) et qui restèrent dans l'Empire jusqu'à l'arrivée des Vandales (v^e^ s.). Des villes prospères (Leptis Magna, Timgad, Dougga, Volubilis) s'y développèrent, favorisant une vie littéraire intense (Augustin, Apulée, Tertullien).

**AFRO** adj. inv. *Coiffure afro,* coupe de cheveux frisés, qui forme une masse volumineuse autour du visage.

**AFRO-AMÉRICAIN, E** adj. et n. (pl. afro-américains, es). Qui est d'origine africaine, aux États-Unis : *Le jazz, musique afro-américaine.*

**AFRO-ASIATIQUE** adj. (pl. afro-asiatiques). Qui concerne à la fois l'Afrique et l'Asie, notamm. du point de vue politique.

**AFRO-CUBAIN, E** adj. et n. (pl. afro-cubains, es). Qui est d'origine africaine, à Cuba.

**AFTALION** (Albert), économiste français (Ruse, Bulgarie, 1874 - Chambéry 1956). Étudiant les crises de surproduction, il a mis en lumière le principe d'accélération. Il a publié en 1899 *l'Œuvre économique de Simonde de Sismondi.*

**AFTER-SHAVE** [aftœrʃɛv] n.m. inv. (mot angl.). Lotion adoucissante, légèrement alcoolisée que les hommes utilisent en application après s'être rasés. SYN. : **lotion après-rasage.**

**Ag,** symbole chimique de l'argent.

**AGAÇANT, E** adj. Qui agace, irrite.

**AGACEMENT** n.m. Irritation, impatience.

**AGACER** v.t. (du lat. *acies,* tranchant) [16]. -**1.** Provoquer chez qqn de l'irritation ; énerver. -**2.** Taquiner qqn, un animal, les provoquer par jeu.

**AGADIR,** port du Maroc méridional, sur l'Atlantique ; 110 000 hab. Station balnéaire. Pêche. HIST. En 1911, l'envoi d'une canonnière allemande (la *Panther*) dans ce port fut le point de départ d'un incident franco-allemand qui fut conclu par un accord entre Berlin et Paris. Les Allemands ne s'opposèrent plus au protectorat français sur le Maroc, mais ils obtinrent un accès au Congo, à travers les territoires contrôlés par les Français. En 1960, la ville fut détruite par un tremblement de terre.

**AGALACTIE** ou **AGALAXIE** n.f. Absence ou cessation de la sécrétion lactée.

**AGAMEMNON,** roi légendaire de Mycènes et d'Argos qui fut le chef des Grecs dans la guerre de Troie. Fils d'Atrée et frère de Ménélas, il épousa Clytemnestre, sœur d'Hélène, dont il eut trois enfants : Iphigénie, Électre et Oreste. Pour apaiser l'hostilité d'Artémis à son égard, il accepta de sacrifier sa fille Iphigénie. De retour chez lui, il fut assassiné par Clytemnestre et son amant Égisthe.

**Agamemnon** → ORESTIE.

**AGAMÈTE** n.m. Cellule reproductrice asexuée, par opp. à *gamète.*

**AGAMI** n.m. (mot caraïbe). Oiseau d'Amérique du Sud, de la taille d'un coq, à plumage noir aux reflets métalliques bleu et vert, appelé aussi *oiseau-trompette* à cause du cri éclatant du mâle. (Ordre des ralliformes.)

AGAMI

**AGAMIDÉ** n.m. *Agamidés,* famille de lézards des régions chaudes, comprenant le moloch.

**AGAMMAGLOBULINÉMIE** n.f. Déficit ou absence de gammaglobulines dans le plasma sanguin, rendant l'organisme très sensible aux infections.

**AGAPES** n.f. pl. (du gr. *agapê,* amour). Repas copieux et joyeux entre amis.

**AGAR-AGAR** n.m. (pl. agars-agars). Mucilage obtenu à partir d'une algue des mers extrême-orientales, utilisé en bactériologie comme milieu de culture, dans l'industrie comme produit d'encollage, en pharmacie comme laxatif et en cuisine pour la préparation des gelées. SYN. : **gélose.**

**AGARIC** n.m. (gr. *agarikon*). Champignon comestible à chapeau et à lamelles, dont le type est le champignon de couche, ou *psalliote des champs.* (Classe des basidiomycètes ; famille des agaricacées.)

**AGARICACÉE** n.f. *Agaricacées,* famille de champignons basidiomycètes à lames, représentée par des espèces comestibles (agaric, lépiote) et d'autres toxiques ou mortelles (certaines amanites).

**AGASSIZ** (Louis), naturaliste américain d'origine suisse (Môtier, cant. de Fribourg, 1807 - Cambridge, Massachusetts, 1873). On lui doit des recherches sur les fossiles et sur l'action des glaciers.

**AGATE** n.f. (du gr. *Akhatês,* n. d'une riv. de Sicile). Roche siliceuse, variété de calcédoine, divisée en zones concentriques de colorations diverses.

**AGATHOCLE,** tyran, puis roi de Syracuse (Thermae v. 361 - 289 av. J.-C.). Il restaura l'hégémonie de la cité en Sicile et lutta contre la suprématie de Carthage.

**AGAVE** n.m. (du gr. *agauê,* admirable). Plante originaire d'Amérique centrale, cultivée dans les régions chaudes, restant plusieurs dizaines d'années à l'état végétatif pour fleurir une seule fois en donnant une inflorescence d'env. 10 m de haut, et dont les feuilles fournissent des fibres textiles. (Famille des amaryllidacées.)

**AGDE,** ch.-l. de c. de l'Hérault, sur l'Hérault et le canal du Midi ; 17 784 hab. *(Agathois).* Tourisme, au *cap d'Agde,* sur la Méditerranée. – Église romane fortifiée, ancienne cathédrale (XIIe s.). Musée agathois.

**AGE** n.m. Pièce maîtresse longitudinale de la charrue, sur laquelle se fixent le soc et toutes les autres pièces. SYN. : **flèche.**

**ÂGE** n.m. (lat. *aetas*). -**1.** Durée écoulée depuis la naissance. -**2.** Période de la vie correspondant à une phase de l'évolution de l'être humain : *L'âge mûr.* -**3.** La vieillesse : *Les effets de l'âge.* -**4.** Période de l'évolution du monde, de l'humanité : *L'âge du bronze.* -**5.** *Classe d'âge,* groupe d'individus ayant approximativement le même âge. ‖ ***Quatrième âge,*** période suivant le troisième âge, où la plupart des activités deviennent impossibles, et qui correspond à la sénescence. ‖ ***Troisième âge,*** période qui suit l'âge adulte et où cessent les activités professionnelles. **DR.** ***Âge légal,*** âge fixé par la loi pour l'exercice de certains droits civils ou politiques. **PSYCHOL.** ***Âge mental,*** niveau de développement intellectuel d'un enfant tel qu'il est mesuré par certains tests ; niveau de maturité intellectuelle d'une personne, quel que soit son âge.

# L'AFRIQUE

SUPERFICIE : 30 310 000 km$^2$.
POPULATION : 677 millions d'hab. *(Africains).*

Traversée presque en son milieu par l'équateur, mais s'étendant pour plus des deux tiers dans l'hémisphère Nord, l'Afrique est un continent chaud.

## ■ GÉOGRAPHIE

### Le milieu naturel.

**Le climat.** La chaleur est naturellement liée à la situation en latitude. Les températures moyennes annuelles entre les tropiques (et au-delà dans l'hémisphère Nord) avoisinent 20 à 25° C et l'amplitude saisonnière est faible, augmentant toutefois avec la latitude. Cette chaleur constante s'accompagne ou non de pluies, si bien que l'Afrique possède, de part et d'autre des tropiques, des zones désertiques plus ou moins vastes (comme l'immense Sahara au N., le Kalahari ou le Namib au S.) et, aux latitudes équatoriales, abondamment et constamment arrosées (plus de 1 500 mm par an), des régions de forêt dense (cuvette du Zaïre essentiellement). Les transitions s'opèrent avec l'apparition et l'allongement d'une saison sèche (sans modification aussi sensible des températures) et, par suite, avec le développement de la forêt sèche et claire, puis de la savane (de moins en moins arborée) et de la steppe. Seules les extrémités nord-ouest (Maghreb), nord-est (delta du Nil) et australe échappent au monde tropical, avec l'émergence partielle (littoral nord-ouest surtout et région du Cap) du climat méditerranéen.

**Le relief.** La zonalité climatique est favorisée par la massivité du relief, dont la monotonie d'ensemble tient à l'extension d'un socle de roches anciennes, précambrien (prolongé au N. par les structures alpines du Maghreb, au S. par les plis hercyniens du Cap). De vastes cuvettes, plus ou moins bien drainées par de grands fleuves (Niger, Tchad, Congo ou Zaïre), sont séparées par des dorsales aplanies par une longue érosion, mais sont souvent isolées de l'océan par des bourrelets périphériques, limitant parfois d'étroites plaines côtières. Toutefois, en Afrique orientale, le socle a été affecté de grandes fractures (Rift Valley, jalonnée de lacs), accompagnées d'éruptions volcaniques (le Kilimandjaro, point culminant du continent, est un volcan). La montagne apparaît ici, atténuant la chaleur, interrompant la disposition zonale des climats.

**Le peuplement.**

Appelée souvent « continent noir », l'Afrique n'est noire qu'en partie puisque l'« Afrique blanche », au N. du Sahara, compte (Égypte incluse) plus de 110 millions d'habitants et, avec Le Caire, possède la plus grande ville du continent. Plus que la race et au-delà de l'Afrique noire, l'héritage de la colonisation caractérise le continent presque tout entier. De la colonisation résulte d'abord la mosaïque politique actuelle (plus de 50 États

❶ Tassili des Ajjer (Algérie).

❷ Le Kilimandjaro (Tanzanie)

**DIVERSITÉ DES PAYSAGES AFRICAINS**

Trois paysages typiques du continent : le désert (dunes de sable bordant ici des pointements rocheux, en bordure du Hoggar ❶) ; la montagne (caractérisant la partie orientale de l'Afrique, de l'Éthiopie au Malawi ❷) ; la forêt dense (encore largement préservée aux très basses latitudes ❸).

indépendants), ne tenant guère compte des ethnies (indifférence à la base de bien des problèmes actuels) et expliquant la juxtaposition de pays de superficies, de poids démographiques et économiques très inégaux. La colonisation est aussi (partiellement et localement) responsable de faiblesses du peuplement, liées historiquement à l'extension de la traite des Noirs.

### L'économie.

La colonisation a provoqué aussi le développement de l'agriculture commerciale, des plantations (étendues aux dépens de cultures vivrières et, plus globalement, de la conservation des sols), a été à la base de l'industrialisation, en premier lieu de l'exploitation du sous-sol (cuivre de l'Afrique centrale, pétrole du Maghreb, or de l'Afrique du Sud). Les problèmes politiques et économiques qui s'ensuivirent expliquent aussi souvent le dualisme de la société, avec l'apparition fréquente d'une classe dirigeante ayant succédé à la puissance coloniale, dont elle maintient les comportements. Une certaine instabilité politique n'est donc pas étonnante, alors que se sont atténuées les contraintes internationales, les rivalités, directes ou indirectes, des grandes puissances, pour lesquelles (à l'exception peut-être

❸ La forêt équatoriale (Gabon).

E U R O P E
A S I E
MER MÉDITERRANÉE
Détroit de Gibraltar
Tanger
RABAT
Casablanca
Fès
Oran
ALGER
Constantine
TUNIS
TUNISIE
TRIPOLI
Benghazi
Alexandrie
LE CAIRE
MAROC
Ht Atlas
Atlas Saharien
Marrakech
Madère (Port.)
Iles Canaries (Esp.)
ALGÉRIE
Tripolitaine
Cyrénaïque
Djofra
LIBYE
Fezzan
Désert de Libye
ÉGYPTE
Assiout
Assouan
Désert arabique
MER ROUGE
Péninsule arabique
Tanezrouft
Hoggar 2918
Aozou
Tibesti
Cap Blanc
S a h a r a
MAURITANIE
NOUAKCHOTT
Sénégal
M A L I
Tombouctou
Ténéré
Aïr
N I G E R
Ennedi
TCHAD
Désert de Nubie
Nil
ÉRYTHRÉE
ASMARA
DAKAR
SÉNÉGAL
GAMBIE
BANJUL
BISSAU
GUINÉE BISSAU
GUINÉE
CONAKRY
FREETOWN
SIERRA LEONE
MONROVIA
LIBERIA
BAMAKO
BURKINA
OUAGADOUGOU
NIAMEY
Niger
CÔTE D'IVOIRE
GHANA
TOGO
BENIN
NIGERIA
Kano
ABUJA
Lagos
YAMOUSSOUKRO
Abidjan
ACCRA
LOMÉ
PORTO NOVO
Lac Tchad
N'DJAMENA
Chari
Darfour
KHARTOUM
SOUDAN
Nil Bleu
Bahr el Arab
Bahr el Gebel
DJIBOUTI
Cap Guardafui
G. D'ADEN
Massif éthiopien
ADDIS-ABEBA
ETHIOPIE
SOMALIE
MUQDISHO
CAMEROUN
RÉP. CENTRAFRICAINE
BANGUI
Douala
YAOUNDÉ
MALABO
GUINÉE ÉQ.
Uélé
Oubangui
Zaïre (Congo)
Kisangani
OUGANDA
KAMPALA
KENYA
NAIROBI
Lac Victoria
Kilimandjaro 5895
Mombasa
équateur
GOLFE DE GUINÉE
SÃO TOMÉ ET PRINCIPE
LIBREVILLE
GABON
CONGO
Zaïre
Z A Ï R E
RWANDA
KIGALI
BURUNDI
BUJUMBURA
Tanganyika
BRAZZAVILLE
KINSHASA
Cabinda
Kananga
DODOMA
TANZANIE
Zanzibar
DAR ES-SALAAM
OCÉAN INDIEN
Ascension (G.-B.)
LUANDA
OCÉAN ATLANTIQUE
A N G O L A
Lubumbashi
MALAWI
Lac Malawi
COMORES
MORONI
Mayotte (Fr.)
ZAMBIE
LUSAKA
LILONGWE
MOZAMBIQUE
CANAL DE MOZAMBIQUE
Ste-Hélène (G.-B.)
HARARE
ZIMBABWE
Zambèze
Beira
Toamasina
ANTANANARIVO
MADAGASCAR
Fianarantsoa
NAMIBIE
Désert du Namib
BOTSWANA
Kalahari
WINDHOEK
GABORONE
Limpopo
tropique du Capricorne
PRETORIA
Johannesburg
MAPUTO
MBABANE
SWAZILAND
Vaal
Orange
LESOTHO
MASERU
Drakensberg
Durban
AFRIQUE DU SUD
LE CAP
Port Elizabeth
Cap de Bonne - Espérance
20°
40°
0°
0
500
1000 km
200
1000
2000 m
plus de 5 000 000 h.
de 1 000 000 à 5 000 000 h.
de 100 000 à 1 000 000 h.
moins de 100 000 h.

de la France) l'Afrique n'est plus un enjeu prioritaire. Les conditions naturelles, démographiques (accroissement de population trop rapide), les rivalités ethniques et/ou religieuses sont déjà autant de problèmes qui retardent le développement. C'est en Afrique que se trouve la majeure partie des pays les moins avancés (P. M. A.).

## ■ PRÉHISTOIRE

### Le paléolithique.

Il semble bien que l'Afrique, il y a plus de trois millions d'années, ait été le berceau de l'humanité. Depuis le crâne de Taung, recueilli en 1924 en Afrique du Sud, jusqu'à « Lucy », mise au jour en 1974, c'est dans les gisements africains qu'ont été trouvés les plus anciens hominidés.

En Afrique orientale, dans la Rift Valley, les sites foisonnent, que ce soit en Éthiopie – à Melka Kontouré, le long du fleuve Omo, à Hadar, dans la vallée de l'Aouach – ou en Tanzanie, comme à Laetoli ou Olduvai, ou bien au Kenya, etc. Ces gisements africains appartiennent à une époque si reculée que certains préhistoriens lui ont donné le nom de « paléolithique archaïque ». Celui-ci commence avec un outillage de galets aménagés (*pebble culture* avec chopper et chopping-tool) fabriqués il y a plus de 2,5 millions d'années.

Extrêmement lente, l'évolution donne naissance à l'industrie acheuléenne vers 1,3 million d'années à Olduvai, où elle est due à *Homo erectus ;* cette industrie est encore présente à Melka Kontouré il y a 200 000 ans, mais hachereaux, bifaces plus petits et outils sur éclats préfigurent l'industrie du paléolithique moyen. *Homo sapiens* correspond en Afrique à l'espèce appelée en Europe « homme de Neandertal ». C'est un *Homo sapiens* archaïque, présent dès 300 000 ans à Melka Kontouré. On ignore le lieu d'origine d'*Homo sapiens sapiens* (l'homme actuel), mais ses plus anciens vestiges ont aussi été découverts en Afrique.

Plusieurs variations importantes de climat se sont produites au long du pléistocène (de 1,8 million d'années à 10 000 ans), mais hominidés puis hommes s'adapteront.

Au gré de la progression des fouilles archéologiques apparaissent la richesse et la diversité des industries lithiques du paléolithique moyen et supérieur, présentes pratiquement sur tout le continent.

### Le néolithique.

Aux alentours du X^e^ millénaire, les différences entre N. et S. s'accentuent alors que la néolithisation se met en place. Amorcée

## UN PASSÉ ARCHÉOLOGIQUE

La plus ancienne expression artistique appartient aux pasteurs semi-nomades qui, pendant des millénaires, ornent les parois des abris-sous-roche d'un Sahara humide et verdoyant ❺. Issue d'une tradition qui remonte au Ier millénaire av. J.-C., la sculpture de Nok ❹ est associée à une métallurgie du fer. Ces longues pratiques de Nok sont peut-être aux origines de la perfection plastique de l'art d'Ife.

## *L'AFRIQUE*

dès -14000, une phase humide fertilise et transforme le Sahara. Elle favorise l'éclosion de diverses cultures, comme celle de Tagalagal, au Niger, où dès le VIIIe millénaire abonde la céramique associée à du matériel de broyage des graines.

Dans le Hoggar, vers -6000, céramiques et meules permettent de penser à la culture du mil, typique du Sud. Les lacs fournissent poissons et mollusques à une population relativement sédentaire. Apparaissent ensuite des pasteurs qui pratiquent la domestication. On leur doit l'art rupestre saharien, aux styles successifs. Dans la phase ancienne (dite « Têtes rondes »), on remarque une population négroïde.

❹ Tête en terre cuite de Nok. V. 500 av.J.-C.-300 apr. J.-C. Nigeria. (National Museum, Lagos.)

Plus tard, vers 3000 avant notre ère, les acteurs du style « bovidien » sont de type méditerranéen. Chars à deux roues et camélidés appartiennent à une époque beaucoup plus récente. À l'aube du Ier millénaire av. J.-C., une période de sécheresse amène la désertification, encore actuelle.

Sur le territoire de la république de Djibouti, toute une série de gravures rupestres révèlent, vers le IIe millénaire avant notre ère, la présence de pasteurs.

❺ Peinture rupestre dans le tassili des Ajjer. Néolithique, IVe-IIIe millénaire.

## L'AFRIQUE

Dans le Maghreb, vers - 4500, c'est par la Méditerranée qu'arrive la néolithisation : orge et blé sont révélateurs de l'influence proche-orientale. Dans l'E., la présence d'outils en obsidienne démontre l'existence d'échanges commerciaux maritimes avec les îles (Lipari, Sardaigne, Sicile) où l'obsidienne est courante.

En Égypte aussi, les influences divergent entre N. et S. Ouvert sur la Méditerranée, le N. commerce avec le Proche-Orient alors qu'au S., il y a 9 500 ans, un néolithique soudanais se met en place. À partir du Ve millénaire, divers faciès culturels se suivent et les principaux sont observés à Badari et à Nagada. Là s'organise l'époque prédynastique et apparaissent les prémices de la civilisation pharaonique. Plus au sud, à Kerma, s'élabore la plus ancienne civilisation urbaine de Nubie. Quant à l'Afrique des forêts denses, elle va conserver très longtemps sa tradition de chasse et de cueillette.

### Le métal.

Au Niger, dans la région d'Agadès, à Afunfun, le cuivre a été utilisé dès 2000 av. J.-C. et la métallurgie y est attestée entre le XIIIe et le IVe siècle.

Tout au long du Ier millénaire av. J.-C. s'épanouissent civilisations étrangères ou autochtones. Les Phéniciens fondent Carthage, les Grecs s'implantent en Cyrénaïque et les Romains laissent les plus beaux témoignages de leur génie d'urbanistes (el-Djem, Dougga, Timgad, Volubilis, etc.). Plus au sud, Méroé et Aksoum poursuivent leur développement, comme Nok au Nigeria. Avec l'ère chrétienne, on trouve les Sao au sud du lac Tchad ; plus tard viendront les créations de l'Éthiopie chrétienne (Lalibela). Au Nigeria, Ife devient la capitale du royaume (Xe-XIVe s.) des Yoruba, qui transmettent leur art du bronze au Bénin vers le XIIIe siècle. Dans l'Afrique du Nord-Ouest, l'islam (→ ISLAM) progresse : le Maghreb conserve certains des plus vénérables et des plus beaux monuments islamiques.

### ■ HISTOIRE

À l'inverse de celle du nord de l'Afrique, l'histoire de l'Afrique noire est longtemps restée mal connue en raison du caractère épars des sources écrites : ouvrages arabes du XIe au XIVe siècle, particulièrement l'œuvre d'Ibn Khaldun, chroniques soudanaises écrites par des Africains en langue arabe et documents coloniaux. Mais ces textes ont été utilement complétés par les recherches archéologiques, anthropologiques et linguistiques, et plus encore par l'analyse de la tradition orale, transmise par les traditionalistes, diffuseurs des connaissances, et les griots, tout à la fois généalogistes, historiens et poètes.

# L'AFRIQUE

## L'Afrique antique.

C'est dans la vallée du Nil que naît, au IVe millénaire av. J.-C., l'une des premières grandes civilisations, celle de l'Égypte ancienne. Elle impose un temps sa domination sur la Nubie (région du haut Nil), où s'épanouira le royaume de Koush, et exerce une influence sur l'Afrique noire, qui lui emprunte certains traits de sa religion. Une grande partie du littoral de l'Afrique du Nord est colonisée par les Phéniciens, puis par les Carthaginois (fondation de Carthage, vers 814 av. J.-C.). Ils entretiennent très tôt des relations commerciales avec les régions du Soudan, grâce aux pistes caravanières qui traversent le Sahara, alors en voie d'assèchement, et leurs marins explorent les côtes atlantiques. Après la conquête romaine, commencée au IIe s. av. J.-C., le littoral méditerranéen est organisé en provinces (→ AFRIQUE ROMAINE). Aux premiers siècles de l'ère chrétienne, le commerce transsaharien est désormais réalisé à dos de chameau par les Berbères. La christianisation ne touche pas seulement la côte méditerranéenne mais également la région de l'Éthiopie (royaume d'Aksoum).

Installées aux confins du Cameroun et du Nigeria actuels, sans doute au Ier millénaire av. J.-C., les populations de langues bantoues s'établissent dans le Shaba (sud du Zaïre actuel) au début de l'ère chrétienne avant de poursuivre leur migration, à partir du VIe siècle, dans les régions équatoriale, australe et orientale de l'Afrique, qu'ils occupent aujourd'hui.

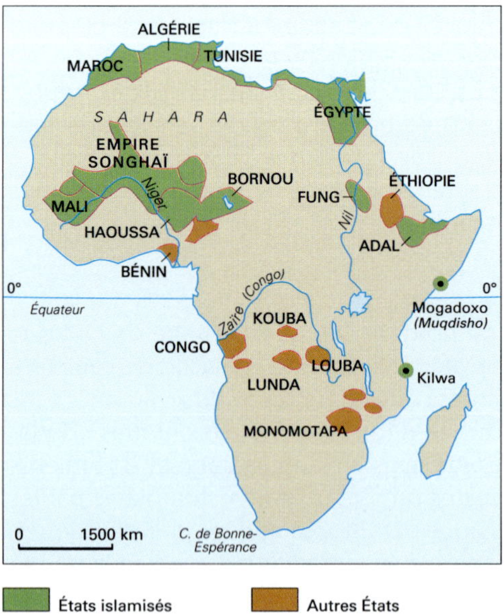


L'AFRIQUE AU XVIe SIÈCLE

## L'AFRIQUE

### Les débuts de l'islam.

Après l'invasion des Vandales et la reconquête byzantine, l'Afrique du Nord passe aux VIIe-VIIIe siècles sous la domination arabe. Et, à partir du Maghreb, l'islamisation s'étend à l'Afrique noire sahélienne (à partir du XIe s.). En Afrique orientale, l'Éthiopie oppose une farouche résistance à l'islam. Sur la côte, en contact avec la péninsule arabique depuis l'époque antique, l'islam et le commerce dans l'océan Indien jouent un rôle capital dans l'essor des cités-États swahilis et la naissance de sultanats. Dans cette région, la société est caractérisée par un profond métissage entre des peuples de langue bantoue, des Arabes, des Persans et des Indiens et par la traite des esclaves en direction des États du Moyen-Orient.

### Les grandes civilisations de l'Afrique noire.

La prééminence des lignages (groupes familiaux descendant d'un même ancêtre connu) et l'importance des liens de dépendance personnelle ont rendu difficiles l'unification territoriale et la centralisation politique. La région du Soudan (partie sahélienne de l'Afrique) connaît cependant, à partir du Xe siècle, une succession d'empires prestigieux, dont les relations avec le monde musulman d'Afrique du Nord sont étroites. L'empire du

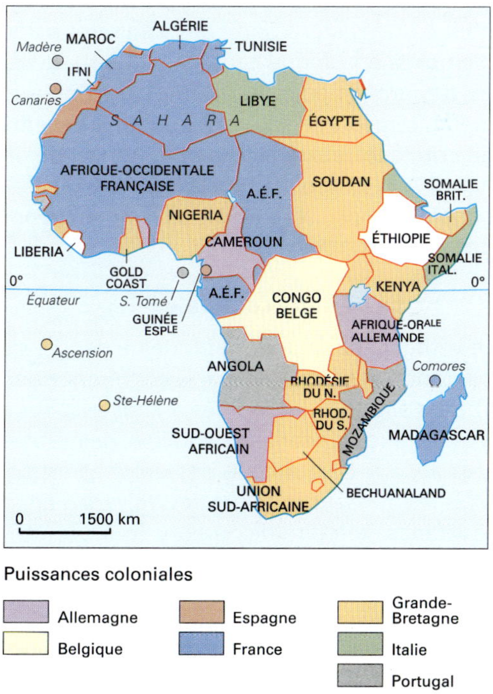


L'AFRIQUE EN 1914

Ghana se développe à partir du VIIIe siècle entre les fleuves Sénégal et Niger. Après sa destruction au XIe siècle par des guerriers musulmans, les Almoravides, l'hégémonie passe au XIIIe siècle à l'empire du Mali, dont le territoire s'étend sur une zone plus vaste du Soudan occidental. L'empire songhaï, qui s'agrandit à ses dépens dès la fin du XVe siècle, est à son apogée au XVIe siècle. Autour du Tchad se succèdent ou cohabitent différents États : Baguirmi, Ouaddaï, Kanem-Bournou. Sur la côte du golfe de Guinée se développent des royaumes animistes, très centralisés (Ife, Bénin).

### Les débuts de la pénétration européenne.

Les premiers comptoirs européens sont fondés par les Portugais à la fin du XVe siècle. Il ne s'agit d'abord que d'étapes sur la route des Indes, qui mettent néanmoins les Portugais en contact avec plusieurs royaumes d'Afrique équatoriale et australe (Congo, Monomotapa). Mais la mise en valeur de l'Amérique entraîne une demande de main-d'œuvre, que les nouvelles puissances coloniales (Angleterre, France, Espagne) vont rechercher en Afrique. Ainsi se développe le commerce dit « triangulaire », fondé sur la traite des Noirs. Il connaît son apogée au XVIIIe siècle et livrera environ 12 millions d'Africains. Cette période est marquée par l'épanouissement, dans le golfe de Guinée, de plusieurs États (royaumes Achanti et du Dahomey), dont certains tirent profit de la traite, et par le développement d'empires en Afrique centrale (Louba, Lunda, Kouba). L'Afrique ne devient un enjeu territorial qu'au début du XIXe siècle, en même temps que sont entreprises les premières explorations du continent, auxquelles prennent part de nombreux missionnaires. Après l'abolition de la traite (1815), les chefs des régions côtières remplacent peu à peu la « marchandise humaine » par des produits tropicaux.

### La période coloniale.

Le véritable partage de l'Afrique ne débute que dans le dernier quart du XIXe siècle. Hâté par la conférence de Berlin (1884-85), il aboutit à la constitution des grands empires coloniaux : britannique, français, néerlandais, italien, belge, allemand, auxquels il faut ajouter ce qui reste des empires espagnol et portugais. Mais les puissances coloniales doivent vaincre de nombreuses résistances (empire de Samory Touré, en Afrique occidentale, révolte du Mahdi au Soudan) et s'opposent en de multiples conflits. Si la France et la Grande-Bretagne ne réussissent pas à relier toutes leurs conquêtes territoriales (l'une de Dakar à Djibouti, l'autre du Cap au Caire), elles sont de loin les deux premières puissances du continent. De toutes les colonies, seules l'Afrique du Sud, la Rhodésie, une partie du Kenya, l'Algérie et, à un moindre degré, les colonies portugaises font l'objet d'un peuplement blanc. Mais partout la population africaine est sujette à la domination des colons.

### L'Afrique indépendante.

Le mouvement d'émancipation amorcé avant la Seconde Guerre mondiale s'accélère après 1945. Ainsi, de 1955 à 1966, la plupart des colonies françaises et britanniques accèdent à l'indépendance, parfois à la suite de conflits sanglants (soulèvement des Mau-Mau au Kenya, guerre d'Algérie). Le processus est plus lent en Afrique australe. Les colonies portugaises (Angola, Mozambique) deviennent indépendantes en 1975, tandis qu'au Zimbabwe la minorité blanche reste au pouvoir jusqu'en 1980 et que la Namibie ne s'émancipe de la tutelle sud-africaine qu'en 1990. Aux prises avec de graves difficultés économiques (sécheresse du Sahel), troublés par des conflits locaux aux implications souvent ethniques, les nouveaux États connaissent une forte instabilité politique. Par ailleurs, le continent est jusqu'en 1988 l'un des théâtres de la lutte Est-Ouest (notamm. en Angola et dans la corne de l'Afrique).

À partir de 1990, la plupart des régimes autoritaires s'engagent sur la voie du multipartisme et de la démocratie. Mais cette évolution s'avère difficile : souvent, les pouvoirs en place parviennent à se maintenir; ailleurs, l'expérience, parfois, débouche sur des impasses (Angola, Nigeria) ou sombre dans de nouvelles explosions de violence (Burundi, Rwanda).

En Afrique australe, l'instauration, en 1994, d'une démocratie multiraciale en Afrique du Sud vient modifier sensiblement la donne régionale.

## ■ ARTS TRADITIONNELS

### L'architecture.

En Afrique noire, ce sont le plus souvent les techniques de la poterie (zone tropicale) et celles de la vannerie (zone équatoriale) qui sont utilisées. Les cases, de formes très variées, sont souvent groupées autour des greniers. Il existe une architecture royale, abondamment décorée, ainsi qu'une architecture militaire, rudimentaire ou assez élaborée, chez les Yoruba et les Fang.

### La sculpture.

Elle est la manifestation la plus riche des arts traditionnels chez les populations sédentaires, et les centres les plus importants se situent en Afrique occidentale. Lorsqu'il travaille le bois, son matériau de prédilection, le sculpteur africain associe souvent

❻ Harpe.
Fang, Gabon.
(Musée de l'Homme, Paris.)

plusieurs autres techniques (vannerie, peinture, collage de tissus). Mais, malgré certains caractères communs, les productions sont très diversifiées et la notion de style est difficile à établir. En effet, la première source d'inspiration est la tradition tribale. On distingue d'une part les œuvres à tendance géométrisante, privilégiant la forme verticale de l'arbre originel (statuaire bambara, ancêtres mythiques aux bras levés des Dogon, statues-pilons des Sénoufo), et d'autre part une production plus naturaliste, aux formes plus réalistes, dont les personnages sont en mouvement, sans frontalité rigoureuse (œuvres des Lobi). On ne peut citer toutes les ethnies qui élaborent des créations marquantes, comme les linteaux et les portes travaillés en bas relief, les statuettes d'ancêtres au visage traité avec finesse, les objets rituels et les masques, souvent surmontés d'oiseaux affrontés remarquablement élégants des Baoulé. L'art des Bamiléké, organisés en chefferies, porte l'empreinte de cette structure sociale. Abondamment orné de perles et sculpté, le trône est réservé au chef, et l'importance des sièges révèle le rang de leur propriétaire.

**L'ART, INCARNATION DU MYTHE**

L'artiste africain jouit d'une liberté d'expression relative, car il se doit de préserver la signification symbolique de l'objet cérémoniel. Dans les chefferies Louba, le tabouret à caryatides utilisé lors de l'investiture du chef devient emblème de pouvoir: il légitime son autorité. Symboles de richesse et de pouvoir, les figures féminines évoquent aussi l'ancêtre du clan ❼. L'allégorie conditionne le masque. Chez les Bambara, Cy Wara est le héros mythique agraire mais c'est aussi le jeune initié dans les sociétés séculaires d'entraide agricole, et les masques sont utilisés dans les rites de fertilité, les longues cornes de l'antilope rappelant la vie et la croissance végétative ❽. C'est par le pouvoir de la parole que le mythe prend vie dans la danse des masques. Ainsi arts plastiques, chants et musique sont-ils les garants de la tradition orale ❻, ❾.

### L'art du forgeron.

Issu d'une caste dans certaines sociétés, mais néanmoins craint, le forgeron, dans d'autres sociétés, est assimilé au héros culturel. Son rôle social est toujours important : le forgeron ne se cantonne pas à la fabrication de l'outillage, il est aussi l'artiste qui travaille le bois et le métal, il connaît toute une variété de techniques : fonte à la cire perdue, martelage, forgeage avec effet de trempe, placage, etc. (tiges rituelles des Dogon ou des Bambara, statuettes de fer des Kouba, poids à peser l'or des Achanti, pendentifs en bronze des Sénoufo).

### L'art du masque.

L'unique dessein du sculpteur est d'insuffler au masque – qui devient miroir du dieu – la force de l'expression intérieure. Il utilise souvent la polychromie et le symbolisme des couleurs, ainsi que divers procédés : forme en cœur (Kwélé) ou ronde aux visages gonflés (Moum), volumes convexes (Tchokwé), abondance du décor géométrique (Téké), idéalisation du visage (Dan et Mpongwé), tendance à l'abstraction (Baoulé), plans droits qui pénètrent la face et rectangles ou parallélépipèdes surmontés de sculptures de haute dimension (Dogon).

D'autres expressions artistiques participent de ce langage sacré, tels les tatouages, les peintures corporelles, les coiffures, la musique et la danse. Elles sont même privilégiées dans certaines régions comme l'Afrique de l'Est ou l'Afrique australe. Véritable émanation d'une société de traditions, l'art africain subit le contact de l'Occident, l'assimile, s'en enrichit et devient l'un des chaînons importants de l'art contemporain.

**Voir aussi :** ACHEULÉEN, HOMME, LUCY, NÉOLITHIQUE, PALÉOLITHIQUE.

❽ Cimier de masque: antilope et son faon. Bois, Bambara, Mali. (Musée de l'Homme, Paris.)

❼ Tabouret à caryatides. Bois, Louba, Zaïre. (Musée royal de l'Afrique centrale, Tervuren.)

❾ Tambourinaire. Poids à peser l'or. Laiton. (Musée de l'Homme, Paris.)

# L'AFRIQUE DU SUD

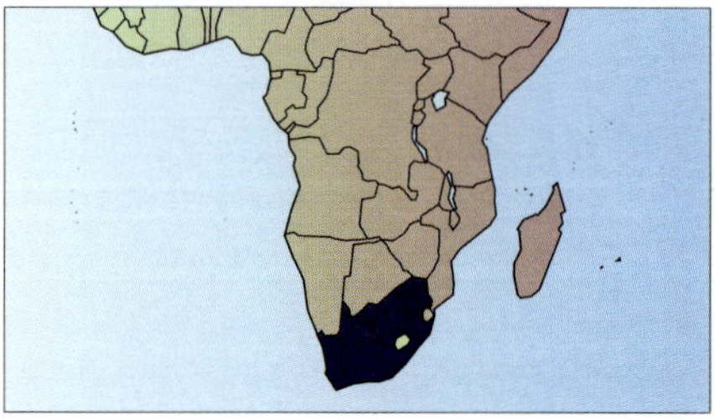

**NOM OFFICIEL** : République d'Afrique du Sud.
**CAPITALES** : Le Cap (cap. législative) et Pretoria (cap. administrative).
**SUPERFICIE** : 1 223 000 km².
**POPULATION** : 43,5 millions d'hab. *(Sud-Africains)*.
**LANGUES OFFICIELLES** : afrikaans, anglais, ndébélé, sotho du Nord, sotho du Sud, swazi, tsonga, tswana, venda, xhosa, zoulou.
**RELIGIONS** : protestantisme, Églises indépendantes et animisme.
**MONNAIE** : rand.
**RÉGIME** : république.
**CHEF DE L'ÉTAT ET DU GOUVERNEMENT** : président de la République, élu pour 5 ans par les deux Chambres du Parlement.
**LÉGISLATIF** : Parlement composé d'une Assemblée nationale (400 députés élus pour 5 ans) et d'un Sénat.

Première puissance économique du continent, au développement fondé sur une stricte politique de séparation des races, l'Afrique du Sud est entrée dans une phase d'évolution rapide et incertaine, avec la disparition de cet apartheid qui l'avait placée au ban des nations.

## ■ GÉOGRAPHIE

### La population.

Le fait géographique fondamental est la juxtaposition de races variées. Les Noirs sont numériquement dominants (environ 75 % de la population totale), mais comprennent des ethnies variées, parfois (violemment) opposées. Les Blancs représentent moins de 15 % de cette population, finalement guère plus que les Coloureds (ou métis), qui en constituent près de 10 %. Les Indiens sont très minoritaires (3 %). Cette population est majoritairement urbanisée. En dehors de la conurbation de Johannesburg-Pretoria à l'essor initial largement dû à l'extraction aurifère, toutes les grandes villes sont des ports (Le Cap, Port Elizabeth, Durban). L'apartheid est officiellement aboli, mais ses effets n'ont pas disparu. Le pouvoir politique et, plus encore, le pouvoir économique sont restés très longtemps l'apanage de la minorité blanche. La « transition démocratique » dans le domaine politique et la très progressive uniformisation des niveaux de vie sont les clés de l'avenir d'un pays aux conditions, au moins potentielles, de développement relativement favorables.

### Le milieu naturel et l'occupation du sol.

Par la latitude, l'Afrique du Sud échappe largement à la zone tropicale, et l'altitude (haut plateau intérieur entre 1 200 et 1 800 m, bordé de régions basses) modère les températures. Les précipitations sont plus abondantes sur le versant de l'océan Indien, amenées par l'alizé du sud-est. La barrière du Drakensberg provoque la semi-aridité d'une grande partie du bassin de l'Orange. Cette semi-aridité, combattue par les aménagements hydrauliques, dont justement celui du fleuve Orange, explique la prépondérance de l'élevage, souvent extensif, bovin et surtout ovin (mérinos pour la laine), devant les cultures (sucre, blé et surtout maïs, vigne, vergers [agrumes notamm.]). L'agriculture assure une faible part du produit intérieur brut, mais elle satisfait la majeure partie des besoins nationaux et permet même de notables exportations.

### Les mines et l'industrie.

Le secteur minier, fondement du développement, demeure essentiel et ne se limite pas à l'or (premier rang mondial). Le

pays figure aussi parmi les premiers producteurs mondiaux de platine, de diamants, d'uranium, de chrome, d'amiante, de manganèse. La houille est la base énergétique nationale et alimente une sidérurgie favorisée par l'abondance du minerai de fer. L'énergie et la sidérurgie sont contrôlées par le secteur public, qui participe pour plus d'un tiers à l'ensemble de la production industrielle, diversifiée (agroalimentaire, textile, chimie, constructions mécaniques), provenant essentiellement, en dehors de la grande région urbaine dominée par Johannesburg (le Witwatersrand), des zones portuaires du Cap, de Port Elizabeth et de Durban.

**Les échanges.**

Cette production est surtout destinée au marché intérieur. En effet, parmi les productions exportées dominent toujours l'or et d'autres produits minéraux (chrome, manganèse) ou agroalimentaires (laine, agrumes). L'équilibre de la balance commerciale dépend largement de l'importance (en poids et valeur, selon les cours fluctuants) de l'or.

## ■ HISTOIRE

Les plus anciens peuples d'Afrique australe, les Bochiman et les Hottentots, ont été refoulés par les Bantous, arrivés au XVe siècle. La venue des Européens bouleverse l'histoire de ces peuples.

**1487 :** le Portugais Bartolomeu Dias est le premier à contourner les côtes sud-africaines et à doubler le cap de Bonne-Espérance (en 1488).

*Les colonisations néerlandaise et britannique.*

**1652 :** les Néerlandais fondent au Cap une escale permanente de la Compagnie des Indes.

**AFRIQUE DU SUD UN SOUS-SOL RICHE**

L'industrie extractive demeure l'un des piliers de l'économie de l'Afrique du Sud. Elle en fait largement (avec aussi la situation géographique) l'intérêt stratégique. Le pays figure parmi les premiers producteurs mondiaux d'or, de diamants ❶, de chrome, de manganèse, d'uranium.

❶ Cheminée diamantifère (Kimberley).

## L'AFRIQUE DU SUD

L'occupation des terres par les colons néerlandais (ou Boers) provoque de nombreux conflits avec les Africains.

**1685 :** immigration de nombreux protestants français après la révocation de l'édit de Nantes.

L'esclavage se développe. Les Bochiman sont exterminés, d'autres populations sont décimées par les épidémies.

**1779-1780 :** guerre « cafre » entre Boers et Bantous, qui sont refoulés vers le Nord.

**1814 :** conséquence des guerres napoléoniennes, la colonie passe sous administration britannique.

Mais les causes de désaccord se multiplient entre Boers et Britanniques, des colonies de Boers quittent le sud-est du pays en direction de l'Orange, puis, après une guerre contre les Noirs Zoulous, vers le Natal. Ce mouvement de migration, appelé Grand Trek, s'est poursuivi de 1834 à 1852.

**1852 :** création par les Boers de la République du Transvaal.

**1853 :** création de la colonie du Cap.

**1854 :** création par les Boers de la République d'Orange.

**1856 :** le Natal devient une colonie de la Couronne britannique.

La découverte de mines de diamants en Orange (1867) et d'or au Transvaal (1885) provoque la convoitise des Britanniques, qui veulent se rendre maîtres de ces régions, déclenchant ainsi un premier conflit armé de 1877 à 1884, puis la guerre des Boers (1899-1902).

*L'Union sud-africaine.*

**1910 :** les États du Cap, du Natal, d'Orange et du Transvaal se fédèrent, créant l'Union sud-africaine, qui demeure sous tutelle britannique, dans le cadre du Commonwealth.

Les principaux problèmes sont alors posés par les rapports entre Britanniques et Boers d'une part, l'ensemble des Blancs et les peuples de couleur d'autre part.

**1912 :** création de l'African National Congress (ANC), mouvement de lutte pour la défense des Noirs.

Privés du pouvoir politique, les Noirs, majoritaires, sont affectés dès 1913 par les premières lois de ségrégation (apartheid), votées par le parti afrikaner au pouvoir.

**1920 :** l'Union sud-africaine reçoit un mandat de la S. D. N. sur le Sud-Ouest africain, ancienne colonie allemande.

**1924-1939 :** l'Union sud-africaine est gouvernée par les nationalistes qui font front à la toute-puissance britannique et renforcent la ségrégation entre Noirs et Blancs.

**1948-1961 :** les nationalistes extrémistes au pouvoir intensifient la politique ségrégationniste, vivement critiquée par l'O. N. U. et la Grande-Bretagne.

## L'AFRIQUE DU SUD

*La République d'Afrique du Sud.*

**1961 :** création de la République d'Afrique du Sud, qui ne conserve aucun lien politique avec le Commonwealth.

**1966 :** assassinat du Premier ministre H. Verwoerd, remplacé par B. J. Vorster.

À partir des années 1970, le gouvernement accentue la politique de création des bantoustans et accorde son appui aux mouvements de guérilla en Angola et au Mozambique.

**1976 :** graves émeutes dans les quartiers réservés aux Noirs.

**1978 :** B. J. Vorster devient président de la République et Pieter Botha Premier ministre.

**LA PASSATION DES POUVOIRS**
Lors de la cérémonie d'investiture du 10 mai 1994, à Pretoria, Frederik De Klerk transmet le pouvoir à Nelson Mandela, devenu président de la République après la victoire de l'ANC lors des premières élections multiraciales ❷.

**1983 :** nouvelle constitution accordant certains droits aux métis et aux Indiens.

**1984 :** P. Botha est élu président de la République.

**1985 :** multiplication des manifestations contre l'apartheid et des affrontements dans les cités noires.

**1986 :** l'instauration de l'état d'urgence sur tout le territoire est condamnée par nombre de pays occidentaux, qui prennent contre l'Afrique du Sud des sanctions économiques.

**1989 :** Frederik De Klerk succède à P. Botha.

La politique d'ouverture vers la majorité noire (légalisation de l'ANC, libération de son chef, Nelson Mandela, démantèlement de l'apartheid) aboutit, au terme de difficiles négociations et malgré l'opposition des extrémistes blancs et noirs, à l'adoption d'une constitution intérimaire (1993). En 1990, la Namibie (Sud-Ouest africain) a accédé à l'indépendance.

❷ De Klerk et Mandela.

**1994 :** les premières élections multiraciales sont remportées par l'ANC. Nelson Mandela devient président de la République. F. De Klerk et le chef zoulou M. Buthelezi participent au gouvernement. L'Afrique du Sud retrouve sa place dans les organisations internationales.

**1996 :** le Parlement vote la Constitution sud-africaine. F. De Klerk se retire du gouvernement.

**ÂGÉ, E** adj. -1. Qui a tel âge : *Âgé de 20 ans.* -2. D'un certain âge ; vieux : *Les personnes âgées.*

**AGEN** [aʒɛ̃], ch.-l. du dép. de Lot-et-Garonne, à 609 km au sud-sud-ouest de Paris, sur la Garonne ; 32 223 hab. *(Agenais).* Évêché. Cour d'appel. Marché (prunes, chasselas). Conserves. Produits pharmaceutiques. — Églises médiévales, dont la cathédrale St-Caprais, romane et gothique. Musée (archéologie, beaux-arts [Goya], arts décoratifs).

**AGENAIS,** pays de France, dans la Guyenne, réuni à la Couronne en 1592.

**AGENCE** n.f. (it. *agenzia*). -1. Organisme administratif chargé d'une mission d'information et de coordination dans un domaine déterminé : *Agence nationale pour l'emploi.* -2. Entreprise commerciale proposant génér. des services d'intermédiaire entre les professionnels d'une branche d'activité et leurs clients : *Agence de voyages. Agence immobilière.* -3. Succursale d'une banque. -4. Ensemble des bureaux, des locaux occupés par une agence.

**Agence internationale de l'énergie atomique** → A.I.E.A.

**AGENCEMENT** n.m. Arrangement, disposition, aménagement.

**AGENCER** v.t. (de l'anc. fr. *gent,* beau) [16]. Disposer selon un ordre, déterminer les éléments d'un ensemble ; arranger, combiner : *Agencer des rayonnages.*

**Agence spatiale européenne** → ESA.

**AGENDA** [-ʒɛ̃-] n.m. (mot lat., *ce qui doit être fait*). -1. Carnet permettant d'inscrire jour par jour ce qu'on a à faire, ses rendez-vous, etc. -2. Ensemble de choses à traiter dans une période donnée ; emploi du temps.

**AGÉNÉSIE** [aʒenezi] n.f. (du gr. *genesis,* formation). Absence de formation d'un organe au cours du développement embryonnaire.

**AGENOUILLEMENT** n.m. Action, fait de s'agenouiller.

**AGENOUILLER (S')** v.pr. Se mettre à genoux.

1. **AGENT** n.m. (lat. *agens,* de *agere,* agir). -1. Tout ce qui agit, opère : *Les agents d'érosion. Agents pathogènes.* -2. Personne jouant un rôle notable ou déterminant dans la production d'un fait humain ou social ; cause, moteur : *Il a été l'agent de nombreuses réformes.* ÉCON. ***Agent économique,*** unité qui constitue, du point de vue des flux économiques, un centre de décision et d'action élémentaires. GRAMM. Être ou objet qui accomplit l'action exprimée par le verbe. ‖ ***Complément d'agent,*** complément d'un verbe passif, introduit par les prép. *par* ou *de,* et représentant le sujet de la phrase active correspondante. (Ex. : dans « *la souris a été mangée par le chat* », *le chat* est compl. d'agent.)

2. **AGENT** n.m. (it. *agente*). -1. Personne qui accomplit certaines missions pour le compte d'un particulier ou d'une collectivité (société, gouvernement, État) ; émissaire, mandataire. -2. Employé des secteurs public et privé exerçant une fonction d'exécution sous le contrôle d'une autorité, ou titulaire de certaines charges jouant un rôle intermédiaire. -3. ***Agent littéraire,*** intermédiaire entre les éditeurs et les auteurs ou traducteurs. ‖ ***Agent (de police),*** fonctionnaire subalterne, génér. en uniforme, chargé de la police de la voie publique. BOURSE. ***Agent de change,*** officier ministériel chargé de la négociation des valeurs mobilières. (A été remplacé en 1988 par les sociétés de Bourse.) DR. ***Agent d'affaires,*** commerçant qui se charge de gérer en tant qu'intermédiaire les affaires d'autrui. ‖ ***Agent d'assurances,*** personne représentant une ou plusieurs compagnies d'assurances pour le compte de qui elle fait souscrire des contrats. ‖ ***Agent de maîtrise,*** salarié se situant entre l'ouvrier et le cadre.

**AGERATUM** [aʒeratɔm] n.m. (gr. *agêraton*). Plante ornementale des jardins, aux fleurs bleues. (Famille des composées.)

**AGÉSILAS II,** roi de Sparte (399 - 360 av. J.-C.). Il lutta avec succès contre les Perses et triompha à Coronée, en Béotie (394), de Thèbes, d'Athènes et de leurs alliés.

**AGGIORNAMENTO** [adʒjɔrnamɛnto] n.m. (mot it., *mise à jour*). Adaptation au progrès, à l'évolution du monde actuel (en partic. en parlant de l'Église catholique).

**AGGLOMÉRAT** n.m. -1. Dépôt détritique, peu ou non cimenté, d'éléments de plus de 2 mm. -2. Assemblage de personnes ou de choses plus ou moins hétéroclites ou disparates.

**AGGLOMÉRATION** n.f. -1. Action d'agglomérer. -2. Groupe d'habitations. -3. Ensemble urbain formé par une ville et sa banlieue : *L'agglomération parisienne.*

**AGGLOMÉRÉ** n.m. -1. Bois reconstitué, obtenu par l'agglomération sous forte pression de copeaux, de sciure, etc., mêlés de colle. -2. Combustible fait de poussier de houille mêlé à du brai sec et comprimé en boulets ou en briquettes. -3. Matériau de construction moulé résultant de la prise et du durcissement du mélange d'un liant et de matériaux inertes.

**AGGLOMÉRER** v.t. (lat. *agglomerare*) [18]. -1. Réunir en une seule masse des éléments auparavant distincts : *Agglomérer du sable et du ciment.* -2. ***Population agglomérée,*** population groupée dans des bourgs ou de gros villages, par opp. à *population dispersée.*

**AGGLUTINANT, E** adj. et n.m. -1. Qui agglutine, qui réunit en collant. -2. ***Langue agglutinante,*** langue qui exprime les rapports syntaxiques par l'agglutination (ex. : le turc, le finnois).

**AGGLUTINATION** n.f. Action d'agglutiner, fait de s'agglutiner ; son résultat. BIOL. Phénomène général de défense des organismes contre les agressions microbiennes ou parasitaires, dont les agents sont collés, agglutinés en masses plus ou moins grosses. LING. Juxtaposition au radical d'affixes distincts pour exprimer les rapports syntaxiques, caractéristique des langues agglutinantes. PHON. Formation d'un mot par la réunion de deux ou plusieurs mots distincts à l'origine *(au jour d'hui* devenu *aujourd'hui).*

**AGGLUTINER** v.t. (lat. *agglutinare*). Unir des choses, les joindre en les collant, en formant une masse : *L'humidité a agglutiné les bonbons.* ◆ **s'agglutiner** v.pr. **(à).** Se coller : *Les curieux s'agglutinaient devant les grilles.*

**AGGLUTININE** n.f. Anticorps présent dans le sérum, dont la fixation sur l'antigène produit l'agglutination de celui-ci. (Les agglutinines microbiennes contribuent à la défense de l'organisme ; les agglutinines non microbiennes sont la cause des incompatibilités entre sangs de groupes différents.)

**AGGLUTINOGÈNE** n.m. Substance antigénique des groupes sanguins capable de provoquer l'apparition d'anticorps correspondants, appelés *agglutinines,* et d'être agglutinée par eux.

**AGGRAVANT, E** adj. Qui aggrave : *Circonstances aggravantes.*

**AGGRAVATION** n.f. Action d'aggraver ; fait de s'aggraver.

**AGGRAVER** v.t. Rendre qqch plus grave, plus difficile à supporter : *Aggraver ses torts.* ◆ **s'aggraver** v.pr. Devenir plus grave, empirer.

**AGHA** n.m. (mot turc). ANC. -1. Officier de la cour du sultan, dans l'Empire ottoman. -2. Chef au-dessus du caïd, en Algérie.

**AGHA KHAN III,** prince et chef religieux d'une partie des ismaéliens (Karachi 1877 - Versoix, Suisse, 1957). **Agha Khan IV** (Creux-de-Genthod, Suisse, 1936), son petit-fils, lui a succédé en 1957.

**AGILE** adj. (lat. *agilis*). -1. Qui a de l'aisance, de la promptitude dans les mouvements ; souple, alerte : *Marcher d'un pas agile.* -2. Qui comprend vite : *Esprit agile.* ◆ **agilement** adv.

**AGILITÉ** n.f. -1. Légèreté du corps, souplesse : *Agilité d'un danseur.* -2. Vivacité intellectuelle.

**AGIO** [aʒjo] n.m. (mot it.). Ensemble des frais qui grèvent une opération bancaire.

**A GIORNO** [adʒjɔrno] loc. adj. inv. et loc. adv. (mots it.). ***Éclairage a giorno,*** éclairage comparable à la lumière du jour.

**AGIOTAGE** n.m. VX. Spéculation sur les fonds publics, les changes, les valeurs mobilières.

**AGIOTEUR, EUSE** n. VX. Personne qui se livre à l'agiotage.

**AGIR** v.i. -1. Entrer ou être en action ; faire qqch. -2. Se comporter de telle ou telle manière : *Agir en honnête homme.* -3. Produire un effet, exercer une influence : *Le médicament n'a pas agi.* ◆ **s'agir** v.pr. impers. Être en question : *De quoi s'agit-il ?*

**AGIS,** nom de plusieurs rois de Sparte. **Agis IV** régna de 244 à 241 av. J.-C. Il tenta vainement de restaurer la puissance de Sparte. Sa réforme agraire lui coûta le trône et la vie.

**AGISSANT, E** adj. Efficace, actif.

**AGISSEMENTS** n.m. pl. Comportements, manœuvres blâmables.

**AGITATEUR, TRICE** n. Personne qui provoque ou entretient des troubles sociaux, politiques, qui suscite l'agitation. ◆ **agitateur** n.m. Petite baguette de verre servant à remuer les liquides.

**AGITATION** n.f. -1. État de ce qui est animé de mouvements continuels et irréguliers : *L'agitation de la mer.* -2. État de trouble et d'anxiété, se traduisant souvent par des mouvements désordonnés ; ces mouvements : *Calmer l'agitation d'un malade.* -3. État de mécontentement d'ordre politique ou social, se traduisant par des manifestations, des troubles publics, etc.

**AGITATO** [aʒitato] adv. (mot it.). En musique, d'un mouvement agité.

**AGITÉ, E** adj. et n. -1. Qui est en proie à l'agitation. -2. Qui manifeste de l'agitation.

**AGITER** v.t. (lat. *agitare,* pousser). -1. Secouer vivement qqch en tous sens : *Agiter un liquide.* -2. Provoquer chez qqn une vive émotion ; troubler, exciter : *Une violente colère l'agitait.* ◆ **s'agiter** v.pr. Remuer vivement en tous sens.

**AGIT-PROP** [aʒitprɔp] n.f. inv. (abrév. de *agitation-propagande*). Activité militante pratiquée par certaines organisations révolutionnaires, en partic. sur les lieux de travail.

**AGLOSSA** n.m. (du gr. *glossa,* langue). Papillon dont la chenille, appelée à tort *teigne de la graisse,* se nourrit de débris végétaux.

**AGNAT, E** [agna, at] n. et adj. (lat. *agnatus,* de *agnasci,* naître à côté de). Chacune des personnes qui, descendant d'une même souche masculine, appartiennent à la même famille, par opp. à *cognat.*

**AGNATHE** [agnat] n.m. *Agnathes,* classe de vertébrés aquatiques, à respiration branchiale, dépourvus de mâchoires, qui comprend notamm. la lamproie.

**AGNATION** [agnasjɔ̃] n.f. Lien de parenté civile, par opp. à la parenté naturelle, ou *cognation.*

**AGNEAU** n.m. (lat. *agnellus*). -**1.** Petit de la brebis : *Agneau femelle* ou *agnelle.* -**2.** Chair d'agneau. -**3.** Fourrure, cuir d'agneau. -**4.** *L'Agneau de Dieu,* Jésus-Christ. ‖ *Agneau pascal,* agneau immolé chaque année par les Juifs pour commémorer la sortie d'Égypte.

**Agneau mystique** *(retable de l')* → VAN EYCK.

**AGNELAGE** n.m. Mise bas, chez la brebis ; époque de l'année où elle se produit.

**AGNELER** v.i. [24]. Mettre bas, en parlant de la brebis.

**AGNELET** n.m. Petit agneau.

**AGNELLE** n.f. Agneau femelle.

**AGNÈS DE MÉRAN** (m. à Poissy en 1201), reine de France. Elle épousa Philippe Auguste (1196), qui répudia pour elle Isambour. Innocent III obligea le roi à la renvoyer.

**AGNI,** une des principales divinités de l'Inde. D'après les anciens textes védiques, il est la personnification du feu sous toutes ses formes, mais surtout de celui qui embrase l'autel du sacrifice. Ainsi identifié au feu sacrificiel, Agni est, dans l'hindouisme, le dieu suprême des Rites et des Offrandes.

**AGNI** ou **ANYI,** population du groupe akan qui habite le sud-ouest forestier de la Côte d'Ivoire.

**AGNON** (Samuel Joseph), écrivain israélien (Buczacz, Galicie, 1888 - Rehovoth 1970). Il est l'auteur de romans et de nouvelles consacrés à la vie des juifs de Pologne et aux pionniers de la colonisation de la Palestine (*le Livre des exploits,* 1931 ; *le Chien Balak,* 1943). [Prix Nobel 1966.]

**AGNOSIE** [agnozi] n.f. (du gr. *a,* sans, et *gnôsis,* connaissance). Trouble de la reconnaissance des informations sensorielles, dû à une lésion localisée du cortex cérébral, sans atteinte des perceptions élémentaires.

**AGNOSTICISME** [agnɔstisism] n.m. Doctrine philosophique qui déclare l'absolu inaccessible à l'esprit humain et professe une complète ignorance touchant la nature intime, l'origine et la destinée des choses.

**AGNOSTIQUE** [agnɔstik] adj. et n. Relatif à l'agnosticisme ; qui en est partisan.

**AGNUS-CASTUS** [agnyskastys] n.m. Gattilier.

**AGNUS DEI** [agnysdei] n.m. inv. (mots lat.). Prière de la messe commençant par ces mots. ◆ **Agnus-Dei** n.m. inv. Médaillon de cire blanche portant l'image d'un agneau, bénit par le pape.

**AGONIE** n.f. (du gr. *agônia,* combat). -**1.** Moment de la vie qui précède immédiatement la mort ; état de ralentissement des fonctions vitales qui caractérise ce moment. -**2.** LITT. Disparition progressive : *L'agonie d'un régime politique.*

**AGONIR** v.t. [32]. *Agonir qqn d'injures,* l'accabler d'injures.

**AGONISANT, E** adj. et n. Qui est à l'agonie.

**AGONISER** v.i. (lat. ecclés. *agonizare,* lutter). Être à l'agonie.

**AGONISTE** adj. *Muscle agoniste,* muscle qui produit le mouvement considéré, par opp. au *muscle antagoniste.*

**AGORA** n.f. -**1.** Place bordée d'édifices publics, centre de la vie politique, religieuse et économique de la cité, dans l'Antiquité grecque. -**2.** Espace piétonnier dans une ville nouvelle.

**AGORAPHOBIE** n.f. (du gr. *agora,* place publique, et *phobos,* crainte). Crainte pathologique des espaces découverts, des lieux publics.

**AGOULT** (Marie **de Flavigny,** *comtesse* **d'**), écrivain français (Francfort-sur-le-Main 1805 - Paris 1876). Sous le nom de **Daniel Stern,** elle publia des ouvrages historiques et philosophiques. De sa liaison avec Liszt elle eut trois enfants, dont deux filles : l'une épousa É. Ollivier, l'autre R. Wagner.

**AGOUTI** n.m. (mot guarani). Gros rongeur des forêts humides de l'Amérique du Sud. (Long. 50 cm env.)

**AGRA,** v. de l'Inde (Uttar Pradesh), sur la Yamuna ; 955 694 hab. Université. **ARTS.** Les souverains moghols Akbar, Djahangir et Chah Djahan ont enrichi la ville de prestigieuses constructions (fort de grès rouge fondé en 1565, palais, salle d'audience, mosquée de la

Perle [1654] et divers tombeaux, dont le célèbre Tadj Mahall). À 38 km, Fathpur-Sikri, ville morte, construite (1569-1574) par Akbar et qui devint sa capitale (1574-1586), représente par son unité de style l'une des plus parfaites réussites de l'art des Moghols.

Environs d'**AGRA** : détail de la salle des audiences privées d'un des palais de Fathpur-Sikri (XVI^e s.).

**AGRAFAGE** n.m. Action d'agrafer ; son résultat.

**AGRAFE** n.f. (de l'anc. fr. *grafe,* crochet). -**1.** Crochet servant à réunir les bords opposés d'un vêtement ; broche servant à cet usage ou à la parure. -**2.** Pièce de métal, de matière plastique, etc., servant à attacher ensemble certains objets. -**3.** Languette destinée à accrocher un stylo au rebord d'une poche. **BÂT.** Crampon plat ou coudé utilisé en maçonnerie pour solidariser les pierres d'un mur, un placage et un mur, etc. ‖ Ornement en forme de mascaron ou de console, sur la clef d'une baie. **CHIR.** Petite lame de métal à deux pointes servant à suturer les plaies.

**AGRAFER** v.t. Attacher qqch avec une agrafe ; assembler à l'aide d'agrafes.

**AGRAFEUSE** n.f. Appareil, machine à poser des agrafes.

**AGRAIRE** adj. (lat. *agrarius*). -**1.** Relatif aux terres cultivées, à l'agriculture, à la propriété agricole : *Surfaces et mesures agraires.* -**2.** ***Lois agraires,*** dans la Rome antique, mesures d'admission des plébéiens au partage des terres appartenant à l'État. ‖ ***Réforme agraire,*** réforme visant à modifier la répartition des terres en faveur des non-possédants et des petits propriétaires.

**AGRAMMATICAL, E, AUX** adj. Qui ne répond pas aux critères de la grammaticalité : *Phrase agrammaticale.*

**AGRAMMATISME** n.m. (du gr. *grammata,* lettres). Trouble du langage caractérisé par une perturbation dans la construction des phrases, dont la syntaxe évoque le style télégraphique.

**AGRANDIR** v.t. Rendre qqch plus grand ou plus important : *Agrandir une maison. Agrandir une photo.* ◆ **s'agrandir** v.pr. Devenir plus grand, s'étendre : *Ville qui s'agrandit.*

**AGRANDISSEMENT** n.m. -**1.** Action d'agrandir, de s'agrandir ; son résultat. -**2.** Épreuve agrandie d'une photographie.

**AGRANDISSEUR** n.m. Appareil pour exécuter les agrandissements photographiques.

**AGRANULOCYTOSE** n.f. Diminution ou disparition des globules blancs polynucléaires (granulocytes) neutrophiles.

**AGRAPHIE** n.f. Incapacité d'écrire, indépendante de tout trouble moteur.

**AGRARIEN, ENNE** n. et adj. -**1.** Partisan du partage des terres entre ceux qui la cultivent, notamm. pendant la Révolution française. -**2.** Partisan de la défense des intérêts des grands propriétaires (Allemagne, fin du XIX^e s.) ou de ceux de l'ensemble de la paysannerie.

**AGRÉABLE** adj. (lat. *gratus*). Plaisant, attrayant. ◆ **agréablement** adv.

**AGRÉATION** n.f. -**1.** Contrat aux termes duquel un fournisseur reconnaît à un distributeur le droit de diffuser ses produits, sans pour autant lui accorder une exclusivité. (On dit aussi *agréage.*) -**2.** BELGIQUE. Action d'agréer, et partic. ratification officielle d'un acte administratif.

**AGRÉER** v.t. (de *gré*). Recevoir favorablement ; accepter, approuver : *Agréer une demande. Veuillez agréer mes salutations distinguées* (formule de politesse). ◆ v.t. ind. **(à).** LITT. Plaire.

**AGRÉGAT** [agrega] n.m. -**1.** Substance, masse formée d'éléments primitivement distincts, unis intimement et solidement entre eux. -**2.** Grandeur synthétique obtenue en combinant divers postes de la comptabilité nationale et caractérisant l'activité économique d'un pays. (Les principaux agrégats sont le produit intérieur brut [P. I. B.], le revenu national et le produit national brut [P. N. B.].) -3. Superposition libre de sons, ne répondant pas aux procédés d'analyse de l'harmonie classique. -4. *Agrégat monétaire,* ensemble des moyens de paiement dans une nation. (V. ENCYCL.)

**ENCYCL.** Les *agrégats monétaires* mesurent les différentes composantes de la masse monétaire en fonction de leur degré de liquidité. En France, une réforme de 1991 définit quatre catégories d'agrégats monétaires : *M1,* masse monétaire au sens strict, composée de pièces, de billets et de dépôts à vue ; *M2,* composé de M1 plus les dépôts sur livret ; *M3,* composé de M2 plus les bons négociables, les comptes à terme et les titres des O. P. C. V. M. (offices de placement collectif en valeurs mobilières) ; *M4,* composé de M3 plus les créances de type billets de trésorerie et bons du Trésor.

**AGRÉGATIF, IVE** n. et adj. Étudiant qui prépare le concours de l'agrégation.

**AGRÉGATION** n.f. -1. Action d'agréger, de réunir des éléments distincts pour former un tout homogène ; fait de s'assembler ; son résultat. -2. Concours de recrutement des professeurs de lycée et de certaines disciplines universitaires (droit et sciences économiques, médecine, pharmacie).

**AGRÉGÉ, E** n. et adj. Titulaire de l'agrégation.

**AGRÉGER** v.t. (lat. *aggregare,* réunir) [22]. -1. Admettre qqn dans un groupe constitué. -2. Réunir des parties distinctes en un tout, une masse : *La chaleur a agrégé les morceaux de métal.* ◆ **s'agréger** v.pr. **(à).** Se joindre, s'associer à.

**AGRÉMENT** n.m. (de *agréer*). -1. Fait d'agréer, de consentir à qqch : *Décider avec, sans l'agrément de ses supérieurs.* -2. Acceptation, reconnaissance de qqn ou de qqch par une autorité : *Agrément d'un projet, d'une nomination.* -3. Qualité par laquelle qqn ou qqch est agréable : *Compagnie pleine d'agrément.* -4. Formule d'ornementation mélodique, homologue, dans la musique ancienne, des ornements modernes. -5. *Jardin d'agrément,* jardin destiné au seul plaisir, sans destination utilitaire.

**AGRÉMENTER** v.t. Rendre qqch plus attrayant, plus agréable par des éléments ajoutés : *Agrémenter un récit de détails piquants.*

**AGRÈS** n.m. pl. (du scand. *greida,* équiper). -1. Éléments du gréement d'un navire (poulies, voiles, vergues, cordages, etc.). -2. Appareils utilisés en gymnastique sportive (anneaux, barres, poutre, etc.), en éducation physique (corde à grimper), au cirque (trapèze).

**AGRESSER** v.t. (lat. *aggredi,* attaquer). -1. Commettre une agression sur qqn ; attaquer : *Agresser un passant.* -2. Constituer une agression, une nuisance pour qqn, qqch : *Pluies acides agressant la couverture forestière.* -3. Provoquer, choquer qqn, notamm. par la parole.

**AGRESSEUR** adj.m. et n.m. Qui commet une agression : *Pays agresseur. Il n'a pas identifié ses agresseurs.*

**AGRESSIF, IVE** adj. -1. Querelleur, violent : *Interlocuteur agressif.* -2. Qui a un caractère d'agression : *Un discours agressif.* -3. Provocant, choquant : *Publicité agressive.* ◆ **agressivement** adv.

**AGRESSION** n.f. -1. Attaque non provoquée et brutale. -2. Atteinte à l'intégrité psychologique ou physiologique des personnes, due à l'environnement visuel, sonore, etc. : *Les agressions de la vie urbaine.* -3. Comportement où des animaux, soit d'une même espèce, soit d'espèces différentes, s'affrontent.

**AGRESSIVITÉ** n.f. -1. Caractère agressif de qqn, de qqch ; dispositions agressives. (V. ENCYCL.) -2. Comportement d'agression, en éthologie.

**ENCYCL. PSYCHOLOGIE**

**La mesure de l'agressivité.** L'agressivité se mesure dans un contexte social. Elle s'apprécie diversement suivant les âges de la vie : un adolescent peut mentir, fuguer, et de tels comportements peuvent avoir une connotation agressive. L'évaluation de l'agressivité de l'individu est sujette à discussions. Certaines études ont montré chez quelques grands criminels ou malades mentaux la présence d'un chromosome Y surnuméraire ; mais de nombreuses autres anomalies interviennent dans ces cas. La présence d'une quantité de testostérone supérieure à la normale n'est pas non plus significative. En fait, il n'y a pas, dans l'état actuel des recherches, de marqueurs biologiques de l'agressivité.

**La conception freudienne de l'agressivité.** Dans un premier temps, S. Freud se refuse à reconnaître derrière les conduites agressives l'œuvre d'une pulsion spécifique. Cette spécificité ne ferait que recouvrir à ses yeux celle de toute pulsion : une poussée contraignante qui doit surmonter les obstacles. Freud change son point de vue avec l'introduction, en 1920, de la pulsion de mort ; il rend alors compte du sadisme par la partie de la pulsion de mort mise directement au service de la pulsion sexuelle, et du masochisme érogène par une autre partie de la pulsion de mort qui reste dans l'organisme, où elle est liée à la libido par l'excitation sexuelle. Dans la perspective freudienne, la pulsion d'agression apparaît donc comme l'expression même de la pulsion de mort tournée vers l'extérieur.

**L'analyse neurophysiologique.** Des neurophysiologistes, tel P. Karli, ont décomposé l'agressivité en la plaçant dans l'analyse d'une stratégie dont les buts sont soit l'affirmation de soi et la satisfaction des besoins et des désirs, soit la défense contre tout ce qui menace l'intégrité de soi ou du groupe. Cette stratégie comprendrait trois niveaux : un comportement réflexe préprogrammé, une association avec le stimulus dans une connotation affective positive, enfin un niveau d'élaboration cognitive où sont pris en compte les acquis culturels de l'individu agressif et le contexte socioculturel.

**La physiologie de l'agressivité.** Sur le plan physiologique, on a réfuté l'hypothèse d'un centre de l'agressivité ; mais on a montré que certaines structures cérébrales jouent un rôle essentiel, notamment au niveau de l'hypothalamus, ainsi que la sérotonine, dont le déficit coïncide avec une agressivité excessive.

**AGRESTE** adj. LITT. Rustique, champêtre.

**AGRICOLA** (Cnaeus Julius), général romain (Forum Julii [Fréjus] 40 - 93 apr. J.-C.). Gouverneur (77-84), il acheva la conquête de la Grande-Bretagne. Il fut le beau-père de Tacite, qui écrivit sa biographie.

**AGRICOLA** (Georg **Bauer**, dit), minéralogiste allemand (Glauchau, Saxe, 1494 - Chemnitz 1555). Médecin, il s'intéressa à la minéralogie et à la métallurgie, faisant dans ces sciences figure de créateur. Son ouvrage le plus célèbre, *De re metallica* (1556), est une description des connaissances géologiques, minières et métallurgiques de son temps.

**AGRICOLA** (Mikael), écrivain finnois et évêque de Turku (Pernaja v. 1510 - Kuolemajärvi 1557). Il introduisit la Réforme en Finlande et publia le premier livre imprimé en finnois.

**AGRICOLE** adj. (du lat. *agricola,* laboureur). -**1.** Qui s'adonne à l'agriculture : *Population agricole.* -**2.** Qui concerne l'agriculture : *Enseignement agricole.*

**AGRICULTEUR, TRICE** n. Personne qui cultive la terre ; personne dont l'activité professionnelle a pour objet de mettre en valeur une exploitation agricole.

**AGRICULTURE** n.f. Activité économique ayant pour objet la transformation et la mise en valeur du milieu naturel afin d'obtenir les produits végétaux et animaux utiles à l'homme, en partic. ceux destinés à son alimentation.

→ • **DOSSIER** L'AGRICULTURE *page suivante.*

**AGRIGENTE,** v. d'Italie (Sicile), ch.-l. de prov. ; 54 603 hab. Elle s'est appelée *Girgenti* jusqu'en 1927, date à laquelle elle a repris son nom ancien. – Fondée vers 580 av. J.-C., elle subit la tyrannie cruelle de Phalaris. Théron, en 480 av. J.-C., la libéra de la tutelle de Carthage ; prise et pillée en 406 av. J.-C. par les Carthaginois, elle ne retrouva jamais sa splendeur passée. – Parmi d'imposantes ruines du VIe et du Ve s. av. J.-C., les temples de la Concorde ou d'Héra Lacinia, témoins de l'âge d'or de la cité, montrent l'épanouissement et l'équilibre de l'ordre dorique. Musée archéologique national. Monuments médiévaux et baroques.

**AGRIGENTE :** temple dorique dit « de la Concorde ». Ve s. av. J.-C.

**AGRION** n.m. Petite libellule bleue ou bronzée, appelée aussi *demoiselle.*

**AGRIOTE** n.m. Coléoptère dont les larves rongent les racines des céréales.

**AGRIPAUME** n.f. Léonure, plante à fleurs roses, autref. cultivée pour ses prétendues vertus antirabiques. (Haut. 1 m env. ; famille des labiées.)

**AGRIPPA** (Marcus Vipsanius), général romain (63 - 12 av. J.-C.). Il fut le meilleur collaborateur d'Auguste, qui organisa pour lui une sorte de corégence. Il s'illustra à Actium (31 av. J.-C.) et inaugura à Rome l'œuvre monumentale de l'époque impériale (le Panthéon). Il avait épousé Julie, fille d'Auguste.

**AGRIPPEMENT** n.m. -**1.** Action d'agripper, de s'agripper. -**2.** ***Réflexe d'agrippement,*** réflexe, pathologique au-delà du quatrième mois de la vie, et qui se manifeste par la tendance à saisir tout ce qui se présente à portée de main. SYN. (anglic. déconseillé) : **grasping-reflex.**

# L'AGRICULTURE

L'activité agricole demeure fondamentale pour tous les pays et toutes les sociétés. C'est de l'agriculture que l'humanité tire la quasi-totalité de son alimentation. L'agriculture concourt aussi, mais beaucoup moins qu'autrefois, à la production des matières premières nécessaires à la fabrication des textiles. Les destinations industrielles de ses produits se sont diversifiées : la canne à sucre brésilienne, par exemple, est largement utilisée pour fabriquer des carburants. Élargissant son rôle comme source de matières premières, l'agriculture a beaucoup évolué au cours des dernières décennies, du point de vue tant technique qu'économique.

### Les progrès de la productivité.

Grâce aux progrès réalisés par les biologistes, les agronomes, les constructeurs de machines, les informaticiens, etc., les méthodes de culture et d'élevage autorisent maintenant de hautes productivités du travail et une grande maîtrise des processus de production – sans qu'on puisse toutefois se prémunir complètement contre certains caprices de la nature, par exemple la succession des sécheresses, l'invasion d'insectes parasites (criquets). Ce progrès technique constant, qui découle d'efforts considérables réalisés par la recherche, permet notamment la création de variétés végétales, de races

**L'EMPLOI DES MOYENS DE PRODUCTION INDUSTRIELS**

Depuis longtemps déjà l'agriculture utilise des moyens et des facteurs de production fournis par l'industrie. Ce furent d'abord des machines, produites en grande série dès le XIXe siècle, et dont l'efficacité croissante a permis la diminution de la main-d'œuvre agricole. Actuellement, de puissants tracteurs sont capables d'actionner toutes sortes de machines pour réaliser les opérations culturales, depuis les labours jusqu'aux récoltes, en passant par les traitements phytosanitaires ❶.

❶ Épandage de produits phytosanitaires sur un champ de blé.

d'animaux toujours plus productives et la mise au point de techniques de plus en plus rentables.

### La régression relative du poids économique de l'agriculture.

Ce progrès technique s'accompagne d'une diminution relative de la place de l'agriculture dans l'économie. L'une des raisons en est le caractère limité des besoins alimentaires de l'homme : une fois ceux-ci satisfaits, la proportion de la valeur des biens alimentaires dans l'ensemble des autres biens consommés diminue. Pour lutter contre cette tendance, l'industrie agroalimentaire s'efforce de proposer sans cesse des produits nouveaux, ce qui a comme résultat d'allonger la chaîne des transformations des produits agricoles, donc de réduire la place de l'agriculture dans l'ensemble que celle-ci constitue avec cette industrie et, par voie de conséquence, dans l'ensemble de l'économie. Enfin, la régression relative de l'agriculture s'explique par la croissance plus rapide du secteur des services, devenu prépondérant dans les économies les plus développées. Tout cela s'accompagne de la diminution du nombre des agriculteurs, permise par les progrès de la productivité du travail, plus ou moins forte selon le niveau de développement des économies nationales et régionales, ce qui ajoute à la perte d'influence de l'agriculture.

### Le progrès technique.

Pour améliorer les conditions et les résultats de la production agricole, des travaux de recherche sont menés dans de très nombreux domaines, dont les résultats sont ensuite vulgarisés auprès des agriculteurs.

**La physiologie des plantes.** L'étude de la physiologie des plantes et de leurs rapports avec leur milieu aboutit à la connaissance de leurs besoins nutritionnels au cours du cycle végétatif. La confrontation de ces besoins avec les résultats de l'analyse des sols de culture conduit à l'établissement et à la mise en pratique de plans de fertilisation, base indispensable de l'obtention de hauts rendements des cultures (céréales, betterave à sucre, soja, tournesol, etc.). Des programmes informatiques permettent d'automatiser ces opérations et de fournir rapidement aux agriculteurs des programmes d'épandage d'engrais.

**La culture sous serre.** La combinaison des connaissances acquises dans la physiologie des plantes et dans la maîtrise des milieux contrôlés a permis les grands progrès de la culture sous serre. On sait maintenant produire des substrats artificiels et des solutions nutritives sans germes pathogènes pour alimenter la plante « hors-sol ». Le contrôle du milieu aérien concerne la température, la lumière, l'humidité de l'air et sa teneur en dioxyde de carbone, l'état sanitaire des plantes : il est plus ou moins complet et plus ou moins automatisé. Les fruits et légumes, les plantes ornementales bénéficient de ces progrès.

**L'irrigation.** L'action sur le milieu ne peut être très poussée que dans les serres, mais les agriculteurs s'efforcent de modifier certains éléments de l'environnement lorsqu'ils sont soumis à de très fortes contraintes, comme l'eau. C'est pourquoi l'amélioration des techniques d'irrigation est un souci constant, qui se traduit par la mise au point d'équipements de plus en plus puissants pour l'irrigation par aspersion, par du matériel permettant l'apport d'eau goutte à goutte au pied des plantes, par l'emploi de l'informatique pour automatiser la distribution.

**De nouvelles variétés.** L'un des instruments les plus efficaces du progrès technique réside dans la mise au point de nouvelles variétés de plantes et dans l'amélioration des races d'animaux d'élevage. Les recherches dans ce domaine font appel à toutes les ressources de la génétique. On ne cherche pas seulement à obtenir des variétés donnant de hauts rendements, on s'efforce aussi de fixer ou d'introduire des caractères particuliers comme la résistance à telle maladie, la précocité de la maturité de la graine, la dimension de la tige (pour les céréales), etc. Les généticiens disposent maintenant de techniques qui rendent leurs travaux plus efficaces : culture *in vitro* des embryons hybrides, utilisation de marqueurs moléculaires pour choisir la descendance des plantes sélectionnées. Grâce au génie génétique, il est possible de réaliser des transferts de gènes pour introduire tel caractère recherché.

**Les progrès dans l'élevage.** Les connaissances acquises dans le domaine de la nutrition des animaux sont considérables. On connaît avec précision les besoins de chaque espèce à chaque stade de la vie, ce qui permet de fabriquer les aliments les mieux adaptés aux objectifs souhaités : croissance rapide ou lente, production intensive ou modérée (lait, viande). D'où l'essor considérable de l'industrie des aliments composés, qui applique les résultats de la recherche zootechnique et approvisionne maintenant la plupart des élevages dans les pays développés. Toujours dans le domaine zootechnique, d'autres recherches font progresser la productivité des animaux : sélection des meilleurs reproducteurs, transplantation d'embryons de femelles aux qualités exceptionnelles dans l'utérus de plusieurs femelles porteuses, création de nouvelles races. De plus, les résultats obtenus dans la prévention et le traitement des maladies par la médecine vétérinaire constituent un élément supplémentaire de progrès.

**De nouvelles machines.** Enfin, on ne saurait passer sous silence un autre facteur considérable, l'amélioration des machines. Le tracteur, par exemple, symbole même de la modernisation agricole, gagne en puissance et en automatisation, et se dote d'une informatique embarquée de plus en plus efficace. De nouvelles machines automotrices sont apparues, comme la vendangeuse. Les premiers robots cueilleurs de fruits ont dépassé le stade expérimental.

### Agriculture et environnement.

L'application du progrès technique, là où elle se réalise, conduit à l'existence d'une agriculture intensive, qui utilise beaucoup de produits chimiques (engrais, pesticides) et de machines, tout en n'ayant plus besoin que d'un petit nombre d'agriculteurs. Cet emploi quelquefois massif de moyens venant de l'extérieur des exploitations peut avoir des effets néfastes sur l'environnement.

**La pollution.** La pollution des eaux souterraines par les engrais est l'un de ces effets. Dans l'agriculture intensive, on en arrive à

**L'ACCROISSEMENT DE LA PRODUCTIVITÉ**
L'industrie chimique met à disposition des agriculteurs une large gamme d'engrais azotés, phosphoriques et potassiques, sous forme simple ou composée, qui permettent de compenser les carences des sols et de répondre aux besoins des plantes à chaque étape de leur développement. Depuis la Seconde Guerre mondiale, la consommation des engrais par les agricultures développées a augmenté de façon spectaculaire ❸. La plante étant un organisme très efficace pour assimiler et transformer les éléments fertilisants qui lui sont apportés ❷, les rendements ont beaucoup augmenté, d'autant que l'amélioration des variétés cultivées s'ajoute aux effets de la fertilisation. Les produits phytosanitaires complètent la panoplie des produits d'origine industrielle dont dispose l'agriculture pour accroître sa productivité.

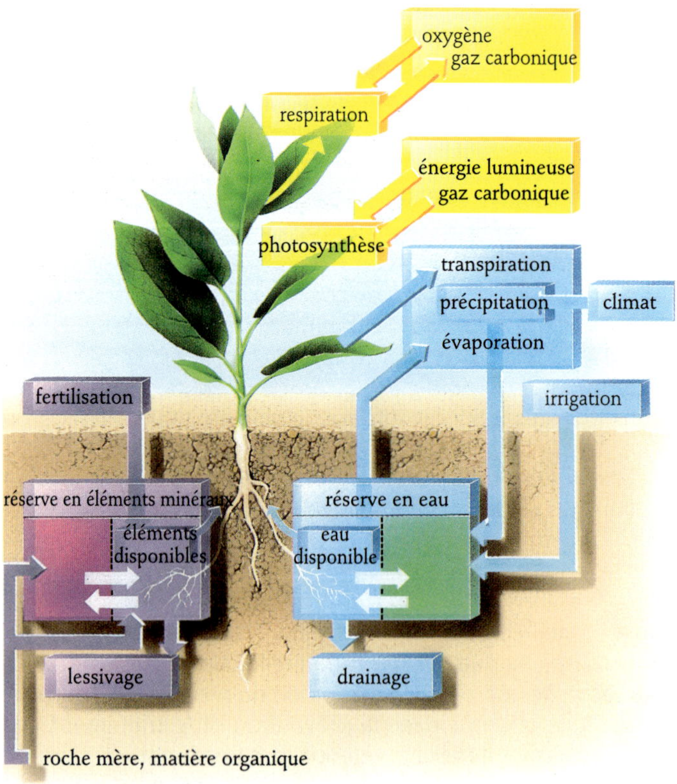


❷ Schéma de la fertilisation et des échanges entre le sol et la plante.

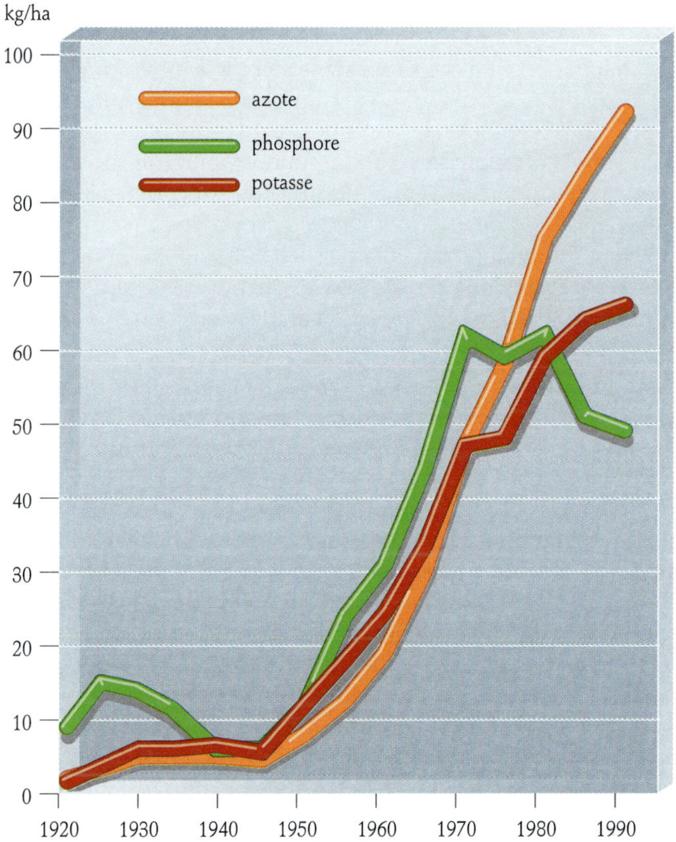


❸ Évolution de la consommation d'engrais par l'agriculture française.

épandre 200 kg d'unités fertilisantes d'azote par hectare. Le sol ne peut plus jouer son rôle épurateur comme cela était le cas autrefois : une partie de cet engrais est entraînée par les pluies, sous forme de nitrates, dans les couches profondes du sol puis dans les nappes phréatiques, qui sont ainsi polluées.

Dans les grands élevages hors-sol, les animaux vivent très nombreux sur de très petits espaces. Les porcs, notamment, provoquent l'accumulation d'énormes quantités de déjections liquides (lisiers) qui entraînent des pollutions de diverses natures : accroissement des apports azotés lorsqu'elles sont épandues sur les terres, pollution de l'atmosphère par les mauvaises odeurs.

**Les friches et la désertification.** Mais l'agriculture intensive a d'autres conséquences sur l'environnement. Dans les pays de bocage, l'exiguïté des parcelles rendant difficile la mécanisation, les haies ont été arasées, les parcelles, regroupées, et des chemins, tracés. La suppression des haies a entraîné la disparition de leurs nombreuses fonctions : régulation des microclimats, hébergement d'une faune spécifique, fourniture de bois de chauffage. Le paysage lui-même a été affecté, comme il l'est pour d'autres raisons dans les zones où l'agriculture est en régression. En effet, une conséquence de l'agriculture intensive est la concentration de la production sur les terres les plus fertiles, ce qui provoque l'abandon de terres appelées « marginales », où les techniques les plus modernes n'ont pas le meilleur rendement possible. La friche et la forêt s'y installent, de façon anarchique en général, ce qui provoque la détérioration des paysages agraires. Le cas des terrasses méditerranéennes est exemplaire de ce phénomène.

Sur les territoires que ne revendique pas l'agriculture intensive, le risque de dépopulation agricole est considérable. On en vient à parler de « désertification » de certains espaces ruraux, phénomène néfaste pour l'ensemble de la société car l'entretien des paysages agraires, pour le bénéfice de tous, est en passe d'être abandonné. D'où l'émergence d'une nouvelle fonction sociale pour une partie des agriculteurs : celle de « conservateurs » des territoires faiblement peuplés, grâce à la mise en œuvre de techniques de production extensives qui demandent beaucoup d'espace et peu de travailleurs pour des productions faibles par hectare. Sur ces mêmes territoires, souvent dotés de patrimoines historiques et naturels considérables, se développe aussi une autre fonction liée à l'agriculture, l'agritourisme, activité d'accueil à la ferme destinée à offrir restauration et hébergement aux touristes citadins.

### Les écarts de développement.

L'état du progrès technique décrit plus haut est essentiellement le fait des pays industrialisés. En effet, dans les pays en voie de développement, les agricultures sont loin d'avoir incorporé toutes les possibilités offertes par les applications du progrès, même si on peut y trouver certains îlots de modernisme. L'emploi des machines y est faible et même nul dans certains cas. Les agriculteurs de la forêt et de la savane africaines, par exemple, n'emploient dans leur majorité rien d'autre que de simples outils manuels. Dans beaucoup de régions du monde (Asie, Moyen-Orient, Amérique latine) domine encore l'agriculture avec traction animale, qui est un progrès par rapport à l'agriculture manuelle, mais où la productivité du travail est encore très éloignée de celle des agricultures mécanisées. Par ailleurs, les agricultures peu développées emploient peu d'engrais et de pesticides et connaissent de fortes pertes de récoltes, conséquence du faible développement de l'économie. Le progrès technique est cependant en train de s'y diffuser, ce qui se traduit par l'augmentation de la production et par la diminution de la population active agricole. Dans certains pays, l'amélioration a été importante au cours de la période récente : c'est le cas de l'Inde, où la révolution verte, c'est-à-dire la diffusion de variétés de céréales plus productives que les variétés locales, a beaucoup contribué à satisfaire les besoins alimentaires et a donc réduit la dépendance du pays à l'égard de l'étranger.

Il n'en demeure pas moins que les écarts de développement des agricultures sont considérables, ce qu'enregistrent les différences dans les proportions de population active agricole dans la population active totale : alors qu'elles se situent entre 2 et 15 % dans les pays industrialisés, elles représentent encore souvent plus de la moitié de la population au travail dans les pays en voie de développement. L'agriculture demeure, en fait, l'activité première de la population active à l'échelle mondiale.

### La mondialisation des échanges.

Or, malgré le grand nombre de paysans, dans beaucoup de pays du tiers-monde l'expansion de la production agricole demeure insuffisante pour satisfaire des besoins alimentaires qui augmentent rapidement sous l'effet d'une forte croissance démographique et d'une certaine amélioration des revenus. Pour certains d'entre eux, les faibles disponibilités en terre viennent aggraver la situation, comme dans le cas de l'Égypte. C'est pourquoi ces pays (pays d'Afrique noire, du Maghreb, du Moyen-Orient notamment) doivent avoir recours aux importations de produits de base auprès des pays industrialisés excédentaires (États-Unis, Canada, États de l'Union européenne, Australie, Nouvelle-Zélande). Ce déficit chronique des pays dont l'agriculture est peu productive est l'une des raisons de la croissante internationalisation des échanges des produits agricoles. Mais il en est d'autres, comme la spécialisation des agricultures des pays développés ou en voie d'industrialisation : celle du Brésil et des États-Unis dans la culture du soja – un produit essentiel pour les élevages européens –, celle du bassin méditerranéen dans les fruits et légumes, celle des Pays-Bas dans les produits de l'élevage. Toutes ces spécialisations génèrent des excédents qui font naître à leur tour des échanges commerciaux. Enfin, les pays du Sud, bien que souvent déficitaires en produits vivriers, restent spécialisés dans la production et l'exportation de produits tropicaux : café, cacao, fruits (Afrique noire, Amérique latine), thé (Asie), manioc (Thaïlande).

**Voir aussi :** AGROALIMENTAIRE, FERTILISATION.

**AGRIPPER** v.t. (de l'anc. fr. *grippe,* vol). Prendre, saisir vivement qqn, qqch en serrant avec les doigts, en s'accrochant. ◆ **s'agripper** v.pr. **(à).** S'accrocher fermement, se cramponner.

**AGRIPPINE** l'Aînée, princesse romaine (14 av. J.-C. - 33 apr. J.-C.), petite-fille d'Auguste, fille d'Agrippa et de Julie ; elle épousa Germanicus, fils adoptif de l'empereur Tibère, dont elle eut Caligula et Agrippine la Jeune.

**AGRIPPINE** la Jeune, princesse romaine (v. 15 - 59 apr. J.-C.), fille de la précédente et de Germanicus. Ambitieuse, elle épousa en troisièmes noces l'empereur Claude, son oncle, et lui fit adopter son fils, Néron. À la mort de Claude, empoisonné, elle plaça Néron sur le trône ; mais celui-ci la fit assassiner.

**AGRITOURISME** n.m. Ensemble des infrastructures et activités développées à l'intention des touristes dans les exploitations agricoles (gîtes ruraux, chambres d'hôte, campings).

**AGROALIMENTAIRE** adj. Relatif à l'élaboration, à la transformation et au conditionnement des produits d'origine princ. agricole destinés à la consommation humaine et animale. ◆ n.m. *L'agroalimentaire,* l'ensemble des industries agroalimentaires.

→ • DOSSIER L'INDUSTRIE AGROALIMENTAIRE *page 119.*

**AGROCHIMIE** n.f. Ensemble des activités de l'industrie chimique fournissant des produits pour l'agriculture (engrais et pesticides, notamm.).

**AGRO-INDUSTRIE** n.f. (pl. agro-industries). Ensemble des industries dont l'agriculture est le débouché (matériel agricole, engrais) ou le fournisseur (agroalimentaire).

**AGROLOGIE** n.f. Partie de l'agronomie qui a pour objet l'étude des terres cultivables.

**AGRONOME** n. (gr. *agros,* champ, et *nomos,* loi). -1. Spécialiste de l'agronomie. -2. ***Ingénieur agronome,*** ingénieur diplômé des écoles nationales supérieures d'agronomie.

**AGRONOMIE** n.f. Étude scientifique des relations entre les plantes cultivées, le milieu (sol, climat) et les techniques agricoles.

**AGRONOMIQUE** adj. Relatif à l'agronomie.

**AGROPASTORAL, E, AUX** adj. Qui vit de l'agriculture et de l'élevage : *Civilisations agropastorales.*

**AGROSTIS** [agrɔstis] n.f. Herbe vivace abondante dans les prés. (Famille des graminées.)

**AGROTIS** [agrɔtis] n.m. Papillon nocturne à ailes brunâtres, dont la chenille s'attaque aux céréales et aux betteraves. (Famille des noctuidés.)

**AGRUME** n.m. (it. *agruma*). ***Les agrumes,*** le citron et les fruits voisins (orange, mandarine, cédrat, pamplemousse, etc.).

**AGRUMICULTURE** n.f. Culture des agrumes.

**AGUARDIENTE** [agwardjɛ̃t] ou [djɛnte] n.f. (mot esp.). Eau-de-vie, dans les pays de langue espagnole (en partic. en Amérique du Sud).

**AGUASCALIENTES,** v. du Mexique, au N.-O. de Mexico ; 506 384 hab. Station thermale et métallurgie.

**AGUERRIR** [agerir] v.t. (de *guerre*). Habituer qqn aux périls de la guerre et, FIG., aux choses pénibles : *Aguerrir des troupes.* ◆ **s'aguerrir** v.pr. S'endurcir : *Il s'est aguerri à la douleur.*

**AGUESSEAU** (Henri François **d'**), magistrat français (Limoges 1668 - Paris 1751). Chancelier de 1717 à 1750, il fut en disgrâce de 1718 à 1727 pour son opposition à Law. Son œuvre de juriste tend à substituer le droit écrit à la coutume.

**AGUETS** [agɛ] n.m. pl. (de l'anc. fr. *à guet,* en guettant). ***Aux aguets,*** qui guette, qui épie.

**AGUEUSIE** n.f. (du gr. *gueusis,* goût). Diminution marquée du sens gustatif.

**AGUICHANT, E** adj. Qui aguiche.

**AGUICHE** n.f. (pour traduire l'angl. *teaser*). Accroche publicitaire sans mention de produit ou de marque, destinée à intriguer et à retenir l'attention du public jusqu'à la campagne proprement dite. SYN. (anglic. déconseillé) : teaser.

**AGUICHER** v.t. (de *guiche,* accroche-cœur). Provoquer, chercher à séduire qqn par la coquetterie, l'artifice.

**AGUICHEUR, EUSE** adj. et n. Qui aguiche.

**Ah,** symbole de l'ampère-heure.

**AH** interj. Accentue l'expression d'un sentiment, d'une idée, etc. : *Ah ! que c'est beau !*

**Ahasvérus,** personnage légendaire, plus connu sous le nom de *Juif errant.*

**AHIDJO** (Ahmadou), homme d'État camerounais (Garoua 1924 - Dakar 1989). Il négocia l'indépendance du Cameroun et fut président de la République de 1961 à 1982.

**AHLIN** (Lars Gustav), écrivain suédois (Sundsvall 1915). Rénovateur du roman prolétarien (*Tobb au manifeste,* 1943), il évolue du marxisme vers un réalisme mystique et visionnaire.

AÏ

**AHMADABAD** ou **AHMEDABAD,** v. de l'Inde, anc. cap. du Gujerat ; 3 297 655 hab. Important centre textile, elle commande la deuxième région industrielle de l'Inde après Bombay. – Nombreux monuments (XVe-XVIIe s.) représentatifs de la luxuriance raffinée de l'architecture islamique du Gujerat (Grande Mosquée, 1423 ; mosquée de Sidi Sayyid, 1515).

**AHMOSIS,** roi d'Égypte (1580-1558 av. J.-C.). Il acheva de chasser les Hyksos hors d'Égypte et fonda la XVIIIe dynastie.

**AHO** (Juhani **Brofeldt**, dit **Juhani**), écrivain finlandais (Lapinlahti 1861 - Helsinki 1921), romancier d'inspiration naturaliste (*l'Écume des rapides,* 1911).

**Ahram** (al-), le plus important quotidien égyptien, créé en 1876.

**AHRIMAN** ou **ANGRA MAINYU,** dieu qui représente, dans la religion de l'Iran ancien (mazdéisme ou zoroastrisme), l'esprit du mal et qui s'oppose au principe divin du bien, Ahura-Mazda.

**AHURA-MAZDA** ou **ORMUZD,** dieu suprême de l'Iran ancien. Dénommé le « Seigneur sage », il est l'ordonnateur et le souverain unique de la création. Quand la religion mazdéenne évolua dans le sens d'un dualisme, il eut pour adversaire l'esprit du mal, Ahriman ou Angra Mainyu.

**AHURI, E** adj. et n. (de *hure*). Étonné au point d'en paraître stupide ; abasourdi, interdit.

**AHURIR** v.t. Abasourdir qqn, l'étourdir ; rendre ahuri.

**AHURISSANT, E** adj. Qui ahurit ; incroyable, stupéfiant.

**AHURISSEMENT** n.m. État d'une personne ahurie ; saisissement, stupéfaction.

**AHVAZ,** v. d'Iran, cap. du Khuzestan, au N. d'Abadan ; 329 000 hab.

**AHVENANMAA,** en suédois **Åland**, archipel finlandais de la Baltique, limitant au S. le golfe de Botnie ; 1 505 km² ; 23 000 hab.

**AÏ** [ai] n.m. (mot tupi-guarani). Mammifère arboricole de l'Amérique du Sud que ses mouvements très lents ont également fait nommer *paresseux*. SYN. : **bradype**. (Long. 60 cm env. ; ordre des xénarthres.)

**AICARD** (Jean), écrivain français (Toulon 1848 - Paris 1921). Poète et romancier régionaliste, il fut célèbre pour son roman *Maurin des Maures* (1908). [Acad. fr. 1909.]

**AICHE** [ɛʃ], **ÈCHE** ou **ESCHE** n.f. (lat. *esca*). Appât accroché à l'hameçon.

**AICHER, ÉCHER** ou **ESCHER** v.t. Garnir d'une aiche : *Aicher un hameçon.*

**Aïda,** opéra de Verdi en quatre actes, livret d'A. Ghislanzoni d'après A. Mariette (Le Caire, 1871). Le livret repose sur la rivalité d'Amnéris, fille du Pharaon, et de la captive Aïda, fille du roi d'Éthiopie, Amonasro, dont Radamès, aimé des deux femmes, fut vainqueur. Ayant trahi sa patrie pour Aïda, Radamès est enseveli vivant avec elle.

1. **AIDE** n.f. -1. Soutien, secours apporté par qqn ou par qqch ; action d'aider qqn. -2. Subvention, secours financier : *Aide à la reconversion des entreprises.* -3. *Aide juridique,* assistance juridique accordée aux personnes défavorisées. ‖ *Aide sociale,* secours matériel ou financier accordé à certaines catégories de personnes en difficulté. ◆ pl. -1. Moyens dont dispose le cavalier pour guider le cheval : *Aides naturelles* (assiette, jambes, mains). *Aides artificielles* (rênes, éperons, cravache, etc.). -2. Impôts indirects, au Moyen Âge et sous l'Ancien Régime. -3. *Cour des aides,* cour qui jugeait des procès relatifs aux tailles, aux aides et aux gabelles. ◆ loc. prép. *À l'aide de,* grâce à, au moyen de.

2. **AIDE** n. -1. Personne qui aide, qui seconde qqn dans un travail, une fonction. -2. *Aide anesthésiste,* auxiliaire médical secondant le médecin anesthésiste. ‖ *Aide de camp,* officier attaché à la personne d'un chef d'État, d'un général, etc. ‖ *Aide familiale,* personne, diplômée de l'État, envoyée dans certaines familles défavorisées moyennant un paiement tarifé en fonction des ressources de la famille. ‖ *Aide maternelle,* personne, diplômée de l'État, qui s'occupe des jeunes enfants dans les crèches, les collectivités ou les familles. ‖ *Aide ménagère,*

travailleuse sociale envoyée par les bureaux d'aide sociale pour s'occuper des personnes âgées.

**AIDE-MÉMOIRE** n.m. inv. Recueil de dates, de formules, abrégé de l'essentiel d'une matière, d'un programme d'examen, etc.

**AIDER** v.t. (lat. *adjutare*). Fournir un secours, une assistance à qqn. ◆ v.t. ind. **(à).** Contribuer à qqch, le faciliter : *Aider au succès d'une entreprise.* ◆ **s'aider** v.pr. **(de).** Se servir, tirer parti de qqch : *S'aider d'une échelle.*

**AIDE-SOIGNANT, E** n. (pl. aides-soignants, es). Personne chargée de donner des soins aux malades, mais qui ne possède pas le diplôme d'infirmier.

**AÏE** [aj] interj. Exprime la douleur, l'inquiétude, etc. : *Aïe ! Ça fait mal !*

**A.I.E.A.** (Agence internationale de l'énergie atomique), organisation intergouvernementale à vocation autonome, placée sous l'égide des Nations unies. Créée en 1957, elle a pour but de promouvoir les applications pacifiques de l'énergie atomique en veillant, notamment, à ce qu'elles ne conduisent pas à la fabrication d'armes nucléaires. Son siège est à Vienne.

**AÏEUL, E** n. (lat. *avus*) [pl. aïeuls, aïeules]. LITT. Grand-père, grand-mère.

**AÏEUX** [ajø] n.m. pl. LITT. Ancêtres.

**AIGLE** n.m. (lat. *aquila*). Oiseau rapace diurne de grande taille (envergure 2,50 m env.), construisant son aire en haute montagne. (Ordre des falconiformes.) *L'aigle glatit,* pousse son cri. DÉCOR. Emblème, décoration figurant un aigle. MOBIL. Lutrin dont le pupitre est porté par une figure d'aigle. PAPET. Format de papier de 74 × 105 cm (grand aigle) ou de 60 × 94 cm (petit aigle). ◆ n.f. -1. Femelle de l'oiseau rapace. -2. Enseigne nationale ou militaire représentant un aigle : *Les aigles romaines.* -3. Figure héraldique représentant un aigle.

**AIGLE** royal

**AIGLEFIN** n.m. → ÉGLEFIN.

**AIGLON, ONNE** n. Petit de l'aigle.

**Aigos-Potamos** *(bataille d')* [405 av. J.-C.], victoire du Spartiate Lysandre sur la flotte athénienne à la fin de la guerre du Péloponnèse.

**AIGOUAL,** massif des Cévennes, entre le Gard et la Lozère ; 1 565 m. Forêt. Observatoire.

**AIGRE** adj. (lat. *acer,* piquant). -1. Qui a une acidité désagréable au goût ; piquant : *Des fruits aigres.* -2. Criard, aigu : *Une voix aigre.* -3. Désagréable, blessant : *Une remarque aigre.* ◆ n.m. -1. Goût, odeur aigres. -2. ***Tourner à l'aigre,*** s'envenimer, en parlant d'une discussion, d'un débat. ◆ **aigrement** adv. Avec aigreur.

**AIGRE-DOUX, -DOUCE** adj. (pl. aigres-doux, -douces). -1. D'un goût à la fois acide et sucré : *Porc aigre-doux* (cuisine extrême-orientale). -2. Désagréable ou blessant en dépit d'une apparente douceur : *Propos aigres-doux.*

**AIGREFIN** n.m. Personne qui vit de procédés indélicats ; escroc.

**AIGRELET, ETTE** adj. Légèrement aigre.

**AIGREMOINE** n.f. Plante herbacée des prés et des bois, à fleurs jaunes et à fruits crochus. (Famille des rosacées.)

**AIGRETTE** n.f. (provenç. *aigron,* héron). -1. Grand héron blanc et gris perle des pays chauds, portant au moment de la reproduction de longues plumes recherchées pour la parure. -2. Faisceau de plumes qui surmonte la tête de certains oiseaux. -3. Ornement de pierres fines ou précieuses montées en faisceau. -4. Ornement d'un casque, d'un dais, en forme de plumet rigide en plumes ou en crin.

**AIGREUR** n.f. -1. Fait d'être aigre ; caractère de ce qui est aigre : *L'aigreur des fruits verts. L'aigreur d'une réflexion.* -2. (Surtout au pl.). Sensations aigres dans la bouche ou l'estomac.

**AIGRI, E** adj. et n. Rendu amer et irritable par des déceptions, des échecs, des épreuves.

**AIGRIR** v.t. -1. Rendre qqch aigre. -2. Rendre qqn amer et irritable : *Les déceptions ont aigri son caractère.* ◆ v.i. Devenir aigre : *Le lait a aigri.* ◆ **s'aigrir** v.pr. Devenir amer et irritable.

**AIGU, UË** adj. (lat. *acutus,* pointu). -1. Terminé en pointe ; tranchant, effilé : *Lame aiguë d'un poignard.* -2. Haut, d'une fréquence élevée, en parlant d'un son, d'une voix, etc. -3. Fin, pénétrant, en parlant du regard, d'une qualité intellectuelle, etc. : *Une intelligence aiguë.* -4. Qui s'élève d'un coup à son paroxysme : *Douleur aiguë.* -5. *Angle aigu,* plus petit que l'angle droit. ◆ **aigu** n.m. Son aigu ; registre aigu : *Chanteur à l'aise dans l'aigu.*

**AIGUADE** [ɛgad] n.f. ANC. Lieu d'approvisionnement en eau douce pour les navires.

**AIGUE-MARINE** n.f. (mot provenç.) [pl. aigues-marines]. Pierre fine, variété de béryl dont la transparence et la couleur bleu clair nuancé de vert évoquent l'eau de mer.

**AIGUES-MORTES,** ch.-l. de c. du Gard, à l'O. de la Camargue ; 5 033 hab. *(Aigues-Mortais).* Salines. – Jadis port de mer, où Saint Louis s'embarqua pour l'Égypte (septième croisade, 1248) et Tunis (1270). – Belle enceinte médiévale quadrangulaire, construite dans le dernier quart du XIIIe siècle.

**AIGUIÈRE** [ɛgjɛr] n.f. (provenç. *aiguiera*). ANC. Vase à pied, muni d'un bec et d'une anse, et souvent accompagné d'un bassin, destiné à contenir de l'eau.

**AIGUIÈRE** en vermeil de style « auriculaire » (début du XVIIe s.)
[Rijksmuseum, Amsterdam]

**AIGUILLAGE** n.m. -1. Action de diriger un convoi sur un réseau de chemin de fer en manœuvrant des branchements. -2. Dispositif constitué essentiellement de rails mobiles (aiguilles), permettant de faire passer les véhicules ferroviaires d'une voie sur une autre. -3. Action d'orienter qqn, une action dans telle ou telle direction.

**AIGUILLAT** [egɥija] n.m. Requin vivipare qui fournit l'huile de foie de requin. SYN. (cour.) : **chien de mer.**

**AIGUILLE** n.f. (du lat. *acus,* pointe). -1. Petite tige d'acier trempé et poli, dont une extrémité est pointue et l'autre percée d'un trou *(chas)* pour passer le fil : *Aiguilles à coudre, à broder.* -2. Sommet pointu d'une montagne. -3. Tige rigide qui indique les heures *(grande aiguille),* les minutes *(petite aiguille),* les secondes *(trotteuse)* sur un cadran de montre, d'horloge. -4. ***Aiguille (à tricoter),*** mince tige plus ou moins rigide servant à tricoter. **ARCHIT.** Élément vertical et effilé d'un bâtiment (pinacle, flèche, etc.). **BOT.** Feuille rigide et aiguë des conifères. **CH. DE F.** Portion de rail mobile d'un aiguillage. **ZOOL.** Poisson mince et long (nom commun à plusieurs espèces : orphies, syngnathidés, etc.).

**AIGUILLÉE** n.f. Longueur de fil enfilée sur une aiguille.

**AIGUILLER** [egɥije] v.t. -1. Diriger un véhicule ferroviaire, un convoi en manœuvrant un aiguillage. -2. Orienter qqch, diriger qqn dans une direction précise.

**AIGUILLES** *(cap des),* extrémité sud de l'Afrique, à l'est du cap de Bonne-Espérance.

**AIGUILLES-ROUGES** (les), massif des Alpes françaises du Nord, au nord du massif du Mont-Blanc ; 2 965 m.

**AIGUILLETAGE** n.m. Technique de fabrication d'étoffes consistant à entremêler des fibres textiles disposées en nappes à l'aide d'aiguilles crochetées.

**AIGUILLETTE** [egɥijɛt] n.f. -1. Cordon ferré aux deux bouts qui servait à fermer ou à garnir les vêtements. -2. Ornement d'uniforme fait de cordons tressés. -3. Partie du romsteck. -4. Mince tranche de chair prélevée sur l'estomac d'une volaille, d'une pièce de gibier à plumes. -5. Orphie.

**AIGUILLEUR** n.m. -1. Agent du chemin de fer chargé de la manœuvre des aiguillages. -2. ***Aiguilleur du ciel,*** contrôleur de la navigation aérienne.

**AIGUILLON** [egɥijɔ̃] n.m. -1. Bâton muni d'une pointe de fer, pour conduire les bœufs. -2. Stimulant : *L'intérêt, ce puissant aiguillon.* -3. Épine de certains végétaux (ronce, rosier, etc.), production épidermique qui se détache en laissant une cicatrice superficielle. -4. Dard de certains insectes (abeilles, guêpes, etc.).

**AIGUILLON** (Emmanuel Armand **de Vignerot du Plessis de Richelieu,** *duc* **d'**), ministre français (Paris 1720 - *id.* 1788). Commandant en chef en Bretagne, il eut de graves démêlés avec le parlement de Rennes. Au sein du triumvirat qu'il forma avec Maupeou et Terray, il fut chargé par Louis XV des Affaires étrangères et de la Guerre (1771-1774).

**AIGUILLON** (Marie-Madeleine **de Vignerot,** *duchesse* **d'**), nièce de Richelieu (Le Glenay 1604 - Paris 1675), auxiliaire de saint Vincent de Paul et bienfaitrice des missions du Canada.

**AIGUILLONNER** v.t. **-1.** Piquer un bœuf avec l'aiguillon. **-2.** Exciter qqn, le stimuler.

**AIGUILLOT** n.m. Ferrure de gouvernail, pièce mâle qui constitue avec le femelot (pièce femelle) l'axe de pivotement du safran.

**AIGUISAGE** ou **AIGUISEMENT** n.m. Action d'aiguiser ; son résultat.

**AIGUISER** [egize] v.t. **-1.** Rendre tranchant un couteau, un instrument, etc. ; affûter. **-2.** Rendre plus vifs une sensation, une faculté, un conflit.

**AIGUISOIR** n.m. Instrument servant à aiguiser.

**AIKEN** (Howard Hathaway), informaticien américain (Hoboken, New Jersey, 1900 - Saint Louis, Missouri, 1973). Pour résoudre des problèmes complexes de calcul numérique, il imagina d'utiliser en séquence des systèmes à cartes perforées et de contrôler le déroulement des opérations par le même procédé.

**AÏ-KHANOUM,** cité hellénistique d'Afghanistan, découverte en 1964 par D. Schlumberger.

**AÏKIDO** [ajkido] n.m. (mot jap.). Art martial d'origine japonaise, combat pratiqué essentiellement à mains nues et fondé sur la neutralisation de la force de l'adversaire par des mouvements de rotation et d'esquive, et l'utilisation de clés aux articulations.

**AIL** [aj] n.m. (lat. *allium*) [pl. ails ou, plus rare, aulx]. Plante potagère à bulbe dont les gousses, à l'odeur forte et au goût piquant, sont utilisées en cuisine.

**AILANTE** n.m. (mot malais, *arbre du ciel*). Arbre des régions tropicales, à feuilles composées pennées, planté en France sur les voies publiques sous le nom de *vernis du Japon.* (Haut. 20-30 m env. ; famille des simarubacées.)

1. **AILE** n.f. (lat. *ala*). **-1.** Membre mobile assurant le vol, chez les oiseaux, les chauves-souris, les insectes. (V. ENCYCL.) **-2.** Morceau de volaille cuite comprenant l'aile et la chair qui s'y attache.

**ENCYCL.** L'acquisition du vol chez les oiseaux et chez certains mammifères s'est accompagnée d'une modification morphologique profonde du membre antérieur. On observe un allongement considérable des doigts chez les chiroptères (les chauves-souris) pour supporter les membranes alaires. Au contraire, chez les oiseaux, il ne reste plus que trois doigts et la plupart des phalanges régressent. Seul le doigt médian est important et sert de support aux plus longues plumes, les rémiges. L'os du bras est lui-même adapté au type de vol de l'oiseau : l'humérus est long chez les planeurs comme le goéland, tandis qu'il est court et épais chez les oiseaux au vol rapide comme les martinets ou les colibris. Sur le cubitus s'insèrent les rémiges secondaires.

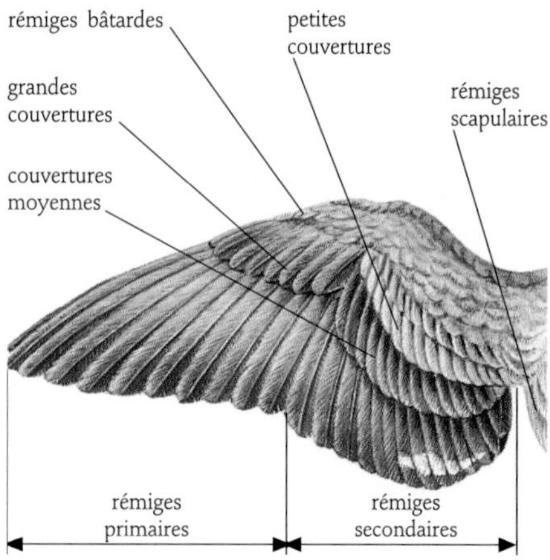


**AILE** de pigeon

2. **AILE** n.f. (de *1. aile*). **-1.** Objet fabriqué qui, par sa forme, sa disposition ou sa destination, évoque le membre des oiseaux : *Ailes d'un moulin à vent.* **-2.** Ce qui occupe une position latérale par rapport à une partie centrale. **-3.** Chacun des principaux plans de sustentation d'un avion. (→ AVION, AVIATION.) **-4.** Partie de la carrosserie d'une automobile qui recouvre et entoure la roue. **AÉRON.** *Aile volante,* avion dont le fuselage est plus ou moins intégré dans l'épaisseur de l'aile. **ANAT.** Partie latérale du nez. **ARCHIT.** Corps de bâtiment construit sur l'alignement du bâtiment principal ou formant retour. **BOT.** Chacun des deux pétales latéraux de la corolle des papilionacées ; expansion membraneuse de certains organes (tiges, fruits, graines, etc.). **CÉRAM.** Bord d'un plat, d'une assiette, séparé du fond par le marli. **MIL.** Partie latérale d'une armée terrestre ou navale rangée en ordre de bataille. **SPORTS.** Extrémité de la ligne d'attaque d'une équipe (football, rugby, etc.). ‖ *Aile libre,* engin servant au vol libre et constitué essentiellement d'une carcasse légère tendue d'une voilure et d'un harnais auquel on se suspend.

# L'INDUSTRIE AGROALIMENTAIRE

La plupart des produits de la culture et de l'élevage sont soumis à divers traitements, parfois fort complexes, avant de servir à l'alimentation. Ces traitements sont réalisés principalement par l'industrie agroalimentaire.

## Les filières.

Le fonctionnement économique de l'industrie agroalimentaire est structuré autour de filières alimentaires, c'est-à-dire d'ensembles d'éléments liés à un produit ou à une gamme de produits, dans une chaîne qui peut être plus ou moins longue. C'est ainsi qu'on parle de « filière viande », de « filière lait », de « filière fruits et légumes », etc. Dans ces différentes filières sont poursuivies en permanence des recherches pour offrir aux consommateurs des produits nouveaux, mieux standardisés, de meilleure qualité et de meilleure saveur. Une même firme peut contrôler toute la filière d'un produit, par exemple celle de la viande de volaille, qui comprend : la fabrication des aliments composés, les élevages sous contrat, l'abattoir et les installations de découpe et de conditionnement. La situation la plus fréquente est celle de l'entreprise achetant la matière première sur le marché, soit dans le cadre de contrats avec les fournisseurs (élevages laitiers, producteurs de betterave sucrière, etc.), soit sans contrat (céréales, oléagineux, etc.).

## Les firmes.

L'industrie agroalimentaire est très hétérogène du point de vue de la dimension économique des entreprises : elle compte aussi bien des P. M. E. de quelques employés que d'énormes conglomérats multinationaux qui ont le monde entier comme sphère d'activité. L'activité artisanale n'a cependant pas disparu et certains chaînons des filières sont encore tenus, au moins en partie, par de petites entreprises familiales. C'est le cas, par exemple, en France, pour la fabrication du pain, la charcuterie ou la découpe de la viande. Mais, d'une manière générale, les usines de grande dimension et les grandes firmes prennent progressivement le pas sur la transformation artisanale.

Parmi les firmes multinationales, on peut citer Unilever (Pays-Bas et Royaume-Uni), Nestlé (Suisse), Philip Morris (États-Unis), Ferruzzi (Italie), Danone (France), etc. Il s'agit d'entreprises dont les activités sont nombreuses et les implantations géographiques, multiples. Il faut noter aussi l'existence de puissantes coopératives dans les pays industrialisés, qui transforment la production de leurs adhérents. Elles sont surtout fortes dans les produits de l'élevage (lait, viandes) : c'est le cas du groupe français qui commercialise la marque de produits frais Yoplait, et que l'on retrouve dans de nombreux pays étrangers.

### Les fonctions.

**Le ramassage et le transport.** L'industrie agroalimentaire met des produits sur le marché en permanence et les distribue sur de vastes territoires. Or les produits agricoles d'origine végétale sont généralement récoltés une fois par an et les produits animaux sont disponibles selon des périodicités variables (animaux de boucherie) ou dans des quantités inégales selon les saisons (lait). De plus, les lieux de collecte sont dispersés, les exploitations agricoles étant en général de petite ou moyenne dimension. Le ramassage et le transport requièrent donc d'importants moyens afin de conserver aux produits agricoles leurs qualités nutritionnelles. Le lait est, de loin, le produit qui pose le plus de problèmes. Son extrême fragilité biologique et hygiénique impose une chaîne du froid qui commence dans des réservoirs réfrigérés à la ferme et continue grâce à des camions, eux aussi réfrigérés, qui viennent prendre quotidiennement ou biquotidiennement le produit chez l'agriculteur pour l'apporter à la laiterie industrielle. Mais les produits végétaux aussi doivent être traités attentivement. En effet, dès le moment de la récolte, les légumes et les fruits commencent à se dégrader et, pour qu'ils conservent leur fraîcheur, il faut agir vite : pour les petits pois destinés à la conserve, par exemple, l'intervalle de temps entre la cueillette au champ et le début du traitement en usine ne doit pas excéder dix heures.

**Le stockage.** Une fois récoltés et collectés, les produits agricoles doivent être stockés. Mettant en jeu d'énormes quantités, le stockage est devenu une fonction économique fort coûteuse dont les techniques sont adaptées aux différents types de produits. C'est ainsi que d'énormes silos construits en rase campagne ou sur les ports permettent de conserver les grains. Les chambres frigorifiques sont indispensables pour stocker les viandes. Pour les légumes et les fruits, surtout les pommes, on combine un abaissement de température et une atmosphère contrôlée : l'air est appauvri en oxygène et enrichi en gaz carbonique, ce qui diminue l'activité respiratoire des fruits et freine leur maturation.

**La transformation.** Les traitements que subissent les produits agricoles dans les usines sont parfois de simples conditionnements destinés à faciliter leur commercialisation : calibrage et emballage des œufs, nettoyage et mise en barquettes standardisées des fruits et légumes frais. Mais, en général, les produits sont profondément transformés, soit par des traitements physiques : broyage, séchage, action du froid ou de la chaleur ; soit par des traitements chimiques : ajout de sucre ou de sel, d'acide citrique, d'additifs divers ; soit par des traitements biologiques, dont le plus élaboré est la fermentation. Les procédés industriels reposent sur ces opérations élémentaires.

Une tendance récente consiste dans l'intégration de l'acte culinaire dans l'industrie alimentaire. La préparation de plats cuisinés, qui correspond aux nouvelles habitudes de vie, n'empêche pas la préservation d'une certaine tradition gastronomique. Les méthodes de préparation deviennent de plus en plus élaborées. Les industriels travaillent, par exemple, sur la production d'arômes par des micro-organismes génétiquement programmés pour obtenir des portions dans lesquelles le consommateur retrouvera des saveurs, des odeurs, des couleurs, des textures conservées dans sa mémoire gustative.

**L'emballage.** C'est une nécessité pour protéger les produits, mais c'est aussi un moyen de faciliter le transport, d'informer le consommateur, de rendre plus commode l'utilisation. Les nouveaux matériaux plastiques et les nouvelles machines ont bouleversé les techniques de l'emballage. Par exemple, la brique en carton plastifié, dans laquelle on combine le remplissage stérile et un traitement à ultra-haute température (U. H. T.), a permis l'expansion considérable de la vente du lait stérilisé et, plus récemment, la mise sur le marché de soupes et de jus de fruits conservant leur arôme initial. La cuisson sous vide, utilisée pour les plats cuisinés de qualité, repose sur des emballages plastiques souples où le produit est cuit dans un sac fermé par

### LA DISTRIBUTION EN GRANDE SURFACE

Le développement de l'industrie agroalimentaire et celui des magasins de grande surface sont liés. La standardisation, la capacité à fournir en masse des produits de qualité uniforme ont largement contribué au succès des rayons alimentaires des supermarchés. Ceux-ci, à leur tour, assurent l'écoulement régulier de la multitude des produits alimentaires offerts par l'industrie. Un simple supermarché en propose 5 000, un hypermarché, le double. Les centrales d'achat des grandes surfaces sont des partenaires incontournables autant que redoutables des entreprises agroalimentaires. Être référencé par ces centrales est indispensable pour lancer un nouveau produit. Les grandes surfaces profitent de leur position dominante pour obtenir des baisses de prix, des délais de paiement, des ristournes.

❶ Conditionnement aseptique de lait chocolaté en briques de carton paraffiné.

thermoformage. Par l'extension de ses usages, le matériau plastique déplace progressivement l'usage de la vieille boîte de conserve métallique.

### L'innovation.

**Les nouveaux produits.** L'industrie agroalimentaire se caractérise par de grandes capacités d'innovation, qui peuvent se mesurer sur les rayons des supermarchés, où se manifeste une forte concurrence pour emporter l'adhésion du consommateur. C'est ainsi qu'apparaissent sans cesse des produits visant à flatter de nouveaux goûts, à répondre à des inquiétudes sur la santé, à améliorer la forme physique, à faire gagner du temps dans la préparation de la nourriture. Au-delà du produit lui-même, ce sont des images, des symboles, des « concepts » qui sont proposés à l'acheteur. D'où le succès, par exemple, des produits allégés, c'est-à-dire contenant moins de sucre, d'alcool ou de matières grasses que les produits ordinaires.

**Les nouvelles techniques.** Les progrès dans les techniques de transformation et de conservation permettent de multiplier les possibilités de traitement des matières premières. C'est ainsi que le contrôle rigoureux de la chaîne du froid a considérablement augmenté la gamme des produits surgelés. La lyophilisation, procédé de dessiccation qui permet de conserver les qualités nutritives et organoleptiques, appliquée depuis longtemps au café moulu, sert à conserver des produits coûteux : crevettes, fruits rouges. L'ionisation, qui bloque les enzymes dégradant les aliments par action de rayons X ou d'un faisceau d'électrons, est

**PRÉSERVER ET CONTRÔLER LA QUALITÉ DU LAIT**

Produit d'une grande richesse biologique, le lait est difficile à conserver avant son traitement en usine ❷. Par la machine à traire, il est isolé des facteurs de pollution ; par le stockage à la ferme en tank réfrigérant et par le transport en camion-citerne isothermique, il est maintenu à basse température (4 °C). Avant de quitter la ferme, un échantillon est prélevé pour permettre son analyse. À l'arrivée à l'usine, un nouveau prélèvement est réalisé dans chaque citerne pour mesurer l'évolution de la flore bactérienne et repérer la présence d'antibiotiques due au traitement des mammites des vaches. Après un bref passage dans des cellules de stockage, le lait est traité par la chaleur pour éliminer les micro-organismes, avant de subir les transformations auxquelles il peut être soumis.

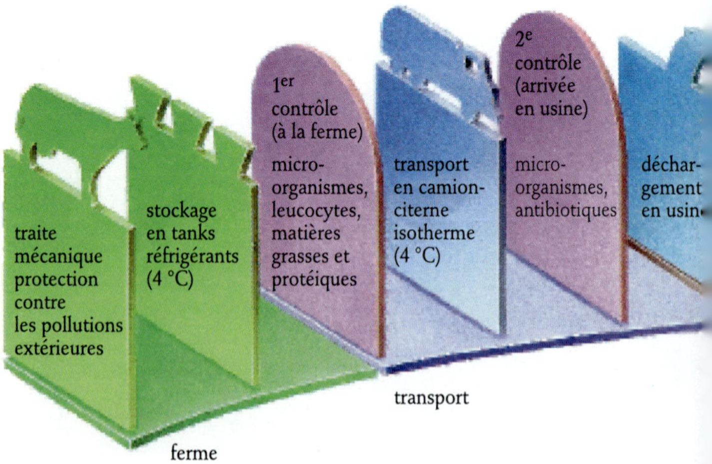

appelée à se développer. Après les aliments en conserve et surgelés, une troisième génération de produits connaît le succès : les plats cuisinés sous vide, emballés sous film plastique. Se développent aussi les produits dits « de quatrième gamme », également présentés sous vide en emballage plastique, le plus souvent des légumes frais prêts à l'emploi. De nouveaux procédés technologiques élargissent les méthodes de traitement. Tel est le cas de la cuisson-extrusion, fondée sur l'application simultanée de hautes températures et de fortes pressions : elle conduit à la fabrication d'une gamme nouvelle de produits à base de céréales pour le petit déjeuner et l'apéritif ou encore à l'obtention de mélanges de produits végétaux et animaux. Ainsi, appuyée sur des techniques en constante évolution, l'industrie agroalimentaire agit en augmentant nos possibilités de choix et en influant sur nos goûts et nos habitudes.

**La culture des goûts.** La notion de plaisir, en particulier, est devenue l'une des grandes préoccupations de l'industrie agroalimentaire. Des laboratoires d'analyses sensorielles et des panels de dégustateurs étudient les caractéristiques des produits qui doivent être mis sur le marché. Tous les sens participent à l'appréciation d'un aliment, jusqu'à l'ouïe pour les boissons qui pétillent. L'aspect d'un plat cuisiné, la couleur des ingrédients peuvent entraîner l'acceptation ou le refus. Dans les innovations technologiques, le goût est traité avec beaucoup d'attention, comme une véritable culture, avec ses variations individuelles, ses héritages d'une génération à l'autre et ses énormes différences d'un pays à l'autre, voire d'une région à l'autre.

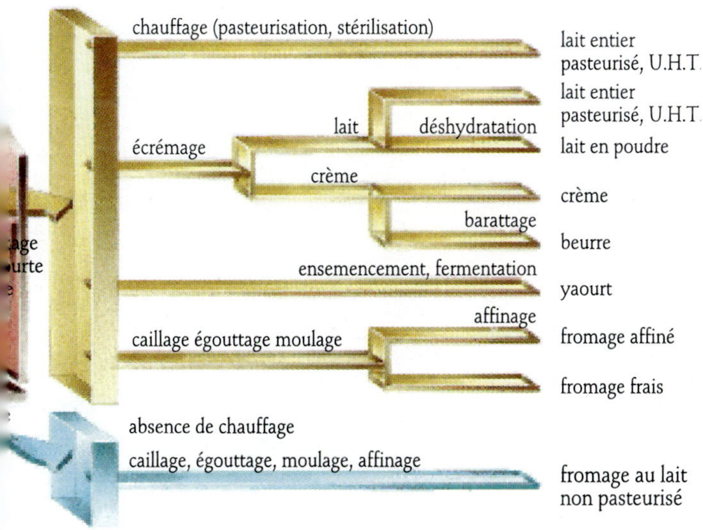


❷ Phases successives de la collecte et de la transformation du lait.

**AILÉ, E** adj. Pourvu d'ailes.

**AILERON** n.m. **-1.** Extrémité de l'aile d'un oiseau. **-2.** Volet articulé placé à l'arrière d'une aile d'avion, et dont la manœuvre permet à celui-ci de virer. **-3.** Nageoire de quelques poissons : *Ailerons de requin.* **-4.** Console renversée servant de contrefort à une lucarne, à la partie supérieure d'une façade (églises des XVII^e^-XVIII^e^ s.).

**AILETTE** n.f. **-1.** Élément stabilisateur de l'empennage arrière de certains projectiles : *Bombe à ailettes.* **-2.** Aube du rotor d'une turbine. **-3.** Élément (plaquette, lamelle, etc.) destiné à améliorer la transmission de la chaleur irradiée par un appareil de chauffage, un cylindre de moteur, etc.

**AILEY** (Alvin), danseur, chorégraphe et directeur de troupe américain (Rogers, Texas, 1931 - New York 1989). Disciple de Lester Horton, il étudie aussi la danse académique et complète sa formation auprès des grands maîtres de la modern dance (M. Graham, H. Holm, D. Humphrey). Après s'être produit à Broadway, il fonde en 1959 sa propre compagnie (composée à l'origine uniquement d'artistes noirs). Ses œuvres, telle *Revelations* (1960), évoquent avec chaleur la condition et les aspirations du peuple noir et son style réalise une synthèse entre les techniques moderne, classique et jazz.

**AILIER** n.m. **-1.** Joueur qui se trouve placé aux extrémités de la ligne d'attaque d'une équipe de football, de rugby, etc. **-2.** Équipier extérieur d'une patrouille de chasse.

**AILLADE** [ajad] n.f. Croûton de pain frotté d'ail et arrosé d'huile d'olive.

**AILLER** [aje] v.t. Garnir ou frotter d'ail : *Ailler un gigot.*

**AILLEURS** adv. (du lat. pop. [*in*] *aliore* [*loco*], [dans] un autre [lieu]). **-1.** Indique un autre lieu que celui où l'on est ou dont il s'agit. **-2.** Indique une autre origine : *Il vient d'ailleurs.* **-3.** ***D'ailleurs,*** de plus, pour une autre raison : *D'ailleurs, il faut reconnaître que...* ‖ ***Par ailleurs,*** d'un autre côté, d'autre part ; en outre.

**AILLOLI** n.m. → AÏOLI.

**AIMABLE** adj. Qui cherche à faire plaisir, à être agréable ; bienveillant, sociable : *Un homme aimable.* ◆ **aimablement** adv.

1. **AIMANT** n.m. (du gr. *adamas,* diamant). **-1.** Minéral, oxyde de fer qui attire naturellement le fer et quelques autres métaux. **-2.** Matériau, dispositif qui, comme l'aimant, produit un champ magnétique extérieur : *Aimant permanent.*

2. **AIMANT, E** adj. Porté à aimer ; affectueux.

**AIMANTATION** n.f. Action d'aimanter ; son résultat ; fait d'être aimanté.

Alvin **AILEY** : *Revelations* (Paris, 1986).

**AIMANTER** v.t. Communiquer à un corps la propriété de l'aimant.

**AIMER** v.t. (lat. *amare*). -1. Éprouver pour qqn une profonde affection, un attachement très vif : *Aimer ses enfants.* -2. Éprouver pour qqn une inclination très vive fondée à la fois sur la tendresse et l'attirance physique ; être amoureux : *Il l'a follement aimée.* -3. Avoir un penchant, du goût, de l'intérêt pour qqch : *Aimer la danse.* -4. Se développer, croître particulièrement bien dans tel lieu, tel sol, en parlant des plantes : *La betterave aime les terres profondes.* ◆ **s'aimer** v.pr. Éprouver une affection ou un amour mutuels.

**Aimeri de Narbonne,** chanson épique (entre 1205 et 1225) du cycle de Garin de Monglane.

**AIN,** riv. de France qui sort du Jura et rejoint le Rhône en amont de Lyon (r. dr.) ; 200 km. Aménagements hydroélectriques.

**AIN** [01], dép. de la Région Rhône-Alpes ; ch.-l. de dép. *Bourg-en-Bresse ;* ch.-l. d'arr. *Belley, Gex, Nantua ;* 4 arr., 43 cant., 419 comm. ; 5 762 km² ; 471 019 hab. Il est rattaché à l'académie et à la cour d'appel de Lyon, à la région militaire Méditerranée.

1. **AINE** n.f. Baguette sur laquelle on enfile par la tête les harengs à fumer.

2. **AINE** n.f. (lat. *inguen*). -1. Partie du corps entre le haut de la cuisse et le bas-ventre. -2. ***Pli de l'aine,*** pli de flexion de la cuisse sur l'abdomen.

**AÎNÉ, E** n. et adj. (de l'anc. fr. *ainz,* avant, et *né*). -1. Le premier-né : *Fils aîné.* -2. Personne plus âgée qu'une autre : *Il est mon aîné de trois ans.*

**AÎNESSE** n.f. *Droit d'aînesse,* droit qu'avait l'aîné de prendre dans la succession des parents plus que les autres enfants.

**AÏNOU** [ainu] n.m. Langue sans parenté connue, parlée par les Aïnous.

**AÏNOUS,** population de l'Asie extrême-orientale habitant les îles de Sakhaline, des Kouriles et d'Hokkaido.

**AINSI** adv. (de *si,* lat. *sic*). -1. De cette façon : *Ainsi va le monde.* -2. LITT. Introduit le deuxième terme d'une comparaison : *Comme un navire qui s'échoue, ainsi finit cette lamentable équipée.* -3. Par conséquent : *Ainsi, je conclus que...* ◆ loc. conj. *Ainsi que,* de la manière que, comme.

**Ainsi parlait Zarathoustra** → NIETZSCHE.

**AÏOLI** ou **AILLOLI** [ajɔli] n.m. (mot provenç.). -1. Coulis d'ail pilé avec de l'huile d'olive. -2. Plat de morue et de légumes pochés servi avec cette sauce.

1. **AIR** n.m. (lat. *aer,* mot gr.). -1. Mélange de plusieurs gaz (azote et oxygène, princ.) qui forme l'atmosphère. (V. ENCYCL.) -2. Ce mélange gazeux, en tant que milieu de vie : *Le bon air.* -3. Vent léger, souffle : *Courant d'air.* -4. Espace qu'occupe l'air ; atmosphère : *Oiseau qui s'élève dans l'air, dans les airs.* -5. ***L'air,*** l'aviation, l'aéronautique, les transports aériens : *Hôtesse de l'air. Armée de l'air.* PATHOL. ***Mal de l'air,*** ensemble de troubles (anxiété, sueurs froides, vomissements) ressentis en avion par certaines personnes. TECHN. ***Air comprimé,*** air dont on réduit le volume par compression en vue d'utiliser l'énergie de la détente. ‖ ***Air liquide,*** air liquéfié par détentes et compressions successives, et utilisé dans l'industrie. (V. ENCYCL.)

**ENCYCL. CHIMIE ET TECHNIQUE**

Les Anciens considéraient l'air comme un des quatre éléments fondamentaux de la nature, avec l'eau, la terre et le feu. L'oxygène n'est découvert qu'en 1774 par Priestley, et Lavoisier fait la première analyse de l'air en 1777. Enfin, à partir de 1894, W. Ramsay découvre les différents gaz rares.

| COMPOSITION MOYENNE DE L'AIR | |
|---|---|
| azote | 78,05 % |
| oxygène | 21,017 % |
| hélium | 0,000 54 % |
| argon | 0,932 % |
| néon | 0,001 % |
| krypton | 0,000 1 % |
| xénon | 0,000 01 % |
| $H_2O$ (vapeur d'eau) | proportion très variable |
| $CO_2$ | environ 0,03 % |

**La physico-chimie.** L'air est un mélange qui, débarrassé de la vapeur d'eau et du gaz carbonique *(air pur),* présente une composition remarquablement constante en volume, même si celle-ci ne fut pas immuable au cours des temps géologiques. (→ ATMOSPHÈRE.)

L'air est un gaz incolore et transparent, dénué d'odeur et de saveur. Ses composants les plus réactifs sont l'oxygène (oxydations telles que combustion ou respiration) et les impuretés ($H_2O$, $CO_2$) qui provoquent la corrosion (rouille, vert-de-gris, etc.).

**L'air liquide.** Considéré longtemps comme un gaz permanent, l'air est liquéfié en 1877 par L. Cailletet et par R. Pictet. En 1895, C. von Linde rend cette opération industrielle ; le rendement en est amélioré par le procédé de

G. Claude (1902). L'air liquide est incolore. La distillation fractionnée du mélange qu'il constitue (d'où la fourchette de températures d'ébullition) permet de préparer l'azote, l'oxygène et les gaz rares. L'air liquide permet d'atteindre de très basses températures. Il trouve ainsi des applications en cryogénie : étude des propriétés des corps, trempe forte de l'acier, congélation de sols pour des travaux en zone humide, etc.

**L'air comprimé.** Produit par des compresseurs, distribué par des canalisations, l'air comprimé a de nombreuses applications dans l'industrie : commande d'actionneurs pneumatiques (vérins, moteurs pour outillages portatifs, etc.) ; jets d'air pour nettoyer les machines et éjecter les pièces ; projection de poudres abrasives, de béton, etc. ; pulvérisation de peintures, de lubrifiants, de combustibles ; trempe à l'air de pièces métalliques ; sustentation et manutention par coussin d'air ; transport et fluidisation de matériaux en poudre ou en grains ; soufflage en métallurgie. L'air comprimé sert aussi pour le contrôle, la mesure et la régulation de processus industriels, dans lesquels la variation de la section d'écoulement constitue en général le signal traité (fluidique).

2. **AIR** n.m. -**1.** Manière d'être, apparence d'une personne : *Un air modeste, hautain.* -**2.** ***Avoir l'air,*** paraître.

3. **AIR** n.m. (ital. *aria*). -**1.** Mélodie instrumentale : *Un air de flûte.* -**2.** Pièce musicale chantée, chanson : *Air à boire. Air d'opéra.*

**AÏR,** massif montagneux du Sahara méridional (Niger). Centre princ. *Agadès.*

**Air Afrique,** compagnie aérienne africaine, créée en 1961 pour reprendre les lignes africaines auparavant exploitées par U. T. A.

**AIRAIN** n.m. (du lat. *aes, aeris*). VX ou LITT. Bronze, alliage à base de cuivre.

**AIR BAG** n.m. (nom déposé ; mot angl.). Coussin destiné à protéger les passagers avant d'un véhicule lors d'un choc, en se gonflant subitement de gaz.

**Airbus,** famille d'avions moyen-courriers ou long-courriers européens. Le biréacteur moyen-courrier commercialisé depuis 1974 existe en diverses versions appartenant à deux types : A-300 (250-300 passagers) et A-310 (200-240 passagers). Sa masse au décollage varie entre 130 et 165 t ; son envergure est de 44 m ; la longueur du fuselage est comprise entre 46 et 52 m. En 1988 entre en service l'A-320, à capacité plus réduite (140-160 passagers), mais qui bénéficie des technologies de pointe. Le quadriréacteur très long-courrier A-340 (260-440 passagers) entre en service commercial en 1992 et son dérivé, le biréacteur moyen-courrier A-330 (335-440 passagers), en 1993. La gamme s'est encore élargie avec la mise en service de deux dérivés de l'A-320 : l'A-321 (185 passagers), en 1994, et l'A-319 (124 passagers), en 1996. Il faut y ajouter l'avion-cargo A-300-600 ST Belouga (1994).

**Air Canada,** compagnie canadienne de transports aériens fondée à Montréal, en 1937, sous le nom de « Trans-Canada Air Lines ».

**AIRE** n.f. (lat. *area,* surface unie). -**1.** Terrain où l'on bat le grain, en partic. le blé. -**2.** Surface sur laquelle les oiseaux de proie construisent leur nid ; ce nid. -**3.** Terrain délimité et aménagé pour une activité, une fonction : *Aire de jeu, de stationnement, de lancement.* -**4.** Zone, secteur où se produit un fait observable ; domaine : *Aire d'influence, d'activité.* **ANAT.** Région anatomique : *Aires cérébrales.* **GÉOL.** ***Aire continentale,*** vaste région de l'écorce terrestre qui, au cours des temps géologiques, est demeurée stable et rigide. **MAR.** ***Aire de vent,*** trente-deuxième partie de la rose des vents ; direction lui correspondant. SYN. : **rhumb. MATH.** Nombre mesurant une surface ; cette surface : *Aire d'un losange.*

**AIREDALE-TERRIER** [ɛrdɛltɛrje] n.m. (mot angl.) [pl. airedale-terriers]. Terrier anglais à poil dur, très robuste, élevé à la fois comme chien de chasse et comme chien d'agrément.

**AIRELLE** n.f. (cévenol *airelo*). -**1.** Sous-arbrisseau montagnard à baies rouges ou noires rafraîchissantes telles que les myrtilles (haut. 20 à 50 cm ; famille des éricacées ; genre *Vaccinium*) ; son fruit. -**2.** ***Airelle canneberge*** → CANNEBERGE.

**Air et de l'Espace** *(musée de l'),* musée créé en 1919 à Chalais-Meudon et transféré au Bourget.

**Air France,** compagnie nationale de transports aériens, constituée en 1948 et qui a pris la suite d'une société anonyme fondée en 1933. En 1990, Air France rachète la compagnie U.T.A. (Union des transports aériens), qu'elle absorbera en 1992, et prend de ce fait le contrôle de Air Inter. En 1996, Air Inter change de dénomination sociale pour devenir Air France Europe (commercialisant ses produits sous la marque Air Inter Europe).

**Air liquide** (l'), société anonyme française fondée en 1902 pour l'exploitation industrielle du procédé de liquéfaction de l'air, mis au point par Georges Claude. Elle exerce ses activités dans quatre secteurs principaux : le gaz industriel, la construction et l'ingénierie, le matériel de soudage, de coupage et de traitement des métaux, les activités chimiques.

**AIRY** (*sir* George Biddell), astronome britannique (Alnwick, Northumberland, 1801 - Londres 1892). Auteur de nombreuses contributions en physique et en mécanique céleste, il a donné le premier la théorie complète de la formation de l'arc-en-ciel et introduit la théorie de l'isostasie. Directeur de l'observatoire de Greenwich de 1835 à 1881, il le réorganisa et lui donna un rayonnement international dans le domaine de l'astrométrie.

**AIS** [ɛ] n.m. (lat. *axis*). Planchette ou plaque d'une matière rigide, utilisée dans différentes opérations de reliure.

**AISANCE** n.f. (du lat. *adjacentia,* environs). -**1.** Facilité, air de liberté et de naturel dans les actions, les manières, le langage : *S'exprimer avec aisance.* -**2.** Situation de fortune qui permet le bien-être : *Vivre dans l'aisance.* ◆ pl. VIEILLI. ***Lieux, cabinets d'aisances,*** endroit destiné à la satisfaction des besoins naturels.

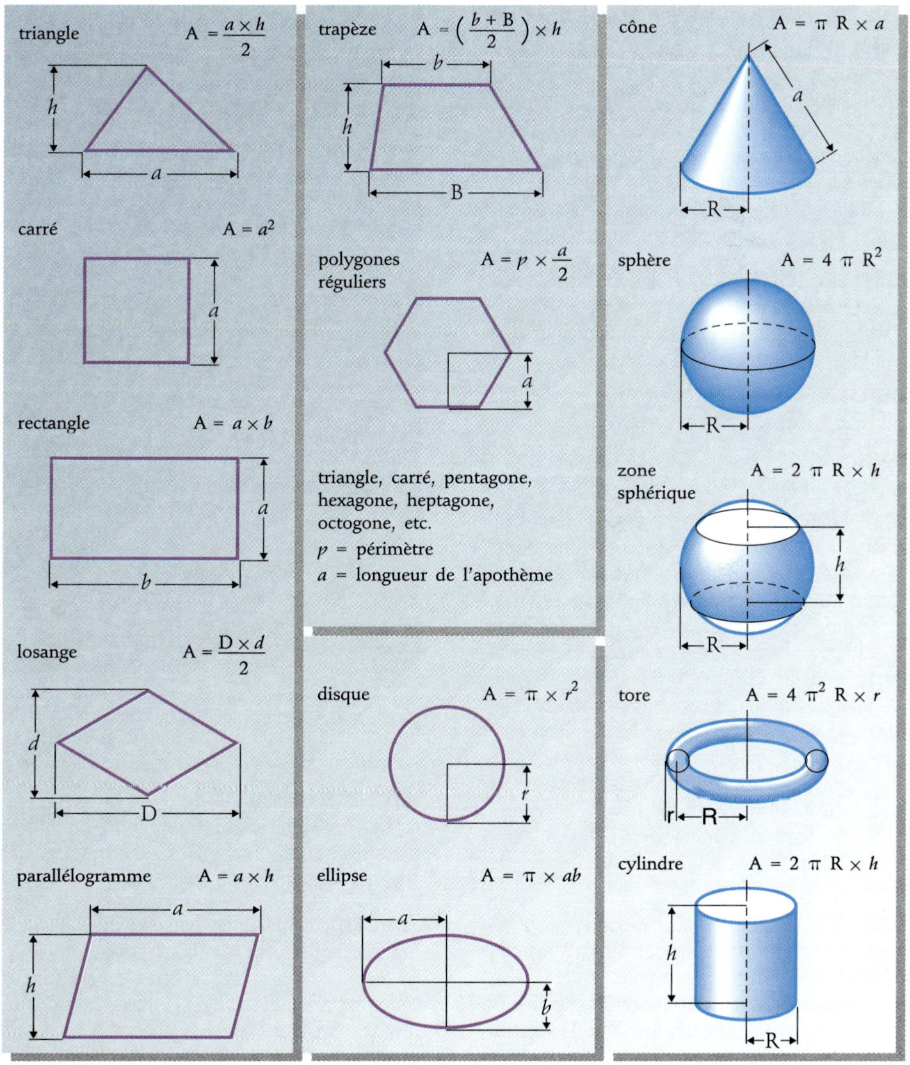


**AIRES** des principaux volumes et surfaces géométriques

**AISE** n.f. (du lat. *adjacens,* situé auprès). -**1.** Contentement, satisfaction, joie : *Rougir d'aise.* -**2.** ***À l'aise ; à mon, ton,*** etc., ***aise,*** dans une position, une tenue vestimentaire commode, confortable ; sans embarras ou appréhension. ◆ pl. *Mes (ses) aises,* bien-être, confort : *Prendre ses aises.* ◆ adj. LITT. ***Être bien aise de, que,*** être content de, que.

**AISÉ, E** adj. -**1.** Facile, naturel : *Un nom aisé à retenir.* -**2.** Qui a une certaine fortune : *Bourgeois aisé.* ◆ **aisément** adv.

**AISNE** [ɛn], riv. de France, née dans l'Argonne, qui passe à Soissons et se jette dans l'Oise (r. g.) en amont de Compiègne ; 280 km.

**AISNE** [02], dép. de la Région Picardie ; ch.-l. de dép. *Laon ;* ch.-l. d'arr. *Château-Thierry, Saint-Quentin, Soissons, Vervins ;* 5 arr., 42 cant., 817 comm. ; 7 369 km² ; 537 259 hab. Il est rattaché à l'académie et à la cour d'appel d'Amiens, à la région militaire Nord-Est.

**AISSEAU** n.m. (de *ais*). Planchette mince utilisée dans la couverture des toits. SYN. : **bardeau.**

**AISSELLE** n.f. (lat. *axilla*). -**1.** Cavité située sous l'épaule, à la jonction du bras avec le thorax. -**2.** Partie située au-dessus de l'insertion d'une feuille avec le rameau qui la porte.

**AISTOLF** ou **ASTOLPHE,** roi des Lombards (749-756), battu par Pépin le Bref.

**AIUN** (El-), v. du Sahara occidental ; 6 000 hab. Oasis.

**AIX-EN-PROVENCE,** ch.-l. d'arr. des Bouches-du-Rhône ; 126 854 hab. *(Aixois).* Archevêché. Université. Cour d'appel. Festival musical. Station thermale. Industries alimentaires. **HIST.** Aix *(Aquae Sextiae)* fut fondée par les Romains en 123 av. J.-C. Aux environs, le général romain Marius vainquit les Teutons (102 av. J.-C.). **ARTS.** Cathédrale St-Sauveur (XIe-XVe s. ; triptyque du *Buisson ardent* de N. Froment) avec baptistère remontant au Ve siècle et cloître du XIIe. Célèbre *Annonciation* de l'église de la Madeleine (1443). Monuments divers, beaux hôtels des XVIIe et XVIIIe siècles. Musées, dont celui des Tapisseries et le musée des beaux-arts « Granet ».

**AIX-LA-CHAPELLE,** en all. Aachen, v. d'Allemagne (Rhénanie-du-Nord-Westphalie) ; 236 987 hab. Station thermale. **HIST.** Ce fut la résidence préférée de Charlemagne. Deux traités y furent signés, en 1668 et 1748, qui mirent fin aux guerres de Dévolution et de la Succession d'Autriche. En 1818, un congrès consacra la fin de l'occupation des Alliés en France et l'entrée du gouvernement de Louis XVIII dans le système de la Sainte-Alliance. **ARTS.** De l'ensemble palatial de Charlemagne subsistent la chapelle octogonale (consacrée en 805) et la « salle du couronnement », devenues respectivement le noyau de la cathédrale (important trésor) et celui de l'hôtel de ville, tous deux gothiques. Musées, dont le musée municipal Suermondt-Ludwig (peinture néerlandaise et allemande, sculpture médiévale, objets d'art) et la Nouvelle Galerie (art contemporain).

**AIX-LA-CHAPELLE :**
intérieur de la chapelle Palatine (805).

**AIX-LES-BAINS,** ch.-l. de c. de la Savoie, sur la rive est du lac du Bourget ; 24 826 hab. *(Aixois).* Station thermale. Constructions électriques. Vestiges romains.

**AJACCIO,** ch.-l. de la Corse et du dép. de la Corse-du-Sud, sur la côte ouest de l'île ; 59 318 hab. *(Ajacciens).* Évêché. Située sur une rade magnifique, la ville est un centre touristique et commercial. – Cathédrale (seconde moitié du XVIe s.). Musée municipal Fesch (peinture italienne), maison natale de Napoléon et Musée napoléonien.

Monts **AJANTA** : détail du décor peint (VIe s.) d'un des sanctuaires bouddhiques.

**AJANTA** *(monts),* montagnes de l'Inde, dans le Deccan septentrional, au N.-E. de Bombay. Trente sanctuaires rupestres – œuvre de religieux bouddhistes – réunissant des *caitya* et des *vihara* y ont été creusés (IIe s. av. J.-C.-déb. VIIe s. apr. J.-C.) dans la falaise.
→ • DOSSIER AJANTA *page 130.*

**AJAX,** héros grec, fils de Télamon, roi de Salamine. Il prit part à la guerre de Troie, mais, n'ayant pu reprendre à Ulysse les armes d'Achille qu'il convoitait, il devint fou et se donna la mort.

**AJJER** *(tassili des),* massif au nord du Hoggar (Sahara algérien). En partie volcanique, il culmine à plus de 2 000 m d'altitude.

**AJMER,** v. de l'Inde (Rajasthan) ; 401 930 hab. Monuments anciens. Rajputana Museum.

**AJONC** [aʒɔ̃] n.m. (d'un patois de l'Ouest). Arbrisseau à feuilles épineuses et à fleurs jaunes, croissant sur les sols siliceux. (Haut. 1 à 4 m ; famille des papilionacées, genre *Ulex.*)

**AJOUR** n.m. Jour, en architecture et en broderie.

**AJOURÉ, E** adj. Percé, orné de jours.

**AJOURER** v.t. Orner qqch avec des jours, des ouvertures : *Ajourer un napperon, une balustrade.*

**AJOURNÉ, E** n. et adj. -**1.** Candidat à un examen renvoyé à une session ultérieure. -**2.** Appelé dont l'aptitude au service national doit être réexaminée.

**AJOURNEMENT** n.m. Renvoi à une date ultérieure.

**AJOURNER** v.t. -**1.** Renvoyer qqch à un autre jour : *Ajourner un rendez-vous.* -**2.** Renvoyer un candidat à une autre session d'examen.

**AJOUT** [aʒu] n.m. Ce qui est ajouté.

**AJOUTE** n.f. BELGIQUE. Ajout, annexe.

**AJOUTER** v.t. (du lat. *juxta,* auprès de). -**1.** Joindre une chose à une autre ; mettre en plus : *Ajouter une rallonge à une table.* -**2.** Dire qqch en plus : *Ajouter quelques mots.* ◆ **s'ajouter** v.pr. **(à).** Venir en plus de qqch.

**AJUSTAGE** n.m. -**1.** Opération consistant à donner à une pièce mécanique la dimension exacte nécessaire pour qu'elle s'assemble avec une autre. -**2.** Mise à la bonne épaisseur des lames dans lesquelles sont découpées les monnaies pour leur donner le poids légal.

**AJUSTÉ, E** adj. Serré au buste et à la taille par des pinces : *Chemisier bien, mal ajusté.*

**AJUSTEMENT** n.m. -**1.** Action d'ajuster ; son résultat : *Ajustement des tarifs, d'un vêtement.* -**2.** Degré de liberté ou de serrage entre deux pièces assemblées ; résultat de l'ajustage.

**AJUSTER** v.t. (du lat. *justus,* juste). -**1.** Adapter parfaitement qqch à qqch : *Ajuster un couvercle de boîte, un pantalon aux mesures du client.* -**2.** Mettre qqch en conformité avec une norme, un niveau, etc. : *Ajuster une balance, les prix.* -**3.** Arranger avec soin un élément de sa toilette : *Ajuster sa cravate.* -**4.** Prendre pour cible qqch, un animal, qqn ; viser. -**5.** Faire un ajustage. -**6.** ***Ajuster son tir,*** le régler de manière à atteindre son but.

# Ajanta

Inde

## L'histoire du Bouddha

Dans le sud-ouest de l'Inde, une ravine sauvage en forme de fer à cheval, au bord de la rivière Vaghora, abrite l'ensemble de sanctuaires bouddhiques d'Ajanta. Le site est composé d'une trentaine de temples et monastères creusés par les moines dans un affleurement granitique du Deccan et décorés à différentes époques, du IIe siècle av. J.-C. jusqu'au VIIIe siècle apr. J.-C. Les grottes sont richement ornées de reliefs, de sculptures et de peintures murales. Ces dernières sont relativement bien conservées, sans doute parce que les caves d'Ajanta ont longtemps été désertées. Les images de la vie du Bouddha historique voisinent avec les épisodes légendaires de ses vies antérieures tels qu'ils apparaissent dans le recueil des *Jataka*.

Le bodhisattva Padmapani, ▶
exemple typique de la peinture indienne du Deccan.

*double page suivante :*
Peinture murale de la grotte n° 2.

Détail
d'une peinture
murale.

Image ▶
du Bouddha
dans une variante
de l'attitude
de la prédication.

▲ Colonne sculptée
de la grotte n° 2.

Vue de l'ensemble ▶
rupestre d'Ajanta.

**AJUSTEUR, EUSE** n. Personne qui procède à l'ajustage de pièces mécaniques.

**AJUTAGE** n.m. (de *ajuster*). Orifice percé dans la paroi d'un réservoir ou d'une canalisation pour permettre l'écoulement d'un fluide.

**AKABA** → AQABA.

**AKADEMGORODOK,** v. de Russie, en Sibérie, près de Novossibirsk ; 60 000 hab. Instituts de recherche scientifique.

**AKAN,** peuple habitant le Ghana et l'est de la Côte d'Ivoire, parlant l'*akan,* ou *twi.*

**AKASHI,** v. du Japon (Honshu), sur la mer Intérieure ; 270 722 hab.

**AKBAR** (Umarkot 1542 - Agra 1605), empereur moghol de l'Inde (1556-1605). Il agrandit son empire et le dota d'une administration régulière. Voulant apaiser les confits dans un État aux contrastes religieux marqués, il fit de la tolérance la règle de sa politique.

**AKÈNE** ou **ACHAINE** [akɛn] n.m. (du gr. *khainein,* ouvrir). Fruit sec indéhiscent, à une seule graine (gland, noisette).

**AKHENATON** → AMÉNOPHIS IV.

**AKHMATOVA** (Anna Andreïevna), poétesse russe (Odessa 1889 - Moscou 1966). L'un des principaux représentants de l'acméisme (*le Rosaire,* 1914), elle évolua d'un lyrisme intimiste à un style plus classique, aux accents patriotiques (*Vents de guerre,* 1942-1944). Censurée en 1946, elle put, après le XXe congrès du parti communiste, republier (*Vers lyriques,* 1961 ; *le Poème sans héros,* 1963).

Anna **AKHMATOVA,** poétesse russe.

**AKHTAL** (al-), poète arabe (Hira ou Rusafa de Syrie v. 640 - Kufa v. 710). Chrétien nestorien, il vécut à la cour des Omeyyades de Damas et fut le rival de Djarir.

**AKIHITO,** empereur du Japon (Tokyo 1933). À la mort de son père Hirohito (1989), il lui succède.

**AKINARI** (Ueda Akinari, dit), écrivain japonais (Osaka 1734 - Kyoto 1809). Il a donné un style nouveau aux légendes traditionnelles (*Contes de pluie et de lune,* 1776) [→ CONTES].

**AKINÉSIE** ou **ACINÉSIE** n.f. (du gr. *kinêsis,* mouvement). Grande difficulté à réaliser des gestes, des mouvements volontaires même simples.

**AKITA,** v. du Japon, dans le nord de Honshu ; 302 362 hab.

**AKKAD,** ville, État et dynastie de la basse Mésopotamie (v. 2325 - 2160 av. J.-C.). L'empire d'Akkad fut fondé par Sargon l'Ancien. Il s'étendit au pays de Sumer, à l'Élam, aux pays situés à l'est du Tigre, à l'Assyrie et s'avança jusqu'en Syrie et en Anatolie. Cet empire devait être détruit par des envahisseurs barbares venus du Zagros. **ARTS.** L'art akkadien – caractérisé par une liberté d'expression et un sens inné de la composition alliés à une parfaite assimilation des traditions sumériennes – est connu par de beaux vestiges. Parmi les principaux : au musée de Bagdad, une tête en bronze, probable portrait idéalisé d'un roi (Sargon ou Naram-Sin) ; au Louvre, la statue et l'obélisque de Manishtousou, le cylindre de Sharkali-sharri et, surtout, la stèle de Naram-Sin.

**AKKADIEN, ENNE** adj. et n. D'Akkad. ◆**akkadien** n.m. Langue sémitique de la Mésopotamie ancienne, écrite en caractères cunéiformes.

**AKMOLA,** anc. **Tselinograd,** v. du Kazakhstan ; 277 000 hab.

**AKOLA,** v. de l'Inde (Maharashtra) ; 327 946 hab. Marché cotonnier.

**AKOSOMBO,** localité du Ghana, sur la Volta. Importante retenue (lac Volta) et centrale hydroélectrique.

**AKRON,** v. des États-Unis (Ohio), près du lac Érié ; 223 019 hab. Centre de l'industrie des pneumatiques.

**AKSAKOV** (Sergueï Timofeïevitch), écrivain russe (Oufa 1791 - Moscou 1859), peintre de la vie patriarcale russe. L'un de ses fils, **Ivan** (Nadejdino 1823 - Moscou 1886), fonda le journal slavophile *Rous (la Russie).*

**AKSOUM** ou **AXOUM,** ancien royaume d'Éthiopie, qui a existé probablement du Ier au Xe siècle de notre ère ; il devait sa prospérité à son commerce. Berceau de la civilisation et de l'Église éthiopiennes, il fut détruit par les Arabes. – Des monnaies et de nombreux vestiges, dont de remarquables obélisques monolithes, témoignent de la prospérité du vieux royaume.

**AKTIOUBINSK,** v. du Kazakhstan ; 253 000 hab. Industrie chimique.

**AKUTAGAWA RYUNOSUKE,** écrivain japonais (Tokyo 1892 - *id.* 1927). Il est l'auteur de nouvelles qui peignent des êtres en proie à l'angoisse ou à la folie (*Rashomon,* 1915 ; *les Kappa,* 1927).

**AKYAB** → SITTWE.

**Al,** symbole chimique de l'aluminium.

**ALABAMA,** État du Sud historique des États-Unis ; 4 040 587 hab. Cap. *Montgomery.* L'élevage s'est largement substitué au coton, dont le développement explique l'importance de la minorité noire : le quart de la population totale.

**ALABASTRITE** n.f. (du gr. *alabastron,* albâtre). Albâtre gypseux, très blanc, employé pour faire des vases, des statuettes, etc.

**ALACRITÉ** n.f. (lat. *alacritas*). LITT. Vivacité gaie, entraînante ; enjouement.

**A. L. A. D. I.** (sigle de Association latino-américaine d'intégration), association créée à Montevideo en 1980 par 11 pays d'Amérique latine en vue d'établir un marché commun sud-américain. Elle remplace l'Association latino-américaine de libre-commerce, créée en 1961.

**Aladin,** un des héros des *Mille et Une Nuits.* Fils d'un tailleur pauvre, Aladin va chercher au centre de la Terre une lampe magique qui lui assure la fortune.

**ALAGOAS,** État du nord-est du Brésil ; 2 512 515 hab. Cap. *Maceió.*

**ALAIN** (Émile **Chartier**, dit), philosophe français (Mortagne-au-Perche 1868 - Le Vésinet 1951). Il est l'auteur d'une philosophie idéaliste, qui, par son côté humaniste et cartésien, a longtemps servi de référence pour l'enseignement français (*Propos d'Alain,* 1908-1920).

**ALAIN,** famille de compositeurs et interprètes français. **Jehan** (Saint-Germain-en-Laye 1911 - tué près de Saumur 1940), auteur notamment de pièces pour orgue. **Marie-Claire,** organiste (Saint-Germain-en-Laye 1926), sœur du précédent, a réalisé l'enregistrement intégral de l'œuvre pour orgue de Bach, Händel et Grigny.

**ALAIN-FOURNIER** (Henri Alban **Fournier**, dit), romancier français (La Chapelle-d'Angillon 1886 - mort au combat dans le bois de Saint-Rémy 1914). Son unique roman, *le Grand Meaulnes* (1913), décrit le parcours d'initiation au merveilleux et au rêve du jeune Augustin Meaulnes, parti à la recherche de l'infini à travers l'amour.

**ALAINS,** barbares issus de la Caspienne qui, refoulés par les Huns, envahirent la Gaule en 406. Passés en Espagne (v. 409), ils furent vaincus par les Wisigoths.

**ALAIRE** adj. Relatif à l'aile, aux ailes : *Surface alaire d'un avion.*

**ALAISE** ou **ALÈSE** n.f. (du lat. *latus,* large). Pièce de tissu ou de caoutchouc, qu'on place sous le drap de dessous pour protéger le matelas.

**ALAMANS,** tribus germaniques réunies en une confédération établie sur la rive droite du Rhin au IIIe siècle. Leur progression fut brisée en Alsace par Clovis (496 ou 506).

**ALAMBIC** [alɑ̃bik] n.m. (ar. *al 'inbīq*). Appareil pour distiller, en partic. l'alcool.

ENCYCL. L'alambic, appareil très ancien, est constitué d'une *chaudière* où chauffe lentement le liquide à distiller, d'un *chapiteau* qui reçoit les vapeurs et d'un *condenseur,* serpentin réfrigéré où se condensent les vapeurs. Un dispositif de *rectification* sert à obtenir des produits à très forte teneur en alcool. L'alambic dit *à colonnes* est utilisé par l'industrie pour distiller en continu de grandes quantités de matières premières.

*(Voir illustration p. 138)*

**ALAMBIQUÉ, E** adj. Raffiné jusqu'à être obscur ; très compliqué : *Phrase alambiquée.*

**Alamein** *(bataille d'El-)* [23 oct. 1942], victoire décisive de l'armée britannique commandée par Montgomery sur les forces germano-italiennes de Rommel, à 110 km à l'ouest d'Alexandrie (Égypte).

**ALAMO,** ancien fort situé sur la rivière San Antonio, au Texas. Les Mexicains y remportèrent sur les Texans (6 mars 1836) une bataille où fut tué le célèbre pionnier Davy Crockett.

**ÅLAND,** nom suédois de l'archipel et de la province finlandais d'Ahvenanmaa.

**ALANGUIR** v.t. Abattre l'énergie de qqn, l'affaiblir : *Cette chaleur m'alanguit.* ◆ **s'alanguir** v.pr. Perdre de son énergie.

**ALANGUISSEMENT** n.m. Fait de s'alanguir ; état qui en résulte.

**ALANINE** n.f. (de *aldéhyde*). Acide aminé commun dans les protéines constitutives des êtres vivants.

**Alaouites** → ALAWITES.

**ALARCÓN** (Hernando de), navigateur espagnol (XVIe s.). Il visita le premier la Californie (1540) et découvrit le Colorado.

**À la recherche du temps perdu** → PROUST.

**ALARIC Ier** (delta du Danube v. 370 - Cosenza 410), roi des Wisigoths (396-410). Il ravagea les régions balkaniques (Empire romain d'Orient) et envahit l'Italie. Le sac de Rome par ses troupes (410) eut un immense retentissement dans l'Empire romain d'Occident. **Alaric II,** roi des Wisigoths (484-507), fut battu et tué par Clovis à la bataille de Vouillé (507), après laquelle les Wisigoths durent se replier en Espagne. Il promulgua le *Bréviaire d'Alaric* (506), recueil de lois.

**ALARMANT, E** adj. Qui alarme, inquiète.

**ALARME** n.f. (it. *all'arme !,* aux armes !). **-1.** Appareil, dispositif destiné à prévenir d'un danger : *Alarme automatique.* **-2.** Émotion, frayeur due à un danger, réel ou supposé. **-3.** ***Donner l'alarme,*** prévenir d'un danger.

**ALARMER** v.t. Inquiéter qqn par l'annonce d'une menace, d'un danger, etc. ; effrayer : *Alarmer l'opinion.*

**ALARMISTE** n. et adj. Personne qui répand des bruits alarmants, souvent imaginaires. ◆ adj. De nature à alarmer : *Nouvelles alarmistes.*

**ALASKA,** État des États-Unis, à l'extrémité nord-ouest de l'Amérique du Nord ; 1 530 000 km² ; 550 043 hab. *(Alaskiens).* Cap. *Juneau.* **GÉOGR.** Le plus vaste État de la Fédération (presque trois fois la France) occupe une position stratégique importante. L'exploitation des hydrocarbures (1 600 Mt de pétrole et 900 milliards de m³ de gaz de réserve), en particulier sur la côte arctique, constitue la richesse essentielle de cet État et a favorisé un notable essor démographique. Le pétrole extrait à Prudhoe Bay est amené par oléoduc au terminal méridional de Valdez ; un gazoduc doit aussi permettre l'évacuation du méthane. Cependant l'exploitation minière et pétrolière

**ALASKA :** oléoduc reliant les gisements de Prudhoe Bay (côte nord) au port de Valdez, sur le Pacifique.

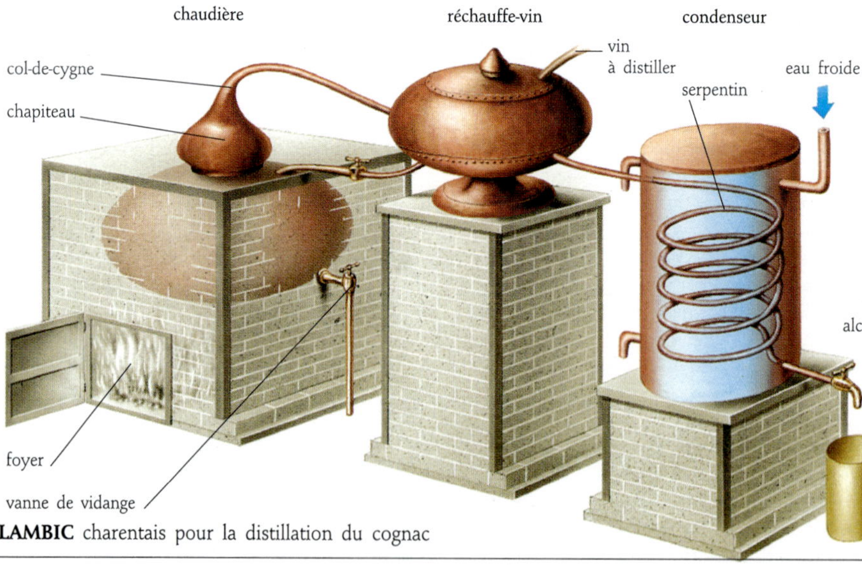


**ALAMBIC** charentais pour la distillation du cognac

menace un milieu écologique fragile (marée noire de l'*Exxon Valdez*). L'exploitation forestière (conifères) et la pêche (saumons, crustacés) sont des ressources traditionnelles de la région, dont les conditions naturelles expliquent cette faiblesse du peuplement, essentiellement ponctuel, urbanisé, dans des sites miniers, commerciaux (Fairbanks) et surtout portuaires (Anchorage et Juneau). Traversé par le cercle polaire, l'Alaska a un climat rigoureux dans la cuvette intérieure (correspondant au bassin du Yukon), encadrée d'une part par la chaîne de l'Alaska au S., qui domine un littoral relativement doux mais très humide, et d'autre part par la chaîne de Brooks au N., au-dessus d'une côte arctique franchement polaire. **HIST.** En 1741, un Danois, Bering, au service des Russes, explora l'Alaska. La Compagnie russo-américaine reçut le monopole du trafic des fourrures en 1799. Les États-Unis achetèrent ce territoire en 1867. L'Alaska entra officiellement dans l'Union, comme État, en 1959.

**A LATERE** [alatere] loc. adv. et adj. inv. (mots lat., *de l'entourage*). Se dit d'un légat du pape qui est choisi directement dans l'entourage des cardinaux romains pour être envoyé en mission.

**ÁLAVA,** l'une des prov. basques de l'Espagne ; 274 720 hab. Ch.-l. *Vitoria.*

**Alawites** ou **Alaouites,** nom dérivé de l'arabe *'alawī* (« descendant de Ali ») et donné à deux groupes musulmans bien distincts : d'une part, aux chérifs marocains issus de Hasan, fils de Ali, qui fondèrent leur dynastie au XVIIe siècle dans le Tafilalet ; d'autre part, à une secte de l'islam chiite apparue au Xe siècle et qui constitue en Syrie une minorité importante.

**ALBACETE,** v. d'Espagne (Castille-La Manche), ch.-l. de prov., au sud-est de Madrid ; 130 023 hab. Marché agricole et coutellerie.

**ALBA IULIA,** v. de Roumanie (Transylvanie) ; 51 000 hab. Cathédrale romano-gothique. Riche bibliothèque dans une ancienne église baroque.

**ALBANAIS, E** adj. et n. D'Albanie. ◆ **albanais** n.m. Langue indo-européenne parlée en Albanie.

**ALBANE** (Francesco **Albani,** dit en fr. l'), peintre italien (Bologne 1578 - *id.* 1660). Élève des Carrache, il a donné des compositions décoratives (S. Maria della Pace, Rome), des tableaux d'autel (Bologne) et des peintures mythologiques aux paysages sereins et délicats.

**ALBANIE,** en albanais **Shqipëria,** État de la péninsule des Balkans.

**NOM OFFICIEL** : République d'Albanie.
**CAPITALE** : Tirana.
**SUPERFICIE** : 29 000 km$^2$.
**POPULATION** : 3,5 millions d'hab. *(Albanais).*
**LANGUE** : albanais.
**RELIGIONS** : islam, christianisme.
**MONNAIE** : lek.
**RÉGIME** : république.
**CHEF DE L'ÉTAT** : président de la République.
**CHEF DU GOUVERNEMENT** : Premier ministre.
**LÉGISLATIF** : Assemblée du peuple (140 sièges), élue au suffrage universel tous les 4 ans.

**GÉOGRAPHIE**

Entre la Yougoslavie, la Macédoine et la Grèce, largement ouvert sur la Méditerranée, en face de l'Italie péninsulaire, cet État sort progressivement, depuis la fin des années 1980, de son isolement politique et économique. Soucieuse de son indépendance, l'Albanie a tenté auparavant une mise en valeur intensive de son potentiel humain, agricole et minier.

**Le milieu naturel.** Les conditions naturelles ne sont pas favorables. En arrière d'une frange de plaines littorales, l'intérieur est montagneux (aéré toutefois par quelques bassins et vallées). Le climat est rigoureux en altitude et la sécheresse (surtout estivale dans ce cadre méditerranéen) s'accroît vers le sud.

**L'économie.** L'agriculture a été libérée du carcan collectiviste : les paysans ont le droit de posséder, en propre, un cheptel, et les coopératives vendent librement les excédents de leur production. Ce secteur a bénéficié du drainage des secteurs marécageux (bonification de la plaine Myzeqe et de marais annexes) et d'un relatif développement de la mécanisation. Des ressources minérales variées, sinon abondantes, sont exploitées (lignite et surtout pétrole [complétant au point de vue énergétique l'apport hydroélectrique], chrome, cuivre, nickel, fer), mais les branches de transformation sont peu développées et, globalement, une modernisation des équipements est indispensable.

**La population.** La faiblesse de l'industrialisation explique que la population rurale demeure majoritaire, malgré l'essor relatif des villes, dont les principales (derrière Tirana) sont Shköder, Durrës et Vlorë, situées, comme la capitale, sur ou à proximité de la bande littorale qui concentre aujourd'hui la majeure partie de la population. Celle-ci, homogène ethniquement, conserve le taux de natalité le plus fort d'Europe (les Albanais de souche sont aussi présents en Macédoine et surtout au Kosovo), mais elle est aussi parmi les plus pauvres du continent. La misère est à l'origine de massives tentatives d'émigration.

### HISTOIRE

D'abord occupé par des Illyriens, le pays est colonisé par les Grecs (VIIe s. av. J.-C.), puis par Rome (IIe s. av. J.-C.).

À la fin du VIe siècle, les Slaves s'y installent en grand nombre.

**1443-1468** : résistance de Skanderbeg à la domination turque.

**1912** : l'Albanie devient une principauté indépendante.

**1939** : invasion de l'Albanie par les troupes italiennes.

**1946** : l'Albanie devient une république populaire sous la direction d'Enver Hoxha.

**1961** : l'Albanie rompt avec l'U. R. S. S. et s'appuie sur la Chine.

**1978** : rupture idéologique avec la Chine.

**1985** : mort d'Enver Hoxha. Ramiz Alia lui succède.

**ALBANIE** : la place Skanderbeg à Tirana, la capitale.

Sous sa conduite, le pays sort de son isolement économique et politique, et se démocratise à partir de 1990.
**1992 :** après la victoire électorale de l'opposition démocratique, Ramiz Alia démissionne et Sali Berisha devient président de la République.

**ALBÂTRE** n.m. (lat. *alabaster*). **-1.** Variété de calcite ou de gypse. (L'*albâtre calcaire* est un carbonate de calcium [calcite] translucide, de teinte variable, et l'*albâtre gypseux*, ou *alabastrite*, un gypse très blanc.) **-2.** Objet en albâtre. **-3.** LITT. Symbole de la blancheur : *Cou d'albâtre.*

**ALBATROS** n.m. (port. *alcatraz*). Oiseau palmipède des mers australes, bon voilier, très vorace. (Envergure 3 m env. ; ordre des procellariiformes.)

ALBATROS

**ALBE** (Fernando Álvarez de Toledo, *duc* d'), général de Charles Quint et de Philippe II (Piedrahíta 1508 - Lisbonne 1582). Gouverneur des Flandres (1567-1573), il exerça par l'intermédiaire du Conseil des troubles une violente répression contre les protestants, qui fut à l'origine de la révolte des Pays-Bas. Rappelé en Espagne, il fut chargé d'écraser le soulèvement du Portugal.

**ALBE la Longue**, ville du Latium, fondée, selon la légende, par Ascagne, fils d'Énée. Elle fut la rivale de Rome naissante. Cette rivalité, illustrée par la légende des Horaces (champions de Rome) et des Curiaces (champions d'Albe), se termina par la victoire de Rome (VIIe s. av. J.-C.).

**ALBÉDO** [albedo] n.m. (du lat. *albus*, blanc). Fraction de la lumière reçue que réfléchit ou diffuse un corps non lumineux.

**ALBEE** (Edward), auteur dramatique américain (Washington 1928). Ses pièces traitent le thème de l'incommunicabilité et font une peinture satirique des problèmes familiaux et sociaux dans son pays (*Zoo Story*, 1959 ; *Qui a peur de Virginia Woolf ?*, 1962).

**ALBÉNIZ** (Isaac), compositeur et pianiste espagnol (Camprodón 1860 - Cambo-les-Bains 1909). Enfant prodige, il a travaillé avec F. Liszt et V. d'Indy, et a fondé l'école espagnole moderne en s'inspirant des rythmes et thèmes populaires. Sa plus grande œuvre est *Iberia* (quatre cahiers pour piano de trois pièces chacun, 1905-1908).

**ALBÈRES** *(monts)*, chaîne des Pyrénées (Pyrénées-Orientales), entre le col du Perthus et la mer ; 1 256 m au pic Neulos.

**ALBERGE** n.f. (esp. *albérchiga*). Pêche ou abricot à chair blanche et aigrelette adhérant au noyau.

**ALBERGIER** n.m. Arbre qui donne l'alberge. (Famille des rosacées.)

**ALBERONI** (Julio ou Giulio), cardinal italien et ministre du roi d'Espagne (Fiorenzuola d'Arda 1664 - Plaisance 1752). Premier ministre de Philippe V (1716), favori d'Élisabeth Farnèse, il chercha à relever l'Espagne de sa décadence et à faire donner à son souverain la régence de Louis XV ; mais il échoua et fut écarté (1719).

**Albert** *(canal)*, canal de Belgique, faisant communiquer l'Escaut et la Meuse entre Anvers et Liège ; 129 km.

**ALBERT** *(lac)* → MOBUTU (lac).

SAINT

**ALBERT le Grand** *(saint)*, théologien, philosophe et savant allemand (Lauingen, Bavière, v. 1200 - Cologne 1280). Dominicain, il enseigna à Paris, où il eut comme disciple Thomas d'Aquin, puis à Cologne, où son influence devait marquer les spéculations de la mystique allemande. Partisan d'Aristote, il fut le premier théologien médiéval à entrer en dialogue avec les philosophies grecque, byzantine, arabe et juive. Il innova par rapport à Aristote en soulignant l'importance de la connaissance fondée sur l'observation.

BELGIQUE

**ALBERT Ier** (Bruxelles 1875 - Marche-les-Dames 1934), roi des Belges (1909-1934). Son attitude lors de la Première Guerre mondiale, où il fit preuve de fermeté vis-à-vis de l'Allemagne et dirigea les troupes belges aux côtés des armées alliées, lui valut le surnom de *Roi-Chevalier*.

**ALBERT Ier**, roi des Belges. Détail d'un portrait par J. Madyol. (Musée royal de l'Armée, Bruxelles.)

**ALBERT II** (Bruxelles 1934), roi des Belges. Prince de Liège, il monte sur le trône après la mort de son frère aîné Baudouin Ier (1993).

GRANDE-BRETAGNE

**ALBERT,** prince consort du Royaume-Uni (Rosenau, Thuringe, 1819 - Windsor 1861), deuxième fils du duc de Saxe-Cobourg-Gotha. Il épousa en 1840 la reine Victoria Ire, sa cousine.

MONACO

**ALBERT Ier** (Honoré Charles **Grimaldi**, prince de Monaco [1889-1922] sous le nom de) [Paris 1848-*id.* 1922], fondateur de l'Institut océanographique de Paris et du Musée océanographique de Monaco.

PRUSSE

**ALBERT DE BRANDEBOURG** (Ansbach 1490 -Tapiau 1568), premier duc de Prusse. Dernier grand maître de l'ordre Teutonique, qu'il sécularisa, il fut reconnu comme duc héréditaire de Prusse en 1525. Il introduisit alors la Réforme en Prusse.

**ALBERTA,** province du Canada, entre la Colombie-Britannique et la Saskatchewan ; 661 185 km$^2$ ; 2 545 553 hab. Cap. *Edmonton.* **GÉOGR.** Bien qu'atteignant les Rocheuses au S.-O., l'Alberta, plus vaste que la France, est une province de la Prairie canadienne. Elle est formée d'une haute plaine s'élevant vers l'O., boisée au N., steppique dans le S., relativement aride et consacrée au centre à la grande culture céréalière (blé et orge), parfois associée à l'élevage bovin. La province fournit plus de 85 % de la production nationale d'hydrocarbures, à laquelle s'ajoute une notable extraction du charbon, destiné au Japon. L'accroissement démographique, rapide, profite surtout à Calgary et à Edmonton, qui regroupent la moitié de la population totale environ.

**ALBERTI** (Leon Battista), humaniste et architecte florentin (Gênes 1404 - Rome 1472). Ses traités de peinture et d'architecture font de lui le premier grand théoricien des arts de la Renaissance. Il a donné plans ou maquettes pour des édifices de Rimini (temple Malatesta, remodelage d'une église gothique, 1447-1468), Florence (palais Rucellai et façade de S. Maria Novella), Mantoue (église S. Andrea, 1470).

**ALBERTI** (Rafael), poète et peintre espagnol (Puerto de Santa María 1902). Il unit l'inspiration populaire à une forme raffinée (*Marin à terre,* 1925), qu'il met au service de ses convictions esthétiques ou politiques (*Sur les anges,* 1929 ; *Mépris et merveille,* 1974).

**Albertina,** collection publique de dessins et d'estampes, à Vienne (Autriche), célèbre notamment pour ses œuvres de Dürer, Rubens, Rembrandt.

**ALBERTVILLE,** ch.-l. d'arr. de la Savoie, au confluent de l'Isère et de l'Arly ; 18 121 hab. *(Albertvillois).* Centre commercial. Constructions électriques. Site des jeux Olympiques d'hiver en 1992. – Ancienne ville forte de *Conflans,* avec Musée savoyard.

**ALBI,** ch.-l. du dép. du Tarn, sur le Tarn, à 667 km au sud de Paris ; 48 707 hab. *(Albigeois).* Archevêché. Verrerie. Centre thermique. – Cathédrale fortifiée, en brique, typique du gothique méridional (XIIIe-XVe s. ; porche et clôture du chœur flamboyants ; décor peint des XVe et XVIe s.). Palais de la Berbie abritant le musée municipal « Toulouse-Lautrec » (important ensemble de l'artiste).

*(Voir illustration p. suivante)*

**ALBIGEOIS, E** adj. et n. -**1.** De la ville d'Albi. -**2.** Nom donné aux cathares et aux vaudois du pays d'oc.

**ALBIGEOIS,** région de plateaux dominant le Tarn, en aval d'Albi.

**albigeois** *(croisade des)* [1209-1244], guerre menée à l'initiative du pape Innocent III contre le comte de Toulouse Raimond VI et les albigeois, ou cathares, secte religieuse prêchant un retour à la pureté des premiers temps du christianisme. Elle fut déclenchée à l'occasion de l'assassinat de Pierre de

**ALBI** : la cathédrale Sainte-Cécile (XIIIe-XVe s.).

Castelnau, légat pontifical. Conduite par les barons du Nord sous le commandement de Simon de Montfort, elle fut marquée d'atrocités de part et d'autre, et s'acheva par la prise de Montségur. Elle contribua au renforcement de la monarchie capétienne. (→ CATHARES.)

**ALBINISME** n.m. (du lat. *albus,* blanc). Anomalie congénitale et héréditaire due au défaut d'un pigment, la mélanine, et caractérisée par une peau très blanche, des cheveux blancs ou blond paille, un iris rosé. (L'albinisme se rencontre chez l'homme et chez certains animaux.)

**ALBINONI** (Tomaso), compositeur italien (Venise 1675 - *id.* 1750). Célèbre représentant de l'école vénitienne, il a laissé de nombreux opéras, des sonates et des concertos. *L'Adagio d'Albinoni* est une œuvre pastiche du XXe siècle due à R. Giazotto.

**ALBINOS** adj. et n. Atteint d'albinisme.

**ALBION,** nom traditionnel de la Grande-Bretagne, depuis Ptolémée.

**ALBION** *(plateau* ou *montagne d'),* plateau calcaire du sud-est de la France, à l'est du Ventoux. – Base, depuis 1971, des missiles sol-sol balistiques stratégiques de la force nucléaire française.

**ALBITE** n.f. Feldspath alcalin, silicate naturel d'aluminium et de sodium.

**ALBIZZI,** famille florentine qui fut l'adversaire des Médicis, aux XIVe-XVe siècles, et dont l'un des principaux représentants fut **Rinaldo degli Albizzi** (Florence 1370 - Ancône 1442). Chef du parti oligarchique de Florence, il s'opposa à Cosme de Médicis, qui l'exila en 1434.

**ÅLBORG,** port du Danemark, dans le nord du Jylland ; 154 000 hab. – Cathédrale des XIVe-XVIIIe siècles. Musée du Jylland du Nord, construit sur plans d'Aalto (art moderne).

**ALBRAQUE** n.f. Ensemble de galeries rassemblant les venues d'eau d'une mine avant leur pompage.

**ALBRET,** pays de Gascogne, ancienne vicomté, érigée en duché par Henri II.

**ALBRET,** famille gasconne à laquelle appartenait Jeanne d'Albret, mère de Henri IV.

**ALBUGO** n.m. (mot lat.). Tache blanche qui se forme dans le tissu de la cornée.

**ALBUM** [albɔm] n.m. (all. *Album,* mot lat.). -**1.** Cahier cartonné destiné à recevoir des photographies, des dessins, etc. -**2.** Grand livre abondamment illustré : *Album consacré aux impressionnistes.* -**3.** Disque de variétés en trente centimètres.

**ALBUMEN** [albymɛn] n.m. -**1.** Blanc d'un œuf. -**2.** Tissu riche en réserves nutritives, qui avoisine la plantule chez certaines graines.

**ALBUMINE** n.f. Substance organique azotée, visqueuse, soluble dans l'eau, coagulable par la chaleur, contenue dans le blanc d'œuf, le plasma, le lait.

**ALBUMINÉ, E** adj. Se dit d'une graine pourvue d'albumen.

**ALBUMINEUX, EUSE** adj. Qui contient de l'albumine.

**ALBUMINURIE** n.f. Présence d'albumine dans l'urine. SYN. : **protéinurie.**

**ALBUQUERQUE,** v. des États-Unis (Nouveau-Mexique), sur le Rio Grande ; 384 736 hab.

**ALBUQUERQUE** (Afonso de), conquistador portugais (Alhandra, près de Lisbonne, 1453 - Goa 1515). Vice-roi des Indes (1509), il prit Goa et Malacca, fondant ainsi la puissance portugaise aux Indes.

**ALCADE** n.m. (esp. *alcalde,* ar. *al-qāḍī*). **-1.** ANC. Juge, en Espagne. **-2.** MOD. Maire, en Espagne.

**ALCAÏQUE** adj. (de *Alcée,* n.pr.). Se dit de différents vers grecs ou latins et d'une strophe (2 vers de 11 syllabes, 1 vers de 9 syllabes, 1 vers de 10 syllabes) où ils figurent.

**ALCALÁ DE HENARES,** v. d'Espagne, au N.-E. de Madrid ; 159 355 hab. — Monuments des XVI^e^-XVII^e^ siècles.

**ALCALÁ ZAMORA** (Niceto), homme d'État espagnol (Priego 1877 - Buenos Aires 1949), président de la République de 1931 à 1936.

**ALCALI** n.m. (ar. *al-qilyi,* la soude). **-1.** Hydroxyde d'un métal alcalin ou de l'ammonium (nom générique). **-2.** ***Alcali volatil,*** ammoniaque.

**ALCALIMÈTRE** n.m. Appareil servant à déterminer la masse d'anhydride carbonique dans les substances carbonatées.

**ALCALIMÉTRIE** n.f. Détermination du titre d'une solution basique.

**ALCALIN, E** adj. **-1.** Relatif aux alcalis ; d'un alcali : *Saveur alcaline.* **-2.** Qui contient une base ; qui en a les propriétés basiques. **-3.** ***Médicament alcalin*** ou ***alcalin,*** n.m., qui a des propriétés antiacides. ‖ ***Métal alcalin,*** métal (lithium, sodium, potassium, rubidium, césium, francium) qui, par combinaison avec l'oxygène, produit un alcali.

**ALCALINISER** v.t. Rendre alcalin.

**ALCALINITÉ** n.f. État alcalin.

**ALCALINO-TERREUX, EUSE** adj. (pl. alcalino-terreux, euses). ***Métaux alcalino-terreux,*** calcium, strontium, baryum et radium.

**ALCALOÏDE** [alkalɔid] n.m. Composé organique azoté et basique tiré d'un végétal (nom générique). [La morphine, la quinine, la strychnine sont des alcaloïdes.]

**ALCALOSE** n.f. Alcalinité excessive du sang.

**ALCANE** n.m. Hydrocarbure saturé acyclique, de formule $C_nH_{2n+2}$ (nom générique). SYN. (vieilli) : **paraffine.**

**ALCÁNTARA** *(ordre d'),* ordre militaire et religieux d'Espagne, fondé en 1156 ou en 1166 à l'imitation de celui des Templiers.

**ALCARAZAS** [alkarazas] n.m. (esp. *alcarraza,* mot ar.). Cruche ou vase de terre poreuse où l'eau se rafraîchit par évaporation.

**Alcatel Alsthom Compagnie générale d'électricité** (dénomination couramment abrégée en Alcatel Alsthom), société française fondée en 1898 sous la dénomination de *Compagnie générale d'électricité* (C. G. E.). En 1991, les noms de ses deux principales filiales, *Alcatel* et *Alsthom,* y ont été accolés pour former l'appellation actuelle. Ses activités s'exercent essentiellement dans les systèmes de communication (Alcatel), l'énergie et les transports (GEC Alsthom).

**ALCAZAR** n.m. (mot esp., de l'ar.). Palais fortifié des souverains maures d'Espagne ou de leurs successeurs chrétiens.

**ALCÉE,** poète lyrique grec (Lesbos VII^e^ s. av. J.-C.), inventeur de la strophe *alcaïque.*

**ALCÈNE** n.m. Hydrocarbure acyclique à double liaison, de formule générale $C_nH_{2n}$ (nom générique). SYN. : **oléfine.**

**Alceste,** principal personnage du *Misanthrope* de Molière.

**ALCHÉMILLE** [alkemij] n.f. Plante des lieux incultes (rosacées), aux feuilles très découpées.

**ALCHIMIE** n.f. (ar. *al-kīmiyā'*). **-1.** Science occulte qui connut un grand développement du XII^e^ au XVIII^e^ siècle. (V. ENCYCL.) **-2.** LITT. Suite complexe de réactions, de transformations : *La mystérieuse alchimie de la vie.*

**ENCYCL.**

**La science médiévale par excellence.** Pour les praticiens du Moyen Âge, l'alchimie était la Science par excellence, contenant les principes de toutes les autres. Elle se donnait pour objet l'étude de la vie, son but étant la découverte et la fixation d'un ferment mystérieux, grâce auquel la désagrégation des corps, et donc la mort, pourrait être presque indéfiniment retardée. Cet agent devait assurer la progression rapide des êtres vers l'état supérieur. Produit au cours du Grand Œuvre, il pouvait être liquide (*élixir de longue vie* ou *panacée,* remède infaillible de toutes les maladies) ou solide (*pierre philosophale,* qui, introduite dans la masse d'un métal en fusion, assurerait sa transmutation vers l'état désiré, or ou argent). L'ensemble des lois et principes alchimiques était consigné dans des textes écrits dans une langue symbolique et à double sens, dont le déchiffrement par le nouvel adepte faisait partie d'un ensemble d'épreuves d'initiation.

**Une « fausse science »...** Cet aspect ésotérique montre les limites scientifiques de l'alchimie et en fait ce que les historiens des sciences considèrent comme une « fausse science ». Autrement dit, il s'agit d'un corpus de savoirs, distinct de la religion et de la philosophie (même si cela n'est pas toujours net), car se croyant fondé sur des faits et des déductions, mais sans qu'il soit possible d'y trouver des bases scientifiques au sens moderne. Elle se présente comme un ensemble de concepts très généraux et éloignés des faits, qui inspirent cependant un certain nombre de recettes opératoires, et auquel se ramène, de toute façon, toute interprétation des résultats. Tel est

miniatures ornant un traité d'**ALCHIMIE** du XIVe siècle (Bibliothèque de l'Arsenal, Paris)

aussi le cas de l'astrologie ; on retrouve chez l'une et l'autre la tentative de mettre en relation le macrocosme (l'univers) et le microcosme (l'homme).

**... mais des résultats.** L'alchimie est présente dans toutes les civilisations. En Occident, elle naît, après celle de la Chine ou de l'Inde, à Alexandrie aux IIe et IIIe siècles. Arabes et Persans la recueillent et la transmettent à l'Europe vers les XIe-XIIe siècles. Elle mêle des considérations d'ordre autant physico-chimique que mythologique, occultiste ou magique. C'est pourquoi elle a pu, par certains aspects techniques, anticiper certaines voies de la chimie moderne, ou même influencer favorablement la pensée de certains savants (Paracelse, le père de la médecine hermétique, et peut-être même Newton, dont on sait qu'il s'y adonna).

**ALCHIMIQUE** adj. Relatif à l'alchimie.

**ALCHIMISTE** n.m. Praticien de l'alchimie.

**ALCIAT** (André), en ital. Alciati (Andrea), jurisconsulte italien (Alzate 1492 - Pavie 1550). Il approfondit l'étude du droit romain. Il est l'auteur des *Emblèmes* (1531).

**ALCIBIADE**, général athénien (v. 450 - en Phrygie 404 av. J.-C.). Il fut l'élève de Socrate. Chef du parti démocratique, il entraîna sa patrie dans l'aventureuse expédition contre la Sicile (415). Accusé de sacrilège (mutilation des statues d'Hermès), il s'enfuit et vécut quelque temps à Sparte ; il se réfugia ensuite auprès du satrape Tissapherne, puis se réconcilia avec Athènes ; à nouveau exilé, il mourut assassiné.

**ALCMAN,** poète grec (Sardes VIIe s. av. J.-C.), un des fondateurs de la poésie chorale.

**ALCOBAÇA,** localité du Portugal (Estrémadure) ; 5 235 hab. — Monastère cistercien remontant à la fin du XIIe siècle ; importante église romano-gothique, cloître gothique du XIVe siècle.

**ALCOOL** [alkɔl] n.m. (de l'ar. *al-kuhl,* antimoine pulvérisé). -**1.** *Alcool éthylique* ou *alcool,* liquide incolore, de formule $C_2H_5OH$, qui bout à 78 °C et se solidifie à − 112 °C. SYN. : **éthanol.** (V. ENCYCL.) -**2.** Toute boisson contenant de l'alcool. -**3.** Boisson à fort titre en alcool : *Alcool de prune.* -**4.** Tout composé organique oxygéné de formule générale $C_nH_{2n+1}OH$ (nom générique). [V. ENCYCL.]

**ENCYCL.**

*L'alcool éthylique.* Il provient de la distillation des jus de fruits (raisin, etc.) après fermenta-

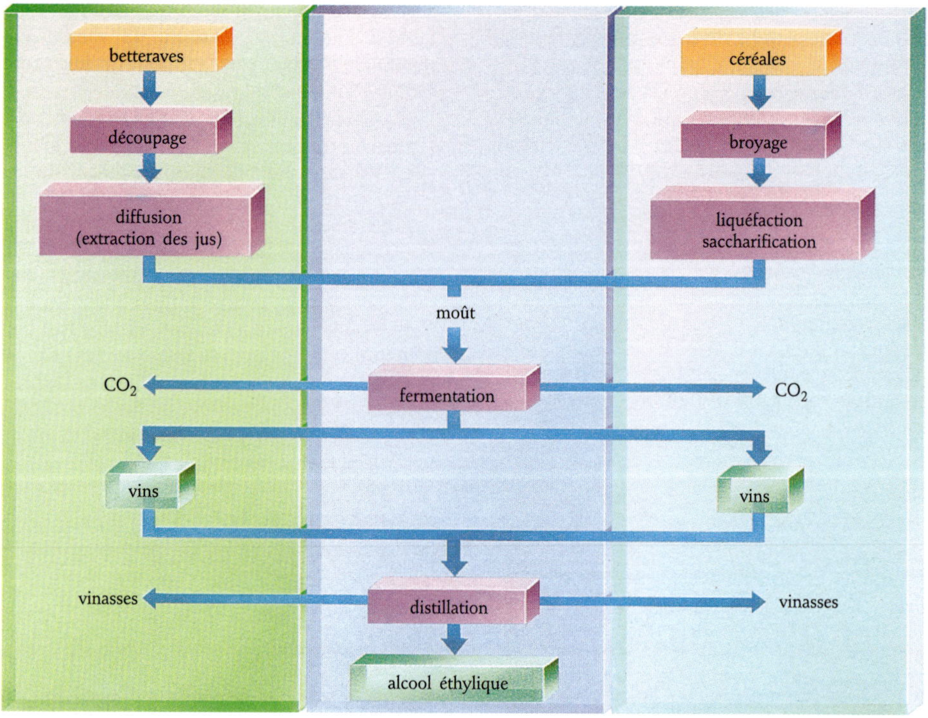


élaboration d'**ALCOOL** à partir de produits agricoles

tion, ou de matières amylacées ou cellulosiques (grains, fécules, bois) après transformation en glucose. Par fermentation naturelle, les boissons alcooliques comme le vin peuvent en contenir 8 à 14 %. Pour obtenir un pourcentage d'alcool plus important (40 à 60 % dans les eaux-de-vie), il faut procéder à la distillation. Cette opération consiste à isoler l'alcool par chauffage de la solution fermentée dans un alambic. L'alcool se vaporisant avant l'eau, il peut être séparé par capture puis refroidissement de ses vapeurs. Outre ses utilisations alimentaires et pharmaceutiques, on emploie l'éthanol pour la fabrication de produits chimiques et comme carburant.

**CHIMIE**

Les alcools dérivent des *alcanes.* La fonction alcool est caractérisée par le groupe fonctionnel hydroxyle OH, et se rencontre dans un très grand nombre de composés organiques importants : glucides, glycérine, stérols, etc.

**Les classes d'alcools.** On en distingue trois selon le nombre d'atomes d'hydrogène attachés à l'atome de carbone porteur du groupe fonctionnel OH : les *alcools tertiaires* $R_3COH$, les *alcools secondaires* $R_2CHOH$ et les *alcools primaires* $RCH_2OH$. Ces trois classes se distinguent essentiellement par leur comportement vis-à-vis des oxydants : les alcools tertiaires ne sont pas attaqués, les alcools secondaires donnent des *cétones* $R_2C{=}O$, les alcools primaires donnent des *aldéhydes* $RCH{=}O$, oxydés en acides $RCO_2H$. Les autres propriétés sont communes aux trois classes.

**Les propriétés.** Le groupement OH se lie facilement avec les atomes pauvres en électrons : en milieu acide, les alcènes donnent des *éthers,* les aldéhydes des *acétals,* les acides des *esters.* Il peut aussi être remplacé par un atome d'halogène, facilement dans le cas des alcools tertiaires, plus difficilement dans le cas des alcools primaires. Lorsque la structure le permet, l'élimination d'eau en présence de catalyseurs acides conduit aux alcènes :

$$CH_3{-}CH_2OH \rightarrow CH_2{=}CH_2 + H_2O.$$

Les alcools ressemblent à l'eau par leur degré d'association, d'autant plus marqué que le nombre d'atomes de carbone est plus faible. Aussi ont-ils des points d'ébullition élevés et sont-ils solubles dans l'eau (du moins les plus légers, à cause des liaisons hydrogène que leurs groupes OH contractent avec les molécules d'eau). Ce sont de bons solvants des composés organiques, sauf des *alcanes,* mais de médiocres solvants des sels ioniques. Plusieurs d'entre eux ont une grande importance industrielle : méthanol (par ailleurs poison violent), éthanol, propanols, etc. (→ FONCTION.)

**ALCOOLAT** n.m. Liquide obtenu par distillation de l'alcool sur une substance aromatique : *L'eau de Cologne est un alcoolat.*

**ALCOOLATURE** n.f. Produit obtenu par macération d'une plante dans l'alcool.

**ALCOOLÉMIE** n.f. Taux d'alcool dans le sang. (L'alcoolémie pour les conducteurs ne doit pas excéder, en France, 0,50 g/l.)

**ALCOOLIER** n.m. Industriel fabriquant des boissons alcoolisées.

**ALCOOLIFICATION** n.f. Transformation d'une substance en alcool par fermentation ; alcoolisation.

**ALCOOLIQUE** adj. -**1.** Relatif à l'alcool, partic. à l'alcool éthylique : *Fermentation alcoolique.* -**2.** Qui par nature contient de l'alcool : *Boisson, solution alcoolique.* -**3.** Qui résulte de l'alcoolisme : *Délire alcoolique.* ◆ adj. et n. Qui boit avec excès et de façon habituelle des boissons alcooliques.

**ALCOOLISATION** n.f. -**1.** Action d'alcooliser ; son résultat. -**2.** Imprégnation alcoolique due à l'alcoolisme. -**3.** Alcoolification.

**ALCOOLISÉ, E** adj. Qui contient de l'alcool ; à quoi l'on a ajouté de l'alcool.

**ALCOOLISER** v.t. -**1.** Transformer en alcool. -**2.** Ajouter de l'alcool à qqch.

**ALCOOLISME** n.m. Abus de boissons alcooliques ; dépendance, intoxication qui en résulte.

ENCYCL. Avec les maladies du cœur et des vaisseaux, et avec le cancer, l'alcoolisme fait partie des principales causes de décès. Il est considéré comme un fléau national en France.

**L'intoxication alcoolique.** L'alcoolisme représente un cas particulier de toxicomanie. Le sujet est d'abord simplement un buveur excessif, encore doué de volonté. Puis il commence à présenter des troubles (phénomène de sevrage) quand il arrête sa consommation régulière, ce qui le pousse à continuer ou à augmenter la fréquence des périodes d'ivresse. Le passage du côté de l'alcoolisme, de la dépendance, est imprévisible, et souvent progressif et insidieux. On distingue deux modes d'intoxication par l'alcool. Dans le premier cas, la boisson, surtout du vin, est prise par habitude, tous les jours, pendant des dizaines d'années. C'est le mode d'intoxication traditionnel dans les pays latins, au moins pour les individus de sexe masculin. Dans le second cas, le sujet prend un premier verre d'un alcool fort, parfois en solitaire, afin de diminuer une angoisse insupportable, puis il se trouve dans l'impossibilité d'arrêter ; par contre, il restera abstinent jusqu'à la crise suivante. Ce second mode d'intoxication est traditionnel dans les pays anglo-saxons et nordiques mais tend à s'implanter dans les pays latins.

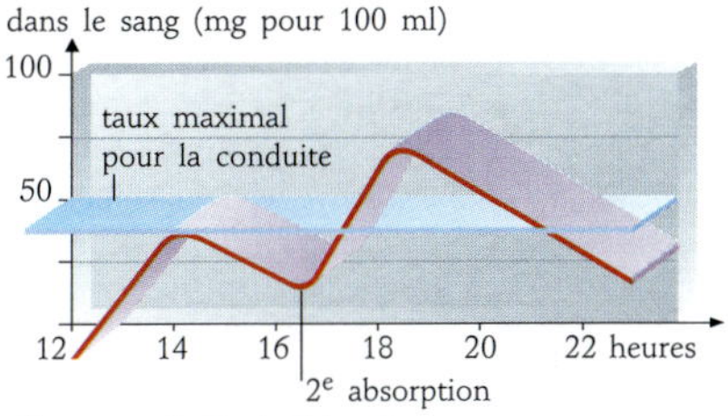

effets cumulatifs de l'alcool

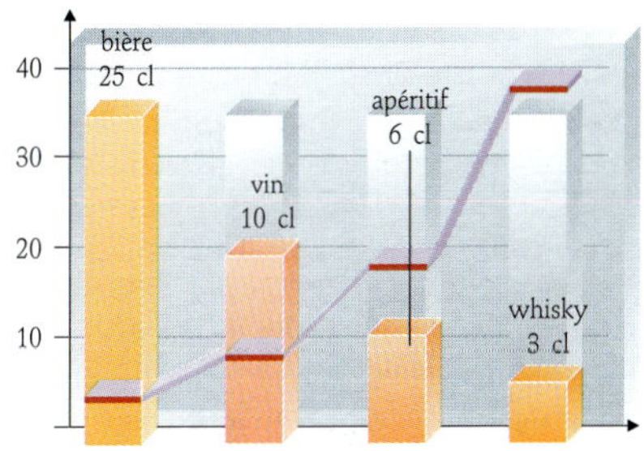

degré d'alcool des boissons

ALCOOLISME

**L'absorption alcoolique.** L'alcool éthylique, ou éthanol, est la substance toxique principale de toutes les boissons alcooliques. La voie la plus importante d'absorption de l'alcool est la muqueuse gastro-intestinale. Absorbé, l'alcool diffuse dans tous les viscères par les capillaires et se distribue uniformément dans les compartiments intra- et extracellulaires. L'alcool est complètement transformé dans le foie à l'aide d'une enzyme spécifique (alcooldéshydrogénase). Cette combustion aboutit à la formation d'eau et de gaz carbonique, libérant 7 Cal par gramme d'alcool, soit environ 600 Cal par litre de vin à 10 % Vol.

**Les complications.** Elles apparaissent même chez les buveurs excessifs, qui ne sont pas alcooliques au sens strict. Les troubles sont nombreux, parfois mortels, mais souvent réversibles au début : délire aigu grave au cours d'un sevrage *(delirium tremens),* coma par diminution du glucose sanguin (hypoglycémie) après une ivresse, cirrhose du foie, anomalies de la vision, démence... Il existe de plus des troubles psychologiques, s'accompagnant de problèmes sociaux, notamment familiaux : troubles du caractère et du comportement, accès de colère, indifférence affective, jalousie effrénée. L'association à un déficit intellectuel, comprenant une atteinte de la mémoire, du jugement ou de l'attention, provoque une baisse de l'efficacité professionnelle et une augmentation du risque d'accident du travail.

**Le diagnostic et le traitement.** L'alcoolisme est souvent découvert à l'occasion d'une complication. Le dépistage précoce est pourtant possible, grâce à un examen médical et à des dosages sanguins, à l'initiative du médecin du travail ou du médecin de famille. Il faut obligatoirement en passer par la cure de désintoxication, c'est-à-dire le sevrage total de l'alcool, avec l'aide de médicaments, et en milieu hospitalier si l'intoxication est profonde et ancienne. Il y a toujours une postcure, période prolongée de soutien psychologique, au cours de laquelle les associations d'anciens buveurs jouent un rôle reconnu.

**ALCOOLOGIE** n.f. Discipline médicale qui étudie l'alcoolisme et sa prévention. ◆**alcoologue** n.

**ALCOOLOMANIE** ou **ALCOOMANIE** n.f. Dépendance toxicomaniaque à l'égard des boissons alcooliques.

**Alcools,** recueil poétique de Guillaume Apollinaire (1913). L'ouvrage, qui étonna surtout par la suppression de toute ponctuation, traite des thèmes traditionnels de l'amour et de la mort à travers une très grande diversité de style : rythme mélodique de la chanson populaire, influences de Verlaine et de Rimbaud, tentative d'appliquer à la poésie le cubisme pictural (« Zone », « le Pont Mirabeau », « la Chanson du mal-aimé », « Rhénanes »).

**ALCOOMÈTRE** n.m. Densimètre pour mesurer la teneur en alcool des vins, des liqueurs, etc.

**ALCOOMÉTRIE** n.f. Ensemble des procédés employés pour la détermination de la richesse en alcool des vins, des liqueurs, etc.

**ALCOTEST** n.m. (nom déposé). Appareil portatif permettant de déceler et d'évaluer l'alcoolémie d'une personne par la mesure de la teneur en alcool de l'air expiré.

**ALCÔVE** n.f. (esp. *alcoba,* mot ar.). Renfoncement ménagé dans une chambre pour recevoir un, des lits.

**ALCOYLATION** [-kɔi-] n.f. Fixation d'un radical alcoyle sur une molécule.

**ALCOYLE** [alkɔil] ou **ALKYLE** n.m. Radical univalent de formule générale $C_nH_{2n+1}$, obtenu par l'enlèvement d'un atome d'hydrogène à un alcane.

**ALCUIN,** en lat. **Albinus Flaccus,** savant religieux anglo-saxon (York v. 735 - Tours 804). Abbé du monastère bénédictin de Saint-Martin de Tours en 796, il fut chargé par Charlemagne de diriger l'école du palais d'Aix-la-Chapelle et celle de Tours. Son influence intellectuelle a été importante au sein de la renaissance carolingienne.

**ALCYNE** n.m. Hydrocarbure acyclique à triple liaison de formule générale $C_nH_{2n-2}$ (nom générique).

**ALCYON** n.m. (gr. *alkuôn*). -**1.** Oiseau fabuleux qui passait pour ne faire son nid que sur une mer calme et dont la rencontre était tenue pour un heureux présage. -**2.** Animal marin formant des colonies massives de polypes. (Embranchement des cnidaires ; ordre des octocoralliaires.)

**ALCYONAIRE** n.m. *Alcyonaires,* ordre de cnidaires à huit tentacules, vivant génér. en colonies et comprenant notamm. le corail et l'alcyon. SYN. : octocoralliaire.

**ALDABRA,** îles de l'océan Indien, dépendances des Seychelles.

**ALDAN,** riv. de Russie, en Sibérie, affl. de la Lena (r. dr.) ; 2 242 km.

**ALDE,** prénom du chef de la famille des Manuce, imprimeurs italiens du XVIe siècle, dont les éditions sont appelées *aldines.*

**ALDÉHYDE** [aldeid] n.m. (de *al*[*cool*] *dehyd*[*rogenatum*]). -**1.** Liquide volatil formé au cours de la déshydrogénation de l'éthanol, de formule $CH_3CHO$. SYN. : éthanal. -**2.** Composé organique contenant un groupe $-CH{=}O$ (nom générique).

**AL DENTE** [aldɛnte] loc. adj. inv. et loc. adv. (mots it., *à la dent*). *Riz, pâtes,* etc., *al dente,* cuits de manière à rester fermes sous la dent.

**ALDOL** n.m. Aldéhyde-alcool provenant de la polymérisation d'un aldéhyde.

**ALDOSE** n.m. Ose à fonction aldéhyde.

**ALDOSTÉRONE** n.f. Hormone corticosurrénale qui agit au niveau du rein, provoquant la rétention du sodium et favorisant l'élimination du potassium.

**ALDRICH** (Robert), cinéaste américain (Cranston, Rhode Island, 1918 - Los Angeles 1983). Privilégiant l'action brutale et frénétique, les climats oppressants ou paroxystiques, il a réalisé *Vera Cruz* (1954), *En quatrième vitesse* (1955), *le Grand Couteau* (1955), *Qu'est-il arrivé à Baby Jane ?* (1962), *les Douze Salopards* (1967).

**ALDRIN** (Edwin), astronaute et officier américain (Montclair, New Jersey, 1930). Copilote du module lunaire lors de la mission Apollo 11, il fut le deuxième homme, après Neil Armstrong, à poser le pied sur la Lune (21 juill. 1969).

**ALDROVANDI** (Ulisse), botaniste italien (Bologne 1522 - *id.* 1605). Il a créé le premier jardin botanique.

**ALE** [ɛl] n.f. (mot néerl.). Bière anglaise légère, fabriquée avec du malt torréfié.

**ALÉA** n.m. (lat. *alea,* coup de dé). -**1.** Hasard, favorable ou non. -**2.** (Surtout au pl.). Risque d'incidents, d'inconvénients : *Cette affaire présente bien des aléas.*

**ALÉATOIRE** adj. -**1.** Qui relève du hasard ; qui dépend d'un événement incertain ; hasardeux, problématique : *Bénéfices aléatoires.* -**2.** Se dit d'une œuvre plastique (notamm. cinétique) ou littéraire dans laquelle l'auteur introduit des éléments de hasard ou d'improvisation. -**3.** Se dit d'une musique dont la forme ou l'exécution inclut une part d'indétermination. (V. ENCYCL.) -**4.** ***Variable aléatoire,*** variable dont la variation dépend d'une loi de probabilité.

**ENCYCL.** L'expression *musique aléatoire* est apparue dans les années 1950 en liaison avec des expériences de John Cage, mais aussi de Karlheinz Stockhausen *(Klavierstück XI)* et de Pierre Boulez *(Sonate pour piano n° 3).*

L'expression est ambiguë, car la musique totalement aléatoire n'existe pas. Cette musique est née pour une large part en réaction contre le « déterminisme total » du sérialisme intégral (*Polyphonie X* de Boulez). Cette notion est également inséparable des conceptions nouvelles de beaucoup de compositeurs d'alors en matière de forme (forme variable, forme ambivalente, forme ouverte, « work in progress »), le problème étant de savoir comment, dans quelles limites et à quels niveaux introduire le hasard, l'imprévu ou l'indéterminé, placer l'exécution (ou la composition) d'une musique sous le signe de la liberté surveillée. John Cage a été jusqu'à prendre la notion de hasard au sens propre et à se faire le champion de la non-composition.

**ALECHINSKY** (Pierre), peintre et graveur belge (Bruxelles 1927). Issu du mouvement Cobra, installé en France, il se signale par ses dons de calligraphe et de coloriste, ainsi que par un humour truculent.

**ALEGRÍA** (Ciro), écrivain péruvien (Sartimbamba 1909 - Lima 1967), auteur de romans indianistes (*le Serpent d'or,* 1935).

**ALEIJADINHO** (Antônio Francisco **Lisboa,** dit l'), sculpteur, décorateur et architecte brésilien (Ouro Preto 1730 ? - *id.* 1814). Il a orné les églises du Minas Gerais d'œuvres d'un baroque très expressif (S. Francisco de Assis, à Ouro Preto ; terrasses du Bom Jesus de Congonhas do Campo).

**ALEIXANDRE** (Vicente), poète espagnol (Séville 1898 - Madrid 1984). D'une première inspiration surréaliste (*la Destruction ou l'Amour,* 1933), sa poésie s'ouvre à l'expression de la solidarité humaine (*Histoire du cœur,* 1954). [Prix Nobel 1977.]

**ALEKSANDROPOL** → GUMRI.

**ALEMÁN** (Mateo), écrivain espagnol (Séville 1547 - au Mexique v. 1614). Il doit la célébrité à son roman picaresque *Guzmán de Alfarache* (1599).

**ALÉMANIQUE** adj. Qui appartient à la Suisse de langue allemande.

**ALEMBERT** (Jean **Le Rond d'**), mathématicien et philosophe français (Paris 1717 - *id.* 1783). Élu à vingt-trois ans à l'Académie des sciences, il y exerça son influence pendant toute une génération. Ses recherches en physique concernèrent la mécanique rationnelle (principe fondamental de la dynamique, problème des trois corps, cordes vibrantes) et l'hydrodynamique. En mathématiques, il étudia les équations aux dérivées partielles, les équations différentielles ordinaires, définit la notion de limite, inventa un critère de convergence des séries, donna un

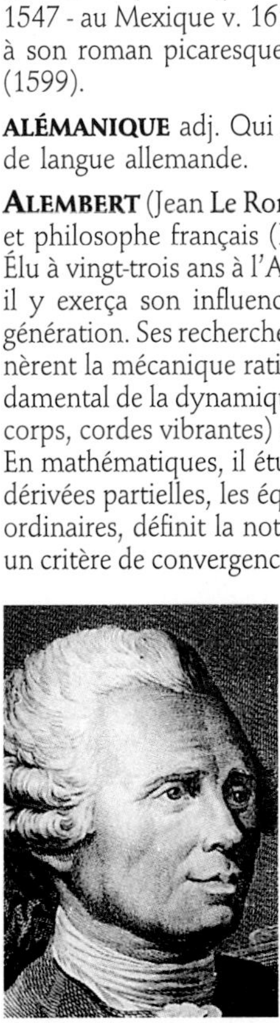

D'**ALEMBERT,** mathématicien et philosophe français. Détail d'une gravure du XVIIIe siècle.

premier énoncé du théorème fondamental de l'algèbre affirmant que toute équation algébrique a au moins une racine réelle ou imaginaire (sans pouvoir le démontrer aussi rigoureusement que le fera Gauss). D'Alembert fut également le principal animateur, avec Diderot, de l'*Encyclopédie,* dont il rédigea le *Discours préliminaire* (1751) [→ ENCYCLOPÉDIE]. Son indépendance d'esprit l'entraîna à se quereller avec les Jésuites ; il fut également l'ami de Frédéric II et de Catherine II de Russie.

**A. L. E. N. A.** (Accord de libre-échange nord-américain) → NAFTA.

**ALENCAR** (José Martiniano **de**), écrivain et homme politique brésilien (Mecejana 1829 - Rio de Janeiro 1877), auteur de romans historiques et indianistes (*le Guarani,* 1857).

**ALENÇON,** ch.-l. du dép. de l'Orne, sur la Sarthe, dans la *campagne d'Alençon,* à 195 km à l'ouest de Paris ; 31 139 hab. *(Alençonnais).* Appareils ménagers. — Église Notre-Dame (porche flamboyant et vitraux, début XVIe s.) et autres monuments. Musée des Beaux-Arts et de la Dentelle. Dentelles, dites *point d'Alençon.*

**ALÊNE** n.f. Poinçon servant à percer le cuir.

**ALÉNOIS** adj.m. (de *orlenois,* orléanais). *Cresson alénois* → CRESSON.

**ALENTEJO,** région du Portugal, au sud du Tage.

**ALENTOUR** adv. (de *à l'entour*). Aux environs ; tout autour : *Un château et les bois alentour.* -**2.** *D'alentour,* des environs. ◆ **alentours** n.m. pl. -**1.** Fond décoratif de tapisserie, entourant le sujet central (au XVIIIe s., notamm.). -**2.** Lieux qui environnent un espace, un endroit considéré comme centre. -**3.** *Aux alentours,* aux environs.

**ALÉOUTIENNES** *(îles),* chapelet d'îles volcaniques, sur la côte nord-ouest de l'Amérique du Nord, prolongeant l'Alaska et appartenant aux États-Unis. Bases aériennes. Pêche.

**ALEP,** v. du nord-ouest de la Syrie ; 1 308 000 hab. — La ville, dont l'existence est attestée depuis le XXe s. av. J.-C., fut une ville arabe prospère aux XIIe-XIIIe siècles et une des principales échelles du Levant (XVe-XVIIIe s.). — Important musée archéologique. Grande mosquée fondée en 715 et reconstruite sous les Seldjoukides (XIIe s.). Citadelle, l'un des plus impressionnants ouvrages militaires du Moyen Âge.

**ALEPH** [alɛf] n.m. inv. -**1.** Première lettre de l'alphabet hébreu. -**2.** Symbole employé pour désigner le nombre d'éléments, ou *puissance,* d'un ensemble infini : *Aleph-zéro* (ℵo) *est la puissance de l'ensemble des entiers.*

1. **ALERTE** n.f. (de l'it. *all'erta,* sur la hauteur). -**1.** Appel, signal qui prévient de la menace d'un danger, invite à prendre les mesures pour y faire face : *Alerte aérienne. Alerte à la bombe.* -**2.** Cette menace : *Il s'inquiète à la moindre alerte.* ◆ interj. *Alerte !,* sert à prévenir de l'imminence d'un danger.

2. **ALERTE** adj. Prompt dans ses mouvements ; agile, vif. ◆ **alertement** adv.

**ALERTER** v.t. -**1.** Prévenir qqn d'un danger, l'inviter à se tenir prêt à l'action. -**2.** Mettre en éveil ; attirer l'attention : *Le bruit m'a alerté.*

**ALÈS,** ch.-l. d'arr. du Gard, en bordure des Cévennes, sur le *Gardon d'Alès ;* 42 296 hab. *(Alésiens).* Constructions mécaniques et électriques. — En 1629, Richelieu y conclut avec les protestants un traité, ou *Édit de grâce,* qui leur laissait leurs avantages religieux, civils et judiciaires accordés par l'édit de Nantes, mais supprimait leurs privilèges politiques et militaires (places de sûreté). — Église St-Jean, ancienne cathédrale, surtout du XVIIIe siècle. Musées.

**ALÉSAGE** n.m. -**1.** Diamètre de chacun des cylindres d'un moteur classique à pistons. -**2.** Usinage très précis de la surface intérieure d'une pièce de révolution, amenant celle-ci à la cote prévue.

**ALÈSE** n.f. → ALAISE.

**ALÉSÉ, E** adj. Se dit d'une pièce héraldique raccourcie qui ne touche pas les bords de l'écu.

**ALÉSER** v.t. (anc. fr. *alaisier,* élargir) [18]. Procéder à un alésage.

**ALÉSEUR, EUSE** n. Personne qui travaille sur une aléseuse. ◆ **aléseuse** n.f. Machine à aléser.
*(Voir illustration p. suivante)*

**ALÉSIA,** oppidum (place forte) gaulois, où César assiégea et prit Vercingétorix (52 av. J.-C.), et dont le site domine Alise-Sainte-Reine (Côte-d'Or). L'existence de l'oppidum à cet endroit a été confirmée lors des fouilles archéologiques (1861-1864) par la mise au jour d'ossements de combattants et de chevaux, de harnachements, d'armes, de monnaies toutes antérieures à l'an 52 et aussi par de savantes fortifications.

**ALÉSOIR** n.m. Outil pour aléser.

**ALESSI** (Galeazzo), architecte et urbaniste italien (Pérouse 1512 - *id.* 1572). Formé à Rome et influencé par Bramante, il a surtout

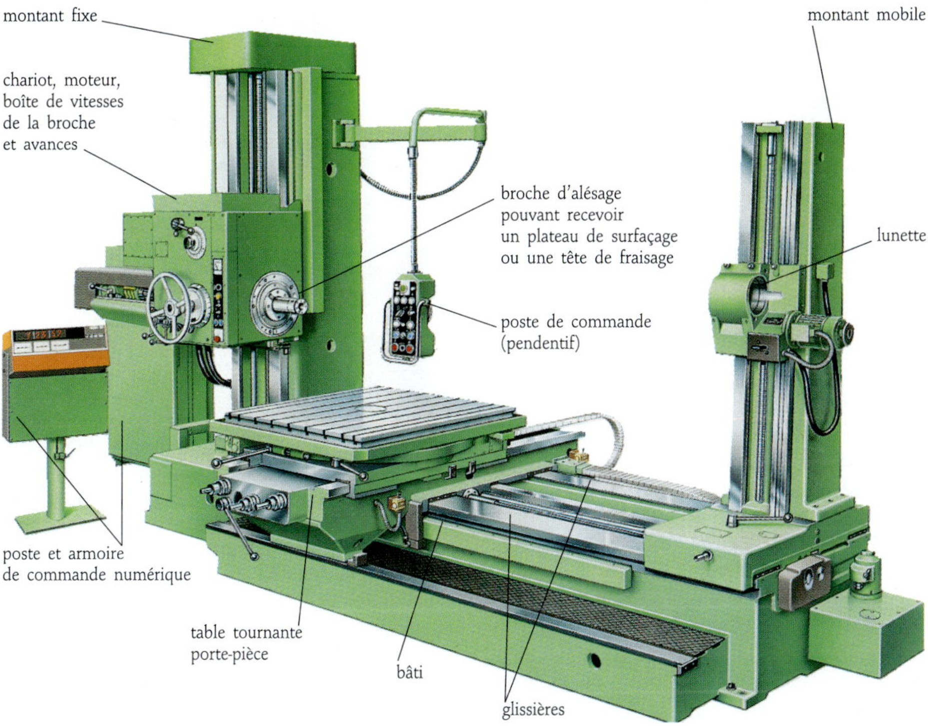


**ALÉSEUSE**-fraiseuse horizontale à montant fixe

travaillé à Gênes (actuelle via Garibaldi) et à Milan.

**ALÉTHIQUE** adj. Se dit d'une proposition ou d'une modalité qui ne concerne que le vrai, le faux et l'indéterminé, par opp. à *déontique.*

**ALETSCH,** grand glacier des Alpes (Suisse), dans le Valais, long de 27 km.

**ALEURITE** n.f. (du gr. *aleuron,* farine). Arbre d'Extrême-Orient représenté par plusieurs espèces, notamm. l'*arbre à huile,* dont les graines fournissent une huile siccative (huile de bois de Chine), et le *bancoulier,* qui donne une huile purgative. (Famille des euphorbiacées.)

**ALEURODE** n.m. Puceron blanchâtre dont diverses espèces attaquent le chou, le chêne, etc.

**ALEURONE** n.f. Substance protéique de réserve qui forme des graines microscopiques dans les cotylédons ou l'albumen de certaines graines.

**ALEVIN** [alvɛ̃] n.m. (du lat. *allevare,* élever). Très jeune poisson servant à repeupler les étangs, les rivières.

**ALEVINAGE** n.m. Action de peupler les eaux douces avec des alevins.

**ALEVINER** v.t. Opérer l'alevinage.

**ALEXANDER** (Franz), psychanalyste américain d'origine allemande (Budapest 1891 - New York 1964). Il fut l'un des fondateurs de la médecine psychosomatique.

**ALEXANDER** (Harold George), *1er comte* **Alexander of Tunis,** maréchal britannique (Londres 1891 - Slough, Buckinghamshire, 1969). Commandant les forces alliées en Italie (1943-44), puis en Méditerranée (1944-45), il fut gouverneur du Canada (1946-1952), puis ministre de la Défense dans le cabinet Churchill (1952-1954).

**ALEXANDRA FEDOROVNA** (Darmstadt 1872 - Iekaterinbourg 1918). Fille du duc de Hesse, Louis IV, épouse du tsar Nicolas II, elle fut exécutée avec lui et leurs enfants en 1918.

PAPES

**ALEXANDRE III** (Rolando **Bandinelli**) [Sienne - m. à Civita Castellane en 1181], pape de 1159 à 1181. Élu pape en 1159, il se vit opposer un antipape par Frédéric Barberousse.

Menant la lutte contre celui-ci avec l'appui des villes lombardes, il obtint la soumission de l'empereur (1177) et convoqua le troisième concile du Latran (1179), qui fixa les modalités de l'élection du pape et accentua la centralisation de l'Église romaine.

**ALEXANDRE VI** (Rodrigo **Borgia**) [Játiva, Espagne, 1431 - Rome 1503], pape de 1492 à 1503. Célèbre pour sa vie dissolue, il prit part aux luttes politiques plus en souverain temporel qu'en pasteur de l'Église. Par sa bulle de 1493, il partagea entre l'Espagne et le Portugal les nouveaux mondes découverts et en confia l'évangélisation aux rois de ces deux pays. En 1497, il excommunia Savonarole, qui dénonçait ses scandales.

ANTIQUITÉ

**ALEXANDRE III** le Grand (Pella, Macédoine, 356 - Babylone 323 av. J.-C.), roi de Macédoine (336-323).

→ • DOSSIER ALEXANDRE LE GRAND *page 154*.

RUSSIE

**ALEXANDRE Ier** (Saint-Pétersbourg 1777 - Taganrog 1825), empereur de Russie (1801-1825), fils de Paul Ier. Nourri de la philosophie des Lumières, il commença par gouverner de façon libérale. Il adhéra à la 3e coalition contre Napoléon Ier. Vaincu à Austerlitz, il composa avec lui (Tilsit, 1807). Après l'échec de la campagne de Russie (1812), il participa à la libération de l'Europe (campagne de France, 1814) et conclut avec les souverains d'Autriche et de Prusse la Sainte-Alliance (1815). Il acheva son règne en menant une politique réactionnaire.

**ALEXANDRE Ier**, empereur de Russie. Détail d'un portrait par F. Gérard. (Musée des Beaux-Arts, Lausanne.)

**ALEXANDRE II** (Moscou 1818 - Saint-Pétersbourg 1881), empereur de Russie (1855-1881), fils de Nicolas Ier. Il accomplit de grandes réformes : abolition du servage (1861), institution d'assemblées locales (1864), justice égale pour tous et service militaire obligatoire (1874). Vainqueur des Ottomans dans la guerre de 1877-78, il dut accepter les dispositions du congrès de Berlin (1878) limitant l'influence russe dans les Balkans. Il fut assassiné par des nihilistes.

**ALEXANDRE II**, empereur de Russie. Détail d'un portrait par A. Mouillard. (Bibliothèque nationale, Paris.)

**ALEXANDRE III** (Saint-Pétersbourg 1845 - Livadia 1894), empereur de Russie (1881-1894), fils d'Alexandre II. Il pratiqua une politique réactionnaire fondée sur l'autocratie, la supériorité de l'orthodoxie et de la nation russe, et favorisa un rapprochement avec la France (alliance franco-russe). L'empire connut sous son règne un rapide essor économique.

**ALEXANDRE FARNÈSE** (Rome 1545 - Arras 1592), duc de Parme (1586-1592), gouverneur général des Pays-Bas (1578). Envoyé par Philippe II d'Espagne au secours des catholiques français, il fut l'adversaire d'Henri IV.

**ALEXANDRE Ier KARADJORDJEVIČ** (Cetinje 1888 - Marseille 1934), roi des Serbes, Croates et Slovènes (1921-1929), roi de Yougoslavie (1929-1934), fils de Pierre Ier. Il pratiqua une politique centralisatrice et autoritaire, et fut assassiné (oct. 1934) lors d'une visite officielle en France.

**ALEXANDRE NEVSKI** (v. 1220 - Gorodets 1263), prince de Novgorod (1236-1252), grand-prince de Vladimir (1252-1263). Il battit les Suédois (1240) sur les bords de la Neva, puis les chevaliers Porte-Glaive (1242), ordre de chevalerie allemand. Il dut cependant reconnaître la suzeraineté mongole. Il fut canonisé par l'Église orthodoxe.

**Alexandre Nevski** *(ordre d')*, ordre russe (1725-1917). En 1942 fut constitué un ordre militaire soviétique du même nom.

**ALEXANDRE SÉVÈRE** → SÉVÈRE ALEXANDRE.

**ALEXANDRETTE** → ISKENDERUN.

**ALEXANDRIE**, port d'Égypte, à l'ouest du delta du Nil ; 2 917 000 hab. Centre commercial et financier, intellectuel (université) et industriel (métallurgie, textile). – Cette ville, fondée par Alexandre le Grand (332 av. J.-C.), célèbre par un phare haut de plus de 120 m, fut, au temps des Ptolémées, l'un des principaux foyers de la civilisation hellénistique.

1. **ALEXANDRIN, E** adj. et n. -**1**. D'Alexandrie d'Égypte. -**2**. *Art alexandrin,* art hellénistique dont Alexandrie fut le foyer principal à partir du IIIe s. av. J.-C. ‖ *Poésie alexandrine,* poésie érudite et raffinée, qui eut pour principaux représentants Callimaque, Apollonios de Rhodes, Lycophron, Théocrite.

2. **ALEXANDRIN** n.m. (du *Roman d'Alexandre,* poème du XIIe s.). Vers français de douze syllabes.

**ALEXANDRINISME** n.m. Ensemble des courants artistiques, littéraires et philosophiques qui caractérisent la civilisation grecque d'Alexandrie (IIIe s. av. J.-C. - IIIe s. apr. J.-C.).

**ALEXANDRITE** n.f. Pierre fine constituée par du chrysobéryl, vert foncé à la lumière du jour et rougeâtre à la lumière électrique.

**ALEXIE** n.f. (du gr. *lexis,* lecture). Incapacité congénitale ou pathologique à lire. SYN. : **cécité verbale.**

**ALEXIS** *(saint),* saint personnage qui aurait vécu au Ve siècle mais que le caractère légendaire de sa biographie a fait écarter du nouveau calendrier catholique (1970). Il aurait abandonné son épouse le jour de ses noces pour vivre à Édesse dans la mendicité et serait revenu mener, inconnu dans sa propre maison, l'existence d'un pauvre familier.

**ALEXIS Ier COMNÈNE** (Constantinople 1058 - *id.* 1118), empereur byzantin de 1081 à 1118. Son règne fut marqué par un énergique redressement de la puissance byzantine.

**ALEXIS MIKHAÏLOVITCH** (Moscou 1629 - *id.* 1676), tsar de Russie (1645-1676). Il fit adopter le Code de 1649 et les réformes liturgiques de 1666-67, à l'origine du schisme des vieux-croyants.

**ALEZAN, E** [alzɑ̃, an] adj. (esp. *alazán,* mot ar.). Se dit d'un cheval dont la robe et les crins sont jaune rougeâtre : *Jument alezane.* ◆ **alezan** n.m. Cheval alezan.

**ALFA** n.m. (ar. *ḥalfā'*). Herbe d'Afrique du Nord et d'Espagne, appelée aussi *spart,* employée à la fabrication de sparterie, de cordages, d'espadrilles, de tissus grossiers, de papier d'imprimerie, etc. (Famille des graminées.)

**Alfa-Romeo,** firme italienne de construction automobile créée en 1903. Rachetée par Fiat en 1986, Alfa-Romeo a fusionné avec Lancia (Alfa Lancia Industriale), les marques demeurant séparées.

**ALFIERI** (Vittorio), écrivain italien (Asti 1749 - Florence 1803). Auteur de tragédies mettant en scène des caractères énergiques (*Saül, Mérope,* 1782 ; *Mirra,* 1784-1786), il exalte un idéal de justice et de liberté qui deviendra celui des patriotes du Risorgimento.

**ALFÖLD,** vaste plaine de la Hongrie, entre le Danube et la Roumanie.

**ALFONSÍN** (Raúl), homme d'État argentin (Chascomus 1926). Leader du Parti radical, il a été président de la République de 1983 à 1989.

**ALFORTVILLE,** ch.-l. de c. du Val-de-Marne, au sud-est de Paris ; 36 240 hab. *(Alfortvillais).* Traitement du gaz naturel. Verrerie. Chimie. Centre d'échanges franco-chinois (Chinagora).

**ALFRED le Grand** (Wantage, Berkshire, 849 ? - 899), roi de Wessex (871-878), roi des Anglo-Saxons (878-899). Vainqueur des Danois établis en Angleterre, il restaura l'autorité royale et prépara l'unité du pays. Il favorisa une renaissance de la culture anglo-saxonne.

**ALFVÉN** (Hannes), physicien suédois (Norrköping 1908 - Stockholm 1995). Il étudia le plasma de la magnétosphère et découvrit les ondes qui se propagent dans ce milieu et qui portent son nom. (Prix Nobel 1970.)

**ALGARADE** n.f. (esp. *algarada,* escarmouche, mot ar.). Brusque querelle ; altercation.

**ALGARDE** (Alessandro **Algardi**, dit en fr. l'), sculpteur italien (Bologne v. 1595 - Rome 1654), élève de L. Carrache et rival du Bernin. Sa manière, chargée d'éléments baroques, s'oriente pourtant vers l'équilibre et la sobriété (tombeau de Léon XI et relief d'*Attila et saint Léon* à St-Pierre de Rome ; bustes).

**ALGARVE,** région constituant l'extrémité méridionale du Portugal.

**ALGAZELLE** n.f. (ar. *al-ghazāl*). Antilope du Sahara, à cornes longues et fines, un peu recourbées vers l'arrière. (Haut. au garrot 1 m ; famille des bovidés.)

**ALGÈBRE** n.f. (ar. *al-djabr*). -**1**. Au sens classique, théorie des équations et des propriétés générales des opérations. -**2**. Au sens moderne, étude des structures abstraites telles que les groupes, les anneaux, les corps. -**3**. ***Algèbre de Boole*** ou ***algèbre de la logique,*** structure algébrique appliquée à l'étude des relations logiques. ◆ **algébriste** n.

→ • **DOSSIER** L'ALGÈBRE *page 156.*

# ALEXANDRE LE GRAND

Alexandre, fils de Philippe II de Macédoine, naît à Pella, en Macédoine, en 356 av. J.-C. Il a pour précepteur le philosophe Aristote, apprend l'art militaire dans des campagnes contre les Thraces et les Illyriens et participe à la bataille de Chéronée. Il succède en 336 à son père, assassiné, dont il reprend les projets d'expansion en Asie.

**Les conquêtes d'Alexandre.**

Au début de 334 av. J.-C., Alexandre franchit l'Hellespont (les Dardanelles). L'armée du roi de Perse Darios III, très supérieure en nombre, attend les Macédoniens sur les bords du Granique, petit fleuve côtier de Phrygie. C'est là qu'Alexandre remporte sa première victoire en Asie (334), se rendant maître de l'Asie Mineure. En 333, ayant franchi les montagnes de Cilicie, il écrase dans la plaine d'Issos l'armée perse. Alexandre, se refusant à toute négociation, poursuit son plan d'encerclement méthodique de la Méditerranée orientale. Il soumet le littoral syrien (prise de Tyr et de Gaza en 332) et pénètre en Égypte, qui, supportant mal le joug des Perses, l'accueille en libérateur. En 331, il quitte l'Égypte après avoir fondé Alexandrie, traverse le Tigre et l'Euphrate, au-delà duquel Darios III a concentré toutes ses troupes. La bataille décisive a lieu entre Gaugamèles et Arbèles en octobre 331 et marque la fin de la dynastie des Achéménides. Alexandre s'empare de Babylone et de Suse, brûle Parsa (Persépolis) et atteint l'Indus. Mais, son armée étant épuisée, il revient à Suse (324).

**Le stratège.**

De son père Philippe II, Alexandre hérite un outil de combat parfaitement rodé, qui a assimilé les leçons de la phalange thébaine d'Épaminondas, mobile et manœuvrable. L'armée macédonienne comprend alors une double articulation en formations de cavalerie et d'infanterie, elles-mêmes organisées en unités lourdes ou légères. Dans cette armée, la phalange, formée au combat sur une file de 16 hommes en profondeur, ne constitue qu'un élément (certes central) d'un dispositif complexe et souple. Au plan stratégique, l'originalité d'Alexandre est d'avoir adapté ce dispositif à l'hétérogénéité nouvelle de ses armées, désormais composées, en plus des Macédoniens, d'éléments étrangers (Thraces, Crétois, etc.). Il comprend également que le cœur du dispositif adverse se situe là où se tient le commandement politique de l'armée, le roi. C'est donc là qu'il fait porter l'effort de ses troupes.

### L'organisation de l'empire.

Alexandre conserve une grande partie des institutions perses (fiscalité, division en satrapies), adopte le cérémonial de la cour des Achéménides et gouverne à la manière d'un despote oriental. Il crée de nombreuses villes, auxquelles il donne son nom. S'efforçant de fondre les civilisations perse et grecque, il encourage l'intégration des Perses dans l'armée et favorise les mariages entre les deux communautés.

### La postérité.

L'empire créé par Alexandre et que seule maintenait sa puissante personnalité ne lui survit pas. Il est partagé après sa mort (323) entre ses généraux (les diadoques), qui donnent leurs noms aux différentes dynasties qu'ils créent (Lagides, Séleucides, etc.). Ces royaumes forment un monde qui s'étend de l'Indus à l'Asie Mineure, et dans lequel s'épanouit une nouvelle civilisation grecque, dite « hellénistique. »

❶ Alexandre le Grand. Détail d'un sarcophage du IV$^{e}$ s. av. J.-C.

**L'EMPIRE D'ALEXANDRE**

Après sa victoire sur le roi des Perses Darios III, Alexandre s'engage dans la conquête d'un territoire qui s'étend de l'Europe aux confins de l'Inde. Il entreprend alors la constitution de son propre empire, rénové par la fusion des élites grecques et perses, et par la soumission des vainqueurs et des vaincus à l'autorité d'un roi-dieu. Parfois représenté sur les monnaies, identifié à Zeus portant la foudre, il apparaît aussi coiffé d'une peau de lion, qui l'identifie à Héraclès ❶. Cette volonté de fusion se manifeste également par le mariage d'Alexandre et de ses principaux lieutenants avec des princesses achéménides.

**L'EMPIRE D'ALEXANDRE LE GRAND**

Itinéraire d'Alexandre — ★ Bataille — ● Siège — ■ Ville fondée par Alexandre — Empire d'Alexandre

# L'ALGÈBRE

Même si la discipline est des plus anciennes, le mot « algèbre » ne remonterait qu'au IXe siècle, venant du terme arabe *al-djabr*. Utilisé dans un traité du mathématicien al-Kharezmi, ce mot désigne un procédé de calcul consistant à ajouter un même nombre aux deux membres d'une égalité. Née de procédés parmi les plus simples, l'algèbre s'est par la suite complexifiée, en irriguant toutes les branches des mathématiques. Qui plus est, l'étude des structures algébriques a permis d'organiser les divers objets mathématiques et de structurer leurs ensembles.

## La nature de l'algèbre.

L'algèbre a connu deux tendances successives : l'époque classique, puis celle dite « moderne ». L'algèbre classique trouve son origine dans le calcul numérique, généralisation de l'arithmétique. Consacrée à la résolution des équations algébriques, elle s'attache à l'étude des opérations et de leurs propriétés. Grâce à la géométrie, elle continuera à s'abstraire de l'aspect numérique avec la notion d'espace vectoriel.

L'algèbre moderne se constitue avec, à la base, la *théorie des ensembles,* considérés en fonction des lois de composition définies sur eux, et l'émergence des *structures algébriques* (groupe, anneau, etc.), qui seront étudiées indépendamment de leurs réalisations concrètes. La recherche des structures devient une des préoccupations premières de l'algèbre : en donnant la possibilité de se dégager des cas particuliers, les structures permettent de résoudre les grandes familles de problèmes. Il devient ainsi possible de construire l'algèbre à partir d'un petit nombre de propriétés, transportables à l'intérieur d'une même structure, sans qu'il soit besoin de les redémontrer. L'algèbre moderne se prolonge par les algèbres linéaire et multilinéaire, avec la structure fondamentale d'espace vectoriel, et par l'algèbre topologique (espaces normés, espaces vectoriels topologiques, etc.).

## L'histoire de l'algèbre.

**De l'Antiquité au XVIIIe siècle.** L'algèbre existe, dès le IIe millénaire avant notre ère, chez les Babyloniens, ou, vers les IIIe-IVe s. apr. J.-C., avec Diophante, qui développe la notion d'inconnue et propose des calculs avec des nombres rationnels positifs. Cependant, cette influence ne se fera sentir en Occident qu'à partir du XVIe siècle, après avoir transité par l'Inde et les pays d'islam. Tartaglia et J. Cardan résolvent des équations des degrés 3 et 4, tandis que R. Bombelli crée une première forme de *nombres complexes*. F. Viète fonde le calcul littéral en introduisant la représentation symbolique des grandeurs par des lettres. En 1637, Descartes applique ce calcul à des problèmes géométriques, créant ainsi la *géométrie analytique ;* il énonce le principe selon lequel une équation algébrique a autant de racines que son degré a d'unités. D'Alembert précise ces notions nouvelles dans son « théorème fondamental de l'algèbre » (1746). Gauss, sur une idée de ce dernier, en donne la première démonstration complète (1799).

**XIXe et XXe siècles.** Avec W. R. Hamilton apparaît, en 1843, une première *algèbre non commutative*, fondée sur les quaternions. La théorie des nombres conduit l'algèbre à des conceptions nouvelles. La notion de groupe, due à É. Galois (1830), prend une extension considérable avec les travaux de C. Jordan, tandis que F. Klein et S. Lie la généralisent. E. Kummer aboutit à la notion nouvelle de *nombre idéal*, qui sera clarifiée et systématisée par Dedekind (1871). Vers la fin du XIXe siècle, ces travaux mèneront à la théorie des corps des nombres algébriques de Hilbert.

Le concept d'*espace vectoriel* se rattache pour sa part aux travaux de Hamilton, Möbius ou Grassmann. Les *déterminants*, connus depuis le XVIIIe siècle dans l'œuvre de G. Cramer, ne deviennent d'un usage courant qu'avec C. Jacobi (1841). A. Cayley, parmi d'autres, développe la théorie des *invariants* et fonde en 1858 le *calcul matriciel*. Tous les domaines des mathématiques (géométrie, théorie des fonctions, logique, etc.) se trouvent envahis par les procédés algébriques.

Ainsi, l'algèbre de la logique, créée simultanément par G. Boole et A. De Morgan en 1847, repose sur l'idée que des formules algébriques peuvent exprimer des relations logiques entre des concepts : à la disjonction et à la conjonction de concepts correspondent respectivement l'addition et la multiplication des nombres.

Après Dedekind et Hilbert, la tendance du XXe siècle sera à l'axiomatisation progressive de l'algèbre, due, notamment, à E. Artin et E. Noether. L'*algèbre abstraite* contemporaine apparaît, dont les publications du groupe Bourbaki sont, depuis 1939, un des exemples.

**Voir aussi :** CALCUL, GÉOMÉTRIE, MATHÉMATIQUES, NOMBRES, STRUCTURE.

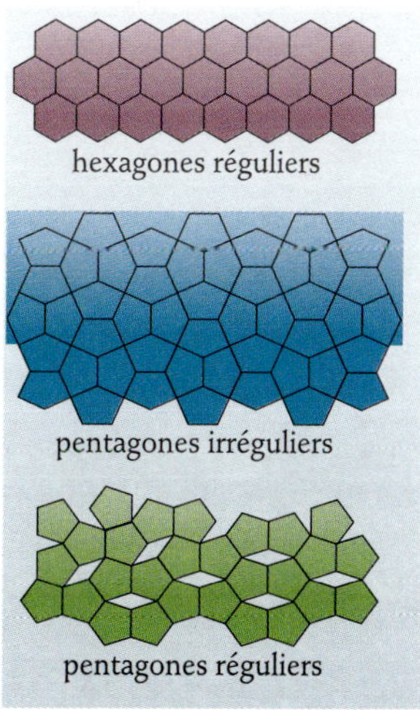


Pavages du plan par des polygones.

**ALGÈBRE, POLYGONES ET THÉORIE DES GROUPES**

On ne peut paver un plan qu'avec 3 types de polygones *réguliers :* les triangles équilatéraux, les carrés et les hexagones réguliers. Ce résultat de la théorie des groupes, appliqué aux transformations par translation qui conservent les propriétés de symétrie, a des conséquences importantes en cristallographie.

**ALGÉBRIQUE** adj. -1. Qui appartient à l'algèbre. -2. ***Équation algébrique,*** équation de la forme P($x$) = 0 où P est un polynôme. ‖ ***Nombre algébrique,*** nombre racine d'une équation algébrique à coefficients entiers. ◆ **algébriquement** adv.

**ALGER,** en ar. al-Djazā'ir ou El-Djazaïr, cap. de l'Algérie et ch.-l. de wilaya, 786 km$^2$ ; 2 600 000 hab. *(Algérois).* **GÉOGR.** Sur la Méditerranée, adossée aux hauteurs du Sahel, Alger est située à mi-chemin des frontières marocaine et tunisienne. L'agglomération, la plus peuplée du pays, juxtapose des quartiers contrastés (Casbah et ancien quartier européen au centre, dominés ou bordés par les résidences des hauteurs ou les récentes extensions ouvrières et industrielles), témoignant surtout d'une histoire mouvementée et aussi d'un fort mouvement d'immigration. Alger est une capitale administrative et politique, culturelle (université), financière, une plaque tournante des transports et une ville (relativement) industrialisée (raffinage du pétrole et chimie, construction mécanique, agroalimentaire et bâtiment). **HIST.** Capitale d'un État algérien sous la domination ottomane depuis le XVIe siècle, Alger fut prise par les Français en 1830. En 1943 est constitué le Comité français de libération nationale dont de Gaulle devient rapidement le seul dirigeant. C'est d'Alger que partirent les événements responsables de la chute de la IVe République (insurrection des partisans de l'Algérie française, le 13 mai 1958). **ARTS.** Grande Mosquée (XIe s.) ornée d'un beau minbar et pittoresque ville arabe d'époque ottomane.

**ALGÉRIE,** État du nord-ouest de l'Afrique, sur la Méditerranée.

→ • **DOSSIER** L'ALGÉRIE *page 163.*

**ALGÉSIRAS,** port d'Espagne (Andalousie), sur le détroit de Gibraltar ; 101 256 hab. Tête de ligne pour le Maroc. – En 1906, se tint à Algésiras une conférence internationale qui accorda à la France et à l'Espagne une situation privilégiée au Maroc, ce qui prépara le protectorat de ces deux puissances sur le pays.

**ALGIE** n.f. Douleur physique (quels qu'en soient la cause, le siège, le caractère).

**ALGINATE** n.m. -1. Sel de l'acide alginique, utilisé notamm. dans l'industrie alimentaire et textile. -2. Préparation à base d'alginate permettant la prise des empreintes dentaires.

**ALGINE** [alzin] n.f. (de *algue*). Substance glaireuse formée au contact de l'eau par le mucilage de certaines algues brunes.

**ALGINIQUE** adj. ***Acide alginique,*** acide dont le sel de sodium se trouve dans certaines algues (laminaires).

**ALGIQUE** adj. -1. Qui concerne la douleur. -2. Qui provoque la douleur.

**ALGOL** [algɔl] n.m. (de *algo*[*rithmic*] *l*[*anguage*]). Langage évolué utilisé pour la programmation informatique des problèmes scientifiques ou techniques.

**ALGONKIEN, ENNE** adj. et n.m. SYN. DE protérozoïque.

**ALGONQUIN** ou **ALGONKIN** n.m. (du n. d'une tribu du Canada). Famille de langues indiennes d'Amérique du Nord.

Vue partielle d'**ALGER.**

**ALGONQUINS,** ensemble de peuples indiens d'Amérique du Nord qui parlaient la même langue et qui comprenaient les Ojibwa, les Cheyenne, les Arapaho, etc. Ils vivaient surtout de la chasse des bisons et pratiquaient la culture du maïs dans le Sud-Est. Ceux de la taïga (Labrador) étaient des chasseurs-pêcheurs (Cri, Naskapi).

**ALGORITHME** n.m. (ar. *al-Khārazmī,* surnom d'un mathématicien arabe). Suite finie d'opérations élémentaires constituant un schéma de calcul ou de résolution d'un problème.

ENCYCL.

**Le principe.** Le principe des algorithmes est connu quasiment depuis l'origine des mathématiques. Dès l'Antiquité sont proposés des procédés ou méthodes de calcul qualifiables aujourd'hui d'algorithmes (par ex., calcul du P. G. C. D. ou résolution de certaines équations algébriques). Mais le concept ne sera développé et étudié qu'avec l'émergence, au XXe siècle, des sciences et techniques de l'informatique, puisque les algorithmes sont l'un des outils de base de la programmation. Ainsi, on appelle algorithme tout processus qui décompose une tâche globale en un nombre fini d'*actions* élémentaires (les *primitives*), susceptibles d'être effectuées par l'entité à laquelle en sera confiée l'exécution (le *processeur*), et qui en décrit explicitement l'ordonnancement temporel.

**Algorithmes et logique formelle.** La réflexion sur les algorithmes n'est pas seulement d'ordre pratique : elle rejaillit sur les études de logique formelle, en particulier chez D. Hilbert et K. Gödel. Avant d'écrire l'algorithme de résolution d'un problème (de calcul ou de décision), il faut se demander si un tel algorithme existe (problème de la *calculabilité* ou de la *décidabilité*), puis dans quels délais le processeur (homme ou machine) sera à même de produire le résultat. Cela conduit, dans un deuxième temps, à déterminer la *complexité algorithmique* du problème. Pour ce faire, on range les problèmes par classes, sachant qu'un algorithme qui permet de résoudre un problème fournit la solution de tous ceux de la même classe. (→ CALCUL, INFORMATIQUE..)

**ALGORITHMIQUE** adj. De la nature de l'algorithme. ◆ n.f. Science des algorithmes, utilisés notamm. en informatique.

**ALGUE** [alg] n.f. (lat. *alga*). Végétal chlorophyllien sans racines ni vaisseaux, génér. aquatique. (Embranchement des thallophytes.)

→ • **DOSSIER** LES ALGUES *page 170.*

**Alhambra** (de l'ar. *al-Ḥamrā',* la rouge), palais et forteresse des derniers souverains arabes de Grenade, sur une hauteur dominant la ville. Alcazaba du XIIIe siècle. Ensemble palatial du XIVe siècle, d'une richesse décorative exubérante, organisé autour des deux cours « des Lions » et « des Myrtes ». Palais Renaissance de Charles Quint, entrepris en 1527 et non achevé. Beaux jardins.

**ALHAMBRA** de Grenade (XIVe s.) : la cour des Lions.

**ALHAZEN** → IBN AL-HAYTHAM.

**ALI,** cousin et gendre du prophète Mahomet, dont il épousa la fille, Fatima. Après la mort de son beau-père, il refusa de reconnaître l'élection d'Abu Bakr comme calife. Il sera lui-même le quatrième calife de l'islam (656-661). Mais il entra en conflit avec la veuve du Prophète, Aïcha, et avec l'Omeyyade Muawiya et ses partisans. Il fut assassiné par l'un d'entre eux devant la mosquée de Kufa en 661. Par suite, on localisa son tombeau à Nadjaf, devenu un des lieux saints du chiisme, branche de l'islam qui continue de se réclamer d'Ali.

**ALI** (Cassius **Clay**, puis **Muhammad**), boxeur américain (Louisville 1942), plusieurs fois champion du monde des poids lourds.

**ALIAS** [aljas] adv. (mot lat.). Autrement dit, nommé : *Poquelin, alias Molière.*

**Ali Baba,** un des héros des *Mille et Une Nuits.* Grâce à la formule magique « Sésame ouvre-toi », Ali Baba ouvre la caverne où 40 voleurs ont entassé un fabuleux butin.

**ALIBI** n.m. (mot lat., *ailleurs*). -**1.** Moyen de défense par lequel un suspect, un accusé prouve sa présence, au moment d'un crime, d'un délit, en un autre lieu que celui où ils ont été commis. -**2.** Ce qui sert de prétexte, d'excuse.

**ALIBOUFIER** n.m. Styrax, plante qui fournissait jadis le benjoin.

**ALICANTE** n.m. -**1.** Vin liquoreux que produit la province d'Alicante. -**2.** Cépage français à fruit rouge, appelé aussi *grenache.*

**ALICANTE,** port d'Espagne (région de Valence), ch.-l. de prov., sur la Méditerranée ; 265 473 hab.

**Alice au pays des merveilles,** récit de Lewis Carroll (1865), qui reproduit le rythme des comptines et les fantaisies de la logique enfantine.

**ALIDADE** n.f. (ar. *al'idāda*). -**1.** Règle graduée portant un instrument de visée permettant de mesurer les angles verticaux, utilisée pour tracer les directions sur une carte. -**2.** Partie mobile d'un théodolite.

**ALIDES,** descendants d'Ali, fils d'Abu Talib. Ils représentent pour les chiites les héritiers spirituels les plus authentiques du Prophète, possédant plus de droits à sa succession que les califes régnants. La plupart des Alides furent victimes du massacre de Karbala en 680, à la suite de la révolte d'al-Husayn.

**ALIÉNABILITÉ** n.f. Caractère de ce qui peut être aliéné.

**ALIÉNABLE** adj. Qui peut être aliéné.

**ALIÉNANT, E** adj. Qui soumet à des contraintes, qui rend esclave.

**ALIÉNATION** n.f. -**1.** Transmission à autrui d'un bien ou d'un droit : *Aliénation d'une propriété.* -**2.** Abandon ou perte d'un droit naturel. -**3.** État d'asservissement, de frustration où se trouve un individu lorsqu'il est dépossédé du fruit de son travail et soumis à des conditions de vie qu'il ne peut modifier. (V. ENCYCL.) -**4.** VIEILLI. ***Aliénation mentale,*** trouble mental entraînant une inaptitude à vivre en société.

**ENCYCL.** L'aliénation est, dans les théories du droit naturel, un dessaisissement de la liberté de l'individu, qui permet à la société politique d'exister. Chez Hegel, elle constitue un dessaisissement d'être. L'aliénation est le lot de la conscience et de la « société civile ». En situant l'origine de l'aliénation dans l'économie, Marx lui fait recouvrir toute l'étendue de l'expérience humaine, car il considère que l'économie commande tous les rapports que les hommes nouent entre eux.

**ALIÉNÉ, E** n. VX. Malade mental.

**ALIÉNER** v.t. (lat. *alienare*) [18]. -**1.** Transmettre à autrui la propriété d'un bien, d'un droit. -**2.** Renoncer à un droit naturel : *Aliéner son indépendance.* -**3.** Entraîner l'aliénation de qqn, lui faire perdre son libre arbitre. -**4.** Rendre une personne hostile à qqn ; éloigner : *Cette manière d'agir lui a aliéné tout le monde.*

**ALIÉNISTE** adj. et n. VX. Psychiatre.

**ALIÉNOR D'AQUITAINE** (1122 - Fontevraud 1204), duchesse d'Aquitaine et comtesse de Poitou (1137-1204). Elle épousa, en 1137, le roi de France, Louis VII, qui la répudia en 1152. Elle se remaria à Henri Plantagenêt, futur roi d'Angleterre (Henri II), à qui elle apporta tous les territoires du sud-ouest de la France, et complota contre lui. Elle favorisa par ailleurs le développement de la poésie courtoise.

Gisant d'**ALIÉNOR D'AQUITAINE** à l'abbaye de Fontevraud.

**ALIGARH,** v. de l'Inde, dans l'Uttar Pradesh, au S.-E. de Delhi ; 479 978 hab. Université.

**ALIGNEMENT** n.m. -**1.** Action d'aligner ; fait de s'aligner. -**2.** Ensemble de choses alignées, rangées. -**3.** Ensemble de pierres levées alignées : *Les alignements de Carnac.* -**4.** Détermination, par l'autorité administrative, des limites d'une voie publique ; servitude qui en résulte pour les riverains : *Maison frappée d'alignement.*

**ALIGNER** v.t. -**1.** Ranger, présenter sur une ligne droite des choses, des personnes. -**2.** Faire coïncider une chose avec une autre : *Aligner le cours du franc sur celui du Mark.* -**3.** ***Aligner des arguments, des chiffres, des faits,*** etc., les produire dans un ordre cohérent pour établir qqch. ◆ **s'aligner** v.pr. -1. Se ranger sur une même ligne. -2. *S'aligner sur qqn,* l'imiter. -3. *S'aligner sur qqch,* s'y conformer.

**ALIGOT** n.m. Purée de pommes de terre additionnée de tome fraîche. (Cuis. auvergnate.)

**ALIGOTÉ** n.m. et adj.m. Cépage blanc de Bourgogne ; vin issu de ce cépage.

**ALIMENT** n.m. (du lat. *alere,* nourrir). -1. Ce qui sert de nourriture à un être vivant. -2. Ce qui sert à entretenir, à fortifier qqch. ◆ pl. En droit, ensemble de ce qui est nécessaire à l'entretien d'une personne (logement, nourriture, etc.).

**ALIMENTAIRE** adj. -1. Propre à servir d'aliment. -2. Relatif à l'alimentation : *Régime alimentaire.* -3. *Obligation alimentaire,* obligation légale de fournir les aliments aux proches parents, de subvenir à leurs besoins essentiels. || *Pension alimentaire,* pension versée en exécution d'une obligation alimentaire.

**ALIMENTATION** n.f. -1. Action d'alimenter, de s'alimenter. -2. Produits servant à alimenter ; commerce de ces produits. -3. Approvisionnement d'une arme à feu en munitions, d'un moteur en combustible, etc.

**ALIMENTER** v.t. -1. Fournir des aliments à qqn, à un animal. -2. Approvisionner une collectivité, un appareil, un lieu, etc. : *Le barrage alimente la ville en eau.*

**ALINÉA** n.m. (du lat. *ad lineam,* à la ligne). Retrait d'une ligne annonçant un nouveau paragraphe, dans un texte ; passage compris entre deux retraits.

**ALIOS** [aljɔs] n.m. (mot gascon). Grès imperméable rougeâtre ou noirâtre, constitué sous la couverture sableuse par des grains de sable agglutinés : *L'alios des Landes.*

**ALI PACHA DE TEBELEN,** gouverneur ottoman de Ioánnina (Tebelen v. 1744 - Ioánnina 1822). Révoqué par le gouvernement ottoman en 1820, il résista deux ans dans Ioánnina assiégée.

**ALIPHATIQUE** adj. (du gr. *aleiphar,* graisse). *Composé aliphatique,* composé organique acyclique.

**ALISE** n.f. (mot germ.). Fruit rouge de l'alisier, aigrelet et d'un goût agréable.

**ALISE-SAINTE-REINE,** comm. de la Côte-d'Or, au pied de l'emplacement d'Alésia ; 717 hab. – Musée.

**ALISIER** [alizje] n.m. Arbre du groupe des sorbiers à feuilles lobées et à fleurs blanches, dont le bois est utilisé en ébénisterie. (Haut. 10-20 m ; famille des rosacées.)

**ALISMACÉE** n.f. *Alismacées,* famille de plantes vivaces monocotylédones des eaux douces, comprenant notamm. le plantain d'eau, la sagittaire.

**ALITEMENT** n.m. Action de s'aliter ; fait d'être alité.

**ALITER** v.t. (de *lit*). Faire garder le lit à qqn : *Aliter un malade.* ◆ **s'aliter** v.pr. Se mettre au lit (par suite de maladie, de fatigue, etc.).

**ALIZARINE** n.f. Matière colorante rouge extraite autref. de la racine de la garance, obtenue auj. par synthèse.

**ALIZÉ** adj.m. et n.m. (esp. *alisios*). Se dit de vents réguliers qui soufflent constamment sur près du tiers de la surface du globe, des hautes pressions subtropicales vers les basses pressions équatoriales. (L'alizé de l'hémisphère Nord souffle du nord-est vers le sud-ouest, l'alizé de l'hémisphère Sud, du sud-est vers le nord-ouest.)

**Aljubarrota** *(bataille de)* [14 août 1385], victoire que remporta le roi de Portugal, Jean Ier, sur le roi de Castille, Jean Ier, à Aljubarrota (Estrémadure), consacrant ainsi l'indépendance du Portugal.

**ALKÉKENGE** n.m. (persan *kākunadj*). Physalis, plante ornementale appelée aussi *coqueret, amour-en-cage.*

**ALKERMÈS** n.m. (esp. *alquermes,* de l'ar. *al-qirmiz,* cochenille). Liqueur d'Italie, à base de cannelle, de girofle, de vanille, etc., colorée en rouge avec la cochenille.

**ALKYLE** n.m. → ALCOYLE.

**ALLAH,** nom par lequel l'islam désigne le Dieu unique et transcendant qui lui a révélé son existence, ses commandements et ses promesses depuis Adam jusqu'au plus grand des prophètes, Mahomet. Allah est sans faille et éternel, sans pareil et sans égal. Il n'est pas engendré et n'engendre pas. Cependant, étant naturellement pourvu de toutes les perfections imaginables, il peut recevoir un grand nombre (99 selon le Coran) d'autres « noms » ou qualificatifs (« très grand », « très haut », « protecteur », « donateur », etc.). La prière rituelle des musulmans débute toujours par l'invocation d'Allah avec la formule *Allahu akbar,* qui signifie : « Dieu est le plus grand ».

**ALLAHABAD,** v. de l'Inde, dans l'Uttar Pradesh, au confluent du Gange et de la Yamuna ; 858 213 hab. – Colonne d'Ashoka. Fort d'Akbar. Musée.

**ALLAIS** (Alphonse), écrivain français (Honfleur 1854 - Paris 1905). L'un des fondateurs du cabaret du Chat-Noir, il imposa dans ses récits un comique particulier fondé sur l'absurde et la mystification (*On n'est pas des bœufs,* 1896 ; *le Captain Cap,* 1902).

**ALLAIS** (Maurice), économiste français (Paris 1911). Il a contribué au développement de l'économie mathématique et à l'étude de l'équilibre économique de la monnaie et du crédit. Parmi ses ouvrages, il faut citer *la Théorie générale des surplus* (1981), *les Fondements d'une théorie de l'utilité et du risque* (1984). [Prix Nobel 1988.]

**ALLAITEMENT** n.m. Action d'allaiter.

ENCYCL. Jusqu'à ce que le nourrisson ait atteint l'âge de 8 semaines au moins, le lait constitue sa nourriture exclusive. Le lait maternel, par comparaison au lait industriel, présente les avantages suivants : digestion plus facile ; meilleure protection contre les infections grâce à la présence d'anticorps ; meilleur développement des relations entre la mère et l'enfant avec la tétée au sein qu'avec le biberon.

**L'allaitement maternel.** Après l'accouchement, les modifications des hormones sanguines, dues à la disparition du placenta, déclenchent la montée de lait : la glande mammaire se met à sécréter du lait en abondance, en quelques jours. Ensuite, la sécrétion est entretenue grâce à un réflexe dont le point de départ est la succion par le bébé. Il se produit quelquefois des incidents, tels que les crevasses, fissures très douloureuses du mamelon, dont la fréquence est limitée par une hygiène méticuleuse.

**L'allaitement artificiel.** Il suppose que l'on ait stoppé la sécrétion spontanée du sein, ce qui est plus difficile après la montée de lait qu'avant, même avec l'aide de médicaments et d'un bandage modéré de la poitrine. On utilise des produits industriels en poudre, dilués dans de l'eau, élaborés à partir du lait de vache, et soumis à une réglementation sévère.

**ALLAITER** v.t. Nourrir de lait, de son lait.

**ALLANT** n.m. Entrain, ardeur : *Perdre son allant.*

**ALLANTOÏDE** [alɑ̃tɔid] n.f. L'une des trois annexes de l'embryon, propre aux vertébrés supérieurs.

**ALLANTOÏDIEN** n.m. et adj.m. -**1**. Amniote. -**2**. ***Vertébrés allantoïdiens,*** reptiles, oiseaux, mammifères.

**ALLANTOÏNE** n.f. Substance d'élimination de déchets azotés, chez les mammifères non humains, provenant de la transformation de l'acide urique et entrant dans la confection de produits cosmétiques.

**ALLÉCHANT, E** adj. -**1**. Appétissant. -**2**. Attirant, séduisant : *Une proposition alléchante.*

**ALLÉCHER** v.t. (lat. *allectare*) [18]. -**1**. Attirer qqn, lui faire envie en flattant son goût, son odorat. -**2**. Attirer qqn par l'espérance de qqch d'agréable, de profitable.

**ALLÉE** n.f. (de *aller*). -**1**. Voie bordée d'arbres, de haies, de plates-bandes. -**2**. Passage entre des rangées de chaises, de bancs. -**3**. ***Allée couverte,*** construction mégalithique formant un couloir plus ou moins long, qui servait de sépulture collective.

**ALLÉGATION** n.f. (lat. *allegatio*). Citation d'un fait ; affirmation, assertion.

**ALLÈGE** n.f. (de *alléger*). -**1**. Pan de mur fermant l'embrasure d'une fenêtre entre le sol et l'appui. -**2**. Embarcation employée pour le chargement ou le déchargement des navires.

**ALLÉGÉ, E** adj. et n.m. Se dit d'un produit alimentaire débarrassé de tout ou partie de ses graisses ou de ses sucres.

1. **ALLÉGEANCE** n.f. (angl. *allegiance*). -**1**. Obligation de fidélité et d'obéissance à un souverain, à une nation. -**2**. Manifestation de soutien, de soumission.

2. **ALLÉGEANCE** n.f. (de *alléger*). Handicap en temps, rendu par un yacht à un autre, dans une régate ou une course-croisière.

**ALLÉGEMENT** n.m. -**1**. Diminution de poids, de charge. -**2**. Mouvement déchargeant les skis du poids du corps pour permettre un déplacement latéral.

**ALLÉGER** v.t. (du lat. *levis,* léger) [22]. Rendre qqch moins lourd, moins pénible.

**ALLEGHENY** ou **ALLEGHANY,** partie centrale des Appalaches (États-Unis).

**ALLÉGORIE** n.f. (gr. *allegoria*). -**1**. Représentation, expression d'une idée par une figure dotée d'attributs symboliques (art) ou par une métaphore développée (littérature). -**2**. Œuvre littéraire ou plastique utilisant cette forme d'expression.

**ALLÉGORIQUE** adj. Qui a rapport à l'allégorie, qui y appartient. ◆ **allégoriquement** adv.

**ALLÈGRE** adj. (lat. *alacer,* vif). Plein d'un entrain joyeux. ◆ **allègrement** adv.

**ALLÉGRESSE** n.f. Joie très vive qui se manifeste souvent par des démonstrations collectives.

# L'ALGÉRIE

**NOM OFFICIEL** : République algérienne démocratique et populaire.
**CAPITALE** : Alger.
**SUPERFICIE** : 2 380 000 km$^2$.
**POPULATION** : 28 600 000 hab. *(Algériens)*.
**LANGUE** : arabe.
**RELIGION** : islam.
**MONNAIE** : dinar algérien.
**RÉGIME** : république.

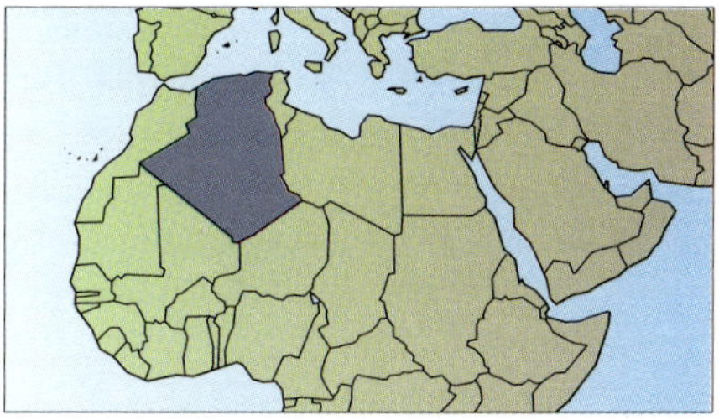

Située au cœur du Maghreb, entre le Maroc et la Tunisie, l'Algérie dispose d'un vaste territoire (plus de quatre fois plus étendu que celui de la France), mais la majeure partie, qui appartient au Sahara, est désertique, presque inhabitée, en dehors des oasis et des sites d'extraction des hydrocarbures, principales richesses du pays.

## ■ GÉOGRAPHIE

### Le milieu naturel.

Dans le Nord, qui appartient au Maghreb proprement dit, trois unités de relief se succèdent à partir de la Méditerranée. Situés en bordure de mer, les fragments de massif cristallin du Tell (Grande Kabylie, Kabylie de Collo, Edough) sont dominés par les escarpements sédimentaires de l'Atlas tellien (monts de Tilimsen, Ouarsenis, Djurdjura, Bibans, Babors). Les Hautes Plaines leur font suite vers l'intérieur ; cet ensemble de hautes terres, dont la largeur s'amenuise vers l'Est, comprend des zones endoréiques occupées par des chotts. Au sud des Hautes Plaines, enfin, les chaînons de l'Atlas saharien, aux plissements réguliers (djebel Amour, Ouled Naïl, monts du Zab, Aurès), constituent la limite avec le désert. Le climat méditerranéen règne sur cet ensemble. Mais les précipitations, qui atteignent parfois 1 000 mm par an sur les côtes - ce qui permet la croissance de la forêt de chênes-lièges -, diminuent de plus en plus vers l'intérieur, les Hautes Plaines étant couvertes d'une steppe semi-aride.

Dans le Sud, l'Algérie possède une partie importante du Sahara. Cette vaste étendue désertique comprend des régions au relief varié : plateaux pierreux (regs), cuvettes tapissées de dunes (ergs) et massifs montagneux de l'extrême Sud, centrés sur le Hoggar, qui culmine vers 3000 m. Les températures y sont élevées toute l'année et les précipitaitons très faibles (moins de 150 mm par an).

## L'ALGÉRIE

### La population.

Elle se compose d'Arabes (80 % environ) et de Berbères, et se caractérise par la persistance d'un fort accroissement démographique (700 000 personnes par an environ) et par l'importance du nombre des moins de 15 ans (près de la moitié de la population totale). La population urbaine dépasse maintenant la population rurale, l'exode rural ayant considérablement accru la population des grandes agglomérations : Alger, Oran, Annaba. Le sous-emploi est important, surtout chez les jeunes. Par ailleurs, 2 millions d'Algériens vivent à l'étranger.

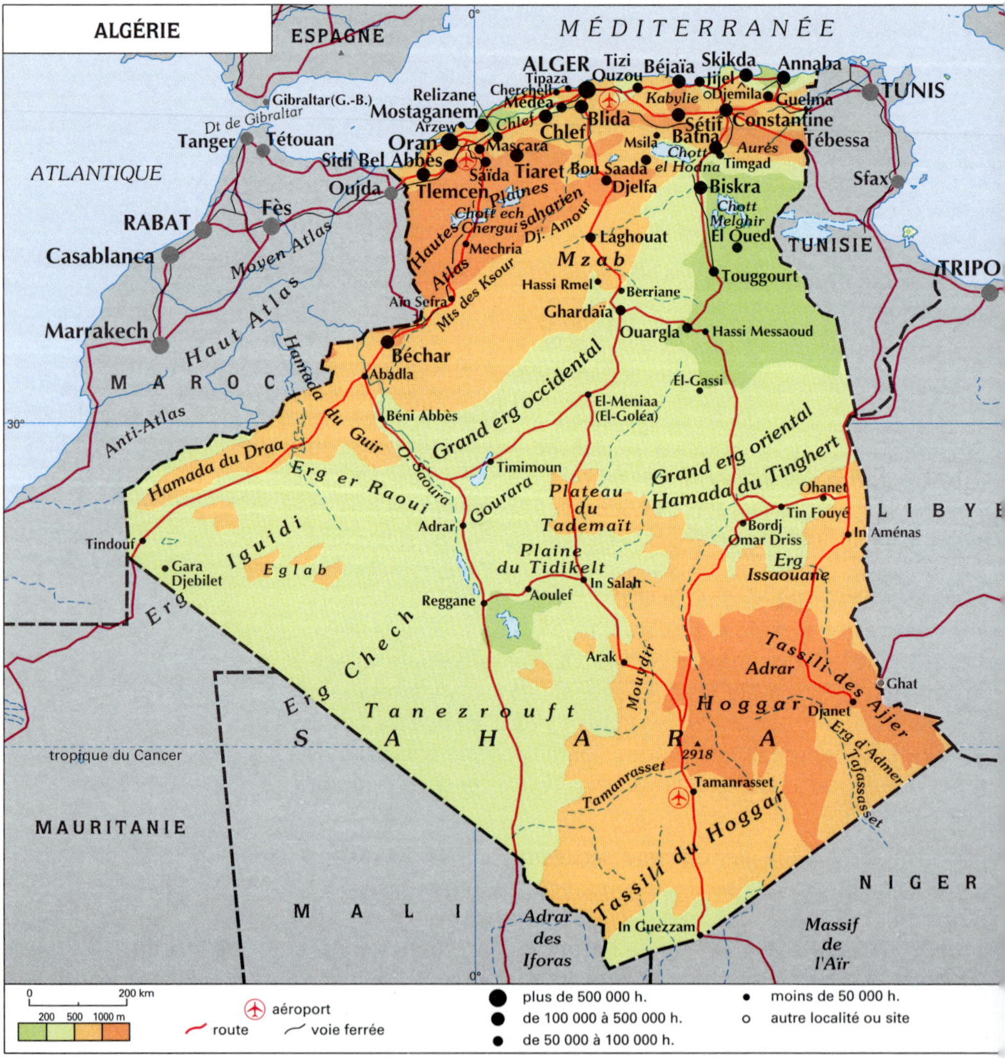

## L'ALGÉRIE

### Les ressources.

À la fin des années 1980, l'Algérie a mis en place quelques réformes économiques qui ont sensiblement modifié la structure des exploitations agricoles. Des coopératives de taille plus réduite ont remplacé les domaines agricoles socialistes. Un quart environ de la population active travaille dans le secteur agricole, qui, cependant, ne couvre pas les besoins alimentaires du pays ; les importations dans ce domaine représentent environ 25 % des importations totales. Les céréales (blé surtout) et les agrumes sont les principales productions agricoles, complétées par l'élevage ovin, qui demeure une activité non négligeable sur les Hautes Plaines.

L'industrie assure environ 40 % du P. I. B. Elle le doit en priorité au secteur des hydrocarbures, dont la prospection et l'exploitation ont commencé pendant la période française. L'Algérie est un notable producteur de pétrole et de gaz naturel, aux réserves plus importantes en gaz qu'en pétrole. Le gaz est exporté liquéfié, le pétrole, brut, parfois raffiné. Pétrole et gaz constituent l'essentiel des exportations. La diversification industrielle n'a été qu'amorcée et reste une priorité.

L'Algérie, qui a une balance commerciale déficitaire, réalise la majorité de ses échanges avec les pays de l'Union européenne (l'Italie disputant la première place à la France). La dette extérieure est élevée : elle représente environ la moitié du P. I. B., et son service, près de 75 % des exportations.

**DU SAHARA À LA MÉDITERRANÉE**
Les hydrocarbures (pétrole, mais aussi gaz naturel) constituent la richesse commerciale essentielle de l'Algérie ❶. La quasi-totalité de la population se concentre au nord du Sahara, dans les Hautes Plaines de l'Aurès et de la Kabylie ❷, et surtout sur le littoral, qui est le site (Constantine exceptée) des principales villes du pays.

❶ Industrie pétrolière à Hassi Messaoud.

## ■ HISTOIRE

*Les origines.*

Peuplée par les Berbères, l'Algérie est dès la haute Antiquité influencée par les brillantes civilisations des Phéniciens (à partir de la fin du IIe millénaire av. J.-C.) puis des Carthaginois (VIIe-IIIe s. av. J.-C.) qui établissent des comptoirs prospères sur ses côtes. Les Berbères, les Maures et les Numides organisent des royaumes puissants en Numidie et en Mauritanie, que Rome soumet (victoire de Marius sur Jugurtha en 105 av. J.-C.). Sous la domination romaine (IIe s. av. J.-C.), l'Algérie connaît un réel essor : de nombreuses villes, comme Tbessa et Timgad, s'y développent. Le pays est christianisé.

**Ve s. :** les Vandales dévastent le pays.

**VIe-VIIe s. :** domination de Byzance.

*Arabes et Berbères.*

**681-682 :** raids arabes d'Uqba ibn Nafi.

L'Algérie est islamisée et gouvernée depuis Damas, par les califes omeyyades, puis de Bagdad, par les califes abbassides. Les Berbères résistent à la domination arabe.

**Xe-XIe s. :** suzeraineté des Fatimides (dynastie chiite du Maghreb et d'Égypte).

**XIe-XIIe s. :** deux dynasties berbères, celle des Almoravides et celle des Almohades, dominent le Maghreb et une partie de l'Espagne. Les villes du littoral nord-africain s'ouvrent à la civilisation andalouse.

**XIVe-XVIe s. :** le pays est morcelé en de nombreuses principautés (dont une des plus importantes a Tlemcen pour capitale), confédérations tribales ou ports libres.

❷ Environs de Djamila, près de Stif (Sétif).

## L'ALGÉRIE

*La domination ottomane.*

**1518 :** le corsaire turc Barberousse est appelé par les Algérois pour évincer les Espagnols, établis dans les ports. Il place Alger sous la protection du sultan ottoman d'Istanbul.

Sous la domination turque, l'Algérie forme la régence d'Alger. Elle est gouvernée à partir du XVIIe siècle par des deys. Elle vit essentiellement de la course (piraterie) en Méditerranée, qui lui procure d'importantes ressources en butin et en esclaves.

*La conquête française.*

**Juillet 1830 :** le gouvernement de Charles X fait occuper Alger.

**1832-1837 :** révolte de l'émir Abd el-Kader, qui fait reconnaître son autorité sur le centre et l'ouest de l'Algérie, tandis que les Français s'installent dans le Constantinois et l'Oranais.

*La colonisation française.*

**1840-1847 :** le général Bugeaud, gouverneur de l'Algérie, finit par venir à bout de la résistance d'Abd el-Kader.

**1852-1870 :** la conquête est achevée avec l'occupation des oasis du Sud (Laghouat, Ouargla, Touggourt) et des régions montagneuses de Kabylie.

Des colons individuels puis, sous Napoléon III, de puissantes sociétés financières reçoivent des lots de terres, enlevées aux tribus. La population européenne s'accroît rapidement. Sous la IIIe République, une économie moderne se développe dans certains domaines, en particulier la culture de la vigne. Mais la condition des indigènes ne s'améliore guère.

Entre les deux guerres mondiales, des mouvements favorables à l'autonomie ou même à l'indépendance, comme celui de Messali Hadj, apparaissent. Ferhat Abbas, pour sa part, d'abord partisan de l'intégration, demande la citoyenneté française pour les musulmans.

**1943 :** le « Manifeste du peuple algérien » réclame l'égalité entre les communautés musulmane et européenne.

**1945 :** premier soulèvement nationaliste, dans le Constantinois.

*La guerre d'Algérie.*

**1er nov. 1954 :** début de l'insurrection algérienne.

A. Ben Bella fonde le Front de libération nationale (F. L. N.), qui dirige l'insurrection.

**1955 :** instauration de l'état d'urgence.

**1956 :** les effectifs militaires français en Algérie sont portés à 400 000 hommes. Arrestation et internement de Ben Bella.

**1957 :** bataille d'Alger (pacification de la ville après l'élimination des réseaux du F. L. N.).

## L'ALGÉRIE

**DE LA COLONISATION À L'INDÉPENDANCE**
Les autorités coloniales françaises parviennent à rallier une partie des élites locales. Des chefs indigènes participent à la réception du gouverneur général à la mairie de Biskra ❸.
Mais la domination française est dans l'ensemble mal supportée par la population musulmane. Le 1er nov. 1954, le F. L. N. déclenche les hostilités.
À partir de 1956, les autorités françaises mènent de front l'écrasement de la révolte algérienne et des négociations secrètes avec le F. L. N. L'indépendance est proclamée en 1962 ❹.

**13 mai 1958 :** les Européens manifestent à Alger pour le maintien de « l'Algérie française ».

Le général de Gaulle met peu à peu en œuvre une politique d'autodétermination pour l'Algérie. Le F. L. N. instaure le Gouvernement provisoire de la République algérienne (G. P. R. A.).

**19 mars 1962 :** les accords d'Évian mettent fin à la guerre d'Algérie.

**1er juill. 1962 :** un référendum permet aux Algériens de choisir l'indépendance.

La plupart des Européens quittent le pays.

*L'Algérie indépendante.*

**1963 :** Ben Bella est élu président de la République. Il établit un régime socialiste à parti unique (le F. L. N.).

**1965 :** le colonel Boumediene renverse Ben Bella.

Le gouvernement nationalise la majeure partie des exploitations de pétrole et de gaz (1967-1971) et lance une réforme agraire. La politique extérieure évolue de l'anti-impérialisme au non-alignement.

**1979 :** après la mort de Boumediene, le colonel Chadli lui succède.

❸ Réception du gouverneur général à la mairie de Biskra (1929).

## L'ALGÉRIE

Il tente de promouvoir des réformes en vue d'une plus grande efficacité économique. Mais l'essor démographique, la cherté de la vie et les pénuries créent un grave malaise social (émeutes de 1988). L'islamisme se développe.

**1989 :** une nouvelle Constitution est adoptée. Le F. L. N. perd le statut de parti unique. L'instauration du multipartisme profite aux mouvements islamistes.

**1992 :** afin d'empêcher le Front islamique du Salut (F. I. S.), vainqueur du premier tour des élections législatives, d'accéder au pouvoir, l'armée obtient la démission de Chadli.

Des pouvoirs d'exception sont mis en place. Un Haut Comité d'État, présidé par Mohamed Boudiaf (assassiné en juin), puis par Ali Kafi, assure provisoirement le pouvoir.

**1994 :** un nouveau régime de transition est mis en place avec, à la tête de l'État, le général Liamine Zeroual.

À la violence qui ne cesse de s'accroître depuis 1993 (multiplication des attentats islamistes, visant notamment les étrangers et les intellectuels), le pouvoir répond à la fois par la répression et par des tentatives de négociation.

**1995 :** une élection présidentielle pluraliste (nov.) confirme L. Zeroual à la tête de l'État.

**Voir aussi :** MAGHREB.

❹ Défilé de combattants lors de la proclamation de l'indépendance (1962).

# LES ALGUES

Les algues constituent un ensemble hétérogène, difficile à caractériser, qui comprend des végétaux unicellulaires, coloniaux, et pluricellulaires mais qui ne possèdent ni racines, ni tiges, ni feuilles (ce sont des thallophytes). De couleurs diverses : vertes, jaunes, brunes ou rouges, elles contiennent toujours de la chlorophylle.

## L'habitat.

Les algues sont surtout des plantes aquatiques, d'eau douce ou d'eau salée, voire de milieu humide. Elles sont tout particulièrement bien représentées dans les régions côtières. Lorsque la mer se retire, les zones les plus hautes de la grève montrent, accrochées à leurs rochers, des algues de couleur verte. *Ulva lactuca* avec ses éléments ressemblant à des feuilles de laitue est une des plus communes. Apparaissent ensuite les algues brunes, plus tardivement découvertes par la mer. C'est la zone de développement des *Fucus*. Au niveau inférieur, seulement découvert lors des grandes marées d'équinoxe, on trouve encore des algues brunes mais du type laminaire. Peu à peu, jusqu'à une profondeur de 50 m, des algues rouges vont se substituer aux algues brunes.

## La classification.

Les algues possèdent des chloroplastes et pratiquent donc la photosynthèse de composés organiques. Hormis la chlorophylle, d'autres pigments sont responsables de colorations caractéristiques (brune, jaune, rouge...), la nature biochimique de ces pigments constituant d'ailleurs la base de la classification des algues. C'est ainsi que l'on distingue les *algues vertes,* dont la plupart constituent le groupe des chlorophycées, les *algues brunes* comme les phéophycées, et les *algues rouges* ou rhodophycées. Il existe également des *algues jaunes,* qui sont les xanthophycées.

## Feuilles et formes.

Les algues peuvent être des individus unicellulaires, tels *Chlorococcum* vivant sur le tronc des arbres ou *Chlamydomonas* vivant en eau douce. À l'opposé, les laminaires peuvent atteindre près de 4 m et les sargasses sont longues de plusieurs dizaines de mètres.

La diversité se retrouve également dans les formes. Beaucoup d'algues sont filamenteuses, et *Ulothrix,* une algue verte, est ainsi constituée de compartiments ou de cellules mises bout à bout. Certaines d'entre elles sont même ramifiées. On trouve également des algues membraneuses très aplaties, comme *Ulva*, composées d'une ou deux assises cellulaires seulement. Les algues rouges et brunes comportent, elles, de nombreuses formes massives et variées.

### La physiologie.

Dans l'ensemble, les cellules des algues présentent tous les caractères communs aux cellules eucaryotes. Elles possèdent généralement un noyau unique, mais le cytoplasme d'une forme filamenteuse comme *Vaucheria* en contient plusieurs. Quelques algues unicellulaires sont capables de mouvements amiboïdes tandis que d'autres disposent d'un ou de plusieurs flagelles pour se déplacer. Chez les diatomées, les mouvements sont liés à une sortie de l'eau par des orifices de la membrane.

Les plastes sont des organites qui renferment des pigments de nature et de couleur variables dont le rôle est de capter l'énergie lumineuse au cours du processus de photosynthèse. Le pigment vert est la chlorophylle, le brun la fucoxanthine, le rouge la phycoérythrine.

### La reproduction.

Chez les algues, les cycles reproductifs peuvent être variés et imbriqués. Leur reproduction, souvent sexuée, se fait par spores, formées dans les sporocystes, et par gamètes, contenus dans les gamétocystes. On distingue les cycles *monogénétiques*, où les thalles sont des gamétophytes (il n'existe pas de sporophytes), les cycles *digénétiques*, où il y a alternance d'un sporophyte diploïde et d'un gamétophyte haploïde (chez les laminaires, par exemple), et, enfin, les cycles *trigénétiques*, comme chez les

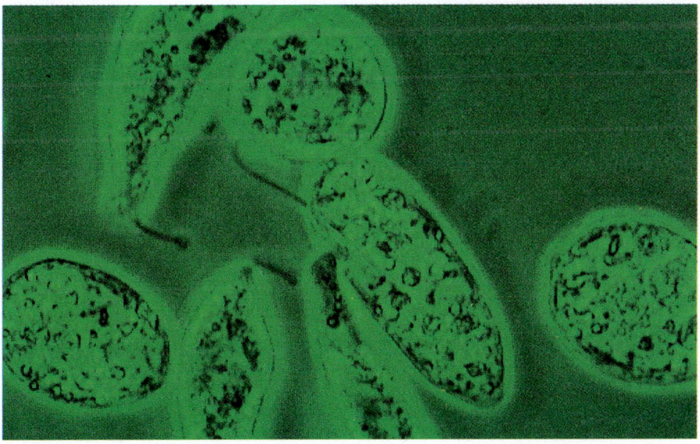

**LES ALGUES D'EAU DOUCE**

Parmi les algues d'eau douce, l'euglène ❶, espèce unicellulaire, est l'une des plus connues. Ce sont les euglènes qui colorent le plus souvent en vert les mares de fermes.

❶ Euglènes *(Euglena gracilis)*.

algues rouges, où l'œuf vivant en parasite sur le gamétophyte se développe en carposporophyte diploïde. Ce dernier donnera des spores diploïdes qui produiront une génération diploïde, de laquelle seront issus des tétraspores puis un gamétophyte.

**LES ALGUES EN MILIEU MARIN**

La bande côtière permet d'observer très directement la grande diversité des algues ❷. Apparaissent, en fonction de la profondeur, les algues vertes *(Ulva lactuca)*, les algues brunes *(Fucus serratus)* et les algues rouges *(Callophyllis laciniata)*. La répartition se fait en fonction de l'aptitude de chaque espèce à assurer la photosynthèse aux différentes profondeurs et, éventuellement, de sa résistance à la dessiccation lors des marées basses. Toutefois, cette répartition stricte est souvent théorique dans la mesure où les différents types d'algues peuvent se mélanger même s'ils ne sont pas toujours tous présents simultanément.

### Les algues, aliment du futur.

Les algues, qui présentent de grandes qualités nutritionnelles, sont déjà exploitées comme ressource alimentaire par les Japonais, qui en sont de gros consommateurs. La culture des algues, implantée sur des zones côtières spécialisées, passe par l'obtention, à partir de spores captées dans le milieu naturel ou produites artificiellement, de plantules cultivées en mer sur des structures flottantes ou fixes. Des travaux sont menés en France, dans la péninsule de PenLan (Bretagne), pour valoriser ce produit. Les travaux en cours sont susceptibles d'amener sur nos tables des centaines de nouveaux légumes riches en iode.

❷ Répartition des algues côtières en fonction de la profondeur.

**ALLEGRETTO** [alegreto] adv. (mot ital.). En musique, moins vite qu'*allegro*.

**ALLÉGRETTO** n.m. Morceau de musique exécuté allegretto.

**ALLEGRO** adv. (mot ital.). En musique, vivement et gaiement.

**ALLÉGRO** n.m. -**1.** Morceau de musique exécuté allegro (en partic. : premier mouvement de la forme sonate). -**2.** Partie de ballet ou série d'exercices (sauts, batterie, etc.) exécutée très rapidement.

**ALLÉGUER** [alege] v.t. (lat. *allegare*) [18]. Mettre en avant pour servir d'excuse ; prétexter.

**ALLÈLE** adj. (gr. *allêlos,* l'un l'autre). -**1.** Se dit de chacun des deux gènes situés au même locus (niveau) sur deux chromosomes d'une même paire. -**2.** *Caractères héréditaires allèles,* ceux qui s'opposent l'un à l'autre. ◆ n.m. Gène allèle.

**ALLÉLUIA** [aleluja] interj. (mot hébr., *louez Dieu*). Exclamation d'allégresse, dans la liturgie juive et chrétienne. ◆ n.m. -**1.** Chant d'allégresse ; cri de joie. -**2.** Plante de la famille des oxalidées, qui fleurit à Pâques.

**ALLEMAGNE,** en all. Deutschland, État d'Europe.

→ • DOSSIER L'ALLEMAGNE *page 177.*

**ALLEMAGNE DE L'EST** ou **RÉPUBLIQUE DÉMOCRATIQUE ALLEMANDE,** en all. Deutsche Demokratische Republik (DDR), nom porté par la partie orientale de l'Allemagne de 1949 à 1990. Sa capitale était Berlin-Est. Fondée dans la zone d'occupation soviétique, la République démocratique allemande (R. D. A.) était organisée économiquement et politiquement sur le modèle soviétique. Le Parti socialiste unifié (SED), communiste, y détenait un rôle dirigeant.

**HISTOIRE**

**1949 :** Wilhelm Pieck devient président de la République, Otto Grotewohl étant président du Conseil.

**1953 :** manifestations ouvrières pour protester contre les conditions de vie.

**1960 :** mort de W. Pieck. La fonction de président de la République est remplacée par un organe collectif, le Conseil d'État, dont Walter Ulbricht devient président.

**1961 :** construction du « mur » de Berlin, qui coupe la ville en deux, pour empêcher l'émigration de nombreux Allemands à l'Ouest.

**1964 :** Willi Stoph succède à Grotewohl à la présidence du Conseil.

**1970 :** une politique de détente avec l'Allemagne de l'Ouest est mise en œuvre.

**1972 :** la R. D. A. est reconnue par la R. F. A. puis par les autres États de l'Europe occidentale.

**1973 :** mort de W. Ulbricht. W. Stoph lui succède à la tête de l'État.

**1974 :** une nouvelle Constitution supprime toute allusion à la réunification de l'Allemagne.

**1976 :** Erich Honecker succède à W. Stoph, qui devient chef du gouvernement.

**1989 :** un exode massif de citoyens est-allemands vers la R. F. A. et d'importantes manifestations réclamant la démocratisation du régime provoquent, à partir d'octobre, de profonds bouleversements : démission des principaux dirigeants (dont Honecker et Stoph), ouverture du mur de Berlin et de la frontière interallemande, abandon de toute référence au rôle dirigeant du SED.

**1990 :** les États *(Länder)* reconstitués sont intégrés à l'Allemagne de l'Ouest. (→ ALLEMAGNE *page 177.*)

**ALLEMAND, E** adj. et n. D'Allemagne. ◆ **allemand** n.m. Langue indo-européenne du groupe germanique, parlée princ. en Allemagne et en Autriche. (V. ENCYCL.) ◆ **allemande** n.f. Danse de cour d'origine germanique, de caractère grave et de rythme lent.

**ENCYCL.** L'aire d'extension de la langue allemande est constituée par l'Allemagne, l'Autriche, la Suisse, le Luxembourg, l'Alsace, l'est de la Belgique, le Tyrol du Sud. Issu du germanique occidental, l'allemand s'est divisé en deux grands groupes de dialectes vers le VIe siècle : le *haut allemand* au sud et le *bas allemand (plattdeutsch)* au nord, dont dérivera le néerlandais. L'unification linguistique, qui a donné naissance, à partir du haut allemand, à la langue commune *(hochdeutsch),* a eu lieu à la fin du Moyen Âge. C'est cette langue que reprend Luther en l'enrichissant. Bénéficiant de l'invention de l'imprimerie, ses traductions de la Bible ont implanté la langue commune dans toute l'Allemagne au XVIe siècle. Il existe, à côté de la langue standard, des dialectes qui sont toujours largement utilisés pour la communication orale familière.

**ALLEN** (Allen Stewart **Konigsberg,** dit **Woody**), cinéaste et acteur américain (Brooklyn, New York, 1935). Auteur de sketches comiques, il débute au cabaret, puis, en 1965, il écrit le scénario de *Quoi de neuf Pussycat ?,* comédie dans laquelle il tient son premier rôle d'acteur de cinéma. Mais il se lance véritablement dans le cinéma en 1969 en réalisant et en interprétant *Prends l'oseille et tire-toi.* Ce

Woody **ALLEN.**
Affiche pour son film *Annie Hall* (1977).

succès sera suivi de *Bananas* (1971), *Tout ce que vous avez toujours voulu savoir sur le sexe sans jamais oser le demander* (1972). Propagateur d'une certaine forme d'humour juif new-yorkais, Woody Allen entreprend de nouvelles œuvres plus graves, plus ambitieuses, mais toujours marquées d'un grand sens de l'observation et parfois d'une causticité mordante : *Annie Hall* (1977), *Intérieurs* (1978), *Manhattan* (1979), *Comédie érotique d'une nuit d'été* (1982), *Zelig* (1983), *Hannah et ses sœurs* (1986), *Une autre femme* (1988), *Crimes et délits* (1989), *Alice* (1990), *Ombres et brouillard* (1992), *Maris et femmes* (1992), *Meurtre mystérieux à Manhattan* (1993), *Coups de feu sur Broadway* (1994), *Maudite Aphrodite* (1995).

**ALLENBY** (Edmund), maréchal britannique (Brackenhurst, Nottinghamshire, 1861 - Londres 1936). Commandant les forces britanniques en Palestine (1917-18), il prit Jérusalem, Damas et Alep, puis contraignit les Turcs à capituler. Il contribua à élaborer le traité d'indépendance de l'Égypte (1922).

**ALLENDE** (Salvador), homme d'État chilien (Valparaíso 1908 - Santiago 1973). Membre fondateur du Parti socialiste chilien, il est élu président de la République en 1970 et met en œuvre une réforme agraire et un programme de nationalisations. Il se suicide, lors du putsch militaire dirigé par le général Pinochet.

**ALLÈNE** n.m. Hydrocarbure ($C_3H_4$) possédant deux liaisons éthyléniques. SYN. : **propadiène.**

1. **ALLER** v.i. (du lat. *ambulare,* se promener, *vadere* et *ire,* aller) [31] (auxil. *être*). **-1.** Se déplacer d'un lieu à un autre : *Aller à Paris.* **-2.** Conduire d'un lieu à un autre : *Ce chemin va au village.* **-3.** Se porter : *Comment allez-vous ?* **-4.** Agir, se comporter : *Aller vite dans son travail.* **-5.** Marcher, fonctionner : *Une voiture qui va bien.* **-6.** Convenir, être adapté à : *Cette robe vous va bien.* **-7.** Être sur le point de (futur proche) : *Je vais partir.* ◆ **s'en aller** v.pr. **-1.** Approcher de la mort, mourir. **-2.** En parlant de qqch, disparaître, partir. **-3.** Quitter un lieu.

2. **ALLER** n.m. **-1.** Trajet d'un endroit à un autre : *À l'aller et au retour.* **-2.** Billet qui permet de faire ce trajet : *Un aller simple pour Paris.*

**ALLERGÈNE** n.m. Substance responsable d'une réaction de type allergique.

**ALLERGIE** n.f. **-1.** Réaction anormale, excessive de l'organisme à un agent (allergène) auquel il est partic. sensible. (V. ENCYCL.) **-2.** Incapacité à supporter qqn ou qqch ; aversion, hostilité instinctive : *L'allergie à toute nouveauté.*

**ENCYCL.** Certaines substances, présentes dans le milieu environnant, ont la propriété de déclencher une sécrétion d'anticorps dans l'organisme avec lequel elles entrent en contact. Une substance de ce type, dite « antigénique », se combine chimiquement avec l'anticorps qui lui correspond (on dit que la réaction est « spécifique »), à chaque nouveau contact avec le corps humain. Chez un sujet allergique, ces phénomènes se produisent d'une façon trop intense, et pour une trop grande variété d'antigènes.

**Les allergies respiratoires.** Les antigènes en cause, contenus dans l'atmosphère, peuvent venir : des acariens, animaux microscopiques qui vivent dans la poussière des maisons ; des

Salvador **ALLENDE,** homme d'État chilien (en 1971).

poils d'animaux, surtout de chat ; des pollens (en France, il s'agit surtout des pollens de graminées, c'est-à-dire du foin et du gazon). L'allergie peut se manifester par des crises d'asthme, au cours desquelles la respiration devient brusquement difficile et sifflante. Le rhume des foins, avec ses crises d'éternuement et d'écoulement nasal, qui se répètent tous les printemps, fait également partie de cette catégorie.

**Les allergies alimentaires.** Il existe un grand nombre de substances potentiellement dangereuses pour les allergiques dans les céréales, les légumes, les œufs, les crustacés, etc. Les manifestations sont surtout digestives et cutanées. Elles sont plus fréquentes et plus graves chez l'enfant (allergie aux protéines du lait de vache, par exemple).

**Les allergies cutanées.** La peau peut réagir au cours d'une allergie alimentaire, par exemple. Mais elle peut être elle-même la cible principale de l'allergie, par contact direct avec l'antigène. On observe principalement de l'urticaire ou de l'eczéma.

**Les allergies médicamenteuses.** Les antibiotiques et d'autres médicaments peuvent provoquer des troubles cutanés, respiratoires ou sanguins.

**Le traitement.** Il est souvent impossible de supprimer toute possibilité de contact entre le malade et l'antigène, parce qu'on n'a pas réussi à identifier l'antigène en cause, ou bien parce que celui-ci est trop abondant dans l'environnement. Dans certains cas, on peut tenter une désensibilisation spécifique, qui dure plusieurs années : injections sous-cutanées de l'antigène à doses très faibles. En cas d'échec, il reste possible de diminuer les symptômes avec des médicaments, notamment les « antihistaminiques ».

**ALLERGIQUE** adj. -**1.** Relatif à l'allergie. -**2.** *Être allergique à qqch,* le supporter mal.

**ALLERGISANT, E** adj. Susceptible de provoquer une allergie.

**ALLERGOLOGIE** n.f. Partie de la médecine qui étudie les mécanismes de l'allergie et les maladies allergiques. ◆ **allergologue** n.

**ALLEU** n.m. Terre libre ne relevant d'aucun seigneur et exempte de toute redevance.

**ALLIACÉ, E** adj. Qui tient de l'ail, évoque l'ail.

**ALLIAGE** n.m. Produit métallique résultant de l'incorporation d'un ou de plusieurs éléments (métalliques ou non) à un métal.

**ALLIAIRE** n.f. Plante à fleurs blanches exhalant une odeur d'ail. (Haut. 1 m ; famille des crucifères.)

**ALLIANCE** n.f. -**1.** Accord entre des personnes, des groupes. -**2.** Combinaison de choses différentes : *Une alliance d'autorité et de douceur.* -**3.** Anneau de mariage. -**4.** Union d'un homme et d'une femme, de leurs familles par mariage. -**5.** Union contractée entre souverains, entre États : *L'alliance atlantique.* **RELIG.** *Ancienne Alliance,* pacte conclu, selon la Bible, entre Dieu et le peuple hébreu ; le judaïsme. ‖ *Nouvelle Alliance,* celle qui lie Dieu à l'ensemble des chrétiens. **RHÉT.** *Alliance de mots,* rapprochement de mots en apparence contradictoires. (Ex. : Il n'*entend* que le *silence.*) SYN. : **oxymore.**

**Alliance** *(Sainte-)* [26 sept. 1815], pacte de fraternité et d'assistance mutuelle conclu, au nom des principes du christianisme, entre les souverains de Russie, d'Autriche et de Prusse. Elle eut un rôle limité, car à l'initiative de la Grande-Bretagne, fut créée la **Quadruple-Alliance** en novembre 1815. C'est elle qui combattit les mouvements nationalistes, libéraux ou révolutionnaires afin de préserver l'équilibre européen.

**Alliance** *(Triple-)* ou **Triplice,** accord défensif conclu en 1882 entre l'Allemagne, l'Autriche-Hongrie et l'Italie. La France, d'abord isolée, lui opposa la Triple-Entente. La Triplice cessa lors de l'entrée en guerre de l'Italie aux côtés des Alliés, en 1915.

**ALLIÉ, E** adj. et n. -**1.** Uni par traité : *Les pays alliés. L'armée des alliés.* -**2.** Uni par alliance : *Parents et alliés.* -**3.** Qui aide, appuie.

**ALLIER** v.t. (du lat. *alligare*). -**1.** Combiner des métaux. -**2.** Mêler, combiner, réunir des choses de nature différente : *Allier la tendresse à la sévérité.* ◆ **s'allier** v.pr. **(à, avec).** -**1.** S'unir, en parlant de personnes, de collectivités. -**2.** S'ajouter, en parlant de choses.

**Allier,** riv. du Massif central ; 410 km. Né dans l'est de la Lozère, l'Allier draine les Limagnes puis le Bourbonnais, passant à Vichy et à Moulins, avant de rejoindre la Loire (r. g.), près de Nevers, au *bec d'Allier.*

**Allier** [03], dép. de la Région Auvergne, formé par le Bourbonnais ; ch.-l. de dép. *Moulins ;* ch.-l. d'arr. *Montluçon, Vichy ;* 3 arr., 35 cant., 320 comm. ; 7 340 $km^2$ ; 357 710 hab. Il est rattaché à l'académie de Clermont-Ferrand, à la cour d'appel de Riom et à la région militaire Méditerranée.

**ALLIGATOR** n.m. Crocodile d'Amérique, qui atteint jusqu'à 4 m de long.

ALLIGATOR

**ALLITÉRATION** n.f. (lat. *ad* et *littera,* lettre). Répétition d'une consonne ou d'un groupe de consonnes, dans des mots qui se suivent, produisant un effet d'harmonie imitative ou suggestive. (Ex. : *Pour qui sont ces serpents qui sifflent sur vos têtes ?*) [L'allitération s'oppose à l'*assonance.*]

**ALLÔ** interj. Sert conventionnellement d'appel dans les conversations téléphoniques.

**ALLOBROGES,** peuple de la Gaule établi entre le Rhône et l'Isère, et qui avait pour villes principales Vienne, Genève et Grenoble.

**ALLOCATAIRE** n. -**1.** Personne qui perçoit une allocation. -**2.** Personne à qui est reconnu le droit aux prestations familiales, par opp. à *attributaire.*

**ALLOCATION** n.f. -**1.** Action d'allouer qqch à qqn : *L'allocation de devises aux voyageurs.* -**2.** Somme, chose allouée. -**3.** ***Allocations familiales,*** prestation assurée aux familles ayant au moins deux enfants à charge.

**ALLOCHTONE** [alɔktɔn] adj. et n.m. Se dit des terrains qui ont subi un important déplacement horizontal dans les régions à structure charriée. ◆ adj. Se dit d'une espèce animale ou végétale d'apparition récente dans la région considérée.

**ALLOCUTAIRE** n. Personne à qui s'adresse le message linguistique.

**ALLOCUTION** n.f. Discours assez court de caractère officiel : *Une allocution du chef de l'État.*

**ALLOGAMIE** n.f. Pollinisation d'une fleur par le pollen d'une autre fleur, provenant ou non d'une autre plante.

**ALLOGÈNE** adj. et n. Se dit d'une population d'une arrivée récente dans un pays. CONTR. : **autochtone, indigène.**

**ALLONGE** n.f. -**1.** Longueur des bras chez un boxeur. -**2.** Crochet de boucherie. -**3.** Pièce pour allonger.

**ALLONGÉ, E** adj. -**1.** Étendu, couché : *Rester allongé.* -**2.** Étiré, étendu en longueur : *Une écriture allongée.*

**ALLONGEMENT** n.m. Action d'augmenter en longueur ou en durée ; résultat de cette action : *Allongement des vacances. L'allongement d'un ressort.*

**ALLONGER** v.t. [17]. -**1.** Rendre qqch plus long : *Allonger une robe, un texte.* -**2.** Faire paraître qqn ou qqch plus long : *Un vêtement qui allonge la silhouette.* -**3.** Étendre, étirer un membre. -**4.** Porter à qqn un coup plus ou moins violent : *Allonger une gifle.* -**5.** ***Allonger une sauce, une boisson,*** y ajouter du liquide. ◆ v.i. ***Les jours, les nuits allongent,*** leur durée s'accroît. ◆ **s'allonger** v.pr. -**1.** Devenir ou paraître plus long : *Les ombres s'allongent.* -**2.** S'étendre : *S'allonger par terre.*

**ALLOPATHIE** n.f. (du gr. *allos,* autre, et *pathos,* maladie). Méthode de traitement qui emploie des médicaments produisant des effets contraires à ceux de la maladie à combattre, par opp. à *homéopathie.*

**ALLOPATHIQUE** adj. ***Traitement allopathique,*** traitement par l'allopathie.

**ALLOPHONE** adj. et n. Se dit d'une personne dont la langue maternelle n'est pas celle de la communauté dans laquelle elle se trouve.

**ALLOPURINOL** n.m. Médicament synthétique qui freine la formation de l'acide urique résultant de la dégradation des nucléoprotéines, utilisé dans le traitement de la goutte.

**ALLOSOME** n.m. Hétérochromosome.

**ALLOSTÉRIE** n.f. (du gr. *allos,* autre, et *stereon,* relief). Inhibition d'une enzyme protéique par une molécule beaucoup plus petite qui se fixe sur elle et modifie sa forme.

**ALLOTROPIE** n.f. (du gr. *allos,* autre, et *tropos,* manière d'être). Propriété de certains corps, comme le carbone, le phosphore, le soufre, de se présenter sous plusieurs formes ayant des propriétés physiques différentes.

**ALLOTROPIQUE** adj. Relatif à l'allotropie.

**ALLOUER** v.t. (lat. *locare,* louer). Accorder, attribuer qqch à qqn : *Allouer une indemnité, des crédits, du temps.*

**ALLUMAGE** n.m. -**1.** Action d'allumer qqch ; son résultat ; fait de s'allumer : *L'allumage d'une lampe, du chauffage.* -**2.** Inflammation du mélange gazeux dans un moteur à explosion ; dispositif assurant cette inflammation : *Panne d'allumage.* -**3.** ***Avance, retard à l'allumage,*** inflammation du mélange combustible d'un moteur à explosion avant ou après le moment où le piston est au bout de sa course de compression.

# L'ALLEMAGNE

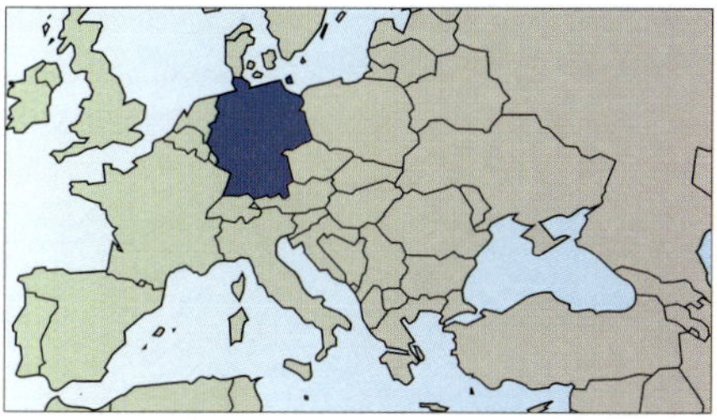

**NOM OFFICIEL** : République fédérale d'Allemagne.
**CAPITALE** : Berlin.
**SUPERFICIE** : 357 000 km².
**POPULATION** : 81,8 millions d'hab. *(Allemands)*.
**LANGUE** : allemand.
**RELIGIONS** : protestantisme, catholicisme.
**MONNAIE** : Deutsche Mark.
**RÉGIME** : parlementaire.
**CHEF DE L'ÉTAT** : président de la République, élu pour 5 ans par l'Assemblée fédérale (Bundestag et certains représentants des Länder).
**CHEF DU GOUVERNEMENT** : chancelier fédéral.
**LÉGISLATIF** : le Parlement compte deux chambres : le *Bundestag* (Diète fédérale), dont les 672 membres sont élus au suffrage universel dans le cadre des Länder, et le *Bundesrat* (Chambre des Länder), dont les 68 membres sont désignés par les gouvernements des Länder.

État le plus peuplé d'Europe (Russie exclue), l'Allemagne en est surtout la première puissance économique. Elle doit surtout ce rang au développement d'une industrie qui explique largement, par sa capacité d'exportation, le niveau élevé des échanges et l'excédent de la balance commerciale et, en fin de compte, la solidité de la monnaie, garantie également par des réserves de change abondantes. Cependant, l'intégration économique et sociale des Länder de l'ancienne R. D. A., néces-

**DIVISIONS ADMINISTRATIVES**

| Länder | Superficie (en km²) | Population | Capitale |
|---|---|---|---|
| Bade-Wurtemberg | 35 800 | 9 618 696 | Stuttgart |
| Bavière | 70 600 | 11 220 735 | Munich |
| Berlin | 883 | 3 409 737 | Berlin |
| Brandebourg | 29 100 | 2 641 152 | Potsdam |
| Brême | 404 | 673 684 | Brême |
| Hambourg | 750 | 1 626 220 | Hambourg |
| Hesse | 21 100 | 5 660 619 | Wiesbaden |
| Mecklembourg-Poméranie-Occidentale | 23 600 | 1 963 909 | Schwerin |
| Rhénanie-du-Nord-Westphalie | 34 100 | 17 103 588 | Düsseldorf |
| Rhénanie-Palatinat | 19 800 | 3 701 661 | Mayence |
| Sarre | 2 600 | 1 064 906 | Sarrebruck |
| Saxe | 18 300 | 4 900 675 | Dresde |
| Saxe (Basse-) | 47 700 | 7 283 795 | Hanovre |
| Saxe-Anhalt | 20 600 | 2 964 971 | Magdebourg |
| Schleswig-Holstein | 15 700 | 2 594 606 | Kiel |
| Thuringe | 15 200 | 2 683 877 | Erfurt |

SUÈDE
Roskilde
Odense
Haderslev
DANEMARK
Naestved
Rømø
Svendborg
Bornholm
Åbenrå
Sylt
Sønderborg
MER DU NORD
Lolland
Nykøbing
MER BALTIQUE
Flensburg
Îles de la Frise sept.
Husum
Schleswig
Sassnitz
Rügen
SCHLESWIG-HOLSTEIN
Kiel
Oldenburg
Stralsund
Heide
Rendsburg
Greifswald
Neumünster
Warnemünde
Rostock
Świnoujście
Itzehoe
Lübeck
MECKLEMBOURG-POMÉRANIE-OCC.
Cuxhaven
Anklam
Elmshorn
Wismar
Malchin
Wilhelmshaven
Stade
HAMBOURG
Schwerin
Hambourg
Neubrandenburg
Szczecin
Emden
Bremerhaven
Groningue
Ludwigslust
Neustrelitz
Leeuwarden
Leer
BRÊME
Prenzlau
Oldenburg
Lüneburg
Elbe
Schwedt
Brême
Wittenberge
Neuruppin
Oder
PAYS-BAS
Uelzen
POLOGNE
Emmen
BASSE-SAXE
Eberswalde
Ems
Diepholz
Nienburg
Rathenow
Celle
Zwolle
Lingen
Wolfsburg
Stendal
BERLIN
Hanovre
Potsdam
Apeldoorn
Minden
Brandenburg
Francfort-sur-l'Oder
Rheine
Brunswick
SAXE-ANHALT
Enschede
Osnabrück
Hildesheim
Salzgitter
Magdebourg
Luckenwalde
Arnhem
Coesfeld
Münster
Bielefeld
Leine
BRANDEBOURG
Halberstadt
Wittenberg
RHÉNANIE-DU-NORD-WESTPHALIE
Gütersloh
Weser
Bernburg
Dessau
Spree
Cottbus
Recklinghausen
Hamm
Lippe
Harz
Saale
Oberhausen
Gelsenkirchen
Paderborn
Mulde
Torgau
Hoyerswerda
Duisburg
Dortmund
Göttingen
Halle
Elsterwerda
Krefeld
Essen
Bochum
Nordhausen
Leipzig
Hagen
Münden
Riesa
Bautzen
Görlitz
Mönchen-gladbach
Wuppertal
Kassel
Meissen
Düsseldorf
Weissenfels
Dresde
Korbach
Mühlhausen
Naumburg
Aix-la-Chapelle
Cologne
Siegen
Fulda
Gotha
Erfurt
Weimar
Zeitz
SAXE
Elbe
Chemnitz
Bonn
Marburg a. d. Lahn
Eisenach
Iéna
Gera
Liberec
BELGIQUE
Bad-Godesberg
HESSE
THURINGE
Zwickau
Erzgebirge
Giessen
Fulda
Suhl
Thüringer Wald
Plauen
Limburg
Ohre
Coblence
Hof
Karlovy Vary
Kladno
RHÉNANIE-PALATINAT
Eifel
Coburg
Francfort
Moselle
Wiesbaden
Offenbach
Schweinfurt
Bayreuth
Cheb
Bitburg
PRAGUE
LUXEMBOURG
Main
Bamberg
Mayence
Aschaffenburg
Weiden-i. d. Opf.
RÉPUBLIQUE TCHÈQUE
Bad Kreuznach
Darmstadt
Würzburg
Trèves
Plzen
Hunsrück
Worms
Erlangen
SARRE
Ludwigshafen
Mannheim
Fürth
Amberg
Böhmerwald
Kaiserslautern
Nuremberg
Sarrelouis
Heidelberg
Ansbach
Spire
Cham
Sarrebruck
Pirmasens
Crailsheim
BAVIÈRE
Rachel 1452
Haardt
České Budějovice
Metz
Heilbronn
Karlsruhe
Ratisbonne
Pforzheim
Ludwigsburg
Rastatt
Danube
Stuttgart
Ingolstadt
Nancy
Esslingen
Passau
Baden-Baden
BADE-WURTEMBERG
Heidenheim
Donauwörth
Strasbourg
Landshut
Tübingen
FRANCE
Offenburg
Reutlingen
Jura Souabe
Isar
Ulm
Linz
Augsbourg
Forêt-Noire
Dachau
Inn
Épinal
Wels
Fribourg-en-Brisgau
Biberach
Munich
Sigmaringen
Steyr
Colmar
Tüttlingen
Starnberg
Enns
Memmingen
Ravensburg
Rosenheim
Mulhouse
Kempten
Salzbourg
Belfort
Lörrach
Constance
Friedrichshafen
Oberammergau
Berchtesgaden
Lindau
Lac de Constance
Kufstein
Bâle
Winterthur
Garmisch-Partenkirchen
Dachstein 2996
Hochkönig 2938
Zurich
St-Gall
Bienne
SUISSE
LIECHTENSTEIN
Innsbruck
AUTRICHE
10°
15°
55°
50°
0
50 km
200
500
1000 m
aéroport
autoroute
route
voie ferrée
plus de 1 000 000 h.
de 500 000 à 1 000 000 h.
de 100 000 à 500 000 h.
moins de 100 000 h.
autre localité ou site
Brême : capitale de Land

sitant de lourds et longs investissements, est coûteuse. Elle introduit en Allemagne, au moins momentanément, un taux de chômage élevé.

## ■ GÉOGRAPHIE

### Le milieu naturel.

Les bases territoriales de cette puissance ne sont pas exceptionnelles. La superficie ne représente pas les deux tiers de celle de la France.

Le nord du pays, qui appartient à la grande plaine de l'Europe du Nord, est une région basse, avec un littoral souvent précédé d'îles (archipel de la Frise orientale et septentrionale en mer du Nord, îles de Fehmarn et Rügen en Baltique). Le littoral est

❶ Château de Neuschwanstein (Bavière).

**DE LA MER DU NORD AUX ALPES**

Le pays est constitué de régions variées. D'une histoire riche l'Allemagne conserve de nombreux témoignages, comme ce château construit pour Louis II de Bavière ❶. Tout au nord, l'Allemagne atteint la mer du Nord et la Baltique par une plaine parfois marécageuse, souvent lacustre ❷, coupée d'estuaires, qui sont des sites urbains.

❷ Paysage d'Allemagne du Nord.

**LA MÉTROPOLE DU NORD**

Hambourg ❸, sur l'estuaire de l'Elbe, s'enorgueillit de son passé de ville hanséate qui lui valut, jadis, de rester ville libre et souveraine et qui lui permet aujourd'hui, comme Brême, de former un Land à elle seule. Au XIXe s., elle était la tête de pont de l'émigration des Européens du Nord vers les États-Unis. C'est aujourd'hui la deuxième ville allemande (après Berlin). Elle demeure le principal débouché maritime du pays et la métropole incontestée de l'Allemagne du Nord.

entaillé par les estuaires de la Weser, de l'Elbe, de la Warnow, sites de grands ports : Brême et Bremerhaven, Hambourg, Rostock. Il est parfois (surtout à l'ouest) bordé de polders (Marschen). Au sud, la bande lœssique des Börden, riche région agricole, forme la transition avec l'Allemagne moyenne (le Mittelgebirge). Du Massif schisteux rhénan à l'Erzgebirge, en passant par le Harz, c'est une succession de petits massifs (dont la Forêt-Noire), plus plateaux que montagnes, encore partiellement boisés, anciens centres d'exploitation minière, souvent séparés ou entaillés par de nombreuses vallées (Moselle, Neckar, Main, Weser, Lahn, Ruhr, Werra, Gera, etc.). Au sud du Danube, le plateau bavarois, découpé par le Lech, l'Isar, l'Inn, s'élève vers les Alpes, dont le pays ne possède qu'une frange (Allgäu, parties des Préalpes de Bavière et de Salzbourg).

Au point de vue climatique, l'Allemagne est une zone de transition partagée entre influences maritimes (favorisées par la relative proximité de l'océan et l'absence de reliefs limitant la pénétration des perturbations océaniques) et influences continentales (hautes pressions de l'anticyclone de Sibérie). Les écarts thermiques sont encore relativement modérés ; les hivers ne sont vraiment rudes qu'en altitude (Hambourg, Stuttgart et Munich ont une moyenne de janvier positive, – 0,5 °C seulement pour Berlin et Leipzig). Les précipitations oscillent entre 600 et 800 mm et sont assez régulièrement réparties, offrant donc des conditions plutôt favorables pour l'agriculture.

❸ Le port de Hambourg.

❹ Centrale thermique dans la Ruhr.

**La population.**

La densité moyenne est de l'ordre de 220 hab. au km² (plus du double de la densité française), chiffre élevé, lié à l'ancienneté de l'urbanisation et de l'industrialisation et à l'afflux, après la Seconde Guerre mondiale, de millions de réfugiés ou expulsés. La population est surtout dense dans les pays rhénans (et en Saxe), moins dans la partie septentrionale. Mais presque tous les Länder ont une densité supérieure à 100 hab. au km². Le taux de natalité (11 ‰), l'un des plus bas du monde, est devenu inférieur au taux de mortalité (12 ‰) et la population a commencé à décroître, d'autant que l'immigration est restreinte. Mais, aux Turcs, se sont ajoutés des réfugiés de l'ancienne Europe de l'Est et du Sud-Est, sans compter les arrivants (de même provenance géographique) pouvant justifier d'une origine germanique, même lointaine.

Cette population est urbanisée à plus de 80 % (plus du tiers du total dans les villes de plus de 100 000 hab.). L'armature urbaine est caractérisée par la multiplicité des grandes villes (la plupart des capitales des Länder, auxquelles il faut ajouter Dortmund, Duisburg, Essen, Francfort, Cologne, Leipzig, Nuremberg), entraînant une vie régionale active (stimulée aussi par la structure fédérale, héritage d'une unification allemande tardive). Berlin apparaît une métropole incontestable (bien que Bonn exerce encore, dans les faits, les fonctions de capitale), mais Hambourg, Munich et Francfort-sur-le-Main pèsent d'un poids démographique, économique, culturel aussi, non négligeable.

**LE CŒUR INDUSTRIEL DE LA RHÉNANIE**

La Ruhr, bien qu'ayant perdu une partie de sa prépondérance passée, demeure une grande région, urbaine et industrielle, où la production d'électricité constitue, avec la sidérurgie, le débouché essentiel d'une industrie houillère en déclin, sinon en crise ❹.

## *L'ALLEMAGNE*

### La production et les transports.

La population active représente environ 36 millions de personnes, dont 5 % seulement travaillent dans l'agriculture et 40 % dans l'industrie.

L'industrie est la base de la puissance allemande. Elle assure l'essentiel des exportations et explique le constant excédent de la balance commerciale. De tradition ancienne, l'industrie a été stimulée au XIXe siècle par la présence massive de charbon (Ruhr) et surtout par les initiatives de quelques hommes (Krupp, Siemens, Bosch, Daimler, Thyssen, Mannesmann, Grundig, etc.) qui ont créé de véritables konzerns bénéficiant précocement d'économies d'échelle. La production est extrêmement variée, dominée toutefois par la métallurgie de transformation et la chimie ; celle-ci est contrôlée par trois firmes géantes (BASF, Hoechst et Bayer). La construction automobile (où Volkswagen, la grande firme nationale, voisine avec les filiales de Ford et de General Motors [Opel]) occupe le premier rang en Europe, implantée notamment à Munich, Stuttgart, Wolfsburg. L'industrie lourde est, comme dans le reste des pays développés (notamment européens), en difficulté. La sidérurgie a reculé. Il en est de même du textile, de la construction navale et de la houille. Celle-ci, extraite toujours essentiellement dans la Ruhr, a décliné, mais reste la principale source d'énergie nationale, avec le lignite (provenant surtout de la partie orientale), puisque la production de pétrole est très faible, celle de gaz naturel plus notable, mais insuffisante, et que l'électricité nucléaire représente encore moins du tiers de la production totale d'électricité.

L'agriculture, pratiquée surtout dans le cadre d'exploitations familiales de taille très moyenne (autour de 15 ha), parfois à temps partiel, est intensive. La production (blé notamment) couvre la majeure partie des besoins alimentaires.

Le réseau de transports est d'une grande densité : environ 40 000 km de voies ferrées (dont environ 15 000 électrifiés), 6 000 km de voies navigables (souvent au gabarit européen, et le Rhin, artère vitale vers la mer du Nord, est aussi, aujourd'hui, relié au Danube par la vallée du Main), plus de 10 000 km d'autoroutes.

### Les échanges et les problèmes.

L'Allemagne vient au deuxième rang mondial (après les États-Unis et à égalité avec le Japon) pour le volume du commerce international. Les exportations (produits industriels, métallurgiques et chimiques notamment) représentent environ le quart du P. I. B., effectuées en priorité avec les partenaires de l'Union européenne, mais dirigées aussi vers le tiers-monde, plus que vers l'Est. La puissance économique de l'Allemagne unifiée paraît impressionnante, si l'on additionne les productions des anciennes R. F. A. et R. D. A. La réalité est plus nuancée, compte tenu du retard de la partie orientale souffrant de la vétusté des équipements (usines, habitat), de la médiocre productivité de la main-d'œuvre. L'unification a réduit le traditionnel excédent commercial. Mais l'Allemagne reste ouverte sur le monde, surtout avec l'effondrement des régimes communistes à l'Est. Elle se retrouve placée au centre de l'Europe géographique.

## ■ HISTOIRE

Les premiers Germains s'établissent entre le Rhin et l'Elbe, et refoulent les Celtes en Gaule ; ils sont à leur tour repoussés vers l'est par les Romains, qui construisent une frontière fortifiée, le *limes,* entre *Confluentes* (Coblence, sur le Rhin) et *Regina Castra* (Ratisbonne, sur le Danube).

**IVe-VIe s. :** les Grandes Invasions permettent aux Barbares germaniques de s'installer de part et d'autre du Rhin.

Le royaume franc s'impose aux autres peuplades (Alamans, Thuringiens, Bavarois, Saxons, etc.).

**800 :** fondation de l'empire d'Occident (Charlemagne).

**843 :** le traité de Verdun partage l'empire en trois royaumes.

À l'est, le royaume franc de Louis le Germanique, la *Francia orientalis* appelée plus tard Germanie, est constitué de toutes les terres situées entre l'Elbe et le Rhin, et englobe même, à l'ouest de celui-ci, Mayence, Spire et Worms. Le régime féodal et les partages familiaux aboutissent à la création en son sein de duchés : Bavière, Souabe, Franconie, Lorraine, Saxe.

**919 :** Henri Ier l'Oiseleur, duc de Saxe, est élu roi de Germanie.

*Le Saint Empire (962-1806).*

**962 :** Otton Ier fonde le Saint Empire romain germanique.

**1024-1138 :** la querelle des Investitures affaiblit l'autorité impériale.

**1138-1250 :** la dynastie souabe (Hohenstaufen) est illustrée par Frédéric Ier Barberousse et par Frédéric II. La lutte du Sacerdoce et de l'Empire oppose les « guelfes » (partisans des papes) et les « gibelins » (partisans des empereurs).

Entouré de Slaves ou de Hongrois, le royaume de Germanie s'étend vers l'est à partir de la fin du Xe siècle : il vassalise la Bohême sous Henri III (1039-1056), fonde Lübeck (1159) et le margraviat de Brandebourg (1157). Il atteint l'Oder (1250) et soumet la Prusse et les régions baltes au XIIIe siècle. En dehors de la Prusse, cette marche vers l'est *(Drang nach Osten)* est une colonisation pacifique qui va de pair avec la conversion au christianisme des peuples au milieu desquels sont implantés paysans, marchands, clercs, moines et chevaliers allemands.

**1273-1291 :** Rodolphe de Habsbourg règne sur le Saint Empire avec le titre de roi des Romains.

**1315-1388 :** guerre d'indépendance des cantons suisses.

**1356 :** Charles IV de Luxembourg promulgue la Bulle d'or, véritable Constitution du Saint Empire.

**1410 :** défaite des chevaliers Teutoniques par les Polonais à Tannenberg.

**1493-1519 :** règne de Maximilien de Habsbourg.

À la fin du Moyen Âge, le Saint Empire est devenu une fédération de principautés quasi indépendantes, qui, à partir de 1438, élisent régulièrement l'empereur dans la famille des Habsbourg. L'Allemagne est un grand foyer de développement économique (Hanse au N. ; Bavière au S. ; Rhénanie à l'O.). Mais la Réforme luthérienne au XVIe siècle brise l'unité religieuse.

**1519-1556 :** règne de Charles Quint, empereur germanique et roi d'Espagne.

**1618-1648 :** la guerre de Trente Ans dévaste les régions constituant l'Allemagne : elles restent divisées politiquement et religieusement.

**1648 :** les traités de Westphalie confirment la faiblesse du pouvoir impérial.

Au XVIIIe siècle, la Prusse s'agrandit et devient une grande puissance sous Frédéric II.

**UNE MOSAÏQUE DE PRINCIPAUTÉS**

L'Allemagne est une terre sur laquelle les particularismes locaux se sont toujours exercés avec force. À l'époque du Saint Empire, chaque principauté (comme le Brunswick, le Brandebourg, la Hesse ou le pays de Bade, dont on voit ici les représentants défiler au triomphe de Maximilien ❺) forme un État doté d'une administration et qui frappe monnaie. Parmi ces principautés, la prépondérance revient à celles (laïques comme la Bohême, le Palatinat, la Saxe et le Brandebourg, ou ecclésiastiques comme Trêves, Mayence et Cologne) dont les princes élisent l'empereur. Face à ce morcellement en principautés dont l'autonomie est presque totale, le gouvernement impérial a peine à s'imposer. Lorsque l'unité allemande se réalise en 1871 sous l'autorité du roi de Prusse proclamé empereur, il subsiste encore 25 États allemands, qui conservent leurs dynasties et leurs assemblées. Avec la défaite de 1918, suivie de la révolution spartakiste, Guillaume II abdique et, avec lui, toutes les dynasties régnantes. La République de Weimar adopte alors une forme fédérale, qui laisse aux entités territoriales *(Länder)* qui composent l'État une certaine part d'autonomie, conforme à la tradition nationale. Le fédéralisme est d'ailleurs resté un principe constitutionnel de la Loi fondamentale de 1949 et a été réaffirmé lors de l'unification allemande de 1990.

❺ *Le Triomphe de Maximilien,* par A. Dürer. (Bibliothèque nationale, Madrid.)

## L'ALLEMAGNE

**1806 :** Napoléon écrase la Prusse à Iéna et décide de supprimer le Saint Empire, qui est remplacé par une Confédération du Rhin dont l'Autriche et la Prusse sont exclues.

*L'unité allemande.*

**1815 :** le Congrès de Vienne crée la Confédération germanique (39 États, dont la Prusse et l'Autriche).

**1834 :** union douanière entre les États allemands : le « Zollverein ».

**1848-1850 :** échec des révolutions libérales et nationales.

Guillaume Ier, devenu roi de Prusse en 1861, appelle Otto von Bismarck à la présidence du Conseil (1862). Ce dernier, après avoir battu l'Autriche (Sadowa, 1866) et créé la même année la Confédération de l'Allemagne du Nord puis battu la France (guerre franco-allemande, 1870-71), réalise l'unité allemande.

**1871 :** proclamation de l'Empire allemand (Guillaume Ier devient *Kaiser,* et Bismarck, chancelier du Reich).

**1875 :** fondation du Parti social-démocrate allemand par fusion des groupes lassalliens et marxistes.

L'EMPIRE ALLEMAND EN 1871

## L'ALLEMAGNE

**1888 :** mort de Guillaume Ier et début du règne de Guillaume II.

**1890 :** Guillaume II obtient la démission de Bismarck.

À la fin du XIXe siècle et au début du XXe, l'Allemagne connaît de grands progrès économiques et politiques (expansion coloniale). Elle se rapproche de l'Autriche-Hongrie et de l'Italie (Triple-Alliance) face à la Triple-Entente anglo-franco-russe.

LES FRONTIÈRES ALLEMANDES (1914-1990)

**1914-1937**

L'Empire allemand en 1914

Territoires perdus en 1919-21

Frontières de l'Allemagne (1921-1937)

**1937-1945**

Frontières de l'Allemagne en 1937

Limites des territoires directement administrés par le Reich à la fin de 1942

## *L'ALLEMAGNE*

**1914-1918 :** Première Guerre mondiale.

L'Allemagne, vaincue, doit subir les conséquences du traité de Versailles (1919) et payer des réparations.

*De Weimar au IIIe Reich.*

**1919 :** première Constitution démocratique, promulguée par l'Assemblée constituante de Weimar. Le social-démocrate Friedrich Ebert est élu à la présidence de la République.

La République de Weimar (1919-1933) connaît des troubles politiques (écrasement de la révolution spartakiste, naissance du nazisme) et économiques (crise de 1929).

**1925 :** le maréchal von Hindenburg succède à F. Ebert.

**1933 :** Adolf Hitler devient chancelier du Reich.

**1934 :** Hitler cumule tous les pouvoirs à la mort de Hindenburg : il est le *Führer* (guide) ; il crée le IIIe Reich, troisième empire allemand.

**1936 :** Hitler intervient aux côtés de Franco dans la guerre d'Espagne et signe une alliance avec Mussolini.

**1938-39 :** l'Allemagne annexe l'Autriche *(Anschluss)* et une partie de la Tchécoslovaquie, puis attaque la Pologne.

**1939-1945 :** Seconde Guerre mondiale.

**1945-1949 :** l'Allemagne, vaincue, est occupée par les troupes

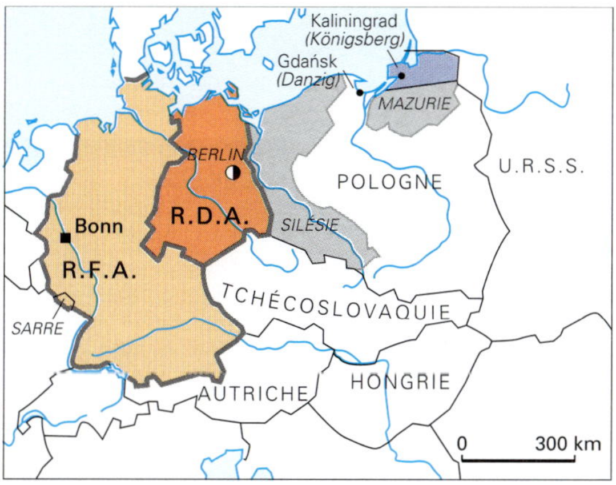


**1945-1990**

- République fédérale d'Allemagne, sept. 1949
- République démocratique allemande, oct. 1949
- ◑ Division de Berlin en Berlin-Ouest et Berlin-Est
- Territoires sous administration soviétique
- Territoires sous administration polonaise

**L'ALLEMAGNE AU XXe SIECLE**

Les frontières de l'Allemagne ont beaucoup varié du fait d'une histoire tourmentée - pour le pays lui-même et pour ses voisins - au cours du XXe siècle. Le traité de Versailles, scellant la défaite de 1918, a donné un coup d'arrêt à l'expansion séculaire vers l'Est, en même temps qu'il interrompait la continuité territoriale de l'Allemagne, en l'obligeant à céder à la Pologne Dantzig (Gdańsk), avec le « couloir » donnant à cet État un accès à la mer. L'invasion de la Pologne par les armées hitlériennes - au motif avoué de récupérer Dantzig - faisant suite à l'annexion de l'Autriche et au « protectorat » imposé à la Bohême-Moravie, a ouvert la Seconde Guerre mondiale. La réunification de 1990, si elle a mis fin à la partition artificiellement instaurée en 1949, n'a pas remis en cause, à l'Est, la frontière germano-polonaise, définitivement fixée à la ligne Oder-Neisse. Dans le nouvel espace allemand recomposé, qui ne couvre désormais pas plus de 350 000 km² (soit le quatrième rang en Europe, après la France, l'Espagne et la Suède), Berlin, la capitale, occupe une position excentrée.

alliées. La frontière nouvelle avec la Pologne est refoulée vers l'ouest (ligne Oder-Neisse).

**1949 :** création de la République démocratique allemande, ou R. D. A. (→ ALLEMAGNE DE L'EST), et de la République fédérale d'Allemagne, ou R. F. A., à l'ouest. Chacun des deux États allemands se donne alors pour but de refaire l'unité allemande à son profit.

*La République fédérale d'Allemagne.*

La R. F. A. naît de la fusion des trois zones d'occupation, américaine, britannique et française. Bénéficiant de l'aide économique européenne (plan Marshall), elle va connaître un redressement rapide. Elle accueille dix millions de réfugiés expulsés, Allemands de Pologne et de Tchécoslovaquie principalement, dont le transfert a été prévu par les Alliés à la conférence de Potsdam. Trois partis vont dominer la vie politique de la R. F. A. : le Parti chrétien-démocrate, ou CDU ; le Parti social-démocrate, ou SPD ; le Parti libéral, ou FDP. Le parti écologiste des Verts est créé en 1980.

**1949 :** Konrad Adenauer devient chancelier.

**1951 :** révision du statut d'occupation. La R. F. A. entre dans la Communauté européenne du charbon et de l'acier (C. E. C. A.).

**1955 :** la R. F. A. entre à l'O. T. A. N.

**1956 :** création de la Bundeswehr (armée fédérale).

**1957 :** la Sarre redevient allemande à la suite d'un référendum. La R. F. A. signe le traité de Rome qui donne naissance au Marché commun.

**L'UNITÉ RETROUVÉE**

L'unification proclamée en octobre 1990 ❻ fut précédée par la reconstitution de Länder en R. D. A. Ces nouveaux Länder, par décision de la Chambre du peuple, adhérèrent à la R. F. A. en août 1990. Désormais, l'Allemagne est constituée de 16 Länder, dont les représentants siègent au *Bundesrat*.

❻ Proclamation de l'unité allemande (Berlin, 3 oct. 1990).

## L'ALLEMAGNE

**1963 :** traité franco-allemand ; K. Adenauer est remplacé par Ludwig Erhard, père du « miracle économique allemand ».

**1966 :** Kurt Georg Kiesinger devient chancelier.

**1969 :** le socialiste Willy Brandt est élu chancelier et pratique une politique de meilleure entente avec l'Est.

**1970 :** reconnaissance de la ligne Oder-Neisse comme frontière germano-polonaise.

**1972 :** les deux Allemagnes se reconnaissent mutuellement.

**1974 :** le socialiste Helmut Schmidt est élu chancelier.

**1982 :** le chrétien-démocrate Helmut Kohl devient chancelier.

**1989 :** la R. F. A. est confrontée aux problèmes posés par un afflux massif de réfugiés est-allemands et par les profonds changements survenus en R.D.A. Le 9 novembre, le mur de Berlin est ouvert.

**1990 :** les États *(Länder)* reconstitués en Allemagne de l'Est adhèrent à la R. F. A. ; l'unification de l'Allemagne est proclamée le 3 octobre.

**1991 :** H. Kohl devient chancelier de l'Allemagne unie.

Le gouvernement consacre ses efforts à réduire les écarts (dans les structures économiques, les niveaux de vie, les mentalités) entre l'Est et l'Ouest et à résoudre les problèmes posés par l'afflux des réfugiés (amendement constitutionnel du droit d'asile en 1993). Avec l'unification, l'Allemagne a recouvré sa pleine souveraineté dans le domaine militaire, ce qui permet à son armée (Bundeswehr) d'intervenir - hors de la zone de protection définie par l'O. T. A. N. - en Bosnie (1995).

---

### L'ÉVOLUTION DE LA POPULATION.

**1871 :** 43 M ; **1913 :** 70 M ; **1965 :** 59,3 M en R. F. A., 17 M en R.D.A. ; **1990 :** 78,2 M.

### L'ÉVOLUTION DU DROIT DE VOTE.

**1867 :** suffrage universel masculin pour l'élection du *Reichstag* de la Confédération de l'Allemagne du Nord.

**1919 :** le droit de vote est accordé aux femmes (Constitution de la République de Weimar en vigueur jusqu'en 1933).

**1949 :** Loi fondamentale (Constitution) de la République fédérale d'Allemagne.

**1990 :** extension de la Loi fondamentale aux nouveaux Länder de l'Est.

**Voir aussi** : ALLEMAGNE DE L'EST, BISMARCK, CHARLEMAGNE, FRÉDÉRIC II DE HOHENSTAUFEN, FRÉDÉRIC II LE GRAND, HITLER, LUTHER, LUTHÉRANISME, NATIONAL-SOCIALISME, SAINT EMPIRE ROMAIN GERMANIQUE, TRENTE ANS (GUERRE DE), WEIMAR (RÉPUBLIQUE DE).

**ALLUME-CIGARE(S)** n.m. (pl. allume-cigares). Dispositif pour allumer les cigarettes, les cigares (dans une automobile, notamm.).

**ALLUME-FEU** n.m. (pl. allume-feux ou inv.). Ce qui sert à allumer le feu (préparation très inflammable, petit bois, etc.).

**ALLUME-GAZ** n.m. inv. Petit appareil pour allumer le gaz par échauffement d'un filament ou par production d'étincelles.

**ALLUMER** v.t. (lat. *luminare,* éclairer). **-1.** Enflammer qqch, y mettre le feu : *Allumer un briquet, une cigarette, des bûches.* **-2.** Éclairer qqch, le rendre lumineux : *Allumer le salon. Sa chambre est allumée.* **-3.** Faire fonctionner un appareil (de chauffage, de télévision, de radio, etc.). **-4.** POP. Aguicher qqn, provoquer son désir. **-5.** LITT. ***Allumer les passions, l'imagination,*** les susciter, les provoquer. ◆ **s'allumer** v.pr. **-1.** Prendre feu. **-2.** Devenir lumineux. **-3.** Fonctionner, se mettre en marche : *Le poste ne s'allume plus.*

**ALLUMETTE** n.f. **-1.** Petit brin de bois, de carton, ou petite mèche enduite de cire, dont l'une des extrémités est imprégnée d'une composition inflammable par frottement : *Craquer une allumette.* **-2.** Gâteau feuilleté long et mince.

**ALLUMEUR** n.m. **-1.** ANC. ***Allumeur de réverbères,*** préposé à l'allumage et à l'extinction des appareils d'éclairage public. **-2.** Dispositif qui sert à l'allumage d'un moteur à explosion. **-3.** Dispositif qui provoque la déflagration d'une charge explosive. ◆ **allumeuse** n.f. FAM., PÉJ. Femme qui cherche à aguicher les hommes.

**ALLURE** n.f. **-1.** Façon plus ou moins rapide de se déplacer, de se mouvoir : *Il est parti à toute allure.* **-2.** Manière qu'a qqn de marcher, de se conduire, de se présenter : *Une allure digne. Une drôle d'allure.* **-3.** Aspect de qqch : *Une devanture de belle allure.* **-4.** ***Avoir de l'allure,*** avoir un air de distinction, d'élégance. **MAR.** Direction que suit un bateau à voiles par rapport au vent. **ZOOL.** Chacune des façons différentes de marcher, de courir ou de sauter d'un mammifère, notamm. du cheval, dont les principales allures sont le pas, le trot et le galop.

**ALLURÉ, E** adj. Qui a, qui donne de l'allure : *Un vêtement alluré.*

**ALLUSIF, IVE** adj. Qui contient une allusion ; qui procède par allusion. ◆ **allusivement** adv.

**ALLUSION** [alyzjɔ̃] n.f. (du lat. *alludere,* badiner). Mot, phrase qui évoquent une personne, une chose sans la nommer : *À quoi fait-il allusion ?*

**ALLUVIAL, E, AUX** adj. Produit, constitué par des alluvions.

**ALLUVION** n.f. (du lat. *ad,* vers, et *luere,* laver). [Surtout pl.]. Dépôts de sédiments (boues, sables, graviers, cailloux) abandonnés par un cours d'eau quand la pente ou le débit sont devenus insuffisants.

**ALLUVIONNAIRE** adj. Relatif aux alluvions.

**ALLUVIONNEMENT** n.m. Formation, apport d'alluvions.

**ALLUVIONNER** v.i. Déposer des alluvions, en parlant d'un cours d'eau.

**ALLYLE** [alil] n.m. (lat. *allium*). Radical $-C_3H_5$ de l'alcool allylique, dont certains composés existent dans l'essence d'ail.

**ALLYLIQUE** adj. ***Alcool allylique,*** alcool éthylénique de formule $C_3H_6O$, préparé à partir des pétroles et servant à la synthèse de la glycérine.

**ALMA,** anc. Saint-Joseph d'Alma, v. du Canada (Québec), à l'est du lac Saint-Jean ; 23 160 hab.

**Alma** *(bataille de l')* [20 sept. 1854], première victoire remportée par les troupes franco-britanniques sur les Russes, à 10 km de l'embouchure de l'Alma, pendant la guerre de Crimée.

**ALMA-ATA,** en kazakh Almaty, cap. du Kazakhstan, au sud du lac Balkhach ; 1 128 000 hab. Université. Centre industriel.

**Almageste** (ar. *al-midjisṭī,* du gr. *megistos* [*biblos*], très grand [livre]), traité composé par Claude Ptolémée, au IIe siècle, qui résume les connaissances astronomiques et mathématiques de l'Antiquité grecque.

**ALMAGRO** (Diego de), conquistador espagnol (Almagro, prov. de Ciudad Real, 1475 - Cuzco 1538). Compagnon de Pizarro dans la conquête du Pérou, il fut étranglé sur son ordre.

**ALMANACH** [almana] n.m. (ar. *al-manākh*). Calendrier, souvent illustré, comportant des indications astronomiques, météorologiques ainsi que des renseignements d'ordre varié (médecine, cuisine, astrologie, etc.).

**ALMANDIN** n.m. Grenat alumino-ferreux.

**ALMEIDA GARRETT** (João Baptista de), écrivain et homme politique portugais (Porto 1799 - Lisbonne 1854), auteur d'un théâtre nationaliste et romantique (*Un auto de Gil Vicente,* 1838 ; *Frei Luís de Sousa,* 1844).

**ALMENDROS** (Nestor), chef opérateur français d'origine espagnole (Barcelone 1930 -

New York 1992). Lié aux réalisateurs de la « nouvelle vague », il s'est imposé comme directeur de la photographie de plusieurs films de E. Rohmer *(la Collectionneuse),* B. Schröder *(More)* ou F. Truffaut *(le Dernier Métro, Vivement dimanche).* Il a aussi travaillé avec de nombreux cinéastes américains.

**ALMERÍA,** port d'Espagne, en Andalousie, ch.-l. de prov., sur la Méditerranée ; 155 120 hab. — Ancienne forteresse mauresque (Alcazaba) ; cathédrale gothique (XVIe s.).

**ALMICANTARAT** n.m. (ar. *al-muqanṭara,* l'astrolabe). Cercle parallèle à l'horizon sur la sphère céleste. SYN. : **cercle** ou **parallèle de hauteur**.

**ALMODÓVAR** (Pedro), cinéaste espagnol (Calzada de Calatrava 1949). En quelques films, où se rejoignent la provocation et l'humour noir, il s'est imposé comme le chef de file du nouveau cinéma espagnol : *Qu'est-ce que j'ai fait pour mériter ça !* (1984), *Dans les ténèbres* (1984), *Matador* (1986), *la Loi du désir* (1986), *Femmes au bord de la crise de nerfs* (1988), *Attache-moi* (1989), *Talons aiguilles* (1991), *Kika* (1993), *la Fleur de mon secret* (1995).

**ALMOHADES,** adeptes du mouvement réformiste lancé par Muhammad ibn Tumart (entre 1078 et 1081-1130), dont les dirigeants ont fondé une dynastie berbère qui détrôna les Almoravides et régna sur le nord de l'Afrique et sur l'Andalousie de 1147 à 1269. Battus en Espagne par les royaumes chrétiens à la bataille de Las Navas de Tolosa (1212), les Almohades furent éliminés de l'Afrique du Nord de 1229 à 1269 par diverses dynasties.

**ALMORAVIDES,** confrérie de moines guerriers et dynastie berbère qui régna sur le Maghreb et l'Andalousie aux XIe et XIIe siècles. Yusuf ibn Tachfin, fondateur de la dynastie en 1061, installa sa capitale à Marrakech. Les Almoravides refirent l'unité de l'Espagne musulmane menacée par les royaumes chrétiens et recueillirent l'héritage culturel andalou. Ils furent renversés par les Almohades (prise de Marrakech en 1147).

**ALMQUIST** (Carl Jonas Love), écrivain suédois (Stockholm 1793 - Brême 1866). Son œuvre poétique et romanesque est l'une des plus originales du romantisme suédois (*le Livre de l'églantier,* 1832-1850).

**ALOÈS** [alɔɛs] n.m. (gr. *aloê*). Plante d'Afrique, cultivée aussi en Asie et en Amérique, dont les feuilles charnues fournissent une résine amère, employée comme purgatif et en teinturerie. (Famille des liliacées.)

**ALOI** n.m. (de l'anc. fr. *aloier,* faire un alliage). **-1.** VX. Titre d'un alliage. **-2.** ***De bon, de mauvais aloi,*** de bonne, de mauvaise nature ou qualité : *Une plaisanterie de mauvais aloi.*

**ALONG** *(baie d'),* baie du Viêt Nam, au nord-est d'Haiphong, semée de rochers calcaires.

**ALOPÉCIE** [alɔpesi] n.f. Chute ou absence, partielle ou généralisée, des cheveux ou des poils.

**ALORS** [alɔr] adv. (de *lors*). **-1.** Indique le temps, le moment : *J'avais alors vingt ans.* **-2.** Introduit l'expression d'une conséquence : *Il était hésitant, alors j'ai insisté.* **-3.** Dans la langue parlée, marque l'interrogation, l'impatience, l'indignation, l'indifférence, etc. : *Alors, tu viens ? Ça alors !* ◆ **alors que** loc. conj. **-1.** Marque l'opposition : *Elle est sortie alors que je l'avais défendu.* **-2.** Marque la simultanéité : *Je l'ai connu alors que j'étais étudiant.*

**ALOSE** [aloz] n.f. (lat. *alausa,* mot gaul.). Poisson voisin de la sardine, appelé aussi *allache,* à chair estimée, se développant dans la mer et venant pondre dans les cours d'eau au printemps. (Long. max. 80 cm ; famille des clupéidés.)

**ALOST** → AALST.

**ALOUATE** n.m. (mot de Guyane). Autre nom du *hurleur,* ou *singe hurleur.*

**ALOUETTE** n.f. (lat. *alauda,* mot gaul.). Oiseau passereau à plumage brunâtre, commun dans les champs, ne perchant pas sur les arbres. (Long. de 17,5 cm à 19,5 cm ; famille des alaudidés.) ***L'alouette grisolle,*** pousse son cri.

**ALOURDIR** v.t. Rendre lourd, plus lourd.

**ALOURDISSEMENT** n.m. État de qqn, de qqch qui est rendu plus lourd, plus pesant : *Une sensation d'alourdissement.*

**ALOYAU** [alwajo] n.m. (lat. *alauda*) [pl. aloyaux]. Morceau de bœuf correspondant à la région du rein et de la croupe et renfermant le filet, le contre-filet et le romsteck.

**ALPAGA** n.m. (esp. *alpaca,* mot péruvien). **-1.** Ruminant voisin du lama, domestiqué en Amérique du Sud pour sa longue fourrure laineuse. **-2.** Fibre textile douce et soyeuse provenant de cet animal. **-3.** Tissu en armure toile composée de fibres naturelles ou artificielles et de fibres d'alpaga.

**ALPAGE** n.m. Pâturage d'été en haute montagne. SYN. : **alpe**.

**ALPAGUER** v.t. ARG. Appréhender, arrêter.

**ALPAX** n.m. (nom déposé). Alliage d'aluminium et de silicium qui se moule facilement.

**ALPE** n.f. Alpage.

**ALPE-D'HUEZ** (l'), station de sports d'hiver de l'Isère (comm. d'Huez), dans l'Oisans (1 860-3 350 m).

**ALPENSTOCK** n.m. (mot all., de *Alpen,* Alpes, et *Stock,* bâton). Long bâton ferré qui servait aux excursions en montagne.

**ALPES,** le plus grand massif montagneux de l'Europe.

**GÉOGRAPHIE**

Principal système montagneux de l'Europe, les Alpes s'allongent en un vaste arc aux bords dissymétriques, sur une longueur de 1 200 km de la Méditerranée au bassin de Vienne et sur une largeur variant de 130 à 250 km. Couvrant 300 000 km², les Alpes sont partagées entre la France, l'Italie, la Suisse, l'Allemagne, le Liechtenstein, l'Autriche et la Slovénie ; mais elles n'occupent plus de la moitié du territoire que dans trois pays : la Suisse, l'Autriche et le Liechtenstein.

**La formation.** Les Alpes se sont formées à partir de la fin du secondaire et tout au long du tertiaire et résultent de la convergence, puis de la collision des plaques Europe et Afrique. Les mouvements qui ont affecté des masses sédimentaires marines et des fragments du socle hercynien ont mis en place la structure actuelle du système alpin : dissymétrie des versants (extension des Préalpes sur le versant externe et effondrement dans l'arrière-pays [plaine du Pô]), séparés par les massifs cristallins centraux, où sont situés les sommets de plus de 4 000 m : mont Blanc, mont Rose, Cervin, Jungfrau, barre des Écrins.

La chaîne a été recouverte au quaternaire par des glaciers qui n'occupent plus qu'une superficie restreinte (4 000 km² environ), mais qui ont marqué le relief (creusement des lacs et des vallées). Avec les précipitations, ils alimentent notamment le Rhône, le Rhin, le Pô, l'Adige, la Save et l'Inn.

**Le climat.** Dans la zone tempérée, les Alpes ont un climat caractérisé par l'abaissement des températures dû à l'altitude (environ 1 °C pour 200 m) et par l'accroissement des précipitations, qui tombent en partie sous forme de neige, l'ouest de la chaîne, exposé aux influences océaniques, étant le plus arrosé. La végétation s'étage, les cultures laissant place à la forêt de feuillus et de conifères, puis aux alpages de 1 700 à 2 300 m. Plus haut, la neige est persistante. Localement, des microclimats se créent surtout en fonction de l'exposition des pentes : celles de l'adret, exposées au sud, sont plus favorisées que celles de l'ubac, exposées au nord.

**Le peuplement.** Relief massif au cœur de l'Europe occidentale, les Alpes sont aérées cependant par des vallées, voies de passage qui ont été utilisées très tôt, la présence humaine remontant au néolithique. Jusqu'au milieu du XIXᵉ siècle se sont maintenus des modes de vie traditionnels, fondés sur les ressources de l'agriculture et de l'élevage transhumant auxquelles s'ajoutaient des productions artisanales (travail du bois notamment) réalisées durant l'hiver. La pénétration du massif par les chemins de fer (tunnels), l'accroissement du nombre et de la qualité des routes depuis la fin du XIXᵉ siècle ont compté parmi les facteurs essentiels du développement.

**L'économie.** L'économie de la montagne alpine associe aujourd'hui l'agriculture, l'exploitation forestière, l'industrie et le tourisme. L'agriculture, dominée par l'élevage, est souvent largement subventionnée : par l'État en Suisse et en Autriche, où les choix de protection des paysages ont été faits depuis de nombreuses années ; par l'Union européenne en Allemagne, en France et en Italie. L'exploitation forestière est aussi une activité traditionnelle des Alpes. Elle est très réglementée et la régénération des forêts fait l'objet de soins attentifs.

Les activités industrielles se sont installées auprès des centrales hydroélectriques. Les installations sont nombreuses et une partie de l'électricité est d'ailleurs exportée hors de la région. La branche industrielle la mieux représentée actuellement est l'électrométallurgie. Aux aciers spéciaux, à l'aluminium, au matériel électrique s'ajoutent de plus en plus des produits de haute technologie. Les localisations industrielles sont des sites de vallée ou, de plus en plus, de la bordure de la montagne en France (Maurienne, Tarentaise), en Suisse (vallée de l'Aar, régions de Zurich et de Lucerne), en Autriche (haute vallée de la Mur) et en Italie. Les établissements industriels souffrent souvent toutefois de l'éloignement des marchés, surtout de leur fréquente vétusté, des difficultés d'extension.

L'essor du tourisme date du début du XXᵉ siècle ; d'abord aristocratique et estival, il est maintenant aussi hivernal qu'estival. Les activités qu'il a générées ont freiné l'exode rural. C'est cependant un secteur fragile, très sensible à la conjoncture économique, à la concurrence des autres destinations de vacances et aux aléas climatiques.

# ALPES

ALLEMAGNE
AUTRICHE
HONGRIE
SUISSE
FRANCE
ITALIE
SLOVÉNIE
CROATIE
BOSNIE-HERZ.
LIECH.
MONACO
ST-MARIN
Dijon
Besançon
Bâle
Zurich
Constance
St-Gall
Neuchâtel
Lucerne
BERNE
Fribourg
Lausanne
Genève
Sion
Bellegarde
Annecy
Lyon
Chamonix
Mont Blanc 4807
Chambéry
Albertville
Moûtiers
Grenoble
Modane
C. du Galibier
C. du Lautaret
Les Écrins 4102
Briançon
Pelvoux
Gap
Digne-les-Bains
Marseille
Toulon
Nice
Salzbourg
Bad Ischl
Liezen
Bruck an der Mur
Leoben
Graz
Wolfsberg
Judenburg
Hochkönig 2938
Dachstein 2996
Radstadt
Zell am See
3796 Grossglockner
Lienz
Kitzbühel
Kufstein
Innsbruck
Garmisch-Partenkirchen
Bregenz
Feldkirch
VADUZ
St-Anton
Wildspitze 3774
Brenner 1370
Cortina d'Ampezzo
Bolzano
Ortles 3899
Bernina 4052
Sondrio
Trente
Belluno
Udine
Pordenone
Trévise
Maribor
LJUBLJANA
ZAGREB
Trieste
Koper
Rijeka
Split
Alpes Bernoises
4166 Jungfrau
C. du St-Gothard
C. du Simplon 2009
S. Bernardino
Splugen
Rhin ant.
Alpes des Grisons
Bellinzona
Locarno
Lugano
Domodossola
C. du Gd St-Bernard
Cervin 4478
Mt Rose 4638
Aoste
L. Majeur
Varèse
Côme
Bergame
Alpes Bergamasques
L. de Côme
L. d'Iseo
L. de Garde
Gd Paradis
C. de l'Iseran
Vanoise
Ivrea
C. du Fréjus 2551
2083 Mt Cenis
Montgenèvre 1854
Mt Viso 3841
C. de Larche
Cuneo
C. de Tende
Argentera
Novare
Verceil
Turin
Milan
Pavie
Brescia
Vérone
Crémone
Vicence
Padoue
Venise
Golfe de Venise
Ferrare
Parme
Bologne
Ravenne
Florence
Pise
La Spezia
Gênes
Savone
Ancône
Golfe de Gênes
Mer Adriatique
Dolomites
Alpes Vénitiennes
Alpes Carniques
Alpes Juliennes
Alpes de Carinthie
Alpes de Styrie
Hohe Tauern
Niedere Tauern
Jura
Vercors
L. de Constance
L. de Zurich
L. des Quatre-Cantons
L. de Neuchâtel
L. Léman
Saône
Doubs
Rhin
Ain
Rhône
Isère
Drac
Durance
Verdon
Var
Maures
Tanaro
Trebbia
Pô
Adige
Piave
Drave
Mur
Save
Kupa
Una
Enns
Salzach
Inn
Lech
Arno
5°
10°
15°
0
100 km
500 1000 2000 m
autoroute
route
aéroport
voie ferrée
plus de 500 000 h.
de 100 000 à 500 000 h.
moins de 100 000 h.

**La protection de l'environnement.** La montagne constituant un milieu relativement fragile, on a cherché à pallier les atteintes qu'elle pouvait subir, d'abord par une politique de protection de certains espaces. Des parcs nationaux et régionaux, des réserves de faune et de flore ont été créés. Actuellement, on envisage une prise en compte plus globale de l'environnement, comme en témoigne en Suisse la limitation de la charge des poids lourds.

**ALPES (HAUTES-)** [05], dép. de la Région Provence-Alpes-Côte d'Azur ; ch.-l. de dép. *Gap ;* ch.-l. d'arr. *Briançon ;* 2 arr. ; 30 cant., 177 comm. ; 5 549 km$^2$ ; 113 300 hab. Il est rattaché à l'académie d'Aix-en-Provence-Marseille, à la cour d'appel de Grenoble et à la région militaire Méditerranée.

**ALPES AUSTRALIENNES,** partie méridionale de la Cordillère australienne.

**ALPES-DE-HAUTE-PROVENCE** [04], dép. de la Région Provence-Alpes-Côte d'Azur ; ch.-l. de dép. *Digne-les-Bains ;* ch.-l. d'arr. *Barcelonnette, Castellane, Forcalquier ;* 4 arr., 30 cant., 200 comm. ; 6 925 km$^2$ ; 130 883 hab. Il est rattaché à l'académie d'Aix-en-Provence-Marseille, à la cour d'appel d'Aix-en-Provence et à la région militaire Méditerranée.

**ALPES FRANÇAISES,** partie la plus développée des Alpes occidentales, divisée en deux ensembles.

**Le milieu naturel.** Les *Alpes du Nord* possèdent un relief ordonné, où se succèdent d'ouest en est : les Préalpes (Chablais, Bornes, Bauges, Chartreuse, Vercors), calcaires, aux plis généralement simples ; le Sillon alpin, longue dépression drainée par l'Arly et l'Isère (Combe de Savoie, Grésivaudan) ; les massifs centraux (Mont-Blanc, Beaufortin, Belledonne, Oisans, Pelvoux), cristallins, partie la plus élevée ; la zone intra-alpine, aérée par les vallées de l'Isère supérieure (Tarentaise), de l'Arc (Maurienne) et de la Romanche. Les *Alpes du Sud* ne présentent pas une disposition aussi simple : il n'existe pas de dépression analogue au Sillon alpin et surtout les Préalpes s'étendent démesurément, dessinant un vaste arc de cercle (du Diois et des Baronnies aux Préalpes de Nice), ouvert par la Durance.

**Les ressources.** Les Alpes du Nord ont un climat humide qui a favorisé l'extension de la forêt et de la prairie. L'élevage bovin (pour les produits laitiers) constitue la principale ressource de la montagne, avec le tourisme estival et hivernal. Les cultures se réfugient dans les vallées, où, grâce à l'hydroélectricité, s'est développée la vie industrielle (électrométallurgie et électrochimie) et urbaine (Grenoble). Les Alpes du Sud, plus sèches, mal aérées, vouées surtout à l'élevage ovin, aux cultures céréalières et à l'arboriculture fruitière (vallée de la Durance), se sont longtemps dépeuplées, avant que l'essor du tourisme et les aménagements hydrauliques ne contribuent à enrayer, au moins localement, ce déclin.

**ALPES GRÉES ET PENNINES,** province de l'Empire romain créée par Auguste. Sa capitale était Moûtiers-en-Tarentaise, sur l'Isère.

**ALPES-MARITIMES** [06], dép. de la Région Provence-Alpes-Côte d'Azur ; ch.-l. de dép. *Nice ;* ch.-l. d'arr. *Grasse ;* 2 arr., 51 cant., 163 comm. ; 4 299 km$^2$ ; 971 829 hab. Il est rattaché à l'académie de Nice, à la cour d'appel d'Aix-en-Provence et à la région militaire Méditerranée.

**ALPES NÉO-ZÉLANDAISES,** chaîne de montagnes de Nouvelle-Zélande, dans l'île du Sud.

**ALPES SCANDINAVES,** nom parfois donné aux montagnes des confins de la Suède et de la Norvège.

**ALPESTRE** adj. Propre aux Alpes.

**ALPHA** [alfa] n.m. inv. Première lettre de l'alphabet grec ($\alpha$). NEUROL. *Rythme alpha,* celui des ondes rapides, régulières et de petites amplitudes, recueillies par l'électroencéphalogramme, et qui témoignent d'une réaction d'éveil du cortex. PHYS. *Rayon alpha,* rayonnement constitué de noyaux d'hélium émis par des corps radioactifs.

**ALPHABET** n.m. (de *alpha* et *bêta,* noms des deux premières lettres de l'alphabet grec). Liste de toutes les lettres servant à transcrire les sons d'une langue et énumérées selon un ordre conventionnel.

**ALPHABÉTIQUE** adj. -1. Qui suit l'ordre des lettres de l'alphabet : *Index alphabétique.* -2. Qui utilise un alphabet : *Écritures alphabétiques et écritures idéographiques.* ◆ **alphabétiquement** adv. Selon l'ordre alphabétique.

**ALPHABÉTISATION** n.f. Action d'alphabétiser ; son résultat.

**ALPHABÉTISER** v.t. Apprendre à lire et à écrire à qqn.

**ALPHANUMÉRIQUE** adj. Qui comporte à la fois des chiffres et des caractères alphabétiques : *Clavier alphanumérique.*

ARAGON

**ALPHONSE I**er le Batailleur (v. 1073-1134), roi d'Aragon et de Navarre (1104-1134). Il reconquit Saragosse sur les musulmans (1118) et lança un raid en Andalousie (1125). **Alphonse II le Chaste** (1152 - Perpignan 1196), roi d'Aragon (1162-1196). Il imposa sa domination sur le Roussillon et hérita en 1166 du comté de Provence. **Alphonse V le Magnanime** (1396 - Naples 1458), roi d'Aragon et de Sicile (1416-1458), roi (sous le nom d'Alphonse Ier) des Deux-Siciles (1442-1458). Il conquit le royaume de Naples (1435-1442).

ASTURIES ET CASTILLE

**ALPHONSE III** le Grand (838 - Zamora 910), roi des Asturies (866-910). Il unifia les provinces chrétiennes du Nord-Ouest.

**ALPHONSE VI** (1040-1109), roi de León (1065-1109), de Castille (1072-1109) et de Galice (1073-1109). Il conquit le royaume de Tolède (1085) puis fut écrasé par les musulmans à Zalaca (Sagrajas), près de Badajoz, en 1086. **Alphonse VIII le Noble** (Soria 1155 - Ávila 1214), roi de Castille (1158-1214). Il vainquit les musulmans à Las Navas de Tolosa (1212). **Alphonse IX** (Zamora 1171 - Villanueva de Sarria 1230), roi de León (1188-1230). Il reconquit l'Estrémadure et réunit les premières Cortes (1188). **Alphonse X le Sage** (Tolède 1221 - Séville 1284), roi de Castille et de León (1252-1284) et empereur germanique (1257-1272). Prince éclairé, il fit dresser des tables astronomiques *(tables Alphonsines)* et composa des cantiques à la Vierge.

ESPAGNE

**ALPHONSE XII** (Madrid 1857 - *id.* 1885), roi d'Espagne (1874-1885). Il restaura la monarchie et mit fin à la guerre carliste (1876).

**ALPHONSE XIII** (Madrid 1886 - Rome 1941), roi d'Espagne (1886-1931). Monarque constitutionnel, il dut accepter à partir de 1923 la dictature du général Primo de Rivera. Il quitta son pays après les élections municipales de 1931, à l'issue desquelles fut proclamée la république.

PORTUGAL

**ALPHONSE Ier** Henriques (Guimarães v. 1110 - Coimbra 1185), roi de Portugal (1139-1185). Proclamé roi à la suite de ses succès contre les musulmans, il obtint l'indépendance du Portugal. **Alphonse VI** (Lisbonne 1643 - Sintra 1683), roi de Portugal (1656-1683). Ses victoires sur l'Espagne assurèrent l'indépendance du Portugal, reconnue au traité de Lisbonne (1668). Il fut déposé en 1667.

DIVERS

**ALPHONSE DE POITIERS,** prince capétien (1220-1271), comte de Poitiers et de Toulouse (1249-1271), fils de Louis VIII et époux de Jeanne, comtesse de Toulouse. Il participa à deux croisades et fut un remarquable administrateur.

**ALPIN, E** adj. (lat. *alpinus*). -1. Des Alpes ou de la haute montagne : *Régions alpines. Plantes alpines.* -2. Qui concerne l'alpinisme : *Club alpin.* -3. Relatif aux mouvements orogéniques du tertiaire et aux formes de relief qu'ils ont engendrées : *Chaîne alpine. Plissement alpin.* -4. ***Chasseur alpin, troupe alpine,*** fantassin, unité spécialisés dans le combat de montagne.

**ALPINISME** n.m. Sport des ascensions en montagne. ◆ **alpiniste** n.

ENCYCL. La conquête des sommets est achevée depuis longtemps déjà pour les massifs européens et les points culminants des continents américain et africain ; les 14 sommets himalayens de 8 000 m ou plus ont plus longtemps résisté, mais ont cédé ensuite rapidement (entre 1950 et 1964) devant des expéditions soigneusement préparées avec un matériel amélioré (allégement de la tenue assurant pourtant une meilleure protection contre le froid, emploi de l'oxygène au-dessus de 7 000 m).

**La recherche de nouvelles difficultés.** On s'est alors orienté vers la conquête de sommets moins élevés mais difficiles techniquement (tour de Mustagh, Jannu), l'ouverture de voies nouvelles, l'ascension en période hivernale (Everest gravi en 1980) ou en solitaire, le retour à un alpinisme plus naturel (allègement des équipes, abandon de l'oxygène et des cordes fixes équipant les parois), dont R. Messner a été, dans les années 1970 et 1980, le grand représentant. L'escalade artificielle recule, avec même parfois la suppression des points d'ancrage artificiels pour progresser, voire s'assurer.

**La priorité à la performance.** L'escalade véritablement libre apparaît avec le grimpeur

**GRANDES DATES DE L'ALPINISME**

| Sommets | Première ascension |
|---|---|
| mont Blanc | 1786 |
| Cervin | 1865 |
| Kilimandjaro | 1889 |
| Aconcagua | 1897 |
| McKinley | 1913 |
| Annapurna | 1950 |
| Everest | 1953 |
| K2 | 1954 |

**ALPINISME :** escalade à mains nues et escalade sur glace

solitaire, chaussons d'escalade aux pieds et les mains enduites de magnésie pour assurer les prises. Elle s'est développée parallèlement à un alpinisme de compétition, médiatisé et sponsorisé, où, de plus en plus, les enchaînements (successions d'ascensions de sommets) sont recherchés. On s'éloigne de l'alpinisme d'exploration (qui a connu son âge d'or entre 1850 et les années 1950) pour se diriger vers un sport privilégiant la performance.

**ALQUIFOUX** n.m. Sulfure de plomb pulvérulent servant en partic. à vernir les poteries et à les rendre imperméables.

**ALSACE** n.m. Vin d'Alsace.

**ALSACE,** Région de l'est de la France, sur le Rhin, formée des dép. du Bas-Rhin et du Haut-Rhin ; 8 280 km$^2$ ; 1 624 372 hab. *(Alsaciens).* Ch.-l. *Strasbourg.*

**GÉOGRAPHIE**

C'est la plus petite, mais non la moins peuplée, des Régions françaises. Elle possède une densité de population presque double de la moyenne nationale, situation qui est liée à la forte urbanisation, à la présence de trois agglomérations majeures (Strasbourg, Mulhouse et Colmar) qui concentrent environ 45 % de la population régionale, dominant un semis dense de villes petites et moyennes.

La plaine d'Alsace, parfois boisée (Hardt, ou Harth, au S.), est souvent intensément cultivée (dans l'Ackerland, le Kochersberg) et porte des champs de blé, de betterave à sucre, de houblon, de tabac, de chou à choucroute, de maïs (lié aux progrès de l'élevage). Elle est bordée par les collines sous-vosgiennes, site d'un vignoble réduit (12 000 ha) mais réputé (vins blancs). La montagne vosgienne boisée, avec toutefois des prairies d'altitude, est dépeuplée, mais localement revivifiée par le tourisme. L'Alsace est le site (au moins partiel) de deux parcs naturels régionaux.

L'industrie, représentée par les constructions mécaniques et électriques, précédant le textile (en déclin), l'agroalimentaire, la chimie, bénéficie du pétrole raffiné près de Strasbourg, de l'électricité d'origine hydraulique et nucléaire du grand canal d'Alsace. La potasse est extraite près de Mulhouse.

En dépit d'une situation géographique privilégiée, au cœur de l'Europe communautaire (dont Strasbourg est l'une des capitales), d'investissements étrangers (allemands, mais aussi japonais), le plein emploi n'est pas assuré et des dizaines de milliers d'Alsaciens vont quotidiennement travailler en Allemagne et en Suisse (aux salaires attractifs).

**HISTOIRE**

Peuplée dès l'époque celtique, l'Alsace subit la domination romaine, est envahie par les Alamans, puis conquise par les Francs. Au traité de Verdun (843), le comté est attribué à la Lotharingie. Passée au roi de Germanie (870), l'Alsace est dès cette époque une des régions les plus prospères de l'Europe. Au

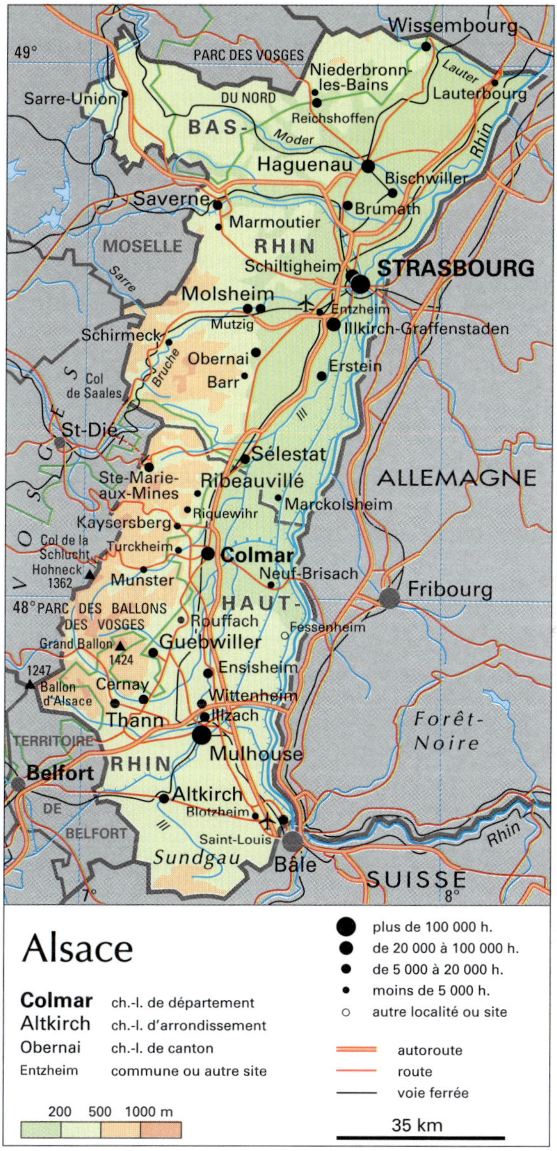


XIVe siècle, dix villes alsaciennes constituent la Décapole, pratiquement indépendante. C'est à Strasbourg, grand foyer d'humanisme, qu'est inventée l'imprimerie en 1434. La Réforme y trouve un terrain propice, et la province est ravagée pendant la guerre de Trente Ans. En 1648, les traités de Westphalie transfèrent au roi de France les droits des Habsbourg en Alsace, à l'exception de Strasbourg. La province devient française en 1678 et Strasbourg est annexée en 1681. Après la guerre franco-prussienne, l'Alsace est intégrée avec le nord de la Lorraine à l'Empire allemand (1871) et proclamée « terre d'Empire » (Reichsland). De nouveau française à l'issue de la Première Guerre mondiale (1919), elle redevient allemande en 1940. Elle est de nouveau rattachée à la France après la libération de Strasbourg par le général Leclerc (1944).

**Alsace** *(grand canal d'),* canal latéral au Rhin à l'amont et formé, à partir de Vogelgrun, de biefs séparés. Il est jalonné notamment par les centrales de Kembs, Ottmarsheim, Fessenheim, Vogelgrun, Marckolsheim, Rhinau, Gerstheim, Strasbourg et est bordé de zones industrielles et portuaires.

**ALSACE-LORRAINE,** partie des anciennes provinces françaises d'Alsace et de Lorraine annexée par l'Allemagne de 1871 à 1919, puis de 1940 à 1944-45. Elle comprenait les départements actuels de la Moselle, du Bas-Rhin et du Haut-Rhin.

**ALSACIEN, ENNE** adj. et n. D'Alsace. ◆ **alsacien** n.m. Dialecte germanique parlé en Alsace.

**ALSAMA,** sigle désignant l'ensemble des provinces de la Prairie canadienne (Alberta, Saskatchewan, Manitoba).

**ALSINA** (Carlos **Roqué**), pianiste et compositeur argentin (Buenos Aires 1941). Cofondateur en 1969 du New Phonic Art, il s'est souvent orienté vers le théâtre musical et s'est imposé avec des œuvres comme *Überwindung* (1970), le ballet *Fusion* (1973-74), *Suite indirecte* pour orchestre (1989).

**ALSOP** (les frères), **Joseph Wright** (Avon 1910 - Washington 1989) et **Stewart Johonnot Oliver** (Avon 1914 - Bethesda, Maryland, 1974), journalistes politiques américains au *New York Herald Tribune,* dont les articles, au lendemain de la Seconde Guerre mondiale, ont joué un rôle important dans l'opinion publique américaine et internationale.

**Alsthom** → ALCATEL ALSTHOM COMPAGNIE GÉNÉRALE D'ÉLECTRICITÉ.

**ALTAÏ,** massif montagneux de l'Asie centrale russe, chinoise et mongole ; 4 506 m.

**ALTAÏQUE** adj. **-1.** Des monts Altaï. **-2.** *Langues altaïques,* famille de langues turques et mongoles.

**ALTAMIRA,** station préhistorique d'Espagne, dans la province de Santander. Les grottes, ornées de peintures largement cernées de noir, sont datées du magdalénien moyen (XIII$^{e}$-XII$^{e}$ millénaire). Découvertes en 1879, leur authenticité préhistorique ne fut admise qu'en 1902.

**ALTDORFER** (Albrecht), peintre et graveur allemand ( ? v. 1480 - Ratisbonne 1538). Principal maître du « style danubien », s'exprimant surtout dans le petit format, avec minutie, il se distingue par sa fantaisie poétique, son sentiment aigu de la nature et la virtuosité de ses éclairages (*Naissance de la Vierge* et *la Bataille d'Alexandre,* Vieille Pinacothèque de Munich).

**ALTÉRABLE** adj. Qui peut être altéré.

**ALTÉRAGÈNE** n.m. et adj.m. Agent extérieur qui provoque une, des altérations dans les cellules vivantes.

**ALTÉRATION** n.f. Action d'altérer qqch. **GÉOL.** Modification chimique superficielle d'une roche, due notamm. aux agents atmosphériques. **MUS.** Signe (bémol, dièse, bécarre) conventionnel placé au début d'un morceau, par lequel un son se trouve élevé ou abaissé d'un ou de deux demi-tons chromatiques.

**ALTERCATION** n.f. Vive discussion ; querelle.

**ALTÉRÉ, E** adj. **-1.** Modifié. **-2.** Assoiffé.

**ALTER EGO** [altɛrego] n.m. inv. (mots lat., *un autre moi*). Personne à qui on se fie totalement et que l'on charge éventuellement d'agir à sa place.

**ALTÉRER** v.t. (du lat. *alter,* autre) [18]. **-1.** Modifier en mal l'état normal, la forme ou la nature de qqch : *Altérer le goût du vin.* **-2.** Falsifier qqch : *Altérer les faits historiques.* **-3.** Donner soif à qqn.

**ALTERNANCE** n.f. Succession alternée et génér. régulière : *Alternance des saisons.* **LING.** *Alternance vocalique,* changement subi par une voyelle ou une consonne à l'intérieur d'un système morphologique (ex. : all. nehmen/nimm/nahm). **PHYS.** Demi-période d'un

**ALTDORFER** : *Repos pendant la fuite en Égypte.* (Gemäldegalerie, Berlin-Dahlem.)

phénomène alternatif. POLIT. Succession au pouvoir de partis ou de coalitions de partis dans le cadre des institutions existantes.

**ALTERNANT, E** adj. -1. Qui alterne. -2. ***Pouls alternant,*** pouls caractérisé par des pulsations tantôt normales, tantôt faibles.

**ALTERNATEUR** n.m. -1. Générateur de tensions et de courants électriques alternatifs. -2. Machine tournante, génératrice de courant alternatif, entraînée de façon permanente par le moteur thermique (d'une automobile, par ex.) et qui est associée à un ensemble redresseur de courant à diodes, le courant redressé servant à l'alimentation du système électrique et à la charge de la batterie d'accumulateurs. (→ CENTRALE, ÉLECTRICITÉ.)

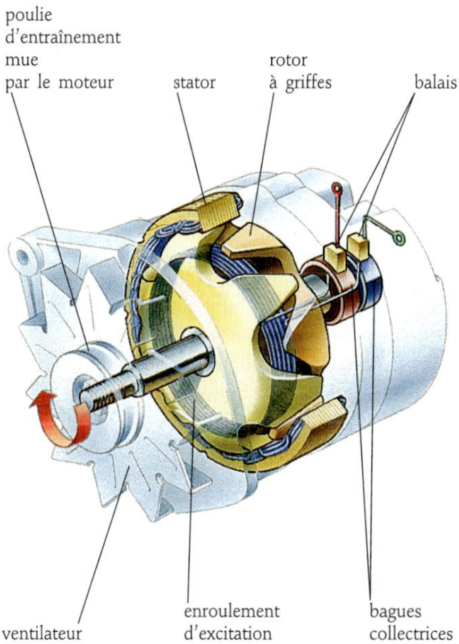


**ALTERNATEUR** d'automobile

**ALTERNATIF, IVE** adj. -1. Qui propose une alternative, un choix. -2. Périodique et de valeur moyenne nulle, en parlant d'une grandeur électrique. -3. Qui se propose de mettre en place un mode de production, des circuits de consommation jugés plus adaptés à l'individu que ceux de la société industrielle : *Modèle alternatif. Librairie alternative.* ◆ **alternativement** adv. Tour à tour.

**ALTERNATIVE** n.f. -1. Succession de phénomènes ou d'états opposés : *Alternatives de chaud et de froid.* -2. Choix entre deux possibilités : *Se trouver devant une alternative très embarrassante.* -3. Solution de remplacement : *Il existe une alternative à cette politique désastreuse.* -4. Investiture solennelle conférée à un *matador de novillos,* ou *novillero,* pour l'élever au rang de *matador de toros.*

**ALTERNE** adj. -1. Se dit des feuilles ou des fleurs disposées une à une et en spirale le long de la tige. -2. Se dit des angles situés de part et d'autre de la sécante coupant deux droites : *Angles alternes externes* (situés à l'extérieur des deux droites). *Angles alternes internes* (situés à l'intérieur des deux droites). *Lorsque les deux droites sont parallèles, les angles alternes internes sont égaux entre eux ainsi que les angles alternes externes.*

**ALTERNÉ, E** adj. -1. Se dit d'une application linéaire qui change de signe quand on échange deux variables. -2. ***Série alternée,*** série numérique dont les termes, à partir d'un certain rang, sont alternativement positifs et négatifs.

**ALTERNER** v.i. Se succéder plus ou moins régulièrement, en parlant de deux choses qui s'opposent : *La colère alternait avec l'abattement.* ◆ v.t. Faire se succéder des choses régulièrement : *Alterner les cultures.*

**ALTESSE** n.f. Titre d'honneur donné aux princes, aux princesses.

**ALTHÆA** [altea] n.m. Genre de plantes telles que la guimauve officinale et la rose trémière. (Famille des malvacées.)

**ALTHUSSER** (Louis), philosophe français (Birmandreis, Algérie, 1918 - La Verrière, Yvelines, 1990). Il s'est efforcé de dissocier les œuvres de jeunesse de Marx du *Capital,* dans lequel il voit la naissance de l'économie politique scientifique. Althusser définit la philosophie marxiste comme une pratique nouvelle de la philosophie, qui a pour tâche principale de distinguer les sciences de l'idéologie (*Lire « le Capital »,* 1965 ; *Ce qui ne peut plus durer dans le parti communiste,* 1978). Il a retracé sa vie douloureuse dans *L'avenir dure longtemps,* paru en 1992.

**ALTIER, ÈRE** adj. LITT. Qui a ou qui manifeste de la fierté : *Un port altier.*

**ALTIMÈTRE** n.m. (du lat. *altus,* haut). Appareil pour mesurer l'altitude.

**ALTIMÉTRIE** n.f. Mesure des altitudes.

**ALTIPLANO,** haute plaine (à plus de 4 000 m) des Andes de Bolivie.

**ALTIPORT** n.m. Terrain d'atterrissage aménagé en haute montagne près d'une station de sports d'hiver.

**ALTISE** [altiz] n.f. (du gr. *altikos,* sauteur). Insecte coléoptère sauteur, aux couleurs métalliques, qui s'attaque aux plantes potagères et à la vigne. (Long. 5 mm env. ; famille des chrysomélidés.)

**ALTISTE** n. Personne qui joue de l'alto.

**ALTITUDE** n.f. (lat. *altitudo,* hauteur). **-1.** Élévation au-dessus du sol : *Avion qui prend de l'altitude.* **-2.** Élévation verticale d'un point, d'une région au-dessus du niveau de la mer : *Un village à 1 500 m d'altitude.* **-3.** ***Mal de l'altitude,*** malaise causé par la raréfaction de l'oxygène en altitude.

**ALTKIRCH,** ch.-l. d'arr. du Haut-Rhin, sur l'Ill ; 5 869 hab. — Musée du Sundgau.

**ALTMAN** (Robert), cinéaste américain (Kansas City 1925). Réflexion critique sur la société américaine, son œuvre témoigne d'une audace et d'une esthétique brillante qui lui ont assuré un succès durable ( *M. A. S. H.,* 1970 ; *le Privé,* 1973 ; *Nashville,* 1975 ; *Quintet,* 1979 ; *Beyond Therapy,* 1987 ; *The Player,* 1991 ; *Short Cuts,* 1993 ; *Prêt-à-porter,* 1994 ; *Kansas City,* 1996).

**ALTO** n.m. **-1.** Voix de femme la plus grave, dite aussi *contralto ;* chanteuse qui possède cette voix. **-2.** Instrument à quatre cordes accordé à la quinte grave du violon et de facture identique. **-3.** Tout instrument alto. ◆ adj. Se dit d'un instrument de musique dont l'échelle sonore correspond approximativement à celle de la voix d'alto (ou *contralto*).

**ALTOCUMULUS** n.m. Nuage d'altitude moyenne (vers 4 000 m), formé de gros flocons aux contours assez nets et disposés en groupes ou en files (ciel pommelé).

**ALTOSTRATUS** n.m. Nuage d'altitude moyenne (entre 2 000 m et 6 000 m), qui a la forme d'un voile grisâtre assez foncé.

**ALTRUISME** n.m. (du lat. *alter,* autre). Tendance à s'intéresser à autrui.

**ALTRUISTE** adj. et n. Qui manifeste de l'altruisme.

**ALTUGLAS** n.m. (nom déposé). Matière synthétique très résistante, translucide ou colorée, aux nombreux usages : *Meubles en Altuglas.*

**ALTYNTAGH,** massif séparant le Tibet et le Xinjiang ; il dépasse localement 5 000 m.

**ALUCITE** n.f. Papillon aux ailes gris-jaune, voisin des teignes, dont la chenille cause des dégâts aux céréales. (Envergure 1 cm env.)

**ALUMINAGE** n.m. Mordançage à l'alumine.

**ALUMINATE** n.m. Sel dans lequel l'alumine joue un rôle acide : *Aluminate de potassium.*

**ALUMINE** n.f. (lat. *alumen, -inis,* alun). Oxyde d'aluminium ($Al_2O_3$) qui, diversement coloré, constitue un certain nombre de pierres précieuses (rubis, saphir, etc.) : *La bauxite contient surtout de l'alumine hydratée.*

**ALUMINER** v.t. Recouvrir d'une mince couche d'aluminium.

**ALUMINEUX, EUSE** adj. Qui contient de l'alumine : *Eau alumineuse.*

**ALUMINIAGE** n.m. **-1.** Procédé de protection par une mince couche d'aluminium. **-2.** Aluminisation.

**ALUMINISATION** n.f. Opération de dépôt d'aluminium sur le verre des miroirs. SYN. : **aluminiage, aluminure.**

**ALUMINIUM** [alyminjɔm] n.m. Métal blanc brillant, léger, ductile et malléable, s'altérant peu à l'air ; élément (Al) de numéro atomique 13, de masse atomique 26,98.

**ENCYCL.**

**Les propriétés.** L'aluminium est commun dans la nature, principalement sous forme d'oxydes et de silicates. C'est un bon conducteur de la chaleur et de l'électricité. Bien que très oxydable, il ne s'altère pas à l'air ni au contact de l'eau, car sa surface est protégée par une mince couche d'alumine ($Al_2O_3$). Il est trivalent dans ses composés, comme l'alumine. Sa métallurgie a été mise au point en 1886, simultanément par le Français P. Héroult et l'Américain C. M. Hall (1863-1914).

**Les utilisations.** Le métal pur est utilisé pour sa grande conductibilité électrique et thermique (condensateurs, réflecteurs) ainsi que pour sa bonne tenue à l'air et à certaines corrosions courantes (feuilles minces pour l'emballage ; articles ménagers ; industries chimique et pharmaceutique ; construction automobile, où son emploi tend à croître). Les alliages d'aluminium ont une faible masse volumique, des résistances mécaniques moyennes et fortes et une bonne tenue à certaines corrosions. L'alliage avec le cuivre et le magnésium (Duralumin) peut subir un traitement de durcissement structural (trempe et maturation) qui le fait utiliser dans l'aviation. Ce secteur se tourne également vers le nouvel alliage aluminium-lithium, qui devrait permettre un allègement de 10 à 15 % des structures. Sous forme de pièces de fonderie, l'alliage aluminium-silicium est utilisé pour la confection de blocs-moteurs et de pistons d'automobile. Enfin, il tend à se répandre dans le bâtiment, aussi bien pour les cadres de fenêtres qu'au sein de grandes réalisations architecturales (Institut du monde arabe à Paris). [→ MÉTAL, MÉTALLURGIE.]

**La production.** La production mondiale a connu une progression foudroyante pendant la majeure partie du siècle : de 7 000 t en 1900 à 18,7 Mt en 1980. Elle stagne depuis, concurrencée notamment par des produits de substitution (comme les plastiques) et le développement du recyclage. Sa localisation est conditionnée par la disponibilité d'électricité et la proximité des marchés de consommation, plus accessoirement par la présence de l'alumine (tirée de la bauxite), qui peut être importée. On s'explique ainsi que les États-Unis et le Canada soient les deux principaux producteurs, alors que la Norvège (où l'hydroélectricité est exceptionnellement abondante) occupe le premier rang en Europe.

**ALUMINOSILICATE** n.m. Composé contenant du silicium et de l'aluminium.

**ALUMINOTHERMIE** n.f. Production de hautes températures par réaction d'aluminium en poudre sur divers oxydes métalliques.

**ALUMINURE** n.f. Aluminisation.

**ALUN** [alɛ̃] n.m. Sulfate double d'aluminium et de potassium, ou composé analogue aux propriétés astringentes : *L'alun aide à fixer les teintures.*

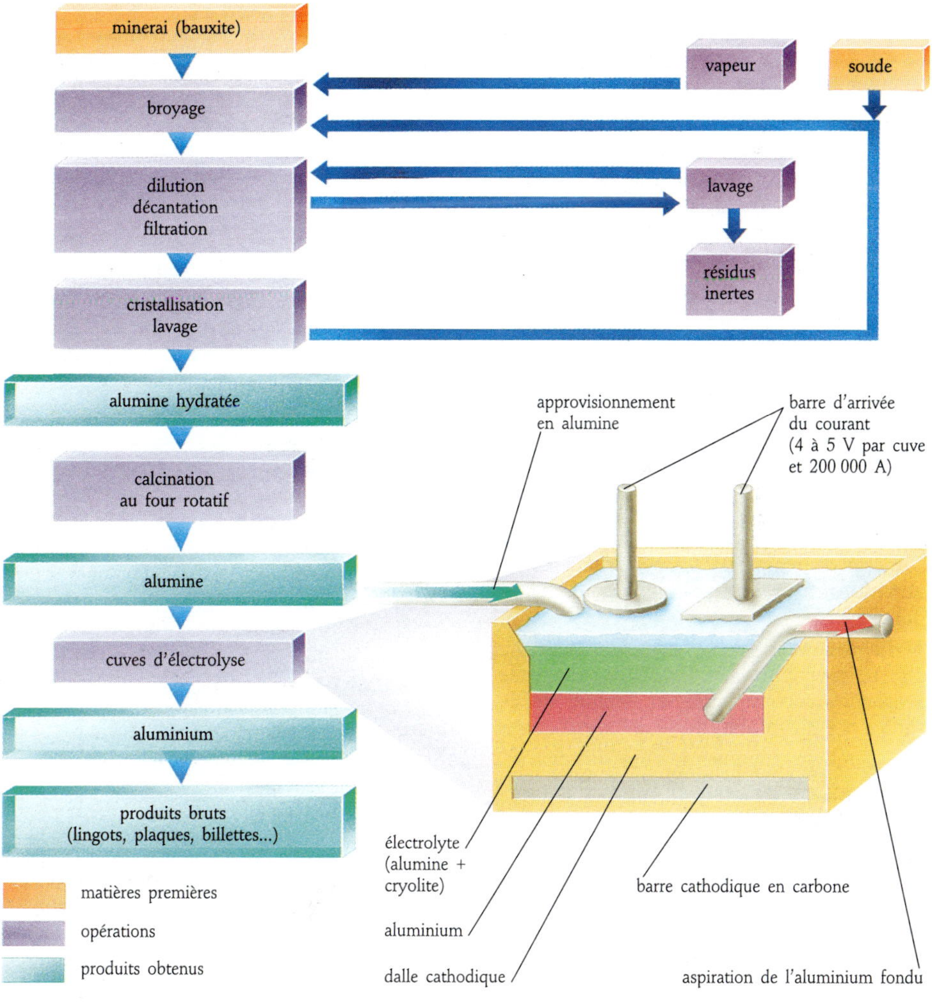


phases de l'élaboration de l'**ALUMINIUM**

**ALUNER** v.t. Imprégner une étoffe d'alun.

**ALUNIR** v.i. Se poser sur la Lune.

**ALUNISSAGE** n.m. Action d'alunir.

**ALUNITE** n.f. Sulfate naturel d'aluminium et de potassium.

**ALVARADO** (Pedro de), conquistador espagnol (Badajoz 1485 - Guadalajara, Mexique, 1541), lieutenant de Cortés.

**ALVÉOLAIRE** adj. -1. Relatif aux alvéoles ; en forme d'alvéole. -2. *Consonne alvéolaire* ou *alvéolaire,* n.f., consonne articulée avec la pointe de la langue au niveau des alvéoles des dents.

**ALVÉOLE** n.f. -1. Cavité des rayons des nids d'abeilles. -2. Petite cavité dans une roche homogène, due à l'érosion chimique ou mécanique. -3. Cavité des os maxillaires où est enchâssée une dent. -4. Cavité creusée dans le tissu du lobule pulmonaire, où s'effectuent les échanges respiratoires.

**ALVÉOLÉ, E** adj. Qui présente des alvéoles.

**ALVÉOLITE** n.f. Inflammation des alvéoles pulmonaires ou dentaires.

**ALVIN, E** adj. -1. Relatif au bas-ventre. -2. *Flux alvin,* diarrhée.

**ALYSSE** n.f. ou **ALYSSON** n.m. (gr. *alusson,* plante salutaire contre la rage). Plante à fleurs jaunes ou blanches, parfois cultivée comme ornementale. (Haut. 30 cm env. ; famille des crucifères.)

**ALYTE** n.m. (du gr. *alutos,* qu'on ne peut délier). Amphibien anoure d'Europe, dit aussi *crapaud accoucheur.* (Le mâle aide la femelle à expulser ses œufs, qu'il enroule en longs cordons autour de ses pattes postérieures et humecte de temps en temps jusqu'à l'éclosion ; long. 5 cm env. ; famille des discoglossidés.)

**Alzheimer** *(maladie d'),* démence présénile caractérisée par une détérioration intellectuelle profonde, accompagnée au début de la conscience du trouble.

**Am,** symbole chimique de l'américium.

**A/m,** symbole de l'ampère par mètre.

**AMABILITÉ** n.f. Politesse affable.

**Amadis de Gaule,** roman de chevalerie espagnol d'inspiration portugaise (XIIIe s.), publié par Garcia Rodríguez (ou Ordóñez) de Montalvo (1508). Le héros de ce livre, Amadis, surnommé *le Beau Ténébreux,* est resté le type des amants fidèles et des chevaliers errants.

**AMADO** (Jorge), écrivain brésilien (Pirangi, Bahia, 1912). Ses romans unissent la critique sociale et l'inspiration folklorique (*Terre violente,* 1942 ; *Tereza Batista,* 1973 ; *la Boutique aux miracles,* 1971 ; *Tocaia Grande,* 1984).

**AMADOU** n.m. (mot provenç., *amoureux*). Substance spongieuse provenant de l'amadouvier du chêne et qui prend feu facilement.

**AMADOU,** souverain toucouleur (1833 - Maïkouli, Sokoto, 1898). Fils et successeur (1864) de El-Hadj Omar, il fut dépossédé par les Français à partir de 1889.

**AMADOUER** v.t. Adoucir qqn, l'apaiser en le flattant, en se montrant aimable.

**AMADOUVIER** n.m. Champignon non comestible à chapeau blanchâtre épais (10-20 cm), qui vit sur les troncs des arbres feuillus et dont on tire l'amadou. (Famille des polyporacées.)

**AMAGASAKI,** v. du Japon (Honshu), sur la baie d'Osaka ; 498 999 hab. Centre industriel.

**AMAGER,** île danoise, partiellement banlieue de Copenhague.

**AMAIGRI, E** adj. Devenu maigre, plus maigre.

**AMAIGRIR** v.t. Rendre qqn maigre, lui faire perdre du poids.

**AMAIGRISSANT, E** adj. Qui fait maigrir.

**AMAIGRISSEMENT** n.m. Fait de maigrir.

**AMALFI,** station balnéaire d'Italie (Campanie), au sud de Naples, sur le golfe de Salerne ; 5 585 hab. — Cathédrale de style arabo-normand ; cloître « du Paradis » (XIIIe s.).

**AMALGAMATION** n.f. Procédé qui permet d'extraire, à l'aide du mercure, l'or et l'argent de leurs gangues.

**AMALGAME** n.m. -1. Alliage du mercure et d'un autre métal : *Amalgame de cuivre.* -2. Alliage d'argent et d'étain employé pour les obturations dentaires. -3. Mélange de choses ou de personnes très différentes. -4. Réunion dans un même corps de troupe d'unités de provenances différentes.

**AMALGAMER** v.t. -1. Procéder à un amalgame. -2. Rapprocher ou mélanger des éléments divers, disparates.

**AMAN** [aman] n.m. Octroi de la vie sauve à un ennemi vaincu, sauf-conduit, en pays musulman.

**AMAN ALLAH KHAN** (Paghman 1892 - Zurich 1960), émir puis roi d'Afghanistan (1919-1929). Il obtint de l'Angleterre la reconnaissance de l'indépendance de l'Afghanistan (1921). Il tenta d'imposer des réformes modernisatrices et dut abdiquer.

**AMANDE** n.f. (lat. *amygdala,* mot gr.). -1. Graine comestible de l'amandier, riche en substances grasses et glucidiques : *Huile d'amande douce.* -2. Toute graine contenue dans un noyau.

**AMANDIER** n.m. Arbre originaire d'Asie, cultivé pour ses graines ou amandes. (Haut. 7 m env. ; famille des rosacées.)

**AMANDINE** n.f. Tartelette aux amandes.

**AMANITE** n.f. -1. Champignon à lames, ayant un anneau et une volve, très commun dans les forêts. (Certaines espèces sont comestibles, d'autres dangereuses ou mortelles.) -2. *Amanite des Césars,* oronge vraie. ‖ *Amanite tue-mouches,* fausse oronge.

**AMANT** n.m. Homme avec qui une femme a des relations sexuelles en dehors du mariage.

**AMAPÁ,** État du Brésil septentrional, au N. des bouches de l'Amazone ; 140 276 km² ; 289 050 hab. Cap. *Macapá.* Manganèse.

**AMARANTACÉE** n.f. *Amarantacées,* famille de plantes appartenant à l'ordre des chénopodiales et dont le type est l'*amarante.*

**AMARANTE** n.f. -1. Plante ornementale aux fleurs rouges groupées en longues grappes, appelée aussi *queue-de-renard* ou *passe-velours.* (Haut. 1 m env. ; famille des amarantacées.) -2. *Bois d'amarante,* acajou de Cayenne, rouge vineux. ◆ adj. inv. D'une couleur rouge bordeaux velouté.

**AMARAVATI,** site archéologique du sud-est de l'Inde, qui, dès le IIe s. av. J.-C., dans le royaume des Andhra (Deccan), abrite une école artistique sensiblement contemporaine de celles de Mathura et du Gandhara et dont l'influence se retrouve dans l'Asie du Sud-Est, notamment à Anuradhapura. Le style d'Amaravati est surtout marqué par des stupas de très vastes dimensions et un enrichissement de l'iconographie du Bouddha.

**AMAREYEUR, EUSE** n. Personne qui travaille dans les parcs à huîtres.

**AMARINAGE** n.m. Action d'amariner.

**AMARINER** v.t. -1. Habituer qqn, un équipage à la mer, aux manœuvres, au régime du bord. -2. Faire occuper par un équipage un navire pris à l'ennemi.

**AMARNA** ou **TELL AL-AMARNA,** nom moderne du site où Aménophis IV Akhenaton fit construire, après 1370 av. J.-C., son éphémère capitale, Akhetaton. On y a découvert, en 1887, la correspondance d'Aménophis III et d'Aménophis IV avec leurs vassaux d'Orient, sous la forme de 358 tablettes d'argile, qui sont écrites en akkadien, langue diplomatique du temps. Temples, palais et quartiers d'habitation des ouvriers ont été mis au jour. Dans l'atelier du sculpteur Thoutmès, on a découvert (1913) les portraits de Néfertiti, admirables témoignages de l'art original, vibrant et intime de la période amarnienne.

**AMARRAGE** n.m. -1. Action d'amarrer ; son résultat. -2. Opération au cours de laquelle deux véhicules spatiaux établissent entre eux une liaison rigide.

**AMARRE** n.f. Câble, cordage pour maintenir en place un navire.

**AMARRER** v.t. -1. Fixer une amarre, une manœuvre par un nœud, des tours. -2. Maintenir qqch avec des amarres, des cordes, etc. : *Amarrer un cargo, des bagages.*

**AMARYLLIDACÉE** n.f. *Amaryllidacées,* famille de plantes monocotylédones dont le type est l'*amaryllis* et qui comprend aussi le perce-neige, le narcisse et l'agave.

**AMARYLLIS** [amarilis] n.f. Plante bulbeuse à grandes fleurs d'un rouge éclatant, d'odeur suave, dite *lis Saint-Jacques.*

**AMAS** [ama] n.m. -1. Accumulation de choses réunies de façon désordonnée ; tas : *Un amas de ferraille, de paperasses.* -2. Concentration d'étoiles ou de galaxies liées par leur attraction mutuelle. (V. ENCYCL.) -3. *Amas globulaire,* amas très concentré de plusieurs centaines de milliers d'étoiles. ‖ *Amas ouvert,* amas stellaire peu serré comprenant seulement quelques centaines d'étoiles.

ENCYCL. ASTRONOMIE

**Les amas stellaires.** Les étoiles naissent souvent par grappes et l'étude de notre Galaxie a révélé l'existence de deux types d'amas stellaires : dans le halo galactique, des *amas globulaires,* qui rassemblent jusqu'à plusieurs centaines de milliers d'étoiles, toutes très âgées, en formant des systèmes sphériques très concentrés de 60 à 300 années de lumière de diamètre ; et, au voisinage du disque galactique, des *amas galactiques* (ou *amas ouverts*), groupements assez faiblement concentrés de quelques centaines d'étoiles jeunes. Ces deux types d'amas se retrouvent dans les autres galaxies, mais les propriétés globales des amas globulaires sont variables selon les galaxies.

**Les amas de galaxies.** Les galaxies apparaissent elles aussi souvent groupées en amas. On connaît aujourd'hui plusieurs dizaines de milliers d'amas de galaxies, qui peuvent contenir jusqu'à plusieurs milliers de membres. On les classe en deux types principaux : les *amas riches,* ou *réguliers,* à concentration centrale et symétrie sphérique, avec une prédominance de galaxies elliptiques ou lenticulaires, et les *amas pauvres,* ou *irréguliers,* sans concentration centrale ni symétrie sphérique, avec des galaxies de tous types en proportions variables. Les amas de galaxies eux-mêmes se concentrent souvent au sein d'immenses *superamas* pouvant s'étendre sur 100 millions d'années de lumière ou plus.

**AMAS** globulaire (Ω du Centaure)

**AMAS** stellaire ouvert (les Pléiades)

**AMASSER** v.t. Réunir des choses en une masse importante ; accumuler : *Amasser de l'argent.*

**AMATERASU,** déesse du Soleil et de la Fertilité dans le panthéon du shintoïsme ; la dynastie impériale du Japon affirme descendre d'elle ; la déesse est vénérée à Ise, principal sanctuaire shinto.

**AMATEUR** n. et adj. -**1.** Personne qui a une attirance particulière pour qqch : *Elle est grand amateur de peinture.* -**2.** Personne susceptible de se laisser tenter par un objet (d'art notamm.), acheteur potentiel : *Un antiquaire qui attend l'amateur.* -**3.** Personne qui pratique un sport, qui s'adonne à un art, etc., pour son agrément. -**4.** PÉJ. Dilettante.

**AMATEURISME** n.m. -**1.** Qualité d'une personne qui pratique un sport, un art, etc., en amateur. -**2.** Défaut d'une personne qui manque de zèle dans ce qu'elle fait.

**AMATI,** nom d'une célèbre famille de luthiers de Crémone, dont un des membres, **Nicola** (1596-1684), fut le maître de Stradivari.

**AMAUROSE** n.f. (du gr. *amauros,* obscur). Cécité plus ou moins complète, due à une affection du nerf optique ou des centres nerveux, sans lésion de l'œil lui-même.

**AMAURY** ou **AMAURI I**er (1135-1174), roi de Jérusalem (1163-1174). **Amaury II** (v. 1144 - Saint-Jean-d'Acre 1205), roi de Chypre (1194-1205) et de Jérusalem (1197-1205).

**AMAZONAS,** État du Brésil ; 1 564 000 km$^2$ ; 2 088 682 hab. Cap. *Manaus.*

**AMAZONE** n.f. -**1.** Femme qui monte à cheval. -**2.** Longue jupe portée par une femme quand elle monte à cheval. -**3.** *Monter en amazone,* monter à cheval, à moto, etc., en ayant les deux jambes du même côté.

**AMAZONE,** en esp. et en port. Amazonas, fl. de l'Amérique du Sud, le plus important du globe par la masse de ses eaux (7 000 km environ depuis les sources de l'Apurímac) et son débit (près de 200 000 m$^3$/s à l'embouchure dans l'Atlantique). Le bassin (correspondant en majeure partie à l'*Amazonie*) couvre près de 7 millions de km$^2$, essentiellement au Brésil. L'Amazone proprement dite prend sa source dans les Andes, traverse le Pérou et le Brésil et se jette dans l'Atlantique (en amont d'Iquitos). Son cours brésilien s'étale dans un lit majeur très large (avec méandres, bras morts et marécages). Le régime, toujours abondant (à proximité de l'équateur, fortement arrosé), est caractérisé par une crue survenant à la mi-juin, liée à l'apport des grands affluents de rive droite (Madeira, Tapajós).

**AMAZONES,** femmes guerrières dont la mythologie grecque situait la tribu sur les bords de la mer Noire et qui ne laissaient s'approcher les hommes qu'une fois l'an, pour assurer la continuité de leur race. Elles tuaient leurs enfants mâles. Combattant à cheval et redoutables au tir à l'arc, on prétend qu'elles brûlaient le sein droit de leurs filles pour que celles-ci aient plus de force au moment de tendre cette arme.

**AMAZONIE** : déforestation dans l'État d'Acre, au Brésil, dans le cadre de l'aménagement d'une route transamazonienne.

**AMAZONIE,** vaste région de l'Amérique du Sud, correspondant aux bassins moyen et inférieur de l'Amazone, s'étendant principalement au Brésil.

L'*Amazonie brésilienne* couvre plus de 4,5 millions de $km^2$, soit près de 60 % de la superficie totale du pays, mais à peine 4 % de la population brésilienne y vit. L'Amazonie est couverte presque entièrement par une épaisse forêt pluviale, développée sous un climat tropical humide (précipitations annuelles toujours supérieures à 2 m) et chaud (autour de 25 °C). Les plateaux constituent l'essentiel du relief.

La vie s'est concentrée initialement dans les vallées, surtout dans les *várzeas,* terrasses inondables fertiles. Les genres de vie traditionnels sont adaptés au milieu naturel, associant la chasse et la pêche aux cultures vivrières (maïs, manioc), à la cueillette, celle-ci parfois (châtaigne, latex) à but commercial. Mais l'économie est localement bouleversée (avec de pénibles conséquences pour les populations indiennes et une dégradation de la forêt équatoriale), depuis 1970, avec la construction des routes transamazoniennes, amenant la création de fronts pionniers agropastoraux, ayant visé aussi l'exploitation du sous-sol (fer, bauxite, étain, manganèse, etc.).

**AMAZONITE** n.f. Pierre fine constituée par du feldspath vert clair à vert bleuté, presque opaque.

**AMBAGES** n.f. pl. *Sans ambages,* d'une manière directe, sans détour.

**AMBARTSOUMIAN** (Viktor Amazaspovitch), astrophysicien arménien (Tiflis 1908 - Biourakan, près d'Erevan, 1996). Il a découvert les associations stellaires, apporté une contribution fondamentale à leur étude dynamique ainsi qu'à celle des amas ouverts et a été le premier à soupçonner l'existence de phénomènes explosifs dans les noyaux des galaxies.

**AMBASSADE** n.f. -1. Mission, fonction d'un ambassadeur. -2. Ensemble du personnel diplomatique, des agents et des services assurant cette mission ; bâtiment qui les abrite.

**AMBASSADEUR, DRICE** n. -1. Représentant permanent d'un État auprès d'un État étranger. -2. Personne chargée d'une mission.

**AMBATO,** v. de l'Équateur, au N.-E. du Chimborazo ; 124 166 hab.

**AMBERT,** ch.-l. d'arr. du Puy-de-Dôme, sur la Dore ; 7 779 hab. *(Ambertois).* — Église gothique (autour de 1500). Musée historique du Papier et musée de la Machine agricole.

**AMBIANCE** n.f. -1. Atmosphère d'un lieu, d'une réunion, etc. : *Une mauvaise ambiance.* -2. Gaieté, entrain : *Elle met de l'ambiance partout !*

**AMBIANT, E** adj. (lat. *ambiens,* entourant). Qui entoure le milieu dans lequel on vit : *Température ambiante.*

**AMBIDEXTRE** adj. et n. (du lat. *ambo,* deux, et *dexter,* droit). Qui se sert avec autant d'habileté de chacune de ses deux mains.

**AMBIGU, UË** adj. Dont le sens est équivoque, incertain ; que l'on peut comprendre, interpréter de différentes façons.

**AMBIGUÏTÉ** [ɑ̃bigɥite] n.f. -1. Caractère de ce qui est ambigu ; ce qui est ambigu : *S'exprimer sans ambiguïté.* -2. Propriété d'un système d'axiomes dont tous les modèles ne sont pas isomorphes.

**AMBITIEUX, EUSE** adj. et n. Qui a, qui témoigne de l'ambition. ◆ **ambitieusement** adv.

**AMBITION** n.f. -1. Désir profond de qqch : *Sa seule ambition est d'être heureux.* -2. Désir ardent de réussite, de fortune, etc.

**AMBITIONNER** v.t. Rechercher qqch avec ardeur.

**AMBIVALENCE** n.f. (lat. *ambo,* deux, et *valere,* valoir). -1. Caractère de ce qui a deux aspects radicalement différents ou opposés. -2. Disposition psychique d'un sujet qui éprouve simultanément deux sentiments contradictoires vis-à-vis d'un même objet (amour et haine, etc.).

**AMBIVALENT, E** adj. Qui présente de l'ambivalence.

**AMBLE** n.m. (provenç. *amblar,* du lat. *ambulare*). -1. Trot d'un cheval qui lève en même temps les deux jambes du même côté : *Aller l'amble.* -2. Cette même allure, chez certains quadrupèdes (chameau, girafe, ours, etc.).

**AMBLEUR, EUSE** adj. Qui va l'amble.

**AMBLYOPE** adj. et n. Dont l'acuité visuelle est très diminuée.

**AMBLYOPIE** n.f. (du gr. *amblus,* faible, et *ôps,* vue). Diminution de l'acuité visuelle sans altération organique de l'œil.

**AMBLYOSCOPE** n.m. Appareil utilisé pour examiner et évaluer la vision de qqn.

**AMBLYSTOME** n.m. Amphibien urodèle, salamandre du Mexique, dont la larve est l'axolotl.

**AMBOINE,** une des îles Moluques (Indonésie). V. princ. *Amboine* (209 000 hab.), cap. des Moluques.

**AMBOISE,** ch.-l. de c. d'Indre-et-Loire, sur la Loire ; 11 541 hab. *(Amboisiens).* – En 1563 y fut proclamé l'*édit d'Amboise* permettant aux protestants le libre exercice de leur culte. – Important château gothique et Renaissance. Manoir du Clos-Lucé, où Léonard de Vinci termina sa vie. Musée de la Poste.

**Amboise** *(conjuration d')* [1560], conjuration formée par Condé et les huguenots, dirigée par un gentilhomme périgourdin, La Renaudie, pour soustraire François II à l'influence des Guises. Elle échoua et fut cruellement réprimée.

**AMBOISE** (Georges **d'**), prélat français (Chaumont-sur-Loire 1460 - Lyon 1510). Archevêque de Narbonne (1492) et de Rouen (1494), cardinal (1498), il fut ministre de Louis XII.

**AMBON** [ɑ̃bɔ̃] n.m. (gr. *ambôn,* saillie). -1. Chacune des deux petites tribunes symétriques à l'entrée du chœur de certaines basiliques chrétiennes, pour la lecture de l'épître et de l'évangile. -2. Pupitre placé face aux fidèles, pour la prédication.

**AMBRE** n.m. *Ambre (gris),* concrétion intestinale fournie par le cachalot et entrant dans la composition de parfums. ‖ *Ambre (jaune),* résine fossile, dite aussi *succin,* provenant des conifères qui poussaient à l'époque oligocène sur l'emplacement de l'actuelle mer Baltique et se présentant sous la forme de morceaux durs et cassants, plus ou moins transparents, jaunes ou rougeâtres ; elle est utilisée en ébénisterie, en bijouterie, etc. ‖ LITT. *D'ambre,* jaune doré ou rougeâtre.

**AMBRÉ, E** adj. -1. Qui est de la couleur de l'ambre jaune : *Vin ambré.* -2. Qui est parfumé à l'ambre gris, qui en a le parfum.

**AMBRÉINE** n.f. Alcool contenu dans l'ambre gris et dont la dégradation à l'air produit des composés odorants pour la parfumerie.

**AMBRER** v.t. Parfumer à l'ambre gris.

**AMBRETTE** n.f. Graine d'odeur musquée produite par une malvacée de l'Inde, du genre *Hibiscus.*

**AMBROISE** *(saint),* Père et docteur de l'Église latine (Trèves v. 340 - Milan 397). Fils du gouverneur des Gaules à Trèves, il était lui-même fonctionnaire impérial lorsqu'il fut élu évêque de Milan en 374. Homme d'action et de culture, grand orateur dont l'éloquence séduira Augustin, qui enseigne à Milan vers 386, il s'attacha à christianiser les traditions stoïciennes de la civilisation romaine et à assurer la suprématie de l'Église sur l'empereur dans le domaine religieux. Ses écrits théologiques s'inspirent de la tradition exégétique des auteurs grecs, notamment de Philon d'Alexandrie et d'Origène. Son œuvre en matière de liturgie a valu au diocèse de Milan d'avoir un rite propre, qui est dit « ambrosien » et dont la tradition s'est maintenue en dépit de nombreuses altérations.

**AMBROISIE** n.f. (gr. *ambrosia,* nourriture des dieux). Nourriture procurant l'immortalité, selon les anciens Grecs.

**AMBROSIEN, ENNE** adj. Qui concerne le rite attribué à saint Ambroise.

**Ambrosienne** *(bibliothèque),* bibliothèque de Milan, fondée par le cardinal Frédéric Borromée, ouverte en 1609, et qui possède de nombreux manuscrits précieux et livres rares. Une pinacothèque lui est annexée.

**AMBULACRAIRE** adj. Relatif aux ambulacres.

**AMBULACRE** n.m. (du lat. *ambulare,* se promener). Zone du test des échinodermes percée de trous (trous ambulacraires) laissant le passage aux ventouses locomotrices, ou podions.

**AMBULANCE** n.f. Véhicule pour le transport des malades ou des blessés.

**AMBULANCIER, ÈRE** n. Personne attachée au service d'une ambulance.

**AMBULANT, E** adj. (lat. *ambulans,* qui marche). Qui se déplace selon les besoins de sa profession ou d'une activité : *Marchand ambulant.* ◆ n. Agent du tri, dans une voiture-poste.

**AMBULATOIRE** adj. **-1.** Se dit d'un traitement qui n'interrompt pas les activités habituelles d'un malade. **-2.** Se disait d'une juridiction qui n'avait pas de siège fixe.

1. **ÂME** n.f. (lat. *anima,* souffle, vie). **-1.** Principe de vie et de pensée de l'homme : *Union de l'âme et du corps.* **-2.** Sens moral personnel ; sensibilité : *En votre âme et conscience.* **-3.** LITT. Habitant : *Une ville de 900 000 âmes.* **-4.** Individu, du point de vue moral, intellectuel, etc. : *Une âme noble, faible.* **-5.** Personne qui anime, qui dirige qqch : *Elle est vraiment l'âme du parti.*

2. **ÂME** n.f. **-1.** Évidement intérieur d'une bouche à feu. **-2.** Petite baguette de bois placée dans un instrument à cordes et qui communique les vibrations à toutes ses parties. **-3.** Noyau porteur du revêtement externe d'une sculpture (dans l'art médiéval notamm.). **-4.** ***Âme d'un câble,*** fil, toron ou cordage axial d'un câble. ‖ ***Âme d'une cathode,*** mince feuille de métal de haute pureté sur laquelle se dépose un métal par voie électrolytique, constituant ainsi la partie centrale de la plaque cathode obtenue. ‖ ***Âme d'une électrode de soudure,*** fil central métallique noyé dans un enrobage.

**AMÉDÉE,** nom de plusieurs comtes et ducs de Savoie, notamment **Amédée VIII** (Chambéry 1383 - Ripaille 1451), véritable créateur de l'État savoyard et dernier antipape (1439-1449), sous le nom de Félix V.

**AMÉDÉE DE SAVOIE** (Turin 1845 - *id.* 1890), duc d'Aoste, roi d'Espagne (1870-1873), second fils de Victor-Emmanuel II d'Italie.

**AMÉLIORABLE** adj. Qui peut être amélioré.

**AMÉLIORATION** n.f. **-1.** Action d'améliorer ; son résultat. **-2.** Fait de s'améliorer.

**AMÉLIORER** v.t. Rendre meilleur qqn, qqch : *Améliorer des résultats.*

**AMEN** [amɛn] n.m. inv. (Terminant une prière). « Ainsi soit-il. »

**AMÉNAGEABLE** adj. Qui peut être aménagé.

**AMÉNAGEMENT** n.m. **-1.** Action d'aménager qqch ; son résultat. **-2.** ***Aménagement du territoire,*** politique de recherche d'une meilleure répartition géographique des activités économiques en fonction des ressources naturelles et humaines. (V. ENCYCL.)

ENCYCL. Ce n'est qu'après la Seconde Guerre mondiale que la nécessité de l'aménagement de l'espace a été prise en compte. En Grande-Bretagne, l'accroissement de la population londonienne, la destruction de villes entières ont amené les pouvoirs publics à faire adopter, en 1947, le *Town and Country Planning Act,* prévoyant la création de villes nouvelles, le contrôle de la localisation des industries et la réanimation des zones déshéritées. Aux Pays-Bas, le gouvernement a tenté d'industrialiser les trois provinces du Nord (Groningue, Frise, Drenthe) et la partie ouest du Brabant-Septentrional. En France, à la suite de la publication, en 1947, de l'ouvrage de J.-F. Gravier *Paris et le Désert français,* c'est essentiellement la concentration de presque toutes les activités sur Paris qui a fait naître une politique d'aménagement régional. En effet, la politique d'aménagement du territoire a visé, notamment, à remédier à la trop grande concentration d'activités économiques sur Paris en soumettant l'implantation en région parisienne ou en province d'entreprises d'une certaine importance à l'agrément des pouvoirs publics, à octroyer des avantages financiers et fiscaux aux entreprises s'implantant ou s'étendant dans les régions, à aider à la croissance de métropoles d'équilibre capables de contrebalancer l'attraction de la capitale, à coordonner (notamment par la Délégation à l'aménagement du territoire et à l'action régionale, ou D. A. T. A. R.) les décisions d'application concourant à cette organisation de l'espace.

**AMÉNAGER** v.t. [17]. **-1.** Transformer un lieu, un local pour le rendre plus pratique, plus agréable, etc. -2. Régler les coupes d'une forêt.

**AMÉNAGEUR, EUSE** n. Personne ou organisme spécialisés dans les études d'aménagement du territoire.

**AMENDABLE** adj. -1. Qui peut être amendé. -2. SUISSE. Passible d'une amende.

**AMENDE** n.f. -1. Sanction ou peine pécuniaire : *Payer une amende.* -2. ***Amende honorable,*** peine infamante qui exigeait l'aveu public d'une faute, d'un crime.

**AMENDEMENT** n.m. -1. Substance incorporée au sol pour le rendre plus fertile. -2. Modification apportée à un projet ou à une proposition de loi par une assemblée législative.

**AMENDER** v.t. (lat. *emendare,* châtier). -1. Rendre meilleur qqn ou qqch : *Amender la terre.* -2. Modifier un texte par amendement.

**AMÈNE** adj. LITT. Affable.

**AMENÉE** n.f. ***D'amenée,*** qui permet d'amener l'eau, un fluide : *Canal d'amenée.*

**AMENER** v.t. [19]. -1. Faire venir qqn avec soi. -2. Porter, transporter qqn ou qqch vers un lieu. -3. Occasionner, provoquer qqch : *La grêle amène bien des dégâts.* -4. Pousser, entraîner qqn à faire qqch : *Son métier l'amène à voyager beaucoup.* -5. ***Amener les couleurs,*** descendre le pavillon d'un navire (en signe de reddition). ‖ ***Amener les voiles,*** les abaisser.

**AMÉNITÉ** n.f. LITT. Politesse, affabilité qui charme.

**AMÉNOPHIS,** nom de quatre pharaons de la XVIII^e dynastie (1580-1320 av. J.-C.). **Aménophis IV,** ou **Akhenaton** (« Celui qui plaît à Aton »), roi d'Égypte (1372-1354). D'un tempérament mystique, il instaura, avec l'appui de la reine Néfertiti, le culte d'Aton, dieu solaire suprême et unique, tandis que le culte d'Amon, le dieu dynastique, était proscrit. Aménophis IV transporta sa capitale de Thèbes (ville du dieu Amon) à Akhetaton (Amarna), mais sa réforme ne lui survécut pas.

**AMÉNORRHÉE** [amenɔre] n.f. (du gr. *mên,* mois, et *rhein,* couler). Absence de menstruation.

**AMENSAL, E, AUX** adj. Se dit d'une plante qui est inhibée dans sa croissance par une autre espèce.

**AMENSALISME** n.m. Inhibition du développement d'une plante par une autre plante.

**AMENTALE** [amɑ̃tal] n.f. ou **AMENTIFÈRE** [amɑ̃tifɛr] n.m. VX. Arbre dont les fleurs sont réunies en chatons, tel que le saule, le noyer, le hêtre.

**AMENUISEMENT** n.m. Fait de s'amenuiser.

**AMENUISER** v.t. (du lat. *minutus,* petit). Rendre qqch plus petit. ◆ **s'amenuiser** v.pr. Diminuer : *Tes chances de réussir s'amenuisent.*

1. **AMER, ÈRE** [amɛr] adj. -1. Qui a une saveur aigre, rude et désagréable : *Le café est amer.* -2. Qui cause ou dénote de l'amertume : *Souvenirs amers.* -3. Qui blesse par sa méchanceté : *Reproches amers.* ◆ **amer** n.m. -1. Liqueur obtenue par infusion de plantes amères. -2. Fiel du bœuf et des poissons. ◆ **amèrement** adv. Avec amertume.

2. **AMER** n.m. (néerl. *merk,* limite). Objet, bâtiment fixe et visible situé sur une côte et servant de point de repère pour la navigation.

**America** *(Coupe de l'),* en angl. America's Cup (du nom d'un voilier américain), régate disputée tous les 4 ans, dont l'origine remonte à 1851.

**AMÉRICAIN, E** adj. et n. -1. D'Amérique : *Le continent américain.* -2. Des États-Unis d'Amérique. -3. ***Filet américain,*** en Belgique, steak tartare. ‖ ***Nuit américaine,*** effet spécial permettant de filmer de jour une scène censée se dérouler la nuit. ‖ ***Vedette américaine,*** artiste qui passe sur une scène de music-hall juste avant la vedette principale. ◆ **américain** n.m. Langue anglaise parlée aux États-Unis, dite aussi *anglo-américain.* ◆ **américaine** n.f. -1. Course cycliste sur piste par relais. -2. Voiture américaine. -3. ***À l'américaine,*** se dit de la manière d'accommoder un poisson, un crustacé avec une sauce à base de tomate fondue, oignon, échalote, ail, vin blanc et cognac.

**American Federation of Labor** → AFL-CIO.

**AMÉRICANISATION** n.f. Action d'américaniser ; son résultat.

**AMÉRICANISER** v.t. Donner à qqn, qqch le caractère américain. ◆ **s'américaniser** v.pr. Adopter le mode de vie, les usages des Américains du Nord.

**AMÉRICANISME** n.m. -1. Ensemble des sciences ayant pour objet le continent américain. -2. Tendance à s'inspirer de ce qui se fait aux États-Unis. -3. Tournure, mot propres à l'anglais d'Amérique du Nord.

**AMÉRICANISTE** n. et adj. Spécialiste de l'étude du continent américain.

**AMÉRICIUM** [amerisjɔm] n.m. Élément chimique (Am) artificiel et radioactif, de numéro atomique 95.

**AMÉRIC VESPUCE** → VESPUCCI.

**AMÉRINDIEN, ENNE** adj. et n. Propre aux Indiens d'Amérique (→ INDIENS).

**AMÉRIQUE,** l'un des cinq continents.
→ • DOSSIER L'AMÉRIQUE *page 211.*

**AMÉRIQUE CENTRALE,** partie la plus étroite de l'Amérique, comprise entre les isthmes de Tehuantepec (Mexique) et de Panamá, à laquelle on rattache parfois les Antilles.

**AMÉRIQUE DU NORD,** partie nord du continent américain, comprenant le Canada, les États-Unis et la plus grande partie du Mexique (au nord de l'isthme de Tehuantepec).

**AMÉRIQUE DU SUD,** partie méridionale du continent américain, au sud de l'isthme de Panamá.

**AMÉRIQUE LATINE,** ensemble des pays de l'Amérique du Sud et de l'Amérique centrale (plus le Mexique) qui ont été des colonies espagnoles ou portugaises (Brésil).

**AMERRIR** v.i. Se poser sur la mer, en parlant d'un hydravion ou d'un vaisseau spatial.

**AMERRISSAGE** n.m. Action d'amerrir.

**AMERTUME** n.f. -**1.** Saveur amère : *L'amertume du café.* -**2.** Ressentiment mêlé de tristesse et de déception.

**Âmes mortes** (les), roman de N. Gogol (1842 ; 2e partie, inachevée et posthume, 1852). Un aventurier, Tchitchikov, obtient des prêts d'État sur les serfs (les « âmes ») décédés depuis le dernier recensement mais toujours vivants sur les listes du fisc. Satire de la société russe et réquisitoire contre le servage, c'est aussi le poème des platitudes de la vie.

**AMÉTHYSTE** [ametist] n.f. (gr. *amethustos,* pierre qui préserve de l'ivresse). Pierre fine, qui est une variété violette de quartz (très utilisée bijouterie).

**AMÉTROPE** adj. et n. Atteint d'amétropie.

**AMÉTROPIE** n.f. (du gr. *metron,* mesure, et *ôps,* œil). Anomalie de la réfraction oculaire (myopie, hypermétropie, astigmatisme).

**AMEUBLEMENT** n.m. Ensemble des meubles et des objets qui garnissent et décorent une habitation : *Tissu d'ameublement.*

**AMEUBLIR** v.t. -**1.** Rendre une terre plus meuble afin d'améliorer les conditions de semis et de développement des jeunes plantes. -**2.** Faire d'un immeuble un bien mobilier.

**AMEUTER** v.t. -1. Rassembler en faisant du bruit, du scandale : *Ameuter la foule.* -2. Mettre des chiens en meute.

**AMHARA,** population démographiquement la plus importante de l'Éthiopie, parlant l'amharique.

**AMHARIQUE** n.m. Langue sémitique parlée en Éthiopie, où elle a le statut de langue officielle.

**AMHERST** (Jeffrey, *baron*), maréchal britannique (Sevenoaks 1717 - *id.* 1797). Il acheva la conquête du Canada (1758-1760).

**AMI, E** n. et adj. -1. Personne pour laquelle on a de l'amitié : *Un vieil ami. Ils ont peu d'amis.* -2. Personne qui a du goût pour qqch : *Ami de la vérité.* -3. ***(Petit) ami, (petite) amie,*** amant, maîtresse. ◆ adj. Accueillant, favorable, en parlant d'un lieu ou de qqch : *Un pays ami.* ◆ **ami** n.m. ***Faux ami,*** terme d'une langue qui présente une ressemblance avec un terme d'une autre langue, mais qui n'a pas le même sens.

**AMIABLE** adj. -1. Qui concilie des intérêts opposés : *Accord amiable.* -2. ***Amiable compositeur,*** arbitre autorisé par les parties à trancher un litige dans le cadre d'un compromis. ◆ loc. adv. ***À l'amiable,*** en se mettant d'accord de gré à gré.

**AMIANTE** n.m. (gr. *amiantos,* incorruptible). Silicate naturel hydraté de calcium et de magnésium, à contexture fibreuse, résistant à l'action du feu et utilisé pour fabriquer des matériaux, des tissus incombustibles.

**AMIANTE-CIMENT** n.m. (pl. amiantes-ciments). Matériau fait d'amiante et de ciment, très utilisé dans les secteurs du bâtiment et des travaux publics.

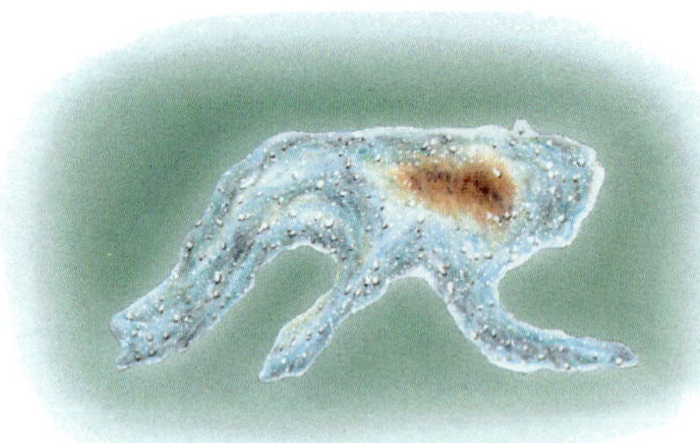

AMIBE

**AMIBE** n.f. (gr. *amoibê,* transformation). Animal unicellulaire des eaux douces ou salées, des sols humides, se déplaçant par pseudopodes et dont une espèce parasite l'intestin de l'homme. (Taille entre 30 et 500 micromètres ; embranchement des rhizopodes.)

**AMIBIASE** n.f. Affection intestinale causée par les amibes et s'étendant parfois au foie, aux reins et au cerveau.

**AMIBIEN, ENNE** adj. Causé par une amibe. ◆ **amibien** n.m. *Amibiens,* classe de protozoaires ayant les caractères généraux des amibes.

**AMIBOÏDE** adj. Qui se rapporte aux amibes ; qui évoque l'amibe : *Mouvements amiboïdes.*

**AMICAL, E, AUX** adj. -1. Inspiré par l'amitié : *Un geste très amical.* -2. Qui ne comporte pas d'enjeu, en parlant d'une rencontre sportive. ◆ **amicale** n.f. Association de personnes de la même profession, de la même école, pratiquant le même sport, etc. ◆ **amicalement** adv.

**AMICI** (Giovanni Battista), astronome et opticien italien (Modène 1786 - Florence 1863). Il inventa la technique du microscope à immersion.

**AMICT** [ami] n.m. (lat. *amictus,* manteau). Linge bénit couvrant le cou et les épaules du prêtre durant la messe.

**AMIDE** n.m. Composé organique dérivant de l'ammoniac par au moins une acylation et éventuellement des alcoylations (nom générique).

**AMIDON** n.m. (lat. *amylum,* fleur de farine, mot gr.). -1. Substance organique de réserve qui s'accumule dans certaines parties des végétaux. -2. Solution colloïdale d'amidon dans l'eau, utilisée pour empeser le linge.

ENCYCL. L'amidon est extrait du maïs, du blé ou du riz. Obtenu par dissolution dans une lessive alcaline, il est utilisé dans les industries alimentaires soit comme enrobant pour des dragées, des pralines, soit comme liant en charcuterie, soit comme un ingrédient : crèmes, desserts, glaces, etc. Dérivé de l'amidon, l'*isoglucose* est un sirop dont l'importance est considérable dans l'industrie des boissons gazeuses, où il remplace le sucre de betterave ou de canne.

Les utilisations non alimentaires de l'amidon sont de plus en plus importantes. Par oxydation électrolytique, ce produit donne de l'amidon dialdéhydique, employé pour l'amélioration des pâtes à papier, la préparation des colles et le tannage du cuir. La nitratation aboutit à l'amidon nitré, employé comme explosif. L'amidon sert aussi, pour son pouvoir épaississant, dans l'industrie des cosmétiques. Son action émolliente le fait utiliser en pharmacie.

# L'AMÉRIQUE

**SUPERFICIE** : 42 millions de km$^2$.
**POPULATION** : 731 millions d'hab. *(Américains).*

On a distingué trois grands ensembles : l'*Amérique du Nord* et l'*Amérique du Sud,* constituant l'essentiel du continent et séparées par un isthme formant (avec les Antilles, pour certains auteurs) l'*Amérique centrale.*

## ■ GÉOGRAPHIE

### Le relief.

Étiré sur plus de 15 000 km du N. au S., le continent juxtapose d'O. en E. trois grands types de paysages. La façade pacifique est dominée par de hautes chaînes (l'Aconcagua culmine à 6 959 m), étirées, les *cordillères* (Rocheuses au N. et Andes au S. notamment), partiellement volcaniques, enserrant souvent des plateaux d'altitude (Grand Bassin américain ou Altiplano bolivien par ex.). La façade atlantique, parfois bordée de plaines littorales, est dominée par de moyennes montagnes (où l'altitude n'atteint jamais 3 000 m), comme les Appalaches au N., ou de hauts plateaux, comme le plateau brésilien au S. Le Centre est occupé par de vastes régions sédimentaires plus basses, comme la Prairie américaine (débordant au Canada) ou la forêt amazonienne, correspondant souvent aux bassins de gigantesques organismes fluviaux (l'ensemble Mississippi-Missouri au N., l'Amazone au S.).

### Le climat et la végétation.

La végétation varie avec le relief et la latitude. Une grande partie de l'Amérique du Nord est dans le domaine tempéré. Les hivers sont souvent rudes en altitude et dans l'intérieur, éloigné des influences océaniques adoucissantes. Les précipitations sont abondantes sur l'Ouest montagneux, se raréfiant vers l'Est, plus abrité avant de se relever en bordure de l'Atlantique. On passe de la toundra de l'extrême nord à la forêt et rapidement dans l'intérieur, à tendance aride, à la steppe. L'Amérique centrale, montagneuse, étroite, est abondamment arrosée, comme le sont les îles ou les versants au vent des Antilles. La forêt a souvent été massivement défrichée par les plantations commerciales à des latitudes tropicales. Elle domine encore en revanche dans l'Amazonie équatoriale, abondamment arrosée, toujours chaude. Elle cède la place à une forêt plus clairsemée, puis à la savane et à la steppe sur le plateau brésilien, à la

OCÉAN ARCTIQUE
RUSSIE
I. Vrangel
Groenland
(Danemark)
ISLANDE
cercle polaire arctique
Îles de la Reine-Élisabeth
Îles Sverdrup
Îles Parry
Pt Barrow
Détr. de Béring
I. St-Laurent
Pén. de Seward
MER DE BEAUFORT
I. Banks
Détr. de Melville
I. Devon
Baie de Baffin
Alaska
Yukon
Mt McKinley 6194
Anchorage
I. Victoria
Pén. de Boothia
Île de Baffin
Détroit de Davis
Gd Lac de l'Ours
Pén. de Melville
Mt Logan 5959
Détr. d'Hudson
Juneau
Gd Lac des Esclaves
Labrador
Archipel Alexandre
Montagnes Rocheuses
Baie d'Hudson
Nouveau-Québec
L. Athabasca
Terre-Neuve
Îles de la Reine-Charlotte
Athabasca
Nelson
St-Pierre-et-Miquelon
Edmonton
CANADA
Québec
I. du Cap-Breton
Île de Vancouver
Calgary
Saskatchewan
L. Winnipeg
St-Laurent
Vancouver
Winnipeg
Québec
Seattle
Montréal
OTTAWA
L. Supérieur
L. Huron
Boston
L. Michigan
Toronto
L. Ontario
New York
Ch. des Cascades
Detroit
L. Érié
Chicago
Philadelphie
Gd Lac Salé
Pittsburgh
Baltimore
WASHINGTON
San Francisco
Denver
St Louis
San José
Kansas City
Cincinnati
ÉTATS-UNIS
OCÉAN ATLANTIQUE
Los Angeles
Phoenix
Atlanta
Dallas
Mississippi
Rio Grande
S. Madre orientale
La Nouvelle-Orléans
Houston
BAHAMAS
NASSAU
tropique du Cancer
G. de Californie
Chihuahua
GOLFE DU MEXIQUE
C. Sable
Miami
Monterrey
LA HAVANE
HAÏTI
CUBA
MEXIQUE
JAMAÏQUE
PORT-AU-PRINCE
KINGSTON
Guadalajara
MEXICO
Popocatépetl 5452
MER DES ANTILLES
BELIZE
HONDURAS
TEGUCIGALPA
GUATEMALA
NICARAGUA
SALVADOR
MANAGUA
OCÉAN PACIFIQUE
SAN JOSÉ
PANAMÁ
COSTA RICA
PANAMÁ
0
500
1000 km
200
1000
2000
4000 m
plus de 5 000 000 h.
de 1 000 000 à 5 000 000 h.
de 100 000 à 1 000 000 h.
moins de 100 000 h.
80°
160°
180°
60°
40°
140°
120°
100°
20°

80°
60°
40°
BAHAMAS
NASSAU
tropique du Cancer
LA HAVANE
CUBA
HAÏTI
Porto Rico (É.-U.)
SAN JUAN
PORT-AU-PRINCE
ST- DOMINGUE
KINGSTON
JAMAÏQUE
R. DOMINICAINE
Guadeloupe (Fr.)
DOMINIQUE
Martinique (Fr.)
MER
DES ANTILLES
ST-VINCENT
STE-LUCIE
BARBADE
OCÉAN ATLANTIQUE
20°
NICARAGUA
MANAGUA
COSTA RICA
SAN JOSÉ
PANAMÁ
PANAMA
Isthme de Panamá
Maracaibo
CARACAS
PORT OF SPAIN
TRINITÉ-ET-TOBAGO
Ciudad Bolívar
VENEZUELA
GEORGETOWN
PARAMARIBO
SURINAME
Cayenne
Guyane (Fr.)
Medellín
COLOMBIE
BOGOTÁ
Cali
Cordillère des Andes
QUITO
ÉQUATEUR
Guayaquil
Iquitos
Marañón
Manaus
Amazone
Belém
équateur
0°
Tapajós
Purus
Fortaleza
C. S. Roque
Tocantins
Huascaran 6768
PÉROU
LIMA
Cuzco
BRÉSIL
Mato
Grosso
São Francisco
Recife
Salvador
L. Titicaca
LA PAZ
BOLIVIE
Goiânia
BRASÍLIA
Arica
OCÉAN
PACIFIQUE
Chaco
PARAGUAY
Paraná
Belo Horizonte
Rio de Janeiro
São Paulo
tropique du Capricorne
ASUNCIÓN
Curitiba
Porto Alegre
Uruguay
Córdoba
Rosario
Aconcagua 6959
SANTIAGO
URUGUAY
BUENOS AIRES
MONTEVIDEO
R. de la Plata
ARGENTINE
Pampa
CHILI
Patagonie
40°
Iles Falkland (G.-B.)
Détr. de Magellan
Terre de Feu
Détr. de Magellan
C. Horn
0
500
1000 km
200
1000
2000
4000 m
plus de 5 000 000 h.
de 1 000 000 à 5 000 000 h.
de 100 000 à 1 000 000 h.
moins de 100 000 h.

prairie plus au S. (Pampa). La steppe réapparaît dans la Patagonie, abritée par les Andes. La façade pacifique présente une succession de climats influencés naturellement par la latitude (climat méditerranéen de la Californie et du littoral chilien à la hauteur de Santiago), mais aussi par l'existence de courants marins expliquant la bande désertique de l'Atacama.

### La population.

La densité moyenne de peuplement est faible, inférieure à 20 habitants au km², chiffre sans grande signification sur un espace aussi vaste et aussi diversifié. À des secteurs très peuplés comme le Nord-Est américain et le pourtour oriental des Grands Lacs, ou le sud-est du Brésil (triangle São Paulo - Rio de

❶ Forêt des Laurentides (Québec).

❷ Cap Horn (Chili).

Janeiro - Belo Horizonte) et certaines îles des Antilles, s'opposent d'immenses régions presque vides comme le Nord canadien ou l'Amazonie. Le peuplement précolombien s'est souvent maintenu dans les Andes, site de quelques métropoles (Bogotá, Quito, La Paz), bien que des migrations se soient produites vers le littoral, jalonné sur l'ensemble du continent de très grandes agglomérations (San Francisco, Los Angeles, mégalopolis de Boston à Washington, Buenos Aires et Montevideo, Rio de Janeiro, Recife) ; Caracas, Lima, Santiago et même São Paulo sont proches du littoral.

Mais, humainement, Amérique du Nord et Amérique latine s'opposent. Cette distinction est liée à l'histoire surtout (peuplement portugais et surtout espagnol au sud du Rio Grande, peuplement à dominante britannique des actuels États-Unis et du Canada), plus accessoirement à des considérations physiques, comme le poids du relief et surtout du climat. Ce sont, dans le domaine économique, deux mondes différents, justifiant une analyse séparée, non globalement américaine, de leur situation sur ce plan.

❸ Acapulco (Mexique).

**LA MER, LE FLEUVE ET LA FORÊT**

L'extension en latitude explique l'importance de la façade maritime, cependant plus ou moins accueillante. Acapulco ❸ et le cap Horn ❷ sont, à des titres bien différents, des sites presque mythiques, comme l'est, dans l'intérieur des États-Unis, le Grand Canyon du Colorado ❹ (situé dans l'Arizona). Peut-être moins mondialement connues, mais régionalement très appréciées, les Laurentides ❶ offrent aux Québécois, en retrait de la vallée du Saint-Laurent, de vastes espaces boisés.

## ■ PRÉHISTOIRE ET ARCHÉOLOGIE

### Le peuplement.

Il s'est effectué au cours de la période glaciaire dite « du wisconsin » (équivalent américain du würm européen), soit pendant la phase ancienne – thèse très controversée –, soit dans la phase moyenne, vers - 65000, et dans la dernière phase, des alentours de - 25000 aux environs de - 10000. À ces époques, l'actuel détroit de Béring était un large isthme (la Béringie) et le passage, depuis la Sibérie, de populations asiatiques poursuivant du gros gibier se faisait aisément, comme le prouvent de nombreux restes de mammouths et autres mastodontes.

Des datations fiables relevées en Amérique du Sud (phase Ayacucho au Pérou, Los Toldos en Argentine, Pedra Furada au Brésil) attestent qu'il y a 20 000 ans le continent américain avait été d'un bout à l'autre colonisé par *Homo sapiens sapiens,* qui est en effet le seul humain dont on ait jusqu'à présent trouvé les restes.

### La préhistoire dans le Nord et en Méso-Amérique.

**Le Grand Nord.** Les populations de chasseurs qui s'aventurent dans les régions subarctiques parviennent vers 2000 av. notre ère au Groenland. Cette période, dite *paléoesquimaude,* voit se

succéder plusieurs traditions de taille de la pierre. La tradition des microlithes de l'Arctique connaît une évolution propre à l'Alaska, d'une part, et à l'Arctique central et oriental de l'autre.

En Alaska, l'horizon Denbigh se développe de - 4000 à - 3000. Son influence se décèle encore dans les traditions ultérieures (dites *néoesquimaudes*) comme celle d'Okvik au début de notre ère, dont les chasseurs poursuivent les mammifères marins dans des kayaks (embarcations faites de peaux tendues sur une armature en bois). Leurs figurines en ivoire, sculptées dans un style vigoureux et schématique, symbolisent pour la plupart la fécondité. Dès 500 avant notre ère, ces populations vivaient dans de gros villages installés le long des côtes. Née aux alentours du Ier millénaire de notre ère, la culture de Thulé est considérée comme l'ancêtre de celles des Inuit, Yuit et Kalaallit.

Dans l'Arctique central et oriental, il y a 3 500 ans, se développe une autre tradition de microlithes, qui va engendrer vers 1000 avant notre ère la culture de Dorset, dont le déclin s'amorce vers le xe siècle de notre ère. L'été, les chasseurs de Dorset vivent en campement saisonnier et, l'hiver, dans de gros villages aux maisons à demi enterrées. Statuettes, masques et pétroglyphes témoignent de leur sens artistique et de leur culte chamanique. Mal situé chronologiquement, il semble qu'il existe un horizon ancien caractérisé par l'absence de pointe de jet.

❹ Grand Canyon du Colorado (États-Unis).

## L'AMÉRIQUE

**L'époque paléo-indienne (v. - 12000 à v. - 8000).** Elle est marquée par le développement de petites bandes de chasseurs nomades qui poursuivent du très gros gibier. Leur façon typique de tailler leurs projectiles de jet va évoluer avec une succession (de - 9500 à - 8000) de pointes à cannelures dont les plus connues sont celles de Clovis et de Folsom. Le recul des glaces se poursuit et certaines populations remontent vers le N. pour atteindre l'Ouest canadien vers 3000 avant notre ère.

**L'époque archaïque.** Elle débute vers - 8000 mais, pour certains, son mode de vie perdure jusqu'au contact avec les Européens. Les différenciations climatiques sont de plus en plus tranchées et entraînent l'accentuation des particularismes régionaux qui définissent les aires culturelles des anciennes civilisations des Indiens.

**La Méso-Amérique.** À Tehuacán s'observe une succession, depuis - 10000, de phases culturelles, avec vers - 3600 une véritable production de maïs, qui était sans doute en voie de domestication vers - 5000. C'est bien la Méso-Amérique qui a été à l'origine de la diffusion de la production horticole avec des cucurbitacées et surtout le maïs vers le N. mais aussi dans le Centre, où diverses communautés villageoises produiront à la fin du IIIe millénaire ce maïs qui sera l'un des fondements des riches civilisations préhispaniques ultérieures.

**FOISONNEMENT ET DIVERSITÉ CULTURELS**

Les civilisations amérindiennes se développent dès la préhistoire. Au Brésil, les peintures rupestres témoignent de l'époque des chasseurs-cueilleurs ❺. En Méso-Amérique, après une longue période de maturation, s'élabore une certaine unité culturelle autour de grandes métropoles religieuses, sortes de cités-États aux vastes zones d'influence, comme celles des Olmèques ❻ ou de Teotihuacán ❽. De hautes pyramides, support du temple, caractérisent l'architecture des grands centres cérémoniels, ainsi que le terrain de pelote, jeu qui, chez les Mayas, devient le jeu rituel par excellence ❾. Dans les Andes ❼, bien avant les Incas, règne la diversité.

### La préhistoire dans le Sud.

Matériel lithique des alentours de - 14000 au Pérou dans le bassin d'Ayacucho (Pikimachay), mains négatives de Los Toldos en Argentine, outils, foyers et peintures rupestres du Piauí ou du Minas Gerais, au Brésil, tous ces indices confirment l'ancienneté

❺ Cervidés. Peinture rupestre. Abri de Santana do Riacho, Brésil. Tradition « planalto », v. 5000-1000 av. J.-C.

de l'établissement humain dans le Sud. Ici aussi, les écosystèmes et les modes de vie seront très différents selon que l'on se trouve en bord de côte, dans les hautes terres ou dans les régions forestières. Dans les Andes centrales, le lama est en voie de domestication vers - 5400. L'usage du coton apparaît vers 3000 avant notre ère et les filets de pêche se rencontrent dès - 3500. Au Pérou le maïs est cultivé vers 2500 avant notre ère et en Colombie la céramique est fabriquée dès - 3500. Certains traits culturels typiques du monde préhispanique (élévation de plates-formes supportant le temple) apparaissent vers 2000 avant notre ère à Kotosh, au Pérou.

❻ Tête colossale olmèque à La Venta (parc de Villahermosa, Mexique). Basalte. 1000-500 av. J.-C.

**Les civilisations préhispaniques.**

Elles sont étudiées selon leurs aires de diffusion culturelle : Méso-Amérique (des États de Tamaulipas et Sinaloa au Mexique jusqu'au nord-ouest du Costa Rica) ; aire circumcaraïbe (Antilles, sud de l'Amérique centrale, Costa Rica, Panamá, côtes de la Colombie et du Venezuela sur l'Atlantique, et, au S., jusqu'à la Guyane) ; aire andine (zone des Andes jusqu'au Chili).

**La Méso-Amérique.** *Le préclassique (2000 av. J.-C. - 300 apr. J.-C.).* Il est divisé en phases ancienne, moyenne et tardive. Dès cette époque apparaissent les traits qui deviendront caractéristiques des civilisations préhispaniques : élite dirigeante, société fortement hiérarchisée, urbanisation avec bientôt architecture monumentale. Il en est ainsi pour les Olmèques et leurs centres cérémoniels de La Venta puis de Tres Zapotes et de Monte Albán. Leur influence s'exerce jusqu'à Chavín, dans l'aire andine, et jusqu'à Kaminaljuyú, d'où émergeront bientôt les Mayas. Sur la côte du golfe du Mexique, les Huaxtèques, après quelques similitudes avec les populations des hauts plateaux, évoluent indépendamment. Sur la côte du Pacifique naissent les cultures du Guerrero, de Jalisco, de Colima, etc.

*La période classique (300-900 apr. J.-C.).*

C'est celle de l'épanouissement culturel, avec le développement des mythes de Tlaloc, le dieu de la Pluie, et de Quetzalcóatl, à cette époque dieu de la Végétation. Au début de cette période, Teotihuacán est le premier grand centre urbain. Dynasties et castes de prêtres organisent le quotidien. Peintures murales et céramiques servent de supports aux représentations mythologiques. Teotihuacán rayonne jusqu'à Kaminaljuyú et Tikal et enrichit la civilisation des Mayas, dont le système d'écriture glyphique est en grande partie déchiffré. Si la technologie reste néolithique, l'agriculture est parfaitement maîtrisée. L'influence de Teotihuacán se retrouve jusqu'à El Tajín, centre des Totonaques, et Monte Albán, capitale des Zapotèques. Ces derniers édifient encore au début de la période postclassique (du Xe s. à la conquête espagnole) le centre de Mitla, qui, vers le XIIIe siècle, passe aux mains des Mixtèques.

*Le postclassique (950-1500).*

Il porte l'empreinte du militarisme et de la laïcisation de la société, notamment avec l'hégémonie des Toltèques, qui ont Tula (dans l'actuel État d'Hidalgo) pour métropole. Celle-ci possède une organisation sensiblement différente de celle des précédentes cités (temple vaste, fortifications...), qui semble correspondre aux aspirations guerrières de la population, également reflétées par son dieu Tezcatlipoca, dieu sanguinaire et belliqueux. Tula tombe sous les coups d'envahisseurs venus du nord, parmi lesquels les Aztèques, qui fondent Tenochtitlán (→ MEXICO), dont les créations artistiques ne laissent aucun doute sur leur caractère guerrier.

## L'AMÉRIQUE

**L'Amérique centrale et l'aire circumcaraïbe.** L'Amérique centrale est marquée par l'interpénétration d'influences méso-américaines et andines ; l'évolution de ses civilisations est souvent proche de celle des civilisations du Mexique. Citons, parmi les créations artistiques, des statuettes féminines en terre cuite, des poteries et des parures de pierre dure et d'or. Dans les Antilles, les principaux vestiges appartiennent à la culture des Taïno, Indiens de la famille arawak, entièrement décimés lors de la Conquête.

**Le continent sud-américain et l'aire andine.** La période formative (1800-300 av. J.-C.) y atteint son apogée avec le site de Chavín, dont l'influence se retrouve sur toutes les côtes du Pérou, notamment à Paracas. La période de développement régional (300 av. J.-C. - 600 apr. J.-C.) est marquée par la découverte de l'irrigation, par les constructions en adobe (temples et pyra-

❼ Textile funéraire « mantos ». Paracas, Pérou, v. IIIᵉ-Vᵉ s. apr. J.-C. (Musée national d'Anthropologie, Lima.)

❽ La pyramide de la Lune et celle du Soleil à Teotihuacán. V. 250-650 apr. J.-C.

mides) et par une certaine individualisation des cultures : la culture mochica sur la côte nord, celle de Nazca sur la côte sud et, dans les Andes, celle de Tiahuanaco, dont l'expansion, située entre 600 et 1000, s'étend jusqu'au Chili. Les nouveaux royaumes (1000-1400) fleurissent après la disparition de Tiahuanaco et amènent de nouveaux particularismes régionaux, qui seront abandonnés sous la férule de l'Empire inca, lui-même anéanti par la Conquête.

## ■ HISTOIRE

### La découverte de l'Amérique.

La première approche du continent par des Européens revient aux Scandinaves, qui, avec le Norvégien Éric le Rouge, touchent au Groenland dès la fin du Xe siècle. Mais il faut attendre cinq cents ans pour que le périple de Christophe Colomb permette d'atteindre le Nouveau Monde (1492). Les Espagnols se taillent en Amérique, au XVIe siècle, un immense empire. Après les expéditions de Jean Cabot sur les côtes de l'Amérique du Nord (1497), de Pedro Álvares Cabral sur les côtes du Brésil (1500) et de Magellan (1520), le tracé du rivage oriental du Nouveau Monde est connu dans ses grandes lignes. Les voyages de Balboa au Panamá (1513), l'expédition de Cortés au Mexique, à partir de 1519, celles de Jacques Cartier au Canada (1534), d'Almagro au Brésil et de Hernando de Soto en Floride et le

**LE NOM DE L'AMÉRIQUE ET DES INDIENS**

Si la découverte du Nouveau Monde est bien à porter au crédit du Génois Christophe Colomb, les explorations des Vikings ayant laissé peu de traces dans l'image du monde que se faisait le Moyen Âge, c'est le prénom du Florentin Amerigo Vespucci, explorateur entre 1501 et 1504 du littoral sud-américain, qui est resté attaché au continent américain.

Le nom d'« Indes occidentales » que Christophe Colomb, qui s'était cru arrivé aux rivages orientaux de l'Asie, donnait au Nouveau Monde avait encore cours quand Hollandais et Français fondaient au XVIIe siècle les compagnies « des Indes occidentales » chargées de commercer avec l'Amérique du Nord. Son souvenir ne subsiste plus aujourd'hui que dans la tradition anglaise qui appelle les Antilles *West Indies*.

En revanche, le nom d'« Indiens » donné, dès la première expédition de 1492, par le grand navigateur aux populations autochtones d'Amérique est bien ancré dans l'usage, même si l'on tend à lui préférer maintenant le terme plus spécifique d'« Amérindiens ».

long du Mississippi (1541) achèvent de préciser la forme du continent américain. Les explorations intérieures reprennent au XVIIe siècle, notamment en Amérique du Nord, avec les voyageurs français Marquette, Joliet et Cavelier de La Salle. Au XVIIIe siècle, Béring explore les côtes de l'Alaska, tandis que les navigateurs essaient de trouver les passages reliant Pacifique et Atlantique. Durant le XIXe siècle et le début du XXe siècle, des expéditions scientifiques complètent les données acquises.

### L'Amérique du Nord.

→ CANADA, ÉTATS-UNIS, INDIENS.

### L'Amérique latine.

**L'Amérique préhispanique.** L'histoire de l'Amérique latine est d'abord celle des civilisations préhispaniques, dont les deux foyers principaux ont été le foyer mexicain du Sud (→ TOLTÈQUES, AZTÈQUES, MAYAS) et le foyer de Cuzco (→ INCAS).

**La conquête européenne.** Elle commence en 1519. L'Espagnol Hernán Cortés débarque au Mexique ; il soumet la confédération aztèque et conquiert le pays. À son tour, en Amérique du Sud, Francisco Pizarro réussit à se rendre maître de l'Empire inca (1530-1532). La conquête espagnole se parachève en moins de trente ans. Selon des voies un peu différentes, les établissements portugais sont implantés au Brésil à partir de 1530.

❾ Jeu de balle maya à Copán (Honduras). 250-950 apr. J.-C.

## L'AMÉRIQUE

Au milieu du XVI<sup>e</sup> siècle, à l'exception du sud du Chili, une société coloniale est partout mise en place dans le Nouveau Monde espagnol, et cela pour trois siècles. Les Indiens voient leurs meilleures terres confisquées au profit de la constitution des grands domaines, régis par l'*encomienda* (institution par

FORMATION DES ÉTATS DE L'AMÉRIQUE LATINE

laquelle un conquérant recevait de la Couronne le droit d'utiliser le travail d'un groupe d'Indiens, qu'il devait, en échange, évangéliser). Les mines d'or et d'argent sont mises en exploitation tandis que se développe l'économie de plantation. Le choc de la Conquête est non seulement militaire et culturel, mais aussi biologique : les épidémies sont à 75 % responsables de l'effondrement de la démographie indienne. La main-d'œuvre indigène, décimée, est remplacée par des esclaves noirs. L'évangélisation, confiée aux ordres religieux, échoue à faire des Indiens des citoyens à part entière de l'Empire. À la fin du XVIIIe siècle, les possessions espagnoles connaissent une prospérité dont les principaux bénéficiaires sont les riches familles créoles et espagnoles.

**Le temps des indépendances.** L'émancipation des anciennes colonies et le morcellement politique se réalisent entre 1808 et 1825. Progressivement, le vaste empire colonial d'Amérique échappe à l'Espagne, et le Brésil se sépare du Portugal en 1822. Les désaccords sont multiples entre les nouveaux États indépendants. Bolívar, qui avait rêvé d'une vaste fédération des pays de langue espagnole, doit renoncer à son projet au congrès de Panamá, en 1826. Les généraux qui avaient mené les guerres d'indépendance s'imposent d'abord au pouvoir (« caudillisme »), puis les régimes évoluent vers des dictatures civiles, baptisées présidentialismes, qui n'excluront jamais tout à fait les dictatures militaires.

**L'époque contemporaine.** À l'instabilité politique s'ajoutent des conflits entre les pays (« guerre du football » entre le Honduras et le Salvador, 1969 ; conflits frontaliers récurrents entre l'Équateur et le Pérou), relayés par des guérillas internes (Pérou, Nicaragua). Le développement économique, appuyé sur la grande propriété et sur la production de matières premières, reste fragile (crise de 1929 ; diminution du prix des matières premières après 1980). L'aide économique des États-Unis, assortie souvent du soutien à des régimes peu démocratiques, n'a pu empêcher le développement d'un sentiment d'hostilité à leur égard. Dans les années 1980, la démocratisation politique des régimes n'empêche pas l'existence de conflits, liés à des mouvements de guérillas ou au trafic de la drogue. L'intégration économique de l'ensemble de la région, par le biais d'accords sous- ou inter-régionaux (Pacte andin, Mercosur ou encore, pour le Mexique, NAFTA), marque la volonté des États de rejoindre le marché mondial. Le régime castriste, établi à Cuba en 1959, se trouve quant à lui isolé sur la scène internationale depuis la chute du communisme en Europe de l'Est.

**Voir aussi :** AZTÈQUES, BOLÍVAR, CANADA, CHIMÚ, COLOMB, DÉCOUVERTES (LES GRANDES), ÉTATS-UNIS, HUARI, HUAXTÈQUES, INCAS, INDIENS, MAYAS, MOCHICA, MUISCA, OLMÈQUES.

**AMIDONNAGE** n.m. Action d'amidonner.

**AMIDONNER** v.t. Imprégner d'amidon.

**AMIDONNERIE** n.f. Usine d'amidon.

**AMIDONNIER, ÈRE** n. Personne qui travaille à la fabrication de l'amidon.

**AMIDOPYRINE** n.f. Antalgique, toxique à haute dose.

**Ami du peuple** (l'), feuille révolutionnaire rédigée par Marat, qui parut du 12 septembre 1789 au 14 juillet 1793.

**AMIEL** (Henri Frédéric), écrivain suisse d'expression française (Genève 1821 - *id.* 1881). Son *Journal intime* analyse avec minutie son inquiétude et sa timidité fondamentales devant la vie.

**AMIENS,** ch.-l. de la Région Picardie et du dép. de la Somme, sur la Somme, à 132 km au nord de Paris ; 136 234 hab. *(Amiénois).* Évêché. Académie et université. Cour d'appel. Centre administratif, commercial et industriel. **HIST.** La ville fut un important centre commercial et drapier au Moyen Âge. **ARTS.** Cathédrale gothique, la plus vaste de France, exemple majeur du style rayonnant (1220-1270 pour l'essentiel) ; l'élancement vertical de la nef rompt avec les proportions chartraines ; la sculpture des portails est conservée, mais non les vitraux ; stalles de bois sculpté (début du XVIe s.). Autres édifices anciens. Musée des beaux-arts et d'archéologie dit *musée de Picardie* (riche collection de peintures) ; musée d'Art local et d'Histoire régionale.

**AMIENS** : détail des statues ornant le portail gauche (dédié à saint Firmin) de la façade occidentale de la cathédrale Notre-Dame (XIIIe s.).

**AMIMIE** n.f. Perte plus ou moins complète de l'expression par les gestes, observée dans certaines affections neurologiques.

**AMIN** (Samir), économiste égyptien (Le Caire 1931). Spécialiste des problèmes du tiers-monde, il dirige l'Institut africain de développement économique et de planification à Dakar. Il a analysé les processus du sous-développement à partir de toutes les formes prises par l'impérialisme et notamment approfondi les concepts nouveaux de « centre » et de « périphérie ». Il préconise pour les pays en voie de développement une politique de rupture avec le marché mondial. Il a écrit en particulier *l'Accumulation à l'échelle mondiale* (1970), *le Développement inégal* (1973), *l'Impérialisme et le développement inégal* (1976), *la Déconnexion* (1986).

**AMINCIR** v.t. Rendre ou faire paraître plus mince, moins épais : *Ce pull t'amincit.*

**AMINCISSANT, E** adj. Qui amincit.

**AMINCISSEMENT** n.m. Action d'amincir ; fait d'être aminci.

**AMIN DADA** (Idi), homme d'État ougandais (Koboko 1925). Président de la République (1971-1979), il établit un régime de terreur.

**AMINE** n.f. Composé organique dérivant de l'ammoniac par substitution à l'hydrogène d'un ou de plusieurs radicaux alcoyles. (Ex. : la *monométhylamine* $CH_3NH_2$.)

**AMINÉ, E** adj. *Acide aminé,* aminoacide.

**AMINOACIDE** n.m. Substance organique ayant une fonction amine, constituant fondamental des protéines. SYN. : **acide aminé**.

**AMINOGÈNE** n.m. Radical univalent $-NH_2$ existant dans les amines.

**AMINOPHYLLINE** n.f. Dérivé de la théophylline, utilisé pour stimuler le cœur, la respiration, les reins.

**AMINOPLASTE** n.m. Résine synthétique thermodurcissable obtenue par action de l'urée sur le formol.

**AMIRAL** n.m. (ar. *amīr al-baḥr,* prince de la mer). -**1.** Officier général d'une marine militaire. -**2.** *Amiral de France,* ancienne dignité équivalente à celle de *maréchal de France.*

‖ *Contre-amiral, vice-amiral, vice-amiral d'escadre, amiral,* échelons successifs de la hiérarchie des amiraux, en France. ◆ **amirale** n.f. Épouse d'un amiral. ◆ **amiral, e, aux** adj. Se dit d'un bâtiment ayant à son bord un amiral commandant une force navale.

**AMIRANTES** *(îles),* archipel corallien de l'océan Indien, dépendance des Seychelles.

**AMIRAUTÉ** n.f. -1. Corps des amiraux ; haut commandement de la marine militaire. -2. Siège du commandement d'un amiral. -3. *Conseil de l'Amirauté,* l'état-major de la marine, naguère, en Grande-Bretagne. ‖ *Premier lord de l'Amirauté,* titre du ministre britannique de la Marine jusqu'en 1967.

**AMIRAUTÉ** *(îles de l'),* archipel de la Mélanésie, dépendance de la Papouasie-Nouvelle-Guinée ; 30 000 hab. L'île principale est *Manus.*

**AMIS** *(îles des)* → TONGA.

**AMITABHA,** nom qui signifie « Bouddha de la Lumière infinie » et que prit le moine Dharmakara quand, décidant de devenir bodhisattva, il s'arrêta sur le chemin de l'illumination pour venir en aide à ses semblables. Son culte apparut en Chine au milieu du VII^e^ s. apr. J.-C. Au Japon, où il est vénéré sous le nom d'Amida, son influence donna naissance, du XII^e^ au XIV^e^ siècle, à deux écoles se réclamant de sa mystique de la « Terre pure » (Jodo).

**AMITIÉ** n.f. -1. Sentiment d'affection, de sympathie qu'une personne éprouve pour une autre. -2. *Amitié particulière,* liaison homosexuelle (notamm. entre deux adolescents, deux adolescentes). ◆ pl. Témoignages d'affection : *Fais-leur mes amitiés.*

**Amitié** *(pipeline de l'),* oléoduc desservant, à partir de la Russie, des raffineries polonaises, allemandes, slovaques, tchèques et hongroises.

**AMITOSE** n.f. Division cellulaire directe, simplifiée (sans mitose), par étranglement du noyau et du cytoplasme de la cellule.

**AMMAN,** cap. de la Jordanie ; 1 160 000 hab. – Elle devint la capitale de la Transjordanie en 1921. – Théâtre romain. Musées.

**AMMIEN MARCELLIN,** historien latin (Antioche v. 330 - v. 400). Il poursuivit l'œuvre de Tacite.

**AMMONAL** n.m. (pl. ammonals). Explosif composé de nitrate d'ammonium et d'aluminium.

**AMMONIAC** n.m. Composé gazeux ($NH_3$) d'azote et d'hydrogène, à l'odeur très piquante. ◆ **ammoniac, aque** adj. -1. Qui se rapporte à l'ammoniac. -2. *Sel ammoniac,* chlorure d'ammonium.

**AMMONIACAL, E, AUX** adj. Qui contient de l'ammoniac ; qui en a les propriétés.

**AMMONIAQUE** n.f. Solution aqueuse de gaz ammoniac, appelée aussi *alcali volatil.*

**AMMONISATION** ou **AMMONIFICATION** n.f. Transformation de l'azote organique en azote ammoniacal sous l'effet des bactéries du sol.

**AMMONITE** n.f. (du lat. *Ammonis cornu,* corne d'Amon). Mollusque fossile à coquille cloisonnée et enroulée, caractéristique de l'ère secondaire. (Classe des céphalopodes.)

AMMONITE

**AMMONIUM** [amɔnjɔm] n.m. Radical $-NH_4$ entrant dans la composition de sels ammoniacaux.

**AMMOPHILE** n.f. (du gr. *ammos,* sable). Guêpe qui paralyse les chenilles à coups d'aiguillon et les transporte dans son terrier pour nourrir ses larves. (Long. 2 cm env. ; famille des sphégidés.)

**AMNÉSIE** n.f. (gr. *amnêsia*). Diminution ou perte totale de la mémoire.

**AMNÉSIQUE** adj. et n. Atteint d'amnésie.

**Amnesty International,** organisation humanitaire, privée et internationale, fondée en 1961 par Peter Benenson, pour la défense des personnes emprisonnées à cause de leurs opinions, de leur race ou de leur religion et pour la lutte contre la torture. (Prix Nobel de la paix 1977.)

**AMNIOCENTÈSE** [-sɛ̃tɛz] n.f. Ponction de la cavité utérine pendant la grossesse pour prélever du liquide amniotique aux fins d'analyse.

**AMNIOS** n.m. Membrane la plus interne qui enveloppe le fœtus, chez les mammifères, les oiseaux et les reptiles.

**AMNIOSCOPIE** n.f. Examen endoscopique du liquide amniotique.

**AMNIOTE** n.m. *Amniotes,* groupe de vertébrés dont l'embryon est enveloppé d'un amnios. SYN. : allantoïdien.

**AMNIOTIQUE** adj. -1. Qui appartient à l'amnios ou qui s'y rapporte. -2. *Liquide amniotique,* liquide qui remplit la poche de l'amnios et dans lequel baigne le fœtus.

**AMNISTIABLE** adj. Qui peut être amnistié.

**AMNISTIE** n.f. (gr. *amnêstia,* pardon). Loi qui fait disparaître le caractère d'infraction d'un fait punissable, soit en effaçant la condamnation, soit en empêchant ou en arrêtant les poursuites ; effet juridique d'une telle loi.

**AMNISTIÉ, E** adj. et n. Qui est, qui a été l'objet d'une amnistie.

**AMNISTIER** v.t. Accorder une amnistie à.

**AMOCHER** v.t. FAM. Abîmer qqch.

**AMODIATAIRE** n. -1. Preneur à bail de terres cultivables. -2. Personne à qui la concession d'une mine est concédée par amodiation et qui se substitue au concessionnaire pour l'exploitation de celle-ci.

**AMODIATEUR, TRICE** n. Bailleur de terres cultivables, ou loueur d'une exploitation minière, en vertu d'un contrat d'amodiation.

**AMODIATION** n.f. Exploitation d'une terre ou d'une mine moyennant une redevance périodique.

**AMOINDRIR** v.t. Rendre moindre ; affaiblir : *Son accident l'a beaucoup amoindri.*

**AMOINDRISSEMENT** n.m. Affaiblissement.

**AMOK** n.m. (du malais *āmuk,* par l'angl.). Accès de folie meurtrière observé chez les Malais.

**AMOLLIR** v.t. Rendre mou qqch ou qqn.

**AMOLLISSEMENT** n.m. -1. Action d'amollir. -2. Relâchement, affaiblissement.

**AMOME** n.m. Plante d'Afrique tropicale dont les graines sont consommées sous le nom de *gingembre, maniguette* ou *graine de paradis.* (Famille des zingibéracées.)

**AMON,** dieu égyptien qui était originellement la divinité locale de Thèbes, maîtresse de l'Air et de la Fécondité. Il fut assimilé, au temps du Moyen Empire, à Rê, le dieu d'Héliopolis, qui est l'incarnation du Soleil. Le culte d'Amon-Rê se développa considérablement, ainsi que le pouvoir de son clergé, avec lequel les pharaons devaient compter. L'étendue et la richesse de son sanctuaire de Karnak témoignent de l'importance historique de ce « roi des dieux ».

**AMONCELER** v.t. [24]. Réunir en monceau, en tas ; accumuler.

**AMONCELLEMENT** n.m. Action d'amonceler.

**AMONT** n.m. (du lat. *ad,* vers, et *mons,* montagne). -1. Partie d'un cours d'eau qui est du côté de la source, par rapport à un point considéré, par opp. à l'*aval.* -2. *En amont de,* plus près de la source, par rapport à un point considéré : *Orléans est en amont de Tours sur la Loire.* ◆ adj. inv. Qui est du côté de la montagne, en parlant du ski ou du skieur.

**AMONTILLADO** [amɔntijado] n.m. Variété de xérès.

**AMONTONS** (Guillaume), physicien français (Paris 1663 - *id.* 1705). Le premier, il utilisa comme points fixes dans les thermomètres les températures des changements d'état de l'eau.

**AMORAL, E, AUX** adj. Qui est indifférent aux règles de la morale ou qui les ignore.

**AMORALISME** n.m. -1. Attitude d'une personne amorale. -2. Philosophie qui nie tout fondement objectif et universel à la morale.

**AMORALITÉ** n.f. Caractère de ce qui est amoral ; conduite amorale.

**AMORÇAGE** n.m. -1. Action d'amorcer qqch, de déclencher un appareil, un dispositif, de commencer à faire qqch : *Amorçage d'une pompe.* -2. Dispositif provoquant l'éclatement d'une charge explosive. -3. Ensemble des phénomènes transitoires précédant l'établissement du régime permanent d'une génératrice autoexcitatrice. -4. Déclenchement d'une réaction de polymérisation par l'ajout de certaines substances.

**AMORCE** n.f. (de l'anc. fr. *amordre,* mordre). -1. Produit jeté dans l'eau pour attirer le poisson. -2. Commencement, ébauche de qqch : *Ce n'est que l'amorce d'un roman.* -3. Petite masse d'explosif dont la détonation enflamme la charge d'une cartouche ou d'une mine. -4. Morceau de film ou de bande magnétique utilisé pour mettre en place le dispositif.

**AMORCER** v.t. [16]. -1. Commencer à exécuter, à réaliser qqch : *Amorcer un virage.* -2. Mettre en état de fonctionner : *Amorcer une pompe.* -3. Garnir d'un appât un hameçon. -4. Chercher à attirer le poisson par de l'amorce.

**AMOROSO** [amɔrozo] adv. (mot ital.). En musique, de façon tendre, langoureuse.

**AMOROSO** (Luigi), économiste et sociologue italien (Naples 1886 - Rome 1965). Il s'est intéressé aux applications des mathématiques aux sciences économiques et est l'auteur d'importantes contributions dans les domaines des équilibres partiels et de l'équilibre général. On lui doit, notamment, *Leçons de mécanique écono-*

*mique* (1940-41), *l'Économie de marché* (1949) et les *Lois naturelles de l'économie* (1960), œuvre de vulgarisation.

**AMORPHE** adj. (du gr. *amorphos,* sans forme). -**1.** Qui est ou paraît sans énergie, mou, inactif. -**2.** Non cristallisé, en parlant d'un corps.

**AMORRITES,** peuple sémitique d'origine nomade, installé en Syrie v. 2000 av. J.-C., puis v. 1900 av. J.-C. en Mésopotamie. Une dynastie amorrite (XIXe-XVIe s.) assura à Babylone, avec le règne d'Hammourabi, la prédominance politique. Les Amorrites disparurent au XIIe s. av. J.-C. avec l'invasion des Araméens.

**AMORTI** n.m. Action de diminuer ou de supprimer le rebond d'une balle, d'un ballon, dans certains sports. ◆ **amortie** n.f. Balle résultant d'un amorti.

**AMORTIR** v.t. (du lat. *mors, mortis,* mort). -**1.** Diminuer l'effet, la force de qqch : *Amortir un bruit.* -**2.** Reconstituer progressivement le capital employé à une acquisition grâce aux bénéfices tirés de celle-ci : *Amortir l'achat d'une machine.* -**3.** Rembourser un emprunt à termes échelonnés ; rembourser un capital, une fraction de capital (actions).

**AMORTISSABLE** adj. Qui peut être amorti : *Rente amortissable.*

**AMORTISSEMENT** n.m. Action d'amortir : *Amortissement d'un choc.* **ARCHIT.** Élément ornemental placé au sommet de tout axe vertical d'une élévation (pinacle, statue, etc.). **DR.** Remboursement d'un emprunt par tranches successives ; remboursement aux actionnaires du capital dont ils sont détenteurs, ou d'une fraction de celui-ci. **COMPTAB.** Constatation comptable de la dépréciation de certains éléments d'actif résultant de l'usure ou de l'obsolescence. **PHYS.** Diminution d'amplitude d'un mouvement oscillatoire.

**AMORTISSEUR** n.m. Dispositif qui amortit la violence d'un choc, les vibrations d'une machine, etc. : *Les amortisseurs d'une voiture.*

**AMOS,** prophète biblique qui exerça son ministère v. 750 av. J.-C. dans le royaume d'Israël. S'exprimant dans une langue rude et spontanée, il s'élevait contre les injustices sociales et le formalisme religieux. Le *Livre d'Amos,* qui recueille ses prophéties, a été mis en forme vers le VIe s. av. J.-C.

**AMOU-DARIA** (l'anc. **Oxus**), fl. d'Asie centrale, qui naît dans le Pamir et se jette dans la mer d'Aral ; 2 540 km. Il est utilisé pour l'irrigation (culture du coton).

1. **AMOUR** n.m. (fém. au pl. dans la langue littéraire : *de belles amours*). -**1.** Mouvement de dévotion, de dévouement qui porte vers une divinité, un idéal, une autre personne, etc. : *L'amour de Dieu, de la vérité.* -**2.** Goût très marqué pour qqch : *L'amour des pierres, des bateaux.* -**3.** Sentiment très intense, attachement englobant la tendresse et l'attirance physique, entre deux personnes : *Éprouver de l'amour pour qqn.* -**4.** Représentation allégorique ou symbolique de l'amour (souvent sous la forme d'un enfant armé d'un arc). -**5.** ***Faire l'amour,*** avoir des relations sexuelles avec un, une partenaire. ◆ pl. SUISSE. Dernières gouttes d'une bouteille de vin.

2. **AMOUR** n.m. (de *1. amour*). ***Amour blanc,*** poisson originaire de Chine, importé en Europe pour curer les voies d'eau, dont il broute les plantes. (Famille des cyprinidés.)

**AMOUR,** en chin. **Heilong Jiang,** fl. du nord-est de l'Asie, formé par la réunion de l'Argoun et de la Chilka. Il sépare la Sibérie de la Chine du Nord-Est et se jette dans la mer d'Okhotsk ; 4 440 km.

**amour** (De l') → STENDHAL.

**AMOUR** *(djebel),* massif de l'Atlas saharien, en Algérie ; 1 977 m.

**AMOURACHER (S')** v.pr. **(de).** Éprouver pour qqn un amour soudain et passager.

**AMOUR-EN-CAGE** n.m. (pl. amours-en-cage). Alkékenge. SYN. : **coqueret, physalis.**

1. **AMOURETTE** n.f. Amour passager, sans profondeur.

2. **AMOURETTE** n.f. (lat. *amalusta,* camomille). -**1.** Plante des champs (muguet, brize). -**2.** ***Bois d'amourette,*** bois d'une espèce d'acacia utilisée en marqueterie.

**AMOURETTES** n.f. pl. (anc. provenç. *amoretas,* testicules de coq). Morceau de moelle épinière des animaux de boucherie.

**AMOUREUX, EUSE** adj. et n. Qui éprouve de l'amour pour qqn, de l'attirance pour qqch. ◆ adj. Qui manifeste de l'amour : *Des regards amoureux.* ◆ **amoureusement** adv. Avec amour.

**AMOUR-PROPRE** n.m. (pl. amours-propres). Sentiment de sa propre valeur, de sa dignité.

**AMOVIBLE** adj. (du lat. *amovere,* déplacer). -**1.** Qui peut être destitué ou déplacé, en parlant de certains fonctionnaires. -**2.** Qui peut être enlevé, séparé d'un ensemble : *Roue amovible.*

**AMOY** ou **XIAMEN,** port de Chine (Fujian), dans une île située en face de Taïwan ; 260 000 hab.

**A. M. P.** n.f. (sigle). Adénosine monophosphate.

**AMPÉLIDACÉE** n.f. (du gr. *ampelos,* vigne). *Ampélidacées,* famille de plantes dicotylédones, dont la vigne est le type. SYN. : **vitacée.**

**AMPÉLOPSIS** [ɑ̃pelɔpsis] n.m. Arbrisseau grimpant, dont le nom usuel est *vigne vierge.* (Famille des ampélidacées.)

**AMPÉRAGE** n.m. (Emploi critiqué). Intensité d'un courant électrique.

**AMPÈRE** n.m. (de *Ampère,* n.pr.). -**1.** Unité de mesure d'intensité de courant électrique (symb. A), équivalant à l'intensité d'un courant constant qui, maintenu dans deux conducteurs parallèles, rectilignes, de longueur infinie, de section circulaire négligeable et placés à une distance de 1 mètre l'un de l'autre, dans le vide, produirait entre ces conducteurs une force de $2.10^{-7}$ newton par mètre de longueur. (L'ampère est l'une des sept unités de base du système international d'unités.) -**2.** Unité de mesure de force magnétomotrice (symb. A), équivalant à la force magnétomotrice produite le long d'une courbe fermée quelconque qui entoure une seule fois un conducteur parcouru par un courant électrique de 1 ampère. -**3.** ***Ampère par mètre,*** unité de mesure de champ magnétique (symb. A/m), équivalant à l'intensité de champ magnétique produite dans le vide le long de la circonférence d'un cercle de 1 mètre de circonférence par un courant électrique d'intensité 1 ampère maintenu dans un conducteur rectiligne de longueur infinie, de section circulaire négligeable, formant l'axe du cercle considéré.

**AMPÈRE** (André Marie), physicien français (Lyon 1775 - Marseille 1836). Professeur de physique, il s'intéresse aussi aux grands problèmes de la chimie : en 1814, il distingue atomes et molécules et développe l'hypothèse (déjà formulée indépendamment par Avogadro) selon laquelle tous les gaz renferment, à volume égal, le même nombre de molécules. En 1820, après avoir vu l'expérience d'Œrsted (déviation de l'aiguille aimantée par un courant électrique), il en édifie en quelques jours la théorie, montrant, dans l'électricité en mouvement, la source des actions magnétiques. Il étudie les actions réciproques des courants et des aimants et donne la règle de cette déviation par rapport à un observateur couché dans le sens du courant. Il prouve que deux courants fermés agissent l'un sur l'autre, créant ainsi toute l'électrodynamique. Dès 1821, il émet l'hypothèse que les molécules des corps sont l'objet de « courants particulaires », que l'aimantation peut diriger. Il imagine le galvanomètre, invente le premier télégraphe électrique et, avec Arago, l'électroaimant.

André Marie **AMPÈRE,** physicien français. Détail d'un portrait par lui-même. (Académie des sciences, Paris.)

**AMPÈRE-HEURE** n.m. (pl. ampères-heures). Unité de mesure de quantité d'électricité (symb. Ah), équivalant à la quantité d'électricité transportée en 1 heure par un courant de 1 ampère. (1 ampère-heure vaut 3 600 coulombs.)

**AMPÈREMÈTRE** n.m. Appareil étalonné en ampères, destiné à mesurer l'intensité d'un courant électrique.

**AMPÈRE-TOUR** n.m. (pl. ampères-tours). ANC. Unité de force magnétomotrice ou de potentiel magnétique (symb. At).

**AMPHÉTAMINE** n.f. Substance médicamenteuse qui stimule l'activité cérébrale, diminue le sommeil et la faim.

**AMPHIARTHROSE** n.f. (du gr. *amphi,* des deux côtés, et *arthrôsis,* articulation). Articulation permettant seulement des mouvements limités aux pièces du squelette qu'elle réunit (vertèbres).

**AMPHIBIE** adj. et n.m. (du gr. *amphi,* des deux côtés, et *bios,* vie). -**1.** Qui peut vivre à l'air et dans l'eau, en parlant d'un animal ou d'une plante : *La grenouille est un animal amphibie.* -**2.** Qui peut se mouvoir sur terre et sur l'eau : *Voiture amphibie.* -**3.** ***Opération amphibie,*** opération menée conjointement par des forces navales et terrestres, notamm. lors d'un débarquement.

**AMPHIBIEN** n.m. *Amphibiens,* classe de vertébrés à larve aquatique munie de branchies, à peau nue et à température variable et comprenant trois ordres : les urodèles, les anoures et les apodes. SYN. (anc.) : **batracien.**

→ • **DOSSIER** LES AMPHIBIENS *page suivante.*

# LES AMPHIBIENS

L'évolution des animaux a commencé dans l'élément liquide et les amphibiens sont les premiers vertébrés à s'affranchir de ce milieu. De fait, la plupart des amphibiens actuels ont à la fois une vie aquatique et une vie aérienne. Ils naissent dans l'eau et sont alors pourvus comme les poissons de branchies pour respirer, acquérant ensuite des poumons après métamorphose et respirant l'oxygène de l'atmosphère.

## La classification.

Les amphibiens actuels sont classés en 3 ordres et 28 familles. L'ordre des *anoures,* animaux dépourvus de queue à l'état adulte, comprend 17 familles pour près de 3 000 espèces. L'ordre des *urodèles,* animaux dotés d'une queue à l'état adulte, est divisé en 8 familles pour 300 espèces. L'ordre des *apodes,* animaux démunis de membres, est le plus réduit : on compte 3 familles pour 160 espèces. Les anoures sont surtout tropicaux et leur nombre diminue rapidement à mesure que l'on s'éloigne de l'équateur. Leur aire de répartition couvre pourtant le monde entier. Certaines espèces vivent même au-delà du cercle polaire et d'autres peuvent être rencontrées à plus de 4000 m d'altitude. Les urodèles habitent presque tous l'hémisphère Nord et sont très nombreux en Amérique du Nord. L'Afrique du Sud ou l'Océanie sont par contre dépourvues d'urodèles. Les apodes sont localisés à l'intérieur de la ceinture équatoriale, limitée au nord et au sud par le 15e parallèle.

## L'anatomie et la physiologie.

Les amphibiens sont des vertébrés anamniotes anallantoïdiens, car leurs embryons ne possèdent pas les enveloppes présentes

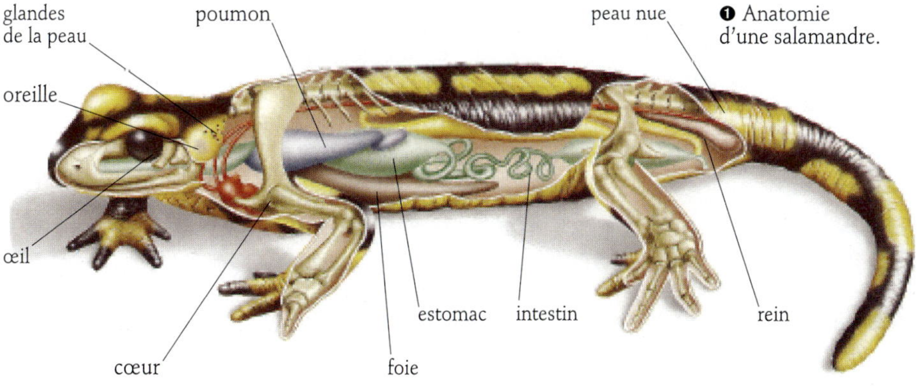


❶ Anatomie d'une salamandre.

chez les formes plus évoluées. Ils sont également *poïkilothermes,* c'est-à-dire qu'ils ne régulent pas leur température corporelle. Ce fait a des incidences sur leur mode de vie, impliquant notamment une période d'hivernation dans les régions froides. Ils peuvent être quadrupèdes, bipèdes ou apodes. Leur peau est généralement nue, parsemée de glandes muqueuses pour assurer les équilibres osmotiques et de glandes sécrétant des substances toxiques pour se protéger contre les prédateurs.

❷ Un apode *(Cecilia cærulea).*

❸ Salamandre annelée *(Ambystoma annulatum).*

**L'appareil circulatoire.** Le cœur des amphibiens comporte trois compartiments (un ventricule et deux oreillettes) et un bulbe artériel. Certains d'entre eux (apodes et urodèles) possèdent des oreillettes imparfaitement séparées, ce qui entraîne un mélange des sangs artériel et veineux. Les globules rouges sont de grande taille et nucléés. Le système lymphatique est particulièrement développé, tout spécialement chez les anoures. En effet, on peut remarquer une vingtaine de grands sacs lymphatiques entre la peau et les plans musculaires sous-jacents.

**Les muscles et le squelette.** Les ancêtres des amphibiens possédaient une musculature puissante qui a quasiment disparu dans les formes actuelles. On observe souvent une réduction du nombre des os au niveau du crâne ou de la colonne vertébrale. Les amphibiens ont des modes de locomotion très variés, ils sautent, grimpent, nagent ou fouissent. Ce fait a pour corollaire une très grande variété des dispositifs musculaires.

**L'appareil digestif.** Pratiquement tous les amphibiens possèdent des dents (elles ne sont absentes que chez quelques espèces de bufonidés). Chez les apodes et les urodèles, elles sont présentes sur les deux mâchoires, supérieure et inférieure. Chez les anoures, elles manquent souvent sur le maxillaire inférieur, mais, par contre, peuvent être présentes sur la voûte palatine. Ces dents sont uniquement préhensiles et sont rapidement remplacées en cas de perte accidentelle. La langue peut avoir des formes variées et peut être projetée pour capturer les proies chez certains urodèles (langue *bolitoglosse*). Certains amphibiens, dits *aglosses,* sont dépourvus de langue. L'estomac est généralement volumineux. L'intestin est très court chez les adultes carnivores tandis qu'il est très long chez les larves de nombreux anoures, qui ont un régime végétarien. Les glandes digestives sont très développées.

**Le système nerveux.** Le cerveau est petit et le cervelet, limité à un simple bourrelet. Le système sympathique est, en revanche, très développé. Dans le domaine sensoriel, les amphibiens ont gardé des points communs avec les poissons. Nombre de larves ou d'adultes aquatiques ont, par exemple, conservé la ligne latérale destinée à la perception des vibrations de basse fréquence. Les récepteurs du goût sont situés sur la langue et le palais. L'odorat est assuré par des sacs naseaux recouverts d'un épithélium olfactif sensoriel. Les capacités visuelles sont très

❹ Dendrobate *(Dendrobates tinctorius).*

**LA DIVERSITÉ DES AMPHIBIENS**

Salamandres (❶, ❸) et tritons appartiennent au groupe des urodèles car ils possèdent une queue. On en compte environ 300 espèces qui se rencontrent un peu partout autour du globe. Certaines d'entre elles ont un mode de vie principalement terrestre, tandis que d'autres se retrouvent habituellement dans les mares d'eau douce. Les dendrobates ❹ sont des anoures comme les grenouilles, les crapauds et les rainettes. Ils se distinguent par de très belles couleurs qui signalent, le plus souvent, que leur corps est enduit d'une substance venimeuse destinée à décourager les prédateurs. Les apodes ❷ ont progressivement perdu leurs pattes en adoptant un mode de vie fouisseur. De ce fait, leur morphologie se rapproche de celle des vers et des serpents, bien que ces derniers appartiennent à des groupes fort différents.

variables selon les formes. Les apodes et certains urodèles sont pratiquement aveugles. On n'observe pas de cristallin, l'accommodation étant réalisée directement par une déformation du globe oculaire sous contrôle musculaire. Chez les amphibiens, dépourvus d'oreille externe, les sons sont transmis par la chaîne osseuse de l'oreille moyenne jusqu'au labyrinthe logé dans l'oreille interne. Les récepteurs tactiles sont nombreux et disposés dans l'épiderme, notamment au niveau des doigts.

**Le régime alimentaire.** À l'exception des sirénidés, qui sont dotés d'un bec corné et se nourrissent de végétaux, tous les amphibiens adultes sont carnassiers et ne mangent pratiquement que des proies vivantes. Les amphibiens ne détectant pas les proies immobiles, c'est le mouvement qui déclenche le réflexe de capture. La gamme des proies comprend toutes sortes d'invertébrés, de poissons, de serpents, d'oiseaux et même d'autres amphibiens.

Le régime alimentaire des formes larvaires est assez semblable à celui des adultes chez les urodèles. Par contre, il en diffère largement chez les anoures. Un têtard, pourvu d'un bec corné, broute les végétaux aquatiques tandis que les grenouilles se nourrissent volontiers d'insectes.

### La reproduction.

La quasi-totalité des amphibiens se reproduit dans l'eau. Seules quelques espèces se sont affranchies du milieu liquide. C'est le cas, par exemple, des arthroleptis, qui pondent des œufs dans des cavités creusées dans le sol humide, au sein desquelles les têtards effectuent leur complet développement. L'accouplement est précédé d'une parade spécifique à chacune des espèces. Chez les urodèles, elle est essentiellement gestuelle, tandis qu'elle est souvent sonore chez les anoures. Chez ces derniers, les mâles possèdent un chant spécifique et souvent s'affrontent en combat singulier pour la possession des femelles. Chez les anoures, la fécondation est externe et les œufs sont simplement aspergés par la semence du mâle après leur sortie du cloaque de la femelle. Chez les urodèles, le mâle dépose sur le sol un spermatophore que la femelle absorbe par ses lèvres cloacales. Il existe également une fécondation interne chez les apodes, le mâle possédant un organe copulateur provenant d'une évagination de la paroi cloacale. La ponte s'effectue dans l'eau, où les œufs sont évacués librement ou bien fixés à un support. Elle peut également s'effectuer hors de l'eau sur des feuilles ou des branches surplombant une nappe d'eau. Le développement des larves est plus ou moins rapide selon les espèces, les régions et les saisons. La métamorphose annonce le passage de la vie larvaire à la vie adulte.

1. **AMPHIBOLE** n.f. (du gr. *amphibolos,* équivoque). Minéral noir, brun ou vert des roches éruptives et métamorphiques : *Les amphiboles sont des silicates de fer et de magnésium.*

2. **AMPHIBOLE** adj. Intermédiaire entre la période d'état et la défervescence, en parlant d'une maladie, en partic. de la fièvre typhoïde.

**AMPHIBOLITE** n.f. Roche métamorphique constituée essentiellement d'amphibole.

**AMPHIBOLOGIE** n.f. (du gr. *amphibolos,* équivoque, et *logos,* discours). Double sens présenté par une phrase en raison de sa construction ou du choix de certains mots. (Ex. : *Les magistrats jugent les enfants coupables* [= les enfants qui sont coupables ; ou : que les enfants sont coupables].)

**AMPHIBOLOGIQUE** adj. À double sens.

**AMPHICTYONIE** n.f. Association de cités, puis de peuples autour d'un sanctuaire commun, dans la Grèce ancienne.

**AMPHIGOURI** n.m. LITT. Écrit ou discours inintelligible.

**AMPHIGOURIQUE** adj. LITT. Inintelligible.

**AMPHIMIXIE** n.f. (du gr. *amphi,* des deux côtés, et *mixis,* mélange). Fusion des noyaux mâle et femelle, constituant la phase essentielle de la fécondation.

**AMPHINEURE** n.m. VX. Polyplacophore.

**AMPHIOXUS** [ɑ̃fjɔksys] n.m. (du gr. *amphi,* doublement, et *oxus,* aigu). Petit animal marin vivant caché dans le sable, type de l'embranchement des procordés.

**AMPHIPODE** n.m. *Amphipodes,* ordre de petits crustacés à corps comprimé latéralement, dont certains vivent en eau douce (gammare), d'autres dans la mer (talitre).

**AMPHISBÈNE** n.m. (du gr. *amphi,* des deux côtés, et *bainein,* marcher). Reptile fouisseur d'Amérique tropicale, dont la tête et la queue ont le même aspect et dit *serpent à deux têtes.* (Ordre des lacertiliens.)

**AMPHITHÉÂTRE** n.m. (du gr. *amphi,* autour, et *theatron,* théâtre). -1. Vaste édifice à gradins, de plan souvent elliptique, élevé par les Romains pour les combats de gladiateurs, les chasses, etc. -2. Ensemble des places situées au-dessus des balcons et des galeries, dans un théâtre. -3. Grande salle de cours à gradins. -4. *Amphithéâtre morainique,* rempart de moraines disposé en arc de cercle, situé sur l'emplacement du front d'un ancien glacier.

**AMPHITRYON,** héros de la mythologie grecque, dont Zeus prit les traits pour séduire son épouse, Alcmène. Celle-ci, à la suite de cette aventure, donna naissance à des jumeaux : l'un, Iphiclès, était le fils d'Amphitryon ; l'autre, fils de Zeus, était le divin Héraclès. – La légende d'Amphitryon a inspiré à Plaute une comédie, imitée, notamment, par Rotrou, Molière, J. Giraudoux.

**AMPHOLYTE** n.m. -1. Tout corps pouvant jouer le rôle d'un acide ou d'une base et subissant simultanément deux dissociations électrolytiques de types différents. -2. Électrolyte ayant à la fois la fonction acide et la fonction basique.

**AMPHORE** n.f. Vase à deux anses symétriques, au col rétréci, servant dans l'Antiquité à conserver et à transporter les aliments.

**AMPHOTÈRE** adj. Qui peut jouer le rôle de base ou d'anhydride acide, en parlant d'un oxyde.

**AMPLE** adj. -1. Large, vaste : *Cette veste est un peu trop ample.* -2. Qui est ou paraît très puissant : *Une voix ample.* ◆ **amplement** adv. De façon plus que suffisante.

**AMPLEUR** n.f. -1. Caractère de ce qui est ample, large. -2. Importance, portée de qqch : *L'ampleur d'un désastre.*

**AMPLIATIF, IVE** adj. En droit, qui ajoute à ce qui a été dit dans un acte précédent.

**AMPLIATION** n.f. (du lat. *ampliare,* agrandir). -1. Double en la forme authentique d'un acte administratif. -2. Acte ajoutant à ce qui a été dit dans un acte précédent. -3. *Ampliation thoracique,* augmentation du volume de la cage thoracique pendant l'inspiration.

**AMPLIFICATEUR, TRICE** adj. Qui amplifie qqch, qui en exagère l'effet. ◆ **amplificateur** n.m. -1. Élément d'une chaîne haute-fidélité qui précède les haut-parleurs. Abrév. (fam.) : *ampli.* -2. Dispositif permettant d'accroître l'amplitude d'une grandeur physique (partic. un signal électrique) sans introduire de distorsion notable.

**AMPLIFICATION** n.f. Action d'amplifier ; son résultat.

**AMPLIFIER** v.t. Accroître le volume ou l'importance de qqch : *Amplifier un son, un scandale.*

**AMPLITUDE** n.f. -1. Différence entre la plus grande et la plus petite valeur d'une distribution statistique. -2. Valeur de l'écart maximal d'une grandeur qui varie périodiquement. -3. *Amplitude diurne,* écart entre les températures extrêmes relevées le même jour dans une station météorologique. || *Amplitude moyenne annuelle,*

Un aspect d'**AMSTERDAM.**

écart entre la moyenne de température du mois le plus froid et celle du mois le plus chaud.

**AMPLI-TUNER** [ɑ̃plitynɛr] n.m. (pl. amplis-tuners). Élément d'une chaîne haute-fidélité regroupant un amplificateur, un préamplificateur et un tuner.

**AMPOULE** n.f. (lat. *ampulla,* petit flacon). -**1.** Enveloppe de verre d'une lampe électrique ; cette lampe. -**2.** Tube de verre renflé et fermé à la flamme, après introduction d'un liquide ; contenu de ce tube : *Une ampoule de calcium.* -**3.** Petite tuméfaction sous l'épiderme, pleine de sérosité et due à des frottements trop prolongés : *Se faire des ampoules aux mains.* -**4.** ***La sainte ampoule,*** vase contenant le saint chrême, qui servait à sacrer les rois de France.

**AMPOULÉ, E** adj. Qui est prétentieux, emphatique, en parlant d'un style, d'un discours.

**AMPURDÁN,** petite région d'Espagne, dans le nord-est de la Catalogne.

**AMPURIAS,** bourgade espagnole (Catalogne, prov. de Gérone), sur le golfe de Rosas. – C'est l'antique *Emporion,* colonie grecque fondée par les Phocéens au VIe s. av. J.-C. – Traces de la ville grecque et vestiges de nombreux monuments romains (forum, gymnase, amphithéâtre).

**AMPUTATION** n.f. Action d'amputer.

**AMPUTÉ, E** adj. et n. Qui a été amputé.

**AMPUTER** v.t. (lat. *amputare*). -**1.** Enlever à qqn, par une opération chirurgicale, tout ou partie d'un membre : *Amputer une main. Amputer un blessé.* -**2.** Retrancher une partie d'un tout : *Amputer un article de moitié.*

**AMR** (m. v. 663), compagnon de Mahomet et conquérant de l'Égypte (640-642).

**AMRAVATI,** v. de l'Inde (Maharashtra) ; 433 746 hab. Centre commercial (coton).

**AMRITSAR,** v. de l'Inde (Pendjab) ; 709 456 hab. – C'est la ville sainte des sikhs. Temple d'or (XVIe s.).

**AMSTERDAM,** cap. des Pays-Bas, en Hollande-Septentrionale, au confluent de l'Amstel et de l'IJ ; 702 444 hab. **GÉOGR.** Noyau d'une agglomération millionnaire, Amsterdam est un centre administratif, commercial et financier (Bourse, banques), culturel (universités et musées) et touristique (surtout dans le centre historique, coupé de canaux), site du principal aéroport néerlandais (Schiphol). La ville, bien desservie par le rail et la route, est reliée par canaux à la mer du Nord (vers IJmuiden) et au Rhin (vers Rotterdam), mais le rôle portuaire a décliné ainsi que la fonction industrielle (encore représentée par l'agroalimentaire, la taille des diamants, l'édition et surtout la métallurgie de transformation). **HIST.** Au XIVe siècle, les comtes de Hollande en firent un instrument de leur politique de monopole économique dans l'Europe du Nord-Est. Ayant rompu, en 1578, avec l'Espagne, Amsterdam connut au XVIIe siècle une grande prospérité et joua un rôle important dans le commerce international. **ARTS.** Oude Kerk (XIVe-XVIe s.) et Nieuwe Kerk (XVe-XVIIe s.), églises gothiques à voûtes de bois, abritant de nombreux tombeaux. Palais royal (ancien hôtel de ville) de style classique par J. Van Campen (milieu du

XVII^e^ s.). Demeures anciennes le long des canaux. Bourse par Berlage. Principaux musées : Rijksmuseum, fondé en 1808, spécialement riche en peintures de l'école hollandaise, en dessins et en estampes ; Musée historique ; maison de Rembrandt ; musée Van Gogh, qui abrite quelque 200 toiles et 500 dessins de l'artiste ; Stedelijk Museum, centre de promotion de l'art contemporain.

**AMUÏR (S')** v.pr. [32]. Devenir muet, s'effacer de la prononciation, en parlant d'un son.

**AMUÏSSEMENT** n.m. Fait de s'amuïr.

**AMULETTE** n.f. Objet qu'on porte sur soi et auquel on accorde par superstition des vertus de protection.

**AMUNDSEN** (Roald), explorateur norvégien (Borge 1872 - dans l'Arctique 1928). Il franchit le premier le passage du Nord-Ouest, au N. du continent américain (1906), et atteignit le pôle Sud en 1911. Il disparut au cours d'une expédition au pôle Nord.

Roald **AMUNDSEN**, explorateur norvégien.

**AMURE** n.f. -1. Cordage qui retient le point inférieur d'une voile carrée du côté d'où vient le vent. -2. Côté d'où vient le vent. -3. *Naviguer bâbord, tribord amure,* en recevant le vent par bâbord, par tribord. ‖ *Point d'amure,* angle inférieur avant d'une voile trapézoïdale ou triangulaire.

**AMURER** v.t. Assujettir une voile par le point d'amure.

**AMUSANT, E** adj. Qui amuse, divertit.

**AMUSE-GUEULE** n.m. (pl. amuse-gueules ou inv.). FAM. Menue friandise (petit gâteau salé, canapé, olive, etc.) servie avec l'apéritif.

**AMUSEMENT** n.m. Action d'amuser, fait de s'amuser ; distraction, divertissement.

**AMUSER** v.t. -1. Distraire agréablement qqn : *Ce dessin animé m'a bien amusé.* -2. Tromper qqn par des moyens dilatoires, des artifices : *Amuser l'adversaire par une diversion.* ◆ **s'amuser** v.pr. -1. Se distraire ; passer le temps agréablement. -2. Perdre son temps.

**AMUSETTE** n.f. BELGIQUE. Personne frivole.

**AMUSEUR, EUSE** n. Personne qui amuse.

**AMY** (Gilbert), compositeur et chef d'orchestre français (Paris 1936), représentant des courants sériels et postsériels. Son tempérament de poète s'épanouit dans *Chant,* pour un orchestre (1969), *Une saison en enfer,* d'après Rimbaud (1980), la messe *Cum jubilo* (1981-1983).

**AMYGDALE** [amidal] n.f. (gr. *amugdalê,* amande). Chacun des organes lymphoïdes de la gorge.

ENCYCL. L'*amygdale linguale* est située à la base de la langue ; les *amygdales palatines,* au nombre de deux, sont situées de part et d'autre de l'isthme du gosier ; l'*amygdale pharyngée* est située sur la paroi postérieure du rhino-pharynx. L'hypertrophie de l'amygdale pharyngée constitue les végétations adénoïdes.

**AMYGDALECTOMIE** n.f. Ablation chirurgicale des amygdales.

**AMYGDALITE** n.f. Inflammation des amygdales.

**AMYLACÉ, E** adj. De la nature de l'amidon.

**AMYLASE** n.f. (lat. *amylum,* amidon). Enzyme provoquant l'hydrolyse des glucides.

**AMYLE** n.m. (gr. *amulon,* amidon). Radical $-C_5H_{11}$ entrant dans la constitution des composés amyliques.

**AMYLIQUE** adj. *Alcool amylique,* alcool $C_5H_{11}OH$, produit notamm. dans la fermentation de la fécule de pomme de terre.

**AMYLOBACTER** [amilɔbaktɛr] n.m. Bactérie anaérobie très répandue, en partic. dans le tube digestif des mammifères, qui dégrade les glucides avec production d'acide butyrique.

**AMYOT** (Jacques), humaniste français (Melun 1513 - Auxerre 1593), précepteur, puis grand aumônier de Charles IX et d'Henri III et évêque d'Auxerre. Par ses traductions de Plutarque (*Vies parallèles,* 1559), de Longus et d'Héliodore, il fut un des créateurs de la prose classique.

**AMYOTROPHIE** n.f. (du gr. *mus,* muscle, et *trophê,* nourriture). Atrophie des muscles.

**AN** n.m. -1. Temps que met la Terre pour faire sa révolution autour du Soleil ; année. -2. Mesure de l'âge : *Un enfant de six ans.* -3. Espace de temps légal compris entre le 1^er^ janvier et le 31 décembre : *L'an dernier, l'an prochain.*

**ANABAPTISME** [anabatism] n.m. Doctrine propre aux groupes chrétiens qui, déniant toute valeur au baptême des enfants, exigent un second baptême à l'âge adulte.

ENCYCL. Associant des visées politiques révolutionnaires à l'idée théologique de la nullité du baptême en l'absence de tout acte personnel de foi, l'anabaptisme de Müntzer entraîna la guerre des Paysans, contre laquelle Luther s'éleva et qui fut durement réprimée en 1525. Il réapparut, d'une part, aux Pays-Bas avec Melchior Hoffmann, d'autre part et avec un plus grand relief à Münster, en Westphalie, où Jean de Leyde fit régner, de 1532 à 1535, un communisme radical, polygamique et millénariste. Ce royaume de la Nouvelle Jérusalem, comme on l'appelait, fut écrasé dans le sang. L'anabaptisme a survécu sous une forme pacifique chez les mennonites et les baptistes.

**ANABAPTISTE** adj. Qui s'inspire de l'anabaptisme. ◆ adj. et n. Qui professe l'anabaptisme.

**ANABAR,** plateau de la Sibérie orientale, partie la plus ancienne du socle sibérien, où naît l'*Anabar,* tributaire de la mer des Laptev (long de 897 km).

**Anabase** (l'), récit, par Xénophon, de l'expédition de Cyrus le Jeune contre Artaxerxès II et de la retraite des mercenaires grecs (les Dix Mille), que l'auteur avait lui-même conduite (IVe s. av. J.-C.).

**ANABLEPS** [anablɛps] n.m. Poisson de la mangrove adapté à voir et à respirer hors de l'eau. (Famille des cyprinodontidés.)

**ANABOLISANT, E** adj. et n.m. **-1.** Se dit d'une substance qui favorise l'anabolisme. **-2.** ***Stéroïdes anabolisants,*** stéroïdes utilisés comme médicaments ou comme dopants.

**ANABOLISME** n.m. Ensemble des phénomènes d'assimilation chez les êtres vivants.

**ANABOLITE** n.m. Toute substance produite lors de l'anabolisme.

**ANACARDE** n.m. Fruit de l'anacardier, à graine oléagineuse et comestible. SYN. : **noix de cajou.**

**ANACARDIACÉE** n.f. *Anacardiacées,* famille d'arbres des régions chaudes, tels que l'anacardier, le pistachier, le sumac, le manguier. (Anc. térébinthacée.)

**ANACARDIER** n.m. Arbre de l'Amérique tropicale dont une espèce, appelée *acajou à pommes,* est cultivée pour ses fruits. (Famille des anacardiacées.)

**ANACHORÈTE** [anakɔrɛt] n.m. (du gr. *anakhôrein,* s'éloigner). Moine vivant en ermite.

**ANACHRONIQUE** adj. **-1.** Entaché d'anachronisme. **-2.** Désuet : *Des idées anachroniques.*

**ANACHRONISME** n.m. (du gr. *ana,* en haut, et *khronos,* temps). **-1.** Erreur qui consiste à ne pas replacer un événement à sa date ou dans son époque ; confusion entre des époques différentes. **-2.** Habitude, manière d'agir surannée. **-3.** Caractère de ce qui est anachronique.

**ANACLINAL, E, AUX** adj. Se dit d'un cours d'eau dont la direction d'écoulement (ou d'un versant dont la pente) est contraire au pendage.

**ANACLITIQUE** adj. (du gr. *anaklinein,* se coucher sur). ***Dépression anaclitique,*** ensemble des troubles psychologiques de l'enfant séparé de sa mère après avoir passé les premiers mois de sa vie en relation normale avec elle.

**ANACOLUTHE** n.f. (du gr. *anakolouthon,* sans liaison). Rupture dans la construction syntaxique d'une phrase. (Ex. : *Rentré chez lui, sa femme était malade.*)

**ANACONDA** n.m. Grand serpent de l'Amérique du Sud se nourrissant d'oiseaux et de mammifères. (Long. 8 m ; ordre des ophidiens.) SYN. : **eunecte.**

**ANACRÉON,** poète lyrique grec (Téos, Ionie, VIe s. av. J.-C.). Les *Odes* qui lui ont été attribuées célèbrent l'amour, la bonne chère et inspirèrent la poésie dite *anacréontique* de la Renaissance.

**ANACRÉONTIQUE** adj. Qui rappelle l'œuvre d'Anacréon.

**ANACROISÉS** n.m. pl. (de *anagramme* et *mots croisés*) [nom déposé]. Jeu de mots croisés consistant à reconstituer des mots présentés dans l'ordre alphabétique de leurs lettres.

**ANACROUSE** n.f. (du gr. *ana,* avant, et *krousis,* action de frapper). Note ou groupe de notes précédant la première barre de mesure et menant au premier temps fort.

**ANADYR,** fl. de Sibérie, qui rejoint, par le *golfe d'Anadyr,* la mer de Béring ; 1 145 km.

**ANAÉROBIE** adj. et n.m. (du gr. *aêr,* air, et *bios,* vie). Se dit d'un micro-organisme qui peut se développer en l'absence d'air et d'oxygène. CONTR. : **aérobie.**

**ANAÉROBIOSE** n.f. Mode de vie des organismes anaérobies.

**ANAGLYPHE** [anaglif] n.m. (gr. *anagluphos,* ciselé). **-1.** Ouvrage sculpté ou ciselé en bas relief. **-2.** Photographie ou projection stéréoscopique en deux couleurs complémentaires, restituant l'impression du relief.

**ANAGLYPTIQUE** adj. et n.f. Se dit d'une écriture ou d'une impression en relief à l'usage des aveugles : *Écriture anaglyptique.*

**ANAGNI,** v. d'Italie, dans le Latium ; 18 000 hab. – Le pape Boniface VIII y fut arrêté par les envoyés de Philippe le Bel (1303). Cathédrale des XI<sup>e</sup>-XIII<sup>e</sup> siècles.

**ANAGNOSTE** [anagnost] n.m. Esclave qui était chargé dans l'Antiquité de faire la lecture à haute voix pendant le repas.

**ANAGOGIE** n.f. (du gr. *ana,* en haut, et *agôgos,* qui conduit). **-1.** Interprétation des Écritures par laquelle on s'élève du sens littéral au sens spirituel. **-2.** Élévation de l'âme dans la contemplation mystique.

**ANAGRAMME** n.f. (gr. *anagramma,* renversement de lettres). Mot formé des lettres d'un autre mot disposées dans un ordre différent. (Ex. : *gare* et *rage.*)

**ANAHEIM,** v. des États-Unis (Californie) ; 266 406 hab. Tourisme (Disneyland).

**ANÁHUAC,** nom aztèque du Mexique, appliqué aujourd'hui au plateau des environs de Mexico.

**ANAL, E, AUX** adj. **-1.** De l'anus ; relatif à l'anus. **-2.** *Stade anal* → SADIQUE-ANAL (stade).

**ANALECTA** ou **ANALECTES** n.m. pl. (gr. *analekta,* choses choisies). Morceaux choisis d'un ou de plusieurs auteurs.

**ANALEPTIQUE** adj. et n.m. Se dit d'une substance qui stimule, redonne des forces.

**ANALGÉSIE** n.f. (du gr. *algos,* douleur). Disparition de la sensibilité à la douleur.

**ANALGÉSIQUE** adj. et n.m. Se dit d'un médicament qui produit l'analgésie.

**ANALITÉ** n.f. Ensemble des déterminations psychiques liées au stade sadique-anal.

**ANALLERGIQUE** adj. Qui ne provoque pas de réaction allergique.

**ANALOGIE** n.f. **-1.** Rapport de ressemblance que présentent deux ou plusieurs choses ou personnes : *Analogie de forme, de goûts.* **-2.** Apparition dans une langue de nouvelles formes à partir de correspondances qui existent entre des termes d'une même classe.

**ANALOGIQUE** adj. **-1.** Qui repose sur l'analogie : *Raisonnement analogique.* **-2.** Se dit d'un dictionnaire qui regroupe les mots en fonction des relations sémantiques qu'ils entretiennent entre eux. **-3.** Qui représente, traite ou transmet des données sous la forme de variations continues d'une grandeur physique, par opp. à *numérique* : *Signal, calculateur analogique.* ◆ **analogiquement** adv.

**ANALOGUE** adj. Qui offre une ressemblance, des rapports de similitude avec autre chose : *Il a des vues analogues aux vôtres.* ◆ n.m. Ce qui se rapproche de qqch, y ressemble.

**ANALPHABÈTE** adj. et n. Qui ne sait ni lire ni écrire.

**ANALPHABÉTISME** n.m. État d'une personne, d'une population analphabète.

**ANALYSABLE** adj. Que l'on peut analyser.

**ANALYSANT, E** n. Personne qui se soumet à une cure psychanalytique.

**ANALYSE** n.f. (gr. *analusis,* décomposition). **-1.** Décomposition d'un corps, d'une substance en leurs éléments constitutifs : *Analyse de l'air, analyse bactériologique.* (V. ENCYCL. CHIMIE.) **-2.** Étude faite en vue de discerner les différentes parties d'un tout, de déterminer ou d'expliquer les rapports qu'elles entretiennent les unes avec les autres : *Analyse d'une œuvre littéraire.* **ÉCON.** ***Analyse du travail,*** étude des opérations élémentaires et des mouvements nécessaires à l'exécution d'un travail donné, en vue de supprimer les efforts improductifs. ‖ ***Analyse de la valeur,*** étude de produits existants ou à créer en termes de fonctions à remplir pour un coût minimal. **GRAMM.** ***Analyse grammaticale,*** étude de la nature et de la fonction des mots dans une proposition. ‖ ***Analyse logique,*** étude de la nature et de la fonction des propositions dans une phrase. **INFORM.** Ensemble des travaux comprenant l'étude détaillée d'un problème, la conception d'une méthode permettant de le résoudre et la définition précise du traitement correspondant sur ordinateur. **MATH.** Partie des mathématiques relative aux structures et aux calculs liés aux notions de limite et de continuité. (V. ENCYCL. MATHÉMATIQUES.) **PSYCHAN.** Cure psychanalytique. ‖ ***Analyse didactique,*** celle à laquelle doit se soumettre tout futur psychanalyste. **TÉLÉV.** Décomposition en points des images à transmettre.

**ENCYCL. CHIMIE**

L'*analyse qualitative,* qui se propose en général d'indiquer les éléments contenus dans un échantillon, peut aussi avoir pour objet de définir la forme chimique sous laquelle un élément est engagé ou d'indiquer comment il participe à la structure de l'échantillon. Aux méthodes chimiques se sont substituées les techniques physico-chimiques et physiques.

L'*analyse quantitative,* qui se propose de déterminer les quantités relatives des éléments d'un échantillon (pourcentage pondéral ou volumique, concentration, pression partielle de l'élément ou du composé considéré), s'effectue dans certains cas directement sur l'échantillon à doser ou, après la mise en solution de celui-ci, par des techniques de spectroscopie. En solution, il est souvent nécessaire d'utiliser des réactifs pour effectuer un dosage. Il est d'usage de distinguer deux types de méthodes : d'une part, les méthodes chimiques ou électrochimiques et, d'autre part, les méthodes purement physiques, permettant souvent une mesure directe et dont la précision, la rapidité, la spécificité justifient le développement actuel. Les méthodes chimiques comprennent la gravimétrie et la volumétrie. Les méthodes électrochimiques utilisent les propriétés thermodynamiques des éléments et des composés en solution (réactions d'oxydoréduction à une électrode). Les méthodes physiques comprennent des méthodes thermiques (calorimétrie, par ex.), la chromatographie, des méthodes optiques utilisant les interactions entre le rayonnement et la matière (analyse par fluorescence X ou par microsonde électronique, microscopie électronique par balayage, diffraction des rayons X, etc.), des méthodes magnétométriques (comme la résonance magnétique nucléaire [R. M. N.]), la spectrométrie de masse, des méthodes radiochimiques (utilisation de radioéléments). D'autres propriétés physiques sont également utilisées : polarisation rotatoire, susceptibilité magnétique, biréfringence, etc. (→ CHIMIE.)

MATHÉMATIQUES

Les diverses branches des mathématiques qui constituent l'analyse moderne – les séries infinies, le calcul des variations, la géométrie différentielle, la théorie des équations différentielles, la théorie des fonctions analytiques, celle des fonctions d'une variable réelle et l'analyse fonctionnelle – sont toutes issues d'un tronc commun : le calcul infinitésimal, création du XVIIe siècle. L'origine de celui-ci remonte à une vague intuition des notions d'infini, de continuité ou de passage à la limite présentes chez les Grecs, Eudoxe en particulier. Le mot *analyse* a été repris du grec et introduit dans la langue mathématique moderne par F. Viète, qui voulait le substituer au mot *algèbre.* En effet, l'analyse n'est pas sans rapport avec l'algèbre ; elle y fait appel ainsi qu'à la topologie des corps des nombres réels et des nombres complexes. On peut aujourd'hui la considérer comme l'un des multiples domaines du vaste ensemble que constitue le calcul. (→ ALGÈBRE, CALCUL, MATHÉMATIQUES. )

**ANALYSÉ, E** n. Sujet ayant entrepris une cure psychanalytique.

**ANALYSER** v.t. -1. Soumettre qqch à une analyse : *Analyser un corps, un roman.* -2. Soumettre qqn à une psychanalyse.

**ANALYSEUR, EUSE** n. Personne qui pratique l'analyse psychologique. ◆ **analyseur** n.m. Appareil de mesure permettant de faire une analyse.

**ANALYSTE** n. -1. Spécialiste de l'analyse (mathématique, informatique, financière, etc.). -2. Psychanalyste.

**ANALYSTE-PROGRAMMEUR, EUSE** n. (pl. analystes-programmeurs, euses). Informaticien chargé des travaux d'analyse et de la programmation correspondante.

**ANALYTIQUE** adj. (gr. *analytikos,* qui peut être résolu). -1. Qui procède par voie d'analyse : *Un esprit analytique.* -2. Qui comporte une analyse ou qui en résulte : *Compte-rendu analytique.* -3. Psychanalytique. LOG. *Énoncé analytique,* proposition dans laquelle le prédicat est contenu dans le sujet. (Ex. : *Tous les octogénaires ont au moins quatre-vingts ans.*) PHILOS. *Philosophie analytique,* courant de pensée anglo-saxon du XXe s., qui s'oppose aux vastes synthèses abstraites et propose une analyse des faits reposant sur des bases de la logique issue du cercle de Vienne. (Il est représenté notamment par Austin et Quine.) ◆ n.f. *Analytique transcendantale,* étude des formes a priori de l'entendement, chez Kant. ◆ **analytiquement** adv.

**ANAMNÈSE** n.f. (gr. *anamnêsis,* souvenir). -1. Ensemble des renseignements que le médecin recueille en interrogeant un malade sur l'histoire de sa maladie. -2. Prière de la messe qui suit la consécration.

**ANAMORPHOSE** n.f. (du gr. *anamorphoûn,* transformer). -1. Image déformée d'un objet donnée par certains systèmes optiques (miroirs courbes, notamm.). -2. Représentation (peinte, dessinée, etc.) volontairement déformée d'un objet, dont l'apparence réelle ne peut être distinguée qu'en regardant l'image sous un angle particulier ou au moyen d'un miroir courbe. -3. Déformation volontairement provoquée de l'image radiographique d'une partie du corps, destinée à mettre en évidence des détails peu visibles.

**ANAMORPHOSE** à miroir cylindrique (figure d'Indien par E. Baeck, 1740) [musée des Arts décoratifs, Paris].

**ANANAS** [anana] ou [ananas] n.m. (mot tupi). Plante originaire de l'Amérique tropicale, cultivée pour son gros fruit composé, à pulpe sucrée et savoureuse ; ce fruit. (Famille des broméliacées.)

ANANAS

**ANAPESTE** n.m. (du gr. *anapaistos,* frappé à rebours). Pied de vers grec ou latin composé de deux brèves et d'une longue.

**ANAPHASE** n.f. Troisième phase de la division cellulaire par mitose, succédant à la prophase et à la métaphase.

**ANAPHORE** n.f. (gr. *anaphora,* action d'élever). Reprise d'un mot ou d'un groupe de mots au début de phrases successives, produisant un effet de renforcement, de symétrie.

**ANAPHORÈSE** n.f. Migration vers l'anode de particules colloïdales en suspension, dans l'électrophorèse.

**ANAPHORIQUE** adj. et n.m. Se dit d'un élément linguistique qui renvoie à un mot ou à une phrase apparus antérieurement dans le discours.

**ANAPHYLACTIQUE** adj. Propre à l'anaphylaxie : *État, choc anaphylactique.*

**ANAPHYLAXIE** n.f. (du gr. *ana,* contraire, et *phulaxis,* protection). Sensibilité accrue de l'organisme à l'égard d'une substance donnée, déterminée par la pénétration dans le corps (par ingestion ou injection) d'une dose minime de cette substance.

**ANAPLASIE** n.f. (gr. *anaplasis,* reconstitution). Perte des caractères morphologiques et fonctionnels des cellules du tissu originel, qui s'observe dans les tumeurs malignes.

**ANARCHIE** n.f. (gr. *anarkhia,* absence de chef). -**1.** État de trouble, de désordre dû à l'absence d'autorité politique, à la carence des lois. -**2.** Désordre, confusion dans un domaine quelconque : *L'anarchie règne dans ce service.* -**3.** Anarchisme.

**ANARCHIQUE** adj. Qui tient de l'anarchie ; en proie à l'anarchie. ◆ **anarchiquement** adv.

**ANARCHISANT, E** adj. et n. Qui tend vers l'anarchisme ; qui a des sympathies pour l'anarchisme.

**ANARCHISME** n.m. Doctrine politique qui préconise la suppression de l'État et de toute contrainte sociale sur l'individu. SYN. : anarchie.

ENCYCL. L'anarchisme est né au XIXe siècle avec Proudhon et Bakounine. L'idée de Proudhon est qu'il faut détruire toute autorité, dont l'État, sans toucher au lien social. L'anarchie sera atteinte par une action révolutionnaire partant des minorités. Ce sont elles qui, selon Proudhon, montreront aux masses la voie pour organiser la production et la consommation au sein d'unités soudées par un système *fédéral :* les « communes ». Les anarchistes sont proches des socialistes dans la volonté d'émanciper les travailleurs, mais ils s'opposent sur le rôle de l'État.

Lorsque Bakounine adhère à la Ire Internationale (1868), la propagande anarchiste consiste en la création d'associations visant à initier à des modes de production collectifs et de consommation et à les expliquer. Par la suite, les anarchistes ont recours à un autre moyen d'action, le « fait insurrectionnel » (Carlo Cafiero en 1877). Le mouvement anarchiste se poursuit au travers de l'action de Makhno dans la Russie de 1917, de la lutte des marins de Kronchtadt contre les bolcheviks et de la participation des anarchistes à la guerre d'Espagne en 1936. Les anarchistes, tels Durruti, mènent alors une action militaire éducative ; ils organisent des communes libres, des conseils ouvriers, pratiquent la réforme agraire, tentent de nouvelles formes d'enseignement. Ils sont moins aux prises avec les franquistes qu'avec les communistes, qui les écrasent dès 1937.

**ANARCHISTE** adj. et n. Qui relève de l'anarchisme ; qui en est partisan. Abrév. (fam.) : *anar.*

**ANARCHO-SYNDICALISME** [anarko-] n.m. Tendance du syndicalisme ouvrier qui réclame pour les syndicats la gestion des affaires économiques sous le contrôle direct des travailleurs.

**ANARCHO-SYNDICALISTE** [anarko-] adj. et n. (pl. anarcho-syndicalistes). Qui relève de l'anarcho-syndicalisme ; qui en est partisan.

**ANARTHRIE** n.f. (gr. *anarthria,* faiblesse d'articulation). Incapacité d'articuler les mots à la suite d'une lésion cérébrale.

**ANASAZI** *(culture d'),* séquence culturelle (100 av. J.-C. - 1700 apr. J.-C.) du sud-ouest des États-Unis, qui regroupe plusieurs périodes successives : période « Basket makers » (« fabricants de paniers »), de 100 av. J.-C. à 700 apr. J.-C. (début de sédentarisation, agriculture, céramique et vannerie) ; phase Pueblo (apr. 700) avec, de 1100 à 1300, la phase Grand Pueblo, célèbre pour la construction de grands complexes architecturaux tels que Pueblo Bonito ou Mesa Verde.

**Anastasie,** nom plaisant donné à la censure sur les écrits, les spectacles.

**ANASTIGMAT** ou **ANASTIGMATIQUE** adj. m. Se dit d'un système optique corrigé de l'astigmatisme.

**ANASTOMOSE** n.f. (gr. *anastomôsis,* ouverture). **-1.** Accolement sur une certaine longueur ou réunion, par un tronçon intermédiaire, de deux vaisseaux sanguins, de deux nerfs ou de deux fibres musculaires. **-2.** Abouchement chirurgical de deux conduits, canaux ou cavités.

**ANASTOMOSER** v.t. Pratiquer une anastomose.

**ANASTYLOSE** n.f. (du gr. *anastellein,* remonter). Reconstruction d'un édifice ruiné, exécutée en majeure partie avec les éléments retrouvés sur place.

**ANATEXIE** n.f. (gr. *anatêksis,* fonte). Fusion de roches de la croûte continentale, donnant naissance à un magma granitique.

**ANATHÉMATISER** v.t. **-1.** Frapper qqn d'anathème. **-2.** Jeter l'anathème sur qqn.

**ANATHÈME** n.m. (gr. *anathêma,* malédiction). **-1.** Excommunication majeure prononcée contre un hérétique. **-2.** Personne frappée de cette sentence. **-3.** Condamnation publique : *Jeter l'anathème sur qqn.*

**ANATIDÉ** n.m. *Anatidés,* famille d'oiseaux palmipèdes, dont le canard est le type.

**ANATIFE** n.m. (du lat. *anas,* canard, et *ferre,* porter). Crustacé marin ressemblant extérieurement à un mollusque en raison de sa coquille calcaire et vivant fixé aux bois flottants par un fort pédoncule. (Ordre des cirripèdes.)

**ANATOCISME** n.m. (du gr. *ana,* de nouveau, et *tokos,* intérêt). Capitalisation des intérêts d'une somme prêtée, calculée sur une période inférieure à une année.

**ANATOLIE,** en turc **Anadolu,** du gr. **Anatolê** (le Levant, l'Orient, c'est-à-dire les pays à l'est de Constantinople), péninsule occidentale de l'Asie, appelée également *Asie Mineure.*

**ARCHÉOLOGIE**

Le nom « Anatolie » est employé aujourd'hui en Turquie pour désigner tout le territoire asiatique de la république (y compris Arménie et Kurdistan) et est utilisé par les archéologues qui étudient les premières civilisations de cette région.

**Les origines.** *Les villages (jusqu'au IVe millénaire).* Des industries lithiques appartenant au paléolithique moyen et supérieur attestent la présence humaine à une époque très reculée.

Probablement due à des agriculteurs venus du moyen Euphrate, la néolithisation se met en place vers - 7200 avec un passage progressif de l'économie de chasse à celle de la production par la domestication des animaux et des plantes. Plusieurs sites (Çayönü, Cafer Höyük, Çatal Höyük, Hacılar, etc.) permettent de suivre les stades de cette évolution : utilisation très précoce du cuivre à Çayönü, pratiques cultuelles et funéraires, architecture des maisons à Çatal Höyük entre -6500 et -5500, passage d'une agriculture sèche à une agriculture irriguée, divers styles céramiques de Hacılar. Grâce à des analyses chimiques, il a été prouvé que, jusqu'aux environs de -7500, l'Anatolie fournit la majorité de l'obsidienne utilisée au Proche-Orient. À partir du VIe millénaire et pendant le chalcolithique, les fortifications se développent ; parallèlement, on trouve de plus en plus de traces d'incendies et de destructions.

*De la forteresse à la ville (v. 3600 à 1700 av. J.-C.).* La zone de peuplement se déplace vers le nord. Progrès locaux mais surtout apports étrangers sont liés à l'essor de la métallurgie et à l'exploitation des richesses minières (or, argent, cuivre) de la région. Indépendantes des villages anciens, des forteresses apparaissent aussi dans le reste de l'Anatolie. Les chefs des guerriers qui les occupent édifient de grandes demeures et accumulent les objets précieux, que l'on retrouvera dans les tombes royales d'Alaca Höyük. Les premières villes apparaissent vers 2000 av. J.-C.

**Les Hittites et les Néo-Hittites.** À partir du XVIIIe s. av. J.-C., une dynastie des Hittites, peuple indo-européen, unifie le Hatti (Cappadoce) et cherche notamment à assujettir les Hourrites, qui de l'Anti-Taurus ont débordé en Cappadoce orientale et contrôlent de nombreux royaumes en Syrie, Mésopotamie, Anatolie orientale. L'Empire hourrite du Mitanni est ruiné par les Hittites vers 1371-1345 av. J.-C. Mais, vers 1191, les États anatoliens, épuisés par les guerres, sont ruinés par les Peuples de la Mer. Ceux-ci font place à des groupes guerriers qui s'installent sur les ruines des cités. Des États « néo-hittites » occupent la Cilicie et la région du Taurus. Ils seront annexés par l'Assyrie, qui les attaque à partir du IXe s. av. J.-C. À l'est,

**ANATOLIE** : cervidé en bronze incrusté d'argent provenant d'Alaca Höyük. Seconde moitié du IIIe millénaire. (Musée archéologique, Ankara.)

**ANATOLIE** : idole féminine en terre cuite provenant d'Hacılar. V. 5500-5400 av. J.-C. (Musée du Louvre, Paris.)

des descendants ou parents des Hourrites forment le grand royaume de l'Ourartou (v. 870-600). Au centre de l'Anatolie, les Phrygiens constituent vers le milieu du VIIIe siècle un État puissant, ruiné par les Cimmériens (début du VIIe s. av. J.-C.). Après Cyrus, la domination perse ne sera que nominale, laissant le champ libre à l'hellénisme venu des cités grecques de la côte occidentale : l'Anatolie devient l'*Asie Mineure.* (→ ASIE MINEURE, HITTITES.)

**ANATOMIE** n.f. (lat. *anatomia,* du gr. *anatomê,* dissection). -**1.** Étude scientifique de la forme, de la disposition et de la structure des organes de l'homme, des animaux et des plantes : *Anatomie humaine, végétale.* -**2.** Forme, structure d'un être organisé. -**3.** Forme, structure d'une machine, d'un appareil, etc. : *Anatomie d'une voiture.* -**4.** Forme extérieure du corps humain : *Une belle anatomie.*

**ANATOMIQUE** adj. -**1.** Qui a rapport à l'anatomie. -**2.** Qui est spécialement adapté à l'anatomie humaine : *Siège anatomique.* ◆ **anatomiquement** adv. Du point de vue de l'anatomie. ◆ **anatomiste** n.

**ANATOMOPATHOLOGIE** n.f. Étude des modifications de forme ou de structure provoquées par la maladie et, notamm., des altérations tissulaires microscopiques.

**ANATOXINE** n.f. Toxine microbienne ayant perdu son pouvoir toxique et capable de conférer l'immunité.

**ANAXAGORE,** philosophe grec (Clazomènes v. 500 av. J.-C. - Lampsaque v. 428). Selon Anaxagore, la nature est constituée d'un nombre infini d'éléments semblables, dont la composition est à l'origine de toute chose. Tout est dans tout et rien ne naît de rien. C'est l'esprit qui donne mouvement à l'ensemble de la chose matérielle, c'est-à-dire l'Univers, et l'esprit est lui-même conçu par Anaxagore comme une sorte de matière plus subtile.

**ANAXIMANDRE,** philosophe et astronome grec (Milet v. 610 av. J.-C. - v. 547). Il considérait que la Terre a la forme d'un disque. Il définit l'essence de l'Univers comme un ensemble indéterminé, qui contient en lui-même ses propres contraires. Pour lui, toute naissance est la séparation des contraires ; toute mort est leur réunion.

**ANAXIMÈNE** de Milet, philosophe ionien (v. 585 - v. 525 av. J.-C.). Il retient de son maître Anaximandre l'idée que le principe de l'Univers est indéterminé : ce principe, comme l'avait affirmé Thalès, est observable. Pour Anaximène, tout provient de l'air et y retourne.

**ANC** → AFRICAN NATIONAL CONGRESS.

**ANCENIS,** ch.-l. d'arr. de la Loire-Atlantique, sur la Loire ; 7 061 hab. *(Anceniens).* Constructions mécaniques. Industrie alimentaire.

**ANCESTRAL, E, AUX** adj. -**1.** Relatif aux ancêtres. -**2.** Qui remonte à un passé lointain et imprécis.

**ANCÊTRE** n. (lat. *antecessor,* prédécesseur). -**1.** Personne de qui qqn descend, ascendant (plus éloigné que le grand-père, génér.). -**2.** Initiateur lointain d'une idée, d'une doctrine. ◆ pl. -**1.** Ensemble de ceux dont on descend. -**2.** Ceux qui ont vécu avant nous ; aïeux.

**ANCHE** n.f. (frq. *ankja,* tuyau). Languette dont les vibrations produisent les sons dans certains instruments à vent (clarinettes, hautbois, saxophones...) et certains tuyaux de l'orgue. ◆ pl. *Les anches,* les instruments à anche.

**ANCHOIS** n.m. Petit poisson, commun en Méditerranée, qui est le plus souvent conservé dans la saumure ou dans l'huile. (Long. 15 à 20 cm ; famille des engraulidés.)

**ANCHORAGE,** v. du littoral méridional de l'Alaska ; 226 338 hab. Aéroport international.

**ANCHOYADE** ou **ANCHOÏADE** [ɑ̃ʃɔjad] n.f. Purée d'anchois mélangée d'huile d'olive.

**ANCIEN, ENNE** adj. (du lat. *ante,* avant). -**1.** Qui existe depuis longtemps : *Une tradition très ancienne.* -**2.** Qui appartient à une époque révolue : *Les langues anciennes.* -**3.** Qui n'est plus en fonction : *Un ancien ministre.* ◆ adj. et n. Qui a précédé d'autres personnes dans une fonction, un travail : *Il est plus ancien que moi dans l'entreprise.* ◆ **ancien** n.m. -**1.** (Souvent avec une majusc. et au pl.). Personnage ou écrivain de l'Antiquité gréco-romaine. -**2.** Ce qui est ancien (notamm. : meubles, objets, etc.) : *Se meubler en ancien.* -**3.** AFRIQUE. Homme à qui son âge confère le rang d'un notable, dans un village. ◆ **anciennement** adv. Autrefois.

**Ancien Empire** → ÉGYPTE.

**ANCIENNETÉ** n.f. -**1.** État de ce qui est ancien : *L'ancienneté d'une coutume.* -**2.** Temps passé dans une fonction, un emploi, à partir du jour de la nomination : *Avoir 10 ans d'ancienneté.*

**Ancien Régime,** régime social et politique de la France de 1515 à 1789.

→ • **DOSSIER** L'ANCIEN RÉGIME *page suivante.*

**Anciens** *(Conseil des)* → DIRECTOIRE.

# L'ANCIEN RÉGIME

On appelle Ancien Régime le régime social et politique de la France depuis le règne de François Ier (1515-1547) jusqu'à la proclamation de l'Assemblée nationale, le 17 juin 1789, et l'abolition des privilèges dans la nuit du 4 août, lors de la Révolution.

## La société d'Ancien Régime.

Elle se divise en trois ordres, le clergé, la noblesse, qui jouissent de privilèges (notamm. fiscaux), et le tiers état. Premier ordre du royaume, le clergé occupe une position éminente, la religion catholique étant la religion de l'État et celle de 95 % des Français. Placée juridiquement derrière le clergé, la noblesse est socialement prééminente. Elle représente 1,5 % des Français et détient 20 % des terres. Elle est divisée entre une noblesse ancienne (ou d'épée) et une noblesse moderne (ou de robe). Majoritaire dans le pays, le tiers état comprend, à son sommet, la haute bourgeoisie, formée des financiers, des officiers et des grands négociants, qui ont acquis une place prépondérante dans l'État monarchique. Nombreux sont ceux qui, pour s'anoblir, achètent des charges de justice, de finance et de police, appelées offices. Au-dessous se situent les gens des professions libérales, ceux du petit commerce et de l'artisanat et les laboureurs. En bas de l'échelle, la foule des brassiers (ou manouvriers) des villes et des campagnes forme la plus grande partie de la population. Les corporations rassemblent les membres d'un même corps de métiers. Le monde paysan représente la grande majorité de la population.

## Le système politique.

**La monarchie absolue.** Personnage sacré, le roi est le représentant de Dieu sur la terre, le suzerain de tous les seigneurs du royaume et un souverain tout-puissant. Tenant son pouvoir directement de Dieu, il n'a de compte à rendre qu'à lui seul et doit être obéi par tous. Il détient la totalité des pouvoirs mais doit cependant respecter les lois divines et les lois fondamentales du royaume.

**Le gouvernement.** Le roi est assisté de conseillers, placés à la tête des principaux organes de son gouvernement, dont la composition varie selon les époques et les règnes : Conseil du roi, chancelier, connétable (jusqu'en 1627), ministres, secrétaires d'État (à partir de 1626, on en distingue quatre, chargés respectivement de la Maison du roi, des Affaires étrangères, de l'Armée et de la Marine). Le roi fait enregistrer ses actes par les parlements et peut convoquer les états généraux (réunis plusieurs fois au XVI^e^ siècle, puis en 1614 et en 1789) ou même des assemblées de notables.

**Les limites de l'absolutisme monarchique.** En dépit de l'œuvre centralisatrice des derniers Valois et des Bourbons, l'absolutisme monarchique connaît de réelles limites : la lenteur des communications, le faible nombre des agents royaux dans les provinces, la vigueur des langues régionales et des particularismes provinciaux. L'Ancien Régime n'est en effet qu'une juxtaposition d'institutions, de privilèges antagonistes et de compétences contradictoires, et cet héritage séculaire forme écran entre la loi du souverain et la masse des sujets. L'absolutisme royal se heurte d'ailleurs à la vigoureuse résistance des corps intermédiaires (états provinciaux, parlement, municipalités, noblesse, officiers).

**FASTES ROYAUX ET VIE QUOTIDIENNE**

L'Ancien Régime n'est pas seulement un mode de gouvernement, celui exercé du XVI^e^ au XVIII^e^ siècle par des rois dont le sacre – cérémonie religieuse, suivie de réjouissances ❶ – intervient après la prise de pouvoir. L'Ancien Régime est aussi une organisation sociale et économique. De nombreux règlements précisent les conditions d'exercice des métiers. La production et le commerce du sel sont soumis à divers statuts suivant les régions, codifiés par l'ordonnance de 1680. Les provinces du Nord (Flandre, Artois, Hainaut, Boulonnais), le Béarn, la Navarre et la Bretagne sont des pays « exempts », qui ne paient ni gabelle ni redevance. Le commerce du sel y est cependant, comme partout, strictement contrôlé ❷.

## Les institutions.

**Les institutions financières et fiscales.** Nombreuses, elles organisent la perception des impôts ainsi que leur répartition et administrent les finances du royaume : Chambre des comptes, états provinciaux et Ferme générale, chargée de percevoir les impôts indirects et d'en avancer le montant à l'État. À partir de Colbert, le plus haut responsable est le contrôleur général des Finances. Les circonscriptions financières s'appellent élections ou généralités. La taille est le principal impôt direct, les aides, les traites et la gabelle, payée sur le sel, les principaux impôts indirects. Ventes d'offices et emprunts viennent compléter les ressources de l'État.

**Les institutions judiciaires.** En théorie, toute justice émane du roi. En fait, le roi exerce le pouvoir judiciaire en le déléguant à des cours souveraines (parlements et conseils souverains) et à tout un ensemble de cours et de tribunaux. De nombreuses cours seigneuriales et ecclésiastiques rendent également la justice.

**L'administration provinciale.** Les limites des gouvernements, confiés à des gouverneurs aux charges principalement militaires, ne correspondent pas à celles des généralités, où sont établis les intendants du roi, commissaires royaux

assistés de subdélégués. Permanents à partir de 1635, les intendants sont dotés de pouvoirs de police, de justice et de finance. Les parlements provinciaux ont des compétences judiciaires et administratives.

**L'armée.** Il s'agit avant tout d'une armée de mercenaires, l'idée de la conscription progressant lentement (création d'une milice en 1688). Constituée de compagnies, regroupées en régiments, elle appartient davantage à ses chefs qu'au roi, car les colonels et les capitaines achètent leurs commissions et recrutent leurs unités à leur guise. Sous Louis XIV, les secrétaires d'État à la Guerre, Le Tellier et son fils Louvois, procèdent à de nombreuses réformes : contrôle du recrutement, réglemen-

❶ Cavalcade de Louis XV après le sacre à Reims. Peinture de Pierre Denis Martin (1724). [Musée du château de Versailles.]

❷ Pesée du sel à Nantes devant des « jurés-mesureurs ». (Bibliothèque de l'Institut de France, Paris.)

tation de la hiérarchie et institution des grades, échelons d'une carrière d'office. Des commissaires des guerres et des conseils de guerre sont créés, les premières casernes sont construites. Au XVIIIe siècle, la réaction nobiliaire limite l'accès des roturiers aux postes d'officiers.

**La marine de guerre.** Il faut attendre Richelieu pour assister à la création d'une véritable marine de guerre nationale, les rois de France ayant fait jusqu'alors appel, le plus souvent, à des entrepreneurs privés et étrangers. Cet effort, qui conduit à une flotte d'une cinquantaine de vaisseaux, est poursuivi avec ténacité par Colbert et son fils Seignelay. Parallèlement à la guerre d'escadres, des corsaires mènent une fructueuse guerre de course.

### L'activité économique.

L'agriculture est la principale activité économique. Les communaux, composés de pâtures et de forêts, sont le plus souvent laissés à la jouissance des communautés villageoises. L'industrie, très dépendante du monde rural, est enserrée dans un réseau de réglementation des métiers (ou corporations). L'État, qui possède des manufactures royales, contrôle très étroitement l'activité industrielle. Par ailleurs, de nombreux droits de péage doivent être acquittés lors du transport des marchandises. Les échanges entre la France et ses colonies sont régis par le système de l'exclusif et, dans certaines zones, les compagnies de commerce détiennent le monopole de l'activité commerciale.

### Autres définitions de l'Ancien Régime.

Les études menées par les historiens montrent que la démographie, l'économie et les mentalités évoluent selon leur rythme propre. Aussi, à côté de l'Ancien Régime politique et social, (d'environ 1515 à 1789), on peut définir :

- un *Ancien Régime économique,* à dominante agricole, avec ses crises de subsistance et son indigence technique, ses échanges limités et son autoconsommation. Il dure jusqu'à la révolution industrielle (milieu du XIXe s.) ;

- un *Ancien Régime démographique,* avec sa fécondité et sa mortalité propres et sa sensibilité à la conjoncture économique. Il dure jusqu'au début du XVIIIe siècle ;

- un *Ancien Régime mental et culturel,* caractérisé par ses croyances, sa diversité linguistique et l'influence dominante de la religion catholique. Il disparaît dans la seconde moitié du XIXe siècle.

**Voir aussi :** BOURBONS, BOURGEOISIE, COLBERTISME, CORPORATION, ÉTATS GÉNÉRAUX, MORTALITÉ (CRISE DE), NOBLESSE, PRIVILÈGE, TIERS ÉTAT, VALOIS.

**Anciens et des Modernes** *(querelle des),* polémique littéraire et artistique sur les mérites comparés des écrivains et artistes de l'Antiquité et de ceux du siècle de Louis XIV. Elle prit une forme aiguë avec Charles Perrault (*Parallèles des Anciens et des Modernes,* 1688) et annonça le débat entre classiques et romantiques.

**ANCOLIE** n.f. (du lat. *aquilegus,* qui recueille l'eau). Plante vivace dont les fleurs, de couleurs variées, présentent cinq éperons. (Famille des renonculacées.)

**ANCÔNE,** port d'Italie, cap. des Marches et ch.-l. de prov., sur l'Adriatique ; 101 179 hab. — Arc de Trajan. Cathédrale romano-byzantine. Églises et palais médiévaux, baroques, etc. Musées.

**ANCRAGE** n.m. -1. Action d'ancrer un bateau. -2. Action, manière d'ancrer qqch, en partic. un élément de construction (poutre, câble, etc.), à un point fixe ; dispositif assurant une telle fixation. -3. Implantation, enracinement : *L'ancrage d'un parti dans la vie politique.* -4. ***Point d'ancrage,*** point, élément fondamental autour duquel s'organise un ensemble ; endroit de l'habitacle d'un véhicule où est fixée une ceinture de sécurité.

**ANCRE** n.f. -1. Pièce d'acier ou de fer, génér. à deux pattes formant becs, reliée à un câble ou à une chaîne et servant à immobiliser un navire en s'accrochant au fond de l'eau : *Navire qui jette l'ancre, qui lève l'ancre.* -2. Barre de fer destinée à fixer, soutenir ou maintenir un mur, un élément de charpente, etc. -3. Pièce d'horlogerie qui régularise le mouvement du balancier.

**ANCRE** (*maréchal* d') → CONCINI.

**ANCRER** v.t. -1. Immobiliser un bateau au moyen d'une ancre. -2. Fixer profondément un sentiment, une idée chez qqn : *Qui vous a ancré ces préjugés dans la tête ?* -3. Assujettir qqch à un point fixe : *Ancrer un câble.* -4. Consolider qqch à l'aide d'une ancre, par un ancrage : *Ancrer un mur.* ◆ **s'ancrer** v.pr. Se fixer, s'installer.

**ANDAIN** n.m. (du lat. *ambitus,* pourtour). Alignement de foin ou de céréales fauchés et déposés sur le sol.

**ANDALOUSIE,** en esp. **Andalucía,** communauté autonome du sud de l'Espagne, divisée en 8 prov. : Almería, Cadix, Cordoue, Grenade, Huelva, Jaén, Málaga, Séville ; 87 268 km² ; 6 963 116 hab. *(Andalous).* **GÉOGR.** Encore densément peuplée (malgré une émigration persistante), l'Andalousie juxtapose, sous un climat chaud et sec, des paysages variés : montagnes de la sierra Morena (extraction minière) et de la cordillère Bétique (avec la sierra Nevada), dépression du Guadalquivir (riz, coton, canne à sucre, agrumes, vins, olives), frange littorale, animée par le tourisme (actif également dans les grandes villes de l'intérieur : Séville, Cordoue et Grenade). **HIST.** Colonisée par les Phéniciens à partir du VIe s. av. J.-C. puis par les Carthaginois, conquise en 206 av. J.-C. par Rome, qui créa la province de Bétique, la région fut du VIIIe aux XIIIe-XVe siècles le principal foyer de la culture musulmane en Espagne.

**ANDAMAN** *(îles),* archipel du golfe du Bengale, au sud de la Birmanie, formant, avec les îles Nicobar, un territoire de l'Inde ; 8 293 km² ; 240 089 hab. Ch.-l. *Port Blair.*

**ANDANTE** [ɑ̃dɑ̃te] ou [ɑ̃dɑ̃t] adv. En musique, modérément. ◆ n.m. Partie de symphonie, de sonate ou de concerto exécutée dans ce mouvement).

**ANDANTINO** [ɑ̃dɑ̃tino] adv. En musique, plus vif qu'andante. ◆ n.m. Morceau exécuté dans ce tempo.

**ANDELYS** [-li] **(Les),** ch.-l. d'arr. de l'Eure, sur la Seine ; 8 580 hab. *(Andelysiens).* Constructions électriques. — Puissantes ruines du Château-Gaillard de Richard Cœur de Lion. Églises St-Sauveur (XIIIe s.) et Notre-Dame (XIIIe-XVIIe s. ; vitraux, belle tribune d'orgues).

**ANDERLECHT,** comm. de Belgique, banlieue sud-ouest de Bruxelles, sur la Senne ; 87 884 hab. — Maison où séjourna Érasme, aujourd'hui musée.

**ANDERS** (Władisław), général polonais (Błonie 1892 - Londres 1970). Il commanda les forces polonaises reconstituées en U. R. S. S., qui s'illustrèrent en Italie (1943-1945).

**ANDERSCH** (Alfred), écrivain allemand naturalisé suisse (Munich 1914 - Berzona 1980). Communiste, interné à Dachau (1933), cofondateur du Groupe 47, il poursuivit dans ses romans (*les Cerises de la liberté,* 1952) et ses nouvelles (*Un amateur de demi-teintes,* 1963) une méditation sur la solitude.

**ANDERSEN** (Hans Christian), écrivain danois (Odense 1805 - Copenhague 1875). Sa vie fut, selon sa propre expression, « un beau conte » : fils d'un pauvre cordonnier, il tenta dès quatorze ans sa chance au théâtre, parcourut l'Europe, s'entoura d'amitiés célèbres (Dickens, Hugo, Liszt, Wagner) pour finir familier des souverains danois et statufié de son vivant. Son immense célébrité ne lui vint pas du

Hans Christian **ANDERSEN**, écrivain danois. Détail d'un portrait par C. A. Jensen. (Musée Andersen, Odense.)

théâtre, de la poésie, du roman ou des récits de voyage, mais de ses *Contes* (1835-1872) [→ CONTES ], inspirés de récits populaires ou de sa propre vie.

**ANDERSEN NEXØ** (Martin), écrivain danois (Copenhague 1869 - Dresde 1954), le principal représentant du roman prolétarien (*Pelle le conquérant,* 1906-1910 ; *Ditte, enfant des hommes,* 1917-1921).

**ANDERSON** (Carl David), physicien américain (New York 1905 - San Marino, Californie, 1991). Il a découvert l'électron positif, ou positron, lors de ses études sur les rayons cosmiques. (Prix Nobel 1936.)

**ANDERSON** (Lindsay), cinéaste britannique (Bangalore, Inde, 1923 - Saint-Saud-Lacoussière, Dordogne, 1994). Principal animateur du mouvement « free cinema », il a notamment réalisé *If...* (1968), *Britannia Hospital* (1982), *les Baleines du mois d'août* (1987).

**ANDERSON** (Sherwood), écrivain américain (Camden 1876 - Colón, Panamá, 1941). Il fut l'un des créateurs de la nouvelle américaine moderne (*Winesburg, Ohio,* 1919).

**ANDES** *(cordillère des),* grande chaîne de montagnes de l'Amérique du Sud, s'étendant sur sept pays (Argentine, Bolivie, Chili, Colombie, Équateur, Pérou et Venezuela) ; 6 959 m à l'Aconcagua.

**Le relief.** Du Venezuela à la Terre de Feu, les Andes s'allongent sur près de 8 000 km en bordure du Pacifique, constituant le plus grand relief du monde, entre des sommets à près de 7 000 m et des fosses océaniques d'une profondeur comparable. Au N., au Venezuela et en Colombie, s'individualisent trois cordillères séparées par les fossés du Cauca et du Magdalena. En Équateur et surtout au Pérou et en Bolivie, où la chaîne s'élargit, deux cordillères, occidentale et orientale, portant de hauts volcans (Chimborazo, Cotopaxi), enserrent une haute plaine (l'Altiplano), encore partiellement lacustre (Titicaca, Poopó). Au S. (Chili et Argentine), la chaîne, unifiée, se rétrécit mais demeure élevée (Aconcagua) jusqu'à Santiago ; au-delà, elle ne dépasse plus qu'exceptionnellement 4 000 m, découpée en archipels.

**Le climat et l'occupation du sol.** L'étirement en latitude sur 66 ° (de 10 ° N. à 56 ° S.), l'altitude, l'exposition, le rôle du courant froid de Humboldt sur la côte du Pérou et du Nord chilien expliquent la variété des climats et des formations végétales.

**ANDES** : paysage de l'Altiplano, en Bolivie.

*Le Nord.* Dans le Nord tropical humide et équatorial, la forêt dense monte (dégradée) jusqu'à près de 4 000 m. L'étagement des cultures est le suivant : jusqu'à 900 m, *tierras calientes* (terres chaudes), avec le cacaoyer, la canne à sucre ; jusqu'à 2 000 m, *tierras templadas* (terres tempérées), avec la canne à sucre, le maïs, les caféiers ; jusqu'à 3 000 m, *tierras frías* (terres froides), avec le blé, l'orge et la pomme de terre ; au-dessus de 3 000 m, c'est le *páramo,* prairie humide avec des tourbières ; au-delà de 4 500 m, les neiges éternelles.

*Le Centre et le Sud.* Les Andes centrales sont plus sèches, parfois arides, avec des cactées au-dessous de 2 500 m, des céréales jusqu'à 3 500 m, les tubercules jusqu'à près de 4 000 m ; au-delà (jusqu'à 4 800 m), la *puna* est le domaine de l'élevage. À la latitude de Santiago, le climat méditerranéen (blé, vigne, arboriculture irriguée) succède au désert côtier. Le climat devient océanique au S., puis froid. Dans l'extrême Sud chilien, les glaciers descendent jusqu'à la mer.

**Le peuplement.** Partie autrefois la plus peuplée de l'Amérique du Sud avec une population et une exploitation agricoles adaptées à l'altitude, les Andes se sont partiellement dépeuplées au profit du littoral. Il y subsiste cependant quelques grandes villes (Bogotá, Medellín, Quito, La Paz), des exploitations minières (fer et cuivre notamment, pétrole surtout dans l'avant-pays).

**ANDÉSITE** n.f. (de *Andes,* n.pr.). Roche volcanique, noire ou grise, souvent vacuolaire, composée essentiellement de plagioclase et de pyroxène.

**ANDHRA PRADESH,** État de l'Inde, dans le Deccan, sur le golfe du Bengale ; 275 000 km² ; 66 304 854 hab. Cap. *Hyderabad.*

**ANDIJAN,** v. de l'Ouzbékistan, dans le Fergana ; 293 000 hab.

**andin** *(Pacte),* organisation issue du pacte signé à Cartagena en 1969 par différents pays latino-américains en vue d'organiser une meilleure intégration économique. Le programme ambitieux adopté par les 5 États membres (Bolivie, Colombie, Équateur, Pérou et Venezuela) lors de la réunion de Caracas en mai 1991 (création d'une zone de libre-échange dès 1992 et mise en place d'un marché commun en 1995) tarde à se concrétiser.

**ANDONG,** port de Chine (Liaoning), à l'embouchure du Yalu ; 420 000 hab.

**ANDORRE** *(principauté d'),* État d'Europe, dans les Pyrénées.

**NOM OFFICIEL** : principauté d'Andorre.
**CAPITALE** : Andorre-la-Vieille (16 000 hab.).
**SUPERFICIE** : 465 km$^2$.
**POPULATION** : 62 500 hab. *(Andorrans).*
**LANGUE OFFICIELLE** : catalan.
**RELIGION** : catholicisme.
**MONNAIES** : franc français et peseta.
**RÉGIME** : parlementaire.
**CHEF DE L'ÉTAT** : les coprinces, l'évêque d'Urgel et le chef d'État de la France.
**CHEF DU GOUVERNEMENT** : Premier ministre.
**LÉGISLATIF** : Conseil général composé de 28 conseillers, élus au suffrage universel pour 4 ans.

**GÉOGRAPHIE**

L'Andorre est une région montagneuse (altitude moyenne de 1 800 m), au climat rude, qui vit de l'élevage, de quelques rares cultures (dont le tabac) et surtout du tourisme, favorisé par la modernisation des communications et par la vente de produits importés en franchise. La principauté accueille annuellement environ 7 millions de visiteurs.

**HISTOIRE**

Au IX$^e$ siècle, l'Andorre appartient aux comtes d'Urgel (ville d'Espagne), qui la cèdent

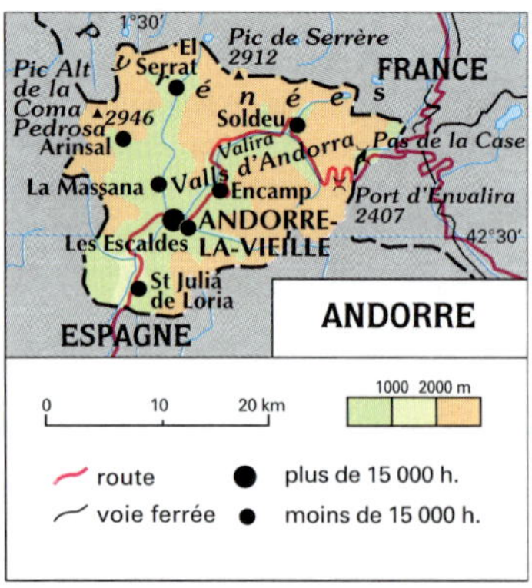


à l'évêque d'Urgel. En 1278, un jugement met fin à la lutte entre Français et Espagnols pour la domination du territoire : le pays est défini comme une principauté placée sous la double suzeraineté de l'évêque d'Urgel et du comte de Foix, dont les droits passent au roi de France en 1607. En 1982 intervient une réforme des institutions ; désormais, le chef du gouvernement est élu par le Parlement. En 1993, l'Andorre se dote de sa première Constitution écrite et devient membre de l'O. N. U.

**ANDO TADAO**, architecte japonais (Osaka 1941). Épris de dépouillement, jouant des variations de la lumière sur quelques figures géométriques d'un béton brut très soigné, il est surtout connu pour des maisons individuelles, des chapelles (celle du mont Rokko, près de Kobe, 1986), des musées et pour le pavillon du Japon à l'Exposition universelle de Séville (1992), d'une sobre envolée.

**ANDOUILLE** n.f. (du lat. *inducere,* introduire). Produit de charcuterie cuite, emballé en boyau noir, constitué princ. du tube digestif des animaux de boucherie, en partic. du porc.

**ANDOUILLER** n.m. (du lat. *ante,* devant, et *oculus,* œil). Ramification des bois du cerf et des animaux de la même famille.

**ANDOUILLETTE** n.f. Charcuterie cuite, emballée en boyau, faite princ. d'intestins de porc.

**ANDRADE** (Mário **de**), poète brésilien (São Paulo 1893 - *id.* 1945). Il fut l'un des initiateurs du « modernisme » (*Paulicéia Desvairada,* 1922).

**ANDRADE** (Olegario), poète argentin (Alegrete, Brésil, 1839 - Buenos Aires 1882). Disciple de Hugo, il donna une forme épique au sentiment national (*Prometeo,* 1877).

**ANDRADE** (Oswald **de**), écrivain brésilien (São Paulo 1890 - *id.* 1954). Il fut l'un des initiateurs du « modernisme » (*Pau-Brasil,* 1925) et du retour aux sources indigènes (« mouvement anthropophagique »).

**ANDRÁSSY** (Gyula, *comte*), homme politique hongrois (Kassa 1823 - Volosca 1890), président du Conseil en Hongrie (1867), puis ministre des Affaires étrangères de l'Autriche-Hongrie (1871-1879).

**ANDRÉ** *(saint),* l'un des douze apôtres. Pêcheur de son état, il faisait partie des disciples de Jean-Baptiste lorsque, avec son frère Pierre, il décida de suivre Jésus. Selon la tradition, il serait mort à Patras sur une croix en forme d'X (d'où le nom de *croix de saint André*).

**ANDREA** del Castagno, peintre italien (dans le Mugello, Toscane, v. 1420 - Florence 1457). Continuateur de Masaccio et de Donatello, d'une âpre puissance, il est épris de rigueur géométrique, cherche le relief jusqu'au trompe-l'œil, mais aussi le mouvement. Il a travaillé à Florence (fresques à l'anc. monastère de S. Apollonia) et à Venise.

**ANDREA DEL CASTAGNO** : *Pippo Spano,* série des « Hommes et Femmes illustres » (v. 1450). [Offices, Florence.]

**ANDREA** del Sarto, peintre italien (Florence 1486 - *id.* 1530). Il marque à la fois l'aboutissement de la Renaissance classique et le point de départ du maniérisme toscan dans ses fresques des couvents de Florence et ses tableaux, faits d'eurythmie et de sereine grandeur.

**ANDREA** Pisano ou da Pontedera, sculpteur et architecte italien (Pontedera, près de Pise, v. 1290 - Orvieto v. 1348). Ses reliefs, à Florence (1re porte en bronze du baptistère, 1330-1336, puis médaillons du campanile), réalisent une harmonieuse synthèse de l'élégance gothique et du classicisme de Giotto. Il fut maître d'œuvre des cathédrales de Florence (1340) et d'Orvieto (1347). Son fils, **Nino Pisano** (m. v. 1368), qui lui succéda à Orvieto, est le créateur de souples madones déhanchées à la française.

**ANDREÏEV** (Leonid Nikolaïevitch), écrivain russe (Orel 1871 - Mustamäggi, Finlande, 1919). Ses nouvelles (*le Gouffre,* 1902) et son théâtre (*la Vie humaine,* 1907) font de lui l'un des meilleurs représentants du symbolisme russe.

**ANDREOTTI** (Giulio), homme politique italien (Rome 1919). Député démocrate-chrétien dès 1945, il est président du Conseil (1972-73 et 1976-1979), ministre des Affaires étrangères (1983-1989), puis de nouveau président du Conseil (1989-1992).

**ANDREWS** (Thomas), physicien irlandais (Belfast 1813 - *id.* 1885). Il a découvert la température critique et reconnu la continuité des états liquide et gazeux.

**ANDRIĆ** (Ivo), écrivain serbe (Dolac 1892 - Belgrade 1975). Ses recueils lyriques (*Ex Ponto,* 1918), ses romans (*le Pont sur la Drina,* 1945), ses nouvelles (*l'Éléphant du vizir,* 1977) évoquent sa Bosnie natale et les luttes politiques de son pays. (Prix Nobel 1961.)

**ANDRIEU** (Jean-François **d'**) → DANDRIEU.

**ANDRINOPLE** n.f. (de *Andrinople,* n.pr.). Étoffe de coton bon marché, souvent rouge.

**ANDRINOPLE,** ancien nom de la ville turque d'**Edirne**. D'abord appelée Hadrianopolis en l'honneur de l'empereur Hadrien, qui la reconstruisit vers 125, elle fut le théâtre de deux batailles décisives : en 324, Constantin y battit Licinius ; en 378, l'empereur Valens y fut vaincu et tué par les Goths. Conquise par les Turcs (1362), elle devint au XVe siècle le siège de la cour ottomane. Le tsar y signa avec les Turcs un traité reconnaissant l'indépendance de la Grèce (1829).

**ANDROCÉE** n.m. (du gr. *anêr, andros,* homme, et *oikia,* maison). Ensemble des étamines d'une fleur.

**ANDROCÉPHALE** adj. (du gr. *anêr, andros,* homme, et *kephalê,* tête). Se dit d'une statue d'animal à tête humaine.

**ANDROGÈNE** adj. et n.m. Se dit d'une substance hormonale qui provoque le développement des caractères sexuels mâles.

**ANDROGENÈSE** ou **ANDROGÉNIE** n.f. Développement de l'œuf à partir du seul noyau spermatique.

**ANDROGYNE** [ɑ̃drɔʒin] adj. (du gr. *anêr, andros,* homme, et *gunê,* femme). **-1.** Qui tient des deux sexes ; hermaphrodite. -2. Se dit des plantes qui portent à la fois des fleurs mâles et des fleurs femelles, comme le noyer. ◆ n.m. Être androgyne.

**ANDROGYNIE** n.f. Caractère de l'androgyne ; hermaphrodisme.

**ANDROÏDE** n.m. Automate à figure humaine.

**ANDROLOGIE** n.f. Étude de la morphologie et de la pathologie de l'appareil génital de l'homme. ◆ **andrologue** n.

**ANDROMAQUE,** héroïne de la mythologie grecque, épouse d'Hector, le chef troyen de *l'Iliade.* Après la mort de celui-ci et celle de son fils Astyanax, elle fut remise au fils d'Achille, Néoptolème, à qui elle donna des fils. – Le personnage d'Andromaque a inspiré notamment Euripide et Racine.

**ANDRONIC Ier COMNÈNE** (Constantinople 1122 - 1185), empereur byzantin (1183-1185). Il fit étrangler Alexis II pour s'emparer du trône et fut renversé par Isaac II Ange. **Andronic II Paléologue** (Nicée 1256 - Constantinople 1332), empereur de 1282 à 1328. Il lutta sans succès contre les Turcs et contre son petit-fils, et abdiqua. **Andronic III Paléologue** (Constantinople v. 1296 - *id.* 1341), son petit-fils, empereur de 1328 à 1341. Il ne put s'opposer aux Turcs en Asie Mineure.

**ANDROPAUSE** n.f. Diminution de l'activité génitale chez l'homme, à partir d'un certain âge.

**ANDROPOV** (Iouri Vladimirovitch), homme d'État soviétique (Nagoutskaïa, région de Stavropol, 1914 - Moscou 1984). Chef du KGB (1967-1982), il fut secrétaire général du Parti (1982-1984) et président du Soviet suprême (1983-84).

**ANDROS** ou **ÁNDHROS,** une des Cyclades (Grèce).

**ANDROSTÉRONE** n.f. Hormone sexuelle mâle.

**ANDROUET DU CERCEAU** → DU CERCEAU.

**ANDRZEJEWSKI** (Jerzy), écrivain polonais (Varsovie 1909 - *id.* 1983). Il fut l'un des initiateurs du mouvement de révolte des intellectuels en 1956 (*Cendres et diamant,* 1948 ; *la Pulpe,* 1980).

**ÂNE** n.m. -1. Mammifère équidé, voisin du cheval, à longues oreilles et au pelage génér. gris. *L'âne brait,* pousse son cri. -2. Personne ignorante, à l'esprit borné.

**ANÉANTIR** v.t. -1. Détruire entièrement qqch : *La grêle a anéanti les récoltes.* -2. Écraser complètement un groupe : *Anéantir un régiment.* -3. Ôter à qqn ses forces physiques ou morales : *Ces mauvaises nouvelles l'ont anéanti.*

**ANÉANTISSEMENT** n.m. Action d'anéantir ; fait d'être anéanti ; destruction, ruine.

**ANECDOTE** n.f. (gr. *anekdota,* choses inédites). Récit succinct d'un fait piquant ou peu connu.

**ANECDOTIQUE** adj. Qui tient de l'anecdote, qui ne touche pas à l'essentiel : *Détail purement anecdotique.*

**Âne d'or** (l') ou **les Métamorphoses,** roman d'Apulée (IIe s. apr. J.-C.). L'auteur narre les mésaventures d'un jeune homme transformé en âne par une sorcière et rendu à sa forme humaine par la déesse Isis, en alternant scènes réalistes, contes licencieux et aventures dramatiques ou comiques.

**ANÉLASTICITÉ** n.f. Propriété d'un matériau dont l'élasticité imparfaite a pour origine un phénomène de frottement intérieur.

**ANÉLASTIQUE** adj. Qui possède la propriété d'anélasticité.

**ANÉMIE** n.f. (gr. *anaimia,* manque de sang). -1. Diminution de la concentration en hémoglobine du sang (au-dessous de 0,13 g/ml chez l'homme et de 0,12 g/ml chez la femme). (V. ENCYCL.) -2. Affaiblissement : *L'anémie de la production.*

**ENCYCL.**

**Les causes.** La carence en fer est une des causes les plus fréquentes d'anémie. Elle se rencontre chez le petit enfant, au cours d'une grossesse, ou à la suite d'un saignement microscopique chronique d'origine gynécologique ou digestive. Hémorragies aiguës, inflammations, maladies héréditaires, alcoolisme, réactions à un médicament sont d'autres causes possibles.

**Les signes.** Outre la pâleur de la peau, on observe les conséquences de l'insuffisance en oxygène au niveau des tissus : fatigue, vertiges, maux de tête, essoufflement à l'effort.

**Le traitement.** On supprime la cause par arrêt d'une hémorragie, absorption de fer sous forme médicamenteuse quand cela est possible. Les transfusions sont réservées aux anémies sévères.

**ANÉMIÉ, E** adj. Atteint d'anémie.

**ANÉMIER** v.t. Rendre anémique.

**ANÉMIQUE** adj. et n. Relatif à l'anémie ; atteint d'anémie.

**ANÉMOMÈTRE** n.m. (du gr. *anemos,* vent, et *metron,* mesure). Instrument qui sert à mesurer la vitesse d'écoulement d'un fluide gazeux, en partic. la vitesse du vent.

**ANÉMONE** n.f. -1. Plante herbacée dont plusieurs espèces sont cultivées pour leurs fleurs décoratives. (Famille des renonculacées.) -2. *Anémone des bois,* anémone dont les fleurs blanches ou roses éclosent au printemps. || *Anémone de mer,* actinie.

**ANÉMOPHILE** adj. *Plantes anémophiles,* plantes chez lesquelles la pollinisation est effectuée par le vent.

**ANÉMOPHILIE** n.f. Pollinisation par le vent.

**ANENCÉPHALE** adj. et n. Atteint d'anencéphalie.

**ANENCÉPHALIE** n.f. Absence de cerveau.

**ANÉRECTION** n.f. Absence ou fugacité de l'érection.

**ÂNERIE** n.f. Parole ou acte stupides.

**ANÉROÏDE** adj. *Baromètre anéroïde,* baromètre fonctionnant par déformation élastique d'une capsule ou d'un tube métallique.

**ÂNESSE** n.f. Femelle de l'âne.

**ANESTHÉSIANT, E** adj. et n.m. Anesthésique.

**ANESTHÉSIE** n.f. (gr. *anaisthêsia,* insensibilité). -1. Perte plus ou moins complète de la sensibilité générale ou de celle d'une région du corps, produite par une maladie ou par un agent anesthésique. -2. État d'insensibilité personnelle ou collective.

ENCYCL.

**L'anesthésie générale.** Utilisée pour les interventions chirurgicales importantes ou prolongées, elle provoque un coma contrôlé. L'anesthésique est administré soit par inhalation, sous forme gazeuse, soit par intraveineuse.

**L'anesthésie régionale.** Elle abolit la sensibilité et, éventuellement, la motricité, dans une région du corps, par infiltration autour des troncs ou des racines des nerfs. (→ RACHIANESTHÉSIE, PÉRIDURALE.)

**L'anesthésie locale.** Elle est obtenue par infiltration, pulvérisation, instillation ou application de froid. Elle permet par exemple de suturer une petite plaie cutanée.

**ANESTHÉSIER** v.t. -1. Pratiquer une anesthésie sur qqn, sur une partie du corps. -2. Endormir qqn, une collectivité, les rendre insensibles : *Anesthésier l'opinion publique.*

**ANESTHÉSIOLOGIE** n.f. Science de l'anesthésie et ensemble des techniques qui s'y rattachent. ◆ **anesthésiologiste** n.

**ANESTHÉSIQUE** n.m. Substance qui produit l'anesthésie par inhalation ou par injection intraveineuse (protoxyde d'azote, chloroforme, etc.). SYN. : **anesthésiant.** ◆ adj. Qui se rapporte à l'anesthésie, qui la provoque.

**ANESTHÉSISTE** n. Médecin qui pratique l'anesthésie.

**ANET,** ch.-l. de cant. d'Eure-et-Loir, près de l'Eure ; 2 813 hab. *(Anétais).* — Du château dessiné en 1548 par P. Delorme pour Diane de Poitiers subsistent le portail d'entrée, une aile (remaniée au XVII^e^ s.), la remarquable chapelle coiffée d'une coupole.

**ANETH** [anɛt] n.m. Ombellifère aromatique à feuilles vert foncé, communément appelée *faux anis, fenouil bâtard.*

**ANETO** *(pic d'),* point culminant des Pyrénées, en Espagne, dans la Maladeta ; 3 404 m.

**ANEURINE** n.f. Vitamine B1. SYN. : **thiamine.**

**ANÉVRYSME** ou **ANÉVRISME** n.m. (gr. *aneurusma,* dilatation). Poche formée par les parois altérées d'une artère ou du cœur.

**ANFRACTUOSITÉ** n.f. (du bas lat. *anfractuosus,* tortueux). Cavité profonde et irrégulière.

**ANGARA,** riv. de Sibérie, qui sort du lac Baïkal, affl. de l'Ienisseï (r. dr.) ; 1 826 km. Aménagements hydroélectriques (dont Bratsk).

**ANGARIE** n.f. (gr. *aggareia,* contrainte). Réquisition exercée par un État, en temps de guerre, de véhicules et de navires étrangers se trouvant sur son territoire ou dans ses ports.

**ANGARSK,** v. de Russie, sur l'Angara ; 266 000 hab.

1. **ANGE** n.m. (gr. *aggelos,* messager). -1. Être spirituel, intermédiaire entre Dieu et l'homme. (La tradition chrétienne classe les anges en trois hiérarchies distribuées chacune en trois chœurs.) -2. Personne parfaite ou douée de telle éminente qualité : *Un ange de douceur.* -3. *Ange gardien,* attaché à la personne de chaque chrétien pour le protéger, dans le catholicisme.

2. **ANGE** n.m. Grand poisson marin (env. 2 m) du groupe des requins, dont le corps ressemble à celui de la raie.

**Ange bleu** (l') → STERNBERG.

**ANGÉITE** n.f. Inflammation des vaisseaux.

**ANGELES,** v. des Philippines, au nord-ouest de Manille ; 236 000 hab.

**ANGELICO** (Guidolino **di Pietro,** dit Fra ou Beato), peintre italien (dans le Mugello [Toscane] v. 1400 - Rome 1455). Dominicain à Fiesole et au couvent S. Marco de Florence, il a travaillé aussi à Orvieto et à Rome (chapelle de Nicolas V). Formé au style gothique courtois, il n'ignore pas la leçon d'un Masaccio, mais choisit l'évocation d'un espace spirituel où prime soit l'intensité lumineuse du coloris (retables), soit un dépouillement propre à la méditation (fresques du couvent S. Marco).

1. **ANGÉLIQUE** adj. **-1.** Relatif aux anges. **-2.** Digne d'un ange : *Voix, douceur angélique.* ◆ **angéliquement** adv.

2. **ANGÉLIQUE** n.f. **-1.** Plante ombellifère aromatique cultivée pour ses tiges et ses pétioles, que l'on consomme confits. **-2.** Tige confite de cette plante.

**Angélique,** nom de deux héroïnes de la poésie épique italienne : celle du *Roland amoureux* de Boiardo et celle du *Roland furieux* de l'Arioste.

**ANGÉLISME** n.m. Refus des réalités charnelles, matérielles, par désir de pureté extrême.

**ANGELOPOULOS** (Theodhoros), cinéaste grec (Athènes 1936). Ses premiers films évoquent l'histoire politique de son pays et ont fait de lui le chef de file du cinéma grec contemporain (*le Voyage des comédiens,* 1975 ; *Alexandre le Grand,* 1980). Depuis, délaissant la veine politique, il peint l'attente, l'espace, la solitude (*Voyage à Cythère,* 1984 ; *l'Apiculteur,* 1986 ; *Paysage dans le brouillard,* 1988 ; *le Pas suspendu de la cigogne,* 1991 ; *le Regard d'Ulysse,* 1995).

**ANGELOT** n.m. Petit ange.

**ANGÉLUS** [ɑ̃ʒelys] n.m. (lat. *angelus,* ange). **-1.** (Avec une majusc.). Prière en latin, commençant par ce mot, récitée ou chantée le matin, à midi et le soir. **-2.** Sonnerie de cloche annonçant cette prière.

**ANGERS,** ch.-l. du dép. de Maine-et-Loire, anc. cap. de l'Anjou, sur la Maine, à 296 km au sud-ouest de Paris ; 146 163 hab. *(Angevins).* Évêché. Cour d'appel. Université. École d'application du génie, école d'arts et métiers. Centre commercial et industriel d'une agglomération d'environ 210 000 hab. **HIST.** Oppidum gaulois puis riche cité romaine, la ville fut la capitale de l'État féodal des Plantagenêts. **ARTS.** Château, puissante forteresse de Foulques Nerra reconstruite par Louis IX ; chapelle du XV^e siècle ; musée de tapisseries : tenture de l'*Apocalypse* (→ APOCALYPSE). Édifices gothiques à voûtes bombées dites « angevines » (XII^e-XIII^e s.) : cathédrale (vitraux), églises de la Trinité et St-Serge, hôpital St-Jean. Riche musée des Beaux-Arts dans le logis Barrault, de la fin du XV^e siècle ; musée Turpin de Crissé dans l'hôtel Pincé, de la Renaissance (arts chinois et japonais, vases grecs, etc.) ; galerie David d'Angers dans une ancienne église ; l'hôpital St-Jean abrite le musée Jean-Lurçat et de la Tapisserie contemporaine.

**ANGES** *(dynastie des),* dynastie byzantine qui régna de 1185 à 1204 et sous laquelle s'effondra la puissance de l'Empire byzantin.

**ANGEVIN, E** adj. et n. D'Angers ou de l'Anjou.

**ANGINE** n.f. (du lat. *angere,* serrer). **-1.** Inflammation des muqueuses de l'isthme du gosier et du pharynx. (V. ENCYCL.) **-2.** ***Angine de poitrine,*** syndrome douloureux de la région précordiale, accompagné d'une sensation d'angoisse. SYN. : angor.

**ENCYCL.**

**Les causes et les signes.** Les bactéries banales, en particulier le streptocoque, et les virus sont responsables de la forme aiguë commune : fièvre, douleur, rougeur de la gorge qui s'étend aux amygdales. Parfois, des sécrétions forment des points blancs sur les amygdales (« angine blanche »).

**Les complications.** Chez l'enfant, la très fréquente infection par le streptocoque se compliquait, autrefois, d'atteintes rénales, rhumatismales (rhumatisme articulaire aigu), voire cardiaques (lésions des valvules).

**Le traitement.** L'emploi systématique des antibiotiques chez l'enfant a considérablement diminué la fréquence de ces complications. (→ DIPHTÉRIE.)

**ANGINEUX, EUSE** adj. et n. **-1.** Accompagné d'angine ; relatif à l'angine ou à l'angine de poitrine. **-2.** Qui souffre d'angine, y est sujet.

**ANGIOCARDIOGRAPHIE** n.f. Radiographie des cavités du cœur et des gros vaisseaux.

**ANGIOGRAPHIE** n.f. (du gr. *angeion,* vaisseau, et *graphein,* écrire). Radiographie des vaisseaux après injection de substances opaques aux rayons X.

**ANGIOLOGIE** n.f. Partie de l'anatomie qui étudie les systèmes circulatoires sanguin et lymphatique. ◆ **angiologue** n.

**ANGIOMATOSE** n.f. Maladie caractérisée par la formation d'angiomes multiples à la surface des téguments ou dans la profondeur des organes.

**ANGIOME** n.m. (gr. *angeion,* vaisseau). Tumeur vasculaire bénigne, le plus souvent congénitale.

**ANGIOPLASTIE** n.f. ***Angioplastie transluminale,*** technique permettant de traiter les sténoses artérielles au moyen d'une sonde à ballonnet gonflable qui écrase la plaque d'athérome.

**ANGIOSPERME** n.f. (du gr. *angeion,* vase, boîte, et *sperma,* graine). ***Angiospermes,*** sous-embranchement de plantes phanérogames dont les graines sont enfermées dans un fruit, comprenant près de 300 000 espèces. (Les angiospermes se divisent en *monocotylédones* et *dicotylédones.*)

**ANGIOTENSINE** n.f. Peptide vasoconstricteur et hypertenseur formé par action de la rénine et qui agit en stimulant la sécrétion d'aldostérone.

**ANGKOR,** site archéologique du Cambodge, au nord de Siem Reap. Capitale presque sans interruption depuis sa fondation par Yashovarman Ier (889-v. 900) jusqu'à 1431 (sujétion au royaume d'Ayuthia), elle comprend plus de 80 monuments élevés du VIIe au XIIIe siècle. Les temples royaux dits *temples-montagnes,* l'importance des aménagements hydrauliques (sacrés plus qu'utilitaires) et une volonté de géométrie font l'unité de l'ensemble centré une première fois sur le Phnom Bakheng (temple-montagne au symbolisme complexe), puis sur l'énorme temple-montagne du Bayon pour Angkor Thom, la capitale édifiée par Jayavarman VII (1181-v. 1218) au nord du Phnom Bakheng. Au sud d'Angkor Thom se trouve Angkor Vat, temple consacré à Vishnou par Suryavarman II (1113-apr. 1144) et qui est considéré comme son mausolée. Des galeries pourtournantes – ornées de bas-reliefs – relient les cinq tours disposées en quinconce. Vers le XVe siècle, il devint un sanctuaire bouddhique.

→ • DOSSIER ANGKOR *page 262.*

**ANGLAIS, E** adj. et n. -**1.** D'Angleterre. -**2.** De Grande-Bretagne. ◆ **anglais** n.m. Langue indo-européenne du groupe germanique, parlée princ. en Grande-Bretagne et aux États-Unis. (V. ENCYCL.) ◆ **anglaise** n.f. -**1.** Écriture cursive, penchée à droite. -**2.** Cerise d'une variété au goût acidulé. -**3.** Boucle de cheveux longue et roulée en spirale. -**4.** ***À l'anglaise,*** cuit à l'eau ou à la vapeur.

**ENCYCL.** L'anglais est, après le chinois, la langue la plus répandue dans le monde. De plus, c'est la première langue utilisée pour les échanges commerciaux et la diffusion de l'information technique et scientifique. Son aire d'extension est constituée de l'ensemble des îles Britanniques, de certains pays du Commonwealth (Australie, Nouvelle-Zélande), du Canada et des États-Unis *(américain).* L'anglais appartient au groupe occidental des langues germaniques.

Venant d'Allemagne du Nord et du Jylland, les Angles, les Saxons et les Jutes, qui parlaient des dialectes appartenant au germanique occidental, envahirent aux Ve et VIe siècles la Britannia. L'*anglo-saxon* (ou vieil anglais) supplante ainsi le parler romano-celtique antérieur

**ANGKOR** : le temple d'Angkor Vat ; art khmer, XIIe siècle.

et devient la langue littéraire de l'Angleterre du IXe siècle. Cette langue subit également l'influence scandinave, particulièrement dans le vocabulaire militaire et juridique (invasions vikings). La conquête normande (1066) impose le français comme langue officielle. Les structures grammaticales de la langue indigène n'en seront pas affectées, mais le vocabulaire en sera profondément marqué dans le domaine de la politique, de l'habillement, de la vie artistique et religieuse. Au XIVe siècle, le dialecte de la région de Londres s'impose comme langue commune et littéraire dans l'île et en Irlande. Le poète Geoffrey Chaucer fixe la langue et la grammaire anglaises.

**ANGLAISER** v.t. Sectionner les muscles abaisseurs de la queue d'un cheval pour qu'elle demeure en position horizontale.

**ANGLE** n.m. -**1.** Coin, encoignure. -**2.** Figure formée par deux demi-droites, ou *côtés,* ou par deux demi-plans, ou *faces,* qui se coupent.

**ANGLEBERT** (Jean-Henri d') → DANGLEBERT.

**ANGLEDOZER** [ɑ̃glədozœr] n.m. Engin de terrassement muni d'une lame agissant obliquement par rapport à la direction de sa progression. Recomm. off. : *bouteur biais.*

**ANGLES,** peuple germanique venu du Schleswig (N. de l'Allemagne), qui envahit la Grande-Bretagne au Ve siècle et donna son nom à l'Angleterre.

**ANGLESEY,** île de Grande-Bretagne (pays de Galles), dans la mer d'Irlande ; 715 km$^2$ ; 67 800 hab. V. princ. *Holyhead.*

**ANGLET** n.m. Moulure creuse, de profil angulaire, séparant notamm. les bossages.

**ANGLET,** ch.-l. de c. des Pyrénées-Atlantiques ; 33 956 hab. *(Angloys).* Station balnéaire. Constructions aéronautiques.

**ANGLETERRE,** partie sud de la Grande-Bretagne, limitée par l'Écosse au nord et le pays de Galles à l'ouest ; 130 400 km$^2$ ; 46 170 300 hab. *(Anglais).* Cap. *Londres.*

**HISTOIRE**

**L'Angleterre jusqu'à la conquête normande.**

Peuplée dès la préhistoire (monuments mégalithiques de Stonehenge), l'Angleterre était appelée *Bretagne* dans l'Antiquité. Elle fut peuplée par les Celtes. La conquête romaine est centrée sur le bassin de Londres.

**Ve s. apr. J.-C. :** invasion des peuples germaniques (Jutes, Angles et Saxons). Ils fondent plusieurs royaumes et repoussent les populations celtiques à l'est.

Christianisée par Rome et l'Irlande, l'Angleterre exerce une forte influence culturelle sur le continent à l'époque carolingienne.

**début du IXe s. :** invasion des Danois.

**871-878 :** règne d'Alfred le Grand, roi anglo-saxon vainqueur des Danois.

**1016 :** le Danois Knud le Grand devient roi de toute l'Angleterre.

**1042-1066 :** règne d'Édouard le Confesseur, restaurateur de la dynastie anglo-saxonne.

**Les dynasties normande et angevine.**

**1066 :** Harold est battu et tué à la bataille d'Hastings par Guillaume le Conquérant, duc de Normandie.

Le nouveau maître du pays (1066-1087) organise ce royaume anglo-normand en constituant une noblesse militaire très fortement hiérarchisée et en faisant rédiger le *Domesday Book* (cadastre).

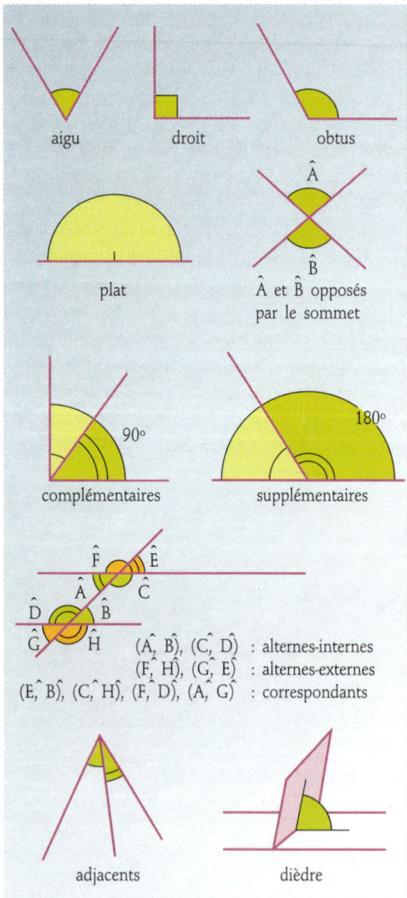


**ANGLES**

L'**ANGLETERRE** AU IX^e^ SIÈCLE

**1154** : le duc d'Anjou, arrière-petit-fils de Guillaume le Conquérant, devient roi d'Angleterre sous le nom d'Henri II (son mariage avec Aliénor lui apporte l'Aquitaine et le met à la tête du puissant Empire angevin ; il est le fondateur de la dynastie angevine des Plantagenêts [1154-1399]).

Après le règne de Richard Cœur de Lion (1189-1199), Jean sans Terre (1199-1216) perd toutes ses possessions françaises (sauf la Guyenne).

**1215** : la Grande Charte, reconnaissance écrite des libertés traditionnelles, est octroyée par Jean sans Terre.

Au XIV^e^ siècle, les prétentions des rois d'Angleterre au trône de France, jointes à des rivalités économiques et stratégiques, déclenchent la guerre de Cent Ans (1337-1453), au cours de laquelle les Anglais remportent de nombreux succès : Crécy (1346), Azincourt (1415). Mais, finalement, seul le port de Calais reste entre leurs mains.

**1450-1485** : la guerre des Deux-Roses oppose les deux branches de la dynastie angevine : York et Lancastre. Richard III d'York (proclamé roi en 1483) est battu à Bosworth (1485) par Henri VII Tudor.

**Les Tudors.**

Henri VII (1485-1509) rétablit l'ordre et la prospérité dans le royaume. Le XVI^e^ siècle anglais est marqué par la personnalité du roi Henri VIII (1509-1547).

**1534** : il rompt avec l'Église catholique et se proclame chef de l'Église d'Angleterre.

Son fils Édouard VI (1547-1553) établit le protestantisme, sa fille Marie Tudor (1553-1558) rétablit le catholicisme et épouse Philippe II d'Espagne ; une autre de ses filles, Élisabeth I^re^ (1558-1603), rétablit l'anglicanisme, abat la résistance des catholiques, fait exécuter sa rivale Marie Stuart, détruit l'Invincible Armada du roi d'Espagne et soumet l'Irlande. Un remarquable essor littéraire marque son règne.

**La dynastie des Stuarts et les révolutions anglaises.**

**1603** : mort d'Élisabeth, qui a pour successeur le fils de Marie Stuart, déjà roi d'Écosse : Jacques I^er^ (1603-1625) réunit les deux couronnes d'Angleterre et d'Écosse.

Jacques I^er^ et son successeur Charles I^er^ (1625-1649) ont à lutter contre le Parlement, puis contre une opposition puritaine (protestants hostiles à l'anglicanisme) de plus en plus violente. La colonisation de l'Amérique du Nord est amorcée.

**1649** : exécution de Charles I^er^.

La république est proclamée. Oliver Cromwell en devient le lord-protecteur et établit une véritable dictature des puritains. Il triomphe des Provinces-Unies et de l'Espagne. Son fils Richard, qui lui succède à sa mort (1658), doit se démettre ; le général Monk rétablit la monarchie.

**1660-1685** : Charles II restaure l'Église anglicane et persécute les puritains.

**1679** : le « bill » (loi) de l'habeas corpus protège les citoyens contre les arrestations arbitraires.

Le Parlement anglais est désormais divisé en deux grands partis : les *whigs* (libéraux, adversaires des Stuarts) et les *tories* (conservateurs, anglicans, fidèles au roi).

**1685-1688** : Jacques II tente de restaurer le catholicisme. Sa politique provoque une seconde révolution.

**1688-1689** : le Parlement fait appel au stathouder (gouverneur) de Hollande, Guillaume d'Orange, époux de la reine Marie, qui devient roi d'Angleterre sous le nom de Guillaume III.

La monarchie constitutionnelle remplace l'absolutisme et la puissance économique de l'Angleterre s'affirme. Les nouveaux souverains mènent la lutte contre Louis XIV, prélude

à une période d'hostilité coloniale franco-anglaise.
**1701 :** l'Acte d'établissement assure une succession protestante au trône d'Angleterre.
**1702-1714 :** règne d'Anne Stuart.
**1707 :** l'union de l'Angleterre et de l'Écosse est scellée sous le nom de « Grande-Bretagne ». (→ ANGLICANISME, CENT ANS [guerre de], CROMWELL, ÉLISABETH Ire, GRANDE-BRETAGNE, GUILLAUME Ier LE CONQUÉRANT, HENRI II, HENRI VIII.)

**Angleterre** *(bataille d'),* opérations aériennes menées d'août à octobre 1940 par l'aviation allemande *(Luftwaffe)* contre l'Angleterre pour préparer une invasion de ce pays, visant particulièrement les bases aériennes et l'industrie aéronautique britanniques. La résistance de la Royal Air Force (RAF) contraignit Hitler à y renoncer.

**ANGLICAN, E** adj. et n. (mot angl.). Qui appartient à l'anglicanisme, qui professe cette religion.

**ANGLICANISME** n.m. Doctrine et institutions de l'Église officielle de l'Angleterre et des Églises dites « épiscopaliennes ».

**ENCYCL.** L'anglicanisme procède de l'adhésion, au XVIe siècle, de l'Église d'Angleterre au mouvement de la Réforme (→ RÉFORME). Constituant une voie moyenne entre le catholicisme et le protestantisme, il comprend, outre l'Église officielle d'Angleterre, les Églises dites « épiscopaliennes » établies principalement en Afrique du Sud, en Australie, au Canada et aux États-Unis.

**La Réforme anglicane.** Le mouvement réformateur de Luther et de Calvin trouve en Angleterre un terrain favorable, d'une part grâce à l'influence qu'avait eue dans ce pays John Wycliffe (v. 1330-1384), hostile à la papauté et condamné après sa mort comme hérétique par le concile de Constance (1415), d'autre part en raison des convictions personnelles d'Henri VIII, qui règne de 1509 à 1547. Ce roi, initialement opposé à Luther, souhaite cependant sincèrement le retour de l'Église à ses sources évangéliques. En réalité, la séparation d'avec Rome se produit lorsque le roi, désirant épouser Anne Boleyn et n'ayant pu obtenir du pape Clément VII l'annulation de son mariage, fait bénir sa nouvelle union par Thomas Cranmer, qu'il vient de nommer, pour la circonstance, archevêque de Canterbury. Excommunié, Henri VIII fait voter par

**ANGLICANISME :** vitrail (par sir Ninian Comper) dans la cathédrale de Canterbury représentant le roi George VI, chef de l'église anglicane, entouré de sa famille (à gauche, la future reine Élisabeth II).

son Parlement un *Acte de suprématie* (1534), qui l'institue chef suprême de l'Église d'Angleterre. Tout en poursuivant ceux qui s'opposent à son entreprise schismatique (notamment Thomas More, son ancien chancelier et ami, ainsi que John Fisher), il maintient la hiérarchie et la doctrine catholiques (*Bill des six articles,* 1539).

**Le rôle d'Élisabeth Ire.** C'est sous le règne d'Édouard VI que l'Église d'Angleterre s'engage dans une voie qui la rapproche du protestantisme (→ PROTESTANTISME), avec une confession de foi d'inspiration calviniste et l'adoption d'une liturgie en langue anglaise (*Book of Common Prayer,* 1549 et 1552). Marie Tudor, reine de 1553 à 1558, s'efforce de restaurer le catholicisme. Elle exaspère la haine du peuple à l'égard des « papistes ». Élisabeth Ire, qui lui succède, sera la véritable instauratrice de l'Église anglicane. Avec ses *Actes de suprématie* et *d'uniformité* (1559) et surtout avec les *Trente-Neuf Articles de religion* (1563), elle parvient à stabiliser celle-ci dans une voie moyenne reposant sur l'autorité suprême (sauf en matière doctrinale) du souverain, sur une hiérarchie et une liturgie de type catholique et sur des dogmes d'inspiration calviniste, bien qu'opposés à la prédestination.

**La lutte contre les dissidences.** Cette forme de compromis se heurte aux critiques du mouvement puritain (→ PURITANISME). Pourtant, celui-ci ne souhaite pas dans sa majorité se séparer de l'Église d'État, laquelle se montre elle-même tolérante vis-à-vis des tendances calvinistes jusque vers 1620. À cette date, en effet, l'intransigeance du parti arminien rompt l'unité protestante, ce qui favorise l'absolutisme de Charles Ier et, par là, le déclenchement de la guerre civile. Pendant l'interrègne (1648-1660) se développent les non-conformismes.

**Le consensus du XVIIIe siècle.** La restauration de 1660 rétablit l'Église d'Angleterre en privant les dissidents de la liberté du culte et de tout droit civil et politique ainsi qu'en définissant l'anglicanisme comme distinct des autres protestantismes. Mais la révolution de 1689, chassant le catholique Jacques II, donne par l'Acte de tolérance la liberté de conscience à tous les protestants en accordant aux anglicans le monopole en matière politique. Ainsi s'instaure au XVIIIe siècle un consensus quant aux croyances essentielles, tandis que la High Church insiste sur le rôle de l'Église dans le salut et la Low Church sur une religion plus intérieure. Par ailleurs, à partir de 1740 s'affirme un courant de « réveil » qui met l'accent sur la conversion personnelle à une foi plus sensible et débouche sur le méthodisme (→ MÉTHODISME ). Celui-ci se sépare de l'Église officielle en 1795.

**La communion anglicane dans le monde.** On dénombre environ 28 millions de fidèles en Angleterre et 34 millions en d'autres régions (Églises *épiscopaliennes* d'Écosse, d'Irlande, du pays de Galles, des États-Unis et des pays du Commonwealth).

*L'organisation.* Le souverain britannique demeure le chef de la communion anglicane et nomme les 44 évêques diocésains, mais c'est l'archevêque de Canterbury qui en a la primauté spirituelle ; depuis 1867, les évêques se réunissent tous les dix ans dans le cadre de la conférence de Lambeth.

*Le clergé.* Les prêtres et les évêques peuvent se marier, même après leur ordination (sacerdotale ou épiscopale) ; l'ordination des femmes est un problème qui a longtemps divisé le monde anglican (d'abord admise par les Églises des États-Unis, du Canada et de Nouvelle-Zélande, elle l'a été finalement par l'Église d'Angleterre, le 11 novembre 1992, en attendant une ratification du Parlement, puis par l'Église d'Australie, le 21 novembre de la même année) ; les ordres religieux, supprimés au XVIe siècle, ont peu à peu réapparu depuis le XIXe siècle.

*Les rapports avec Rome.* L'Église catholique refuse de reconnaître la validité des ordinations épiscopales célébrées au XVIe siècle ; en 1992, elle désapprouve la décision anglicane concernant l'ordination des femmes.

**ANGLICISER** v.t. Donner un caractère anglais à qqch. ◆ **s'angliciser** v.pr. Prendre le caractère anglais.

**ANGLICISME** n.m. -**1.** Tournure, locution propre à la langue anglaise. -**2.** Emprunt à l'anglais.

**ANGLICISTE** n. Spécialiste de la langue, de la littérature, de la civilisation anglaises.

**ANGLO-AMÉRICAIN, E** adj. et n. (pl. anglo-américains, es). -**1.** Se dit des Américains de souche anglo-saxonne. -**2.** Commun à l'Angleterre et aux États-Unis d'Amérique. ◆ **anglo-américain** n.m. Anglais parlé aux États-Unis. SYN. : américain.

**ANGLO-ARABE** adj. et n.m. (pl. anglo-arabes). Se dit d'une race de chevaux qui provient de croisements entre le pur-sang et le cheval arabe.

**ANGLOMANIE** n.f. Admiration, emprunt exagérés des usages, des termes anglais.

# Angkor

## Cambodge

## Les sourires de pierre

C'est entre le IXe et le XIIIe siècle que les souverains khmers édifient l'immense complexe urbain d'Angkor, au nord-ouest de la jungle cambodgienne. La ville, avec ses canaux, ses bassins et ses temples, connaît son apogée avec le roi Jayavarman VII. Puis les banians et les fromagers envahissent une cité détruite, rebâtie et de nouveau ruinée. Peu après la redécouverte du site, à la fin du siècle dernier, commencent de minutieux travaux de restauration, qui, après avoir été interrompus en 1973, ont repris depuis quelques années. Les palanquins des concubines, les éléphants aux défenses dorées et les porteurs de parasol ont disparu à jamais. Mais la somptueuse architecture des édifices de grès et de latérite semble aujourd'hui sauvée du néant.

Scène de défilé guerrier appartenant ▶
à la galerie extérieure du Bayon.

*double page suivante :*
Tour à visages appartenant au temple de Ta Prohm,
élevé par Jayavarman VII pour sa mère.

▲ Le temple d'Angkor Vat, construit par Suryavarman II au XIIe siècle, parfait exemple de temple-montagne et chef-d'œuvre de l'architecture khmère classique.

Chaussée menant au Preah Khan, monastère bouddhique,
▼ fondé en l'honneur de son père par Jayavarman VII (XIIe-XIIIe s.).

Figure féminine (devata) ornant une entrée du ▲
Banteay Srei, le « temple des femmes ».

◀ Sujet féminin d'essence divine appartenant au groupe des yoginis et faisant partie de la décoration du Bayon.

**ANGLO-NORMAND, E** adj. et n. (pl. anglo-normands, es). -1. Qui réunit des éléments anglais et normands : *Les îles Anglo-Normandes. Un cheval anglo-normand.* -2. Qui appartient à la culture française (normande, angevine) établie en Angleterre après la conquête normande (1066). ◆ **anglo-normand** n.m. Dialecte de langue d'oïl parlé des deux côtés de la Manche entre 1066 et la fin du XIVe s.

**ANGLO-NORMANDES** *(îles),* en angl. **Channel Islands,** archipel britannique de la Manche, à l'O. du Cotentin, dépendance de la Couronne britannique ; 195 km² ; 136 000 hab. Le groupe comprend deux îles principales, Jersey au S.-E. et Guernesey au N.-O., et sept îlots dont Sercq (Sark) et Aurigny (Alderney). **GÉOGR.** Le climat océanique est doux, ensoleillé, modérément humide, favorisant le développement du tourisme. L'agriculture reste une ressource importante à Guernesey (tomates et fleurs). L'industrie est représentée par le textile, la mécanique de précision et l'électronique. Un régime fiscal privilégié a stimulé l'essor de services financiers (implantation de sièges sociaux). **HIST.** La Couronne d'Angleterre exerce la souveraineté sur les îles Anglo-Normandes au titre de descendante des ducs normands.

**ANGLOPHILE** adj. et n. Favorable aux Anglais, à ce qui est anglais.

**ANGLOPHILIE** n.f. Sympathie pour le peuple anglais, pour ce qui est anglais.

**ANGLOPHOBE** adj. et n. Qui ressent, manifeste de l'anglophobie.

**ANGLOPHOBIE** n.f. Aversion pour les Anglais, pour ce qui est anglais.

**ANGLOPHONE** adj. et n. De langue anglaise.

**ANGLO-SAXON, ONNE** adj. et n. (pl. anglo-saxons, onnes). -1. Qui relève des peuples de civilisation britannique. -2. Qui relève des peuples germaniques (Angles, Jutes, Saxons) qui envahirent l'Angleterre au Ve s. ◆ **anglo-saxon** n.m. Anglais ancien.

**ANGLO-SAXONS,** peuples germaniques (Angles, Jutes, Saxons) de la Frise et de l'Allemagne du Nord qui envahirent les îles Britanniques, au Ve siècle, et organisèrent des royaumes indépendants.

**ANGO** ou **ANGOT** (Jean), armateur français (Dieppe 1480 - *id.* 1551). Il envoya des navires dans le monde entier et se ruina en aidant François Ier à s'armer contre l'Angleterre.

**ANGOISSE** n.f. (lat. *angustia,* resserrement). -1. Inquiétude profonde, peur intense, née d'un sentiment de menace imminente et accompagnée de symptômes neurovégétatifs caractéristiques (spasmes, dyspnée, tachycardie, sudation, etc.). -2. Expérience métaphysique par laquelle l'homme prend conscience de la réalité du monde et de la sienne propre, selon l'existentialisme.

**ANGOISSÉ, E** adj. et n. -1. Qui éprouve, révèle de l'angoisse. -2. Sujet à l'angoisse.

**ANGOISSER** v.t. Causer de l'angoisse à qqn.

**ANGOLA,** État de l'Afrique australe, sur l'Atlantique.

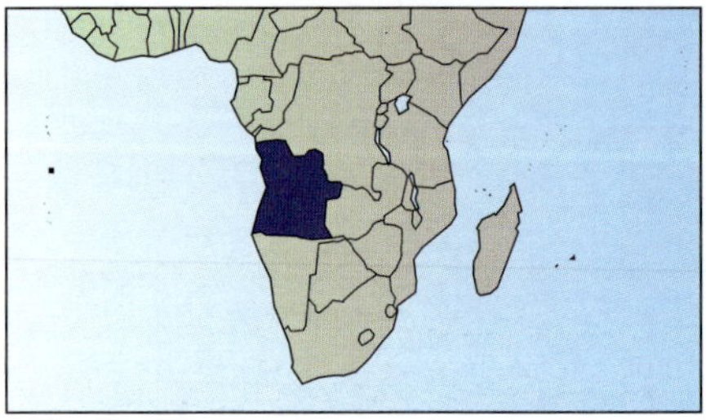

**NOM OFFICIEL** : République d'Angola.
**CAPITALE** : Luanda.
**SUPERFICIE** : 1 246 700 km².
**POPULATION** : 11,5 millions d'hab. *(Angolais).*
**LANGUE OFFICIELLE** : portugais.
**RELIGIONS** : catholicisme, protestantisme.
**MONNAIE** : kwanza.
**RÉGIME** : parlementaire.

**GÉOGRAPHIE**

Pays tropical, juxtaposant une étroite plaine côtière, assez sèche et chaude, et un vaste haut plateau, où l'altitude augmente les précipitations et modère les températures (18 à 20 °C en moyenne), l'Angola est relativement peu peuplé, sinon ponctuellement (ports de Luanda, Lobito, Benguela, Cabinda). L'agriculture (50 % des actifs), qui associait cultures vivrières (manioc, maïs) et plantations (café surtout, sucre, coton, sisal), a été ruinée par la guerre civile (consécutive au départ des Portugais). Les voies de communication (chemin de fer et routes) ont été dégradées. En revanche, l'exploitation du pétrole (plus de la moitié du P. I. B.), l'extraction de diamants et la production d'hydroélectricité se sont maintenues, voire accrues.

**HISTOIRE**

**1482** : le Portugais Diogo Cão découvre le pays.

Des relations sont établies avec le royaume du Kongo, qui décline au XVIe siècle. La colonisation se borne à la traite des Noirs.

**1889-1901 :** des traités fixent les limites de la colonie portugaise.
**1961 :** plusieurs mouvements nationalistes déclenchent une insurrection en vue d'obtenir l'indépendance du pays.
**1975 :** l'Angola devient indépendant.
**1976-1988 :** des troupes cubaines soutiennent le gouvernement dans sa lutte contre des mouvements de guérilla.
**1991 :** accord politique entre le gouvernement et la guérilla.
**1992 :** premières élections libres.

Mais le refus de la guérilla d'accepter des résultats qui lui sont défavorables entraîne une reprise de la guerre civile, qui se poursuit en dépit de la signature (1994) d'un nouvel accord de paix.

**ANGON** [ɑ̃gɔ̃] n.m. Javelot à fer barbelé, utilisé par les Francs.

**ANGOR** n.m. Angine de poitrine.

**ANGORA** adj. et n. (de la ville d'*Angora,* auj. *Ankara*). -**1.** Qui présente des poils longs et soyeux, en parlant de certains animaux (chat, lapin, chèvre) : *Un (chat) angora.* -**2.** Fait de poil de chèvre ou de lapin angora : *Laine angora.*

**ANGORA** → ANKARA.

**ANGOULÊME,** ch.-l. du dép. de la Charente, sur la Charente, à 439 km au sud-ouest de Paris ; 46 194 hab. *(Angoumoisins).* Ancienne capitale de l'Angoumois. Évêché. Centre d'une agglomération de plus de 100 000 hab., industrialisée (constructions électriques, papeterie, bijouterie, cimenterie, etc.). **ARTS.** La cathédrale, commencée vers 1110 (altérée au XIX^e^ s.), est un des plus anciens édifices à nef unique couverte d'une file de coupoles de l'ouest de la France ; façade sculptée, authentique dans ses parties inférieure et médiane seulement. Musée municipal, riche notamment d'une importante collection d'ethnographie africaine et océanienne. Centre national de la bande dessinée et de l'image.

**ANGOULÊME** (Louis de Bourbon, *duc* d'), dernier dauphin de France (Versailles 1775 - Görz, Autriche, 1844). Fils du comte d'Artois (Charles X), il commanda l'expédition d'Espagne (1823) et mourut en exil.

**ANGOULÊME** (Marie-Thérèse de Bourbon, *duchesse* d'), princesse française (Versailles 1778 - Görz, Autriche, 1851), appelée Madame Royale, fille de Louis XVI et femme du précédent. Elle eut une grande influence sur Louis XVIII et Charles X.

**ANGOUMOIS** ou **COMTÉ D'ANGOULÊME,** pays de France. Incorporé au royaume en 1308, donné en apanage à divers princes, il revint à la Couronne en 1515. Cap. *Angoulême (Angoumoisins).*

**ANGROIS** n.m. Petit coin enfoncé à travers l'œil d'un outil (marteau, etc.), dans l'extrémité du manche, pour en affermir la fixation.

**ANGSTRÖM** [ãgstrœm] n.m. (de *Ångström,* n.pr.). Unité de mesure (symb. Å) valant un dix-milliardième de mètre ($10^{-10}$ m). [Pratique pour la mesure des dimensions atomiques, l'angström est d'un emploi en principe déconseillé au profit de celui du nanomètre (nm), unité SI.]

**ÅNGSTRÖM** (Anders Jonas), physicien suédois (Lödgö 1814 - Uppsala 1874). Spécialiste de l'analyse spectrale, il est le premier à avoir mesuré des longueurs d'onde et déterminé les limites du spectre visible.

**ANGUIER,** nom de deux frères (**François** [1604-1669] et **Michel** [1612-1686]) sculpteurs français, nés à Eu et morts à Paris. Passés par Rome, ils sont à la charnière du style de la Renaissance, réaliste et maniériste, et du classicisme antiquisant du règne de Louis XIV (mausolée d'Henri II de Montmorency à Moulins et décors du Louvre, par les deux frères ; priant de Gasparde de La Châtre [François] et *Amphitrite* [Michel], au Louvre ; décors du Val-de-Grâce et de la porte Saint-Denis à Paris [Michel]).

**ANGUILLA,** île des Petites Antilles britanniques ; 7 000 hab. — Occupée par les Anglais à partir de 1666, elle jouit de l'autonomie depuis 1976.

**ANGUILLE** [ãgij] n.f. (lat. *anguilla,* petit serpent). -1. Poisson osseux à chair délicate, à corps allongé et à nageoires réduites, à peau glissante, vivant dans les cours d'eau, mais dont la ponte a lieu dans la mer des Sargasses. (Les larves, ou leptocéphales, qui traversent l'Atlantique pour gagner les fleuves d'Europe, s'appellent *civelles* ou *pibales ;* famille des anguillidés ; long. 1 m.) -2. ***Anguille de mer,*** congre. ‖ ***Il y a anguille sous roche,*** qqch se prépare en secret.

**ANGUILLIDÉ** [ãgilide] n.m. ***Anguillidés,*** famille de poissons apodes dont le type est l'*anguille.*

**ANGUILLULE** [ãgilyl] n.f. Petit ver dont plusieurs espèces sont de redoutables parasites des végétaux, des animaux et de l'homme. (Classe des nématodes.)

**ANGUILLULOSE** [ãgi-] n.f. Maladie provoquée par l'anguillule.

**ANGULAIRE** adj. -1. Qui forme un angle ou qui a la forme d'un angle. -2. ***Distance angulaire de deux points,*** angle formé par les rayons visuels qui joignent l'œil de l'observateur à ces deux points. ‖ ***Pierre angulaire,*** pierre fondamentale formant l'angle d'un bâtiment ; base, fondement d'une chose.

**ANGULEUX, EUSE** adj. -1. Qui présente des angles, des arêtes vives. -2. ***Point anguleux,*** point d'une courbe admettant deux tangentes distinctes.

**ANGUSTICLAVE** n.m. -1. Bande de pourpre ornant la tunique des chevaliers romains. -2. Cette tunique elle-même.

**ANGUSTURA** ou **ANGUSTURE** n.f. (de *Angostura,* anc. n. de ville). -1. Écorce de certains arbustes d'Amérique du Sud, autref. employée comme fébrifuge et tonique et auj. distillée comme amer apéritif. -2. ***Fausse angusture,*** écorce du vomiquier.

**ANHALT,** principauté allemande créée au début du XIIIe siècle ; elle fut un duché de 1806-07 à 1918.

**ANHÉLATION** n.f. Respiration difficile.

**ANHUI,** prov. de la Chine orientale, sur le Yangzi Jiang ; 140 000 km² ; 52 170 000 hab. Cap. *Hefei.*

**ANHYDRE** adj. (du gr. *hudôr,* eau). Qui ne contient pas d'eau : *Sel anhydre.*

**ANHYDRIDE** n.m. Corps qui peut donner naissance à un acide en se combinant avec l'eau.

**ANHYDRITE** n.f. Sulfate naturel anhydre de calcium, plus dur que le gypse.

**ANHYDROBIOSE** n.f. Suspension temporaire des activités vitales, permettant à un organisme végétal ou animal de supporter une longue dessiccation. SYN. : **cryptobiose.**

**ANI,** ancienne ville d'Arménie. Forteresse (Ve s.), elle devint la capitale de la dynastie des Bagratides et fut mise à sac par Alp Arslan en 1064. Elle fut détruite par un tremblement de terre en 1319. Importantes ruines : deux enceintes successives, plusieurs ponts et églises dont la cathédrale, élevée entre 989 et 1001, caractéristique de l'architecture arménienne.

**ANICROCHE** n.f. FAM. Petit obstacle ou ennui qui arrête, retarde.

**ÂNIER, ÈRE** n. Personne qui conduit un âne.

**ANILINE** n.f. (port. *anil,* indigo). Amine cyclique $C_6H_5–NH_2$, dérivée du benzène, base de nombreux colorants synthétiques, obtenue autref. par distillation de l'indigo et extraite aujourd'hui de la houille.

**ANILISME** n.m. Intoxication par l'aniline.

1. **ANIMAL** n.m. -**1.** Être vivant organisé, doué de mobilité, de sensibilité et se nourrissant de substances organiques. (→ CLASSIFICATION.) -**2.** Être animé, dépourvu du langage, par opp. à l'homme.

2. **ANIMAL, E, AUX** adj. (lat. *animalis,* animé). -**1.** Propre aux animaux, par opp. aux végétaux et aux minéraux : *Le règne animal.* -**2.** Propre à l'animal, aux animaux, par opp. à l'homme : *Une confiance animale.* -**3.** ***Pôle animal,*** pôle dorsal de l'œuf des vertébrés, par opp. à *pôle végétatif.*

**ANIMALCULE** n.m. Animal très petit, visible seulement au microscope.

**ANIMALERIE** n.f. -**1.** Lieu où se trouvent, dans un laboratoire, les animaux destinés aux expériences. -**2.** Magasin spécialisé dans la vente d'animaux de compagnie.

**ANIMALIER, ÈRE** adj. -**1.** Qui se rapporte à la représentation des animaux : *Sculpture animalière.* -**2.** ***Parc animalier,*** parc où les animaux vivent en liberté. ◆ n. -**1.** Artiste qui représente des animaux. -**2.** Personne qui soigne les animaux dans un laboratoire, un zoo.

**ANIMALITÉ** n.f. Ensemble des caractères propres à l'animal.

**ANIMATEUR, TRICE** n. -**1.** Personne chargée d'organiser et d'encadrer des activités dans une collectivité. -**2.** Personne qui mène, anime une réunion, un spectacle, etc. -**3.** Recomm. off. pour *disc-jockey.*

**ANIMATION** n.f. -**1.** Action d'animer un groupe, un lieu, de créer ou d'entretenir des relations entre les personnes : *Une animation socioculturelle.* -**2.** Chaleur, vivacité : *Discuter avec animation.* -**3.** Technique consistant à filmer image par image des dessins, des marionnettes, etc., que leur projection à 24 images par seconde fera paraître animés : *Film d'animation.* (V. ENCYCL.)

**ENCYCL. CINÉMA**

Le cinéma d'animation, aussi appelé 8e art, a précédé l'invention du cinéma et constitue à la fois sa préhistoire et l'un de ses développements actuels. Il englobe le dessin animé, le film de marionnettes et les films en images de synthèse informatique.

**Des origines à 1945.** En 1906, l'Américain J. Stuart Blackton (1875-1941) invente la prise de vues image par image. Ce procédé marque l'essor du dessin animé. Les premiers personnages vedettes apparaissent en 1919 (*Félix le chat* de Pat Sullivan [1887-1933]), en 1920 (Koko le clown de Max et Dave Fleischer) et surtout en 1926 (Mickey, la souris de Walt Disney). L'alliance du son et du dessin, puis de la couleur, permet au dessin animé de se propager dans le monde entier à partir de 1930. En 1937, Disney triomphe avec le long-métrage *Blanche-Neige et les sept nains,* qui naît de son atelier, véritable multinationale du rêve. Seuls les frères Fleischer avec *Popeye* font figure

**ANIMATION :** *le Rossignol de l'empereur de Chine* (1948), de Jiří Trnka

*Fantasia* (1940), de Walt Disney

de concurrents. À partir de 1940, de nouveaux talents, comme Tex Avery ou Stephen Bosustow (1911-1981), entraînent le dessin animé vers la loufoquerie ou la recherche graphique.

**Depuis 1945.** Dès la fin de la Seconde Guerre mondiale, des écoles nationales se développent, imposant d'autres créateurs : au Canada, Norman McLaren, chantre d'un nouvel espace irréaliste ; en Europe centrale, les marionnettistes tchèques Karel Zeman et Jiří Trnka, qui empruntent les chemins de la féerie, les humoristes yougoslaves de l'école de Zagreb, qui inventent un monde farfelu et allégorique, les Polonais Jan Lenica (né en 1928) et Walerian Borowczyk (né en 1923), qui puisent leur inspiration dans le surréalisme et une forme d'humour parfois inquiétante ; en France, Paul Grimault, qui impose un style au charme poétique et fantaisiste. Depuis 1968, l'animation se diversifie (du film expérimental au film publicitaire) et part à la conquête d'un nouveau public (amateurs de musique pop, de bandes dessinées, etc.). Le dessin animé assisté par ordinateur prend une importance considérable.

**ANIMATO** adv. En musique, avec animation, vivacité.

**ANIMÉ, E** adj. -1. Plein d'animation : *Une rue animée.* -2. *Dessin animé* → DESSIN. ‖ *Être animé,* être vivant.

*le Roi et l'Oiseau* (1979), de Paul Grimault et Jacques Prévert

*le Loup,* une des créations de Tex Avery

**ANIMER** v.t. -1. Donner du mouvement, du dynamisme à un lieu, à un groupe. -2. Pousser qqn à agir : *L'idéal qui l'anime.* ◆ **s'animer** v.pr. Devenir vif, vivant, rempli d'animation.

**ANIMISME** n.m. (du lat. *anima,* âme). Religion, croyance qui attribue une âme aux animaux, aux phénomènes et aux objets naturels.

**ANIMISTE** adj. et n. Relatif à l'animisme ; qui en est partisan.

**ANIMOSITÉ** n.f. (du lat. *animosus,* courageux). Malveillance, antipathie qui se manifeste souvent par l'emportement.

**ANION** n.m. Ion chargé négativement : *Dans l'électrolyse, l'anion se dirige vers l'anode.*

**ANIONIQUE** adj. -1. Relatif aux anions. -2. ***Émulsion anionique,*** émulsion stable dans un milieu basique alcalin.

**ANIS** [ani] ou [anis] n.m. Nom commun à la badiane *(anis étoilé)* et à plusieurs ombellifères (pimprenelle, cumin, fenouil) cultivées pour leurs fruits, utilisés dans la préparation de tisanes et pour parfumer diverses boissons alcoolisées.

**ANISER** v.t. Aromatiser avec de l'anis.

**ANISETTE** n.f. Liqueur composée avec de l'esprit d'anis vert, de l'alcool, de l'eau et du sucre.

**ANISOGAMIE** n.f. Hétérogamie.

**ANISOTROPE** adj. (du gr. *isos,* égal, et *tropein,* tourner). Relatif aux corps et aux milieux dont les propriétés diffèrent selon la direction considérée.

**ANISOTROPIE** n.f. Caractère des corps ou des milieux anisotropes.

**ANJOU,** anc. prov. de France, qui a formé le dép. de Maine-et-Loire et une partie des dép. d'Indre-et-Loire, de la Mayenne et de la Sarthe. (Hab. *Angevins.*) GÉOGR. Partagé entre le Bassin parisien *(Anjou blanc)* et le Massif armoricain *(Anjou noir),* c'est un carrefour de rivières : le Loir, la Sarthe et la Mayenne y forment la Maine, affluent de la Loire. Les vallées, favorisées par la douceur du climat, constituent des secteurs agricoles très riches (vignobles sur les versants, cultures fruitières et maraîchères, pépinières et élevage dans les parties alluviales). Le sous-sol fournit des schistes ardoisiers. HIST. Créé au IX$^{e}$ siècle, le comté d'Angers devient l'un des principaux fiefs de France. Uni au Maine, il est, au XII$^{e}$ siècle, au cœur de l'Empire angevin du roi d'Angleterre Henri II Plantagenêt. Conquis par Philippe II Auguste (1205) puis donné en apanage à Charles I$^{er}$ d'Anjou (1246), il est alors inclus dans l'Empire angevin centré sur le royaume de Sicile. Réincorporé au domaine royal à l'avènement de Philippe VI de Valois (1328), il est de nouveau constitué en apanage et érigé en duché par Jean le Bon (1360) en faveur de Louis I$^{er}$, roi de Sicile. À la mort du roi René I$^{er}$, il est rattaché à la Couronne par Louis XI (1481).

**ANJOU** *(maison d'),* titre porté par trois familles, du X$^{e}$ au XV$^{e}$ siècle. *(V. tableau p. 274-275.)*

**La première maison d'Anjou.** Elle est issue d'Ingelger, vicomte d'Angers (v. 870), dont le fils Foulques I$^{er}$ le Roux prit le titre de comte d'Anjou en 929. Des mariages de Foulques V, devenu roi de Jérusalem en 1131, sont issues deux branches. La première occupa le trône de Jérusalem jusqu'en 1186. La seconde fut la souche de la dynastie anglo-angevine des Plantagenêts. Elle accéda au trône d'Angleterre en 1154 avec Henri II, fils de Geoffroi V Plantagenêt, et s'y maintint jusqu'en 1485.

**La deuxième maison d'Anjou.** Elle eut pour fondateur l'un des frères de Louis IX, Charles I$^{er}$, qui reçut le Maine et l'Anjou en apanage (1246) et la Provence par mariage. La politique expansionniste de ce prince, roi de Sicile de 1266 à 1282, explique la multiplication des branches de cette maison. La branche de Hongrie régna à la fois sur la Hongrie (1308-1387) et la Pologne (1370-1386). La branche de Naples régna sur le royaume de Naples de 1309 à 1382. Celle de

L'EXPANSION DE LA MAISON D'**ANJOU**

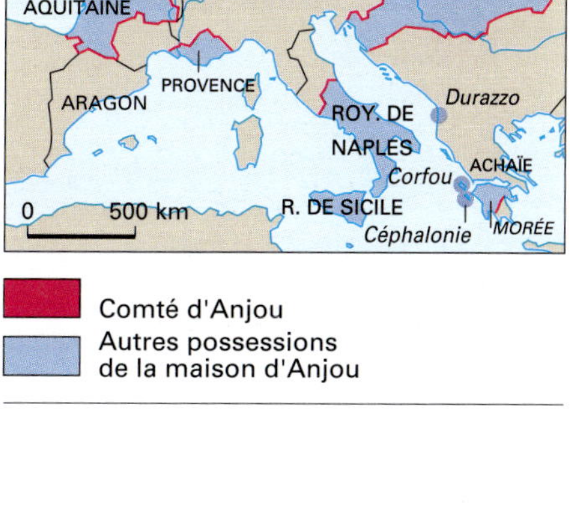

Tarente fut à la tête d'une principauté grecque (Achaïe) et celle de Durazzo occupa également le trône de Naples de 1382 à 1435.

**La troisième maison d'Anjou.** Elle est issue de Charles de Valois, frère de Philippe IV le Bel et père de Philippe VI. Son mariage avec la petite-fille de Charles Ier d'Anjou lui apporta l'Anjou et le Maine (1290). Jean II le Bon les donna en apanage, avec la qualité de duc, à son second fils, Louis Ier d'Anjou. Cette maison intervint à son tour à Naples, après l'adoption de Louis Ier par Jeanne Ire de Naples en 1380, puis celle de ses petits-fils Louis III (1423) et René (1434) par Jeanne II. Le dernier représentant de cette famille, Charles V d'Anjou (1436-1481), neveu du roi René, légua à Louis XI ses possessions françaises ainsi que ses droits sur le royaume de Naples, droits que Charles VIII fit valoir lors des guerres d'Italie.

**ANJOUAN** → NDZOUANI.

**ANKARA,** anc. Angora, cap. de la Turquie ; 2 559 471 hab. De climat rude, à 950-1 000 m

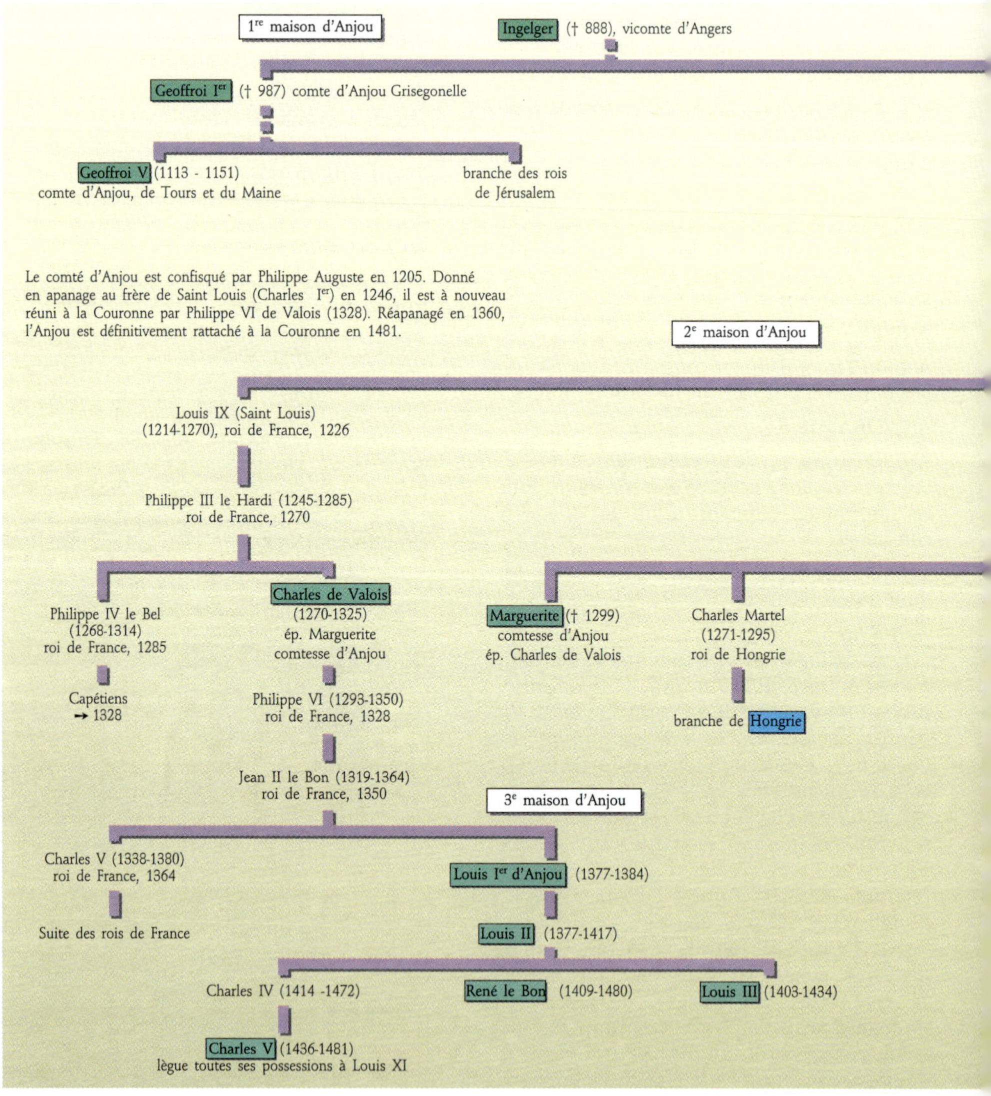


Les maisons d'**ANJOU.**

d'altitude, comportant, autour d'un noyau central planifié, d'immenses quartiers périphériques d'habitat sommaire, Ankara est surtout un centre politique, artisanal et universitaire. – Important musée (art hittite).

**ANKYLOSE** n.f. (gr. *ankulôsis,* courbure). Disparition complète ou partielle des mouvements d'une articulation.

**ANKYLOSÉ, E** adj. Atteint d'ankylose ; engourdi.

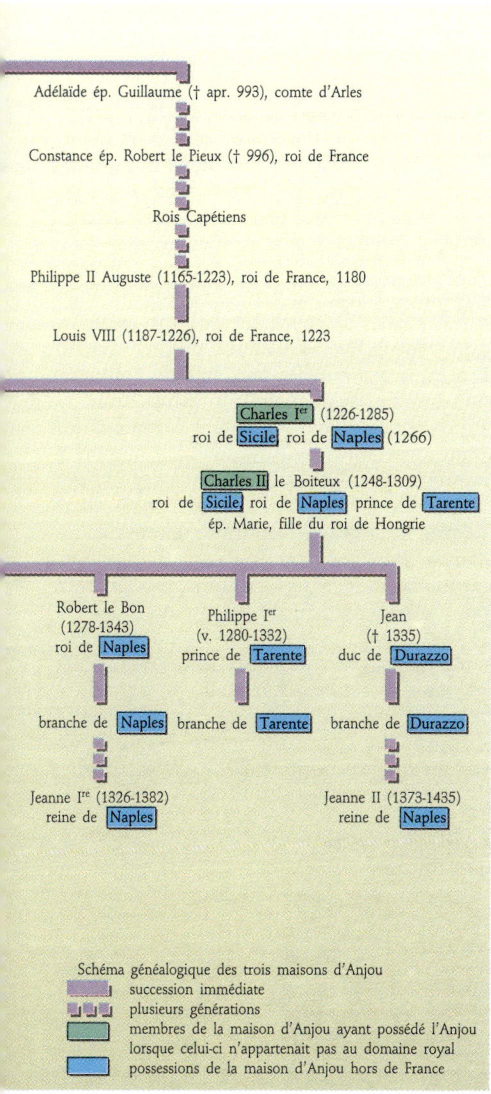

Schéma généalogique des trois maisons d'Anjou

**ANKYLOSER** v.t. Déterminer une ankylose. ◆ **s'ankyloser** v.pr. -1. Être atteint d'ankylose. -2. Perdre son dynamisme, sa vivacité ; se scléroser.

**ANKYLOSTOME** n.m. Ver parasite de l'intestin humain (duodénum), qui provoque des hémorragies anémiantes. (Long. 1 cm env. ; classe des nématodes.)

**ANKYLOSTOMIASE** n.f. Maladie provoquée par l'ankylostome.

**an mille** → MILLE.

**ANNABA,** anc. Bône, port de l'Algérie orientale, ch.-l. de wilaya ; 228 000 hab. Université. Métallurgie. Site de l'ancienne *Hippone.* Vestiges antiques.

**ANNA IVANOVNA** (Moscou 1693 - Saint-Pétersbourg 1740), impératrice de Russie (1730-1740). Elle laissa gouverner E. J. Biron et les Allemands de son entourage.

**Anna Karenine,** roman de L. Tolstoï (1875-1877). Anna, jeune femme mariée sans amour à un haut fonctionnaire, s'éprend d'un bel officier, Vronski. Tolstoï décrit les ravages de cette passion qui défie la société et entraîne la souffrance, l'humiliation et la mort, et lui oppose l'image paisible d'un couple uni (Kitty et Lévine).

**ANNAL, E, AUX** adj. Se dit en droit de ce qui ne dure qu'un an.

**ANNALES** n.f. pl. -1. Ouvrage qui rapporte les événements année par année. -2. LITT. Histoire : *Les annales du crime.*

**Annales** → TACITE.

**Annales,** revue historique française. Elle a été créée en 1929, sous le titre d'*Annales d'histoire économique et sociale,* par Lucien Febvre et Marc Bloch, pour substituer à l'histoire événementielle une histoire intégrée à l'ensemble des sciences humaines. Elle a porté à partir de 1946 le sous-titre : Économies, Sociétés, Civilisations, auquel a été substitué en 1994 celui de : Histoire, Sciences sociales.

**ANNALISTE** n. Auteur d'annales.

**ANNALITÉ** n.f. État de ce qui dure un an.

**ANNAM,** région centrale du Viêt Nam, entre le Tonkin et la Cochinchine. V. princ. *Huê, Da Nang.* L'Annam est formé de petites plaines rizicoles sur la mer de Chine, dominées à l'ouest par les montagnes, peu peuplées, de la *Cordillère annamitique.*

**ANNAPURNA,** un des sommets de l'Himalaya ; 8 078 m. Premier « 8 000 » gravi en 1950 par l'expédition française de Maurice Herzog.

**ANNATE** n.f. Redevance équivalant à une année de revenu, que payaient au Saint-Siège ceux qui étaient pourvus d'un bénéfice.

**ANNE** *(sainte),* mère de la Vierge Marie et épouse de Joachim, selon d'anciennes traditions chrétiennes. Elle est spécialement vénérée en Bretagne.

**ANNE BOLEYN** (v. 1507 - Londres 1536), deuxième femme d'Henri VIII, roi d'Angleterre. Celui-ci l'épousa en 1533 après avoir répudié Catherine d'Aragon et n'eut d'elle qu'une fille, la future Élisabeth. Accusée d'adultère, Anne Boleyn fut décapitée.

**ANNE COMNÈNE,** princesse byzantine (1083-1148). Elle fut l'historienne du règne de son père, Alexis Ier Comnène *(Alexiade).*

**ANNE D'AUTRICHE,** reine de France (Valladolid 1601 - Paris 1666), fille de Philippe III d'Espagne, épouse de Louis XIII (1615). Elle s'opposa à Richelieu et fut régente (1643-1661) pendant la minorité de Louis XIV, son fils. Elle gouverna avec le concours de Mazarin, qu'elle assura de son soutien au moment de la Fronde.

**ANNE D'AUTRICHE,** reine de France. (Château de Versailles.)

**ANNE DE BEAUJEU** (Genappe 1461 - Chantelle 1522), fille aînée de Louis XI. Pendant la minorité de Charles VIII (1483-1491), elle exerça la régence avec son mari, Pierre de Beaujeu, et poursuivit la lutte contre les grands seigneurs (*Guerre folle,* 1485-1488).

**ANNE DE BRETAGNE** (Nantes 1477 - Blois 1514), duchesse de Bretagne (1488-1514). Fille du duc François II, elle épousa le roi de France, Charles VIII (1491), puis, à la mort de ce dernier, son successeur Louis XII (1499). Elle apporta en dot la Bretagne à la France.

**ANNE DE CLÈVES** (Düsseldorf 1515 - Chelsea 1557), quatrième femme d'Henri VIII, qui l'épousa et la répudia la même année (1540).

**ANNE STUART** (Londres 1665 - *id.* 1714), reine d'Angleterre et d'Irlande (1702-1714), fille de Jacques II. Fervente protestante, elle succéda à sa sœur Marie et à Guillaume III. Elle lutta victorieusement contre Louis XIV et réunit l'Écosse et l'Angleterre sous le nom de Grande-Bretagne (*Acte d'union,* 1707). À sa mort, la couronne passa de la dynastie des Stuarts à celle de Hanovre.

**ANNEAU** n.m. **-1.** Cercle de matière dure, auquel on peut attacher ou suspendre qqch : *Anneaux de rideau.* **-2.** Cercle, souvent de métal précieux, que l'on porte au doigt : *Anneau nuptial.* **-3.** Ce qui évoque la forme d'un cercle : *Anneau routier.* **-4.** ***Anneau épiscopal*** ou ***pastoral,*** anneau porté par les prélats chrétiens. || ***Anneau de port,*** amarrage fixe, comportant génér. un branchement d'eau potable et d'électricité. **ASTRON.** Zone circulaire de matière entourant certaines planètes (Jupiter, Saturne, Uranus, Neptune), formée d'une multitude de fragments solides de petites dimensions, se déplaçant chacun avec sa vitesse propre. **MATH.** Ensemble pourvu de deux lois de composition interne, la première loi lui conférant la structure de groupe commutatif, la seconde loi étant associative et distributive par rapport à la première. (L'anneau est *commutatif* lorsque la seconde loi est commutative.) **PHYS. NUCL.** ***Anneau de stockage,*** dispositif comportant un *(anneau de collisions)* ou deux *(anneaux d'intersection)* anneaux destinés à faire se croiser deux faisceaux de particules élémentaires d'énergie élevée, circulant en sens inverse. **ZOOL.** Chacune des subdivisions externes d'animaux segmentés, comme les annélides ou les arthropodes. (Chaque anneau peut porter une paire d'appendices.) SYN. : **métamère.** ◆ pl. Agrès mobile de gymnastique, composé essentielle-

**ANNE DE BRETAGNE,** duchesse de Bretagne. Détail d'un portrait par Bourdichon. (B. N., Paris.)

les **ANNEAUX** de Saturne

ment de deux cercles métalliques fixés aux extrémités de cordes accrochées à un portique.

**Anneau du Nibelung** (l') → WAGNER.

**ANNECY,** ch.-l. du dép. de la Haute-Savoie, sur le lac d'Annecy, à 540 km au sud-est de Paris ; 51 143 hab. *(Anneciens).* Évêché. Centre d'une agglomération industrialisée (constructions mécaniques et électriques) de plus de 125 000 hab. Le *lac d'Annecy,* site touristique, couvre 27 km$^2$ et occupe une partie de la *cluse d'Annecy,* dépression ouverte en partie par le Fier, entre les massifs des Bornes et des Bauges. – Château des XIII$^e$-XVI$^e$ siècles (musée). « Palais de l'Île », remontant au XII$^e$ siècle. Cathédrale du XVI$^e$ et autres églises. Maisons anciennes.

**ANNÉE** n.f. -**1.** Temps que met une planète à faire sa révolution autour du Soleil : *Année martienne.* -**2.** Période de douze mois, correspondant conventionnellement à la durée de la révolution de la Terre autour du Soleil : *Une année favorable aux cultures.* -**3.** Cette même période, considérée dans sa situation relative par rapport au calendrier grégorien : *En quelle année êtes-vous né ?* -**4.** ***Année civile*** ou ***calendaire,*** du 1$^{er}$ janvier au 31 décembre. ‖ ***Années folles,*** période de l'entre-deux-guerres qui précède la grande crise et la « montée des périls » (de 1919 à 1929 env.). ‖ ***Année de lumière,*** unité de longueur (symb. al) équivalant à la distance parcourue en un an par la lumière dans le vide, soit $9{,}461 \times 10^{12}$ km. ‖ ***Année scolaire,*** période allant de la rentrée des classes aux vacances d'été. ‖ ***Année sidérale,*** intervalle séparant deux passages consécutifs du Soleil par le même point de son orbite apparente. ‖ ***Année tropique,*** intervalle séparant deux passages consécutifs du Soleil par le point équinoxial du printemps.

**ANNÉE-LUMIÈRE** n.f. (pl. années-lumière). Année de lumière.

**ANNELÉ, E** adj. -**1.** Qui présente une succession d'anneaux. -**2.** ***Colonne annelée,*** colonne dont le fût est sculpté d'anneaux ou de bagues.

**ANNELET** n.m. -**1.** Petit anneau. -**2.** Chacun des trois filets séparant le gorgerin de l'échine dans le chapiteau dorique. SYN. : **armille.**

**ANNÉLIDE** n.f. *Annélides,* embranchement de vers annelés, formés d'une suite de segments sans pattes, comme le lombric, la sangsue et de nombreuses formes marines (néréide).

**ANNEMASSE,** ch.-l. de c. de la Haute-Savoie, près de l'Arve ; 27 927 hab. *(Annemassiens).* Mécanique de précision.

**ANNENSKI** (Innokenti Fedorovitch), poète russe (Omsk 1856 - Saint-Pétersbourg 1909), l'un des inspirateurs du symbolisme russe (*le Coffret de cyprès,* 1910).

**ANNEXE** adj. (lat. *annexus,* attaché à). Qui se rattache à une chose principale : *Un document annexe.* ◆ n.f. -**1.** Bâtiment, service annexe : *Les annexes d'une école.* -**2.** Document comptable qui explique, commente et complète les informations du bilan et du compte de résultat. -**3.** ***Annexes embryonnaires,*** organes contenus dans l'œuf fécondé, mais extérieurs à l'embryon, qu'ils nourrissent et protègent (amnios, placenta, etc.). ‖ ***Annexes de l'utérus,*** les ovaires et les trompes.

**ANNEXER** v.t. -1. Faire entrer qqn ou qqch dans un groupe, un ensemble ; joindre. -2. Faire passer tout ou partie d'un territoire sous la souveraineté d'un autre État. ◆ **s'annexer** v.pr. S'attacher, s'attribuer qqn ou qqch de façon exclusive.

**ANNEXION** n.f. Action d'annexer, partic. un territoire ; le territoire ainsi annexé.

**ANNEXIONNISME** n.m. Politique visant à l'annexion d'un ou de plusieurs pays.

**ANNEXIONNISTE** adj. et n. Qui vise à l'annexion d'un autre pays ; partisan de l'annexionnisme.

**ANNIHILATION** n.f. -1. Action d'annihiler ; anéantissement : *L'annihilation de ses espoirs.* -2. Réaction entre une particule et son antiparticule, au cours de laquelle celles-ci disparaissent pour se transformer en un ensemble d'autres particules, génér. plus légères.

**ANNIHILER** v.t. (du lat. *ad,* vers, et *nihil,* rien). Réduire à rien ; anéantir.

**ANNIVERSAIRE** adj. (lat. *anniversarius,* qui revient tous les ans). Qui rappelle un événement arrivé à pareil jour une ou plusieurs années auparavant : *Jour anniversaire de l'armistice.* ◆ n.m. Retour annuel d'un jour marqué par un événement, en partic. du jour de la naissance ; la fête, la cérémonie qui accompagne ce jour.

**ANNOBÓN** *(île),* île de la Guinée équatoriale, appelée *Pagalu* de 1973 à 1979.

**ANNONAY,** ch.-l. de c. du nord de l'Ardèche ; 19 155 hab. *(Annonéens).* Carrosseries. Papeterie.

**ANNONCE** n.f. -1. Action d'annoncer qqn ou qqch : *L'annonce de l'arrivée d'un chef d'État.* -2. Indice, présage : *L'annonce du printemps.* -3. Avis, message verbal ou écrit donné à qqn ou au public. -4. Déclaration d'intention faite avant le début du jeu, dans une partie de cartes. -5. *Effet d'annonce,* impact produit sur l'opinion par le simple fait d'annoncer une mesure, un événement. ‖ *Petite annonce,* annonce par laquelle un particulier, une société, etc., offre ou demande un emploi, un logement, etc.

**Annonce faite à Marie** (l'), drame en 4 actes de Paul Claudel (1912). Dans cette œuvre mystique, proche du mystère médiéval, un équilibre, rompu par les passions humaines, est rétabli par le sacrifice d'une âme prédestinée, « la jeune fille Violaine ».

**ANNONCER** v.t. (du lat. *nuntius,* messager) [16]. -1. Faire savoir qqch, le rendre public : *Annoncer une bonne nouvelle.* -2. Être le signe de qqch : *Silence qui annonce un désaccord.*

**ANNONCEUR, EUSE** n. Personne qui présente les programmes à la radio, à la télévision. SYN. : speaker. ◆ **annonceur** n.m. Personne, société qui fait passer une annonce publicitaire dans un journal, à la radio, etc.

**Annonciade** *(ordre de l'),* ancien ordre de chevalerie italien fondé en 1364 par le duc Amédée VI de Savoie.

**ANNONCIATEUR, TRICE** adj. Qui annonce, présage. ◆ **annonciateur** n.m. Dispositif optique indiquant l'état d'un circuit ou d'un appareil (libre, occupé, etc.).

**ANNONCIATION** n.f. Message de l'ange Gabriel à la Vierge Marie lui annonçant qu'elle mettra le Messie au monde ; fête instituée par l'Église en mémoire de cette annonce.

**ANNONCIER, ÈRE** n. Personne chargée de la composition et de la mise en pages des annonces et des petites annonces d'un journal.

**ANNONE** n.f. -1. Dans l'Antiquité romaine, impôt en nature perçu sur le produit de la récolte annuelle. -2. Service public assurant l'approvisionnement de la ville de Rome.

**ANNOTATION** n.f. Action d'annoter un ouvrage ; le commentaire ainsi porté.

**ANNOTER** v.t. Faire par écrit des remarques, des commentaires sur un texte, un ouvrage.

**ANNUAIRE** n.m. (du lat. *annuus,* annuel). Ouvrage publié chaque année, donnant la liste des membres d'une profession, des abonnés à un service, etc. : *Annuaire du téléphone.*

**ANNUALISATION** n.f. Action d'annualiser.

**ANNUALISER** v.t. -1. Donner une périodicité annuelle à qqch. -2. Établir qqch en prenant l'année pour base.

**ANNUALITÉ** n.f. Caractère de ce qui est annuel.

**ANNUEL, ELLE** adj. Qui dure un an ; qui revient chaque année : *Plante annuelle.* ◆ **annuellement** adv. Par an, chaque année.

**ANNUITÉ** n.f. -1. Paiement annuel, au moyen duquel un emprunteur se libère progressivement d'une dette, capital et intérêts. -2. Équivalence d'une année de service pour le calcul des droits à une pension, à la retraite, etc. -3. Fraction des actifs amortie en un an par une entreprise.

**ANNULABLE** adj. Qui peut être annulé.

**ANNULAIRE** adj. (du lat. *annulus,* anneau). -1. Qui a la forme d'un anneau. -2. *Éclipse* *annulaire de Soleil,* éclipse durant laquelle le Soleil déborde autour du disque de la Lune comme un anneau lumineux. ◆ n.m. Le quatrième doigt de la main, qui porte ordinairement l'alliance.

**ANNULATIF, IVE** adj. Qui annule.

**ANNULATION** n.f. -1. Action d'annuler ; son résultat. -2. Processus névrotique par lequel le sujet s'efforce de faire croire et de croire que tel ou tel événement désagréable n'est pas intervenu pour lui-même.

**ANNULER** v.t. Rendre, déclarer qqch nul, sans effet ; supprimer : *Annuler une élection.*

**ANOBIE** n.f. Vrillette.

**ANOBLI, E** adj. et n. Devenu noble, fait noble.

**ANOBLIR** v.t. Accorder, conférer à qqn un titre de noblesse.

**ANOBLISSEMENT** n.m. Action d'anoblir ; fait d'accéder à la noblesse.

**ANODE** n.f. (gr. *ana,* en haut, et *hodos,* route). Électrode d'arrivée du courant dans un milieu de conductivité différente, par opp. à *cathode.*

**ANODIN, E** adj. (du gr. *odunê,* douleur). Sans gravité ; sans importance.

**ANODIQUE** adj. Relatif à l'anode.

**ANODISATION** n.f. Oxydation superficielle d'une pièce métallique prise comme anode dans une électrolyse afin d'en améliorer le poli et la résistance à la corrosion.

**ANODISER** v.t. Procéder à l'anodisation.

**ANODONTE** n.m. (du gr. *odous, odontos,* dent). Mollusque bivalve d'eau douce, dont la charnière est privée de dents. (Long. max. 20 cm env.) SYN. : **moule d'étang.**

**ANODONTIE** [-dɔ̃si] n.f. Anomalie caractérisée par l'absence totale ou partielle de dents.

**ANOMAL, E, AUX** adj. Qui s'écarte de la norme, de la règle générale.

**ANOMALA** n.m. Scarabée nuisible à la vigne.

**ANOMALIE** n.f. (gr. *anômalia,* désaccord). -1. Écart par rapport à une norme, à un modèle. -2. En biologie, déviation du type normal.

**ANOMALURE** n.m. Rongeur arboricole d'Afrique tropicale, capable de vols planés. (Famille des anomaluridés.)

**ANOMIE** n.f. (gr. *anomia,* violation de la loi). État de désorganisation d'une société dû à la disparition partielle ou totale des normes et des valeurs communes à ses membres.

**ANOMOURE** n.m. *Anomoures,* sous-ordre de crustacés décapodes comprenant les pagures.

**ÂNON** n.m. Petit de l'âne.

**ANONACÉE** n.f. *Anonacées,* famille d'arbres ou d'arbrisseaux des pays chauds dont le type est l'*anone.*

**ANONE** n.f. Arbre ou arbrisseau des régions équatoriales, fournissant un fruit sucré comestible (pomme cannelle, corossol) ; ce fruit.

**ÂNONNEMENT** n.m. Action d'ânonner.

**ÂNONNER** v.i. et t. Lire, parler, réciter avec peine et en hésitant.

**ANONYMAT** n.m. État de qqn, de qqch qui est anonyme.

**ANONYME** adj. et n. (gr. *anônumos,* sans nom). -1. Dont l'auteur est inconnu : *Lettre anonyme.* -2. Dont le nom est inconnu : *Poètes anonymes de l'Antiquité.* -3. Sans originalité : *Un appartement anonyme et dépourvu d'âme.* -4. *Société anonyme* → SOCIÉTÉ. ◆ n. Personne anonyme : *Don d'un généreux anonyme.* ◆ **anonymement** adv.

**ANOPHÈLE** n.m. (gr. *anôphelês,* nuisible). Moustique dont la femelle peut transmettre le paludisme. (Famille des culicidés.)

**ANORAK** [anɔrak] n.m. (mot inuit, de *anoré,* vent). Veste de sport, imperméable et chaude, avec ou sans capuchon.

**ANOREXIE** n.f. (du gr. *orexis,* appétit). -1. Perte de l'appétit, organique ou fonctionnelle. -2. *Anorexie mentale,* refus de s'alimenter, surtout chez le nourrisson et l'adolescente, qui traduit un conflit psychique.

**ANOREXIGÈNE** adj. et n.m. Se dit d'une substance qui provoque une diminution de l'appétit.

**ANOREXIQUE** adj. et n. Atteint d'anorexie.

**ANORGANIQUE** adj. Se dit d'un phénomène qui semble indépendant de toute lésion organique.

**ANORGASMIE** n.f. Absence ou insuffisance d'orgasme.

**ANORMAL, E, AUX** adj. Contraire à la norme, à la règle générale : *Température anormale.* ◆ adj. et n. Déséquilibré, très instable. ◆ **anormalement** adv.

**ANORMALITÉ** n.f. Caractère de ce qui est anormal.

**ANOSMIE** n.f. (du gr. *osmê,* odeur). Diminution ou perte complète de l'odorat.

**ANOUILH** (Jean), auteur dramatique français (Bordeaux 1910 - Lausanne 1987). Son théâtre est caractérisé par un pessimisme fondamental, dans lequel médiocrité et avilissement court-circuitent pureté et tendresse. Son œuvre a été rassemblée en *Pièces noires* (*le Voyageur sans bagages,* 1937 ; *Antigone,* 1944), *Pièces roses* (*le Bal des voleurs,* 1938), *Pièces brillantes* (*la Répétition ou l'Amour puni,* 1950), *Pièces grinçantes* (*Pauvre Bitos ou le Dîner de têtes,* 1956), *Pièces costumées* (*l'Alouette,* 1953), *Pièces baroques* (*Cher Antoine,* 1969), *Pièces secrètes* (*l'Arrestation,* 1975), *Pièces farceuses* (*le Nombril,* 1981).

**ANOURE** n.m. (du gr. *oura,* queue). ***Anoures,*** ordre d'amphibiens dépourvus de queue à l'âge adulte, comme les grenouilles et les crapauds.

**ANOVULATOIRE** adj. ***Cycle anovulatoire,*** période de temps qui se termine par un saignement utérin sans avoir été précédée d'une ovulation.

**ANOXÉMIE** n.f. Absence d'oxygène dans le sang.

**ANOXIE** n.f. Diminution ou suppression de l'oxygène dans les tissus.

**A. N. P. E.** (Agence nationale pour l'emploi), établissement public créé en 1967, et qui, sous l'autorité du ministre du Travail, a pour mission de maîtriser le marché de l'emploi. L'A. N. P. E. est structurée en un organisme central et en agences locales, en sections départementales et en centres régionaux. Depuis 1987, l'Agence peut déléguer le placement des demandeurs d'emploi à des établissements publics ou à des organismes privés en passant une convention avec eux.

**ANQUETIL** (Jacques), coureur cycliste français (Mont-Saint-Aignan 1934 - Rouen 1987). Rouleur remarquable (recordman du monde de l'heure en 1956 avec 46,159 km), mais coureur très complet, il a notamment remporté 5 Tours de France (1957 et 1961 à 1964) et 2 Tours d'Italie (1960 et 1964).

**ANSARIYYA** ou **ANSARIEH** *(djabal),* montagne de Syrie (1 583 m), dominant le Ghab.

**Anschluss,** rattachement de l'Autriche à l'Allemagne imposé par Hitler en 1938 et qui cessa en 1945.

**ANSE** n.f. -1. Partie recourbée en arc, en anneau par laquelle on prend un vase, un panier, etc. -2. Petite baie peu profonde. -3. ***Arc en anse de panier,*** arc surbaissé en demi-ovale formé d'un nombre impair d'arcs de cercle et dont la portée est le plus grand diamètre de l'ovale.

**ANSÉ, E** adj. -1. Dont l'une des extrémités est terminée par un petit anneau qui permet de la saisir : *Bougeoir ansé.* -2. ***Croix ansée,*** croix suspendue à une anse, dont l'extrémité supérieure se termine par un petit anneau.

**ANSELME** *(saint),* moine, évêque et théologien (Aoste 1033 - Canterbury 1109). Abbé du monastère bénédictin du Bec (Le Bec-Hellouin, Normandie) en 1078 et archevêque de Canterbury (1093), il fut exilé par le pouvoir royal. Ses œuvres principales sont le *Proslogion* et le *Monologion.* Son influence a été grande, notamment par sa conception de la philosophie comme explication de la foi *(fides quaerens intellectum)* et par sa célèbre démonstration de l'existence de Dieu, connue sous le nom de « preuve ontologique » et selon laquelle on est nécessairement conduit à poser comme existant l'être parfait du seul fait qu'on a l'idée d'un tel être.

**ANSÉRIFORME** n.m. (du lat. *anser,* oie). ***Ansériformes,*** ordre d'oiseaux palmipèdes ayant un bec garni de lamelles cornées et comprenant les oies, les canards, les cygnes.

**ANSÉRINE** n.f. -1. Chénopode. -2. Potentille.

**ANSERMET** (Ernest), chef d'orchestre suisse (Vevey 1883 - Genève 1969). Il dirigea les Ballets russes de 1915 à 1923. À la tête de l'Orchestre de la Suisse romande, il révéla les répertoires russe et français.

**ANSHAN,** v. de Chine (Liaoning) ; 1 278 000 hab. Sidérurgie.

**ANSON** (*sir* William **Reynell**), juriste britannique (Walberton, Sussex, 1843 - Oxford 1914). Vice-chancelier de l'université d'Oxford, il fut élu député en 1899. Son ouvrage *Loi et pratique constitutionnelle de l'Angleterre* (1886-1892) est resté l'une des œuvres fondamentales du droit public anglais.

**ANTAGONIQUE** adj. En antagonisme.

**ANTAGONISME** n.m. -1. Lutte, opposition entre des personnes, des groupes sociaux, des doctrines, etc. -2. Opposition fonctionnelle entre deux systèmes, deux organes, deux substances biochimiques.

**ANTAGONISTE** n. et adj. Personne, groupe, etc., en lutte avec un(e) autre. ◆ adj. -1. Qui est contraire à qqch, qui s'y oppose. -2. ***Muscles antagonistes,*** muscles qui ont une action contraire, par ex. sur une articulation.

**ANTAKYA** → ANTIOCHE.

**ANTALGIE** n.f. Abolition ou atténuation des perceptions douloureuses.

**ANTALGIQUE** adj. et n.m. (gr. *anti,* contre, et *algos,* douleur). Se dit d'une substance propre à calmer la douleur.

**ANTALYA,** anc. Adalia, port de Turquie, sur la Méditerranée ; 378 208 hab.

**ANTAN (D')** loc. adj. (du lat. *ante annum,* l'année d'avant). LITT. D'autrefois : *Le Paris d'antan.*

**ANTANANARIVO,** anc. Tananarive, cap. de Madagascar, sur les hautes terres centrales, au cœur de l'Imérina, entre 1 250 m et 1 460 m d'altitude ; 1 050 000 hab. Archevêché. Université. Centre administratif, commercial et culturel avec quelques industries (agroalimentaire, textile et travail du cuir, constructions mécaniques).

**ANTAR** ou **ANTARA,** guerrier et poète arabe du VIe siècle, héros de l'épopée *le Roman d'Antar.*

**ANTARCTIQUE** adj. Relatif au pôle Sud et aux régions environnantes.

**ANTARCTIQUE,** vaste ensemble de terres presque entièrement compris au-delà du cercle polaire austral (dit aussi *antarctique*) ; 13 millions de km².

**GÉOGRAPHIE**

Une calotte glaciaire, dont la formation paraît remonter à l'ère tertiaire, recouvre presque tout l'Antarctique, atteignant 4 000 m d'altitude au centre. Des langues glaciaires en divergent et rejoignent l'océan, où elles se débitent en blocs énormes, les icebergs, qui sont emportés par les courants marins.

**Le climat.** L'Antarctique, parfois qualifié de continent, est marqué par l'extrême rigueur de son climat. Pendant la nuit polaire hivernale, les températures moyennes oscillent autour de – 60 °C et l'on a enregistré les minimums de la planète, près de – 90 °C. En été, le réchauffement est médiocre et, sauf sur les côtes, les températures dépassent rarement – 10 °C. L'air froid persistant entraîne la permanence, au-dessus du pôle, d'un anticyclone d'où s'échappent les vents qui balaient le continent. Ceux-ci empêchent la pénétration des influences maritimes, d'où la faiblesse des précipitations.

**Le relief.** On distingue deux parties séparées par une grande faille jalonnée de volcans (dont l'Erebus), qui détermine les échancrures de la mer de Weddell et de la mer de Ross. L'Antarctique oriental est un socle ancien raboté par l'érosion et partiellement couvert de sédiments. L'Antarctique occidental, chaîne de type alpin prolongeant les Andes, constitue la terminaison de la ceinture de feu du Pacifique, secouée de tremblements de terre et accidentée de volcans. Autour de cet énorme réservoir de froid, l'océan gèle et forme la banquise. Au contact du continent, celle-ci est permanente, se disloquant à peine en été. Au-delà, elle devient saisonnière, s'étendant jusque vers 60° S.

**ANTARCTIQUE :** les installations de recherche britanniques construites en 1983 à Halley Bay (Terre de Coats).

**La vie dans l'Antarctique.** En raison des conditions physiques extrêmement dures, la vie est presque absente du continent. Elle se concentre dans la frange côtière, en particulier dans la mer, dont les eaux, riches en plancton, entretiennent une faune de poissons, de phoques, d'éléphants de mer, etc. Les côtes sont peuplées par des colonies de manchots. L'homme est (très ponctuellement) présent dans les stations scientifiques, qui sont au nombre d'une quarantaine et où mille personnes, en moyenne, hivernent chaque année. Une exploitation des ressources minières a tout de même été envisagée en dépit des contraintes climatiques (et de l'éloignement des marchés).

**DROIT INTERNATIONAL**

Conformément aux dispositions du traité de Washington du 1er octobre 1959, les 25 États parties consultatives ont tenu une conférence consacrée à la protection de l'environnement dans l'Antarctique (Wellington, Nouvelle-Zélande, 1988 - Paris, oct. 1989). Le traité de Washington stipule une internationalisation fonctionnelle de la zone, caractérisée par la liberté de recherche scientifique et l'interdiction de toute activité à des fins militaires. Depuis 1991, suite aux réunions du traité de l'Antarctique (ratifié en 1991 par une quarantaine d'États), est intervenu un accord sur l'interdiction, pendant 50 ans, de l'exploitation minière du continent.

**STATIONS GÉOPHYSIQUES PERMANENTES**

1 Esperanza (Arg.)
2 Capitán Arturo Prat (Chili)
3 Bellingshausen (Russie.)
4 Teniente Rodolfo Marsh (Chili)
5 Grande Muraille (Chine)
6 Artigas (Uruguay)
7 Commandante Ferraz (Brésil)
8 Arctowski (Pol.)
9 Jubany (Arg.)
10 King Séjong (Cor. du S.)
11 Signy (G.-B.)
12 Orcadas (Arg.)
13 General Belgrano (Arg.)
14 Halley (G.-B.)
15 G. von Neumayer (All. .)
16 Sanae (Afr. du S.)
17 Maitri (Inde)
18 Novo Lazarevskaïa (Russie)
19 Showa (Japon)
20 Molodejnaïa (Russie.)
21 Mawson (Austr.)
22 Zhongshan (Chine)
23 Davis (Austr.)
24 Mirnyï (Russie.)
25 Casey (Austr.)
26 Dumont d'Urville (F.)
27 McMurdo(É.-U.)
28 Scott Base (N.-Z.)
29 Amundsen-Scott (É.-U.)
30 Rothera (G.-B.)
31 S. Martin (Arg.)
32 Faraday (Ukraine)
33 Palmer (É.-U.)
34 Marambio (Arg.)
35 Gral B. O'Higgins (Chili)

**ANTARCTIQUE** ou **AUSTRAL** *(océan),* nom donné à la partie des océans Atlantique, Pacifique et Indien comprise entre le cercle polaire antarctique et le continent polaire.

**ANTARCTIQUE BRITANNIQUE** *(territoire de l'),* colonie britannique regroupant le secteur britannique de l'Antarctique, les Shetland du Sud et les Orcades du Sud.

**ANTE** [ɑ̃t] n.f. (du lat. *hasta,* lance). Pilier ou pilastre cornier.

**ANTEBOIS** n.m. → ANTIBOIS.

**ANTÉCAMBRIEN, ENNE** adj. et n.m. VIEILLI. Précambrien.

**ANTÉCÉDENCE** n.f. Caractère d'un cours d'eau maintenant son tracé, malgré des déformations tectoniques.

**ANTÉCÉDENT, E** adj. -**1.** Qui précède qqch, lui est antérieur. -**2.** Se dit d'un cours d'eau qui présente un phénomène d'antécédence. ◆ **antécédent** n.m. Fait antérieur, qui précède. **LING.** Élément qui précède et auquel se rapporte un pronom relatif. **LOG.** Le premier des deux termes d'une relation d'implication, par opp. à *conséquent.* **MATH.** Pour un élément *b* de l'ensemble B, ensemble d'arrivée d'une correspondance dont l'ensemble de départ est A, élément *a* de A s'il existe, auquel il est associé. ◆ **antécédents** n.m. pl. Actes antérieurs de qqn permettant de comprendre sa conduite actuelle : *Avoir de bons antécédents.*

**ANTÉCHRIST** n.m. Adversaire du Christ qui, selon saint Jean, doit venir quelque temps avant la fin du monde pour s'opposer à l'établissement du Royaume de Dieu.

**ANTÉDILUVIEN, ENNE** adj. -**1.** Qui a précédé le Déluge. -**2.** Qui est très ancien, démodé.

**ANTÉE,** géant de la mythologie grecque, fils de Gaia (la Terre) et de Poséidon. Il tirait sa force du contact qu'il entretenait en permanence avec la Terre. Établi en Libye, où il tuait les voyageurs, il fut éliminé par Héraclès, qui l'étouffa en le maintenant au-dessus du sol.

**ANTÉFIXE** n.f. Élément décoratif formé d'un motif répété et ornant la ligne inférieure du versant d'un toit.

**ANTÉHYPOPHYSE** n.f. Lobe antérieur de l'hypophyse.

**ANTÉISLAMIQUE** adj. Antérieur à l'islam. SYN. : **préislamique.**

**ANTENAIS, E,** adj. (du lat. *annotinus,* âgé d'un an). Dans sa deuxième année, en parlant d'un ovin.

**ANTÉNATAL, E, ALS** adj. Qui s'effectue avant la naissance : *Diagnostic anténatal.*

**ANTENNATE** n.m. *Antennates,* arthropodes munis d'antennes et de mandibules (insectes, mille-pattes, crustacés). SYN. : **mandibulate.**

**ANTENNE** n.f. -**1.** Organe allongé, mobile et pair, situé sur la tête des insectes et des crustacés, siège de fonctions sensorielles. -**2.** Élément du dispositif d'émission ou de réception des ondes radioélectriques. -**3.** Lieu, service dépendant d'un organisme, d'un établissement principal. -**4.** Passage en direct d'une émission de radio, de télévision : *Garder, rendre l'antenne.* -**5.** Vergue oblique qui soutient une voile latine. -**6.** *Antenne chirurgicale,* unité mobile destinée aux interventions de première urgence.

**ANTENNISTE** n. Spécialiste de la pose d'antennes de télévision.

**ANTÉPÉNULTIÈME** adj. Qui vient immédiatement avant l'avant-dernier. ◆ n.f. Syllabe qui précède l'avant-dernière syllabe d'un mot (*po* dans *napolitain*).

**ANTÉPOSER** v.t. Placer un élément de la phrase devant un autre.

**ANTÉRIEUR, E** adj. -**1.** Qui est avant, en avant, par rapport au temps ou au lieu ; précédent : *Époque antérieure. La partie antérieure du corps.* CONTR. : **ultérieur.** -**2.** Se dit d'un phonème dont l'articulation se situe dans la partie avant de la cavité buccale. ◆ **antérieurement** adv. Avant ; précédemment.

**ANTÉRIORITÉ** n.f. Caractère de ce qui est antérieur dans le temps : *Antériorité d'une découverte.*

**ANTÉROGRADE** adj. (du lat. *anterior,* plus avant, et *gradi,* marcher). *Amnésie antérograde,* forme d'amnésie dans laquelle la perte du souvenir porte sur les événements qui suivent l'accident causal.

**ANTÉVERSION** n.f. Inclinaison en avant de l'axe vertical d'un organe : *Antéversion de l'utérus.*

**ANTHEM** n.m. (du gr. *antiphonos,* qui répond à). Composition religieuse propre à l'Église anglicane et reposant sur des traductions de textes bibliques.

**ANTHÉMIOS** de Tralles, mathématicien et architecte lydien (VIe s.). Appelé par Justinien, il a donné les plans de la basilique Sainte-Sophie de Constantinople.

**ANTHÉMIS** [ɑ̃temis] n.f. (du gr. *anthos,* fleur). Plante herbacée aromatique, dont plusieurs espèces sont appelées *camomille.* (Famille des composées.)

**ANTHÈRE** n.f. (du gr. *anthêros,* fleuri). Partie supérieure de l'étamine des plantes à fleurs, dans laquelle se forment les grains de pollen et qui s'ouvre à maturité pour laisser échapper ceux-ci.

**ANTHÉRIDIE** n.f. Organe où se forment les anthérozoïdes.

**ANTHÉROZOÏDE** n.m. Gamète mâle, chez les végétaux. (On dit aussi *spermatozoïde.*)

**ANTHÈSE** n.f. Développement des organes floraux, de l'épanouissement au flétrissement.

**ANTHOCÉROS** [-seros] n.m. Petite plante de la classe des hépatiques, remarquable par son cycle reproductif.

**ANTHOLOGIE** n.f. (du gr. *anthos,* fleur, et *legein,* choisir). Recueil de morceaux choisis d'œuvres littéraires ou musicales.

**ANTHOZOAIRE** n.m. *Anthozoaires,* classe de cnidaires qui comprend des polypes isolés *(actinies)* ou regroupés en colonies *(madrépores, corail),* munis de cloisons gastriques.

**ANTHRACÈNE** n.m. Hydrocarbure polycyclique $C_{14}H_{10}$, extrait des goudrons de houille.

**ANTHRACITE** n.m. (gr. *anthrax, -akos,* charbon). Charbon de très faible teneur en matières volatiles (moins de 6 à 8 %), qui brûle avec une courte flamme bleu pâle, sans fumée, en dégageant beaucoup de chaleur. ◆ adj. inv. Gris foncé.

**ANTHRACITEUX, EUSE** adj. Qui ressemble à l'anthracite, qui en contient.

**ANTHRACNOSE** n.f. (du gr. *anthrax,* charbon, et *nosos,* maladie). Maladie cryptogamique de la vigne, du haricot, etc., caractérisée par l'apparition de taches brunes sur les rameaux, les feuilles ou les fruits.

**ANTHRACOSE** n.f. Maladie professionnelle due à la présence de poussières de charbon dans les poumons.

**ANTHRAQUINONE** n.f. Composé dérivé de l'anthracène, servant à préparer des colorants.

**ANTHRAX** n.m. (du gr. *anthrax,* charbon). Réunion de plusieurs furoncles s'accompagnant d'une staphylococcie du tissu souscutané.

**ANTHRÈNE** n.m. (gr. *anthrênê,* bourdon). Insecte dont la larve se développe dans des substances animales sèches (poils, plumes, etc.) et nuit aux fourrures, aux collections zoologiques. (Long. 4 mm env. ; ordre des coléoptères.)

**ANTHROPIEN, ENNE** n. et adj. Hominidé présentant des caractères physiques propres au type humain, fossile (australanthropien, archanthropien, paléanthropien) et actuel (néanthropien).

**ANTHROPIQUE** adj. Dont la formation résulte essentiellement de l'action humaine, en parlant d'un paysage, d'un sol, etc.

**ANTHROPOBIOLOGIE** n.f. Anthropologie physique.

**ANTHROPOCENTRIQUE** adj. Propre à l'anthropocentrisme.

**ANTHROPOCENTRISME** n.m. Conception, attitude qui rapporte toute chose de l'univers à l'homme.

**ANTHROPOÏDE** n. et adj. (gr. *anthrôpos,* homme). Singe ressemblant le plus à l'homme, caractérisé notamm. par l'absence de queue (orang-outan, chimpanzé, gorille et gibbon).

**ANTHROPOLOGIE** n.f. Étude de l'homme et des groupes humains. ◆ **anthropologue** ou **anthropologiste** n.

→ • DOSSIER L'ANTHROPOLOGIE *page 286.*

**ANTHROPOLOGIQUE** adj. Qui relève de l'anthropologie.

**ANTHROPOMÉTRIE** n.f. (du gr. *anthrôpos,* homme, et *metron,* mesure). **-1.** Branche de l'anthropologie physique ayant pour objet tout ce qui, dans l'organisme humain, peut être mesuré (poids des organes, pression artérielle, etc.). **-2.** *Anthropométrie judiciaire,* méthode d'identification des criminels fondée essentiellement, de nos jours, sur l'étude des empreintes digitales.

**ANTHROPOMÉTRIQUE** adj. Qui relève de l'anthropométrie.

**ANTHROPOMORPHE** adj. Dont la forme rappelle celle de l'homme.

**ANTHROPOMORPHIQUE** adj. Qui relève de l'anthropomorphisme.

**ANTHROPOMORPHISME** n.m. (du gr. *anthrôpos,* homme, et *morphê,* forme). Tendance à attribuer aux objets naturels, aux animaux et aux créations mythiques des caractères propres à l'homme.

**ANTHROPONYMIE** n.f. (du gr. *anthrôpos,* homme, et *onoma,* nom). Étude des noms de personnes.

**ANTHROPOPHAGE** adj. et n. (du gr. *anthrôpos,* homme, et *phagein,* manger). Qui mange de la chair humaine, en parlant de l'homme.

**ANTHROPOPHAGIE** n.f. Comportement de l'anthropophage.

**ANTHROPOPHILE** adj. Qui vit dans un milieu

habité ou fréquenté par l'homme, en parlant des animaux et des plantes.

**ANTHROPOPITHÈQUE** n.m. (du gr. *anthrôpos,* homme, et *pithêkos,* singe). ANC. Hominien fossile de type primitif, comme le pithécanthrope et le sinanthrope.

**ANTHROPOSOPHIE** n.f. Philosophie fondée par R. Steiner, qui développe une gnose chrétienne et propose un système éducatif encore très vivant dans les pays de langue allemande.

**ANTHURIUM** [ɑ̃tyrjɔm] n.m. Plante ornementale à belles feuilles, originaire d'Amérique tropicale. (Famille des aracées.)

**ANTHYLLIS** n.f. Plante herbacée dont une espèce, la *vulnéraire,* ou *trèfle jaune,* est cultivée comme fourrage.

**ANTIACRIDIEN, ENNE** adj. Qui est relatif à la lutte contre les acridiens.

**ANTIADHÉSIF, IVE** adj. et n.m. Se dit d'un revêtement qui empêche les adhérences, notamm. sur les récipients destinés à la cuisson.

**ANTIAÉRIEN, ENNE** adj. Qui s'oppose à l'action des avions ou des engins aériens.

**ANTIALCOOLIQUE** adj. Qui combat l'abus de l'alcool, l'alcoolisme.

**ANTIALLERGIQUE** adj. Qui est propre à traiter, à prévenir les allergies.

**ANTIAMARIL, E** adj. *Vaccination antiamarile,* vaccination contre la fièvre jaune.

**ANTIAMÉRICANISME** n.m. Hostilité à l'égard des États-Unis, de leur politique.

**ANTIASTHMATIQUE** adj. et n.m. Se dit d'un médicament propre à combattre l'asthme.

**ANTI-ATLAS,** massif du Maroc méridional, entre les oueds Draa et Sous ; 2 531 m.

**ANTIATOME** n.m. Atome d'antimatière.

**ANTIATOMIQUE** adj. Qui s'oppose aux effets du rayonnement ou des projectiles atomiques.

**ANTIAUTORITAIRE** adj. Qui est hostile à toute forme de sujétion, politique ou intellectuelle.

**ANTIBES,** ch.-l. de c. des Alpes-Maritimes, sur la Côte d'Azur ; 70 688 hab. *(Antibois).* Station touristique. Cultures florales. Parfumerie. – Musée du château Grimaldi (reconstruit au XVIe s.), consacré à Picasso et à l'art contemporain ; musée d'Histoire et d'Archéologie au bastion St-André.

**ANTIBIOGRAMME** n.m. Examen bactériologique permettant d'apprécier la sensibilité d'une bactérie vis-à-vis de divers antibiotiques.

**ANTIBIOTHÉRAPIE** n.f. Traitement par les antibiotiques.

**ANTIBIOTIQUE** n.m. et adj. Substance naturelle (produite surtout par les champignons inférieurs et par certaines bactéries) ou synthétique ayant la propriété d'empêcher la croissance des micro-organismes ou de les détruire.

ENCYCL. L'utilisation des antibiotiques repose sur les critères suivants :

– le spectre d'action, c'est-à-dire la liste des bactéries sur lesquelles un antibiotique donné est actif, les antibiotiques n'étant pas efficaces contre les virus ;

– les organes et tissus dans lesquels la diffusion est facile ; un antibiotique qui passe rapidement du sang vers les méninges peut être utilisé en cas de méningite ;

– l'existence d'une allergie du malade à une famille d'antibiotiques et le risque de toxicité sur le rein, le système nerveux, le sang, le fœtus ;

– la facilité d'utilisation ; certains antibiotiques sont réservés à l'hôpital, d'autres sont d'un maniement plus aisé (pénicillines, céphalosporines, macrolides, tétracyclines).

**ANTIBLOCAGE** adj. Se dit d'un système qui permet de contrôler le freinage pour éviter que les roues d'un véhicule ne se bloquent.

**ANTIBOIS** ou **ANTEBOIS** n.m. Baguette fixée sur le plancher d'une pièce pour empêcher le contact des meubles avec les murs.

**ANTIBROUILLAGE** n.m. Procédé visant à faire échec au brouillage des émissions d'ondes électromagnétiques.

**ANTIBROUILLARD** adj. inv. et n.m. Propre à percer le brouillard : *Phares antibrouillard.*

**ANTIBRUIT** adj. inv. Qui protège du bruit.

**ANTICABREUR** adj. m. Se dit d'un dispositif mécanique qui s'oppose au cabrage d'un véhicule au démarrage ou lors d'une accélération brutale.

**ANTICALCAIRE** adj. Qui s'oppose aux dépôts calcaires dans un appareil, une canalisation.

**ANTICALCIQUE** adj. et n.m. Se dit d'un médicament visant à régulariser le rythme cardiaque et à normaliser la tension artérielle.

**ANTICANCÉREUX, EUSE** adj. Qui est employé dans la prévention ou le traitement du cancer.

**ANTICAPITALISTE** adj. Hostile au régime capitaliste.

**ANTICATHODE** n.f. Plaque métallique qui, dans un tube électronique, reçoit les rayons cathodiques et émet des rayons X.

# L'ANTHROPOLOGIE

L'anthropologie avait reçu de Kant une mission, l'appréhension de l'homme « du point de vue pragmatique », c'est-à-dire selon une appréciation rationnelle de ce qui lui est utile. Mais ce n'est qu'à la fin du XIXe siècle que le positivisme puis l'évolutionnisme ont orienté cette recherche vers l'étude des sociétés préhistoriques et non industrielles. De là, elle tend ensuite à généraliser son objet en englobant l'histoire des sociétés et la sociologie des comportements.

**LE MOT « ANTHROPOLOGIE »**

Le mot apparaît au début du XVIe siècle, chez un théologien français, qui le crée pour désigner un « répertoire d'hommes célèbres ». Un chirurgien français, professeur d'anatomie et disciple de Harvey, le reprend au XVIIe siècle pour qualifier la science du *corps* (anatomie) et de l'*âme* (psychologie). Le sens moderne apparaît chez le véritable créateur de l'anthropologie, l'Allemand Johann Blumenbach, auteur d'une division de l'espèce humaine en cinq races : blanche, noire, jaune, rouge, malaise. C'est l'*anthropologie physique*. Passé en anglais *(anthropology)*, le mot revient des États-Unis avec un sens nouveau, que Lévi-Strauss va reprendre et divulguer, celui de l'étude des contextes culturels et des civilisations qui caractérisent les peuples. Aujourd'hui, on appelle *anthropologie physique* ou *bioanthropologie* ce qui appartient à l'étude des caractéristiques physiques (volume du crâne, indice nasal, etc.) et *anthropologie culturelle* ce qui relève du sens anglais de *culture*, c'est-à-dire en fait « la civilisation ».

### L'anthropologie politique.

C'est l'étude des institutions et du fonctionnement du pouvoir politique dans les sociétés. Elle existe depuis Aristote, mais, dans les années 1930, l'anthropologie politique (essentiellement britannique et illustrée par E. Evans-Pritchard et M. Fortes) a distingué deux types de système politique : les sociétés sans État et les sociétés à État. Par la suite, cette dichotomie est apparue comme dépourvue de pertinence : les sociétés à chefferie constituent un système politique spécifique. Au cours des années 1950, l'approche dynamiste s'est intéressée particulièrement aux problèmes des conflits sociopolitiques. Ce sont les faits historiques comme la décolonisation qui ont donné à l'anthropologie politique un nouvel essor, avec E. R. Leach et G. Balandier. Son apport essentiel a été de montrer que le pouvoir n'est pas fondé sur la seule coercition. Les centres d'intérêt étaient axés sur une problématique de type généalogique : comment s'établissent les pouvoirs au sein du groupe social ? Comment naît la relation commandement/obéissance ?

L'État a perdu la fascination qu'il exerçait sur les chercheurs, avides de trouver ses origines, et cela généralement dans une perspective marxiste. Aujourd'hui, l'étude est davantage axée sur les modes d'acquisition et de conservation du pouvoir, sur l'exercice localisé du pouvoir et sur les rapports du vécu avec la prise de décision centrale.

### L'anthropologie culturelle.

À la fois domaine (étude des faits culturels) et école (américaine essentiellement) au sein de l'histoire de l'anthropologie, l'anthropologie culturelle – dont E.B. Tylor (*Primitive Culture*, 1871) est généralement considéré comme le père – connaît ses premiers développements avec F. Boas et les diffusionnistes, qui entendent réagir contre l'évolutionnisme dominant (L. H. Morgan et E.B. Tylor). Insistant sur l'aspect original, spécifique du développement de chaque culture, l'école culturaliste aboutit cependant, chez certains auteurs, à des positions aussi excessives que celles qu'elle condamne : les « relativistes » comme F. Boas et R. Lowie en arrivent à nier toute existence de loi en anthropologie. Mais ce sont surtout les disciples de Boas (A. Kardiner, R. Linton, R. Benedict, M. Mead) qui lui ont donné la portée d'une véritable école. Créant une nouvelle sous-discipline (« culture et personnalité »), et développant le nouveau concept de « personnalité de base », ils se sont attachés à démontrer l'importance de la culture sur la formation de la personnalité.

L'anthropologie culturelle a montré que les comportements varient selon les cultures. Dans une tout autre perspective, Lévi-Strauss a recours à une méthode dite « structuraliste » qui, prenant soin de ne pas séparer culture matérielle et culture spirituelle, met en relation les faits culturels entre eux, par exemple les mythes et les comportements alimentaires.

**L'anthropologie économique.**

Elle analyse le système économique des sociétés non-industrielles (sociétés traditionnelles et sociétés dites autrefois « primitives »). B. Malinowski a ouvert la voie en étudiant les grands mouvements d'échange de biens de prestige entre les îles d'un archipel situé à l'est de la Nouvelle-Guinée, les Trobriand. Depuis les analyses des concepts centraux de l'économie (tels ceux de valeur, de propriété, de travail, d'utilité) par celui qu'on considère comme le « pape » du fonctionnalisme, trois écoles sont apparues. Empruntant concepts et démarche à la science économique alors dominante (marginalisme), l'école formaliste (représentée par M. J. Herskovits, R. Firth, etc.) a été très critiquée par les tenants du substantivisme (K. Polanyi, G. Dalton), qui ont démontré l'inadéquation des concepts de l'économie classique aux économies non-marchandes. Allant plus loin, le marxisme (surtout l'école française : M. Godelier, C. Meillassoux, E. Terray) a reproché aux substantivistes de négliger l'aspect déterminant, selon eux, des rapports de production dans les sociétés non-industrielles.

**L'anthropologie religieuse.**

Elle s'attache non seulement à décrire son domaine (culte des ancêtres, des esprits, cérémonies et rites d'initiation, mythes), mais également à expliquer ces phénomènes sociaux en tant qu'ils participent au renforcement du contrôle social. Elle a montré que le fait religieux déborde la « religion », que ce soit sur le plan personnel (la magie comme thérapie, par exemple) ou sur le plan politique.

**ANTICHAMBRE** n.f. Salle d'attente, à l'entrée d'un appartement, d'un bureau.

**ANTICHAR** adj. Qui s'oppose à l'action des chars, des blindés.

**ANTICHOC** adj. Qui permet d'amortir, d'éviter les chocs : *Casque antichoc.*

**ANTICHRÈSE** [ɑ̃tikrɛz] n.f. (du gr. *anti,* contre, et *khrêsis,* usage). Sûreté réelle permettant au créancier d'entrer en possession d'un immeuble du débiteur et d'en percevoir les fruits jusqu'à extinction de la dette.

**ANTICIPATION** n.f. -**1.** Action d'anticiper : *Anticipation de paiement.* -**2.** Action de prévoir des situations, des événements futurs. -**3.** ***Roman, film d'anticipation,*** œuvre dont l'action se passe dans l'avenir, dans un monde futur.

**ANTICIPÉ, E** adj. Qui se fait à l'avance, avant la date prévue : *Retraite anticipée.*

**ANTICIPER** v.t. (lat. *anticipare,* devancer). Faire qqch avant la date prévue ou fixée : *Anticiper un paiement.* ◆ v.i. ou v.t. ind. **(sur).** -**1.** Disposer de qqch qui n'existe pas encore : *Anticiper sur ses revenus.* -**2.** Prévoir ce qui va arriver et y adapter par avance sa conduite : *Anticiper sur l'évolution de la situation.*

**ANTICLÉRICAL, E, AUX** adj. et n. Opposé à l'influence ou à l'ingérence du clergé dans les affaires publiques.

**ANTICLÉRICALISME** n.m. Attitude, politique anticléricale.

**ANTICLINAL, E, AUX** adj. (du gr. *anti,* contre, et *klinein,* faire pencher). ***Pli anticlinal*** ou ***anticlinal,*** n.m., pli dont la convexité est tournée vers le haut. CONTR. : synclinal.

**ANTICOAGULANT, E** adj. et n.m. Se dit d'un corps qui empêche la coagulation du sang.

**ANTICOLONIALISME** n.m. Opposition au colonialisme.

**ANTICOLONIALISTE** adj. et n. Opposé au colonialisme.

**ANTICOMMUNISME** n.m. Attitude d'hostilité à l'égard du communisme.

**ANTICOMMUNISTE** adj. et n. Opposé, hostile au communisme.

**ANTICOMMUTATIF, IVE** adj. Se dit d'une opération dans laquelle la permutation des composants conduit à un résultat de signes ou de sens contraires.

**ANTICONCEPTIONNEL, ELLE** adj. Qui empêche la fécondation ; contraceptif.

**ANTICONCURRENTIEL, ELLE** adj. Qui s'oppose au libre jeu de la concurrence commerciale.

**ANTICONFORMISME** n.m. Opposition aux usages établis, aux traditions.

**ANTICONFORMISTE** adj. et n. Qui ne se conforme pas aux usages établis.

**ANTICONJONCTUREL, ELLE** adj. Destiné à renverser une conjoncture économique défavorable.

**ANTICONSTITUTIONNEL, ELLE** adj. Contraire à la Constitution. ◆ **anticonstitutionnellement** adv.

**ANTICORPS** n.m. Substance (immunoglobuline) engendrée par l'organisme à la suite de l'introduction dans celui-ci d'un antigène et concourant au mécanisme de l'immunité. (→ IMMUNITÉ.)

**ANTICORROSION** adj. inv. Qui protège les métaux contre la corrosion.

**ANTICOSTI** *(île d'),* île du Canada (Québec), à l'entrée du Saint-Laurent ; 8 160 km$^2$ ; 230 hab.

**ANTICRYPTOGAMIQUE** adj. et n.m. Fongicide.

**ANTICYCLONAL, E, AUX** ou **ANTICYCLONIQUE** adj. Relatif à un anticyclone.

**ANTICYCLONE** n.m. Centre de hautes pressions atmosphériques.

**ANTIDATE** n.f. Date inscrite antérieure à la date réelle.

**ANTIDATER** v.t. Apposer une antidate sur un document.

**ANTIDÉFLAGRANT, E** adj. Se dit d'un appareil conçu pour fonctionner dans une atmosphère inflammable (mines grisouteuses, etc.) et pour résister à la surpression d'une déflagration sans la propager.

**ANTIDÉMOCRATIQUE** adj. Opposé, contraire à la démocratie, à ses principes.

**ANTIDÉPLACEMENT** n.m. Transformation ponctuelle du plan ou de l'espace conservant les distances sans conserver l'orientation.

**ANTIDÉPRESSEUR** adj.m. et n.m. Se dit d'un médicament qui combat la dépression mentale, ses symptômes. SYN. : thymoanaleptique.

**ANTIDÉRAPANT, E** adj. et n.m. Se dit d'un matériau qui empêche de déraper.

**ANTIDÉTONANT, E** adj. et n.m. Se dit d'un produit ajouté à un carburant liquide pour en augmenter l'indice d'octane afin d'empêcher sa détonation dans un moteur à explosion.

**ANTIDIPHTÉRIQUE** adj. Propre à combattre la diphtérie.

**ANTIDIURÉTIQUE** adj. et n.m. Se dit d'un médicament qui diminue la sécrétion d'urine.

**ANTIDOPAGE** ou **ANTIDOPING** [ãtidɔpiŋ] adj. inv. Qui s'oppose à la pratique du dopage dans les sports.

**ANTIDOTE** n.m. (gr. *antidotos,* donné contre). -1. Contrepoison d'un toxique donné. -2. Remède contre un mal moral, psychologique.

**ANTIÉCONOMIQUE** adj. Contraire à une bonne gestion économique.

**ANTIÉMÉTIQUE** adj. et n.m. Se dit d'un médicament propre à combattre les vomissements.

**ANTIENNE** [ãtjɛn] n.f. (du gr. *antiphônos,* qui répond). -1. Verset chanté avant et après un psaume. -2. LITT. Discours répété sans cesse.

**ANTIENZYME** [ãtiãzim] n.f. Substance qui s'oppose à l'action d'une enzyme.

**ANTIÉPILEPTIQUE** adj. et n.m. Se dit d'un médicament destiné à combattre l'épilepsie.

**ANTIESCLAVAGISTE** adj. et n. Opposé à l'esclavage.

**ANTIÉTATIQUE** adj. Opposé à un trop grand pouvoir de l'État.

**ANTIFASCISTE** adj. et n. Opposé au fascisme.

**ANTIFER** *(cap d'),* promontoire de la Seine-Maritime, au nord du Havre. Terminal pétrolier.

**ANTIFERROMAGNÉTISME** n.m. Propriété de certains cristaux dont les atomes présentent des moments magnétiques orientés alternativement dans un sens et dans l'autre. (Leur moment résultant est donc nul.)

**ANTIFONGIQUE** adj. et n.m. (du lat. *fongus,* champignon). Se dit d'un médicament qui agit contre les infections provoquées par les champignons ou les levures parasites. SYN. : antimycosique.

**ANTIFRICTION** adj. inv. Se dit d'un alliage dont les propriétés réduisent le frottement et qui est utilisé dans la fabrication d'organes de machines en mouvement.

**ANTIFUMÉE** adj. inv. et n.m. Se dit d'une substance qui produit une combustion plus complète et élimine les fumées d'un combustible liquide.

**ANTI-G** adj. inv. Qui s'oppose à l'action de la gravité (symb. *g*) ou qui en atténue les effets : *Combinaison anti-g des pilotes de chasse.*

**ANTIGANG** adj. inv. *Brigade antigang* ou *antigang,* n.f., unité de police constituée pour la lutte contre la grande criminalité.

**ANTIGEL** n.m. Substance qui, ajoutée à un liquide, en abaisse notablement le point de congélation.

**ANTIGÉLIF** n.m. Adjuvant qui garantit le béton durci contre l'altération par le gel.

**ANTIGÈNE** n.m. Substance (micro-organisme, cellule d'une espèce différente, substance chimique ou organique, etc.) qui, introduite dans l'organisme, stimule le système immunitaire et provoque la formation d'un anticorps. (→ IMMUNITÉ.)

**ANTIGIVRANT, E** adj. et n.m. Propre à empêcher la formation de givre.

**ANTIGLISSE** adj. inv. Se dit de vêtements de ski faits dans un tissu de texture rêche qui accroche la neige et empêche de glisser sur la pente en cas de chute.

**ANTIGONE,** héroïne de la légende grecque de Thèbes, fille d'Œdipe et de Jocaste, sœur d'Étéocle et de Polynice. Elle accompagna son père aveugle à Colone. Le roi Créon, nouvel époux de Jocaste, ayant ordonné de laisser le corps de Polynice sans sépulture, Antigone s'employa à ensevelir son frère et, pour cette désobéissance, fut condamnée à être enterrée vive. Mais elle se pendit. – La légende inspira de nombreux auteurs, parmi lesquels Sophocle, Alfieri, Cocteau et Anouilh.

**ANTIGONIDES,** dynastie fondée par l'un des successeurs d'Alexandre, Antigonos Monophthalmos. Ils régnèrent sur la Macédoine de la fin du IVe siècle à la conquête romaine (168 av. J.-C.).

**ANTIGONOS** Monophthalmos (le Borgne) [381-301 av. J.-C.], lieutenant d'Alexandre le Grand. Il essaya de fonder un empire en Asie, mais fut vaincu et tué à Ipsos en 301.

**ANTIGOUVERNEMENTAL, E, AUX** adj. Opposé au gouvernement, à sa politique.

**ANTIGUA,** v. du Guatemala, anc. cap. du pays ; 27 000 hab. – Importants témoignages monumentaux du baroque colonial (XVIIe-XVIIIe s.), en partie endommagés par des séismes.

**ANTIGUA-ET-BARBUDA,** État des Antilles, formé par les îles d'*Antigua* (280 km²), de *Barbuda* (env. 160 km² et 1 500 hab.) et de *Redonda* (inhabitée).

---

**NOM** : Antigua-et-Barbuda.
**CAPITALE** : Saint John's.
**SUPERFICIE** : 442 km².
**POPULATION** : 66 000 hab. *(Antiguais).*
**LANGUE OFFICIELLE** : anglais.

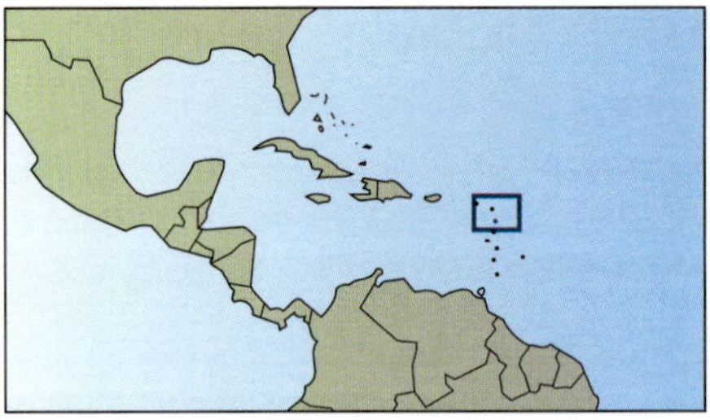

**RELIGION** : protestantisme.
**MONNAIE** : dollar des Caraïbes orientales.
**RÉGIME** : parlementaire.
**CHEF DE L'ÉTAT** : gouverneur général représentant la Couronne britannique, nommé sur les conseils du Premier ministre.
**CHEF DU GOUVERNEMENT** : Premier ministre.
**LÉGISLATIF** : Parlement bicaméral composé d'un Sénat (17 membres nommés par le gouverneur général) et d'une Chambre des représentants (17 membres élus au suffrage universel pour 5 ans).

**GÉOGRAPHIE ET HISTOIRE**

Situé au nord de la Guadeloupe, l'archipel a un climat tropical. Sa population, noire, vit surtout des cultures du coton et des fruits, des revenus du raffinage du pétrole (importé) et du tourisme. Antigua, colonisée par les Britanniques depuis le XVIIe siècle, et Barbuda, annexée en 1860, constituent à partir de 1967 un État associé à la Grande-Bretagne, avant d'accéder, en 1981, à l'indépendance. *(V. carte Antilles.)*

**ANTIHALO** adj. inv. et n.m. Se dit d'une couche, déposée sur le film photographique, qui évite le halo.

**ANTIHÉROS** n.m. Personnage de fiction ne présentant pas les caractères convenus du héros traditionnel.

**ANTIHISTAMINIQUE** adj. et n.m. Se dit d'une substance qui s'oppose à l'action nocive de l'histamine. (Les antihistaminiques sont actifs dans l'urticaire et les affections allergiques.)

**ANTIHYGIÉNIQUE** adj. Contraire à l'hygiène.

**ANTI-IMPÉRIALISME** n.m. (pl. anti-impérialismes). Opposition à l'impérialisme.

**ANTI-IMPÉRIALISTE** adj. et n. (pl. anti-impérialistes). Opposé à l'impérialisme.

**ANTI-INFLAMMATOIRE** adj. et n.m. (pl. anti-inflammatoires). Se dit d'un médicament propre à combattre l'inflammation.

**ANTI-INFLATIONNISTE** adj. (pl. anti-inflationnistes). Propre à lutter contre l'inflation.

**Antikomintern** *(pacte)* [25 nov. 1936], pacte conclu entre l'Allemagne et le Japon contre l'Internationale communiste.

**ANTI-LIBAN,** massif de l'Asie occidentale, entre la Syrie et le Liban ; 2 629 m à la frontière libano-syrienne.

**ANTILITHIQUE** adj. et n.m. Se dit d'une substance qui prévient la formation des calculs, notamm. des calculs urinaires.

**ANTILLES,** archipel de l'Amérique moyenne, étiré sur 2 500 km, du golfe du Mexique au large du Venezuela, qui sépare la mer des Antilles de l'océan Atlantique. **GÉOGR.** Le Nord est constitué de quatre îles qui forment les Grandes Antilles : Cuba, Jamaïque, Haïti (ou Saint-Domingue), Porto Rico. On y rattache l'archipel des Bahamas et celui des Turks et Caicos, qui s'émiettent en de nombreuses îles entre la Floride et Haïti. À l'E., les Petites Antilles sont disposées en arc de cercle des îles Vierges à la Grenade. Au S., en avant de la côte vénézuélienne, se localisent notamment les Antilles néerlandaises et les deux îles de Trinité et Tobago. Les Antilles s'étendent sur près de 240 000 km² et regroupent environ 34 millions d'habitants *(Antillais).* Souvent montagneuses et volcaniques, les Antilles ont un climat chaud et assez humide. Une saison pluvieuse (de mai-juin à nov.-déc.) alterne avec une saison plus sèche. Des cyclones affectent la région au moment de la saison des pluies. La chaleur et l'humidité, la fertilité aussi de sols volcaniques expliquent le développement des plantations (caféiers, cacaoyers, bananiers et surtout canne à sucre). Ces ressources sont complétées par les revenus d'un tourisme très développé. La composition ethnique de la population présente un fréquent métissage (d'ordre également culturel).

**ANTILLES** *(mer des)* ou **MER CARAÏBE** ou **MER DES CARAÏBES,** dépendance de l'Atlanti-

**ANTILOPE** (hippotrague)

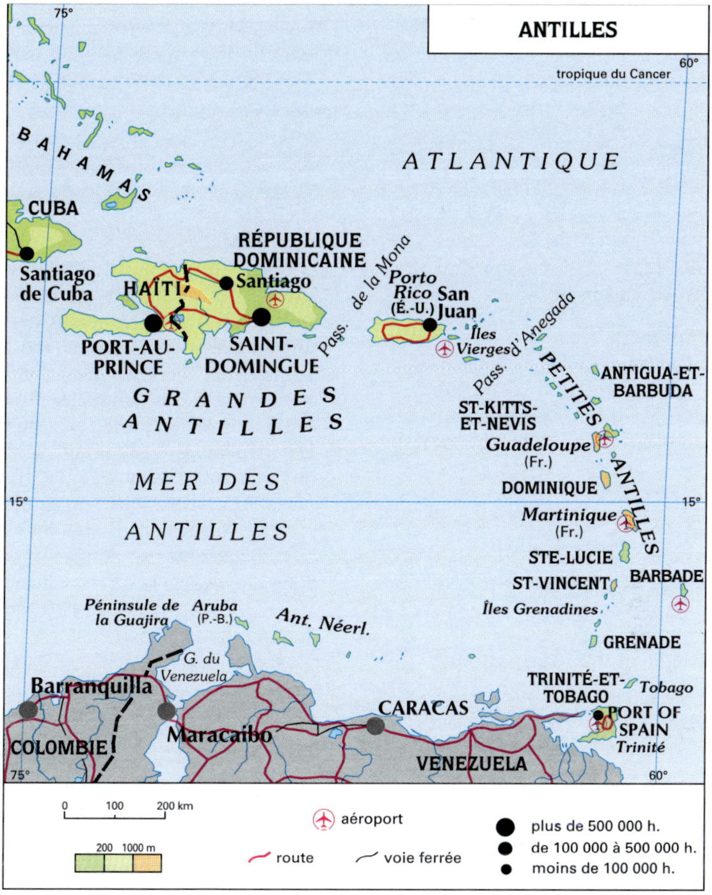


que, entre l'Amérique centrale, l'Amérique du Sud et l'arc des Antilles.

**Antilles françaises,** la Guadeloupe et la Martinique.

**Antilles néerlandaises,** possessions néerlandaises des Antilles, correspondant essentiellement aux deux îles (Curaçao et Bonaire) situées au large du Venezuela ; env. 800 km² ; 200 000 hab. Ch.-l. *Willemstad* (dans l'île de Curaçao).

**ANTILOGARITHME** n.m. Nombre qui a pour logarithme un nombre donné : *En base 10, l'antilogarithme de 1 est 10.*

**ANTILOPE** n.f. Mammifère ruminant sauvage d'Afrique (gnou, bubale) ou d'Asie (nilgaut) dont la peau, souple et légère, est utilisée dans la confection de vêtements. (Famille des bovidés.)

**ANTIMATIÈRE** n.f. Forme de la matière constituée d'antiparticules. (→ MATIÈRE.)

**ANTIMÉRIDIEN** n.m. Méridien dont la longitude diffère de 180° de celle du méridien considéré.

**ANTIMILITARISME** n.m. Hostilité à l'égard des institutions et de l'esprit militaires.

**ANTIMILITARISTE** adj. et n. Qui témoigne, fait preuve d'antimilitarisme.

**ANTIMISSILE** adj. inv. Destiné à neutraliser l'action de missiles assaillants : *Arme, dispositif, mesure antimissile.*

**ANTIMITE** adj. inv. et n.m. Se dit d'un produit qui protège les lainages, les fourrures, etc., contre les mites et leurs larves : *Boule antimite.*

**ANTIMITOTIQUE** adj. et n.m. Se dit d'une substance qui s'oppose à l'accomplissement des mitoses.

**ANTIMOINE** n.m. Corps simple solide d'un blanc bleuâtre, cassant, fondant vers 630 °C, de densité 6,7 environ et qui se rapproche de l'arsenic ; élément chimique (Sb) de numéro atomique 51, de masse atomique 121,75.

**ANTIMONARCHISTE** adj. et n. Adversaire de la monarchie.

**ANTIMONIATE** n.m. Sel d'un acide oxygéné dérivé de l'antimoine.

**ANTIMONIÉ, E** adj. Qui contient de l'antimoine.

**ANTIMONIURE** n.m. Combinaison de l'antimoine avec un corps simple.

**ANTIMYCOSIQUE** adj. et n.m. Antifongique.

**ANTIN** (Louis Antoine **de Pardaillan de Gondrin,** *duc* **d'**), fils légitime de Mme de Montespan (Paris 1665 - *id.* 1736), surintendant des Bâtiments du roi et modèle du parfait courtisan.

**ANTINATALISTE** adj. Qui vise à réduire la natalité.

**ANTINATIONAL, E, AUX** adj. Opposé à l'intérêt, au caractère national.

**ANTINAZI, E** adj. et n. Hostile au nazisme.

**ANTINEUTRINO** n.m. Antiparticule du neutrino.

**ANTINEUTRON** n.m. Antiparticule du neutron.

**ANTINÉVRALGIQUE** adj. et n.m. Se dit d'un médicament propre à calmer les névralgies.

**ANTINOMIE** n.f. (du gr. *anti,* contre, et *nomos,* loi). -1. Contradiction entre deux idées, deux principes. -2. Contradiction à l'intérieur d'une théorie déductive ; paradoxe.

**ANTINOMIQUE** adj. Qui forme une antinomie ; contradictoire.

**ANTINOÜS** [-nɔys], jeune Grec, favori de l'empereur Hadrien, qui le déifia après sa noyade dans le Nil (130).

**ANTINUCLÉAIRE** adj. et n. Hostile à l'emploi de l'énergie et des armes nucléaires.

**ANTIOCHE,** en turc **Antakya,** v. de Turquie, sur l'Oronte inférieur ; 123 871 hab. **HIST.** Capitale du royaume séleucide (issu des conquêtes d'Alexandre le Grand) puis de la province romaine de Syrie, la ville fut une des grandes métropoles de l'Orient et joua un rôle primordial dans les débuts du christianisme. Elle déclina après l'invasion perse (540) et la conquête arabe (636). Les croisés en firent la capitale d'un État latin (1098), conquis par les Mamelouks en 1268. **ARTS.** Le plan en damier, l'hippodrome, les thermes et des habitations ont été mis au jour. À Daphné, faubourg de la ville, plusieurs édifices publics et privés ont livré d'intéressantes mosaïques de pavement.

**ANTIOCHOS,** nom porté par treize rois séleucides. Les plus importants sont : **Antiochos Ier Sôtêr** (281-261 av. J.-C.), qui fut le vainqueur des Galates. **Antiochos II Théos** (261-246 av. J.-C.), sous le règne de qui le royaume séleucide perdit les satrapies d'Orient. **Antiochos III Mégas** (« le Grand »), roi de 223 à 187 av. J.-C. Ses visées expansionnistes, d'abord couronnées de succès en Orient contre les Parthes, le mirent en conflit avec l'Égypte et surtout avec Rome, qui, en 188 av. J.-C. (paix d'Apamée), le contraignit à livrer sa flotte et à renoncer à ses conquêtes d'Asie Mineure. **Antiochos IV Épiphane** (« l'Illustre »), roi de 175 à 164 av. J.-C. Profitant de la jeunesse du roi d'Égypte Ptolémée VI, il prit pied à Alexandrie, qu'il dut abandonner sous la pression de Rome. Sa volonté d'imposer la culture grecque provoqua en Judée le soulèvement du peuple juif (révolte des Maccabées, 167), à l'issue duquel la Palestine retrouva, avec son indépendance, la paix religieuse.

**Antiope** (sigle de Acquisition numérique et télévisualisation d'images organisées en pages d'écriture), système français de télétexte.

**ANTIOXYDANT** n.m. Agent qui ralentit la dégradation des aliments et de certains matériaux ou composés organiques, due aux effets de l'oxydation.

**ANTIPALUDÉEN, ENNE** adj. et n.m. Se dit d'un médicament propre à traiter ou à prévenir le paludisme.

**ANTIPAPE** n.m. Pape élu irrégulièrement et non reconnu par l'Église romaine (désigne aussi les papes d'Avignon et de Pise à l'époque du Grand Schisme).

**ANTIPARALLÈLE** adj. *Droites antiparallèles,* droites qui, sans être parallèles, forment avec une troisième des angles égaux.

**ANTIPARASITE** adj. inv. et n.m. Se dit d'un dispositif qui diminue la production ou l'action des perturbations affectant la réception des émissions radiophoniques et télévisées.

**ANTIPARASITER** v.t. Munir d'un antiparasite.

**ANTIPARLEMENTAIRE** adj. et n. Opposé au régime parlementaire.

**ANTIPARLEMENTARISME** n.m. Opposition au régime parlementaire.

**ANTIPARTI** adj. inv. Qui, au sein d'un parti politique (notamm. un parti unique), s'oppose au programme de ce parti.

**ANTIPARTICULE** n.f. Particule élémentaire (positron, antiproton, antineutron) de masse égale mais de propriétés électromagnétiques et de charge baryonique ou leptonique opposées à celles de la particule correspondante. SYN.: **anticorpuscule.**

**ANTIPATHIE** n.f. (du gr. *anti,* contre, et *pathos,* passion). Hostilité instinctive à l'égard de qqn ou de qqch ; aversion, dégoût.

**ANTIPATHIQUE** adj. Qui inspire de l'antipathie.

**ANTIPATRIOTIQUE** adj. Contraire au patriotisme.

**ANTIPATRIOTISME** n.m. Attitude antipatriotique.

**ANTIPELLICULAIRE** adj. Se dit d'un produit qui agit contre les pellicules : *Lotion antipelliculaire.*

**ANTIPERSONNEL** adj. inv. Se dit des armes et engins destinés à mettre le personnel ennemi hors de combat.

**ANTIPHONAIRE** n.m. (du gr. *antiphônos,* répondant à). Livre liturgique contenant l'ensemble des chants exécutés par le chœur à l'office ou à la messe.

**ANTIPHRASE** n.f. Manière de s'exprimer qui consiste à dire le contraire de ce qu'on pense, par ironie ou euphémisme.

**ANTIPODE** n.m. (du gr. *anti,* contre, et *pous, podos,* pied). **-1.** Lieu de la Terre diamétralement opposé à un autre lieu : *La Nouvelle-Zélande est à l'antipode, aux antipodes de la France.* **-2.** Chacune des cellules du sac embryonnaire opposées à l'oosphère. **-3.** ***Antipodes optiques,*** inverses optiques.

**ANTIPODISTE** n. Acrobate qui, couché sur le dos, exécute des tours d'adresse avec les pieds.

**ANTIPOISON** adj. inv. ***Centre antipoison,*** établissement spécialisé dans la prévention et le traitement des intoxications.

**ANTIPOLIOMYÉLITIQUE** adj. Qui combat ou prévient la poliomyélite.

**ANTIPOLLUTION** adj. inv. Destiné à éviter ou à diminuer la pollution.

**ANTIPROTECTIONNISTE** adj. et n. Opposé au protectionnisme.

**ANTIPROTON** n.m. Antiparticule du proton, de charge négative.

**ANTIPRURIGINEUX, EUSE** adj. et n.m. Se dit d'un médicament qui combat le prurit.

**ANTIPSYCHIATRIE** n.f. Mouvement de remise en question de la psychiatrie traditionnelle et de la notion de maladie mentale sur laquelle celle-ci s'appuie.

**ANTIPSYCHIATRIQUE** adj. Relatif à l'antipsychiatrie.

**ANTIPSYCHOTIQUE** adj. et n.m. Se dit d'un médicament utilisé pour combattre les processus psychotiques.

**ANTIPUTRIDE** adj. Qui empêche la putréfaction.

**ANTIPYRÉTIQUE** adj. et n.m. Fébrifuge.

**ANTIPYRINE** n.f. Médicament à noyau benzénique, antipyrétique et analgésique.

**ANTIQUAIRE** n. Commerçant spécialisé dans la vente et l'achat de meubles et d'objets d'art anciens.

**ANTIQUE** adj. **-1.** Qui appartient à l'Antiquité : *La mythologie antique.* **-2.** Qui date d'une époque reculée : *Une antique croyance.* ◆ n.m. Art antique ; ensemble des productions artistiques de l'Antiquité : *Copier l'antique.* ◆ n.f. **-1.** LITT. Objet d'art de l'Antiquité : *Une collection d'antiques.* **-2.** Caractère d'imprimerie formé de traits d'égale épaisseur.

**ANTIQUITÉ** n.f. **-1.** (Avec une majusc.). Période de l'histoire correspondant aux plus anciennes civilisations, que l'on situe des origines des temps historiques à la chute de l'Empire romain : *L'Antiquité orientale, égyptienne.* **-2.** Spécial. La civilisation gréco-romaine : *Le XVII^e^ siècle prit l'Antiquité comme modèle.* **-3.** Caractère de ce qui est très ancien : *L'antiquité d'une coutume.* **-4.** Temps très ancien : *Remonter à la plus haute antiquité.* **-5.** Objet ancien : *Magasin d'antiquités.* **-6.** (Souvent au pl.). Œuvre d'art de l'Antiquité : *Musée des Antiquités.*

**ANTIRABIQUE** adj. Qui est employé contre la rage : *Vaccin antirabique.*

**ANTIRACHITIQUE** adj. Qui combat ou prévient le rachitisme.

**ANTIRACISME** n.m. Opposition au racisme.

**ANTIRACISTE** adj. et n. Hostile au racisme.

**ANTIRADAR** adj. inv. Destiné à neutraliser les radars ennemis : *Dispositif antiradar.*

**ANTIRADIATION** adj. inv. Qui protège de certaines radiations, partic. de la radioactivité.

**ANTIRATIONNEL, ELLE** adj. Contraire aux principes de la raison.

**ANTIREFLET** adj. inv. Qui supprime la lumière réfléchie sur la surface des verres d'optique.

**ANTIRÉGLEMENTAIRE** adj. Contraire au règlement.

**ANTIRELIGIEUX, EUSE** adj. Opposé à la religion.

**ANTIRÉPUBLICAIN, E** adj. et n. Opposé à la république et aux républicains.

**ANTIRIDES** adj. et n.m. Se dit d'un produit de beauté destiné à prévenir les rides.

**ANTIROMAN** n.m. -**1.** Forme de la littérature romanesque apparue en France dans les années 50, écrite en opposition à la conception traditionnelle du roman (rejet de l'intrigue, effacement du héros, flou temporel, refus de l'analyse psychologique) et qui met en scène un monde qui se dérobe à toute interprétation humaine. -**2.** Œuvre littéraire qui relève de l'antiroman.

**ANTIROUILLE** adj. inv. et n.m. Se dit d'une substance propre à préserver de la rouille ou à la faire disparaître.

**ANTIROULIS** adj. Qui s'oppose à l'apparition du roulis d'un véhicule dans un virage ou, sur un bateau, tend à le diminuer.

**ANTISALISSURE** adj. Qui a été traité de manière à ne pas retenir la saleté et à pouvoir être facilement nettoyé : *Moquette antisalissure.*

**ANTISATELLITE** adj. inv. Se dit de tout moyen de défense destiné à neutraliser les satellites ennemis.

**ANTISCIENTIFIQUE** adj. Opposé à la science, à l'esprit scientifique.

**ANTISCORBUTIQUE** adj. Propre à prévenir ou à guérir le scorbut.

**ANTISÈCHE** n.f. FAM. Aide-mémoire contenant des notes et utilisé en fraude à un examen.

**ANTISÉMITE** adj. et n. Hostile aux Juifs.

**ANTISÉMITISME** n.m. Doctrine ou attitude d'hostilité systématique à l'égard des Juifs.
→ • DOSSIER L'ANTISÉMITISME *page suivante.*

**ANTISEPSIE** n.f. (gr. *anti,* contre, et *sêpsis,* putréfaction). Ensemble des méthodes qui préservent contre l'infection en détruisant les micro-organismes.

**ANTISEPTIQUE** adj. et n.m. Se dit d'un médicament propre à prévenir les infections.

**ANTISISMIQUE** adj. Conçu pour résister aux séismes.

**ANTISOCIAL, E, AUX** adj. -**1.** Qui s'oppose à la société, à l'ordre social. -**2.** Contraire aux intérêts des travailleurs, ou perçu comme tel : *Mesure antisociale.*

**ANTI-SOUS-MARIN** adj. m. (pl. anti-sous-marins). Qui détecte, combat les sous-marins : *Arme anti-sous-marin.* Abrév. : *A. S. M.*

**ANTISOVIÉTIQUE** adj. Hostile à l'U. R. S. S.

**ANTISPASMODIQUE** adj. et n.m. Se dit d'un médicament qui calme les spasmes.

**ANTISPORTIF, IVE** adj. Contraire à l'esprit sportif.

**ANTISTATIQUE** adj. et n.m. Se dit d'un produit qui empêche ou limite la formation de l'électricité statique.

**ANTISTHÈNE,** philosophe grec (Athènes v. 444 - 365 av. J.-C.), fondateur de l'école cynique. Il pense que la vertu réside dans l'indépendance à l'égard de tout et qu'elle consiste de ce fait, pour l'homme, à vivre comme il l'entend, selon ses propres désirs et non selon les normes et les attentes de la société.

**ANTISTREPTOLYSINE** n.f. Anticorps élaboré par l'organisme dans l'infection streptococcique.

**ANTISTROPHE** n.f. Strophe répondant, selon la même construction, à une strophe précédente, dans la poésie grecque.

**ANTISYMÉTRIQUE** adj. Se dit d'une relation binaire définie dans un ensemble et telle que, deux éléments distincts quelconques étant donnés, si le premier est en relation avec le second, le second n'est pas en relation avec le premier : *La relation numérique « être inférieur » est antisymétrique.*

**ANTISYNDICAL, E, AUX** adj. Contraire à l'action des syndicats ou à leurs droits.

**ANTISYPHILITIQUE** adj. Qui combat la syphilis.

**ANTITABAC** adj. inv. Qui vise à lutter contre l'usage du tabac : *Campagne antitabac.*

**ANTITERRORISTE** adj. Relatif à la lutte contre le terrorisme ; qui combat le terrorisme.

**ANTITÉTANIQUE** adj. Qui combat ou prévient le tétanos.

**ANTITHÈSE** n.f. (gr. *antithesis,* opposition). -**1.** Figure de style opposant dans un même énoncé deux mots ou expressions contraires afin de souligner une idée par effet de contraste. (Ex. : *grand jusque dans les plus petites choses.*) -**2.** Personne ou chose nettement opposée à une autre : *Il est l'antithèse de sa sœur.*

**ANTITHÉTIQUE** adj. Qui forme antithèse.

**ANTITHYROÏDIEN, ENNE** adj. et n.m. Qui combat l'hyperthyroïdie.

**ANTITOXINE** n.f. Anticorps élaboré par l'organisme et qui neutralise une toxine.

**ANTITOXIQUE** adj. et n.m. Qui détruit, neutralise les toxines.

# L'ANTISÉMITISME

Si, après la Seconde Guerre mondiale bientôt suivie de la création de l'État d'Israël, l'antisémitisme a paru considérablement s'atténuer, il renaît cependant sous diverses formes dans l'Europe contemporaine.

## L'antijudaïsme traditionnel.

Dans l'Antiquité païenne, l'hostilité à l'égard des Juifs est suscitée par leur fidélité au Dieu unique, Yahvé, et au message de la Bible. Les premiers chrétiens, encore confondus avec les Juifs, subissent les effets de la même intolérance. Mais, quand le christianisme devient religion officielle de l'Empire romain, les Juifs sont peu à peu considérés comme appartenant à une « race maudite », comme constituant le peuple « déicide », celui qui porte la responsabilité de la mort sanglante de Jésus-Christ. Jusqu'au XIIIe siècle, plusieurs conciles rappellent cependant le caractère « élu » du peuple juif et placent le judaïsme au-dessus du paganisme et de l'hérésie.

L'antijudaïsme se développe à partir des croisades. Les Juifs d'Occident, assimilés aux infidèles, sont victimes de massacres perpétrés par les croisés. Des calomnies, telles que l'empoisonnement des sources, la profanation d'hosties ou le meurtre rituel d'un enfant chrétien dont le sang servirait à la Pâque juive, se répandent. Les Juifs sont tenus pour responsables des épidémies qui ravagent l'Europe au XIVe siècle, notamment de la peste noire, et subissent, en plus de ces épidémies, des expéditions sommaires de représailles. Des mesures de plus en plus rigoureuses sont prises pour les exclure des sociétés chrétiennes (multiplication des ghettos), allant même jusqu'à l'expulsion des Juifs d'Espagne en 1492 et aux persécutions de l'Inquisition contre les marranes (juifs convertis).

Il faut attendre la diffusion de la philosophie des Lumières au XVIIIe siècle pour voir se normaliser quelque peu la condition des Juifs dans les pays européens. Les Juifs français n'obtiennent la citoyenneté pleine et entière qu'en 1791.

## L'antisémitisme moderne.

La forme moderne de l'antisémitisme - mot créé en 1879 par l'Allemand Wilhelm Marr - résulte des anciens préjugés religieux (les Juifs, peuple déicide) et économiques (les Juifs, banquiers et usuriers) et du racisme nationaliste qui se développe au XIXe siècle. Dans le contexte du partage du monde entre les puissances coloniales se développent des théories sur l'inégalité des races humaines, et des idéologies nationalistes. La fin du XIX^e siècle et le début du XX^e connaissent une exacerbation de l'antisémitisme, relancé, en France, par les publications d'Édouard Drumont - *la France juive* (1886), *la Libre Parole* (1892-1910) - et l'affaire Dreyfus (1894-1899). En Allemagne et en

❶ Exposition antijuive au palais Berlitz, à Paris (sept. 1941).

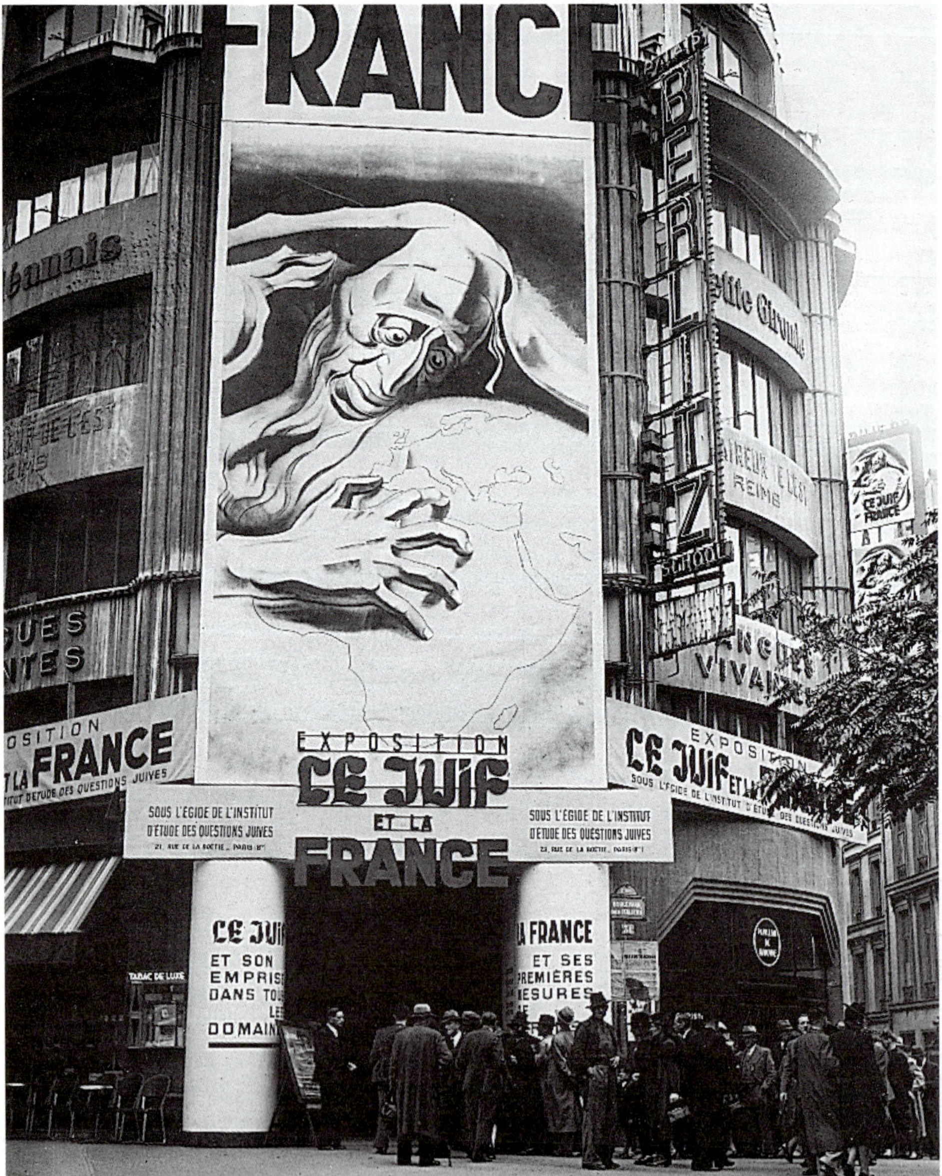

## L'ANTISÉMITISME

Autriche, des théories raciales nationalistes ont beaucoup de succès et les Juifs sont dénoncés comme l'ennemi. Le leader antisémite Karl Lueger devient maire de Vienne en 1897. Dans l'Empire russe, de nombreux pogroms se produisent en Bessarabie, en Pologne et en Ukraine entre 1881 et 1921. À partir de la Russie se diffuse un ouvrage de S. Nilus (*l'Antéchrist considéré comme une proche éventualité politique*, 1905), traduit en anglais et en français en 1919-20 sous le titre de *Protocoles des Sages de Sion*. Ce faux explique un plan juif d'hégémonie mondiale grâce à la franc-maçonnerie et au sionisme. Dans ce contexte, après la défaite des puissances centrales en 1918 et lors de la crise économique des années 1930, les Juifs sont traités en boucs émissaires, responsables des malheurs du temps. Le national-socialisme va jusqu'à ôter aux Juifs du Reich leur citoyenneté (lois de Nuremberg, 1935) et même à organiser à partir de 1941-42 l'extermination des Juifs d'Europe.

L'antisémitisme réapparaît dans le monde contemporain à certains moments de crise : dans les dernières années du stalinisme, durant lesquelles fut combattu le « cosmopolitisme », tant en U. R. S. S. que dans les démocraties populaires ; dans les années 1990, qui voient le développement de mouvements d'extrême droite.

**Voir aussi :** GÉNOCIDE, NATIONAL-SOCIALISME.

❷ Victimes du pogrom de Proskourov (Ukraine), en février 1919.

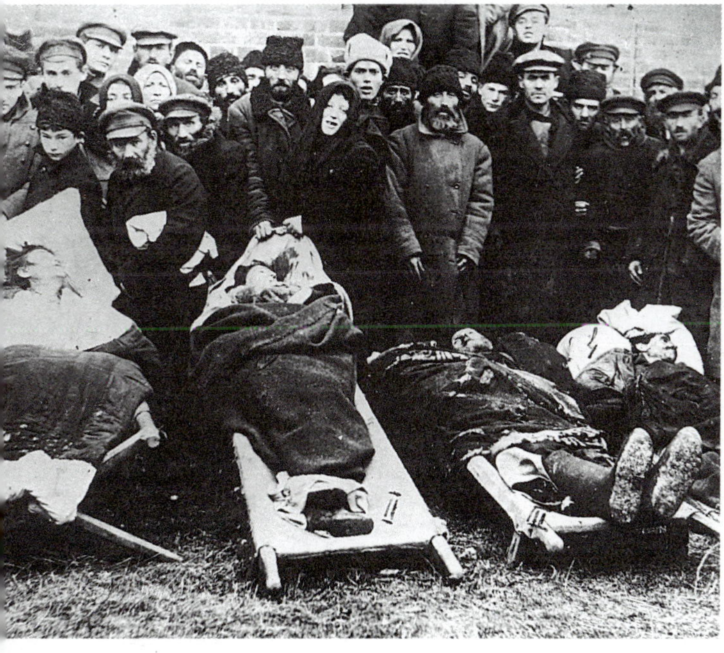

### DES PRÉJUGÉS DIFFUS À LA PROPAGANDE NAZIE

De 1917 à 1921 eut lieu une terrible vague de pogroms en Ukraine ❷. Les soldats des différentes armées (nationalistes ukrainiens, blancs, rouges) massacrèrent 60 000 civils juifs au cours des diverses offensives et retraites à travers le pays. Ces pogroms se produisirent dans un milieu marqué par des réactions antisémites irraisonnées, portées par la tradition et nourries d'ignorance.
Á l'inverse, c'est un antisémitisme qui se prétendait scientifique, fondé sur des études biologiques et historiques, que diffusait la propagande nazie. En France, sous l'Occupation, furent montées de grandes expositions dans le but de « sauvegarder la race française » menacée par le « fléau juif » ❶.

**ANTITRUST** [ɑ̃titrœst] adj. inv. Qui s'oppose à la création ou à l'extension de trusts.

**ANTITUBERCULEUX, EUSE** adj. et n.m. Qui combat la tuberculose.

**ANTITUSSIF, IVE** adj. et n.m. Qui calme ou supprime la toux.

**ANTIVARIOLIQUE** adj. Qui combat la variole.

**ANTIVÉNÉNEUX, EUSE** adj. Qui combat les poisons.

**ANTIVÉNÉRIEN, ENNE** adj. Qui combat les maladies vénériennes.

**ANTIVENIMEUX, EUSE** adj. Qui combat l'effet toxique des venins.

**ANTIVIRAL, E, AUX** adj. et n.m. Se dit d'une substance active contre les virus.

**ANTIVOL** adj. inv. et n.m. Se dit d'un dispositif de sécurité destiné à empêcher les vols.

**ANTOFAGASTA,** port du nord du Chili ; 226 749 hab. Métallurgie et exportation du cuivre.

**ANTOINE** de Padoue *(saint),* franciscain portugais (Lisbonne v. 1195 - Padoue 1231). Après un bref séjour au Maroc, il prêcha en Italie et en France, notamment contre les doctrines cathares, et devint provincial de son ordre en Italie. Proclamé docteur de l'Église en 1946, il est invoqué en particulier pour retrouver un objet perdu.

**ANTOINE** le Grand *(saint),* patriarche du monachisme chrétien (Qeman, Haute-Égypte, 250 - mont Golzim 356). Se retirant vers l'âge de vingt ans dans les déserts de la Thébaïde, où le suivirent un grand nombre de chrétiens, il fonda, sur la rive gauche du Nil, les deux premiers monastères connus de l'histoire du christianisme. Les tentations qui, sous forme de visions hallucinantes, l'auraient mis à l'épreuve dans les premières années de sa vie érémitique ont inspiré beaucoup de peintres et d'écrivains. Sa biographie a été rédigée vers 360 par Athanase d'Alexandrie.

**ANTOINE** (André), acteur et directeur de théâtre français (Limoges 1858 - Le Pouliguen 1943). Fondateur du Théâtre-Libre en 1887, il transposa au théâtre l'esthétique naturaliste de Zola.

**ANTOINE** (Jacques Denis), architecte français (Paris 1733 - *id.* 1801). Un des premiers maîtres du néoclassicisme, il a donné son chef-d'œuvre avec l'hôtel de la Monnaie de Paris (1768-1777).

**ANTOINE** (Marc), en lat. **Marcus Antonius**, général romain (83-30 av. J.-C.). Lieutenant de César en Gaule (52 av. J.-C.), il exerce avec lui le consulat en 44. Après l'assassinat de César, il entre en conflit avec Octavien, le futur Auguste, l'un et l'autre revendiquant la succession. Mais, comprenant qu'un conflit est inutile, il s'associe avec lui et Lépide pour former un second triumvirat. En 40, la paix de Brindes, qui partage le monde entre les membres du triumvirat, lui donne l'Orient, où il poursuit la politique de conquête de Pompée. Antoine épouse la reine d'Égypte Cléopâtre VII, répudiant Octavie, sœur d'Octavien. Il établit sa capitale à Alexandrie, où il prend de plus en plus les allures d'un souverain hellénistique. Sa politique et ses ambitions inquiétant Rome, Octavien lui déclare la guerre. Vaincu à Actium en 31, il se tue.

**ANTOINE DE BOURBON** (1518 - Les Andelys 1562), duc de Vendôme (1537-1562), roi de Navarre (1555-1562) par son mariage avec Jeanne III d'Albret, dont il eut un fils, le futur Henri IV. Il prit part aux guerres de Religion, abandonna le parti protestant pour le parti catholique et fut tué au siège de Rouen.

**ANTOINISME** n.m. Religion théosophique divinisant l'individu et combattant la maladie par l'esprit, fondée par Louis Antoine (1846-1912).

**ANTONELLO** da Messina, peintre italien (Messine v. 1430 - *id.* v. 1479). Formé dans le milieu cosmopolite de Naples, il unit le sens méditerranéen des volumes et de la composition ample à l'observation méticuleuse des primitifs flamands (sujets religieux, portraits d'hommes). Son voyage à Venise (1475-76) fut l'occasion de fructueux échanges d'influence avec, notamment, les Bellini.

**ANTONESCU** (Ion), maréchal roumain (Piteşti 1882 - Jilava, auj. dans Bucarest, 1946). Exerçant une véritable dictature à partir de 1940, il engagea son pays en 1941, aux côtés de Hitler, contre l'U. R. S. S. Arrêté en 1944, il fut exécuté.

**ANTONIN** le Pieux, en lat. **Titus Aelius Hadrianus Antoninus Pius** (Lanuvium 86 - 161), empereur romain (138-161). Membre d'une riche famille sénatoriale, consul en 120, proconsul d'Asie (133-136), il déploya des compétences d'administrateur et fut remarqué par Hadrien, qui l'adopta en 138. Empereur pacifique, humain et économe des deniers publics, il assura la paix aux provinces de l'Empire romain, dont son règne a marqué l'apogée.

**ANTONINS** (les), nom donné à sept empereurs romains (Nerva, Trajan, Hadrien, Antonin, Marc Aurèle, Verus, Commode) qui régnèrent de 96 à 192 apr. J.-C. Leur règne correspond à l'apogée économique du monde romain.

**ANTONIONI** (Michelangelo), cinéaste italien (Ferrare 1912). Il tourne son premier long métrage, *Chronique d'un amour,* en 1950. Sa filmographie, relativement peu abondante, héritière pour une part du néoréalisme dans ses constats d'échecs sociaux, se nourrit aussi de l'interrogation de C. Pavese sur la solitude et l'incommunicabilité. Après *Femmes entre elles* (1955) et *le Cri* (1957), la modernité controversée de *l'Avventura* (1959), premier volet d'un triptyque comportant encore *la Nuit* (1961) et *l'Éclipse* (1962), lui apporte la consécration internationale. Dès lors, Antonioni s'efforcera dans ses œuvres d'approfondir ses thèmes de prédilection : la modification des sentiments, l'opacité des êtres, l'isolement, la soumission des individus à l'environnement, le malaise d'une société devant les incertitudes de l'avenir (*le Désert rouge,* 1964 ; *Blow up,* 1967 ; *Zabriskie Point,* 1970 ; *Profession : reporter,* 1975 ; *Identification d'une femme,* 1982 ; *Par-delà les nuages,* 1995).

Affiche du film de Michelangelo **ANTONIONI,** *Identification d'une femme* (1982).

**ANTONOMASE** n.f. Substitution à un nom commun d'un nom propre ou d'une périphrase énonçant sa qualité essentielle, ou réciproquement. (Ex. : *c'est un Harpagon,* pour *c'est un avare.*)

**ANTONELLO DA MESSINA** : *Pietà.* (Musée Correr, Venise.)

**ANTONY,** ch.-l. d'arr. des Hauts-de-Seine, au sud de Paris ; 57 916 hab. *(Antoniens).* Résidence universitaire.

**ANTONYME** n.m. (du gr. *anti,* contre, et *onuma,* nom). Mot qui a un sens opposé à celui d'un autre ; contraire. (Ex. : *laideur* et *beauté.*)

**ANTONYMIE** n.f. Relation qui unit des mots antonymes.

**ANTRAIGUES** (Emmanuel **de Launay,** *comte* **d'**), homme politique français (Villeneuve-de-Berg 1753 - Londres 1812), agent secret au service de la contre-révolution.

**ANTRE** n.m. **-1.** Excavation, grotte servant d'abri à un animal sauvage. **-2.** ***Antre mastoïdien,*** cavité située dans la mastoïde et communiquant avec l'oreille moyenne. ‖ ***Antre pylorique,*** partie de l'estomac située en amont du pylore.

**ANTRUSTION** [ɑ̃trystjɔ̃] n.m. (du germ. *trust,* fidèle). Guerrier qui faisait partie de la suite armée (truste) des rois mérovingiens.

**ANTSERANANA,** anc. Diégo-Suarez, port du nord de Madagascar, sur la *baie d'Antseranana ;* 55 000 hab.

**ANTSIRABÉ,** v. de Madagascar ; 79 000 hab.

**ANTWERPEN** → ANVERS.

**ANUBIS,** dieu égyptien qui présidait aux rites funéraires. Représenté sous la forme d'un chacal (ou d'un chien) ou comme un homme avec une tête de chacal, c'est pour avoir aidé Isis à embaumer Osiris qu'il devint le dieu des Morts et le conducteur des âmes dans l'au-delà.

**ANURADHAPURA,** v. de Sri Lanka, ch.-l. de prov. ; 36 000 hab. – Fondée au v^e s. av. J.-C., elle connut un grand éclat et fut la capitale de Ceylan jusqu'au x^e siècle, puis fut abandonnée au xi^e après avoir subi plusieurs raids tamouls. – Monastères, palais, installations hydrauliques, grands stupas (Thuparama, iii^e s. av. J.-C. ; Ruvanvaliseya, ii^e s. av. J.-C., etc.) en font un important site archéologique. Musée.

**ANURIE** n.f. Arrêt de la sécrétion urinaire.

**ANUS** [anys] n.m. -1. Orifice extérieur du rectum. -2. *Anus artificiel,* orifice créé chirurgicalement, appareillé d'une poche adhésive et faisant fonction d'anus.

**ANVERS,** en néerl. **Antwerpen,** port de Belgique, sur la r. dr. de l'Escaut, ch.-l. de la *province d'Anvers ;* 467 518 hab. *(Anversois)* [env. 800 000 hab. dans l'agglomération]. **GÉOGR.** Ce grand port et l'arrière-pays attenant sont largement ouverts sur l'Europe (nombreuses voies de communication) et Anvers concentre le dixième du potentiel industriel du pays (raffinage et pétrochimie, automobile, agroalimentaire, taille des diamants, etc.). **HIST.** Capitale économique de l'Occident au xv^e siècle, Anvers fut détrônée au xvii^e par Amsterdam. Son importance stratégique en fit l'enjeu de nombreuses batailles. Elle connut un nouvel essor après 1833, quand elle devint le principal port du jeune royaume de Belgique. Elle fut occupée par les Allemands en 1914 et en 1940. **ARTS.** Vaste cathédrale gothique à sept nefs et à tour de 123 m, construite de 1350 à 1530 environ (chefs-d'œuvre de Rubens). Églises gothiques. Sur le Grote Markt, maisons de guildes et monumental hôtel de ville par C. Floris de Vriendt (1561). Églises baroques St-Augustin et St-Charles-Borromée (début du xvii^e s.). Principaux musées : royal des Beaux-Arts, prestigieux rassemblement de l'école flamande du xv^e au xx^e siècle ; d'Archéologie et des Arts appliqués ; Mayer Van den Bergh (sculptures, miniatures, peintures, dessins) ; de la maison de Rubens ; Plantin-Moretus (imprimerie) ; de la Marine ; de Sculpture du xx^e siècle, au parc de Middelheim.

**ANVERS** *(province d'),* prov. de la Belgique ; 2 867 km$^2$ ; 1 605 167 hab. Ch.-l. *Anvers.* Dans cette province, à l'ouest de l'Escaut, l'agriculture (élevage bovin) est éclipsée par l'industrie (métallurgie lourde et de transformation,

**ANVERS :** l'hôtel de ville (1561-1565) et la *Fontaine de Brabo,* par Jef Lambeaux (1887).

constructions électriques, chimie, textile, etc.) et les services, concentrés surtout dans l'agglomération d'Anvers.

**ANXIÉTÉ** n.f. (lat. *anxietas*). -**1.** Vive inquiétude née de l'incertitude d'une situation, de l'appréhension d'un événement. -**2.** État pathologique caractérisé par un désarroi permanent et par la sensation paralysante d'un péril imminent et indéterminé.

**ENCYCL.** L'anxiété se manifeste par un état permanent d'attente d'une catastrophe plus ou moins imaginaire, sans que le sujet soit forcément capable de nommer le danger dont il a peur. Quand elle se manifeste dans le corps (gêne pour respirer, douleur dans la région du cœur, tremblements), on parle plus volontiers d'angoisse que d'anxiété. À un extrême, cette souffrance domine la vie du sujet ; à un autre extrême, elle fait partie des réactions normales en face des agressions psychologiques. (→ NÉVROSE.)

**Le traitement.** On ne traite l'anxiété que si elle est pathologique ou très gênante. Le versant psychologique fait intervenir la relaxation, le dialogue avec le médecin de famille, les entretiens avec le psychothérapeute. Le versant médicamenteux utilise les anxiolytiques, surtout les benzodiazépines.

**ANXIEUX, EUSE** adj. et n. Qui éprouve de l'anxiété. ◆ adj. Qui s'accompagne d'anxiété ; qui en est le signe : *Attente anxieuse.* ◆ **anxieusement** adv.

**ANXIOGÈNE** adj. Qui suscite l'anxiété.

**ANXIOLYTIQUE** adj. et n.m. Se dit d'un médicament qui apaise l'anxiété.

**ANYANG** ou **NGAN-YANG,** v. de Chine, dans le nord du Henan. Capitale des Shang, deuxième dynastie chinoise (XVIe-XIe s. av. J.-C.). Nombreux vestiges et une nécropole royale avec un mobilier funéraire riche et abondant, comprenant des bronzes rituels, des os gravés, parmi les plus vieux exemples d'écriture chinoise.

**ANZUS** → PACIFIQUE (Conseil du).

**A.-O. F.** → AFRIQUE-OCCIDENTALE FRANÇAISE.

**AOMORI,** port du Japon, dans le nord de Honshu ; 287 808 hab.

**AORISTE** n.m. (du gr. *aoristos,* indéterminé). Temps de la conjugaison grecque exprimant une action en train de se finir ou de commencer *(aoriste inchoatif),* ou un énoncé général *(aoriste gnomique).*

**AORTE** n.f. (gr. *aortê,* veine). Artère qui naît à la base du ventricule gauche du cœur et qui est le tronc commun des artères portant le sang oxygéné dans toutes les parties du corps.

**AORTIQUE** adj. -**1.** Relatif à l'aorte. -**2.** *Arcs aortiques,* arcs osseux et vasculaires de la tête et du thorax des vertébrés (importants en classification).

**AORTITE** n.f. Inflammation de l'aorte.

**AOSTE,** v. d'Italie, ch.-l. du *Val d'Aoste,* sur la Doire Baltée ; 35 895 hab. — Monuments romains ; collégiale S. Orso, des XIe-XVIe siècles.

**AOSTE** *(Val d'),* région administrative du nord-ouest de l'Italie, dans les Alpes ; 3 262 km$^2$ ; 115 397 hab. *(Valdôtains).* Une partie de la population parle encore le français. Ch.-l. *Aoste.* **GÉOGR.** Cette région élevée (plus de 2 000 m d'alt. en moyenne) bénéficie d'un climat propice (précipitations modérées et fort ensoleillement). Le tourisme est devenu la ressource essentielle (Courmayeur, Breuil-Cervinia, Saint-Vincent, etc. ; parc national du Grand-Paradis), favorisé par l'ouverture des tunnels transalpins du Grand-Saint-Bernard et du Mont-Blanc. **HIST.** De 1032 à 1945, le Val d'Aoste appartint à la maison de Savoie. En 1948, il reçut le statut de région autonome.

**AOUDH** ou **OUDH,** région historique de l'Inde, auj. dans l'Uttar Pradesh.

**AOÛT** [u] ou [ut] n.m. (du lat. *augustus,* consacré à Auguste). -**1.** Huitième mois de l'année. -**2.** *Le 15-Août,* fête légale de l'Assomption.

**août 1789** *(nuit du 4),* nuit pendant laquelle l'Assemblée constituante abolit les privilèges féodaux. En même temps fut décidée l'égalité devant l'impôt.

**août 1792** *(journée du 10),* insurrection parisienne, qui entraîna la chute de la royauté et la constitution de la Commune insurrectionnelle (gouvernement municipal de Paris).

**AOÛTAT** [auta] n.m. Larve du trombidion, dont la piqûre entraîne de vives démangeaisons. (Long. 1 mm env.)

**AOÛTÉ, E** [aute] ou [ute] adj. Fortifié, mûri par la chaleur d'août : *Rameau, raisin aoûté.*

**AOÛTEMENT** [autmɑ̃] ou [utmɑ̃] n.m. Maturation des fruits, lignification des rameaux en août.

**AOÛTIEN, ENNE** [ausjɛ̃, ɛn] n. Personne qui prend ses vacances au mois d'août.

**AOZOU** *(bande d'),* extrémité septentrionale du Tchad. Revendiquée et occupée par la Libye à partir de 1973, elle est rétablie, en 1994, sous souveraineté tchadienne par un jugement de la Cour internationale de justice de La Haye.

**APACHE** adj. Qui relève des Apaches.

**APACHES,** ensemble de peuples indiens venus du nord de l'Amérique vers 1000 apr. J.-C., et qui opposèrent, avec leurs chefs Cochise vers 1850 puis Geronimo après 1880, une résistance farouche aux conquérants américains. Ils vivaient surtout de la chasse des bisons, pour laquelle ils s'organisaient en bandes structurées. Ils pratiquaient un chamanisme très élaboré. Ils sont aujourd'hui regroupés dans des réserves du Nouveau-Mexique, du Colorado et de l'Arizona.

**APADANA** n.f. Salle du trône dans les palais des rois achéménides.

**APAISANT, E** adj. Qui apaise.

**APAISEMENT** n.m. Action d'apaiser ; fait de s'apaiser.

**APAISER** v.t. (de *paix*). -1. Ramener qqn au calme, le radoucir. -2. Assouvir un besoin, un désir : *Apaiser sa soif.*

**Apamée** *(paix d')* [188 av. J.-C.], traité signé par Antiochos III de Syrie, à Apamée Kibôtos (auj. Aydin, au S.-E. d'Izmir), et qui assurait aux Romains la mainmise sur l'Asie Mineure.

**APAMÉE-SUR-L'ORONTE,** en Syrie, important centre commercial de l'Empire romain, où subsistent des ruines romaines et des monuments paléochrétiens ornés de mosaïques.

**APANAGE** n.m. (du lat. *apanare,* donner du pain, nourrir). -1. En France, portion du domaine royal dévolue aux frères ou aux fils puînés du roi jusqu'à extinction de sa lignée mâle. -2. *Avoir l'apanage de qqch,* en avoir l'exclusivité.

**APARTÉ** n.m. (lat. *a parte,* à part). -1. Ce qu'un acteur dit à part soi, et qui, selon les conventions théâtrales, n'est entendu que des spectateurs. -2. Paroles échangées à l'écart, au cours d'une réunion.

**APARTHEID** [apartɛd] n.m. (mot afrikaans). Régime de ségrégation systématique des gens de couleur, en Afrique du Sud.

ENCYCL. Progressivement institué à partir du début du XXe siècle, l'apartheid se renforce avec l'arrivée au pouvoir, en 1948, du parti nationaliste. Sa législation est alors principalement constituée par la loi sur la terre (1913), les lois de 1950 instituant l'habitat séparé et classant la population sud-africaine selon des critères raciaux, et la loi de 1953 concernant la ségrégation dans les lieux publics. Par ailleurs, le gouvernement développe une politique de regroupement des populations africaines dans des États *(bantoustans)* dont l'indépendance politique et économique reste factice. Privés de droits politiques, les Noirs sont alors les principales victimes d'une ségrégation touchant des domaines aussi variés que l'enseignement, le travail, l'administration et le transport, ainsi que le mariage et les relations sexuelles. Assouplie dans les années 1980, la législation de l'apartheid est officiellement abolie par le président De Klerk en 1990-91. La Constitution de 1993, commune à tous les citoyens d'Afrique du Sud, et les élections multiraciales de 1994 permettent aux Noirs d'accéder au pouvoir. Mais les séquelles de l'apartheid (notamm. socio-économiques) seront longues à effacer.

**APATHIE** n.f. État, caractère d'une personne apathique.

**APATHIQUE** adj. et n. Qui ne réagit pas, qui paraît sans volonté, sans énergie.

**APATITE** n.f. Phosphate de calcium présent dans beaucoup de roches éruptives.

**APATRIDE** adj. et n. Sans nationalité légale.

**APCHÉRON** *(presqu'île d'),* extrémité orientale du Caucase (Azerbaïdjan) s'avançant dans la Caspienne.

**APELDOORN,** v. des Pays-Bas (Gueldre) ; 148 204 hab. Résidence d'été de la famille royale. Électronique. — Palais royal *Het Loo* (peintures, mobilier).

**APELLE,** peintre grec (m. Cos IVe s. av. J.-C.). Il étudia à Sicyone puis fut appelé à la cour de Macédoine par Philippe, où il devint l'ami et le portraitiste d'Alexandre. Ses œuvres ne sont connues que par les descriptions qu'en ont faites les Anciens.

**APENNIN** (l') ou **APENNINS** (les), massif qui forme la dorsale de la péninsule italienne et qui culmine dans les Abruzzes au Gran Sasso (2 914 m).

**APEPSIE** n.f. (du gr. *pepsis,* digestion). Mauvaise digestion par insuffisance de sécrétion.

**APERCEPTION** n.f. En philosophie, action par laquelle l'esprit appréhende, prend conscience.

**APERCEVOIR** v.t. (du lat. *ad,* vers, et *percipere,* comprendre) [52]. Voir, discerner qqn ou qqch de façon soudaine ou fugitive : *J'ai cru l'apercevoir hier dans le métro.* ◆ **s'apercevoir** v.pr. Se rendre compte de qqch.

**APERÇU** n.m. Vue d'ensemble, souvent sommaire : *Donner un aperçu d'une question.*

**APERGHIS** (Georges), compositeur grec (Athènes 1945). Il a contribué à l'essor du théâtre musical (*Pandaemonium,* 1973 ; *Je vous dis que je suis mort,* d'après Edgar Poe, 1979 ; *Énumérations,* 1988).

**APÉRIODIQUE** adj. -1. Qui ne comporte pas de période, dont les oscillations ne sont pas périodiques : *Phénomène apériodique.* -2. Qui atteint une position d'équilibre sans oscillations : *Appareil apériodique.*

**APÉRITEUR, TRICE** adj. et n.m. (du lat. *aperire,* ouvrir). Qui joue le rôle de principal assureur, dans le cas d'assurances multiples.

**APÉRITIF, IVE** adj. (lat. *aperire,* ouvrir). LITT. Qui ouvre, stimule l'appétit : *Promenade, boisson apéritive.* ◆ **apéritif** n.m. -1. Boisson d'ordinaire alcoolisée servie génér. avant les repas. -2. Réception, cocktail où sont servis des boissons alcoolisées ou non, des mets, etc.

**APERTURE** n.f. Ouverture plus ou moins grande du canal buccal dans l'articulation d'un phonème.

**APESANTEUR** n.f. Disparition des effets de la pesanteur terrestre, notamm. à l'intérieur d'un engin spatial. SYN. : **impesanteur.**

**APÉTALE** adj. Qui n'a pas de pétales. ◆ n.f. Plante dicotylédone dont les fleurs sont dépourvues de corolle. (Le chêne, le gui, le saule, l'ortie, la betterave sont des apétales.)

**À-PEU-PRÈS** n.m. inv. Approximation grossière.

**APEURER** v.t. Faire peur à qqn, l'effrayer.

**APEX** [apɛks] n.m. (mot lat., *sommet*). -1. Pointe, sommet d'un organe animal ou végétal, en partic. de la langue. -2. Point de la sphère céleste situé dans la constellation d'Hercule et vers lequel semblent se diriger le Soleil et le système solaire.

**APHASIE** n.f. (du gr. *phasis,* parole). Perte de la parole ou de la compréhension du langage à la suite d'une lésion du cortex cérébral.

**APHASIQUE** adj. et n. Atteint d'aphasie.

**APHÉLANDRA** n.m. Plante ornementale d'Amérique tropicale, cultivée en serre chaude et en appartement dans les régions européennes. (Famille des acanthacées.)

**APHÉLIE** n.m. (du gr. *apo,* loin, et *hêlios,* soleil). Point de l'orbite d'une planète ou d'une comète le plus éloigné du Soleil. CONTR. : **périhélie.**

**APHÉRÈSE** n.f. (gr. *aphairesis,* enlèvement). Suppression d'un ou de plusieurs phonèmes au début d'un mot. (Ex. : *bus* pour *autobus.*)

**APHIDIEN** ou **APHIDIDÉ** n.m. *Aphidiens,* famille d'insectes piqueurs, de l'ordre des homoptères, nuisibles aux plantes et comprenant notamm. les pucerons et le phylloxéra.

**APHONE** adj. (du gr. *phonê,* voix). Qui n'a pas ou n'a plus de voix.

**APHONIE** n.f. Extinction de la voix.

**APHORISME** n.m. (gr. *aphorismos,* définition). Courte maxime. (Ex. : *tel père, tel fils.*)

**APHRODISIAQUE** adj. et n.m. Se dit d'une substance qui est censée créer, stimuler le désir sexuel. CONTR. : **anaphrodisiaque.**

**APHRODITE,** déesse de l'Amour et de la Séduction dans la mythologie grecque. Née dans un tourbillon marin (d'où son nom d'Aphrodite Anadyomène), là où étaient tombés le sang et les organes génitaux d'Ouranos, elle est l'épouse infidèle d'Héphaïstos, le dieu boiteux, et la mère d'Éros et d'Antéros. C'est par elle, à la suite du jugement de Pâris, où elle triomphe d'Héra et d'Athéna en offrant à celui-ci Hélène, que va se déclencher la guerre

**APHRODITE** à sa toilette.
Bronze ; art grec. (B. N., Paris.)

de Troie. Elle sera adoptée par les Romains sous le nom de Vénus.

**APHTE** [aft] n.m. (du gr. *aptein,* brûler). Ulcération superficielle des muqueuses buccales (bouche, langue, lèvres) ou génitales.

**APHTEUX, EUSE** adj. -1. Caractérisé par la présence d'aphtes. -2. *Fièvre aphteuse,* maladie épizootique due à un virus et atteignant le bœuf, le mouton, le porc.

**API** n.m. *Pomme d'api,* petite pomme rouge et blanc.

**À-PIC** n.m. inv. Paroi verticale présentant une dénivellation importante.

**APICAL, E, AUX** adj. (du lat. *apex,* sommet). -1. Qui forme le sommet d'un organe. CONTR. : basal. -2. *Consonne apicale* ou *apicale,* n.f., consonne réalisée par une mise en contact de la pointe de la langue (apex) avec le palais dur, les alvéoles ou les dents.

**APICIUS,** nom de trois gastronomes romains, dont Marcus Gavius **Apicius** (né v. 25 av. J.-C.), auteur présumé des *Dix Livres de la cuisine,* inventaire de nombreuses recettes insolites ou déjà mises au point sous leur forme actuelle (boudin, civet).

**APICOLE** adj. (du lat. *apis,* abeille, et *colere,* cultiver). Qui concerne l'élevage des abeilles.

**APICULTEUR, TRICE** n. Personne qui élève des abeilles.

**APICULTURE** n.f. Élevage des abeilles pour leur miel.

ENCYCL. Le miel est élaboré à partir du nectar des fleurs et entreposé dans les alvéoles de la ruche. D'autres produits tels que la gelée royale, la cire, le pollen sont également exploités. Pour recueillir le miel, on enfume les abeilles et on retire les cadres soutenant les alvéoles. La production d'une ruche peut varier entre 20 et 50 kilogrammes. Les principales opérations apicoles sont : la visite, au printemps, pour s'assurer de l'état des ruches, le nourrissement, dans le cas où les provisions sont épuisées, la réunion des colonies faibles, le remplacement des reines (ou mères), la mise en place des hausses et des cadres supplémentaires, l'essaimage, la récolte, l'hivernage. L'apiculture peut se pratiquer partout où se trouvent des prairies naturelles ou artificielles, des bois et des plantes donnant de nombreuses fleurs. Dans certaines contrées, lorsque les fleurs du printemps sont épuisées, on transporte les ruches dans les lieux où d'autres fleurs abondent, pour faire une seconde récolte ; c'est la transhumance des ruches, appelée *apiculture pastorale.* L'apiculture est dite *fixiste* quand on fait usage de ruches dans lesquelles les abeilles construisent et fixent elles-mêmes leurs rayons ; elle est dite *mobiliste* quand on emploie des ruches renfermant des cadres mobiles. L'extension de la varroase, une infection parasitaire due à un acarien, devient un sujet d'inquiétude pour les apiculteurs.

**APIDÉ** n.m. *Apidés,* famille d'insectes hyménoptères mellifères comprenant notamm. l'abeille, le xylocope, le bourdon.

**APIOL** n.m. (du lat. *apium,* persil). Principe actif des graines de persil, aux propriétés fébrifuges et emménagogues.

**APION** n.m. (du gr. *apios,* paire). Charançon dont la larve attaque certaines légumineuses. (Long. 4 mm env. ; ordre des coléoptères.)

**APIS** [apis], taureau divinisé de la mythologie égyptienne. Vénéré très anciennement à Memphis, il fut assimilé successivement à Ptah et à Rê. Sa figure fut, enfin, rapprochée de celles d'Osiris — ce qui lui conférait un caractère funéraire — et de Sérapis. C'est dans le serapeum que le taureau sacré était enseveli, après avoir été momifié. Il devait renaître dans une autre enveloppe mortelle, des prêtres ayant la charge de reconnaître à certains signes distinctifs le nouvel Apis parmi les pâturages.

**APITOIEMENT** n.m. Fait de s'apitoyer.

**APITOYER** v.t. (du lat. *pietas,* piété) [13]. Exciter la pitié, la compassion de qqn. ◆ **s'apitoyer** v.pr. **(sur).** Être pris d'un sentiment de pitié.

**APLACENTAIRE** [-sɛ̃tɛr] adj. et n.m. *Mammifères aplacentaires,* mammifères inférieurs dépourvus de placenta.

**APLANAT** [aplana] adj. et n.m. Se dit d'un objectif photographique aplanétique.

**APLANÉTIQUE** adj. (du gr. *planê,* aberration). Qui donne une image nette d'un objet rapproché : *Lentille aplanétique.*

**APLANÉTISME** n.m. Caractère d'un système optique aplanétique.

**APLANIR** v.t. (de *plan,* uni). -1. Rendre une surface plane, unie. -2. Supprimer, atténuer les difficultés.

**APLANISSEMENT** n.m. Action d'aplanir.

**APLASIE** n.f. (du gr. *plassein,* façonner). Absence de développement d'un tissu, d'un organe : *Aplasie médullaire.*

**APLAT** ou **À-PLAT** [apla] n.m. (pl. à-plats). -1. Surface de couleur uniforme, dans une peinture, une impression, etc. -2. Propriété d'une feuille de papier de se présenter d'une manière plane, sans défaut superficiel.

**APLATI, E** adj. Rendu plat ; dont la courbure est peu accentuée ou nulle.

**APLATIR** v.t. Rendre qqch plat, plus plat ; écraser. ◆ v.i. Au rugby, marquer un essai. ◆ **s'aplatir** v.pr. -1. Prendre une forme aplatie ; s'écraser. -2. Tomber, s'allonger sur le sol. -3. FAM. Prendre une attitude servile devant qqn.

**APLATISSEMENT** n.m. Action, opération d'aplatir ; fait de s'aplatir, d'être aplati.

**APLITE** n.f. Roche magmatique filonienne à grain fin.

**APLOMB** [aplɔ̃] n.m. -1. Verticalité donnée par le fil à plomb. -2. Stabilité, équilibre de ce qui est d'aplomb. -3. Confiance en soi, assurance. -4. *D'aplomb,* vertical, équilibré. ◆ pl. Position des membres d'un animal, notamm. d'un cheval, par rapport au sol.

**APLOMBER** v.t. CANADA. Mettre qqch d'aplomb ; caler. ◆ **s'aplomber** v.pr. CANADA. S'installer correctement, se redresser.

**APNÉE** n.f. (du gr. *pnein,* respirer). -1. Suspension, volontaire ou non, de la respiration. -2. *Plonger en apnée,* plonger en retenant sa respiration, sans bouteille.

**APOASTRE** n.m. Point de l'orbite d'un astre gravitant autour d'un autre où la distance des deux corps est maximale. CONTR. : **périastre.**

**APOCALYPSE** n.f. (gr. *apokalupsis,* révélation). -1. Livre de la littérature juive et chrétienne, relatif aux mystères de l'histoire et à la fin des temps. (V. ENCYCL.) -2. (Avec une majuscule). Dernier livre du Nouveau Testament. -3. Catastrophe épouvantable ; fin du monde.

ENCYCL. La littérature « apocalyptique », qui s'est d'abord développée dans le judaïsme au IIe et au Ier s. avant J.-C., décrit les mystères concernant l'instauration d'un royaume messianique et la fin des temps, souvent désignée comme étant le Jour du Seigneur. Les auteurs de tels écrits recourent à des pseudonymes, généralement les noms d'ancêtres célèbres. Conscients de vivre dans un univers dont les réalités essentielles sont cachées aux hommes, ils apparaissent comme des privilégiés désignés pour communiquer ces mystères à des initiés sous un mode plus ou moins ésotérique. Deux de ces ouvrages sont admis comme canoniques dans la Bible catholique et protestante : le *Livre de Daniel,* pour l'Ancien Testament, et l'*Apocalypse de Jean,* pour le Nouveau. Parmi les apocryphes, qui appartiennent à la littérature juive dite « de l'Intertestament », on peut citer : le *Livre d'Hénoch,* l'*Apocalypse de Baruch,* le *Livre des Jubilés,* le *Testament des douze patriarches* et plusieurs écrits de Qumran.

**Apocalypse** *(tenture de l'),* au château d'Angers, l'un des premiers ensembles de tapisseries historiées du Moyen Âge et le plus vaste qui

Scène de la *tenture de l'***APOCALYPSE** (« la Jérusalem nouvelle »). Fin du XIVe siècle. (Château d'Angers.)

subsiste, en 6 pièces totalisant 107 m de long et regroupant 69 scènes (à l'origine, plus de 80). L'œuvre fut exécutée vers 1375-1380, par les soins du tapissier parisien Nicolas Bataille, pour Louis Ier d'Anjou, sur des cartons d'Hennequin (Jean) de Bruges, peintre de Charles V. Celui-ci a su donner aux scènes de l'Apocalypse, déjà traitées par les miniaturistes, intensité, saveur et monumentalité.

**Apocalypse de Jean,** le dernier livre du canon du Nouveau Testament, rédigé, vers 96, par un certain Jean, qui n'est peut-être pas, comme on l'a cru, l'auteur du quatrième Évangile. Conforme au genre littéraire, courant alors, des apocalypses, ce livre rapporte des visions qui, évoquant des événements contemporains tels que la persécution des chrétiens sous l'empereur Domitien, annoncent le triomphe prochain du Christ et le jugement de Dieu contre les puissances du mal.

**APOCALYPTIQUE** adj. -1. Relatif aux apocalypses, partic. à celle de saint Jean. -2. Catastrophique, épouvantable.

**APOCOPE** n.f. (du gr. *apokoptein,* retrancher). Chute d'un ou de plusieurs phonèmes à la fin d'un mot. (Ex. : *ciné* pour *cinéma.*)

**APOCRYPHE** adj. (gr. *apokruphos,* tenu secret). Non authentique ; douteux, suspect : *Document apocryphe.* ◆ n.m. Livre qui, se présentant comme inspiré par Dieu, ne fait pas partie du canon biblique juif ou chrétien.

**APOCYNACÉE** n.f. (du gr. *apo,* loin de, et *kuon, kunos,* chien). *Apocynacées,* famille de plantes gamopétales comprenant la pervenche et le laurier-rose.

**APODE** adj. (du gr. *pous, podos,* pied). Qui n'a pas de pieds, de pattes, de nageoires. ◆ n.m. *Apodes* -1. Ordre de poissons téléostéens nageant par ondulation du corps entier (anguille, murène, etc.). -2. Ordre d'amphibiens terricoles, comprenant notamm. la cécilie.

**APODICTIQUE** adj. (gr. *apodeiktikos,* propre à convaincre). D'une évidence irréfutable, absolue, par opp. à *assertorique.*

**APOGAMIE** n.f. Développement d'un embryon à partir d'une cellule du sac embryonnaire autre que l'oosphère.

**APOGÉE** n.m. (du gr. *apo,* loin de, et *gê,* terre). -1. Point de l'orbite d'un corps gravitant autour de la Terre le plus éloigné de celle-ci. CONTR. : **périgée.** -2. *À l'apogée,* au plus haut degré, au sommet.

**APOLITIQUE** adj. et n. Qui se place en dehors de la politique.

**APOLITISME** n.m. Caractère de ce qui est apolitique ; attitude de celui qui est apolitique.

**APOLLINAIRE** (Wilhelm Apollinaris **de Kostrowitzky**, dit **Guillaume**), écrivain français (Rome 1880 - Paris 1918). Il collabora à *la Revue blanche,* à *la Plume,* au *Mercure de France* et témoigna de toutes les découvertes et avant-gardes de son temps : l'art naïf (le Douanier Rousseau), l'art nègre, le fauvisme, le cubisme avec Braque et Picasso (*les Peintres cubistes,* 1913). Plus encore que ses contes, pleins de fantaisie et d'humour (*l'Enchanteur pourrissant,* 1909 ; *l'Hérésiarque et Cie,* 1910 ; *le Poète assassiné,* 1916), ses recueils poétiques, d'inspiration autobiographique et où le mystère est une constante (*le Bestiaire ou Cortège d'Orphée,* 1911 ; *Alcools,* 1913 [→ ALCOOLS] ; *Calligrammes,* 1918), constituent une quête constante de la beauté et une tentative d'association immédiate entre l'image et son expression verbale. Porte-parole de la modernité et de la « surprise » (*l'Esprit nouveau et les poètes,* 1917), il annonça le surréalisme (*les Mamelles de Tirésias,* « drame surréaliste », 1917).

Guillaume **APOLLINAIRE.**
Peinture de Marie Laurencin (1908).
[Baltimore Museum of Art.]

**APOLLINIEN, ENNE** adj. -1. Relatif à Apollon. -2. Chez Nietzsche, ce qui est équilibré, mesuré, par opp. à *dionysiaque.*

**APPOLLO,** programme américain d'exploration humaine de la Lune. (→ LUNE.)

**APOLLODORE** de Damas, dit **le Damascène,** architecte d'origine syrienne, qui travailla à Rome au IIe s. apr. J.-C. : forum de Trajan et basilique Ulpienne. Il est aussi l'auteur d'un ouvrage sur les machines de guerre.

**APOLLON,** dieu grec de la Beauté, de la Lumière et des Arts. Fils de Zeus et de Léto, frère d'Artémis, il est né à Délos. Après un séjour chez les Hyperboréens, il s'établit à

**APOLLON.** Marbre ; art grec, VIᵉ s. av. J.-C. (Musée du Louvre, Paris.)

Delphes, où il tue le dragon Python. C'est sur ces lieux que s'élève désormais son sanctuaire, d'où sont proférés ses oracles par sa prêtresse, la Pythie, juchée sur un trépied. Il cherche à séduire tantôt une des Muses (il est, d'ailleurs, le chef de leur chœur), tantôt une nymphe (telle Daphné, qui, pour lui échapper, se métamorphose en laurier, l'arbre consacré à ce dieu de la Séduction). Avec la muse Thalie, il engendre les Corybantes ; avec Uranie, les musiciens Linos et Orphée. Dieu de la Musique et de la Poésie, dieu solaire (les Romains l'appelleront Phœbus, « le Brillant »), protecteur des troupeaux, ami des fêtes et des chœurs, Apollon est une personnalité multiple, comme si, par une sorte de syncrétisme, plusieurs divinités fusionnaient en lui.

**APOLLONIOS** ou **APOLLONIUS** de Perga, mathématicien et astronome grec (Perga v. 262 - v. 190 av. J.-C.). Son principal ouvrage, *les Coniques,* systématise les connaissances antérieures sur les sections coniques. Il fonde sa théorie sur les sections d'un seul cône circulaire, droit ou oblique. Il propose un exposé méthodique qui intègre les résultats de ses prédécesseurs à ses propositions originales. Ses autres travaux, perdus, ont pu être restitués, en partie, grâce à Pappus.

**APOLLONIOS** de Rhodes, poète grec (Alexandrie v. 295 - v. 230 av. J.-C.), auteur de l'épopée *les Argonautiques.*

**APOLLONIOS** de Tyane, philosophe grec (Tyane, Cappadoce - Éphèse 97 apr. J.-C.). Il propagea les idées de Pythagore.

**APOLOGÉTIQUE** adj. Qui contient une apologie ; qui tient de l'apologie. ◆ n.f. Partie de la théologie qui a pour objet de montrer la crédibilité des dogmes.

**APOLOGIE** n.f. (gr. *apologia,* défense). Discours ou écrit destiné à convaincre de la justesse de qqch, à assurer la défense de qqn.

**APOLOGISTE** n. -**1.** Personne qui fait l'apologie de qqn ou de qqch ; auteur d'apologies. -**2.** Nom donné à certains auteurs chrétiens qui ont écrit, à partir du IIᵉ siècle, des apologies de la foi nouvelle contre ses détracteurs.

**APOLOGUE** n.m. (gr. *apologos,* récit fictif). Court récit en prose ou en vers, allégorie comportant un enseignement moral.

**APOMIXIE** n.f. Reproduction sexuée sans fécondation, observable chez certaines plantes supérieures.

**APONÉVROSE** n.f. Membrane conjonctive qui enveloppe les muscles et dont les prolongements fixent les muscles aux os.

**APOPHTEGME** [apɔftɛgm] n.m. (gr. *apophthegma,* sentence). LITT. Parole mémorable exprimée de façon concise.

**APOPHYSE** n.f. (du gr. *apo,* hors de, et *phusis,* croissance). Excroissance naturelle de la surface d'un os.

**APOPLECTIQUE** adj. et n. Prédisposé à l'apoplexie. ◆ adj. Relatif à l'apoplexie.

**APOPLEXIE** n.f. (du gr. *apo,* indiquant l'achèvement, et *plessein,* frapper). Perte de connaissance brutale due génér. à une hémorragie cérébrale : *Attaque d'apoplexie.*

**APORIE** n.f. (gr. *aporia,* difficulté). Contradiction insurmontable dans un raisonnement.

**APOSTASIE** n.f. (gr. *apostasis,* abandon). -**1.** Abandon public et volontaire d'une religion, partic. de la foi chrétienne. -**2.** Renoncement à l'état sacerdotal ou religieux sans dispense canonique.

**APOSTASIER** v.t. et i. Faire acte d'apostasie.

**APOSTAT, E** [apɔsta, at] adj. et n. Qui a apostasié.

**APOSTER** v.t. (ital. *appostare,* guetter). VIEILLI. Mettre qqn en poste pour qu'il guette, surveille.

**A POSTERIORI** [apɔsterjɔri] loc. adv. et adj. inv. (mots lat., *en partant de ce qui vient après*). En se fondant sur l'expérience, sur les faits constatés. CONTR. : a priori.

**APOSTILLE** n.f. (anc. fr. *postille,* annotation). Addition faite en marge d'un acte juridique.

**APOSTOLAT** [apɔstɔla] n.m. (du gr. *apostolos,* apôtre). -**1.** Mission d'un ou des apôtres. -**2.** Activité de propagation de la foi chrétienne. -**3.** Activité à laquelle on se consacre de façon désintéressée.

**APOSTOLICITÉ** n.f. Caractère de ce qui est apostolique.

**APOSTOLIQUE** adj. -**1.** Qui vient, procède de la mission des apôtres, lui est conforme. -**2.** Qui émane du Saint-Siège, le représente : *Nonce apostolique.* -**3.** ***Lettres apostoliques,*** bulles, brefs, motu proprio et signatures du Vatican.

1. **APOSTROPHE** n.f. (du gr. *apostrophê,* action de se retourner). -**1.** Interpellation brusque et peu courtoise. -**2.** Fonction grammaticale du mot qui désigne l'être à qui on s'adresse. (Ex. : *Toi,* dans *Toi, viens ici !*) -**3.** Figure de style par laquelle on s'adresse directement aux personnes ou aux choses personnifiées.

2. **APOSTROPHE** n.f. Signe (') servant à indiquer l'élision d'une voyelle (en français, de *a* [l'eau], *e* [j'ai], *i* [s'il], *u* [t'as vu ?]).

**APOSTROPHER** v.t. S'adresser brutalement et impoliment à qqn.

**APOTHÉCIE** n.f. (gr. *apothêkê,* réservoir). Organe reproducteur en forme de coupe où se forment les spores des champignons ascomycètes entrant dans la constitution des lichens.

**APOTHÈME** n.m. (du gr. *apotithenai,* abaisser). -**1.** Perpendiculaire menée du centre d'un polygone régulier sur un de ses côtés. (La surface d'un polygone régulier est égale au produit de son demi-périmètre par la longueur de son apothème.) -**2.** Perpendiculaire abaissée du sommet d'une pyramide régulière sur un des côtés du polygone de base.

**APOTHÉOSE** n.f. (gr. *apotheôsis*). -**1.** Dans l'Antiquité, déification d'un héros, d'un souverain après sa mort. -**2.** Dernière partie, la plus brillante, d'une action, d'un spectacle, etc.

**APOTHICAIRE** n.m. (du gr. *apothêkê,* réservoir). -**1.** VX. Pharmacien. -**2.** ***Compte d'apothicaire,*** compte compliqué ou mesquin.

**APÔTRE** n.m. -**1.** Chacun des douze disciples choisis par Jésus-Christ (Pierre, André, Jacques le Majeur, Jean, Philippe, Barthélemy, Matthieu, Thomas, Jacques le Mineur, Simon, Jude et Judas [remplacé après sa mort par Matthias]). -**2.** Un de ceux qui, tels Paul ou Barnabé, ont été les premiers messagers de l'Évangile. -**3.** ***L'Apôtre des gentils*** ou ***des païens,*** saint Paul. ◆ n. Propagateur, défenseur d'une doctrine, d'une opinion, etc. : *Un apôtre du pacifisme.*

**APPALACHES,** chaîne de montagnes des États-Unis qui culmine à 2 037 m, au mont Mitchell, et qui s'étend de la dépression Hudson-Mohawk aux plaines de l'Alabama méridional. Cette chaîne appartient au système appalachien, qui inclut son prolongement vers le N.-E. jusqu'à Terre-Neuve comprise. Région souvent boisée et encore localement domaine d'une polyculture médiocre, les Appalaches constituent surtout le premier bassin houiller américain.

**APPALACHIEN, ENNE** adj. -**1.** Des Appalaches. -**2.** ***Relief appalachien,*** relief caractérisé par des lignes de hauteurs parallèles d'altitudes voisines, séparées par des dépressions allongées, et résultant d'une reprise d'érosion dans une région de vieilles montagnes plissées, réduites à l'état de pénéplaines.

**APPARAÎTRE** v.i. [91] (auxil. *être*). -**1.** Se montrer plus ou moins brusquement, devenir visible. -**2.** Se faire jour, devenir manifeste : *Les difficultés de l'entreprise apparaissent maintenant.* -**3.** Se présenter à l'esprit ; sembler : *Le projet lui apparaissait impossible.*

**APPARAT** [apara] n.m. (du lat. *apparatus,* préparatif). Éclat, faste qui accompagne certaines actions, certains discours, etc.

**APPARATCHIK** n.m. PÉJ. Membre de l'appareil d'un parti (partic. d'un parti communiste), d'un syndicat.

**APPARAUX** n.m. pl. -**1.** Matériel d'ancrage, de levage, etc., équipant un navire. -**2.** Agrès de gymnastique.

**APPAREIL** n.m. (du lat. *apparare,* préparer). -**1.** Objet, machine, dispositif formés d'un assemblage de pièces et destinés à produire un certain résultat : *Les appareils ménagers.* -**2.** Avion : *Appareil moyen-courrier.* -**3.** Ensemble des organes qui concourent à une même fonction : *L'appareil respiratoire.* -**4.** Ensemble des organismes assurant la direction et l'administration d'un parti, d'un syndicat, etc. -**5.** Prothèse dentaire ; dentier : *Porter un appareil.* -**6.** Appareil photo. -**7.** Téléphone : *Qui est à l'appareil ?* ARCHIT., BÂT. Type de taille et agencement des éléments d'une maçonnerie (ex. : *appareils cyclopéen, isodome, réticulé,* etc.). ‖ *Appareil d'appui,* dispositif articulé assurant l'appui d'une construction métallique ou d'un pont. PSYCHAN. *Appareil psychique,* le psychisme, en tant qu'il est doté de dynamisme et de capacité à transformer les énergies. SPORTS. Agrès.

1. **APPAREILLAGE** n.m. Ensemble d'appareils et d'accessoires : *Appareillage électrique.*

2. **APPAREILLAGE** n.m. Manœuvre de départ d'un navire ; ce départ.

**APPAREILLEMENT** n.m. -**1.** Réunion de deux ou de plusieurs animaux domestiques pour l'exécution d'un travail. -**2.** Accouplement d'animaux pour la reproduction.

1. **APPAREILLER** v.t. (lat. *apparare,* préparer). -**1.** Tailler des pierres en vue de les assembler. -**2.** Munir qqn d'un appareil de prothèse.

2. **APPAREILLER** v.i. Pour un navire, quitter le port, le mouillage.

3. **APPAREILLER** v.t. (de *pareil*). Mettre ensemble des choses pareilles ; assortir.

**APPAREILLEUR** n.m. -**1.** Maître maçon chargé de surveiller la taille et la pose des pierres. -**2.** Spécialiste chargé de la pose des prothèses.

**APPARENCE** n.f. (du lat. *apparens,* apparaissant). -**1.** Ce qui se présente immédiatement à la vue, à la pensée : *Une maison de belle apparence.* -**2.** Aspect sensible, extérieur des choses, des êtres, par opp. à la réalité en soi.

**APPARENT, E** adj. -**1.** Qui se montre clairement aux yeux ou à l'esprit : *La différence est apparente.* -**2.** Qui ne correspond pas à la réalité : *Danger plus apparent que réel.* -**3.** Se dit d'un paramètre physique ou cinématique d'un astre tel qu'il est observé : *Mouvement, éclat apparent.* ◆ **apparemment** adv. D'après les apparences.

**APPARENTÉ, E** adj. -**1.** Allié par le mariage. -**2.** Qui présente des traits communs avec. -**3.** Lié par un accord électoral.

**APPARENTEMENT** n.m. Faculté offerte, dans certains systèmes électoraux, à des listes de candidats de se grouper pour le décompte des votes, afin de remporter des sièges sur des adversaires communs.

**APPARENTER (S')** v.pr. **(à).** -**1.** S'allier, être allié par mariage. -**2.** Avoir des traits communs avec qqn ou qqch. -**3.** Pratiquer l'apparentement dans une élection.

**APPARIER** v.t. Assortir par paires, par couples. ◆ **s'apparier** v.pr. Se mettre en couple, notamm. en parlant des oiseaux.

cyclopéen (blocs de grande taille)

polygonal (blocs de grande taille)

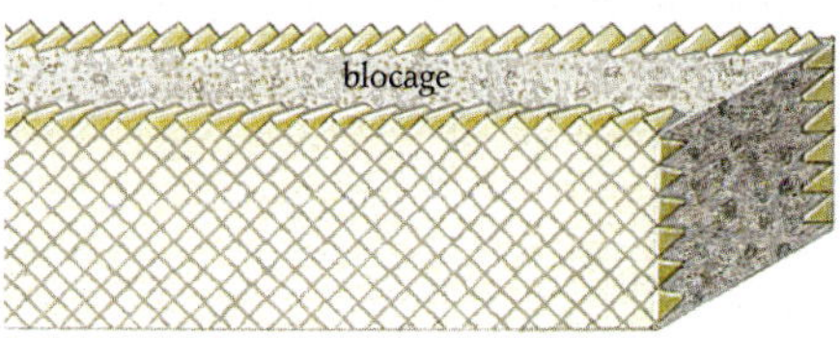


réticulé

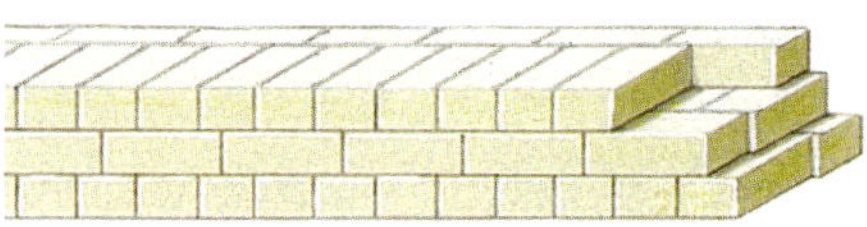

assises alternées de boutisses et panneresses

isodome

mixte

**APPAREILS**

**APPARITEUR** n.m. Huissier, dans une université.

**APPARITION** n.f. -**1.** Fait d'apparaître, de se manifester à la vue ou à l'esprit. -**2.** Manifestation d'un être, naturel ou surnaturel ; l'être ainsi apparu.

**APPAROIR** v.i. (usité seul. à l'inf. et à la 3e pers. de l'ind. prés. *il appert*). Dans le vocabulaire du droit, être apparent, évident.

**APPARTEMENT** n.m. Ensemble de pièces destiné à l'habitation, dans un immeuble.

**APPARTENANCE** n.f. -**1.** Fait d'appartenir à un groupe, à un ensemble. -**2.** Propriété d'être un élément d'un ensemble mathématique : *Relation d'appartenance* (notée $\in$).

**APPARTENIR** v.t. ind. [**à**]. (lat. *pertinere,* se rapporter) [40]. -**1.** Être la propriété de qqn : *Ce livre m'appartient.* -**2.** Se rattacher à un groupe, un ensemble, etc. : *Appartenir au corps des fonctionnaires.* ◆ v.impers. Être du devoir de qqn : *Il ne vous appartient pas de prendre des mesures.*

**APPAS** [apɑ̃] n.m. pl. (de *appâter*). LITT. Charmes physiques d'une femme, et, plus spécial., sa poitrine.

**APPASSIONATO** adv. En musique, avec passion.

**APPÂT** n.m. -**1.** Nourriture placée dans un piège ou fixée à un hameçon. -**2.** Ce qui pousse à agir ; attrait : *L'appât du gain.*

**APPÂTER** v.t. (de l'anc. fr. *past,* nourriture). -**1.** Attirer un animal avec un appât. -**2.** Séduire qqn par la promesse d'une récompense, d'un gain. -**3.** Engraisser la volaille. SYN. : gaver.

**APPAUVRIR** v.t. -**1.** Rendre pauvre ou plus pauvre qqn, une collectivité, réduire ses ressources. -**2.** Épuiser qqch, en diminuer la richesse ou la fécondité : *Appauvrir une terre.*

**APPAUVRISSEMENT** n.m. Action d'appauvrir ; fait de s'appauvrir ; état qui en résulte.

**APPEAU** n.m. (de *appel*). Petit instrument avec lequel on imite le cri des animaux pour les attirer.

**APPEL** n.m. -**1.** Action d'inviter à venir, à agir : *Appel au secours, à l'insurrection.* -**2.** Action de nommer successivement les personnes d'un groupe pour s'assurer de leur présence : *Faire l'appel.* -**3.** ***Appel (téléphonique),*** action d'appeler qqn au téléphone. ‖ ***Sans appel,*** irrévocable. **CHORÉGR.** Temps d'élan, pris sur place, sur un des deux pieds, pour amorcer le saut. **COMM.** ***Prix d'appel,*** prix pratiqué sur certains articles incluant une très faible marge bénéficiaire. **DR.** Recours ; voie de recours. ‖ ***Cour d'appel,*** juridiction chargée de juger en appel les décisions des tribunaux du premier degré. **MIL.** Convocation des jeunes gens d'un contingent au service national. ‖ Rassemblement de militaires aux fins de constater leur présence. ‖ Batterie ou sonnerie prescrivant ce rassemblement. **SPORTS.** Appui qui précède le saut, au terme de la course d'élan. **THERM.** ***Appel d'air,*** aspiration d'air, dispositif créant une dépression dans un foyer, pour faciliter l'entrée de l'air nécessaire à la combustion.

**APPELÉ** n.m. Jeune homme accomplissant son service national.

**APPELER** v.t. [24]. -**1.** Inviter qqn à venir, à prêter attention, à agir au moyen d'une parole, d'un cri, d'un geste, etc. -**2.** Obliger qqn, un groupe à venir ; convoquer : *Appeler un contingent.* -**3.** Entrer en communication téléphonique avec qqn. -**4.** Nommer, désigner qqn à un poste, à une fonction. -**5.** Rendre qqch souhaitable, nécessaire : *La situation appelle des mesures d'urgence.* -**6.** Désigner par un nom : *Il a appelé son fils Pierre.* -**7.** Commander l'exécution d'une séquence d'instructions considérée comme un sous-ensemble autonome d'un programme informatique. ◆ v.t. ind. **(de, à).** ‖ ***En appeler à qqch, à qqn,*** s'en remettre à qqch, à qqn. ◆ **s'appeler** v.pr. Avoir pour nom.

**APPELLATIF** n.m. Terme utilisé pour interpeller l'interlocuteur : *« Monsieur » est un appellatif.*

**APPELLATION** n.f. -**1.** Façon d'appeler, de nommer : *Une appellation injurieuse.* -**2.** ***Appellation d'origine,*** dénomination garantissant l'origine d'un produit. ‖ ***Appellation d'origine contrôlée (A. O. C.),*** cette dénomination, pour les vins.

**APPENDICE** [apɛ̃dis] n.m. (du lat. *appendix,* qui est suspendu à). -**1.** Ensemble de notes, de documents à la fin d'un ouvrage. -**2.** Partie qui complète, prolonge une partie principale. -**3.** Expansion du corps des insectes et des crustacés en position ventrale et latérale (pattes, antennes, pièces buccales). -**4.** ***Appendice iléo-cæcal*** ou ***vermiculaire,*** diverticule creux, en forme de doigt de gant, abouché au cæcum.

**APPENDICECTOMIE** [apɛ̃disɛktɔmi] n.f. Ablation de l'appendice iléo-cæcal (dite abusivement *opération de l'appendicite*).

**APPENDICITE** n.f. Inflammation de l'appendice iléo-cæcal.

**ENCYCL.**

**Les signes.** La forme habituelle de la maladie comprend des douleurs intenses de l'abdomen, en bas et à droite, apparaissant d'une façon aiguë, associées à des nausées, à une diarrhée ou une constipation et à une fièvre modérée. Le médecin trouve une douleur provoquée par la pression et une contraction des muscles abdominaux. Dans les cas difficiles, la prise de sang (augmentation des globules blancs) et la radiologie (échographie) peuvent aider au diagnostic.

**Les complications.** Il risque de se produire un abcès de l'appendice, une septicémie (infection généralisée à tout l'organisme), une péritonite (infection de tout le péritoine).

**Le traitement.** Il est uniquement chirurgical et consiste à enlever l'appendice, même si le diagnostic d'appendicite n'est pas certain.

**APPENTIS** [apɑ̃ti] n.m. **-1.** Toit à une seule pente, dont le faîte s'appuie à un mur. **-2.** Petit bâtiment adossé à un grand.

**APPENZELL,** canton de Suisse, enclavé dans celui de Saint-Gall, au sud du lac de Constance ; 415 km$^2$ ; 66 099 hab. de langue allemande. Ce canton, densément peuplé, vit de l'élevage, du textile (en déclin) et du tourisme. Le canton est constitué de deux demi-cantons : *Rhodes-Extérieures,* à majorité protestante (243 km$^2$ ; 52 229 hab. ; ch.-l. *Herisau*), et *Rhodes-Intérieures,* à majorité catholique (172 km$^2$ ; 13 870 hab. ; ch.-l. *Appenzell* [5 194 hab.]).

**APPERT (IL)** → APPAROIR.

**APPERT** (Nicolas), industriel français (Châlons-sur-Marne 1749 - Massy 1841). On lui doit le procédé de la conservation des aliments par chauffage en récipient clos (dit *appertisation*), à l'origine de l'industrie de la conserve.

**APPERTISATION** n.f. Procédé de conservation des denrées alimentaires par stérilisation à la chaleur, en vase clos.

**APPESANTIR** v.t. **-1.** Rendre plus lourd, moins vif. **-2.** Rendre plus dur, plus accablant. ◆ **s'appesantir** v.pr. **-1.** Se faire plus lourd. **-2.** *S'appesantir sur qqch,* s'attarder, insister sur qqch.

**APPESANTISSEMENT** n.m. Action, fait de s'appesantir.

**APPÉTENCE** n.f. Tendance, pour qqn, à satisfaire ses penchants naturels ; désir, envie.

**APPÉTISSANT, E** adj. Qui excite l'appétit.

**APPÉTIT** n.m. (lat. *appetitus,* désir). **-1.** LITT. Inclination par laquelle on est porté à désirer qqch ; désir : *Appétit de bonheur.* **-2.** Désir de manger : *Manquer d'appétit.*

**APPIA** (Adolphe), théoricien et metteur en scène de théâtre suisse (Genève 1862 - Nyon 1928). Réagissant contre l'esthétique naturaliste, il privilégia les éléments expressifs du théâtre (acteur, lumière, rythme) et préconisa un décor à trois dimensions.

**Appia** *(via)* ou **Appienne** *(voie),* ancienne voie romaine qui allait de Rome à Brindisi. Elle était bordée de tombeaux dont plusieurs subsistent encore. Le plus célèbre est celui de Caecilia Metella.

**APPLAUDIMÈTRE** n.m. Enregistreur, le plus souvent fictif, de l'intensité et de la durée des applaudissements, censé fournir la mesure de la popularité d'un orateur, d'une vedette.

**APPLAUDIR** v.t. Battre des mains en signe d'approbation. ◆ v.t. ind. *Applaudir à qqch,* approuver entièrement qqch.

**APPLAUDISSEMENT** n.m. (Surtout au pl.). Action d'applaudir ; acclamation, approbation.

**Apple,** société américaine fondée en 1977, qui commercialisa le premier micro-ordinateur personnel et le premier ordinateur personnel doté d'une souris et d'une interface graphique.

**APPLETON** (*sir* Edward Victor), physicien britannique (Bradford 1892 - Édimbourg 1965). Il a mesuré l'altitude de l'ionosphère et participé à la réalisation du radar. (Prix Nobel 1947.)

**APPLICABLE** adj. Susceptible d'être appliqué.

**APPLICATEUR** adj.m. et n.m. Qui sert à appliquer un produit, à fixer un objet sur une surface : *Bouchon applicateur.*

**APPLICATION** n.f. **-1.** Action d'appliquer une chose sur une autre : *L'application d'un enduit sur un mur.* **-2.** Mise en œuvre ; mise en pratique : *Application d'une théorie.* **-3.** Soin, peine que l'on prend à la réalisation d'une tâche : *Travailler avec application.* BOURSE. Partie des transactions qui se compensent chez un même intermédiaire en Bourse et qui, n'étant pas effectuées sur le marché, n'influencent pas les cours. MATH. Opération qui consiste à faire correspondre à tout élément d'un ensemble A un élément d'un ensemble B et un seul. MIL. *École d'application,* école où les officiers et sous-officiers reçoivent la formation technique particulière à leur arme.

**APPLIQUE** n.f. **-1.** Appareil d'éclairage fixé directement au mur. **-2.** Pièce qu'on applique sur un objet pour l'orner ou le consolider.

**APPLIQUÉ, E** adj. **-1.** Attentif, travailleur : *Un élève appliqué.* **-2.** *Arts appliqués,* arts décoratifs.

**APPLIQUER** v.t. **-1.** Mettre une chose sur une autre ; plaquer : *Appliquer des couleurs sur une* *toile.* -2. Mettre qqch en œuvre, en pratique : *Appliquer une théorie.* -3. ***Appliquer une peine à qqn,*** lui infliger la sanction prévue par la loi. ◆ **s'appliquer** v.pr. -1. Apporter beaucoup de soin, d'attention à une action. -2. Convenir, s'adapter : *Cette réflexion s'applique bien à la situation.*

**APPOGGIATURE** [apɔdʒjatyr] n.f. Note d'ornement qui précède la note réelle à un intervalle de seconde et qui est écrite en caractères plus petits.

**APPOINT** n.m. -1. Complément en petite monnaie d'une somme exprimée en chiffres ronds. -2. Ce qui s'ajoute à qqch pour le compléter : *Chauffage d'appoint.* -3. ***Faire l'appoint,*** payer un achat en remettant la somme exacte.

**APPOINTEMENTS** n.m. pl. Rémunération fixe, salaire attaché à un poste, à un emploi.

1. **APPOINTER** v.t. Verser des appointements à qqn.

2. **APPOINTER** v.t. Tailler en pointe.

**APPOMATTOX,** village de Virginie (États-Unis). En 1865, la reddition des confédérés de Lee au général Grant y mit fin à la guerre de Sécession.

**APPONDRE** v.t. [75]. SUISSE. Joindre, fixer bout à bout : *Appondre des cordages.*

**APPONTAGE** n.m. Prise de contact d'un avion, d'un hélicoptère, avec le pont d'un bâtiment porteur (porte-aéronefs).

**APPONTEMENT** n.m. Plate-forme fixe le long de laquelle un navire vient s'amarrer pour le chargement ou le déchargement.

**APPONTER** v.i. Réaliser un appontage.

**APPONTEUR** n.m. Technicien chargé de diriger les opérations d'appontage.

**APPONYI** (Albert, *comte*) [Vienne 1846 - Genève 1933]. Chef de l'opposition conservatrice, il représenta la Hongrie à la Conférence de la paix (1919-20), puis à la S. D. N.

**APPORT** n.m. -1. Action d'apporter qqch : *L'apport d'alluvions par les eaux.* -2. Part, contribution, participation à une œuvre, à une action, etc. : *L'apport de la civilisation grecque.* -3. Biens, capitaux que l'on apporte.

**APPORTER** v.t. -1. Porter qqch à qqn, porter qqch avec soi en un lieu : *Apportez-moi ce livre. Apportez vos livres.* -2. Donner, fournir qqch : *Il n'apporte aucune preuve.* -3. Produire un effet, un résultat : *Ces cachets m'ont apporté un soulagement.*

**APPORTEUR** n.m. Personne qui fait un apport dans un mariage, une société.

**APPOSER** v.t. -1. Appliquer, mettre qqch sur qqch : *Apposer une signature.* -2. ***Apposer une clause à un acte,*** l'y insérer. ‖ ***Apposer les scellés,*** appliquer le sceau de justice sur la porte d'un local, sur un meuble, pour qu'on ne puisse soustraire aucun des objets qu'ils renferment.

**APPOSITION** n.f. -1. Action d'apposer. -2. Procédé grammatical par lequel un terme (nom, adj.) ou une proposition qualifient un nom ou un pronom en leur étant juxtaposés ; le mot ou la proposition ainsi juxtaposés. (Ex. : *Paris, capitale de la France.*)

**APPRÉCIABLE** adj. -1. Qui peut être apprécié, évalué : *Un coût difficilement appréciable.* -2. Assez important : *Des changements appréciables.*

**APPRÉCIATIF, IVE** adj. Qui marque l'appréciation.

**APPRÉCIATION** n.f. -1. Estimation, évaluation : *Faire l'appréciation des marchandises.* -2. Jugement intellectuel ou moral.

**APPRÉCIER** v.t. (du lat. *pretium,* prix). -1. Estimer qqch, déterminer sa valeur, son importance : *Apprécier une distance.* -2. Faire cas de qqn, de qqch ; aimer, goûter : *Apprécier un auteur.* ◆ **s'apprécier** v.pr. Prendre de la valeur : *Le Mark s'est apprécié par rapport au dollar.*

**APPRÉHENDER** v.t. -1. Procéder à l'arrestation de qqn. -2. LITT. Comprendre qqch : *Appréhender un problème dans toute sa complexité.* -3. Craindre la venue de qqch de désagréable, de dangereux : *J'appréhende de le revoir.*

**APPRÉHENSION** n.f. -1. Acte par lequel l'esprit saisit un objet de pensée, comprend qqch. -2. Crainte vague, indéfinie.

**APPRENANT, E** n. Personne qui suit un enseignement.

**APPRENDRE** v.t. (lat. *apprehendere,* saisir) [79]. -1. Acquérir la connaissance, la pratique de qqch : *Apprendre un métier, les mathématiques.* -2. Faire acquérir à qqn la connaissance, la pratique de qqch : *Apprendre le dessin à un enfant.*

**APPRENTI, E** n. -1. Personne qui apprend un métier, qui est en apprentissage. -2. Personne encore peu habile, inexpérimentée. -3. ***Apprenti sorcier,*** celui qui déchaîne des forces qu'il ne peut contrôler.

**Apprenti sorcier** (l'), poème symphonique de Paul Dukas (1897), d'après une ballade de Goethe.

**APPRENTISSAGE** n.m. -1. Formation professionnelle des jeunes en vue d'apprendre un métier ; temps pendant lequel on est apprenti. -2. Action d'apprendre un métier intellectuel, un art, etc. -3. Ensemble de méthodes permettant d'établir chez les êtres vivants des connexions entre certains stimuli et certaines réponses. -4. *Taxe d'apprentissage,* taxe imposée aux employeurs, qui permet un financement partiel de l'apprentissage.

**APPRÊT** n.m. -1. Traitement que l'on fait subir à certaines matières premières (cuirs, tissus, fils, etc.) avant de les travailler ou de les livrer au commerce ; matière utilisée pour ce traitement. -2. Préparation, enduit qu'on applique sur une surface à peindre. -3. LITT. Affectation, recherche.

**APPRÊTAGE** n.m. Action d'apprêter.

**APPRÊTÉ, E** adj. Affecté, dépourvu de simplicité, de naturel : *Un style apprêté.*

**APPRÊTER** v.t. (du lat. *praesto,* à la portée de). -1. LITT. Préparer qqch, le mettre en état d'être utilisé : *Apprêter un repas, une chambre.* -2. Donner de l'apprêt à une peau, une étoffe, etc. ◆ **s'apprêter** v.pr. **(à).** -1. Se préparer, se disposer à qqch : *S'apprêter à partir.* -2. Faire sa toilette, s'habiller : *S'apprêter pour le bal.*

**APPRIVOISEMENT** n.m. Action d'apprivoiser ; son résultat.

**APPRIVOISER** v.t. (du lat. *privatus,* domestique). -1. Rendre un animal moins sauvage, le domestiquer. -2. Rendre qqn plus sociable, plus docile.

**APPROBATEUR, TRICE** adj. et n. Qui approuve.

**APPROBATIF, IVE** adj. Qui marque l'approbation : *Murmures approbatifs.*

**APPROBATION** n.f. Action d'approuver ; accord.

**APPROCHABLE** adj. Que l'on peut approcher ; accessible.

**APPROCHANT, E** adj. *Qqch d'approchant, rien d'approchant,* qqch, rien d'analogue, de comparable.

**APPROCHE** n.f. -1. Action d'approcher ; mouvement par lequel on progresse vers qqn, qqch : *À l'approche du surveillant.* -2. Proximité d'un événement, d'un moment : *L'approche du danger, de la nuit.* -3. (Calque de l'angl. *approach ;* emploi critiqué). Manière d'aborder un sujet. -4. *Travaux d'approche,* démarches intéressées.

**APPROCHÉ, E** adj. À peu près exact.

**APPROCHER** v.t. -1. Mettre qqch plus près de qqn, de qqch : *Approcher une chaise.* -2. Avoir accès auprès de qqn : *C'est un homme qu'on ne peut approcher.* ◆ v.t. ind. **(de)** et v.i. -1. Venir auprès de qqn, de qqch ; avancer : *Approchez, j'ai à vous parler.* -2. Être près d'atteindre un moment, une époque, une fin, etc. : *Approcher de la quarantaine. Approcher du but.* ◆ v.i. Venir : *L'hiver approche.* ◆ **s'approcher** v.pr. **(de).** Venir, être près de qqn, de qqch.

**APPROFONDIR** v.t. -1. Creuser, rendre plus profond qqch : *Approfondir un canal.* -2. Examiner plus avant qqch : *Approfondir une question.*

**APPROFONDISSEMENT** n.m. -1. Action d'approfondir ; son résultat. -2. Fait de devenir plus profond.

1. **APPROPRIATION** n.f. Action de s'approprier qqch.

2. **APPROPRIATION** n.f. BELGIQUE. Nettoyage.

**APPROPRIÉ, E** adj. Qui convient ; juste, pertinent : *Traitement approprié.*

1. **APPROPRIER** v.t. (bas lat. *appropriare*). Adapter qqch, le rendre propre à un emploi, une destination : *Approprier son discours aux circonstances.* ◆ **s'approprier** v.pr. Faire sa propriété de qqch, souvent indûment ; s'attribuer la paternité d'une œuvre, d'une idée.

2. **APPROPRIER** v.t. (du lat. *proprius,* propre). BELGIQUE. Nettoyer.

**APPROUVER** v.t. -1. Considérer qqch comme juste, louable ; donner raison à qqn : *Je vous approuve d'avoir refusé.* -2. Autoriser qqch par décision administrative. -3. *Lu et approuvé,* formule dont le signataire fait précéder sa signature au bas d'un acte, pour en approuver les termes.

**APPROVISIONNEMENT** n.m. Action d'approvisionner ; fournitures, provisions.

**APPROVISIONNER** v.t. -1. Pourvoir, munir qqn ou qqch de provisions, de choses nécessaires : *Approvisionner un marché en fruits.* -2. Placer une cartouche, un chargeur dans le magasin d'une arme à feu.

**APPROXIMATIF, IVE** adj. -1. Qui résulte d'une approximation ; approché. -2. Qui manque de précision, d'exactitude : *Un témoignage approximatif.* ◆ **approximativement** adv.

**APPROXIMATION** n.f. (du lat. *proximus,* très proche). -1. Approche incorrecte, imprécise de la réalité : *Ce ne sont là que des approximations.* -2. Évaluation approchée d'un chiffre, d'une grandeur. -3. *Calcul par approximations successives,* algorithme permettant d'obtenir une solution approchée de plus en plus précise d'un problème numérique.

**APPUI** n.m. -1. Soutien, support : *Barre d'appui.* -2. Aide, protection : *Je compte sur votre appui.*

-3. Aide fournie par une unité, par une arme à une autre : *Appui aérien, naval.* -4. *À l'appui,* pour servir de confirmation.

**APPUI-BRAS** n.m. (pl. appuis-bras). Accoudoir d'un siège d'automobile, de véhicule de transports en commun, d'avion.

**APPUI-MAIN** n.m. (pl. appuis-main). Support sur lequel on appuie la main pour réaliser un travail minutieux.

**APPUI-TÊTE** n.m. (pl. appuis-tête). Dispositif adapté au dossier d'un siège et destiné à soutenir la tête, à protéger la nuque en cas de choc. SYN. : **repose-tête.**

**APPUYÉ, E** adj. Qui insiste, souligne : *Une allusion appuyée.*

**APPUYER** [apɥije] v.t. (du lat. *podium,* base) [14]. -1. Placer une chose contre une autre qui lui sert de support : *Appuyer une échelle contre un mur.* -2. Soutenir qqn ou qqch : *Appuyer un candidat, une demande.* -3. Apporter une aide, un appui à une troupe, une unité, etc. : *Les chars appuient l'infanterie.* ◆ v.i. -1. Peser plus ou moins fortement sur qqch : *Appuyer sur une pédale.* -2. Insister sur qqch : *Appuyer sur une erreur.* ◆ **s'appuyer** v.pr. **(à, sur).** Se servir de qqch, de qqn comme d'un support, d'un soutien : *S'appuyer à une balustrade. S'appuyer sur des témoignages.*

**APRAGMATISME** n.m. (du gr. *pragmateia,* activité). Trouble d'origine psychique se traduisant par l'incapacité de réaliser une action.

**APRAXIE** n.f. (du gr. *praxis,* action). Incapacité d'exécuter des mouvements coordonnés (écriture, marche) sans atteinte de la motricité ni de la sensibilité.

**ÂPRE** adj. -1. Rude au goût, à l'ouïe : *Fruit âpre.* -2. Violent, dur : *Le combat fut âpre.* -3. Désagréable ; pénible à supporter : *Vent âpre.* ◆ **âprement** adv.

**APRÈS** prép. et adv. (du bas lat. *ad pressum,* auprès de). -1. Marque la postériorité dans le temps : *Après dîner. Nous en reparlerons après.* -2. Marque la postériorité dans l'espace : *Première rue après le carrefour. Courir après un lièvre.* -3. Marque une relation, un ordre, etc. : *Seul maître après Dieu.* -4. *Après coup,* une fois la chose faite. ‖ *Après quoi,* ensuite. ‖ *Après tout,* tout bien considéré. ◆ loc. conj. *Après que* (+ ind.), une fois que : *Après qu'il eut parlé.* ◆ loc. prép. *D'après,* à l'imitation de, selon : *Peindre d'après nature. D'après lui, tout va bien.*

**APRÈS-COUP** n.m. (pl. après-coups). En psychanalyse, remaniement ultérieur d'expériences passées en fonction d'expériences nouvelles.

**APRÈS-DEMAIN** adv. Le second jour après celui où l'on est.

**APRÈS-GUERRE** n.m. ou f. (pl. après-guerres). Temps qui suit la guerre.

**APRÈS-MIDI** n.m. ou f. inv. Partie de la journée comprise entre midi et le soir.

**Après-midi d'un faune** (l'), ballet de V. Nijinski, inspiré du poème de Mallarmé, créé à Paris en 1912 par les Ballets russes de Diaghilev et l'auteur, sur la musique du *Prélude à l'après-midi d'un faune* de Debussy (1894).

**APRÈS-RASAGE** n.m. et adj. inv. (pl. après-rasages). Lotion, baume, etc., que l'on passe sur la peau pour calmer le feu du rasoir. (Équivalent de l'angl. *after-shave.*)

**APRÈS-SKI** n.m. (pl. après-skis). Chaussure fourrée, bottillon que l'on porte par temps de neige, à la montagne, lorsqu'on ne skie pas.

**APRÈS-SOLEIL** n.m. (pl. après-soleils). Produit cosmétique hydratant la peau après l'exposition au soleil.

**APRÈS-VENTE** adj. inv. *Service après-vente,* service d'une entreprise qui assure l'installation, l'entretien et la réparation d'un bien vendu.

**ÂPRETÉ** n.f. Caractère de ce qui est âpre : *L'âpreté de l'hiver. Se défendre avec âpreté.*

**A PRIORI** loc. adv., adj. inv. et n.m. inv. (mots lat., *en partant de ce qui est avant*). -1. En se fondant sur des données admises avant toute expérience. -2. COUR. Au premier abord. ◆ n.m. inv. Préjugé qui ne tient pas compte des réalités.

**À-PROPOS** n.m. inv. Pertinence de l'acte, du geste ; sens de la repartie : *Faire preuve d'à-propos.*

**APSARA** ou **APSARAS** n.f. Déesse inférieure, représentée en musicienne ou en danseuse, dans la mythologie indienne.

**APSIDE** n.f. (gr. *apsis,* voûte). -1. Apoastre ou périastre d'une orbite. -2. *Ligne des apsides,* droite joignant l'apoastre au périastre d'une orbite.

**APT,** ch.-l. d'arr. de Vaucluse, dans le bassin d'Apt, au pied du Luberon ; 11 702 hab. *(Aptésiens* ou *Aptois).* Confiserie. Ocre. — Église Ste-Anne, des XII^e^-XVIII^e^ siècles (œuvres d'art). Musée.

**APTE** adj. **(à).** -1. Qui a des dispositions pour qqch, qui en est capable : *Apte à un travail.* -2. *Être déclaré apte,* être jugé bon pour le service militaire.

**APTÈRE** adj. (de *a* priv., et du gr. *pteron,* aile). -1. Sans ailes : *La puce est un insecte aptère.* -2. Se dit des statues de divinités antiques représentées sans ailes : *Victoire aptère.* -3. Se dit des temples dépourvus de colonnes sur les faces latérales.

**APTÉRYGOTE** n.m. *Aptérygotes,* sous-classe d'insectes primitifs, dépourvus d'ailes, dont l'ordre principal est celui des thysanoures.

**APTÉRYX** n.m. Oiseau de Nouvelle-Zélande dont les ailes sont presque inexistantes et dont les plumes, brunâtres, ressemblent à des crins. (Haut. 30 cm env. ; sous-classe des ratites.) Nom usuel : *kiwi.*

**APTITUDE** n.f. -1. Disposition naturelle ou acquise de qqn à faire qqch. -2. Capacité légale, habilitation. -3. Fait d'être apte au service militaire.

**APULÉE,** écrivain latin (Madaure, Numidie, 125 - v. 180). Il est l'auteur de *l'Âne d'or ou les Métamorphoses* ( → ÂNE ), roman en 11 livres, d'inspiration satirique et mystique.

**APULIE,** contrée de l'ancienne Italie méridionale, colonisée par les Grecs, qui y fondèrent Tarente (v. 708 av. J.-C.), et formant aujourd'hui la Pouille.

**APUREMENT** n.m. -1. Vérification définitive d'un compte, après laquelle le comptable est reconnu quitte. -2. *Apurement du passif,* procédure par laquelle un débiteur rembourse tout ou partie de ses dettes.

**APURER** v.t. (de *pur*). -1. Solder son passif. -2. Vérifier et arrêter définitivement un compte.

**APURÍMAC,** riv. du Pérou, l'une des branches mères de l'Amazone.

**APUSENI** *(monts),* anc. **Bihar** ou **Bihor,** massif de l'ouest de la Roumanie ; 1 848 m.

**APYRÉTIQUE** adj. -1. Qui ne s'accompagne pas de fièvre. -2. Qui fait tomber la fièvre.

**APYREXIE** n.f. Absence de fièvre.

**AQABA** ou **AKABA** *(golfe d'),* golfe de l'extrémité nord-est de la mer Rouge, au fond duquel est situé le port jordanien d'*al-Aqaba* (10 000 hab.).

**AQUACOLE** [akwa-] ou **AQUICOLE** [akɥi-] adj. -1. Qui vit dans l'eau. -2. Qui a trait à l'aquaculture.

**AQUACULTEUR, TRICE** ou **AQUICULTEUR, TRICE** n. Personne qui pratique l'aquaculture.

**AQUACULTURE** ou **AQUICULTURE** n.f. Élevage des animaux aquatiques ; culture des plantes aquatiques.

→ • DOSSIER L'AQUACULTURE *page suivante.*

**AQUAFORTISTE** [akwafɔrtist] n. (it. *acqua forte,* eau forte). Graveur à l'eau-forte.

**AQUAMANILE** [akwamanil] n.m. (lat. *aqua,* eau, et *manus,* main). Aiguière pour le lavage des mains, souvent zoomorphe, en usage au Moyen Âge.

**AQUAMANILE** en forme de paon
(bronze islamique, XIIe s.) [musée du Louvre, Paris]

**AQUANAUTE** [akwanot] n. Personne qui, grâce à un appareillage spécial (submersible par ex.), effectue des plongées subaquatiques d'une durée relativement longue.

**AQUAPLANAGE** ou **AQUAPLANING** [akwaplaniŋ] n.m. Perte d'adhérence d'un véhicule automobile, due à la présence d'une mince pellicule d'eau entre la chaussée et les pneus.

**AQUAPLANE** [akwaplan] n.m. -1. Sport consistant à se tenir debout sur une planche, tirée sur l'eau par un bateau à moteur ; cette planche. -2. Bâtiment à plans porteurs qui, en déjaugeant, atteint des vitesses élevées.

**AQUARELLE** [akwarɛl] n.f. (ital. *acquarello,* couleur détrempée). -1. Peinture délayée à l'eau, légère, transparente, appliquée le plus souvent sur du papier blanc. -2. Œuvre exécutée selon ce procédé. ◆ **aquarelliste** n.

**AQUARIOPHILE** [akwa-] n. Personne qui pratique l'aquariophilie.

**AQUARIOPHILIE** n.f. Élevage en aquarium de poissons d'ornement.

**AQUARIUM** [akwarjɔm] n.m. (mot lat., *réservoir*). Réservoir transparent dans lequel on élève des animaux, des plantes aquatiques.

DOSSIER

# L'AQUACULTURE

L'aquaculture est une activité en plein développement. À côté des formes de production traditionnelles, comme la pisciculture d'eau douce (carpes) et l'élevage des coquillages (huîtres, moules), les nouvelles techniques de production ont conduit à l'essor considérable de l'élevage maritime des poissons, notamment du saumon, et des crevettes. La culture des algues est aussi en développement.

L'aquaculture tend à s'implanter un peu partout dans le monde, mais l'est de l'Asie demeure de loin son fief principal (75 % de la production mondiale). L'apport de l'aquaculture représente entre 12 et 14 % des productions aquatiques mondiales.

❶ Sites et élevages aquacoles.

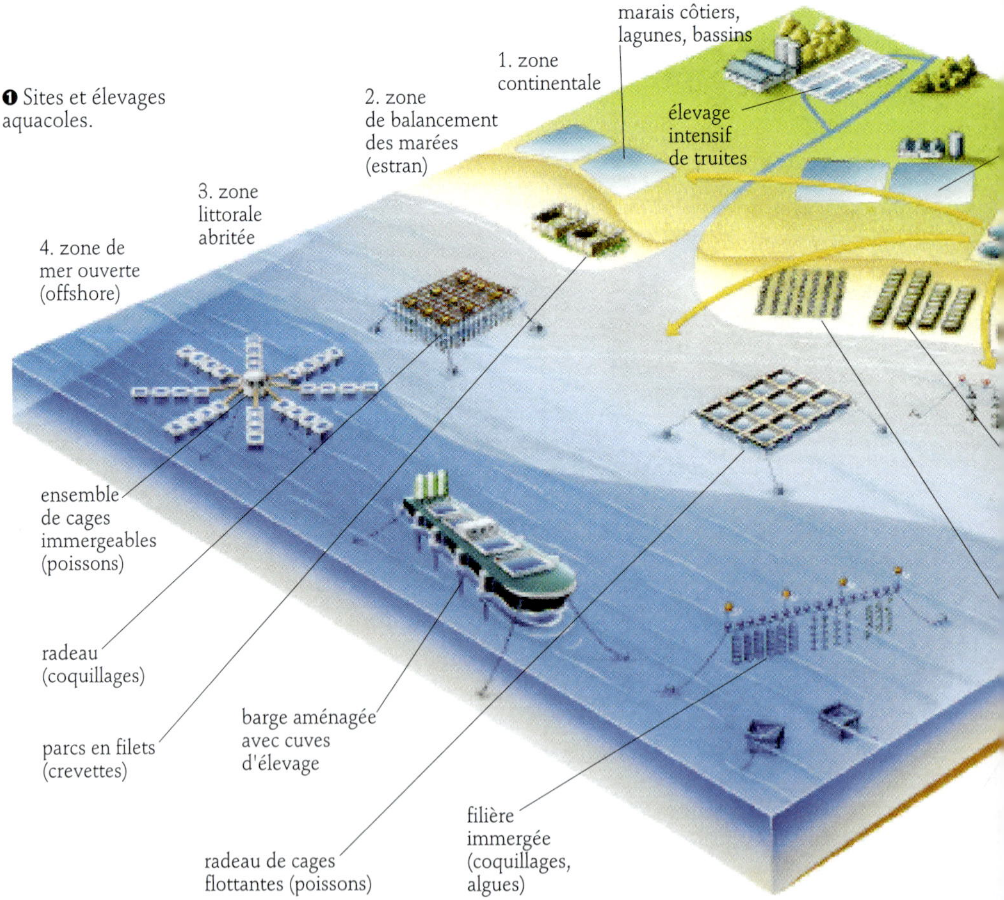

**L'élevage des poissons.**

**En eau de mer.** L'étape la plus délicate est la reproduction. La ponte est suivie d'une incubation-éclosion. Des écloseries spécialisées fournissent ainsi des alevins de truites, de bars, de daurades, de turbots, de soles. La *salmoniculture,* élevage des truites et des saumons, s'est beaucoup développée. On commercialise la truite de type « portion », pesant 250 grammes. Les saumons sont élevés dans des cages immergées, où leur sont distribués des aliments composés, fabriqués industriellement, favorisant une croissance rapide. La Norvège (68 % de la production mondiale), le Japon, le Chili, l'Écosse et l'Irlande en sont les principaux producteurs. Parmi les autres espèces, on élève le bar, et il existe de bonnes perspectives pour la sole, la daurade, le turbot et l'anguille. L'aquaculture des poissons marins, autrefois pratiquée par simple piégeage des juvéniles,

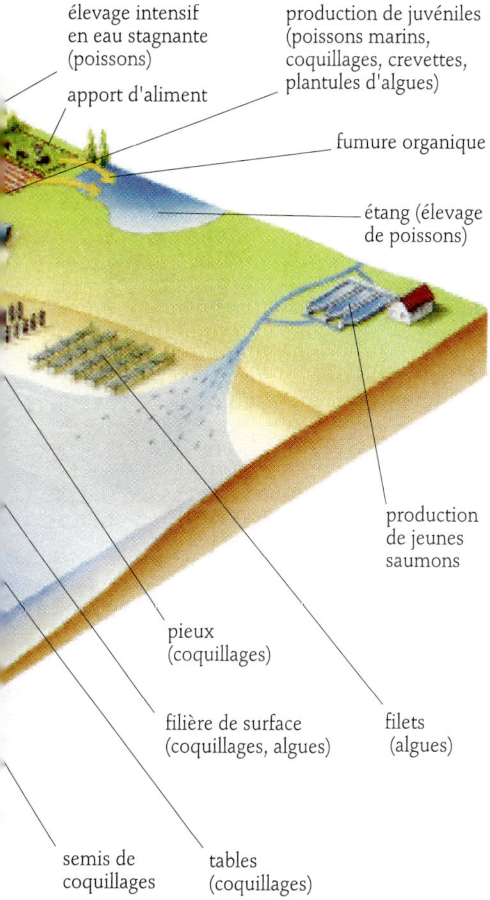


**LES SITES DE L'AQUACULTURE**

En zone continentale (1), les élevages de poissons, de crustacés et de coquillages nécessitent de l'espace et de l'eau de bonne qualité, deux éléments pour lesquels il existe une forte concurrence entre activités économiques. En milieu marin, les supports d'élevage varient selon la distance à la côte. Ils sont généralement fixes dans la zone de balancement des marées (2) et flottants plus au large (3, 4). La colonisation de zones de mer ouverte (4) s'effectue avec des systèmes capables de résister à de fortes houles.

est maintenant capable de contrôler tout le cycle de production. Les alevins obtenus dans les écloseries sont nourris grâce à la reconstitution de la chaîne alimentaire : production de microalgues distribuées à des crustacés planctoniques qui alimentent à leur tour les jeunes poissons. Pour le grossissement, en dehors des cages flottantes, en zone littorale abritée, on utilise aussi des équipements résistant à la houle (barge aménagée, complexe de cages immergeables).

**En eau douce.** L'élevage des poissons en étang est le plus ancien et le plus répandu. L'espèce qui donne lieu à la plus grande production est, de loin, la carpe. En Afrique, le tilapia est exploité à petite échelle dans des bassins de retenue. La Chine, à elle seule, produit la moitié des tonnages mondiaux de poissons élevés en eau douce.

La pisciculture en étang est généralement pratiquée selon des méthodes extensives, mais peut être intensifiée par fertilisation et distribution d'aliments. En Chine ou en France (Dombes), elle est combinée avec l'agriculture : les étangs sont périodiquement asséchés et mis en culture. L'élevage des truites *(salmoniculture d'eau douce)* est une activité aquacole importante. Il se pratique en bassins maçonnés, avec maîtrise de tout le cycle biologique, à partir de la production des alevins. Des techniques nouvelles utilisent les cages flottantes dans des lacs de retenue pour la phase de grossissement des poissons.

### Coquillages et crustacés.

**L'élevage des huîtres, ou ostréiculture.** Il comporte plusieurs phases. Le captage, tout d'abord, consiste à obtenir le regroupement et la fixation des jeunes larves en un naissain, sur un support constitué d'un agglomérat de vieilles coquilles, de tiges de fer et de tuiles. Après 6 à 10 mois, la jeune huître est séparée du support et placée dans un parc pour la seconde phase de l'élevage, l'engraissement, qui durait de 3 à 5 ans pour l'huître portugaise et est de 18 mois à 2 ans pour la japonaise, seule huître creuse élevée maintenant. L'affinage conduit certains lots dans des aires spéciales, les *claires ;* les huîtres y séjournent au moins deux mois, au cours desquels elles verdissent grâce à l'absorption de plancton. On appelle « fines de claires » les huîtres dont le nombre, dans les claires, n'excède pas 4 ou 5 au mètre carré et « spéciales » celles qui n'y sont que 2 au mètre carré.

**L'élevage des moules, ou mytiliculture.** On recueille les jeunes moules, en naissains, dans les lieux de reproduction naturelle et on les engraisse selon diverses méthodes : soit à plat sur des fonds durs (méthode hollandaise), soit sur des pieux, ou bouchots, enfoncés verticalement dans les sols marins, soit enfin sur des cordes suspendues à des « tables d'élevage » (étangs méditerranéens français). Parmi les autres mollusques bivalves, on élève la palourde.

**L'élevage des crustacés.** Il porte essentiellement sur les crevettes (pénéides), produites en milieu saumâtre. Il est surtout réalisé en zone tropicale, en Asie du Sud-Est et en Amérique du Sud et, pour une moindre part, en Europe du Sud. Les principaux producteurs sont la Chine, l'Équateur, Taïwan et les Philippines. Dans les systèmes traditionnels (Sud-Est asiatique), les jeunes étaient pêchés en lagunes. Aujourd'hui, ils sont produits en écloseries, puis soumis à un élevage semi-intensif en bassin de terre ou, plus rarement, à un élevage intensif en bassin maçonné.

### Les algues.

La culture d'algues marines, ou algoculture, comporte l'obtention de plantules à partir de spores captées dans le milieu naturel ou produites artificiellement, puis le développement de ces plantules en mer sur des structures flottantes ou fixes. Les algues sont traditionnellement consommées dans les pays asiatiques, en particulier en Chine et au Japon, qu'il s'agisse d'algues vertes (chlorelles), bleues (spirulines) ou surtout rouges (porphyra). En Europe, les algues ont été longtemps utilisées seulement sous forme d'ingrédients servant de liant pour les produits de charcuterie, les crèmes glacées, les entremets, etc. La consommation d'algues fraîches ou déshydratées s'y développe cependant. La valeur alimentaire des algues tient à leur faible teneur en lipides (1 à 2 %), à leur forte teneur en protéines (12 à 35 %) et à leur richesse en vitamines (A, B, D, E), en sels minéraux et en oligo-éléments. Parmi les algues alimentaires, la laminaire, au goût neutre, est fréquemment cultivée. On utilise aussi de nouvelles espèces comme la porphyra, l'ulve fraîche, l'undaria, etc.

❷ Saumons coho à l'éclosion.

**AQUATINTE** [akwatɛ̃t] n.f. (it. *acqua tinta,* eau teinte). Gravure à l'eau-forte imitant le lavis. ◆ **aquatintiste** n.

**AQUATIQUE** [akwatik] adj. -1. Où il y a de l'eau : *Paysage aquatique.* -2. Qui croît, qui vit dans l'eau ou près de l'eau : *Plante, insecte aquatiques.*

**AQUATUBULAIRE** [akwa-] adj. Se dit d'une chaudière dont la surface de chauffe est constituée essentiellement par des tubes dans lesquels circule l'eau ou le mélange d'eau et de vapeur. SYN. : **multitubulaire.**

**AQUAVIT** ou **AKVAVIT** [akwavit] n.m. (mot suédois, *eau de vie*). Eau-de-vie de grain ou de pomme de terre des pays scandinaves, aromatisée de substances végétales diverses.

**AQUEDUC** [akdyk] n.m. (lat. *aquae ductus,* conduite d'eau). -1. Canal d'adduction d'eau, aérien ou souterrain. -2. Pont supportant un canal, une conduite d'adduction d'eau. -3. Canal reliant entre elles certaines parties de l'organisme : *Aqueduc de Fallope.*

**AQUEUX, EUSE** [akø, øz] adj. -1. Qui contient de l'eau, chargé d'eau : *Fruit aqueux.* -2. ***Humeur aqueuse,*** liquide contenu dans la chambre antérieure de l'œil. ‖ ***Solution aqueuse,*** solution dont le solvant est l'eau.

**À QUIA** loc. adv. → QUIA (À).

**AQUICOLE** adj. → AQUACOLE.

**AQUICULTURE** n.f. → AQUACULTURE.

**AQUIFÈRE** [akɥifɛr] adj. -1. Qui porte, qui contient de l'eau. -2. *Nappe aquifère,* masse d'eau souterraine : *La nappe phréatique est une nappe aquifère superficielle.*

**AQUILÉE,** en ital. **Aquileia,** v. d'Italie, sur la mer Adriatique (prov. d'Udine) ; 3 359 hab. – Fondée en 181 av. J.-C., la ville joua un grand rôle dans la défense contre les Barbares et fut fortifiée par Marc Aurèle. Détruite par Attila en 452, elle fut reconstruite, mais ne parvint jamais à se relever. – Elle fut le siège d'un patriarcat ecclésiastique dont dépendait la Vénétie (554-1751). – Imposant forum d'époque impériale, mausolées et basilique d'époque constantinienne (IVe s.; reconstruite à partir du XIe s.), pavée de mosaïques. Musées.

**AQUILIN** [akilɛ̃] adj.m. ***Nez aquilin,*** nez en bec d'aigle.

**AQUILON** [akilɔ̃] n.m. POÉT. Vent du nord.

**AQUIN** (*saint* Thomas **d'**) → THOMAS D'AQUIN.

**AQUIN** (Louis Claude **d'**) → DAQUIN.

**AQUINO** (Corazón, dite **Cory**), chef d'État philippin (Manille 1933). Leader de l'opposition après l'assassinat de son mari, Benigno Aquino (1983), présidente des Philippines de 1986 à 1992, elle y a restauré les libertés fondamentales et a fait face à plusieurs tentatives de coups d'État militaires.

Cory **AQUINO,** chef d'État philippin de 1986 à 1992.

**AQUITAIN** *(Bassin)* ou **AQUITAINE** *(bassin d'),* bassin sédimentaire de forme triangulaire, compris entre le Massif armoricain, le Massif central, les Pyrénées et l'océan Atlantique. Correspondant en majeure partie au bassin de la Garonne, c'est un pays de plateaux et de collines.

**AQUITAINE,** Région du sud-ouest de la France, regroupant cinq départements (Dordogne, Gironde, Landes, Lot-et-Garonne et Pyrénées-Atlantiques) ; 41 308 km² ; 2 795 830 hab. Ch.-l. *Bordeaux.*

**GÉOGRAPHIE**

Vaste région, mais assez peu peuplée, elle correspond approximativement à la partie occidentale du bassin d'Aquitaine, du Périgord aux Pyrénées occidentales, Périgord et Pyrénées étant séparés par la forêt landaise et la vallée de la Garonne.

L'extension de la forêt explique, en partie, la faiblesse du peuplement. Son exploitation est à la base d'une industrie du bois, moins active aujourd'hui que l'agroalimentaire, diversifié. Des branches plus modernes se sont développées (aéronautique, électronique), alors que le raffinage du pétrole importé a disparu et que l'extraction du gaz naturel (à Lacq) s'éteint. En fait, l'agriculture (à la base d'ailleurs de l'agroalimentaire) demeure une activité essentielle et l'Aquitaine constitue encore largement une mosaïque de terroirs aux productions variées et souvent de qualité (fruits et légumes, vins du Bordelais, aviculture, etc.).

Excentrée, adossée aux Pyrénées, avec une métropole (Bordeaux) longtemps plus maritime que terrienne, sans grandes ressources minières, délaissée par les grands axes de

circulation, l'Aquitaine peut aujourd'hui bénéficier de l'incorporation de l'Espagne et du Portugal dans la Communauté européenne, et de l'amélioration récente des dessertes autoroutières, ferroviaires (T. G. V.) et aériennes. Celle-ci a stimulé le tourisme estival, balnéaire, mais aussi gastronomique, alors que se sont multipliées les résidences secondaires dans l'intérieur. Le secteur tertiaire occupe déjà plus de 60 % des actifs, malgré une urbanisation modeste.

**HISTOIRE**

L'Aquitaine primitive s'étendait de la Loire aux Pyrénées et des Cévennes à l'Atlantique. Constituée en province par les Romains, elle est occupée par les Wisigoths au Vᵉ siècle. Après la victoire de Clovis à Vouillé (507), elle est intégrée au royaume franc, puis devient un duché indépendant à la fin du VIIᵉ siècle. Le mariage d'Aliénor avec Louis VII en 1137 fait entrer l'Aquitaine dans le domaine royal. Mais, dès 1152, elle passe sous domination anglaise à la suite du remariage d'Aliénor avec Henri II Plantagenêt. Elle est reconnue possession anglaise au traité de Paris (1258-59) et prend le nom de Guyenne. La bataille de Castillon (1453) mettant fin à la guerre de Cent Ans rend la Guyenne à la France, et le duché revient définitivement à la Couronne en 1472.

**AQUITANIEN** [aki-] n.m. Étage de la série miocène. ◆ **aquitanien, enne** adj. De l'aquitanien.

**Ar,** symbole chimique de l'argon.

**ARA** n.m. Grand perroquet d'Amérique latine, à longue queue et au plumage vivement coloré.

**ARABE** adj. et n. -**1.** Relatif aux peuples parlant l'arabe. -**2.** *Cheval arabe,* race de chevaux de selle, très énergiques et très résistants, ayant servi à la création de nombreuses races de chevaux. ‖ *Chiffres arabes,* les dix signes de la numération usuelle. ◆ n.m. Langue sémitique parlée princ. en Afrique du Nord, au Proche-Orient et en Arabie.(V. ENCYCL.)

**ENCYCL.** Parlé sous ses différentes formes de l'Atlantique à l'Asie centrale, l'arabe est une réalité linguistique complexe : l'*arabe littéraire,* ou *arabe classique,* est une langue écrite uniforme à caractère religieux ; en revanche, les dialectes ne possèdent pas d'expression écrite et leur grande variété rend difficile l'intercompréhension.

Issu du groupe méridional des langues sémitiques, l'arabe s'est forgé en Arabie centrale et a connu à partir du VIIᵉ siècle une diffusion extraordinaire due à l'expansion de

| figures isolées | finales | médiales | initiales | nom | valeur |
|---|---|---|---|---|---|
| ا | ـا | ـا | ا | alif | ā |
| ب | ـب | ـبـ | بـ | bā' | b |
| ت | ـت | ـتـ | تـ | tā' | t |
| ث | ـث | ـثـ | ثـ | thā' | th, th *angl. sourd* |
| ج | ـج | ـجـ | جـ | djīm | dj |
| ح | ـح | ـحـ | حـ | ḥā' | ḥ |
| خ | ـخ | ـخـ | خـ | khā' | kh , ch *all.,* j *esp.* |
| د | ـد | ـد | د | dāl | d |
| ذ | ـذ | ـذ | ذ | dhāl | dh, th *angl. sonore* |
| ر | ـر | ـر | ر | rā' | r *roulé* |
| ز | ـز | ـز | ز | zāy | z |
| س | ـس | ـسـ | سـ | sīn | s |
| ش | ـش | ـشـ | شـ | chīn | ch |
| ص | ـص | ـصـ | صـ | ṣād | ṣ *emphat.* |
| ض | ـض | ـضـ | ضـ | ḍād | ḍ *emphat.* |
| ط | ـط | ـطـ | طـ | ṭā' | ṭ *emphat.* |
| ظ | ـظ | ـظـ | ظـ | ẓā' | ẓ, *emphat.* |
| ع | ـع | ـعـ | عـ | 'ayn | ' *laryngale* |
| غ | ـغ | ـغـ | غـ | ghayn | rh, gh, r *grasseyé* |
| ف | ـف | ـفـ | فـ | fā' | f |
| ق | ـق | ـقـ | قـ | qāf | q |
| ك | ـك | ـكـ | كـ | kāf | k |
| ل | ـل | ـلـ | لـ | lām | l |
| م | ـم | ـمـ | مـ | mīm | m |
| ن | ـن | ـنـ | نـ | nūn | n |
| ه | ـه | ـهـ | هـ | hā' | h |
| و | ـو | ـو | و | wāw | ū, w |
| ي | ـي | ـيـ | يـ | yā' | ī, y |

alphabet **ARABE**

l'islam. Perpétuant la langue du Coran, l'arabe classique est resté la langue littéraire et religieuse des musulmans. Au XX$^{e}$ siècle s'édifie une langue commune dérivée de l'arabe classique ; cet arabe, dit « moyen » ou « moderne », est la langue utilisée par les médias, les hommes politiques, les universitaires dans tous les pays arabes mais la langue de la conversation utilise les différents dialectes.

L'arabe s'écrit de droite à gauche. Chaque lettre s'écrit différemment selon sa position (isolée, initiale, médiale, finale). Seules les consonnes et les voyelles longues sont notées. L'alphabet arabe sert également à transcrire le persan et l'ourdou.

**arabe** *(Ligue),* organisation d'États arabes indépendants, destinée à promouvoir leur coopération, constituée en 1945 par l'Égypte, l'Iraq, la Transjordanie, la Syrie, le Liban, l'Arabie saoudite, le Yémen. 14 États nouveaux et l'O. L. P. y ont adhéré de 1953 à 1993. L'Égypte, suspendue en 1979, y a été réintégrée en 1989. Son siège est au Caire.

**ARABESQUE** n.f. -**1.** Ornement peint ou sculpté fondé sur la répétition symétrique de motifs végétaux très stylisés. -**2.** Ligne sinueuse, formée de courbes. -**3.** Figure d'équilibre de la danse académique.

l'**ARABESQUE** dans l'art islamique (Alhambra de Grenade, plâtre, fin du XIV$^{e}$ s.)

ENCYCL. Décor floral sans début, ni milieu, ni fin l'arabesque arrive à maturité dans l'art islamique au XI$^{e}$ siècle. Auparavant, l'art hellénistique, sous l'influence des arts orientaux, avait couramment pratiqué quelque chose d'analogue. De même, les peintres et sculpteurs de Pompéi brodaient d'arabesques les panneaux des salles et les pilastres des portes. Ces décors, révélés par les fouilles, ressuscitèrent en Italie avec la Renaissance.

**ARABES UNIS** *(Émirats)* → ÉMIRATS ARABES UNIS.

**ARABE UNIE** *(République)* [R. A. U.], fédération de l'Égypte et de la Syrie (1958-1961). L'Égypte garda jusqu'en 1971 le nom de République arabe unie.

**ARABICA** n.m. -**1.** Caféier originaire d'Arabie, le plus cultivé dans le monde. -**2.** Café qu'il produit.

**ARABIE,** en ar. Djazīrat al-'Arab, péninsule du sud-ouest de l'Asie, entre la mer Rouge et le golfe Persique ; 3 millions de km$^2$ ; 32 millions d'hab. env.

**GÉOGRAPHIE**

L'Arabie est partagée entre l'Arabie saoudite (qui en occupe la majeure partie), le Yémen,

l'**ARABESQUE** dans l'art de la Renaissance (marbre provenant d'une église parisienne, début du XVI$^{e}$ s.) [musée du Louvre, Paris.]

le sultanat d'Oman, la fédération des Émirats arabes unis et les principautés de Qatar, Bahreïn, Koweït.

La péninsule a un climat de désert chaud, altéré toutefois par l'altitude et l'exposition qui valorisent, par un accroissement des précipitations, certaines régions (reliefs du Yémen, du Dhofar et de l'Oman, voire l'Asir). C'est ainsi que l'on a pu opposer une Arabie méridionale, l'« Arabie heureuse » à la population sédentaire (agricole ou citadine), et une Arabie centrale et septentrionale, véritablement désertique, domaine du traditionnel nomadisme pastoral et parsemée de quelques oasis, dont les villes saintes islamiques du Hedjaz (La Mecque et Médine). Le nomadisme a pratiquement disparu avec les retombées de l'exploitation pétrolière, bouleversant localement l'économie, sinon la structure sociale et religieuse de la péninsule. L'abondance des réserves de pétrole a fait de l'Arabie un enjeu stratégique.

### PRÉHISTOIRE ET ARCHÉOLOGIE

Pont entre l'Afrique et l'Asie, l'Arabie est d'un intérêt capital pour la haute préhistoire. Ainsi, au Yémen, des niveaux de la grotte d'al-Guzah (Hadramaout) dateraient d'un million d'années, et de nombreux sites de type moustérien sont mentionnés sur l'ensemble de la péninsule.

**Le néolithique.** Une période néolithique a été reconnue dans plusieurs régions. L'élevage, surtout celui des bovins, et l'agriculture s'y développent. Le très riche art rupestre, notamment dans la région de Sada, comprend d'abondantes représentations de bovidés. Des poteries peintes en provenance de la culture mésopotamienne d'Obeïd attestent de contacts maritimes réguliers entre cette région et la côte du Golfe à partir du V$^{e}$ millénaire avant notre ère.

**L'âge du bronze.** Les premiers sites de l'âge du bronze datent des environs de - 3000. Dans l'intérieur de la péninsule d'Oman, Bat, Hili et Maysar sont des oasis fondées sur l'irrigation et le palmier-dattier. Le cuivre des montagnes d'Oman, exporté dès cette date vers les cités sumériennes, les villages côtiers (Ras al-Djunayz) sur l'océan Indien jouent également un rôle dans le commerce maritime. À partir du milieu du III$^{e}$ millénaire av. J.-C., les contacts continuent avec Sumer et s'intensifient avec la civilisation de l'Indus. Au Yémen, les nombreux villages ou hameaux de l'âge du bronze (III$^{e}$-II$^{e}$ millénaire av. J.-C.) pratiquent une agriculture céréalière (sorgho, orge). Cuivre et poterie y sont utilisés, la poterie présentant des affinités avec celle de Palestine mais aussi, par son décor au peigne, avec les cultures contemporaines du Soudan. On attribue aussi à cette époque des alignements de pierres dressées.

Du Koweït à Bahreïn, la culture de Dilmoun, du nom donné à cette région par les

**ARABIE** : l'une des tours en brique crue de Hili. Oman ; III$^{e}$ millénaire.

Sumériens, connaît une évolution parallèle et cela dès la fin du IVe millénaire. Mais on en connaît surtout la phase finale, entre 2200 et 1750 av. J.-C., le long des côtes, de Faylaka à Bahreïn et au Qatar. Les sites présentent un aspect urbain et la culture matérielle, bien qu'influencée par la Mésopotamie, offre de nombreux aspects originaux, notamment de petits cachets ronds, dits « du Golfe ». Au IIe millénaire, la région est dominée par les dynasties kassites de Mésopotamie.

**HISTOIRE**

**La période préislamique.** Au IIe millénaire av. J.-C. se produit la domestication du chameau, puis l'invention d'une écriture alphabétique. Dans la seconde moitié du Ier millénaire, des États organisés prennent naissance en Arabie du Sud, parmi lesquels les royaumes d'Hadramaout et de Saba (IXe s. av. J.-C. - Ier s. apr. J.-C.). Les négociants de l'Arabie du Sud monopolisent le commerce entre l'Inde et l'Occident, mais les échanges déclinent vers le IIe s. av. J.-C. Les Bédouins de l'Arabie du Nord pratiquent une économie précaire, qui ne peut être autarcique. Les oasis du Hedjaz sont d'actifs centres commerciaux. Avec la présence romaine en Orient (IIe s. av. J.-C.-IVe s. apr. J.-C.) se développent des cités-États au débouché des routes caravanières : Pétra, capitale des Nabatéens, puis de la province romaine d'Arabie (106 apr. J.-C.), Bosra, Palmyre (IIIe s.). Le déclin du commerce aux IVe et Ve siècles coïncide avec la décadence de Rome et la désorganisation de l'Arabie du Sud. Alors que le christianisme et le judaïsme se répandent, La Mecque, centre de pèlerinage autour de la Kaaba et de la Pierre noire, se développe grâce au commerce prospère des Quraychites.

**ARABIE :** stèle funéraire du chamelier Idjl. Albâtre. Yémen ; IIe-IIIe s. apr. J.-C. (Musée du Louvre, Paris.)

**La naissance de l'islam.** Mahomet commence sa prédication au début du VIIe siècle. Celle-ci, recueillie dans le Coran, est capable d'unir l'Arabie autour d'une nouvelle religion et de donner une impulsion décisive nouvelle à l'expansion vers les terres plus riches, vocation éternelle des nomades. Yathrib (Médine), où la communauté a dû émigrer en 622, devient le centre de l'islam. Vers 630, des tribus de toute la péninsule se convertissent.

À la mort de Mahomet, en 632, se pose le problème de sa succession (→ CALIFAT), qui divisera la communauté tant sur le plan doctrinal que sur le plan politique. Les quatre premiers califes, Abu Bakr, Umar Ier, Uthman ibn Affan et Ali, sont dits « inspirés ». Après l'assassinat d' Ali, le gouverneur de Syrie Muawiya s'empare du pouvoir et fonde la dynastie omeyyade. Le centre de l'empire se déplace vers la Syrie, puis vers la Mésopotamie, où s'opéreront les synthèses qui donneront naissance à la civilisation arabo-islamique classique. Gouvernée par les Omeyyades, l'Arabie et surtout les villes saintes profitent de la prospérité de l'empire. Cependant, les Abbassides ne peuvent maintenir leur autorité après 860.

**Le déclin.** Les Ismaéliens, ou Qarmates, sont, au Xe siècle, les maîtres du Yémen, de l'Oman et du Hasa, et menacent l'Iraq à partir de ces bases. Vers 960, des chérifs hasanides prennent le pouvoir à La Mecque, où plusieurs lignées d'entre eux se succéderont jusqu'en 1924. L'Arabie, divisée en une multitude de principautés ou de cités-États, vit dans l'anarchie et l'isolement, à l'écart de l'évolution du reste du monde. À partir de la fin du XVe siècle, les Portugais s'assurent des bases (Ormuz, Bahreïn) sur le golfe Persique. Ils se heurtent aux prétentions des Ottomans (XVIe s.), puis à celles des Hollandais et des Britanniques (XVIIe s.).

**La formation des États contemporains.** Un réformateur religieux du Nadjd, Muhammad ibn Abd al-Wahhab (1703-1792), s'allie aux

Saoudites pour regrouper les Arabes autour d'un idéal religieux, le wahhabisme. Un premier État saoudite étend son emprise sur la majeure partie de l'Arabie. Après l'occupation de La Mecque (1803 ; 1806-1813), il se heurte aux Ottomans qui envoient Méhémet Ali écraser ce royaume (1811-1819) et rétablir leur autorité. De leur côté, les Britanniques installent leurs protectorats sur les côtes de l'océan Indien et du golfe Persique (Aden, Oman, Trucial States, Bahreïn). Le wahhabisme a cependant éveillé le nationalisme arabe : Abd al-Aziz III ibn Saud conquiert sur les Ottomans et sur les Hachémites les régions de la future Arabie saoudite (fondée en 1932). Les autres pays se libèrent les uns après les autres de la tutelle britannique dans les années 1960 et au début des années 1970, et forment les États indépendants de l'Arabie contemporaine. À l'exception du Yémen, tous ces États ont conservé des régimes monarchiques. La majorité d'entre eux possède d'importants gisements de pétrole, ce qui leur confère un rôle économique et stratégique important. L'Arabie saoudite, Bahreïn, les Émirats arabes unis, Koweït, Oman et Qatar ont participé à la coalition internationale engagée contre l'Iraq dans la guerre du Golfe (août 1990-févr. 1991).

**ARABIE DU SUD**, territoire qui correspondait à l'ancien protectorat britanique d'Aden, et qui a formé ensuite le Yémen du Sud.

**ARABIE SAOUDITE,** État occupant la majeure partie de la péninsule d'Arabie.

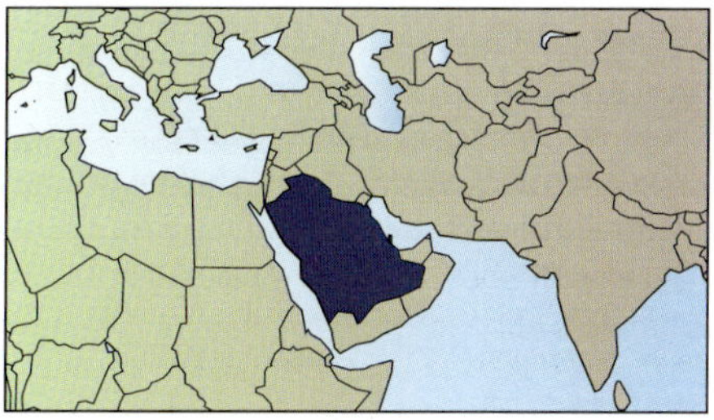

**NOM OFFICIEL** : Royaume d'Arabie saoudite.
**CAPITALE** : Riyad.
**SUPERFICIE** : 2 150 000 km$^2$.
**POPULATION** : 18,4 millions d'hab. *(Saoudiens).*
**LANGUE** : arabe.
**RELIGION** : islam.
**MONNAIE** : riyal saoudien.
**RÉGIME** : monarchie.

**GÉOGRAPHIE**

**L'islam et le pétrole.** Issu des tribus nomades de l'Arabie centrale, peuplé initialement presque exclusivement d'Arabes islamisés, l'État saoudien a d'abord rempli le rôle de gardien des lieux saints et d'organisateur du pèlerinage de La Mecque. Il conserve ce rôle, mais l'exploitation du pétrole (troisième producteur mondial avec un quart des réserves de la planète) et celle du gaz naturel ont accéléré la sédentarisation, avec une urbanisation rapidement croissante.

**Les autres ressources.** Les revenus du pétrole ont favorisé le développement d'une agriculture coûteuse (irrigation et mise en culture du désert) mais productive (l'Arabie saoudite exporte du blé), qui a bénéficié d'une abondante main-d'œuvre immigrée constituant la majorité de la population active. L'industrialisation connaît également une diversification (constructions électriques, agroalimentaire, papier) indispensable pour assurer, progressivement, une relative indépendance économique vis-à-vis des ressources du pétrole. Les fluctuations des cours mondiaux et la guerre du Golfe ont démontré l'utilité et l'urgence de cet élargissement des ressources.

**HISTOIRE**

L'Arabie saoudite est née des conquêtes de l'émir du Nadjd, Abd al-Aziz ibn Saud, faites à partir de 1902 sur les régions possédées par les Turcs. (→ ARABIE.)

**1932 :** création du royaume d'Arabie saoudite, qu'Abd al-Aziz ibn Saud modernise grâce aux fonds procurés par le pétrole.

**1953 :** Saud ibn Abd al-Aziz succède à son père, Abd al-Aziz.

**ARABIE SAOUDITE** : raffinerie de pétrole à Ras Tannura, sur le golfe Persique.

**1964 :** Faysal dépose son frère Saud, à qui il succède.
**1975 :** après l'assassinat de Faysal, son frère Khaled lui succède.
**1982 :** début du règne de Fahd, frère de Khaled.
**1991 :** une force multinationale à prépondérance américaine déployée sur le territoire saoudien intervient contre l'Iraq.

**ARABIQUE** adj. -1. Relatif à l'Arabie. -2. *Gomme arabique* → GOMME.

**ARABIQUE** *(golfe)* → ROUGE (mer).

**ARABIQUE** *(mer)* → OMAN (mer d').

**ARABISANT, E** n. et adj. Spécialiste de la langue ou de la civilisation arabe.

**ARABISATION** n.f. Action d'arabiser ; fait d'être arabisé.

**ARABISER** v.t. Donner à un pays, à une institution, etc., un caractère arabe.

**ARABISME** n.m. -1. Tournure propre à la langue arabe. -2. Particularité propre à la civilisation arabe. -3. Idéologie du nationalisme arabe.

**ARABLE** adj. (du lat. *arare,* labourer). Qui peut être labouré ; cultivable : *Terre arable.*

**ARABO-ISLAMIQUE** adj. (pl. arabo-islamiques). Qui concerne à la fois l'islam et le monde arabe.

**ARABOPHONE** adj. et n. De langue arabe.

**ARACAJU,** port du Brésil, cap. de l'État de Sergipe ; 401 244 hab.

**ARACÉE** n.f. (du gr. *aron,* arum). *Aracées,* famille de plantes monocotylédones comprenant l'arum, ou gouet, le philodendron, l'acore, la calla, le taro. SYN. : **aroïdée, aroïdacée.**

**ARACHIDE** n.f. Légumineuse annuelle, originaire d'Amérique du Sud, cultivée dans les pays chauds et dont la graine, la cacahuète, fournit de l'huile (utilisée en cuisine et en savonnerie) par pression ou est consommée après torréfaction. (Famille des papilionacées.)

ARACHIDE

**ARACHNÉEN, ENNE** [arakneɛ̃, ɛn] adj. LITT. Qui a la légèreté de la toile d'araignée.

**ARACHNIDE** [araknid] n.m. (gr. *arakhnê,* araignée). *Arachnides,* classe d'arthropodes terrestres, sans antennes ni mandibules, comprenant les araignées, les scorpions, les acariens, etc. → • DOSSIER LES ARACHNIDES *page 331.*

**ARACHNOÏDE** [araknɔid] n.f. Une des trois méninges, située entre la pie-mère et la dure-mère.

**ARAD,** v. de Roumanie, près de la Hongrie ; 190 088 hab. Métallurgie.

**ARAFAT** (Yasser ou Yasir), homme politique palestinien (Jérusalem 1929), président, depuis 1969, de l'Organisation de libération de la Palestine (O. L. P.). Il est nommé en 1989 président de l'« État palestinien » proclamé par l'O. L. P. Un des principaux artisans de l'accord israélo-palestinien signé à Washington en 1993, il reçoit l'année suivante le prix Nobel de la paix avec Y. Rabin et S. Peres. Devenu en 1994 président de l'Autorité nationale palestinienne, il est élu en 1996 raïs (président) du Conseil de l'autonomie palestinienne.

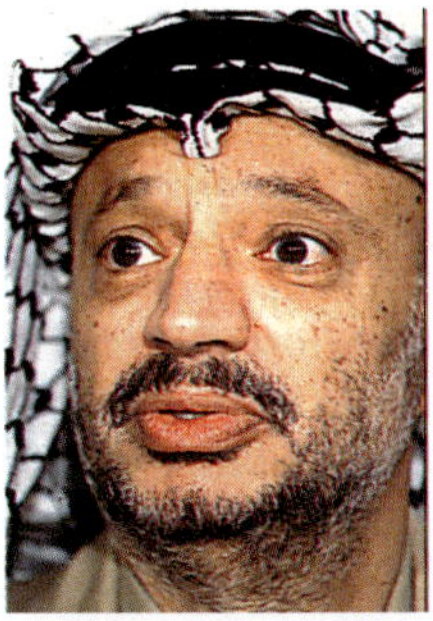

Yasser **ARAFAT,** homme politique palestinien.

**ARAGO** (François), astronome, physicien et homme politique français (Estagel, Roussillon,

François **ARAGO,** astronome, physicien et homme politique français. (Observatoire de Paris.)

1786 - Paris 1853). Avec Biot, il achève la mesure d'un arc de méridien terrestre et effectue les premières mesures précises de la densité de l'air et de divers gaz (1806). Directeur de l'Observatoire de Paris, il y donne des cours d'astronomie célèbres. Esprit libéral, très populaire, il est élu député des Pyrénées-Orientales en 1832 et devient membre du gouvernement provisoire (1848), comme ministre de la Marine et de la Guerre, et fait abolir l'esclavage dans les colonies françaises. En optique, il adopta et propagea la théorie ondulatoire. On lui doit la découverte des phénomènes de polarisation rotatoire et de polarisation chromatique (1811), de l'aimantation du fer au voisinage d'un courant électrique (1820), de la chromosphère solaire (1840), etc.

**ARAGON,** en esp. Aragón, communauté autonome du nord-est de l'Espagne, comprenant les prov. de Huesca, Saragosse et Teruel ; 1 212 025 hab. *(Aragonais).* Cap. *Saragosse.* **GÉOGR.** Cette région historique, axée sur le cours de l'Èbre entre les Pyrénées et les monts Celtibériques, englobe Saragosse (regroupant la moitié de la population régionale) et des campagnes désertiques. La montagne, dépeuplée, associe élevage et sylviculture, et fournit de l'hydroélectricité. Dans le bassin de l'Èbre, l'irrigation a permis l'extension des cultures (céréales, betteraves, luzerne). **HIST.** Apparu au IXe siècle, le comté d'Aragon se constitue en royaume au XIe. Après la réunion avec le comté de Barcelone (1137), le royaume d'Aragon devient une puissance méditerranéenne de premier plan. (→ ARAGON [Couronne d'].) La région est dotée d'un statut d'autonomie entré en vigueur en 1982.

**Aragon** *(Couronne d'),* confédération d'États, sous des rois communs, qui regroupa, à partir du XIIe siècle, le royaume d'Aragon et le comté de Barcelone, puis les royaumes de Valence, de Majorque, de Sicile, de Sardaigne et de Naples, et qui disparut au XVIIIe siècle.

**Les débuts de la Couronne d'Aragon.** La Couronne d'Aragon trouve son origine en 1137, dans le mariage de Pétronille d'Aragon avec le comte de Barcelone, Raimond Bérenger IV. Dès cette époque, ses souverains mènent deux politiques parallèles, l'une de reconquête et de repeuplement dans la péninsule Ibérique ; l'autre d'expansion dans le midi de la France, où les Catalans sont en possession de la Provence depuis 1112. Alphonse II parvient à étendre sa suzeraineté sur les régions occitanes de Montpellier, du Rouergue et du Gévaudan. Mais la croisade des albigeois, dirigée par des barons français, met un terme aux ambitions aragonaises et catalanes (défaite de Muret, 1213), désormais orientées vers d'autres directions. En 1258, la Couronne d'Aragon ne possède plus en France que Montpellier, le Roussillon et la Cerdagne.

**Une grande puissance méditerranéenne.** Ayant pris possession des Baléares (Palma de Majorque, 1229) et de Valence (1238), puis atteint les limites qu'ils s'étaient fixées avec la Castille, Aragonais et Catalans poursuivent leur politique d'expansion plus à l'est. L'explosion des Vêpres siciliennes (1282) donne la Sicile à Pierre III d'Aragon, qui conquiert également la Sardaigne en 1323. Au XIVe siècle, grâce à ses marins catalans, la Couronne d'Aragon domine, soit directement soit par l'intermédiaire de ses branches cadettes, toute la Méditerranée occidentale ainsi que deux duchés en Grèce, constitués par des mercenaires, les Almugavares, en 1311 et 1318. Sous le règne de Pierre IV (1336-1387), tous ses territoires sont rassemblés sous l'autorité d'un même souverain. En 1442, Alphonse V réalise la conquête du royaume de Naples.

**L'union avec la Castille.** Uni à la Castille en 1479, l'Aragon maintient sa structure propre, avec des possessions réduites, jusqu'à la guerre de la Succession d'Espagne. Les États ayant pris parti pour l'archiduc Charles de Habsbourg, les Bourbons font disparaître par décrets (1707, 1716) les royaumes d'Aragon et de Valence et le comté de Barcelone.

**ARAGON** (Louis), écrivain français (Paris 1897 - *id.* 1982). Un des fondateurs du surréalisme (*le Paysan de Paris,* 1926), il adhère ensuite au communisme, et ses idées politiques sont à la base de ses romans, qui peignent la société française, en mêlant personnages historiques et imaginaires (*les Cloches de Bâle,* 1933 ; *les Beaux Quartiers,* 1936 ; *Aurélien,*

Louis **ARAGON,** écrivain français (ici en 1969).

1945 ; *les Communistes,* 1949-1951). Il a été, avec Paul Eluard, un des poètes de la Résistance (*le Crève-cœur,* 1941) et a célébré sur le mode du lyrisme traditionnel l'amour absolu (*les Yeux d'Elsa,* 1942; *le Fou d'Elsa,* 1963; recueils dédiés à sa femme Elsa Triolet) comme l'action politique (*Élégie à Pablo Neruda,* 1966). Directeur de l'hebdomadaire *les Lettres françaises* (1953-1972), il élabore une réflexion sur la création artistique (*Collages,* 1965 ; *Henri Matisse, roman,* 1971) et littéraire (*Je n'ai jamais appris à écrire ou les Incipit,* 1969), qui anime ses derniers romans (*la Semaine sainte,* 1958 ; *la Mise à mort,* 1965 ; *Blanche ou l'Oubli,* 1967 ; *Théâtre/Roman,* 1974).

**ARAGONITE** n.f. Carbonate de calcium souvent en cristaux isolés.

**ARAGUAIA,** riv. du Brésil, affl. du Tocantins (r. g.) ; 2 640 km.

**ARAIGNÉE** n.f. -1. Animal articulé à quatre paires de pattes et à abdomen non segmenté. (Classe des arachnides, sous-classe des aranéides.) -2. *Araignée de mer,* crabe maïa. BOUCH. Morceau de bœuf utilisé en biftecks. PÊCHE. Filet ténu à mailles carrées. TECHNOL. Crochet de fer à plusieurs branches.

**ARAIRE** n.m. Instrument de labour qui rejette la terre de part et d'autre du sillon (à la différence de la charrue, qui la retourne).

**ARAK** n.m. Eau-de-vie tirée de la distillation de différents produits fermentés (riz, canne à sucre, orge, raisin, dattes).

**ARAKAN,** chaîne de montagnes de Birmanie, entre l'Irrawaddy et le golfe du Bengale.

**ARAL** *(mer d'),* grand lac salé d'Asie centrale, qui reçoit le Syr-Daria et l'Amou-Daria. D'une profondeur moyenne de 20-25 m, la mer d'Aral, à 53 m d'altitude, couvre environ 39 000 km$^2$. Les prélèvements de l'irrigation ont accru la salinité et provoqué un abaissement du niveau d'eau (et donc la réduction de la superficie), alors que la pollution a détruit la flore et la faune aquatiques, développant même des pathologies chez les riverains.

**ARALIA** n.m. Arbuste à feuilles persistantes, palmées et brillantes, dont plusieurs espèces sont utilisées comme plantes d'ornement. (Famille des hédéracées.)

**ARALIACÉE** n.f. Hédéracée.

**ARAMÉEN, ENNE** adj. Qui appartient aux Araméens. ◆ **araméen** n.m. Langue sémitique parlée princ. pendant l'Antiquité dans tout le Proche-Orient.

**ARAMÉENS,** populations sémitiques qui, d'abord nomades, fondèrent divers États en Syrie. Leur langue devint la langue internationale de l'Orient ancien à partir du VIII$^e$ s. av. J.-C. et disparut presque entièrement après la conquête arabe (VII$^e$ s. apr. J.-C.).

**ARAMIDE** adj. (de *ar*[*omatique*] et *amide*). Se dit de fibres et de fils synthétiques qui possèdent de très bonnes propriétés mécaniques et/ou une excellente résistance à la chaleur.

**ARAN** *(val d'),* vallée des Pyrénées espagnoles (Catalogne), où naît la Garonne.

**ARANDA** (Pedro, *comte* d'), général et homme politique espagnol (Huesca 1719 - Épila 1798). Président du Conseil de Castille (1766-1773), il expulsa les jésuites d'Espagne (1767).

**ARANÉIDE** n.m. *Aranéides,* sous-classe constituant le groupe le plus important des arachnides et comprenant princ. les araignées.

**ARANJUEZ,** v. d'Espagne (prov. de Madrid), sur le Tage ; 36 162 hab. — C'est là qu'éclata, dans la nuit du 17 au 18 mars 1808, une révolte *(l'insurrection d'Aranjuez)* contre Charles IV, allié de Napoléon I$^{er}$. — Palais royal des XVI$^e$-XVIII$^e$ siècles (beaux jardins).

**ARANY** (János), poète hongrois (Nagyszalonta, auj. Salonta, Roumanie, 1817 - Budapest 1882), auteur de l'épopée nationale de *Toldi* (1847-1879).

**ARAPAHO,** tribu indienne de la Prairie nord-américaine appartenant à la famille des Algonquins. Ils vivent aujourd'hui dans le Wyoming et l'Oklahoma.

**ARARAT** *(mont),* massif volcanique de la Turquie orientale, proche des frontières arménienne et iranienne ; c'est le point culminant de la Turquie (5 165 m). — C'est là que, suivant la Bible, s'arrêta l'arche de Noé.

**ARASEMENT** n.m. -1. Action d'araser ; état de ce qui est arasé. -2. Dernière assise d'un mur.

**ARASER** v.t. (lat. *radere,* raser). -1. Mettre de niveau un mur, les assises d'une construction. -2. User un relief, une surface jusqu'à disparition des saillies.

**ARATOIRE** adj. (du lat. *arare,* labourer). Qui concerne le travail de la terre, des champs.

**ARAUCANS,** nom générique donné au XVI$^e$ siècle par les Espagnols aux Indiens du Chili central (notamm. les Mapuche, les Puelche), qui leur opposèrent une résistance acharnée. Ils furent définitivement soumis dans la seconde moitié du XIX$^e$ siècle.

# LES ARACHNIDES

Les arachnides constituent une classe d'arthropodes terrestres appartenant au groupe des chélicérates. Les principaux sont les aranéides (araignées), les scorpionides (scorpions), les opilionides (opilions) et les acariens.

### Les araignées.

Elles sont caractérisées par un prosoma et un abdomen non segmentés, réunis entre eux par un fin pédicule. Elles possèdent quatre paires de pattes. Les chélicères sont formés de deux éléments dont le dernier est relié à une glande à venin. Les pédipalpes du mâle, qui est généralement plus petit que la femelle, sont transformés en un organe d'accouplement, le bulbe. La respiration se fait grâce à un poumon qui est formé par une invagination du tégument. La soie est produite par des glandes situées sur la face ventrale de l'abdomen. Les fils ont de multiples fonctions : déplacement, construction d'un cocon pour les œufs, capture des proies. Les araignées vivent dans toutes les régions, à l'exception des plus froides.

### Les scorpions.

Les espèces actuelles de scorpions sont surtout représentées dans les régions tropicales. Ce sont des arachnides primitifs car ils ont conservé une segmentation très complète. Ils sont actifs la nuit et chassent surtout des insectes. Le développement des

**LES ARAIGNÉES ET LES HOMMES**

Du point de vue anatomique, les araignées ❶ sont construites sur un plan général qui est celui de tous les arthropodes. On connaît de très nombreuses espèces d'araignées, environ 35 000 ; leur abondance numérique peut atteindre 5 millions d'individus par hectare. Leur régime alimentaire étant celui des prédateurs, les araignées contribuent de manière importante au contrôle des populations d'insectes, nuisibles notamment. On peut ainsi les considérer comme utiles à l'homme. En dehors de quelques espèces venimeuses comme les mygales, la plupart d'entre elles sont d'ailleurs totalement inoffensives pour l'homme.

❶ Anatomie d'une araignée.

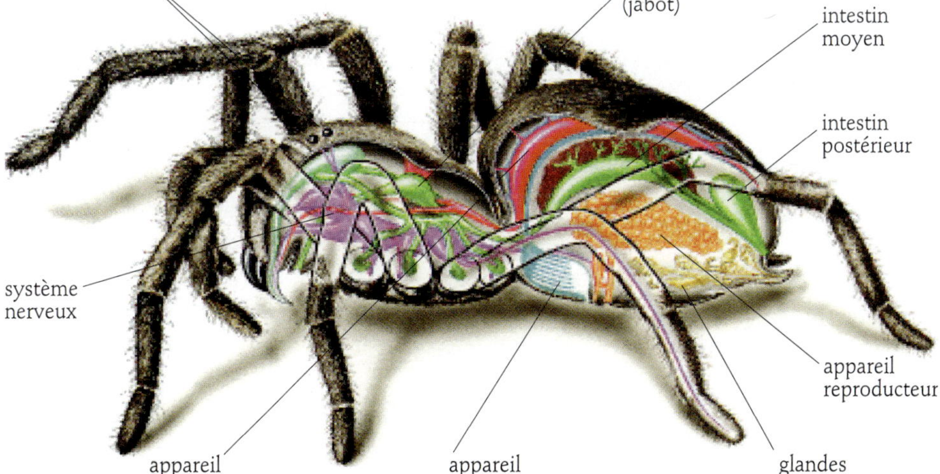

petits peut durer plus d'une année. Durant ce temps, les embryons sont nourris grâce à des organes très particuliers qui évoquent un cordon ombilical. À la naissance, les jeunes grimpent sur le dos de leur mère et y restent plusieurs jours.

### Les autres arachnides.

Les *pseudoscorpions* sont munis de mâchoires en forme de pinces qui rappellent celles des scorpions. Toutefois, ils ne possèdent pas de queue comme ces derniers. Ces carnassiers sont de petite taille (2 à 8 mm) et fréquentent les lieux obscurs et humides du monde entier.

Les *solifuges,* ou *galéodes,* sont des carnassiers agiles et fréquemment nocturnes. Ils présentent un corps très velu et des chélicères énormes sans glande à venin. Leur habitat traditionnel est le désert chaud.

❷ Faucheux (opilion).

Les *uropyges,* nocturnes, peuvent atteindre 6 cm. Les vinaigriers *(Mastigoproctus giganteus),* vivant en Amérique du Nord, sont pourvus de glandes anales capables de projeter de l'acide acétique à plusieurs dizaines de centimètres. Ils capturent les gros insectes et les grenouilles, mais sont inoffensifs pour l'homme.

Les *amblypyges,* ou *phrynes,* comptent une soixantaine d'espèces dans les régions tropicales. Leur corps est aplati et de couleur sombre. Ces prédateurs d'insectes possèdent une très longue première paire de pattes équipées d'un flagelle sensoriel.

Les *opilions,* ou *phalangides,* communs dans les maisons et dans les prés, sont plus connus sous le nom de faucheux. Ils se distinguent des araignées par un corps formé d'un seul bloc. Ils sont dépourvus de glande à venin et ont des pattes très longues.

## LES ARACHNIDES

Les *acariens* forment un ordre extrêmement vaste (plus de 10 000 espèces) et très diversifié. Leur corps, toujours de très petite taille, peut être globuleux ou annelé. Les chélicères peuvent, selon les groupes et le mode de nutrition, subir des transformations importantes. Certains acariens, comme les tiques ou le sarcopte de la gale, sont des parasites.

Les deux derniers groupes d'arachnides ne comprennent que quelques espèces rares et peu connues. Les *palpigrades* sont des animaux minuscules (de l'ordre du millimètre) qui vivent dans le sol des régions méditerranéennes. Les *ricinuléides* sont représentés par 9 espèces africaines. Ces animaux ont un corps massif, supérieur au centimètre, et une biologie à peu près inconnue.

❸ Acarien rouge du sol.

❹ Scorpion jaune.

**ARAUCARIA** n.m. (de *Arauco,* ville du Chili). Arbre d'Amérique du Sud et d'Océanie, aux feuilles en manchon autour des rameaux, souvent cultivé dans les parcs européens. (Famille des pinacées.)

ARAUCARIA

**ARAVALLI** *(monts),* massif du nord-ouest de l'Inde (Rajasthan), bordant le Deccan.

**ARAVIS** *(chaîne des),* chaîne calcaire du massif préalpin des Bornes, franchie à 1 498 m par le *col des Aravis ;* 2 752 m.

**ARAWAK,** peuples indiens d'Amérique répartis au Pérou, au Venezuela, au Guyana et au Suriname. Installés jadis aux Antilles, ils furent refoulés par les Carib dans les seules grandes Antilles, où, après la conquête espagnole, ils ne survécurent, acculturés, qu'à Cuba.

**ARAXE,** riv. d'Asie, née en Turquie, qui sert notamment de frontière entre l'Iran et l'Azerbaïdjan ; elle rejoint la Koura (r. dr.) dans l'Azerbaïdjan ; 994 km.

**ARBALÈTE** n.f. (lat. *arcuballista,* baliste à arc). Arme de trait composée d'un arc monté sur un fût et bandé à la main ou par un mécanisme (cric, moufle).

**ARBALÉTRIER** n.m. -**1.** Soldat armé d'une arbalète. -**2.** En charpenterie, pièce inclinée d'une ferme, assemblée au sommet du poinçon et à l'extrémité de l'entrait.

**Arbèles** *(bataille d')* [331 av. J.-C.], victoire décisive d'Alexandre le Grand en Assyrie sur le roi de Perse Darios III.

**ARBIL** ou **ERBIL,** v. d'Iraq, au pied du Zagros ; 334 000 hab. C'est l'antique *Arbèles.*

**ARBITRAGE** n.m. -**1.** Action d'arbitrer : *L'arbitrage d'un match.* -**2.** Opération consistant à acheter et à vendre une même valeur ou une même devise négociée simultanément sur plusieurs marchés pour profiter des écarts de cours. -**3.** Règlement d'un litige par arbitre, d'un conflit entre nations par des juges de leur choix ; sentence ainsi rendue. (v. ENCYCL.)

**ENCYCL. DROIT**

Dans l'arbitrage, les parties écartent la compétence des juridictions étatiques. Il s'agit en quelque sorte d'une justice privée à laquelle les parties demandent, par une *convention d'arbitrage,* de juger leur différend ; cet accord préalable des parties est consigné dans un acte qui, selon que le différend est né ou possible, s'appelle soit le *compromis d'arbitrage* soit la *clause compromissoire.* La sentence arbitrale a la même force qu'une décision de justice, mais son exécution est subordonnée, en France, à l'exequatur du président du tribunal de grande instance et des voies de recours sont ouvertes.

**Importance et institutions.** L'arbitrage occupe une place très importante en matière de commerce international et de droit maritime. Les conférences de La Haye (1899 et 1907) le rendirent en principe obligatoire, mais ne réussirent pas à établir une juridiction véritable. En effet, la *Cour permanente d'arbitrage* créée en 1899 n'est qu'une liste internationale d'arbitres, désignés par les États parties à la convention de La Haye, à la disposition des États qui acceptent d'utiliser la procédure d'arbitrage. Les institutions d'arbitrage sont extrêmement nombreuses. Certaines sont nationales, ayant une compétence spécialisée dans un secteur de l'activité commerciale, comme la Chambre arbitrale des cotons du Havre. D'autres sont internationales ; elles fonctionnent dans des cadres bilatéraux, régionaux ou universels comme la Chambre de commerce internationale (C. C. I.) et le Centre international pour le règlement des différends relatifs aux investissements (C. I. R. D. I.).

**ARBITRAGISTE** n. Opérateur boursier spécialiste des arbitrages.

**ARBITRAIRE** adj. Qui dépend de la seule volonté, du libre choix, souvent aux dépens de la justice ou de la raison : *Mesure arbitraire.* ◆ n.m. -**1.** Autorité qui n'a pas d'autre fondement que le bon vouloir de celui qui l'exerce. -**2.** ***Arbitraire du signe,*** absence de relation de causalité ou de nécessité entre les deux faces du signe, le signifiant et le signifié. ◆**arbitrairement** adv.

**ARBITRAL, E, AUX** adj. -**1.** Prononcé par voix d'arbitre. -**2.** Composé d'arbitres.

1. **ARBITRE** n.m. (lat. *arbiter*). -**1.** Personne choisie par les parties intéressées pour trancher un différend. -**2.** Personne, groupe possédant un poids suffisant pour imposer son autorité : *Être l'arbitre d'une crise politique.* -**3.** Personne chargée de diriger une rencontre sportive ou un jeu dans le respect des règlements.

2. **ARBITRE** n.m. (lat. *arbitrium*). ***Libre arbitre,*** faculté de se déterminer par la seule volonté, hors de toute sollicitation extérieure.

**ARBITRER** v.t. Juger ou contrôler qqch en qualité d'arbitre : *Arbitrer un litige, un match.*

**Arbois** *(vignoble d'),* vignoble du Jura bénéficiant d'une appellation contrôlée, produisant des vins rouges, des vins blancs secs, le vin de paille et du vin jaune.

**ARBORÉ, E** adj. Planté d'arbres dispersés : *Savane arborée.*

**ARBORER** v.t. (it. *arborare,* dresser un mât). -**1.** Dresser, hisser un drapeau, une bannière, etc. -**2.** Porter qqch sur soi avec ostentation : *Arborer une décoration.* -**3.** Faire étalage de qqch ; afficher : *Arborer un sourire moqueur.*

**ARBORESCENCE** [-resɑ̃s] n.f. -**1.** État d'un végétal arborescent. -**2.** Partie arborescente d'un végétal.

**ARBORESCENT, E** [-resɑ̃, ɑ̃t] adj. Qui prend, qui a la forme d'un arbre.

**ARBORETUM** [arbɔretɔm] n.m. Plantation d'arbres de nombreuses espèces sur un même terrain, en vue de leur étude botanique.

**ARBORICOLE** adj. -**1.** Qui concerne l'arboriculture. -**2.** Qui vit sur les arbres, en parlant d'un animal.

**ARBORICULTEUR, TRICE** n. Personne qui s'occupe d'arboriculture.

**ARBORICULTURE** n.f. Culture des arbres et, en partic., des arbres fruitiers.

ENCYCL. L'arboriculture, commerciale, qui, dans les pays développés, permet de disposer d'une large gamme de fruits provenant de lieux de production souvent très éloignés, est née à la fin des années 1940, d'abord aux États-Unis, puis en Europe occidentale. Le développement des transports qui a permis de concurrencer les marchés locaux a considérablement favorisé son expansion.

**Les opérations culturales.** Le végétal de départ d'un arbre fruitier est le *scion,* plant âgé d'un an, issu d'une greffe pratiquée sur une variété de plante appartenant à la même espèce ou à une espèce voisine du greffon. L'espèce et la variété à cultiver, ainsi que le porte-greffe,

**ARBORICULTURE** : récolte mécanique des fruits par secouement de l'arbre

sont choisis en fonction du climat, du sol, du système de plantation retenu et des conditions du marché. Les opérations de taille permettent d'abord de former l'arbre, c'est-à-dire d'orienter la disposition des branches et l'importance de son développement (taille de formation). La taille de fructification, qui assure une production régulière et de qualité, est liée aux autres opérations culturales (fumure, éclaircissage des fruits, irrigation), mais aussi à l'espèce et même à la variété de l'arbre.

*La protection des vergers.* Les arbres doivent être protégés contre les gelées printanières par des méthodes directes telles que le chauffage par des foyers de chaleur répartis dans le verger, l'aspersion d'eau, dont la congélation libère de la chaleur, le brassage d'air. La protection contre les maladies et les insectes s'effectue au moyen de pesticides.

*La récolte.* Elle est encore, le plus souvent, manuelle lorsqu'il s'agit de fruits destinés à être consommés frais. Mais, pour réduire, voire supprimer, le travail humain, des recherches sont effectuées pour mettre au point des robots-cueilleurs, le stade du prototype étant déjà dépassé. Pour les fruits utilisés par l'industrie de transformation (conserves, jus de fruits, confitures), des machines capables de secouer ou de faire vibrer le tronc des arbres ont été mises au point. La récolte constitue encore de nos jours le poste de dépense le plus important pour l'arboriculteur.

**Espèces et variétés, caractéristiques des fruits.** Dans la production mondiale, la part des fruits tropicaux (bananes, noix de coco, mangues, ananas) est dominante. Les agrumes (oranges, mandarines, citrons, limes, pomelos, cédrats) sont principalement cultivés sous climat méditerranéen. Parmi les arbres fruitiers des climats tempérés, le pommier occupe de très loin la première place, puis viennent le poirier, le pêcher, le prunier, le cerisier, l'abricotier,

*Les variétés.* Pour les principales espèces fruitières, les exigences commerciales ont restreint la gamme des variétés à quelques types de grande consommation. Cet appauvrissement variétal, général, est néfaste, car il diminue dangereusement le patrimoine génétique. C'est pourquoi des conservatoires variétaux sont mis en place dans différents pays.

Il existe cependant de nombreux programmes de création de variétés dans les stations de recherche et chez les grands pépiniéristes. Ils ont une durée de 15 à 20 ans et nécessitent la définition d'objectifs à long terme : rendements élevés et réguliers, économies de main-d'œuvre, qualités gustatives et commerciales des fruits, résistances aux maladies et aux parasites. Les biotechnologies (culture d'embryons, parthénogenèse induite, transformation génétique) contribuent à la mise en œuvre de ces programmes.

*Les qualités d'aspect.* Les caractéristiques les plus recherchées sont surtout fonction de l'aspect du fruit : calibre, coloration, absence de défauts superficiels. Cependant, l'attention des consommateurs se porte de plus en plus sur la qualité gustative. On peut en effet jouer sur de nombreux facteurs pour améliorer le goût des fruits : un léger sacrifice sur le rendement donne des fruits plus gros et plus sucrés, une meilleure pollinisation des fleurs des arbres donnant des fruits à pépins augmente la qualité gustative, de même que le respect de la date de maturité lors de la récolte. Enfin, les dangers que présente l'excès d'épandage de pesticides est maintenant bien perçu, ce qui conduit à prendre en considération l'absence de résidus de ces produits comme un élément important de la qualité.

**ARBORISATION** n.f. Dessin naturel évoquant des ramifications : *Les arborisations du givre.*

**ARBORISÉ, E** adj. **-1.** Qui présente des arborisations. **-2.** SUISSE. Arboré.

**ARBOUSE** n.f. Fruit de l'arbousier, dont on fait une liqueur.

**ARBOUSIER** n.m. Arbrisseau du Midi, à feuilles rappelant celles du laurier, dont le fruit, comestible, est l'arbouse. (Haut. max. 5 m ; famille des éricacées.)

**ARBOVIROSE** n.f. Maladie infectieuse due à un arbovirus (dengue, fièvre jaune, etc.).

**ARBOVIRUS** n.m. Virus transmis par piqûre d'arthropode et plus spécif. d'insecte (moustique, tique, etc.).

**ARBRE** n.m. **-1.** Grande plante ligneuse vivace dont la tige, fixée au sol par des racines, n'est chargée de branches et de feuilles qu'à partir d'une certaine hauteur. (→ BOIS.) **-2.** Objet, représentation dont la forme évoque les ramifications d'un arbre : *Arbre généalogique.* **-3.** *Arbre de Judée,* gainier. ‖ AFRIQUE. *Arbre à palabres,* arbre sous lequel se réunissent les anciens du village. **ANAT.** *Arbre de vie,* arborisation que forme la substance blanche du cervelet en se découpant sur la substance grise. **INFORM., LING.** Représentation hiérarchisée d'une structure syntaxique, logique. **MÉCAN.** Axe qui transmet ou transforme un mouvement. ‖ *Ar-*

*bre moteur* (ou, en marine, *arbre de couche),* arbre directement entraîné par la machine motrice.

**ARBRE :** dénomination
des différentes parties et coupe du tronc

**ARBRISSEAU** n.m. -1. COUR. Petit arbre ; arbuste. -2. Dans l'acception botanique, végétal ligneux à tige ramifiée dès la base, qui ne s'élève qu'à une faible hauteur (de 1 à 4 m).
**ARBUS** (Diane), photographe américaine (New York 1923 - *id.* 1971). Élève de Lisette Model, elle a réalisé, avant de se suicider, le portrait d'une humanité contrefaite, déchue et solitaire, étrange antithèse de la norme d'une Amérique triomphante.
**ARBUSTE** n.m. -1. COUR. Petit arbre; arbrisseau. -2. Dans l'acception botanique, végétal ligneux dont la tige n'est pas ramifiée dès la base et dont la hauteur ne dépasse pas 10 mètres.

**ARBUSTIF, IVE** adj. -1. Relatif à l'arbuste ; composé d'arbustes. -2. De la taille d'un arbuste.

**ARC** n.m. -1. Arme formée d'une tige flexible dont les extrémités sont reliées par une corde que l'on tend fortement pour lancer des flèches : *Tir à l'arc. Bander son arc.* -2. Objet, forme, ligne dont la courbure rappelle celle d'un arc : *L'arc des sourcils.* ANAT. Partie, portion courbe de certains organes (ex. : *Arc du côlon. Arcs aortiques*). ARCHIT. Membre architectonique franchissant un espace en dessinant une ou plusieurs courbes (haut d'une baie, renfort d'une voûte). ‖ *Arc de triomphe,* monument commémoratif formant une grande arcade ornée de bas-reliefs, d'inscriptions, etc. GÉOL. *Arc insulaire,* guirlande d'îles volcaniques do-

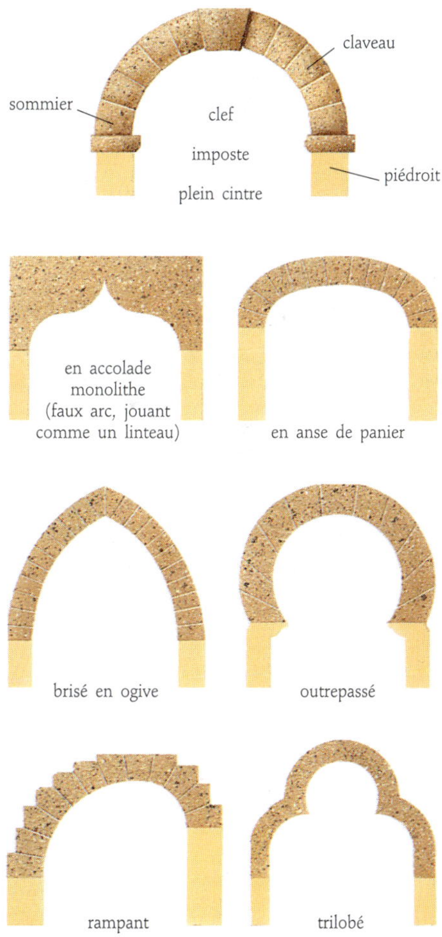


**ARCS**

minant une fosse océanique, et dont la formation résulte, à la marge d'une plaque, de la subduction d'une plaque limitrophe. **GÉOM.** *Arc de cercle,* ensemble des points d'un cercle situés d'un même côté d'une corde. ‖ *Arc de courbe,* portion continue d'une courbe entre deux de ses points. **PHYS.** *Arc électrique,* conduction gazeuse qui s'établit entre deux conducteurs, accompagnée d'une température et d'une lumière intenses. **PHYSIOL.** *Arc réflexe,* trajet parcouru par l'influx nerveux provoquant un réflexe.

**ARCACHON,** ch.-l. de c. de la Gironde, sur le *bassin d'Arcachon ;* 12 164 hab. *(Arcachonnais).* Station balnéaire et climatique. Casino. Ostréiculture.

1. **ARCADE** n.f. **-1.** Ouverture faite d'un arc reposant sur deux piédroits, piliers ou colonnes. **-2.** Organe, partie du corps en forme d'arc. **-3.** *Arcade sourcilière,* proéminence sur laquelle poussent les sourcils. ◆ n.f. pl. Galerie à arcades.

2. **ARCADE** n.f. (mot angl., *galerie marchande*). **-1.** SUISSE. Local commercial. **-2.** *Jeu d'arcade,* jeu vidéo, génér. installé dans un lieu public, et payant.

**ARCADIE,** région de la Grèce ancienne, dans la partie centrale du Péloponnèse, dont la tradition poétique a fait un pays idyllique.

**ARCADIEN, ENNE** adj. et n. **-1.** D'Arcadie. **-2.** LITT. Idyllique, champêtre. ◆ **arcadien** n.m. Dialecte du grec ancien parlé en Arcadie.

**ARCADIUS** (v. 377 - 408), empereur romain d'Orient (395-408), fils aîné de Théodose I^er^.

**ARCAND** (Denys), cinéaste canadien (Deschambault, Québec, 1941). Après quelques films politiques (*la Maudite Galette,* 1970 ; *Réjeanne Padovani,* 1973), cet historien est devenu un cinéaste majeur, peintre subtil et lyrique, parfois cruel, du Québec contemporain : *le Déclin de l'empire américain* (1986), *Jésus de Montréal* (1989).

**ARCANE** n.m. (du lat. *arcanus,* secret). **-1.** Toute opération hermétique dont le secret est connu des seuls initiés. **-2.** Nom donné aux cartes du jeu de tarot dans son usage divinatoire : *Arcanes majeurs et arcanes mineurs.* ◆ pl. LITT. Secrets, mystères : *Les arcanes de la politique.*

**ARCATURE** n.f. Suite décorative de petites arcades, ouvertes ou aveugles.

**ARC-BOUTANT** n.m. (pl. arcs-boutants). Maçonnerie en arc élevée à l'extérieur d'un édifice pour soutenir un mur en reportant la poussée des voûtes sur une culée, caractéristique de l'architecture gothique.

**ARCS-BOUTANTS**
(abbatiale du Mont-Saint-Michel ; XV^e^-XVI^e^ s.)

**ARC-BOUTEMENT** n.m. (pl. arcs-boutements). Fait d'arc-bouter, de s'arc-bouter.

**ARC-BOUTER** v.t. (de *bouter,* pousser). Soutenir au moyen d'un arc-boutant. ◆ **s'arc-bouter** v.pr. **(contre, à, sur).** Prendre fortement appui sur une partie du corps pour exercer un effort de résistance : *S'arc-bouter contre une porte.*

**ARC-DOUBLEAU** n.m. (pl. arcs-doubleaux). Doubleau.

**ARCEAU** n.m. **-1.** Partie cintrée d'une voûte ou d'une ouverture, comprenant au plus un quart de cercle. **-2.** Objet en forme de petit arc.

**ARC-EN-CIEL** [arkɑ̃sjɛl] n.m. (pl. arcs-en-ciel). Arc lumineux coloré parfois visible dans le ciel, à l'opposé du soleil, pendant une averse. ◆ adj. inv. Qui présente les couleurs de l'arc-en-ciel ; multicolore.

**ARC-ET-SENANS,** comm. du Doubs, sur la Loue ; 1 291 hab. — Édifices de la « Saline royale de Chaux » (1775-1779), œuvre de C. N. Ledoux, abritant un centre culturel et un musée consacré à l'architecte.

**ARCHAÏQUE** [arkaik] adj. **-1.** Qui appartient à une époque passée ; qui n'est plus en usage :

*Tournure archaïque.* -2. Qui est dépassé, périmé : *Des méthodes archaïques.* -3. Antérieur aux époques classiques ; primitif : *Style archaïque.*

**ARCHAÏSANT, E** [arkaizɑ̃, ɑ̃t] adj. et n. Qui a les caractères de l'archaïsme ; qui affecte l'archaïsme.

**ARCHAÏSME** [arkaism] n.m. (du gr. *arkhaios,* ancien). -1. Mot, forme, construction qui ne sont plus en usage. -2. Caractère archaïque, relativement à l'époque de sa production, d'une œuvre ou d'une partie d'œuvre artistique : *Ce motif est un archaïsme.*

**ARCHANGE** [arkɑ̃ʒ] n.m. Ange d'un ordre supérieur : *Les archanges Gabriel, Michel et Raphaël.*

**ARCHANTHROPIEN** [arkɑ̃trɔpjɛ̃] n.m. Anthropien fossile du pléistocène moyen, d'une forme génér. rapportée à l'*Homo erectus,* et représenté par le pithécanthrope, le sinanthrope, l'atlanthrope et l'Homme de Mauer. ◆ **archanthropien, enne** adj. De l'archanthropien.

1. **ARCHE** n.f. (lat. *arcus*). -1. Petite voûte en berceau percée dans une construction de peu d'épaisseur. -2. Partie d'un pont formée de la voûte prenant appui sur les deux piles qui la portent. -3. Four pour recuire le verre.

2. **ARCHE** n.f. (lat. *arca,* coffre). -1. Vaisseau que, selon la Bible, Noé construisit par ordre de Dieu pour sauver du Déluge sa famille et les espèces animales. -2. *Arche d'alliance,* coffre où les Hébreux gardaient les Tables de la Loi ; armoire où est enfermé le rouleau de la Torah.

**ARCHÉEN** [arkeɛ̃] n.m. (du gr. *arkhaios,* primitif). Période la plus ancienne du précambrien (2,5 milliards d'années et plus). ◆ **archéen, enne** adj. De l'archéen.

**ARCHÉGONE** [arkegɔn] n.m. (gr. *arkhê,* principe, et *gonê,* génération). Organe microscopique femelle en forme de bouteille, contenant l'oosphère ou cellule reproductrice femelle, existant chez les mousses, chez les cryptogames vasculaires (fougères et prêles) et chez les gymnospermes.

**ARCHELLE** n.f. BELGIQUE. Étagère simple de salle à manger, pourvue de crochets pour la suspension de récipients à anse.

**ARCHÉOBACTÉRIE** n.f. Bactérie d'origine très ancienne, vivant dans des milieux hostiles à la plupart des autres organismes (sources hydrothermales abyssales, par ex.).

**ARCHÉOLOGIE** [arkeɔlɔʒi] n.f. (gr. *arkhaios,* ancien, et *logos,* science). Étude scientifique des civilisations qui se sont succédé depuis l'apparition de l'homme, réalisée notamment par l'analyse des vestiges matériels mis au jour par les fouilles. ◆ **archéologue** n.

→ • DOSSIER L'ARCHÉOLOGIE *page 345.*

**ARCHÉOLOGIQUE** adj. Propre à l'archéologie ; relatif aux époques étudiées par cette science.

**ARCHÉOMAGNÉTISME** [arkeɔmaɲetism] n.m. Magnétisme terrestre dans le passé archéologique ; science qui l'étudie.

**ARC-ET-SENANS** : bâtiments de la « Saline royale de Chaux » (C. N. Ledoux, 1775-1779).

**ARCHÉOPTÉRYX** [arkeɔpteriks] n.m. Oiseau fossile du jurassique associant des caractères d'oiseau et de reptile.

ARCHÉOPTÉRYX (reconstitution probable)

**ARCHER** n.m. Tireur à l'arc.

**ARCHERIE** n.f. -1. Technique du tir à l'arc. -2. Matériel de tir à l'arc : *Rayon d'archerie d'un magasin de sport.* -3. Au XIVᵉ s., troupe d'archers.

**ARCHET** n.m. (de *arc*). -1. Baguette souple tendue de crins, qui sert à faire vibrer, par frottement, les cordes de certains instruments (violon). -2. Organe de l'appareil stridulant des sauterelles.

**ARCHETIER, ÈRE** n. Fabricant d'archets.

**ARCHÉTYPAL, E, AUX** ou **ARCHÉTYPIQUE** [-ke-] adj. Qui concerne un archétype.

**ARCHÉTYPE** [arketip] n.m. (gr. *arkhetupos,* modèle primitif). Modèle sur lequel sont construits un ouvrage, une œuvre. PHILOS. Idée, forme du monde intelligible sur laquelle sont construits les objets du monde sensible, chez Platon. ‖ Idée qui sert de modèle à une autre, pour les empiristes. PSYCHAN. Contenu de l'inconscient collectif qui apparaît dans les productions culturelles d'un peuple, dans l'imaginaire d'un sujet, chez Jung et ses disciples.

**ARCHEVÊCHÉ** n.m. Étendue de la juridiction d'un archevêque ; sa résidence.

**ARCHEVÊQUE** n.m. -1. ANC. Évêque à la tête d'une province ecclésiastique. -2. MOD. Titre honorifique conféré à certains évêques.

**ARCHICHANCELIER** n.m. Dignitaire de la cour de Napoléon Iᵉʳ.

**ARCHICHLAMYDÉE** [-kla-] n.f. *Archichlamydées,* sous-classe de plantes dicotylédones incluant les anciens groupes des apétales et des dialypétales.

**ARCHIDIACRE** n.m. Prélat responsable de l'administration d'une partie du diocèse, sous l'autorité de l'évêque.

**ARCHIDIOCÈSE** n.m. Diocèse d'un archevêque.

**ARCHIDUC** n.m. Prince de la maison d'Autriche.

**ARCHIDUCHESSE** n.f. -1. Femme, fille d'un archiduc. -2. Princesse de la maison d'Autriche.

**ARCHIÉPISCOPAL, E, AUX** adj. Propre à l'archevêque.

**ARCHIÉPISCOPAT** n.m. Dignité d'archevêque ; durée de sa fonction.

**ARCHILOQUE,** poète grec (Paros 712 - v. 664 av. J.-C.). Un des plus grands poètes lyriques ioniens, il passe pour avoir inventé le vers iambique.

**ARCHIMANDRITE** [arʃimɑ̃drit] n.m. (du gr. *mandra,* enclos). -1. ANC. Supérieur de monastère, dans les Églises orientales. -2. AUJ. Titre honorifique conféré à certains moines orthodoxes.

**ARCHIMÈDE,** mathématicien, physicien et ingénieur grec (Syracuse v. 287 av. J.-C. - *id.* 212).

**Les travaux mathématiques.** Il est le premier à donner une méthode très précise d'approximation de $\pi$, rapport de la longueur du cercle à son diamètre ; elle consiste à encadrer le cercle avec deux polygones réguliers (un inscrit et un exinscrit) dont on augmente progressivement le nombre de côtés. Il perfectionne le système numéral grec en donnant un procédé commode pour représenter de très grands nombres (de l'ordre de $10^{63}$), fait les premiers travaux de géométrie infinitésimale, et traite de nombreux problèmes. Il trouve les formules d'addition et de soustraction des arcs, calcule l'aire d'un segment de parabole, d'un secteur de la spirale qui porte son nom, de la sphère, du cylindre, etc. Sous le nom de *sphéroïdes* et de *conoïdes,* il étudie les solides engendrés par la rotation d'ellipses, de paraboles et d'hyperboles autour de leurs axes.

**La mécanique et la physique.** En mécanique, on attribue à Archimède l'invention de la vis sans fin, de la poulie mobile, des moufles, des roues dentées ; il établit la théorie du levier, ne demandant, dit-on, qu'« un point d'appui pour soulever le monde ». En physique, Archimède est le fondateur de la statique des solides, avec sa théorie du centre de gravité, ainsi que de l'hydrostatique, dont il établit les lois fondamentales dans son *Traité des corps flottants.* Il énonce le fameux théorème qui porte son nom : « Tout corps plongé dans un fluide subit une poussée verticale, dirigée de bas en haut, égale au poids du fluide qu'il déplace et appliquée au centre de gravité du fluide déplacé, ou centre de poussée », qui reste associé à la célèbre exclamation : « Eurêka ! » (« J'ai trouvé ! »).

**Les machines de guerre.** Archimède dirige la défense de Syracuse attaquée par Rome. Pendant trois ans, il tient en échec l'armée de Marcellus ; il fait construire des machines pour lancer à de grandes distances des traits ou des pierres ; au moyen de miroirs ardents formés par des miroirs plans, judicieusement associés, il enflamme, dit-on, les vaisseaux des assiégeants, mais la chose, si elle est possible, n'a jamais été formellement prouvée. Les Romains étant entrés dans Syracuse par surprise, Marcellus ordonnera qu'on épargne le grand homme ; mais celui-ci, absorbé par la recherche d'un problème, sera tué par un soldat qui, ne le connaissant pas, s'irritera de ne pouvoir obtenir de lui une réponse.

**ARCHIMÉDIEN, ENNE** adj. Qui satisfait à l'axiome d'Archimède (deux nombres réels *a* et *b* étant donnés, si *a* est plus petit que *b,* on peut trouver un entier *n* tel que *na* soit plus grand que *b*), en parlant de l'ensemble des nombres réels.

**ARCHINARD** (Louis), général français (Le Havre 1850 - Villiers-le-Bel 1932). Vainqueur d'Amadou (1890) et de Samory Touré (1891), il permit la pénétration française au Soudan.

**ARCHINE** [arʃin] n.f. Anc. mesure de longueur russe valant 0,71 m.

**ARCHIPEL** n.m. (it. *arcipelago,* du gr. *pelagos,* mer). Groupe d'îles : *L'archipel des Cyclades.*

**Archipel du Goulag** (l'), par A. Soljenitsyne (1973-1976), dossier d'accusation sur la répression politique et culturelle en U. R. S. S.

**ARCHIPENKO** (Alexander), sculpteur américain d'origine russe (Kiev 1887 - New York 1964). C'est à Paris, vers 1910-1914, que se place sa production la plus novatrice. De caractère dynamique, elle fait appel à l'évidement des formes, à la polychromie (reliefs dits « sculpto-peintures ») et à l'assemblage de matériaux divers (*Médrano,* 1913, musée Guggenheim, New York). Aux États-Unis, à partir de 1923, sa manière se stabilise dans l'élégance.

**ARCHIPHONÈME** n.m. Phonème qui neutralise les traits distinctifs communs à deux phonèmes que d'autres traits différencient dans certaines positions : *L'archiphonème* [P] *neutralise dans* [oPty] (obtus) *l'opposition de* [b] *et de* [p].

**ARCHIPRÊTRE** n.m. -1. Curé de certaines églises de canton. -2. Curé d'arrondissement.

**ARCHIPTÈRE** [arkiptɛr] n.m. Insecte aux ailes finement nervurées et aux métamorphoses incomplètes.

**ARCHITECTE** n. (gr. *arkhitektôn,* maître constructeur). -1. Personne qui conçoit la création et la réalisation d'un édifice, d'un bâtiment, etc., et qui en contrôle l'exécution. (Il doit être titulaire d'un diplôme reconnu par l'État et être accepté par le conseil supérieur de l'Ordre des architectes.) -2. Personne qui conçoit un ensemble, une organisation complexe et qui participe à sa réalisation. -3. *Architecte naval,* ingénieur en construction navale chargé de la conception d'un navire, d'une plate-forme marine, etc.

**ARCHITECTONIQUE** n.f. Ensemble des règles techniques propres à l'architecture. ◆ adj. Relatif à l'architectonique.

**ARCHITECTURAL, E, AUX** adj. Relatif à l'architecture ; qui évoque une œuvre d'architecture.

**ARCHITECTURE** n.f. -1. Art de concevoir et de construire un bâtiment selon des règles techniques et des canons esthétiques déterminés ; science de l'architecte. -2. Structure, organisation d'une œuvre : *L'architecture d'un tableau.*
→ • DOSSIER L'ARCHITECTURE *page 348.*

**ARCHITECTURER** v.t. Construire, agencer une œuvre avec rigueur.

**ARCHITRAVE** [arʃitrav] n.f. Partie inférieure (linteau ou plate-bande) d'un entablement, reposant directement sur les supports.

**ARCHITRAVÉE** adj.f. et n.f. Se dit d'une corniche liée directement à l'architrave, sans frise.

**ARCHIVAGE** n.m. Action de recueillir, de classer et de conserver des documents ; son résultat.

**ARCHIVER** v.t. Procéder à un archivage.

**ARCHIVES** n.f. pl. -1. Ensemble des documents relatifs à l'histoire d'une ville, d'une famille, etc., propres à une entreprise, à une administration, etc. -2. Lieu où sont conservés de tels documents.

**ARCHIVISTE** n. -1. Personne qui garde des archives. -2. Spécialiste de la conservation, du classement, de l'étude des archives.

**ARCHIVISTE-PALÉOGRAPHE** n. (pl. archivistes-paléographes). Spécialiste d'archivistique et de paléographie (titre réservé en France aux élèves diplômés de l'École nationale des chartes).

**ARCHIVISTIQUE** n.f. Science des archives.

**ARCHIVOLTE** [arʃivɔlt] n.f. Face verticale moulurée d'un arc architectural.

**ARCHONTAT** [arkɔ̃ta] n.m. Dignité d'archonte ; durée de sa charge.

**ARCHONTE** [arkɔ̃t] n.m. Haut magistrat, dans diverses cités grecques anciennes.

**ARCIMBOLDO** ou **ARCIMBOLDI** (Giuseppe), peintre italien (Milan 1527 - *id.* 1593). Il fut, dans le climat maniériste de la cour de Prague, l'inventif metteur en scène des fêtes des Habsbourg. Ses peintures sont d'étranges caprices où végétaux, fruits, crustacés, etc., composent des figures humaines.

**ARCIMBOLDO** : *l'Automne* (v. 1573).
[Musée du Louvre, Paris.]

**Arcole** *(bataille du pont d')* [15-17 nov. 1796], difficile victoire de Bonaparte pendant la campagne d'Italie, sur les Autrichiens, près de Vérone, sur un petit affluent de l'Adige.

**ARÇON** n.m. (du lat. *arcus,* arc). -1. Armature de la selle, formée de deux arcades, le pommeau et le troussequin, reliées entre elles. -2. Sarment de vigne, rameau d'arbre fruitier ayant subi l'arcure.

**ARCTIQUE** [arktik] adj. (gr. *arktikos,* du nord). Du pôle Nord et des régions environnantes.

**ARCTIQUE** *(archipel),* ensemble des îles du Canada, entre le continent et le Groenland.

**ARCTIQUE** *(océan),* ensemble des mers situées dans la partie boréale du globe, limité par les côtes septentrionales de l'Asie, de l'Amérique et de l'Europe, et par le cercle polaire boréal.

**ARCTIQUES** *(terres)* ou **ARCTIQUE,** ensemble des régions continentales (Amérique et Eurasie) et insulaires situées au nord du cercle arctique. Les régions insulaires sont : l'archipel canadien ; le Groenland (Danemark) ; le Spitzberg, ou Svalbard (Norvège) ; la Nouvelle-Zemble, l'archipel François-Joseph, la Severnaïa Zemlia et les îles de Nouvelle-Sibérie (Russie). **GÉOGR.** Le froid de l'hiver (moyennes mensuelles souvent inférieures à − 10 °C ou même − 20 °C) conditionne toute la vie. Il explique : la présence d'un sol gelé jusqu'à une grande profondeur ; la durée du manteau neigeux ; l'importance d'une banquise interdisant l'écoulement en surface des précipitations pendant près de 200 jours par an ; la persistance d'inlandsis et des calottes insulaires dont les émissaires donnent naissance à des icebergs. En été, les eaux de fonte et les débâcles transforment les plaines en un immense champ de boue semé de marais et de lacs, et, sur les terres non inondées, les fontes redonnent vie aux plantes de la toundra. Les formes traditionnelles de l'élevage, de la chasse et de la pêche ont subi de profonds bouleversements. La vie industrielle et commerciale est localement parvenue à se développer (sites miniers notamment, ports jalonnant la voie maritime du Nord en Russie, aéroports et bases stratégiques).

**ARCURE** [arkyr] n.f. Opération qui consiste à courber un sarment de vigne, une branche d'arbre fruitier en arc de cercle afin qu'ils produisent plus de fruits.

**ARCY** (Jean d'), administrateur français (Versailles 1913 - Paris 1983). Ministre de l'Information aux côtés de F. Mitterrand en 1948-49, directeur des programmes de la télévision française de 1952 à 1959, il crée l'Eurovision en 1954. En 1971, il devient président de l'Institut international des communications et siège au Haut Conseil de l'audiovisuel.

**ARCY-SUR-CURE,** comm. de l'Yonne ; 527 hab. Dans un ensemble de grottes occupées du paléolithique (- 35000) à l'époque gallo-romaine, A. Leroi-Gourhan a étudié des sols d'habitats du paléolithique intacts, avec foyers, trous de poteaux, ainsi que nombre d'outils en pierre, en os et des gravures pariétales qui font de ce site l'un des plus importants gisements du nord de la Loire.

**ARDABIL,** v. de l'Iran, dans l'Azerbaïdjan ; 282 000 hab.

**ARDANT DU PICQ** (Charles), écrivain militaire français (Périgueux 1821 - près de Gravelotte 1870). Ses écrits sur le moral de la troupe eurent une grande influence sur les cadres de l'armée de 1914.

**ARDÈCHE,** riv. de France, née dans les Cévennes. Elle traverse en cañons pittoresques le bas Vivarais calcaire, passe sous le pont d'Arc et se jette dans le Rhône (r. dr.) ; 120 km.

**ARDÈCHE** [07], dép. de la Région Rhône-Alpes ; ch.-l. de dép. *Privas ;* ch.-l. d'arr. *Largentière, Tournon-sur-Rhône ;* 3 arr. ; 33 cant., 339 comm. ; 5 529 km$^2$ ; 277 581 hab. *(Ardéchois).* Il est rattaché à l'académie de Grenoble, à la cour d'appel de Nîmes et à la région militaire Méditerranée.

**ARDEN** (John), auteur dramatique britannique (Barnsley 1930), influencé par la conception théâtrale de Brecht (*la Danse du sergent Musgrave,* 1959 ; *l'Âne de l'hospice,* 1963).

**ARDENNE** ou **ARDENNES,** région naturelle située dans la partie orientale de la Belgique, le nord du grand-duché de Luxembourg et le tiers septentrional du département français des Ardennes. **GÉOGR.** S'étendant sur plus de 10 000 km$^2$, l'Ardenne est un plateau froid et humide, couvert de forêts, landes ou tourbières, coupé de vallées encaissées (Meuse) et dont l'altitude oscille entre 400 et près de 700 m. La région, peu peuplée, vidée en partie par une persistante émigration, vit surtout de l'élevage laitier et aussi, localement, du tourisme. **HIST.** La région fut le théâtre, en août 1914, de combats de rencontre entre Français et Allemands, puis, en mai 1940, de la percée de la Meuse par la Wehrmacht, et enfin, en décembre 1944, de l'ultime contre-offensive des blindés allemands (Bastogne).

**ARDENNES** [08], dép. de la Région Champagne-Ardenne ; ch.-l. de dép. *Charleville-Mézières ;* ch.-l. d'arr. *Rethel, Sedan, Vouziers ;* 4 arr. ; 37 cant., 462 comm. ; 5 229 km$^2$ ; 296 357 hab. *(Ardennais).* Il est rattaché à l'académie et à la cour d'appel de Reims, à la région militaire Nord-Est.

**ARDENT, E** adj. (lat. *ardens,* brûlant). -1. Qui brûle ; qui cause une sensation de brûlure : *Soleil ardent. Soif ardente.* -2. Passionné, impétueux, en parlant d'un sentiment, d'un comportement : *Curiosité ardente.* -3. Vif, éclatant, en parlant d'une couleur. -4. Qui a tendance à présenter son avant face au vent, en parlant d'un voilier, par opp. à *mou.* -5. *Chambre ardente,* sous l'Ancien Régime, cour de justice criminelle qui jugeait des faits exceptionnels (hérésie et empoisonnement, notamm.), et qui siégeait à la lumière de flambeaux. ‖ *Chapelle ardente,* chambre mortuaire éclairée de cierges, souvent tendue de noir. ◆ **ardent** n.m. *Mal des ardents,* maladie présentant les caractères de l'ergotisme, qui sévit sous forme d'épidémie du Xe au XIIe siècle. ◆ **ardemment** adv. Avec ardeur.

**Ardents** *(bal des),* bal masqué donné en 1393 en présence de Charles VI, au cours duquel de jeunes seigneurs, déguisés en sauvages, furent brûlés vifs accidentellement.

**ARDEUR** n.f. -1. Zèle, empressement : *Montrer de l'ardeur au travail.* -2. Chaleur extrême : *L'ardeur du soleil.*

**ARDILLON** n.m. (mot germ.). Pointe métallique d'une boucle de ceinture, de courroie.

**ARDITI** n.m. pl. (pl. de l'it. *ardito,* hardi). Corps francs, dans l'armée italienne, pendant la Première Guerre mondiale.

**ARDOISE** n.f. -1. Roche schisteuse, gris foncé, se divisant facilement en plaques minces et servant notamm. à couvrir les toits. -2. Tablette, naguère faite d'ardoise, sur laquelle on peut écrire, dessiner à la craie ou avec un crayon spécial, dit *crayon d'ardoise.* -3. FAM. Somme due, crédit ouvert chez un commerçant, dans un café, etc.

**ARDOISÉ, E** adj. De la couleur de l'ardoise.

**ARDOISIER, ÈRE** adj. -1. De la nature de l'ardoise ; qui contient de l'ardoise. -2. Relatif à l'ardoise : *Industrie ardoisière.* ◆ **ardoisier** n.m. -1. Celui qui exploite une ardoisière ou qui y travaille. -2. BELGIQUE. Couvreur. ◆ **ardoisière** n.f. Carrière d'ardoise.

**ARDU, E** adj. Difficile à comprendre, à résoudre : *Une question ardue.*

**ARE** n.m. (du lat. *area,* surface). Unité de mesure des surfaces agraires (symb. a), valant 100 mètres carrés.

**AREC** [arɛk] ou **ARÉQUIER** n.m. Palmier à tige élancée des régions chaudes de l'Asie du Sud-Est, dont le fruit (noix d'arec) contient une amande dont on extrait un cachou.

**Arecibo,** v. de la côte nord de Porto Rico ; 87 000 hab. – Radiotélescope paraboloïdal de 300 m de diamètre.

**ARÉIQUE** adj. (du gr. *rhein,* couler). Privé d'écoulement régulier des eaux, en parlant d'une région, d'un sol : *17 % des surfaces émergées de la Terre sont aréiques.*

**ARÉISME** n.m. Caractère d'une région, d'un sol aréique.

**ARELIGIEUX, EUSE** adj. Qui n'appartient à aucune religion, refuse toute religion.

**ARÉNACÉ, E** adj. De la nature du sable ; qui contient du sable.

**Arendt** (Hannah), philosophe américaine d'origine allemande (Hanovre 1906 - New York 1975). Élève de Husserl, de Bultmann, de Jaspers et, surtout, de Heidegger, elle a étudié les systèmes totalitaires (*les Origines du totalitarisme,* 1951), qu'elle aborde en termes politiques plutôt que sociologiques. Mais elle n'a pas pu terminer sa grande œuvre philosophique, dont seulement deux livres sont parus, *la Pensée* (1978 ; trad. fr. 1981) et *le Vouloir* (1978 ; trad. fr. 1983). Un ouvrage également important est *le Concept d'amour chez Augustin* (1929 ; trad. fr. 1991). Hostile à l'introspection, elle affirme que l'activité doit se tourner vers les autres et procède par analyses phénoménologiques, sans dissection psychologique.

**ARÈNE** n.f. (du lat. *arena,* sable). -1. Espace circulaire sablé, au centre des amphithéâtres romains, où se déroulaient les jeux. -2. Aire sablée du lieu où se déroulent les courses de taureaux. -3. Espace public où s'affrontent des partis, des courants d'idées, etc. : *L'arène politique.* -4. Sable de texture grossière, résultant de la désagrégation de roches cristallines. ◆ pl. Amphithéâtre où se déroulaient les jeux, où ont lieu les courses de taureaux.

**ARÉNICOLE** adj. Qui vit dans le sable, en parlant d'un animal. ◆ n.f. Ver vivant dans un tube en U creusé dans les sables marins. (Long. 20 cm env. ; embranchement des annélides.)

**ARÉNISATION** n.f. Décomposition d'un sol en arène (sable).

**ARÉNOPHILE** adj. Qui pousse dans les sols sableux, en parlant des plantes à longues racines.

**ARÉOLAIRE** adj. -1. Relatif à une aréole. -2. Qui agit latéralement, en parlant de l'érosion. -3. *Vitesse aréolaire,* vitesse instantanée de balayage d'une surface par un rayon en mouvement dont l'origine est fixe.

D O S S I E R

# L'ARCHÉOLOGIE

Par la mise au jour et l'analyse des vestiges de l'activité humaine, l'archéologie permet non seulement d'étudier les civilisations anciennes mais aussi d'entrevoir l'environnement écologique et l'évolution des processus culturels des périodes les plus reculées.

## La naissance de l'archéologie.

C'est au XVIIIe siècle que sont établies les premières bases techniques de l'archéologie, grâce à Caylus et à J. Winckelmann. Les découvertes d'Herculanum (1709) et de Pompéi (1748) provoquent un regain d'intérêt pour l'Antiquité et, en réaction à l'exubérance de l'art baroque, Winckelmann vante le classicisme de la Grèce et prône le « beau idéal », théorie à l'origine du néoclassicisme.

Le XIXe siècle voit l'archéologie s'organiser ; Boucher de Perthes, prévoyant la très grande ancienneté de l'homme, annonce la préhistoire, alors que les déchiffrements des hiéroglyphes par Champollion en 1822 ou ceux du cunéiforme par le Britannique Rawlinson ouvrent la voie de l'égyptologie et de l'archéologie orientale.

Les descriptions, les dessins ou les photographies que les voyageurs ramènent de leurs lointains périples attisent encore la curiosité ; l'intérêt ne cesse de grandir avec la mise au jour de grandes cités de l'Antiquité : Troie par Schliemann, Nimroud par le Britannique sir Austen Henry Layard (1817-1894) ou encore la capitale de Sargon II d'Assyrie (Dour-Sharroukên, actuelle Khursabad) par le Français Paul Émile Botta (1802-1870). Ce sont autant de découvertes qui vont amener la création des grands instituts de recherches européens (école française d'Athènes en 1846, école française de Rome en 1874, Institut français du Caire en 1879, Institut allemand d'archéologie en 1874, etc.). Malgré la quête forcenée de l'objet esthétique et l'enrichissement de quelques grands musées apparaissent les premières mesures de protection des monuments après leur dégagement, illustrées par Mariette en Égypte.

## L'archéologie scientifique.

Au XXe siècle, l'archéologie devient une discipline à part entière, soutenue par une législation et un enseignement. Le travail archéologique comprend quatre stades principaux : la prospection, la fouille, l'étude du matériel qui mène à son interprétation et, enfin, la publication.

## L'ARCHÉOLOGIE

**La détection et la prospection.** Elles s'effectuent en observant les anomalies du terrain, en repérant les vestiges. Les variations de croissance de la végétation, observées lors de prospections aériennes, permettent aussi de déceler des structures enfouies. Certains moyens de prospection géophysique, qui tiennent compte de la résistivité des sols ou du magnétisme terrestre, sont aussi utilisés.

**La fouille.** Il ne s'agit pas seulement de recueillir des objets, mais surtout d'observer le sol archéologique, de comprendre les rapports éventuels des objets entre eux, de repérer de simples traces, que ce soit l'empreinte d'un pied humain, celle d'un objet disparu ou celles laissées par un foyer. En passant d'une couche archéologique à l'autre, le fouilleur détruit au fur et à mesure les données inscrites dans le sol. Son observation minutieuse, aidée de photographies et de dessins, est donc indispensable. La fouille permet d'établir la stratigraphie du site, en tenant compte d'accidents qui ont, ici ou là, bouleversé le terrain. L'élaboration ultérieure de la chronologie se fera en partie grâce à la stratigraphie, qui met en place la succession des différents niveaux. La *fouille subaquatique,* qui nécessite un matériel particulier, s'est développée à partir de 1950.

**L'étude, l'interprétation, la sauvegarde.** Elles consistent aussi bien à comprendre un processus de fabrication ou d'utilisation qu'à connaître les activités humaines des sociétés disparues, des plus quotidiennes et banales à celles, plus intimes, qui relèvent de comportements socio-économiques ou de rituels et de croyances. Diverses méthodes physico-chimiques soutiennent les travaux des archéologues, permettant par exemple d'analyser des minéraux, de situer ainsi un lieu de production parfois très éloigné du lieu de découverte et de mettre dès lors en lumière un échange économique. Des techniques de fabrications céramiques ou métallurgiques peuvent être précisées, tandis que la palynologie (étude des pollens) révèle l'environnement naturel et facilite l'approche de l'écosystème. Le recours à l'informatique permet, d'une part, d'aboutir à des typologies beaucoup plus fines et, d'autre part, d'ordonner et de croiser quantité d'informations.

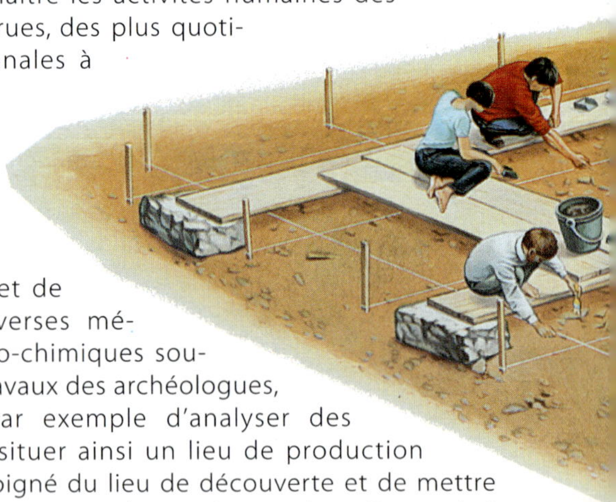

## L'ARCHÉOLOGIE

La datation est aussi, en dehors des considérations stylistiques, fortement soutenue par les sciences physico-chimiques (mesure du taux de carbone radioactif ou « carbone 14 » ; mesure du fluor dans les ossements, etc.), associées à la dendrochronologie (étude des anneaux de croissance des arbres).

La sauvegarde s'exerce de plusieurs façons : déplacement d'un monument (Abou Simbel), anastylose (bibliothèque de Celsius à Éphèse), protection d'un gisement (Pincevent), conservation d'un ensemble (Lascaux).

**La publication.** Après la campagne de fouilles, ce qui a été étudié va souvent être détruit, soit pour atteindre des strates inférieures, soit lors de fouilles de sauvetage préalables à des constructions. Ainsi, objets recueillis, description exacte du sol archéologique associés au travail de synthèse deviennent-ils l'unique témoignage d'un moment de l'existence humaine.

**Voir aussi** : CARBONE 14, NÉOLITHIQUE, PRÉHISTOIRE.

**LE CHANTIER DE FOUILLES**

Précisément repéré en profondeur au sein de la succession des couches archéologiques, le niveau à étudier est corroyé au mètre carré ❶. Installés en léger surplomb, les fouilleurs dégagent le « sol archéologique » en préservant, dans un premier temps, l'emplacement des objets. Tout en tenant compte des inclinaisons du terrain ou d'éventuelles structures excavées, cette méthode permet une compréhension à la fois horizontale et verticale de l'ensemble.

❶ Champ de fouille : dégagement des objets et enregistrement, par niveau, des faits observés.

# L'ARCHITECTURE

La définition donnée par Le Corbusier au début des années 1920 : « l'architecture est le jeu savant, correct et magnifique, des volumes sous la lumière », n'exclut pas la conception, avancée par le même architecte, de l'immeuble comme « machine à habiter ». Mais, entre ces deux pôles, se situent sans doute, au moins dans la civilisation occidentale moderne, les dilemmes de l'art de bâtir.

## Impératifs matériels et valeurs symboliques.

La finalité de tout édifice est la réalisation d'un lieu qui *isole* ses occupants (hommes et/ou leurs biens matériels, dieux) tout en ménageant des *échanges* (locomoteurs, thermiques, optiques) avec le milieu extérieur. Le type de l'édifice *(parti, matériaux, structure,* éventuel *décor)* est conditionné par les ressources techniques de chaque civilisation - confrontées aux conditions physiques du lieu - et par le *programme* (destination) qui lui est assigné, lequel inclut non seulement des données rationnelles, mais aussi les valeurs symboliques que lui confère la vision spirituelle et cosmique des hommes : ainsi l'interaction du mythe et de la matière conduit-elle à des solutions qui échappent parfois à notre raisonnement analytique. De ces valeurs mythiques ne subsistent guère en Occident, depuis l'époque classique, que celles de beauté ou d'ostentation, mais bien d'autres sont décelables chez les peuples, anciens ou actuels, de cultures dites « prélogiques ».

**THÉÂTRE ROMAIN**
Les gradins du théâtre d'Orange ❶ s'appuient à la pente d'une colline, face à un mur de scène garni de colonnes et de niches ; des couloirs voûtés constituent les accès.

❶ Théâtre romain d'Orange (Ier s.), coupe médiane de la scène et des gradins (restitution).

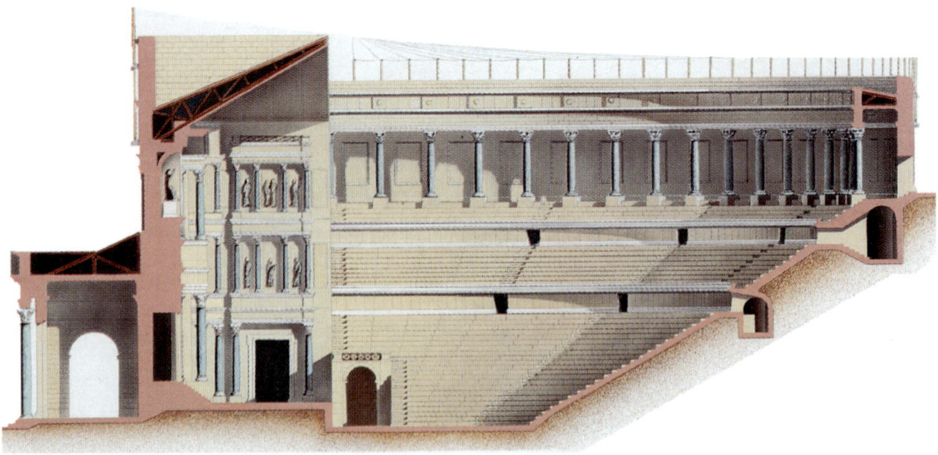

**Les procédés de construction.**

Établir une comparaison entre des édifices aussi dissemblables qu'une église et une tour de réfrigération de centrale nucléaire peut paraître assez vain, du fait de la différence de programmes et de matériaux. Seules les techniques semblent offrir un cadre assez général pour l'infinie variété des réalisations dans le temps et dans l'espace. Ainsi, les procédés d'*empilage* du bois, de la brique, de la pierre ou du béton fournissent une stabilité suffisante pour motiver la permanence de leur emploi. Les tentes des nomades, les ponts de lianes sont déjà des structures tendues, d'où dérivent les conceptions actuelles les plus hardies. Très tôt en Occident, la charpenterie, triangulée, a permis de constituer des ossatures, traduites en *poteau-poutre* au début du béton armé. Si un tel procédé tend à séparer la structure de l'enveloppe, les *voiles* et les *coques,* réalisées par coulage, soudage et mise en tension de divers matériaux, assurent au contraire la continuité structure-enveloppe. En général, le maître d'œuvre utilise chaque matière en raison de ses qualités spécifiques ; cependant, la coexistence des procédés favorise des emprunts réciproques, utiles souvent quant au progrès technique, plus discutables du point de vue formel.

**SAINTE-SOPHIE DE THESSALONIQUE**

Sainte-Sophie ❷ témoigne d'une certaine massivité de la maçonnerie byzantine ; les tribunes, à l'étage, participent au contrebutement de la coupole centrale, élevée sur pendentifs.

❷ Église Ste-Sophie de Thessalonique (VIIIe s.), vue écorchée.

## L'ARCHITECTURE

### De la Mésopotamie à la Grèce et à Rome.

Les hommes primitifs ont offert les exemples fondamentaux de cellules de base construites en matériaux végétaux, en terre, en bois, ou bien excavées. Avec les premières grandes civilisations de Mésopotamie (Sumer) domine l'entassement massif des briques crues. La Chine donnera ses plus savants aboutissements à la charpenterie de bois, l'Inde sa plus grande complexité décorative au temple rupestre, avant de développer la construction en pierre. Dans le bassin méditerranéen, l'architecture de l'Égypte, en dépit de ses résultats spectaculaires (temples et sépultures monumentaux, à l'agencement hautement symbolique), reste soumise à des techniques primitives. La Grèce classique, en revanche, bénéficie de deux grands progrès : l'outillage de fer, qui facilite la taille des pierres (*appareils* réguliers), et les engins de démultiplication des forces. Le temple grec, qui en résulte, est un système simple, où les colonnes recueillent la poussée verticale d'un entablement horizontal, dispositif magnifié par la codification des *ordres*. Rome adopte l'arc en plein cintre et la voûte - dont les poussées obliques sont amorties par des points d'appui massifs construits en blocage -, ainsi que la coupole, et coordonne une série de techniques de *second œuvre* qui font des thermes, par exemple, un ensemble complexe assurant le confort des utilisateurs.

### La construction romane et gothique.

L'art roman s'applique, dans les églises et les monastères, à développer l'organisme des voûtes maçonnées (qui résistent au feu, à la différence des plafonds de bois) et oppose aux statiques concrétions romaines un effort pour localiser les poussées (voûtes d'arêtes), pour distinguer une ossature (arcs doubleaux appareillés des voûtes en berceau, contreforts) et un remplissage. C'est là une conception dynamique (et économe) que la croisée d'ogives gothique porte à son summum, à une époque où les maîtres d'œuvre développent dans les loges de chantiers un *art du trait* qui permet de savantes stéréotomies et une composition en quelque sorte « organique ».

## Depuis la Renaissance.

À partir de la Renaissance, l'Europe reprend, avec les ordres, les systèmes *modulaires* de l'Antiquité, auxquels le travail sur plans dans les agences d'architectes tend à donner un tour abstrait et rigide ; le baroque, pourtant, utilise un type de composition structurale qui se situe dans la voie tracée par le gothique. L'éclectisme du XIXe siècle dissocie - comme l'avait fait la Renaissance italienne - l'aspect de la structure, économise les matériaux nobles par la pratique du placage (plâtre, stuc, etc.) et se prête ainsi à des modes décoratives changeantes. Mais de nouvelles techniques s'installent derrière cette façade et transforment le confort des habitations, tandis que le courant rationaliste et les créations des ingénieurs (architecture métallique) viennent défier l'académisme officiel.

**LA CATHÉDRALE D'AMIENS**

Notre-Dame d'Amiens ❸ illustre le système des voûtes gothiques sur croisée d'ogives, en pierre, dont la poussée est canalisée, aux angles de chaque travée, vers les piles, les arcs-boutants et les culées, permettant l'évidement des murs en de larges verrières.

❸ Cathédrale Notre-Dame d'Amiens (v. 1220-1270), vue écorchée.

## LA « SALUTE » DE VENISE

La « Salute » ❹, d'époque baroque et de plan centré, se pare d'une couronne d'ailerons en volute qui contrebutent le tambour octogonal de la haute coupole en charpente.

❹ Église S. Maria della Salute à Venise (1631-1654), par B. Longhena, vue écorchée.

## L'ARCHITECTURE

### Les avatars du modernisme.

La rupture stylistique de l'Art nouveau, l'usage de l'acier et du béton armé, qui autorisent le couvrement de vastes espaces et la construction en hauteur, conditionnent le spectaculaire renouveau du XX^e^ siècle, périodiquement contesté par des résurgences néoclassiques ou éclectiques. La tendance *fonctionnelle* triomphe dans la rigueur du « style international » (ou « mouvement moderne ») des années 1925-1935, s'assouplit ensuite dans le courant de l'architecture *organique*. De nouvelles techniques (murs-rideaux en métal et verre, voûtes en voile mince de béton et autres structures tendues) se généralisent après la Seconde Guerre mondiale, permettant, dans les réalisations monumentales, une liberté de traitement formel qui va jusqu'au maniérisme et, dans l'habitat collectif, des expériences d'agglomération de cellules qui pourraient déboucher sur ces « nappes » de constructions qu'envisagent certains urbanistes visionnaires. L'échelle humaine et un plus grand respect de l'écologie sont au contraire mis en avant par les courants « postmodernes ».

### Internationalisme et génie du lieu

L'architecte qui construit pour des hommes à une époque donnée dispose des moyens techniques de son temps et est sensible aux préférences de ses contemporains. Aussi l'architecture sera-t-elle tour à tour, dans un rythme cyclique facile à déceler, décorée ou dépouillée, sévère ou magnifique, de style plutôt vernaculaire ou plutôt international. Si, depuis que la photographie a diffusé les modèles et que la rapidité des voyages a rapproché les points éloignés du globe, ce qu'on appelait autrefois le « génie d'un peuple » ne s'exprime plus aussi nettement, si l'intervention des cabinets d'ingénierie dans le calcul des structures nouvelles pousse aussi à l'uniformisation, une prise de conscience des données historiques et l'aspiration à une « urbanité » retrouvée tendent cependant à réactiver l'expression du « génie du lieu » dans l'architecture de notre fin de millénaire, partout à travers le monde.

**L'ARCHITECTURE HIGH-TECH**

Plus de maçonnerie, mais un squelette d'acier et des parois de verre dans l'architecture high-tech de Swindon ❺ : système industrialisé de poteaux et de haubans auxquels sont suspendus les éléments de couverture.

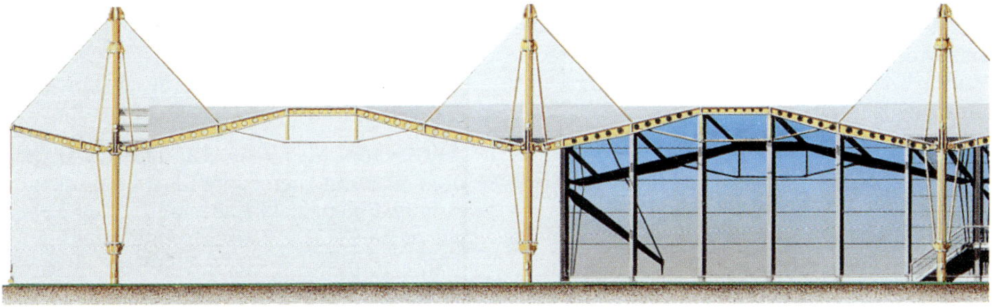

❺ Centre de distribution Renault à Swindon (Wiltshire) [1981-1983], par N. Foster ; vue de 2 des 42 unités de base de plan carré.

**ARÉOLE** n.f. (du lat. *area,* aire). -1. Cercle pigmenté qui entoure le mamelon du sein. -2. Zone rougeâtre qui entoure un point inflammatoire.

**ARÉOMÈTRE** n.m. (du gr. *araios,* peu dense). Instrument servant à déterminer la densité d'un liquide.

**ARÉOPAGE** n.m. (lat. *areopagus,* du gr. *Areios pagos,* colline d'Arès). -1. (Avec une majusc.). Tribunal suprême d'Athènes qui siégeait sur la colline consacrée à Arès. (V. ENCYCL.) -2. LITT. Assemblée de personnes choisies pour leur compétence, leur savoir.

ENCYCL. Composé d'abord des chefs des grandes familles (Eupatrides), l'Aréopage fut doté au temps de la réforme de Solon (v. 640-v. 558 av. J.-C.), où son recrutement s'élargit, d'un grand pouvoir politique. L'Aréopage surveillait les magistrats, interprétait les lois et jugeait les meurtres. Dépouillé de ses attributions politiques par Éphialtès et Périclès (461) au profit de la *boulê* et de l'*ecclesia,* son rôle se réduisit à des fonctions judiciaires.

**ARÉOSTYLE** n.m. Système d'entrecolonnement dans lequel l'intervalle qui sépare deux colonnes voisines est de 3 ou 4 diamètres.

**ARÉQUIER** n.m. → AREC.

**AREQUIPA,** v. du Pérou méridional, fondée par Pizarro en 1540 ; 634 000 hab. Centre commercial et industriel. – Ville pittoresque conservant des édifices religieux de la période coloniale (église de la Compañía [des Jésuites], vaste ensemble monastique de S. Catalina).

**ARÈS,** dieu grec de la Guerre. Originaire de Thrace, il est représenté comme un guerrier en armes. Fils de Zeus et d'Héra, il s'oppose en particulier à Athéna, dont l'intelligence triomphe de sa force guerrière. Les Romains l'assimilèrent à leur dieu Mars.

**ARÊTE** n.f. (du lat. *arista,* épi). -1. Os du squelette des poissons. -2. Ligne osseuse saillante : *Arête du nez.* -3. Ligne qui sépare les deux versants d'une montagne. ARCHIT. Angle saillant formé par la rencontre de deux surfaces. || *Voûte d'arêtes,* voûte composée de l'intersection à angle droit de berceaux en triangles curvilignes. BOT. Barbe de l'épi de certaines graminées (orge, seigle, etc.). MATH. Droite commune à deux plans sécants : *Un cube a douze arêtes.*

**ARÊTIER** n.m. -1. Pièce de charpente oblique formant une arête saillante d'un toit. -2. Élément de la couverture d'un bâtiment recouvrant un angle saillant. ◆ **arêtière** n.f. et adj.f. Tuile employée pour recouvrir l'arête d'un toit.

**ARÉTIN** (Pietro Aretino, dit l'), écrivain italien (Arezzo 1492 - Venise 1556). Protégé des princes et des prélats, il poursuit à Rome puis à Venise une carrière de pamphlétaire licencieux, laissant surtout des *Lettres* (1537-1557) sur la vie politique et culturelle de son temps, fondée sur la courtisanerie.

**AREZZO,** v. d'Italie (Toscane), ch.-l. de prov. ; 90 577 hab. – Églises de la Pieve di S. Maria (XII^e^-XIII^e^ s.), S. Francesco (célèbres fresques de Piero della Francesca), S. Maria delle Grazie (XV^e^ s.), etc. Palais des XIV^e^-XVI^e^ siècles. Piazza Grande, remodelée par Vasari. Musées.

**ARGAND** (Jean Robert), mathématicien suisse (Genève 1768 - Paris 1822). Il a conçu une représentation géométrique des nombres complexes.

**ARGANIER** n.m. Arbre épineux au fruit comestible, à l'amande oléagineuse, poussant en Afrique du Nord. (Famille des sapotacées.)

**ARGELANDER** (Friedrich), astronome allemand (Memel 1799 - Bonn 1875). Il contribua à développer l'étude des étoiles variables, et ses observations confirmèrent l'existence des mouvements propres stellaires ainsi que le déplacement du système solaire dans la Galaxie. On lui doit le plus important catalogue d'étoiles jamais réalisé, le *Bonner Durchmusterung* (1857-1863), donnant la position et l'éclat de plus de 324 000 étoiles, et l'atlas céleste correspondant.

**ARGELÈS-GAZOST,** ch.-l. d'arr. des Hautes-Pyrénées, sur le gave d'Azun ; 3 419 hab. *(Argelésiens).* Station thermale.

**ARGENLIEU** (Georges Thierry d'), en religion R.P. Louis de la Trinité, amiral français (Brest 1889 - carmel de Relecq-Kerhuon 1964). Ancien officier de marine devenu carme, il rejoignit de Gaulle à Londres (1940). Il fut haut-commissaire en Indochine (1945-1947) et grand chancelier de l'ordre de la Libération (1940-1958).

**ARGENSON** (de Voyer d'), famille française dont plusieurs membres s'illustrèrent dans la politique, en particulier le marquis **René Louis,** secrétaire d'État aux Affaires étrangères (1744-1747), et qui fut surnommé la Bête en raison de ses manières très frustes.

# CRÉDITS PHOTOGRAPHIQUES

## PHOTOGRAPHIES

Dans la table ci-après, le numéro de la page où figure toute photographie référencée est suivi du nom du photographe et/ou de l'organisme (agence photographique, musée, entreprise, etc.) ayant fourni le document.
S'il existe plusieurs photographies référencées dans la même page, celles-ci sont distinguées soit par un numéro d'ordre, qui est celui qui figure dans la légende, soit par une lettre indiquant leur position (*h* : haut ; *b* : bas ; *d* : droite ; *g* : gauche).
Le lieu de conservation des œuvres reproduites est mentionné dans la légende de l'illustration.

## CRÉDITS PHOTOGRAPHIQUES

**1 :** Ambassade de Finlande. **6 :** ***h,*** Boyer. **6 :** ***b,*** Bridgeman -Giraudon. **7 :** Robert P. - Sygma. **11 :** Held S. **12-13 :** Arthus Bertrand Y. - Altitude. **14 :** ***h,*** Tétrel P. **14 :** ***b,*** Boulat P. - Cosmos. **15 :** ***h,*** Boulat P. - Cosmos. **15 :** ***d,*** Tétrel P. **15 :** ***b,*** Tétrel P. **19 :** Dagli Orti G. **21 :** Bühler M. Basel - Kunstmuseum, Bâle. **22 :** Stedelijk Museum, Amsterdam. **23 :** ***3,*** Museum of Modern Art, New York. **23 :** ***4,*** Migeat - M.N.A.M. - Centre G.- Pompidou, Paris. **24 :** Fondation Gulbenkian, Lisbonne. **25 :** Dagli Orti G. **26 :** Dagli Orti G. **35 :** Dagli Orti G. **38 :** Denance M. - Archipress. **42-43 :** Pellicci G. - Ikona. **49 :** ***h,*** Bridgeman Art Library/Bethell J. - Artephot. **49 :** ***b,*** Adams A. **53 :** Ferrare - Rea. **54 :** ***g,*** Gohier F. - Jacana. **54 :** ***d,*** Fatras A. - Bios. **56 :** ***1,*** Gerster G. - Rapho. **57 :** Glinn - Magnum. **60 :** AKG, Berlin. **64 :** Buu A. - Gamma. **65 :** Guichard J. - Sygma. **66 :** Seitelman M. - Ernoult Features. **67 :** Keler A. - Sygma. **75 :** Musée des Arts décoratifs, Paris. **76 :** ***2,*** Musée des Arts décoratifs, Paris. **76 :** ***3,*** Musée de la Publicité, Paris. **77 :** Musée de la Publicité, Paris. **78 :** Grapus, Montreuil. **84 :** ***1,*** Viron S. - Diaf. **84 :** ***2,*** Pavard C. - Hoa-Qui. **85 :** Zalewski-Bios. **88 :** ***4,*** Held A. - Artephot. **88 :** ***5,*** Lajoux - Rapho. **94 :** Delaplanche M. - Musée de l'Homme, Paris. **95 :** ***7,*** Huet M. - Hoa-Qui. **95 :** ***8,*** Oster J. - Musée de l'Homme, Paris. **95 :** ***9,*** Rousseau Hoa - Qui. **98 :** Krafft K. - Explorer.

**100 :** photo X. **104 :** Held S. **106 :** Lénars C. **107 :** Veniere - Agriphoto. **117 :** Rijksmuseum Foundation, Amsterdam. **121 :** Tetra Pak Société. **124 :** Courrault - Enguerand. **128 :** Münchow - Domkapitel, Aix-la-Chapelle. **129 :** Dagli Orti G. **131 :** Held S. **132-133 :** Held S. **134 :** Held S. **135 :** Held S. **136 :** Edimedia. **138 :** Alexander B. et C. - Cosmos. **140 :** Pavlosky J. - Sygma. **142 :** Madyol J. - Musée royal de l'Armée, Bruxelles. **143 :** Desjardin M. - Top. **145 :** Charmet J.L. **149 :** Charmet J.L. **152 :** ***g,*** Musée des Beaux-Arts, Lausanne. **152 :** ***d,*** Bibliothèque nationale, Paris. **155 :** Dagli Orti G. **158 :** Manaud J.L. - Odyssey. **159 :** Dagli Orti G. **160 :** Thomas -Explorer. **165 :** Garcin J.P. - Diaf. **166 :** Sappa Ch. - Cedri. **168 :** L'Illustration - Keystone. **169 :** Riboud M. - Magnum. **170 :** Gonnet J.-F. - Pitch. **174 :** ***g,*** Coll. Christophe L. **174 :** ***d,*** Depardon - Gamma. **179 :** ***1,*** Pratt-Pries - Diaf. **179 :** ***2,*** Pratt-Pries - Diaf. **180 :** Pratt-Pries - Diaf. **181 :** Schiller L. - Explorer. **184 :** Edimedia. **188 :** Piel P. - Gamma. **196 :** ***g,*** Kosicki G. - Gamma. **196 :** ***d,*** Robert R. - Gamma. **198 :** Anders J.P. -Bildarchiv Preussischer Kulturbesitz.

**204 :** ***h,*** Brunier S. - Ciel et Espace. **204 :** ***b,*** Roe/Aao/Malin D. - Ciel et Espace. **205 :** Gutierrez - Cedri. **214 :** ***1,*** Jourdan F. - Explorer. **214 :** ***2,*** Desmier -Cedri. **215 :** Boutin G. - Explorer. **216-217 :** Loubat J.M. - Explorer. **218 :** C.N.R.S. **219 :** Dagli Orti G. **221 :** ***h,*** Lénars C. **221 :** ***b,*** Sioen G. - Cedri. **222-223 :** Lénars C. **226 :** Guillard J. - Scope. **230 :** Coll. Larousse. **232 :** ***2,*** Heuclin D. **232 :** ***3,*** Heuclin D. - Pitch. **233 :** Heuclin D. **236 :** Mazin R. - Top. **237 :** Keystone. **241 :** Delval R. - Musée des Arts décoratifs, Paris. **243 :** ***g,*** U.D.F. - Éditions Gallimard. **243 :** ***d,*** Martinot - Top. **247 :** ***h,*** Dagli Orti G. **247 :** ***b,*** Giraudon. **250 :** ***h,*** Musée Andersen, Odense. **250 :** ***b,*** Ducange J. - Top. **241 :** Scala. **257 :** Held S. **260 :** Halliday S. and Lushington L. **263 :** Held S. **264-265 :** Held S. **266 :** Held S. **267 :** Held S. **271 :** ***h,*** Cinémathèque française. **271 :** ***b,*** Coll. Christophe L. **272 :** ***h,*** Coll. Christophe L. **272 :** ***b,*** Coll. Chris-

## CRÉDITS PHOTOGRAPHIQUES

tophe L. **276 :** ***g,*** Réunion des Musées Nationaux, Paris. **276 :** ***d,*** Bibliothèque nationale, Paris. **277 :** NASA - Ciel et Espace. **281 :** Allan D. - Science Ph. Library - Cosmos. **296 :** Lapi - Roger-Viollet. **297 :** Roger-Viollet. **299 :** ***g,*** Scala. **299 :** ***d,*** Coll. Christophe L.

**300 :** Barde J. L. - Scope. **303 :** Josse H. **305 :** Giraud P.-Lasa F. - Centre Région. Docum. Patrimoine, Nantes. **306 :** Mayer. **307 :** Lauros-Giraudon. **315 :** Lewandowski H. - Réunion des Musées Nationaux, Paris. **319 :** Ifremer. **320 :** Keler A. - Sygma. **323 :** ***g,*** Giraudon. **323 :** ***d,*** Giraudon. **324 :** Cleuziou S. - Mission archéologique française en Abu Dhabi. **325 :** Réunion des Musées Nationaux, Paris. **327 :** Langevin J. - Sygma. **328 :** ***h,*** Goldberg - Sygma. **328 :** ***b,*** Coll. Larousse. **329 :** Leroux - Gamma. **332 :** Chaumeton H. Nature. **333 :** ***3,*** Hervy J.-P. - Jacana. **333 :** ***4,*** Pons A. Bios. **335 :** Garcia V. - Top. **338 :** Sudres J. D. - Scope. **339 :** Le Toquin - Explorer. **342 :** Réunion des Musées Nationaux, Paris.

Droits réservés.
**22**; **23 : 4**; **75.**

ADAGP 1996.
**21**; **23 :** *3, 4*; **24**; **76 :** *2*; **77**; **306**.

SPADEM 1996.
**271 :** ***b***.

CARTOGRAPHIE

## CARTES GÉOGRAPHIQUES

Réalisées par :

**Bartholomew** :
Afghanistan
Afrique
Afrique du Sud
Albanie
Algérie
Allemagne
Amérique du Nord
Amérique du Sud
Amérique centrale
Andorre
Antarctique
Antilles.

**K. Mazoyer** :
Alpes
Alsace
Andes
Aquitaine.

## CARTES HISTORIQUES

Réalisées par :

**M. Bézille** et **K. Mazoyer** :
Achéménides
Afrique au XVI^e siècle
Afrique en 1914
Alexandre le Grand
Allemagne en 1871
Allemagne en 1914
Allemagne de 1937 à 1945
Allemagne de 1945 à 1990
Amérique latine
Angleterre au IX^e siècle
Anjou.